아함경[8]

선과 니르바나

학담평석 아함경 8

법보장 7 선, 사마타와 비파사나의 하나됨
법보장 8 존재의 실상, 해탈의 현실인 니르바나

한길사

Āgama-Sūtra

by. Hakdam

Published by Hangilsa Publising. Co., Ltd., Korea, 2014

학담 아함경의 구성

귀명장 歸命章

1 삼보의 역사적 출현과 해탈의 길
2 우러름과 깨달음

불보장 佛寶章

1 붇다, 그 거룩한 삶 위대한 길
2 붇다의 참모습과 보디의 행
3 붇다에 대한 찬송과 붇다됨의 길

법보장 法寶章

1 연기법의 언어, 연기법의 가르침
2 진실의 비유와 비유의 진실
3 시대철학, 그 연기론적 비판과 포용
4 연기법의 진리
5 연기법에서 존재 · 인식 · 실천
6 세 가지 배움과 해탈의 실천
7 선(禪), 사마타와 비파사나의 하나됨
8 존재의 실상, 해탈의 현실인 니르바나

승보장 僧寶章

1 진리의 공동체, 상가의 성격과 구성
2 출가교단과 출가수행자의 생활
3 나아감과 돌아옴의 곳, 상가의 아란야
4 상가공동체의 거룩한 수행자들
5 속박의 집을 나와 해탈의 길로
6 해탈의 길, 정토의 세상

아함경 독해의 길잡이

법보장 法寶章 7

선, 사마타와 비파사나의 하나됨

제7부 존재 · 인식 · 실천의 법

제4장   번뇌를 돌이켜 해탈을 실현하는 길(계속)
   4 선정의 법 · 17
     1) 갖가지 선정의 이름과 방법 · 57
       ① 그침과 살핌 · 61
       ② 사마디 · 67
       ③ 고요한 사유 · 75
       ④ 선정 · 80
       ⑤ 네 곳 살핌 · 95
     2) 사마디와 살핌의 행을 자세히 밝힘 · 118
       ① 사마디의 여러 이름과 실천 내용 · 121
         가. 공삼매 · 바람 없는 삼매 · 모습 없는 삼매 · 121
         나. 금강삼매 · 사자처럼 몸을 떨치는 삼매 · 133
         다. 모습 없고 마음 없는 삼매 · 144
       ② 살핌의 법 · 152
         가. 대치관을 모아 보임 · 152
         나. 대치관을 나누어 보임 · 159
           ㉠ 부정관 · 159
           ㉡ 자비관 · 168
           ㉢ 계분별관 · 181
           ㉣ 호흡관 · 185
         다. 실상관 · 196
     3) 선정의 기본법인 아나파나와 여러 선정 · 205
       ① 아나파나의 살핌이 온갖 실천법을 거둠 · 229
       ② 아나파나와 여러 차제의 선정 · 245
         가. 아나파나와 사선팔정 · 245
         나. 아나파나와 육묘문 · 248
         다. 아나파나와 열여섯 가지 빼어난 선정 · 252

4) 선정의 차제와 완성 · 262
  ① 네 가지 선, 네 가지 정 · 265
  ② 한 사마디로 여러 사마디 함께 거두는 선정 · 284
    가. 모두 통해 밝아지는 선정 · 284
    나. 사자처럼 몸을 떨치는 사마디 · 300
    다. 한 선정에서 그 선정 벗어나 온갖
       선정 거두는 사마디 · 303
  ③ 지금 현재의 법에서 바로 번뇌 다함 이루는 사마디 · 314
5) 선정과 여섯 아는 뿌리의 행 · 320
6) 선정과 여섯 가지 행위 · 338
  ① 여섯 가지 행위 속의 선정을 모아 말함 · 349
  ② 여섯 가지 행위 속의 선정을 나누어 말함 · 364
    가. 걸어감 속의 선정 · 364
    나. 머묾 속의 선정 · 378
    다. 앉음 속의 선정 · 385
    라. 누워 쉼과 선정 · 394
    마. 말함과 선정 · 406
    바. 먹음과 선정 · 412
7) 삼세의 시간과 선정 · 421
  ① 시간의 실상과 선 · 432
  ② 시간의 굴레에서 해탈하는 선정 · 442
8) 선정과 중생구제행 · 478

법보장 法寶章 8

존재의 실상, 해탈의 현실인 니르바나

제8부 얻음 없이 얻는 니르바나

제1장 삶의 실상 자체인 니르바나 · 535
  1 인연으로 나는 법, 그 적멸한 실상 · 539
  2 연기의 진실과 진실의 깨달음 · 569

제2장　바른 살핌 바른 실천으로 구현되는 니르바나 · 643
　　1 믿음 · 651
　　2 바른 이해 · 675
　　3 바른 살핌과 바른 행 · 685
　　4 현재의 법에서 구현되는 니르바나 · 749

제3장　계 · 정 · 혜 닦아 행함과 니르바나 · 769
　　1 닦음 없이 닦는 바른 행 그대로의 니르바나 · 775
　　2 바른 행을 나누어 보임 · 827
　　　1) 계로 인해 나는 니르바나 · 829
　　　2) 선정으로 인해 나는 니르바나 · 850
　　　3) 지혜로 인해 나는 니르바나 · 899

제4장　니르바나의 공덕과 해탈의 작용 · 965
　　1 번뇌와 장애 사라짐인 니르바나 · 971
　　2 해탈의 활동인 니르바나 · 987
　　3 범행의 완성인 니르바나 · 1027

제5장　니르바나의 완성자인 붇다를 찬탄함 · 1053

일러두기

1. 번역 대본 및 참고한 주요 불전과 문헌은 다음과 같다.
   - 북전 산스크리트어의 한역(漢譯) 네 아함을 번역 대본으로 삼고, 필요한 경우 그에 해당하는 남전 팔리어 니카야를 번역해 함께 수록했다. 그 가운데 상윳타니카야(Saṃyutta-nikāya, 상응부경전)와 마즈히마니카야(Majjhima-nikāya, 중부경전)는 보디(Bodhi) 비구의 영역본을 기본으로 해서 일어역 『남전장경』(南傳藏經)을 참조했다. 또한 동국역경원 한글 번역본을 초역에 참고했다.
   - 비나야(vinaya, 律)로는 동아시아 불교 율종(律宗)의 토대가 된 『사분율』(四分律)의 주요 내용을 뽑아 실었다.
   - 천태지의선사(天台智顗禪師)의 교관(敎觀)을 경전 해석의 기본 틀로 삼아 천태선사의 저술 『마하지관』(摩訶止觀)·『법계차제초문』(法界次第初門) 가운데 많은 법문을 번역해 실었다.
   - 그밖에 참고한 다양한 불전 및 문헌들은 제12책(아함경 독해의 길잡이) 끝에 자세히 실었다.
2. 네 아함의 한문 경전은 직역을 원칙으로 했으며 자연스러운 우리말을 풍부히 살렸다. 특히, 게송은 뜻을 살리면서 운율의 맛이 느껴지게 했다.
3. 기존 한역 네 아함과 남전 다섯 니카야의 불전 체계를 귀명장·불보장·법보장·승보장 삼보(三寶)의 새로운 틀로 재구성했다. 전12책 20권의 편제다.
4. 해제, 이끄는 글, 해설에서 모든 경을 대승 교설과 회통하여 깊고 명쾌하게 평석했다. 부·장·절 그리고 각 경에 제목을 붙여 내용의 이해를 도왔다.
5. 지명·인명·용어 등은 산스크리트어 표기를 원칙으로 하되 이미 익숙해

진 발음은 아래처럼 예외를 두었다.

- 붓다는 산스크리트어 Buddha의 어원을 나타내기 위해 '붇다'로 표기한다. 신단타(siddhānta)와 데바닫타(Devadatta)의 경우도 마찬가지이다.
- 산스크리트어 표기는 묵음화된 현대 발음을 쓰지 않고 고대 한자어로 음사한 음을 따라 쓴다. 예를 들어 Veda는 웨다로 쓰지 않고 베다로 쓴다. 산스크리트어 비파스야나(vipaśyanā)는 위파사나로 하는 이들이 있지만, 우리말에 익숙해진 비파사나로 쓴다.
- ⟨ś⟩의 발음은 ⟨śari⟩처럼 뒤에 모음이 오면 '사리(스)', ⟨Śrāvastī⟩처럼 뒤에 자음이 오면 '슈라바스티(슈)', ⟨Aśvajit⟩처럼 단어 중간에 모음 없이 오면 '아쓰바짓(쓰)'으로 표기한다.
- 팔리어 인·지명만 남아 있을 경우 '巴'로 팔리어임을 표시했다.
- 산스크리트어의 원래 발음을 찾지 못한 한자 음사어는 우리말 한자음과 현대 중국어 발음을 참고해서 원어에 가깝게 표기하고 한자어를 병기한다.
- 산스크리트어 빅슈(bhikṣu)·빅슈니(bhikṣuṇī)는 팔리어 비구(bhikkhu)·비구니(bhikkhunī)로 쓴다. 산스크리트어 슈라마네라(śrāmaṇera)·슈라마네리카(śrāmaṇerikā)도 사미·사미니로 쓴다. 산스크리트어로 슈라마나(śramaṇa), 팔리어로 사마나(samaṇa)는 사문(沙門)으로 쓴다.
- 용수(龍樹)-나가르주나(Nāgārjuna), 마명(馬鳴)-아쓰바고샤(Aśvaghoṣa), 세친(世親)-바수반두(Vasubandhu) 등 일부 인명은 익숙한 한자음 표기를 혼용한다.

6. 경전명·저술명은 가급적 한자어로 표기한다. 『중론』·『성유식론』·『기신론』·『대지도론』·『열반경』·『화엄경』 등.
7. 불(佛)·법(法)·승(僧)은 어원에 따라 붇다·다르마·상가로 쓴다.
8. " " - 직접인용 및 대화　　　' ' - " " 속의 인용과 대화 및 어구 강조
　⟨ ⟩ - ' ' 속의 인용과 대화　　「 」- 경전(품)·논문·단편
　『 』- 경전·불전·책(빈번히 언급되는 남·북전 아함경은 생략)
　[ ] - 병기 한자어 및 원어 독음이 다를 때

법보장 法寶章 7

선, 사마타와 비파사나의 하나됨

제7부 존재·인식·실천의 법
제4장 번뇌를 돌이켜 해탈을 실현하는 길(계속)

"다른 생각 없이 뜻을 코끝에 매어두고,
나는 숨이 길면 긴 줄을 알고 드는 숨이 길면
긴 줄을 알며, 나는 숨이 짧으면 짧은 줄을 알고
드는 숨이 짧으면 짧은 줄을 안다.
나는 숨이 차가우면 차가운 줄을 알고
드는 숨이 차가우면 차가운 줄을 알며, 나는 숨이
따뜻하면 따뜻한 줄을 알고 드는 숨이 따뜻하면
따뜻한 줄을 알아서 온몸의 드는 숨과 나는 숨을
살피어 모두다 안다. (…) 만약 그 숨이 심장에서
나오면 심장에서 나오는 줄을 알고, 그 숨이 심장으로
들어가면 심장으로 들어가는 줄을 안다.
이와 같이 라훌라여, 아나파나를 닦아 행하면
곧 슬픔·근심·번민·어지러운 생각이 다 없어지고
큰 과보를 얻고 단이슬의 맛을 얻게 될 것이다."

4 선정의 법

• 이끄는 글 •

선의 갖가지 이름과 선의 실상

1. 선의 여러 이름

불교의 연기적 실천론에서 서른일곱 실천법[三十七道品]은 계·정·혜(戒定慧) 세 가지 배움[三學]으로 거두어질 수 있고, 계·정·혜의 법은 서로 거두고[相攝] 서로 하나되므로[相卽], 온갖 실천법은 선(禪, dhyāna)에 거두어지고 반야(般若, prajñā)에 거두어질 수 있다.

선을 선정(禪定)이라고 쓸 때, 선(禪)은 디야나(dhyāna)의 소리 옮김인 선나(禪那)의 줄임말이고, 정(定)은 사마디(samādhi)를 뜻으로 옮긴 것이다.

디야나에는 그밖에도 사마파티(samāpatti), 사마히타(samāhita), 사마타(śamatha), 비파사나(vipaśyanā), 치타이카그라타(cittaikāgratā)의 여러 가지 이름이 있다.

사마파티는 경에서 '선의 사유'[禪思], '평등히 이름'[等至]이라 번역되고, 사마타는 그침[止], 비파사나는 살핌[觀]으로 번역된다.

치타이카그라타는 '마음이 한 경계에 머무는 모습'[心一境性]이라 번역되고, 사마히타는 '빼어난 선정[勝定], 평등히 이끔[等引]'으로 번역된다.

디야나는 소리 옮김으로 선나(禪那)로 번역되지만 뜻으로 고요한 생각[靜慮], 사유해 닦음[思惟修]으로 번역된다.

선정은 수행을 통해서만 나타나는 마음작용이므로 유식불교에서 선정은 '특정한 경계에 이끌리어 나는 마음작용'[別境心所]으로 분류된다.

선에 이렇게 갖가지 이름이 차별되는 것은 선으로 끊는바 번뇌가 한량없으므로 번뇌 쉬는 선정의 행 또한 중생의 병통에 따라 이름이 차별되기 때문이다.

중생의 번뇌가 실로 있음이 아니기 때문에 번뇌 끊는 선정의 행 또한 있음이 아니고 지음이 아니지만, 번뇌가 실로 없음이 아니기 때문에 선정의 행 또한 없음이 아니고 실로 지음 없음도 아니다.

선은 선의 모습[禪相]이 있다 해도 옳지 않고 없다 해도 옳지 않으며, 짓는 모습[作相]이 있다 해도 옳지 않고 짓는 모습이 없다 해도 옳지 않다.

불교의 역사 속에서 선의 이름에 혼란이 야기되는 것은 선의 실천법이 시대 대중의 병통에 따라 치유의 강조점이 달라지고 역사적인 과정 속에서 세간의 사고와 풍조에 따라 그 이름이 달리 세워지기 때문이다. 그 대표적인 사례가 중국불교에서 여래선(如來禪)과 조사선(祖師禪)의 문제이고, 실천으로서 선(禪) 자체와 중국 종파불교로서의 선종(禪宗)의 문제이다.

이 논의는 두 번째 장에서 다루기로 하고, 먼저 선에 모습 없고 이름 없는 곳에서 중생의 병통과 세간의 인연에 따라 갖가지 선의 이름이 세워지는 것을 남악혜사선사(南嶽慧思禪師)와 우리 불교 원효대사(元曉大師), 우익지욱선사(藕益智旭禪師)의 문헌을 통해 살펴보자.

1) 남악혜사선사가 말하는 선의 이름

남악혜사선사는 천태선사의 스승으로 중국 남북조 말기 『법화안락행의』(法華安樂行義)을 통해 차제가 없는 돈오선(頓悟禪)을 대중적으로 천명한 분이다. 『마하지관』(摩訶止觀)의 세 가지 지관[三種止觀] 네 가지 삼매[四種三昧]는 모두 천태선사가 스승 남악혜사선사로부터 받아 전한 것이다.

남악혜사선사의 『제법무쟁삼매행문』(諸法無諍三昧行門)은 천태선사의 『차제선문』(次第禪門)의 뿌리가 되는 저술이다. 남악혜사선사는 이 저술에서 붓다의 경전 가운데 나온 온갖 차별된 선정이, 법의 실상 그대로인 하나인 사마디에서 분별된 차별 아닌 차별임을 보이고 있다.

선사는 선정에 그 이름과 모습이 공하나 중생 교화의 인연을 따라 각기 다른 실천의 이름으로 불린다고 말하고, 중생의 근기와 병통에 따라 차제의 선문이 세워지지만 선정의 모습도 공해 취할 모습이 없음을 말한다.

먼저 선사는 선정의 한 법이 각기 다른 실천법과 둘이 없어서 여러 실천법이 선에 거두어짐을 보인다. 혜사선사는 곧 남북조 당시 불교 교의(敎義)의 혼란 속에서 선의 종지[禪宗]로 온갖 파라미타(pāramitā)를 거두어 보임으로써, 중국불교 최초로 선종을 선언한 선

사라 할 수 있다.

먼저 혜사선사는 '선이 모든 실천문 거둠'을 다음과 같이 말한다.

저 「만행품」(萬行品) 가운데 말씀한 바처럼, 처음 보디의 바른 마음[初發心]을 낼 때부터 온전한 깨달음의 길을 이룰 때[成佛道]까지 한 몸, 한 마음, 한 지혜지만, 다만 중생을 교화하려 하기 때문에 온갖 행의 이름이 차별되어 달라진 것이다.

무릇 모든 붇다의 법을 배우려면 먼저 깨끗한 계를 지니며, 부지런히 선정을 닦아 온갖 붇다의 법 가운데 여러 사마디 문을 얻어야 한다.

여러 사마디의 문인 백팔 사마디와 오백 다라니 그리고 모든 해탈, 크나큰 자비와 일체종지, 다섯 가지 지혜의 눈과 여섯 가지 신통, 세 가지 밝음, 여덟 가지 해탈과 열 가지 힘, 네 가지 두려움 없음, 열여덟 가지 함께 하지 않는 법, 여래의 서른두 가지 모습과 여든 가지의 빼어난 특징, 여섯 가지 파라미타, 깨달음에 들게 하는 서른일곱 가지 수행법, 네 가지 넓고 큰 서원, 네 가지 한량없는 마음, 뜻대로 펼치는 신통, 중생을 거두는 네 가지 법 등 이와 같은 한량없는 붇다의 법 그 공덕은 그 온갖 것이 다 선정으로부터 생겨난다[一切皆從禪生].

왜 그런가. 과거·현재·미래의 삼세를 이어 시방(十方)에 계신 한량없는 모든 붇다들께서 만약 법을 설하여 중생을 제도하려 할 때에는 먼저 선정에 드시어 열 가지 힘과 차별을 살피는 지혜[道種智]로써 중생 근기와 성질이 서로 다름을 살펴서 그들을 마주해 다스려 도 얻게 할 인연을 아시며, 법의 눈으로 모두 관찰하고 나서는 일체종지로써 법을 설하여 중생을 제도하시기 때문이다.

일체종지란 붇다의 눈[佛眼]이라고도 하며, 또한 온갖 몸을 나투는 사마디[現一切色身三昧]라고도 하며, 또한 시방에 널리 몸을 나투는 사마디[普現色身三昧]라고도 한다.

이 눈은 위로는 모든 붇다의 몸과 여러 보디사트바의 몸, 프라테카붇다의 몸, 아라한의 몸과 여러 하늘왕의 몸, 전륜왕과 여러 작은 왕의 몸을 지으며, 아래로는 세 가지 악한 길과 여섯 갈래 세계에 있는 중생의 몸을 나타낸다.

이와 같은 온갖 붇다의 몸과 온갖 중생의 몸이, 한 생각 마음 가운데서 한때에 행해져서 앞도 없고 뒤도 없고 또한 가운데도 없이 한때에 법을 설하여 중생을 건네주니, 모두 이것은 디야나파라미타의 공덕으로 이루는 바이다.

그러므로 붇다께서는 '만일 좌선하지 않으면 평지에서도 넘어질 것이다'라고 하셨으니, 만약 번뇌를 끊으려 하면 먼저 선정[定]으로 움직인 다음에 지혜[慧]로 뿌리를 뽑아내야 한다. 선정은 사마타를 말하며, 지혜는 비파사나를 말한다.

남악혜사선사는 붇다가 제시한 모든 실천법을 선정에 거두고 붇다의 법을 실천해 성취하는 모든 공덕이 선정으로부터 생겨난다고 말한다. 중국 종파불교의 연원상 선을 종지[禪宗]로서 표방한 최초의 선사가 남악혜사선사이다.

남악혜사선사는 다시 선이 '선 아닌 선'이라 중생의 병통 따라 선에 한량없는 이름이 있게 됨을 말하니, 다음과 같다.

거듭 다시 디야나파라미타(dhyāna-pāramitā, 禪波羅密)에는 한량없는 이름이 있다.

깨달음의 길을 구하기 위해 깊고 깊어 미묘한 선정을 닦아 배워서 몸과 마음으로 증득하여 모든 번뇌를 끊고 온갖 신통을 얻으며 크나큰 서원을 세워 모든 중생을 제도하니, 이와 같아야 이름이 '디야나파라미타'가 된다.

크나큰 서원을 세우기 때문에 선정의 이름을 바꾸어 '네 가지 큰 서원'[四弘]이라 하며, 중생을 제도하고자 깊은 선정에 들어 도종지(道種智)의 깨끗한 법의 눈[法眼]으로써 중생을 살피어 옳은 곳과 그른 곳을 가려 열 가지 힘을 갖춘 지혜를 이루면, 이때 선정은 이름을 바꾸어 '네 가지 한량없는 마음'이라 한다.

크나큰 자비로 중생을 가엾이 여겨 괴로움을 없애고 즐거움을 주며 미워하고 사랑하는 마음을 떠나 평등하게 살피므로 이때 선정은 이름을 바꾸어 '사랑과 슬피 여김, 기뻐함과 크게 버림'[慈悲喜捨]이라고 하는 것이다.

다 살피고 나서 그들과 일을 같이 하며 알맞은 바에 따라 법을 설하면, 이때 선정은 이름을 바꾸어 '네 가지 거두는 법'[四攝法]이라고 하니, 보시(布施)·사랑스런 말[愛語]·이롭게 함[利行]·일을 함께 하는 것[同事]을 네 가지 거두는 법이라고 한다.

거듭 다시 큰 사랑과 크게 가엾이 여기는 마음으로 '뜻대로 이루는 신통'[如意神通]을 나투고 온갖 몸을 나타내며, 신통의 힘으로써 다섯 가지 욕망 가운데 들어가 여섯 갈래 세계를 두루 다니며 중생의 욕구에 따라 중생을 제도하면, 이때 선정은 이름을 바꾸어 '신통 파라미타'라고 한다.

또한 시방에 온갖 붇다의 일을 널리 나타내지만 늘 선정 속에 있어서 고요하여 생각이 없다.

깊고 큰 자비의 마음으로 중생을 가없이 여겨 위로는 시방 모든 붇다들의 몸과 연각·성문의 온갖 모습을, 아래로는 여섯 갈래 중생의 몸을 짓는다. 이와 같은 온갖 붇다의 몸과 온갖 중생의 몸은 한 생각의 마음 가운데 한때에 행해져서 앞도 없고 뒤도 없고 가운데도 없이 한때에 법을 설하여 중생을 제도한다.

이때 선정과 신통 파라미타는 이름을 바꾸어 '일체종지'(一切種智)라 하고, 또한 '붇다의 눈'[佛眼]이라고 한다.

거듭 다시 보디사트바마하사트바(bodhisattva-mahāsattva)가 계 지님이 청정하며 깊고 묘한 선정으로 나쁜 버릇을 끊고 삼세의 모든 애욕의 견해를 멀리 떠나면, 이때 선정은 이름을 바꾸어 '열여덟 가지 함께 하지 않는 법'[十八不共法]이라 한다.

거듭 다시 보디사트바마하사트바가 세 가지 밝은 지혜[三明智]로써 중생을 분별하면 이때 선정은 이름을 바꾸어 열 가지 힘[十力]이라고 하니, '옳은 곳 그른 곳을 아는 힘'[是處非處]에서부터 '번뇌를 다하는 힘'[漏盡]까지 열 가지 일을 잘 알기 때문이다.

거듭 다시 보디사트바마하사트바는 '물질이 한결같고[色如] 느낌·모습 취함·지어감·앎이 한결같다[受想行識如]'고 온갖 법을 살핀다.

그리하여 처음 배우기 시작할 때부터 끝내 붇다를 이룰 때까지 번뇌를 끊고, 신통으로 시방 세계의 이름을 다 알며 또한 삼세 모든 붇다의 이름과 모든 붇다의 제자의 이름, 온갖 중생의 이름, 중생에게 있는 번뇌의 이름과 해탈의 이름까지 다 알되 한 생각으로 한때에 알며, 지난 세상 살아온 인연의 일도 모두 안다.

그러면 이때 선정은 이름을 바꾸어 '열 가지 이름'[十號]이라고 한다.

거듭 다시 보디사트바마하사트바는 모든 법에 자기성품[自性]이 없기 때문에 한 생각 한 마음에 온갖 행을 다 갖춘다.

교묘한 방편의 지혜로써 처음 바른 마음을 일으킬 때[初發心時]부터 붇다의 과위[佛果]를 이룰 때까지 크나큰 붇다의 일들을 지으면서도 마음에 집착함이 없이 '모습 모으는 지혜'[總相智]와 '모습 가르는 지혜'[別相智]로써 연설함이 걸림이 없다.

그리하여 신통 파라미타를 갖추어 시방 온갖 붇다들께 공양하고 붇다의 나라를 깨끗이 하며 중생을 교화한다.

그러면 이때 선정은 이름을 바꾸어 '프라즈냐파라미타'(prajñā-pāramitā)라 부른다.

위 남악혜사선사의 무쟁삼매(無諍三昧)의 뜻으로 보면, 중생의 어지러움과 번뇌를 끊는 선정에 닦는 모습이 있고 끊는 모습이 있으면 선정은 디야나파라미타가 되지 못한다.

선정에 닦는 모습 선정의 모습이 없으면 지금 선정을 행하는 원인의 행[因行]이 과덕(果德)의 땅을 떠나지 않으니, 그 행은 끊음 없고 닦음 없으며 얻음 없는 행이 된다.

그때 선정은 디야나파라미타의 이름을 얻으니, 이미 저 언덕에 중생을 이르게 하는 행이므로 지금 원인 속에 이미 결과가 있고 지금 선정의 한 행이 온갖 행 온갖 파라미타를 거두게 된다.

그러므로 남악혜사선사는 지금 차제의 선정과 온갖 파라미타행 가운데서도 그 행이 진여인 행, 닦음 없는 행인 줄 알면 차제(次第) 가운데 원돈(圓頓)의 뜻이 있음을 보이고 있다.

그 뜻을 선사는 '한 생각 가운데 온갖 붇다의 몸을 모두 나투며 온갖 붇다의 일을 짓는다'고 말하며, 지금 선정의 행 선정의 파라미타가 온갖 붇다의 나라를 청정히 하는 행이 되고 온갖 중생을 교화하는 행이 된다고 말한다.

이렇게 보면 있되 공한 존재의 진실밖에 선정을 행하는 원인도 없고 해탈의 과덕도 없다. 선에는 선이라는 이름도 공하고 선의 모습도 공하지만 중생의 병과 번뇌가 일어나는 방향에 따라 번뇌를 다스리는 선정의 이름이 세워지고 선의 모습이 차별된다.

2) 원효대사『금강삼매경론』을 통해 본 사마디의 여러 이름

앞에서 남악혜사선사의『제법무쟁삼매행문』을 통해 우리는 치유하는 중생의 병통 따라 선정의 이름이 차별되나 그 실천이 돌아가는 곳은 중도실상이며 해탈의 행에 있음을 살펴보았다.

이제 다시 여러 선정의 이름이 갖는 차별적인 뜻을 원효대사의 『금강삼매경론』(金剛三昧經論)을 통해 살펴보자.

원효는『금강삼매경』의 경의 이름을 풀이하면서 사마디의 뜻과 사마디의 갖가지 이름에 대해 다음과 같이 말한다.

> 다음 두 번째는 사마디의 이름을 풀이함이다. 그 가운데 둘이 있으니 먼저 풀이하고 뒤에 가려 보인다.
> 옛 스님은 '저기에서 사마디라고 하는 것은 여기 말로 하면 바른 사유이다'라고 말했다. 지금 이것을 기술해 말하는 것은 글의

뜻에 맞기 때문이다.

곧 선정에 있을 때 생각하는 경계에 대해 자세히 바로 사유해 살피는 것을 말한다. 그러므로 선정을 '바른 사유'[正思]라고 한다.

이는 『유가론』(瑜伽論)에서 다음과 같이 말함과 같다.

"사마디란 생각하는 것에 대해 자세히 바르게 살펴서 '마음이 한 경계에 머무는 모습'[心一境性]이기 때문이다."

묻는다 선정은 반드시 고요함이고 고요함이 한 경계에 머무는 것인데, 왜 자세히 바로 생각해 살핌이라고 말하는가. 사유해 살피는 작용은 반드시 찾아 살핌인데, 어떻게 선정이 사유해 살핌이 되겠는가.

답한다 만약 고요한 한 경계를 지키는 것이 선정이라면, 어둡게 가라앉아 경계에 머무는 것도 반드시 선정이 되어야 한다.

만약 바르게 사유해 살핌이 '찾아 살핌'[尋伺]이라고 하면, 삿된 지혜로 찾아 구하는 것은 반드시 찾아 살핌이 아니어야 한다.

사유해 살핌에 두 가지가 있음을 반드시 알아야 한다.

만약 삿됨과 바름에 통해 '뜻과 말로 분별하는 것'[意言分別]을 사유해 살핌이라 한다면, 이것은 찾아 살핌이니 곧 바로 분별함이다.

만약 오직 생각하는 경계[緣境]를 대하여 바르고 밝게 앎[正明了]을 '바르게 사유해 살핌'이라 한다면, 바르게 살핌[正]은 선정의 작용이라 찾아 살핌이 아니다.

그것은 곧 선정은 분별함과 분별 없음에 통하기 때문이다. 그러므로 '살피는 바른 작용'으로 저 '찾아 살피는 분별'[尋伺]을 가려낸다.

또 한 경계에 머묾[住一境] 또한 두 가지가 있다.

만약 한 경계에 머물러 어둡게 헤매고 캄캄하고 아득해 살필 수 없으면, 이것은 어둡게 가라앉음이다.

만약 한 경계에 머물러 가라앉지 않고 들뜨지도 않아 자세히 바르게 생각해 살피면 이것은 선정이 된다.

그러므로 '바르게 사유해 살핌'으로 저 '어둡게 가라앉음'[惛沉]과 구별하는 것이다.

머문다고 선정이 되고 사유한다고 흩어짐이 아닌 것이다. 그러니 머묾[住]과 옮겨감[移]으로써 선정[定]과 흩어짐[散]이 차별되는 모습을 가려낼 수 없다는 것을 반드시 알아야 한다.

왜 그런가.

빠른 말솜씨는 비록 빨리 옮겨 바뀌지만 선정이 있기 때문이고, 느리고 무딘 생각은 비록 오래 경계에 머물지만 이것은 흩어짐이기 때문이다.

지금 이 금강삼매를 '바르게 사유해 살핌'이라 하는 것은 바름과 바르지 않음이 없고 사유와 사유 아님이 없는 것이나, 다만 분별하는 삿된 생각과 구별하기 위함이다.

또 허공의 생각 없음과 같지 않기 때문에 억지로 바른 사유라고 이름하였을 뿐이다.

사마디의 이름을 간략이 풀이함은 이와 같다.

원효대사의 풀이와 같이 사마디의 고요함은 바른 사유인 고요함이다. 지혜는 실상인 지혜이고 존재의 실상에 모습 없으므로 아는 지혜에 앎이 없어서 지혜의 앎 없는 바탕이 사마디이고, 앎 없되 앎 없음도 없는 사마디의 작용이 지혜가 되는 것이다.

그러므로 사마디는 사유와 사유 아님을 뛰어넘은 것이니 사마디는 분별과 분별 없음에 모두 통하여 사마디의 분별은 찾아 살핌과 구별되며 사마디의 분별 없음은 어둡게 가라앉음을 가려낸다. 사마디의 바름은 온갖 존재의 차별상과 차별상에 대한 분별이 공한 곳에 세워진 바름이므로, 그 바름은 온갖 법을 분별함이 없이 분별하는 바름이다. 곧 사마디는 공에 떨어진 바름과 차별에 떨어진 바름 아님이 모두 없어서 사마디인 지혜는 분별하되 분별이 없고 분별함 없이 분별할 수 있는 것이다.

그렇다면 '하나인 사마디'에서 분별된 여러 선정의 이름에는 각기 어떤 실천적인 의미가 있는가. 원효의 풀이를 다시 들어보자.

> 다음은 사마디를 가려 나누는 것이다. 이 가운데 둘이 있으니 먼저 여러 이름을 나누어보고 뒤에 통함과 국한됨을 가려 보인다.
> 선정의 이름은 같지 않아서 대략 여덟 가지가 있다.
> 첫째 이름은 사마히타이니, 여기 말로 '평등히 이끎'[等引]이다. '어둡게 가라앉음'과 '들떠 일어남'의 치우침을 멀리 떠나므로 평등하다[等]고 하며, 신통 등 여러 공덕을 이끌어내므로 이끎[引]이라 한다. 또 이 사마히타는 '뉘우침 없이 기뻐함'[無悔歡喜]과 안락함이 이끄는 것이므로 평등히 이끎이라 한다.
> 둘째 이름은 사마디이니, 여기 말로 '평등히 지님'[等持]이다. 평등함의 뜻은 앞과 같다. 마음을 잘 눌러 지니어 달아나 흩어지지 않게 하므로 평등히 지님이라 한다. 선정과 지혜가 평등하여 서로 떠나지 않게 하므로 평등히 지님이라 한다. 소리 옮김에 삼

마지(三摩地)가 있고 그 전에는 삼마제(三摩提)라 하였으나 모두 평등히 지님의 뜻이다.

셋째 이름은 사마파티이니, 여기 말로 '평등히 이르름'[等至]이다. 평등히 지님 가운데 빼어난 지위에 이를 수 있으므로 평등히 이르름이라고 한다.

넷째 이름은 디야나이니, 여기 말로 '고요한 생각'[靜念]이다. 고요히 사유하기 때문이고 흩어진 생각을 고요히 할 수 있기 때문이다. 옛날 소리 옮김에 선나(禪那)라 하고 지아나(持阿那)라 하나 지방에 따라 말을 달리함이니 같이 고요한 생각을 말한다.

다섯째 이름은 사마타이다. 여기 말로 '그침'[止]이니 마음을 살피는 경계에 그치게 하므로 그침이라 한다.

여섯째 이름은 치타이카그라타이니, '마음이 한 경계에 머무는 성품'[心一境性]이다. 옛날에는 한 마음[一心]이라 하니, 간략히 말한 것이다.

일곱째 이름은 정(定)이니, 생각하는 대상을 살펴 안정하므로 정이라 한다.

여덟째 이름은 바른 생각[正思]이니, 뜻은 앞에 말함과 같다.

원효대사의 풀이에 의하면 여덟 가지 선정의 이름은 모두 어둡게 가라앉음과 들뜸을 막는 뜻이 있으니, 들뜸을 막음이 사마타이고 가라앉음을 막음이 비파사나이다. 또한 여덟 선정은 모두 고요함 가운데 바른 사유를 일으키고 신통의 작용을 일으키는 뜻이 있으니, 사마디는 곧 바른 지혜인 고요함이고, 사마파티는 고요함인 바른 사유이다.

그리고 사마히타는 선정의 지혜로 신통을 이끌어냄의 뜻이 있는 것이다.

이처럼 비록 선정에 그침과 막음의 뜻이 있지만 있음이 있음 아님이므로 그침에 실로 그침이 없고, 선정에 살핌과 드러냄의 뜻이 있지만 없음이 없음 아님이므로 살핌에 실로 살핌이 없어서, 그침은 살핌인 그침이고 드러냄은 막음인 드러냄인 것이다. 또 선정은 공덕과 신통을 이끌어낸다고 말하지만, 번뇌가 공한 곳에 공덕이 공하지 않으므로 이끌어낸다고 하지만 이끌어냄에 이끌어냄이 없는 것이다.

2. 선과 중국불교의 선종

1) 우익지욱선사가 말하는 여섯 가지 선의 이름

중국불교의 종파화된 선종은 교(敎)와 율(律)에 대한 선의 특화로 인해 선 수행 방법론의 전문화를 이루었다. 그러나 선종의 종파화로 인한 선종 내부 법통과 방법론의 교조화로 인해 불교 본래의 선적 실천성의 왜곡 또한 많은 부분 발생했다.

중국 명말 자백진가(紫栢眞可)나 우익지욱 같은 선사들은 선이 모든 실천행을 거두는 선으로 표방되지 못하고 교와 율에 대한 선으로 규정하는 종파선(宗派禪)의 편협성을 비판하게 된다.

그리하여 당시 종파선을 비판한 선사들은 경·율·론의 새로운 주석 작업을 통해, 선이 교와 율을 회통하고 선이 정토(淨土)를 회통하는 새로운 선종의 실천성을 강조하였으니, 이는 남악혜사선사가 표방한 선종의 종지와 같은 뜻이다.

필자가 지지하고 천명하고자 하는 선종 또한 중국 종파선으로서 선종이 아니라 선이 온갖 파라미타행을 거두는 실천으로서 선종이다.

우익지욱선사는 다음과 같이 선의 여섯 가지 이름을 말한다.

선의 여섯 이름

좌선(坐禪)의 이름은 하나지만 실로 여섯 가지가 있으니, 원돈선(圓頓禪)·차제선(次第禪)·날카로운 지혜의 선[利慧禪]·무디게 닦는 선[鈍修禪]·세속선(世俗禪)·거짓 이름의 선[假名禪]이다.

원돈선

원돈선이란 '정법안장(正法眼藏)인 니르바나의 묘한 마음[涅槃妙心]', 그 이루 사유할 수 없고 말할 수 없는 미묘한 진리성품을 처음 들으면 바로 그 마음을 내는 것이다.

여기에도 다시 넷이 있다.

첫째 듣자 바로 깨닫고 단박 자기마음을 증득해 계급에 떨어지지 않고 지혜의 덕을 갖춤이다.

둘째, 단박 증득하지 못함으로 곧 크게 의심하고 분한 마음이나 그 마음이 허공을 가득 채워, 곧장 의보와 정보를 함께 잊고[依正兩忘] 범부와 성인을 앉아서 끊으며[凡聖坐斷] 어두움과 흩어짐이 깃들 곳이 없으며 아는 지혜와 이치가 머뭇거려 합할 곳이 없게 된다. 그리하여 마치 죽은 사람처럼 되었다가 곧장 찬 재가 콩처럼 튈 때를 기다림이다.

셋째, 곧장 한 조각 사마디를 이루지 못하나 진실한 믿음이 미치게 되면 의정하여 선정을 얻는다. 다시 비록 비롯없는 업의 힘에 얽힘과 갖가지 어두움과 흩어짐의 장애가 되는 경계를 입으나 첫마음을 물리지 않는다.

그리하여 한결같이 홀로 잡아 나가거나 여러 실천법으로 도와 이루어, 이름과 이익[名利]에 물든 마음을 어지럽게 내지 않고 다른 실천의 수레[餘乘] 탈 마음을 내지 않는 자이다. 기틀[機]을 잡아보면 무딘 자[鈍]이나, 뿌리[根]를 잡아보면 두렷이 단박 이루는 씨앗[圓頓種子]이라 이름할 수 있다.

넷째, 먼저 교전(敎典)에 마음을 두어 '진리의 성품'[理性]을 찾아 밝히고 '살피는 행'[觀行]을 따라 일으켜 처음 마른 지혜[乾慧]라 하나, 다음 '비슷한 지위의 진리의 물'[相似理水]을 얻으면 믿음의 마음에 들어감[入信心]이라 한다. 그 다음 바른 마음을 내면 바른 지위에 들어감[入正位]이라 하니 곧 단박 깨쳐 지혜의 덕과 같아짐[同一智德]이다.

이는 단박 깨침인 줄 반드시 알아야 하나, 본래 여러 생의 끼쳐 익힘으로 첫마음이 보디의 씨앗 심음을 두텁게 함[敎厚植種子]에 이르지 않을 수 없는 것이다.

차제선

차제선이란 먼저 공한 지혜[空慧]로써 일체지(一切智)를 닦아 온갖 법이 다 공하지 않음이 없음을 살핀다.

다음 거짓 있음의 지혜[假慧]로써 도종지(道種智)를 닦아 온갖 법이 공을 좇아 건립됨을 살핀다.

그런 뒤에 중도의 지혜[中慧]로 일체종지(一切種智)를 닦아 온갖 법이 공함도 아니고 거짓 있음도 아님을 살피는 것이니, 곧 으뜸가는 뜻의 마음[第一義心]이다.

날카로운 지혜의 선
날카로운 지혜의 선은 온갖 법이 허깨비 같고 꿈과 같아 본바탕이 온전히 공하나 실로 공하지 않기 때문에 공함을 통달하는 것이다.

무디게 닦는 선
무디게 닦는 선에는 넷이 있다.

첫째, 신족(神足)을 얻으려고 보디사트바의 도를 행하고, 근본의 네 선정[根本四禪]을 닦아 이를 의지해 신통을 내는 것이다.

둘째, 십이인연(十二因緣)을 깊이 살펴 앉아서 무명을 끊음[坐斷無明]이다.

셋째, 사제법(四諦法)을 깊이 살펴 찰나에 미혹을 끊고 진제(眞諦)를 얻음이다.

넷째, 깊이 고제를 알지만 반드시 아홉 차제의 선정[九次第定]으로 차츰 미혹을 끊고 진제를 얻음이다.

세속선
세속선에는 다시 둘이 있다.

첫째, 범부가 기뻐하고 싫어하는 마음으로 욕계 위의 여덟 하늘의 선정을 닦음이다.

둘째, 바깥길의 수행자들이 그것이 니르바나라고 헤아려 그 하늘의 선정을 닦아 익히는 것이다.

거짓 이름의 선

거짓 이름의 선에 다시 셋이 있다.

첫째, 비록 원돈(圓頓)의 이름과 말을 들어도 이름만을 그리워하고 뜻을 알지 못하며, 억지로 한 말귀[話頭]를 잡아 지니고도 오히려 아직 말귀의 뜻 길[話頭義路]을 풀어 다하지 못하는데 어찌 하물며 뜻 길이 다한 곳[義路窮處]이겠는가.

이 사람은 한 구절 말[一句話]로 '면제받는 좋은 증명서'[優免牌]를 만들고 다른 좋은 행[他善]을 다 없애버리고 죽여서, 나귀 매는 말뚝 위에 있게 된다. 비록 차츰 어두움과 흩어짐을 없애도 세속의 선정[世俗禪定]도 얻지 못하는데 어찌 원돈선을 바라겠는가.

비록 큰 해는 없지만 '한량없는 공덕을 들어서 끼침'[聞熏無量功德]을 잃어버리게 된다.

둘째, 어떤 이는 여러 조사들의 기연(機緣)에서 깊이 도리(道理)를 구하여 잠자는 것을 없애고 먹는 것을 잊는다. 때로 '한뜻의 길'[一義路]로 들어가는 곳을 얻고서는 곧바로 깨우침이 일어난 것으로 삼아서 '근본을 얻어 끝을 걱정하지 않는다'는 생각을 짓는다.

이 사람은 비록 만 가지 행[萬行]을 없애지 않아도 늘 몸을 '일 없는 상자'[無事匣] 속에 피하는 것이며 또 앎과 행[解行]을 두 말뚝으로 나누니 이것을 참된 반야를 비방함[謗眞般若]이라 한다.

셋째, 다만 헛된 이름[虛名]을 좋아하여 깨닫게 하는 기연(機緣)으로 겨우 싹트는 지혜[芽慧]를 도와서 이것이 도(道)라 어지럽게 말하며, 스스로를 해치고 남을 해친다.

어떤 이는 헛된 이름에 매달리면서 말로 산 말귀[話頭]를 참구한다고 하고, 쉽고 편한 것을 탐내며, 망령됨을 훔치고 못남을 감추어[偸妄藏拙] 어두움과 어지러움을 없애지 못하고서 미움과 사랑이 늘 불타올라 헛되이 시주의 보시를 없애고 법문(法門)을 무너뜨린다.

위의 여섯 가지 가운데 서로 같이하여 열다섯 등을 이룬다.

만약 다시 큰 줄기를 살피면 조금씩 차이나는 것은 더욱 많다.

슬프다, 말법[末季]에 헛되이 그 이름을 취하고 그 진실을 생각하지 않아서 종(宗)과 교(敎)가 땅을 비로 쓸듯 함을 어찌 할 것인가.

우익지욱선사의 여섯 가지 선 가운데 차제선은 비록 차제선이라 이름하지만, 실로 닦을 바 없음을 알고 차제를 닦아가면 차제 가운데 원돈의 뜻이 있는 것이다. 이 차제선이 천태선사의 '차제선문'(次第禪門)의 뜻이다.

차제선 가운데 공한 지혜는 있음이 공한 줄 살피는 지혜이니 일체지이고, 거짓 있음의 지혜는 공함도 공한 줄 살피는 지혜이니 도종지이며, 중도의 지혜는 있음과 공함이 모두 공한 줄 살피는 지혜이니 일체종지이다. 이때 있음이 공한 줄 알면 공에도 취할 공이 없으니, 첫째 공관(空觀)에 가관과 중도관이 함께 있게 되어 차제를 세우되 원돈에 나아가게 되는 것이다.

우익지욱선사의 원돈선이 가르침을 듣자 듣는 그 자리에서 정법안장을 바로 깨닫는 선이자 천태선사의 원돈지관(圓頓止觀)이다. 원돈지관은 한 마음의 세 지혜[一心三智]가 곧바로 삼제가 원융한 하나인 실상임[一實三諦]을 바로 살펴 차제가 없이 한 생각에 중도 실상을 실현함이다.

그러므로 현전의 한 생각[現前一念]이 생각 없음[無念]을 살피되 생각 없음도 없음[無無念]을 바로 보면 이것이 원돈지관이 된다.

천태선사는 이 뜻을 '처음부터 바로 실상을 생각해 경계에 나아가면 곧 중도다'[初緣實相道境卽中]라고 말하고, '생각함을 법계에 매고 생각을 법계에 하나되게 한다'[繫緣法界一念法界]고 하며, '한 빛깔 한 냄새도 중도실상 아님이 없다'[一色一香無非中道]고 하니, 이밖에 다시 돈오선이 없다.

날카로운 지혜의 선이 천태의 공관에 해당하고, 무디게 닦는 선이 인연으로 나고 사라지는 문[因緣生滅門]에서 공(空)을 이해하여 차제의 선정을 닦아가는 것이니 이 선법이 차제선에 해당한다.

세속선은 연기의 진리를 살피는 지혜가 없이 선정의 깊이만을 강화하는 선정이다.

거짓 이름의 선은 조사선(祖師禪)·간화선(看話禪)·원돈선의 이름을 내걸고 있지만, 실은 모습에 집착하고 이름을 추구하며 뜻길을 버리지 못하는 거짓된 선을 비판하는 뜻이다.

우익지욱선사는 말귀 참구하며 전혀 말귀가 남이 없는 뜻[無生義]을 알지 못하고 죽은 말귀만을 붙들고 나가면서 스스로 최상승선(最上乘禪)을 실천한다고 착각하는 이들에 대해 공안(公案)을 '면제받는 좋은 증명서'로 삼는 이들이라 꾸짖는다.

요즈음 산 말귀 봄[看話]의 진실한 뜻을 모르고 간화선을 닦는다 함을 자랑 삼고 다니는 선류들이 화두로써 면제받는 증서 삼는 이들이라 할 것이다.

2) 여래선과 조사선

선은 연기의 실상밖에 선이 없으므로 선에 선이라는 이름과 닦는 모습이 공하다. 그러나 중생의 번뇌와 세간의 역사 속 중생과 중생의 삶의 흐림[衆生濁 命濁]이 없지 않으므로 중생의 번뇌와 사유의 병에 따라 그를 다스리는 선의 이름이 세워지고, 세간 역사의 사조와 대중의 요구에 따라 선의 차별된 닦는 모습이 세워진다.

여래선(如來禪)과 조사선(祖師禪)의 뜻은 중국 종파불교의 특성 속에서 세워진 뜻이다. 붓다가 가르친 해탈의 실천은 계·정·혜 세 가지 배움으로 요약되고 연기법의 실천에서 계·정·혜 세 가지 배움은 분리될 수 없다.

그런데 세 가지 배움 가운데 선만을 특화시켜 선의 종지를 표방하며 중국 당조에 종파로서의 선종이 출현하여 오직 여래의 정법안장이 선종의 법통 속에 있다고 주장하게 된다. 그리하여 연기법의 보편적 실천인 선이 종파의 법통에 갇히게 되면서 연기법의 실천에 혼란이 일어난다.

선의 종지가 깨달음의 종(宗)이 되려면 선이 곧 지혜와 계행 갖가지 파라미타행을 거두는 선이 되어야 한다.

초기 선종의 선사들은 대개 선종을 표방하면서도 선으로 만행을 거두는 선을 말했으니, 영가선사가 '여섯 가지 파라미타의 온갖 행이 삶의 바탕 가운데 두렷하다'[六度萬行體中圓]고 말함이 그러한 가풍이다.

또 여래선으로 최상승선을 지칭하다가, 선에 조사선이라는 이름을 붙여 이 조사선이 붓다의 여래선보다 높은 선을 말하는 개념으로 굳어지게 된 것도 불교의 종파와 국가권력이 결합한 중국불교의 특성을 통해 이해하지 않으면 안 된다.

앞에서 살핀 바 있듯 중국불교에서 원돈선은 이미 남북조 말기 남악 혜사선사의 『법화안락행의』와 수대(隨代) 천태지의선사의 『마하지관』에 표방되었고, 그 선법이 행해져 많은 삼매를 얻은 선사들이 배출되었다.

당조(唐朝) 국가권력의 새로운 등장은 유심론(唯心論)을 중심으로 한 불교 종파와 사상계의 재편을 수반한다. 그러므로 달마선종·화엄종·법상종의 종파적 주장들도 당조 새로운 국가권력의 출현과 그 권력의 요구와 관계지어 이해되어야 한다.

당조에서 달마남종(達摩南宗)으로 선의 법통을 세워낸 이는 하택신회선사(荷澤神會禪師)이다.

하택신회선사는 『금강경』을 사상적 기반으로 해서 천태선에서 이미 수립된 여래선의 돈오가풍(頓悟家風)을 새롭게 천명하여, 달마법통을 육대전의설(六代傳衣說)로 표방한다.

하택신회선사는 선의 법통을 천태와 다른 달마법통으로 표방했지만, 『하택어록』에 나온 그의 선관은 천태 원돈지관의 선풍을 『금강경』의 언어와 무념(無念)으로 다시 표방한 것이다. 그는 여래선의 충실한 계승자이다.

규봉종밀선사(圭峯宗密禪師)는 하택신회선사 선풍의 계승자로 자처하고 여래선을 말하지만, 그의 여래선 표방은 법통주의 시각에 가리어 여래선의 뿌리인 천태선을 부정함으로써 선종사상사에 큰 혼란을 야기했다.

또한 하택선에 대한 그의 치우친 해석이 도리어 하택신회선사를 지해종사(知解宗師)로 격하시키는 데 일조하게 된다.

중국 국가불교에서 당 고종 측천무후까지 달마북종(達摩北宗)이 선의 주도세력으로 있다가, 현종(玄宗) 때 하택신회선사의 선풍이 선을 주도하게 된 것은 국가권력의 힘이 그 바탕이 되고, 다시 하택선이 알음알이선[知解禪]으로 비판되는 것 또한 현종 이후 새로운 정치권력 재편 과정과 연관지어 살펴야 한다.

하택신회선사의 계승자라 말하고 여래선을 최상승선으로 표방한 규봉(圭峯)종밀선사에 의해, 여래선의 뿌리인 천태선은 선종사의 중심에서 소외된다. 그 다음 다시 선의 '마음 도장'(心印)을 조사선으로 표방한 후대 오종(五宗) 법통의 근간이 되는 선사들에 의해, 하택신회선사의 여래선이 부정되고 있으니 그 과정은 중국 국가불교의 특성 속에서 고찰되어야 한다.

먼저 여래선 원돈선으로 선종을 표방한 천태선사의 선을 차제선이라고 그릇 말함으로써 선종사 왜곡을 일으킨 규봉종밀선사의 『선원제전집의 서문』(禪源諸詮集都序)을 살펴보자.

그 가운데 규봉은 다음과 같이 천태선사의 원돈지관을 차제선으로 그릇 규정하고 있다.

만약 스스로의 마음이 본래 청정하여 원래 번뇌가 없고 샘이 없는 지혜의 성품이 본래 스스로 갖춰짐을 단박 깨치면[頓悟], 이 마음이 바로 붇다라 끝마쳐 다해도 다름이 없다.

여기에 의지해 닦는 자는 이것이 최상승선(最上乘禪)이며 또한 여래의 청정선[如來淸淨禪]이며 또한 일행삼매(一行三昧)라 하고 또한 진여삼매(眞如三昧)이니, 이것이 온갖 삼매의 뿌리이다.

만약 생각생각 닦아 익히면 저절로 백천삼매를 차츰 얻을 것이니, 달마 문하의 더욱 펼쳐 서로 전한 것이 곧 이 선이다.

달마가 아직 이르기 전에 옛날부터 여러 선가(禪家)의 알던 것은 다 사선팔정(四禪八定)이라 여러 고승들이 이 선을 닦아 다 공용(功用)을 얻었다.

남악·천태(南嶽 天台)는 삼제의 진리[三諦之理]를 의지해 세 그침[三止] 세 살핌[三觀]을 닦게 한다.

가르침의 뜻은 비록 가장 두렷하고 묘하나 그 나아가 문에 들어가는 차제는 또한 앞의 여러 선정의 실천하는 모습이다.

오직 달마가 전한 법은 단박 붇다의 바탕과 같아서 여러 문과 아주 다르므로 선을 익히는 자가 그 뜻을 알기 어렵다.

규봉종밀선사는 여래선의 뿌리이고 원돈지관인 천태선문을 차제선이라 격하시켜 하택신회선사를 여래선문의 정통으로 내세우려 했지만, 그 스스로 조사선을 표방하는 선사들에 의해 선의 법통 밖으로 내쳐졌다.

또한 하택신회선사를 추앙하기 위해 그가 하택선의 종지라 말한 내용들이 하택선의 종지를 오해시킴으로써 하택신회선사를 지해종사로 격하시키는 데 그 자신이 일조한다.

규봉종밀선사는 하택선을 '고요한 앎으로 바탕을 가리키고, 생각 없음으로 마루를 삼는다'[寂知指體 無念爲宗]고 정의한다.

위 정의가 하택선을 오해시키는 뿌리가 된다. 선의 고요함은 주체의 앎이 알되 앎이 없고 알려지는바 모습에 모습 없음을 고요함이라 하고, 선의 앎은 앎 없되 앎 없음도 없음을 앎이 없이 안다고 하는 것이다. 그러므로 선의 바탕을 말하려면 '모습 없는 실상'이 바탕이 된다고 해야 한다.

법신·반야·해탈 니르바나의 세 덕에 연결시켜 선의 인행을 말하면, 모습에 모습 없는 실상[無相]이 진리의 바탕이 되고, 생각에 생각 없는 지혜[無念]는 반야가 되고, 생각에도 머묾 없고 생각 없음에도 머묾 없는 행[無住]은 해탈의 활동이 된다.

고요한 앎[寂知]은 알되 앎 없고 앎 없음에 앎 없음도 없는 지혜이므로, 고요한 앎을 하나의 단어로 명사화해서 하택선이 진리의 바탕 삼는다고 정의하면, 고요한 앎이 다시 실체화되어 선이 파라미타로 발현되는 역동성이 설명되지 않는다.

생각에서 생각 없음은 공관(空觀)이 되고, 생각 없이 생각함은 가관(假觀)이 되어 공관과 가관이 평등할 때[空假平等], 있음과 없음에 머묾 없는 묘행[無住妙行]이 된다고 말해야 바른 정의가 된다.

흔히 조사선을 표방하는 선사들이 하택선을 비판할 때 드는 하택선의 종지는 바로 '안다는 한 글자가 뭇 묘함의 문이 된다'[知之一字衆妙之門]이다. 이는 『하택어록』 어디에도 없는 글귀이고 규봉선사가 말한 하택선의 정의이다.

하택이 앎[知]을 중시한 것은 앎 자체를 신비화하는 것이 아니라 선의 살피는 주체와 살피는 경계를 지금 일어나는 중생의 망념(妄念)에 둔다는 뜻이니, 이는 천태선사가 현전의 한 생각[現前一念] 밖에 살피는 경계가 없다고 한 가르침과 같은 맥락이다.

한 생각이 일어나고 사라지면 뒷생각[後念]이 살피는 지혜가 되고 앞생각[前念]이 살피는바 경계가 된다. 살피는바 생각이 인연으로 난 것이므로 생각에 생각 없음[於念無念]을 바로 보되 생각 없음에 머물지 않으면, 이것이 여래선의 종지이고 하택이 주장한 무념선

(無念禪)의 뜻이고, 대감혜능(大鑑慧能) 대사가 단어(壇語)에서 말한 무념의 뜻이다.

알고 보는 것에 알고 봄을 세우면[知見立知] 안다는 한 글자가 뭇 화근의 문이 되지만[知之一字 衆禍之門], 알고 보는 것에 알고 봄이 없으면[知見無見] 안다는 한 글자가 뭇 묘함의 문이 된다.

하택선의 앎은 앎을 써서 앎에 앎 없음을 깨닫도록 하는 것인데, '안다는 한 글자가 뭇 묘함의 문이 된다'는 하택선에 대한 정의는 어디에 근거하는가.

하택선사의 무념(無念)이 생각에 생각 있고 없음을 떠난 중도의 무념임을 다음 『하택어록』의 법문을 통해 살펴보자.

만약 깊고 깊은 법계를 사무쳐 통달코자 하면 곧장 일행삼매(一行三昧)에 들어가시오. 만약 이 사마디에 들려는 자는 먼저 반드시 『금강반야바라밀경』을 외워 지니고 반야바라밀을 닦아 배우시오.

그러므로 『금강반야바라밀경』은 말씀했소.

"만약 잘 행하는 남자나 여인으로 보디의 마음을 일으킨 자는 이 경 가운데 네 구절 게라도 받아 지니어 읽고 외우며 남을 위해 연설하면 그 복이 세간의 모습 있는 복보다 빼어나다."

어떤 것이 '남을 위해 연설하되 모습을 취하지 않는다'는 것이오?

모습을 취하지 않음이란 '한결같음'[如如]이오.

무엇을 한결같음이라 하오? 생각 없음[無念]이오.

어떤 것을 생각 없음이라 하오? 생각 없음이란 착함과 악함을 생각하지 않음이고, 끝 있음과 끝 없음을 생각하지 않으며, 한량 있음과 한량없음을 생각하지 않음이오.

또한 보디를 생각하지 않음이니 보디로써 생각을 삼지 않음이고, 니르바나(nirvāṇa)를 생각하지 않음이니 니르바나로 생각을 삼지 않음이오. 이것이 생각 없음이오.

이 생각 없음이 곧 반야바라밀이고 반야바라밀이 곧 일행삼매요. 여러 선지식들이 만약 배움의 자리에 있으면서 마음에 만약 생각이 있으면 곧 살펴 비추시오[覺照].

만약 마음 일으킴이 곧 사라지면 살펴 비춤이 저절로 없어지니 이것이 바로 생각 없음이오.

이 생각 없음에는 온갖 경계의 실체적인 모습이 없으니, 만약 온갖 경계가 있다면 곧 생각 없음으로 서로 맞지 않기[不相應] 때문이오.

여러 수행자로서 진실하게 보는 자가 깊고 깊은 법계[甚深法界]를 사무쳐 통달하면 곧 바로 일행삼매요.

그러므로『소품반야바라밀경』은 말씀하오.

"잘 행하는 이여, 이것이 반야바라밀이니 곧 모든 법 가운데에서 생각하는 바가 없음[無所念]이다."

우리들이 생각 없음의 법 가운데 평등하게 머물면 이와 같은 금빛 몸의 서른두 가지 빼어난 모습, 크나큰 밝은 빛, 이루 생각할 수 없고 말할 수 없는 지혜, 모든 붇다의 위없는 사마디, 위없는 지혜를 얻어서 모든 공덕을 다하게 될 것이오.

모든 붇다들께서 이를 말한다 해도 오히려 다할 수 없는데 하물며 성문(聲聞)이나 프라테카붇다이겠소.

그러니 생각 없음을 볼 수 있는 자는 여섯 아는 뿌리[六根]가 물듦 없고, 생각 없음을 보면 붇다의 지혜에 향할 수 있으며, 생각 없음을 보는 자는 실상이라 이름하오.

생각 없음을 보는 자는 '중도의 으뜸가는 뜻의 진리'[中道第一義諦]라 이름하며, 생각 없음을 보는 자는 강가아 강 모래알 수 공덕을 한때에 평등히 갖추며, 생각 없음을 보는 자는 온갖 법을 내고, 생각 없음을 보는 자는 온갖 법을 거두는 것이오.

하택선의 무념은 위의 문답에 나온 것처럼 있음과 없음을 떠난 중도의 뜻이다. 생각 있는 생각은 아는 자와 알려지는 것이 실체로 있는 생각이요, 생각에 생각 없음은 아는 자와 알려지는 것이 있되 공한 생각 없는 생각이다. 이와 같이 중도의 뜻을 보인 하택신회선사의 무념의 종지를 바로 드러내지 못한 신회선사의 계승자 규봉종밀선사가 보인 하택선의 정의로 인해, 남종선의 실질적 개창자 스승 신회선사로 하여금 여래선의 종지에 어긋나는 선사가 되게 한 측면이 없지 않다.

또한 중국 국가불교의 전통 속에서 하택선의 법통을 부정하지 않으면 안 되는 새로운 국가권력의 출현이 끝내 하택신회선사를 조사선의 법통에서 추방하게 되지 않았나 생각한다.

선에는 선의 모습도 공한 것인데 종파선의 법통을 가지고 서로 법의 정당성을 다툼으로써 선의 참된 실천성을 상실한 것이 중국불교의 법통논쟁이다.

그렇다면 여래의 가르침을 따라 참으로 디야나파라미타의 크나큰 길을 가려는 참된 수행자는, 중국 종파로서 선종이 말하는 '바른 법의 눈 진리의 곳간'[正法眼藏]으로서 선의 실천이 '여래의 가르침을 떠나 따로 있는 진리인가'를 스스로 물어서 선의 바른 길을 찾아

가지 않으면 안 될 것이다.

또한 붓다의 마음 도장[佛心印]은 가르침 밖에 따로 전한 것[敎外別傳]이라는 조사선 종장들의 주장은 관념화된 교리 이해를 깨뜨리기 위해 세운 극약의 처방이다. 그런데도 말폐화된 조사선의 선류들은 마음의 법은 '여래의 경교를 의지하지 않고 바로 깨달아야 한다'는 주장을 교조적으로 믿고 받아들인다.

붓다는 조사의 법을 전한 크신 스승[大師]이고, 조사는 붓다의 마음 도장을 전해 세간에 법의 깃발을 세운 제자들이다. 그렇다면 조사선을 신비화하는 말폐의 선류들은 스스로의 생각을 반성하여, 스승인 여래의 선[如來禪] 밖에 제자인 조사의 선[祖師禪]과 제자들의 법의 전승인 선의 법통이 실로 있는가를 물어, 그에 대한 진실한 응답을 찾아보아야 할 것이다.

선종에서 조사(祖師)란 선종 스스로 '앎과 행이 서로 응하는 이'[解行相應]이고 '붓다의 마음 도장을 전한 이'[傳佛心印]라고 하였다. 그런데도 조사의 선을 크신 스승 붓다의 여래선 위에 세우는 것이 붓다의 마음 도장을 전하고 여래의 법의 깃발을 세운 조사의 뜻이 되는가, 깊이 살펴야 할 것이다.

또한 법통주의에 가려 붓다의 마음 도장을 땅에 파묻는 이들은 영가선사가 「증도가」에서 '여래의 바른 법바퀴를 비방하지 말라'는 경책을 깊이 가슴에 새겨야 할 것이다.

3. 연기법의 선정 바른 실천성을 생각하며

중생의 번뇌와 고통이 본래 니르바나되어 있으므로 번뇌와 고통을 보디에 돌이키는 선정에도 선정의 이름과 모습이 공하고 선정의 지음 또한 지음 없는 지음이다.

선의 이름과 선의 닦음을 교조화하고 실체화하는 것은 연기론의 실천관을 이탈하고 연기적 해탈의 길을 등지는 것이다.

그러므로 선수행 방법론은 방법론 안에 자기지양을 안고 있어야 연기법의 수행방법이 된다.

선수행법과 선의 닦음을 교조화하고 신비화하는 것은 우익지욱선사가 '거짓 이름의 선'이라고 아프게 꾸짖는 선에 다름 아니다.

간화선을 주장하고 조사선을 주장해도 그 말귀를 타파해[話頭打破] 말귀가 적멸한 줄 모르고 그 화두 봄을 실체화하고 화두 봄 자체로 자랑 삼아 말하는 것 또한 방법론의 교조화로서 거짓 이름의 선이 된다.

우리는 앞에서 간략히 선문(禪門)의 법통설을 절대화하는 것이 선 자체의 실천성을 얼마나 왜곡시키며 역사적 진실을 왜곡시키는가 살펴보았다.

당조 여래선의 정통을 달마선문으로 세운 선사는 하택신회이고, 규봉종밀선사는 그의 정통 계승자를 자처한다.

달마선문으로 여래선 법통을 세운 이들에 의해 여래선의 뿌리인 천태선문이 종파로서의 선종 밖으로 배척되고, 다시 조사선을 주장함으로써 기존의 법통을 반대하는 선사들에 의해 하택·규봉이 다시 지해종사가 되었다.

천태선은 원돈지관을 중심으로 차제지관과 부정지관을 아우르는 선관으로, 여래의 교설 가운데 나온 온갖 선관을 사마타와 비파사나[止觀]로 회통하고 있다. 그러므로 남악·천태의 선문이 차제선으로 정의될 수 없으며, 여래의 선 밖에 조사선이라는 높은 선이 있다는 주장 또한 조사선을 교조화하는 법통주의의 산물일 뿐이다.

중국 종파불교는 각기 종파에 따라 해탈의 성에 들어가는 종지(宗旨)를 달리 기술함으로 자기 종파의 독자성을 표방하고 있다.

그러므로 후대 배우는 이들은 종파마다 달리 기술된 이름이 해탈의 성에 드는 문호의 차별이라, 돌아가는 뜻[旨趣]에서는 그 종지가 다르지 않음을 알아 이름과 모습의 차별성에 빠져서는 안 된다.

우익지욱선사는 종파마다 이름이 달라져도 그 종파가 불교의 정통성을 지녔다면 그 내용과 실천성이 다를 수 없음을 다음과 같이 말한다.

> 이름이 같지만 실제가 다른 것은 다음과 같다.
> 붇다[佛]께서 도(道)라고 말한 것은 세 가지 보디[三種菩提]를 말함이고, 노자(老子)가 도(道)라고 말한 것은 '비어 없어 스스로 그러함'[虛無自然]이고, 유가(儒家)가 도라고 말한 것은 오상오륜(五常五倫)인 것과 같다. 그러니 실로 같은 말[同語]이라고 할 수 없는 것이다.
> 이름이 다르지만 실제가 같음은 다음과 같다.
> 천태의 종지[台宗]에서는 한 마음의 세 살핌[一心三觀]이라 말하고, 현수(賢首) 스님이 '하나인 참된 법계'[一眞法界]라 말하고, 법상종(法相宗)이 '빼어난 뜻의 유식'[勝義唯識]이라 말하고, 선종(禪宗)이 '위를 향하는 한 수'[向上一着]라고 말함과 같다.
> 그러니 처음부터 조금도 다르지 않을 것이다.
> 마치 하나인 중국의 수도를 북경(北京)이라 하고 연도(燕都)라 하고 순천부(順天府)라 함과 같다.

북경을 많이들 말하여 연도를 낮게 보아 못난 것으로 삼거나, 연도를 말하여 순천부를 낮게 말하겠는가.

나는 그런 사람들이 반드시 남의 비웃음거리가 된다는 것을 안다.

그처럼 종파들이 성품[性]과 모습[相]으로 강을 나누고, 남과 북이 패거리를 세운다면 무엇이 이런 무리들과 다르겠는가.

위에서 천태의 '한 마음의 세 살핌'을 화엄의 '하나인 참법계'와 같다고 한 것은 천태의 살핌은 진리를 지혜로 보인 것이고, 화엄의 법계는 진리를 경계로 보였기 때문이다.

법상종이 '빼어난 뜻의 유식'이라고 한 것은 지금 중생의 보고 듣는 앎활동의 공한 진실 밖에 진제가 없음을 보인 것이고, 선종이 '위로 향하는 한 수'라 한 것은 닦음에 닦음 없어 닦음 없는 닦음이 온통 진리임을 들어서 법을 보이기 때문이다.

또 초기 불교에서 가르친 다섯 쌓임·열두 들임·열여덟 법의 영역이 여래의 가르침이라면, 이 모든 법의 실상[諸法實相]을 바로 살피는 비파사나 밖에 여래의 선이 없고, 여래의 선 위에 조사선이 세워질 수 없다. 조사선이라는 특별한 선이 있다고 말하는 이들이야말로 조사선도 모르고 여래선도 모르는 자들일 뿐이다.

여래선을 원돈지관에 회통하여 보인 천태선사의 『마하지관』에서는 살피는 지혜[智]를 열 가지 실천의 수레[十乘]로 보이고, 살피는 경계[境]를 열 가지 경계[十境]로 보인다.

그리고 열 가지 실천의 수레 가운데 첫째 '부사의경계를 살핌'[觀不思議境]이 뒤의 아홉 가지 실천의 수레를 아우른다고 말한다.

또 열 가지 경계에서 살피는바 부사의경계란 다른 신묘한 경계가 아니고, 붇다가 가르치신 다섯 쌓임·열두 들임·열여덟 법[蘊處界]의 영역의 있되 공하고 공함도 공한 중도의 진실이라 말한다.

살피는바 부사의경계가 다섯 쌓임·열두 들임·열여덟 법의 영역의 중도실상이므로 천태선사는 부사의경계를 살핌이 곧 오음·십이입·십팔계의 경계를 살핌[觀陰入界境]이라 말한다.

이때 살피는바 오온·십이처·십팔계가 중생이 쓰는 한 생각 망념 밖이 아니므로 원돈지관은 바로 지금 '현전의 한 생각'에서 한 생각인 법의 실상을 살펴 해탈법계에 나아감이고 해탈의 행을 현전시킴이다. 다섯 쌓임은 마음인 물질이자 물질인 마음이니, 다섯 쌓임은 마음[心] 한 법에 거두어진다.

이렇게 보면 생각으로 생각의 진실을 바로 보아 생각에서 생각 떠나고 생각 없음에서 생각 없음을 떠나는 것밖에 원돈지관이 없다.

천태선사의 뜻이 스승 남악혜사선사의 뜻이고, 남악혜사선사의 뜻이 나가르주나 존자의 뜻이고, 나가르주나 존자의 뜻이 여래 경교의 뜻이니, 남악·천태의 여래선의 종지 밖에 조사선이 있다 하면 그는 바깥길[外道]의 수행자가 붇다의 법을 위장한 것이다. 그래서 천태선사는 그와 같은 사람들을 『마하지관』에서 '붇다의 법에 붙어 있는 바깥길'[附佛法外道]의 무리들이라 말한 것이다.

남양혜충선사(南陽慧忠禪師)는 다섯 쌓임·열두 들임·열여덟 법의 영역을 살펴 중도실상을 깨치는 것밖에 조사의 도[祖師道]가 있을 수 없음을 다음과 같이 가르친다.

그 승려가 말했다.
"국사께서 또한 '마음이 곧 붇다'라고 말하고, 남방의 선지식 또한 그러한데 어찌 다르고 같음이 있습니까. 국사께서는 스스로 만 옳다 하고 남은 그르다 해서는 안 될 것입니다."

국사가 말했다.

"때로 이름은 다르나 바탕은 같기도 하고, 때로 이름은 같으나 바탕은 다르기도 하니 이로 인해 넘치어 섞이는 것이다.

다만 보디·니르바나·진여·불성과 같음은 이름은 다르나 바탕은 같고, 참마음·망령된 마음·붇다의 지혜·세속의 지혜는 마음과 지혜라는 이름은 같으나 바탕은 다르다.

남방에서는 잘못 망령된 마음을 가지고 참된 마음이라 말하기 때문에 도적을 자식으로 잘못 안 것이다.

또 세속의 지혜를 취해 붇다의 지혜라고 말하니 이는 고기 눈을 밝은 구슬로 혼동함과 같다. 그러므로 같다고 맞장구칠 수 없으니 일은 반드시 가려내야 한다."

"어찌해야 이런 허물을 떠날 수 있습니까."

국사가 말했다.

"그대는 다만 자세히 다섯 쌓임·열두 들임·열여덟 법의 영역을 돌이켜 살피라. 낱낱이 사무쳐보면 털끝이라도 얻을 수가 있는가."

"자세히 살피니 한 물건도 얻을 것을 보지 못합니다."

국사가 말했다.

"그대는 몸과 마음의 모습을 무너뜨리는가."

"몸과 마음의 성품이 스스로 모습을 여의었는데 무슨 무너뜨릴 것이 있겠습니까."

국사가 말했다.

"몸과 마음 밖에 다시 어떤 것이 있는가."

"몸과 마음은 밖이 없는데 어찌 어떤 것이 있겠습니까."
"그대는 세간의 모습을 무너뜨리는가."
"세간의 모습이 곧 모습 없음인데 어찌 다시 무너뜨리겠습니까."
국사가 말했다.
"만약 그렇다면 곧 허물을 떠난 것이다."
선객이 '그렇습니다'하고 가르침을 받았다.

 남양혜충선사는 대감혜능선사 입적 이후 삼대(三代)에 걸쳐 당조의 국사가 된 고승으로, 스스로 '나는 나라의 스승이지 나라를 스승 삼은 사람이 아니다'라고 말한 대조사이다. 그는 법통으로는 혜능선사의 제자로 되어 있지만, 일생 도안법사(道安法師)와 혜사선사 두 분을 모범이 되는 스승으로 마음속에 모시고 살았다.
 선은 기특한 법이 아니고 세계의 연기실상을 깨달아 실상 그대로 해탈의 삶을 사는 길이다.
 연기법에서 진리를 살핌은 여기 있는 지혜로 지혜 밖의 진리를 보는 것이 아니라, 진리를 살필 때 진리는 지혜인 진리로 주어진다.
 살피는바 진리에 모습 없으므로 살피는 지혜의 앎에 앎이 없어, 지혜의 진리 살핌은 살필바 대상으로서의 진리가 없어 온전히 해탈의 행으로 주어지지 관조적인 지혜로 주어지지 않는다.
 선의 살핌에서 살피는 지혜와 살피는바 진리가 모두 공함을 알아 지혜와 진리의 실체성을 넘어서는 것[雙遮能所]이 지혜인 고요함이고, 지혜와 진리가 공하되 공함도 없어 지혜와 진리의 연기성을 동시에 살리는 것[雙照能所]이 고요함인 지혜이다.
 지혜인 고요함을 사마디라 하고 디야나라 하고 사마타라 하며, 고요함인 지혜를 프라즈냐라 하고 사마파티라 하고 비파사나라 한다.

그러므로 선정과 지혜가 하나됨은 주관·객관의 실체성을 모두 버리되 주관·객관의 진실을 모두 살려 드러내는 '크고 넓은 행'[廣大行]으로 발현되니, 이 행을 파라미타라 하고 '여덟 가지 바른 삶의 길'[八正道]이라 한다. 파라미타행으로 발현되지 않는 선은 연기론적 선이 아니고 절대신성과 하나됨을 추구하는 신비선정이거나 내면의 영혼을 찾는 영혼주의자의 길이 될 것이다.

차제선법을 보인 혜사선사의 『제법무쟁삼매행문』은 차제선법이 마하야나의 길이 됨을 보이고, 선정이 프라즈냐파라미타가 되고 해탈의 업이 되며 법의 보시행이 되어야 함을 이렇게 말한다.

> 어떤 사람 해탈의 길 구하려 하면
> 열 가지 착한 업 갖춰 행하고
> 선과 악, 무기의 세 가지 성품 살피고
> 마음과 눈과 귀, 뜻의 성품 살피라.
> 그러면 세 가지 믿음 갖추게 되고
> 공하고 모습 없고 지음이 없는
> 세 가지 해탈을 이루게 되리.
>
> 若人欲求解脫道　具足十善觀三性
> 心性眼性及意性　具足三信三解脫
>
> 몸과 마음 공한 줄 바로 살펴서
> 깨끗한 계와 율을 받아 지니면
> 진여의 바른 지혜 얻게 되나니

그것을 믿음의 계라 이름하네.
이 몸이 그림자와 같다 살피며
변화로 생겨난 바와 같다 살피고
마음에 주인 없고 이름 없으며
모든 죄와 죄 아님이 마치 꿈 같고
헛깨비와 같다고 살피고서는
목숨 잃는 지경에 이른다 해도
계를 깨지 아니하고 계를 지키면
고요한 니르바나 끝내 증득해
모습 얻어 나는 분별 멀리 여의리.

觀身心空持淨戒　證眞如解名信戒
觀身如影如化生　觀心無主無名字
觀罪不罪如夢幻　乃至失命不破戒
持戒畢竟證寂滅　遠離得相之分別

계를 지님 그 모습은 본래 공해도
이 때문은 세간에 안 섞이나니
또한 공에 집착 않고 세간 따르면
니르바나 해탈의 뜻에 깊이 들어서
세간의 열 가지 선 버리지 않고
샘이 없는 선정 지혜 얻게 되리라.
선정과 어지러운 마음이 없이
믿음을 바로 안정할 때에
네 곳 살핌을 닦고 닦아서

네 가지 뒤바뀜을 끊어 없애고
네 가지 진제인 온갖 모습 깨치리니
이것을 반야바라밀이라 말하네.

持戒雖空不雜世　亦不著空隨世法
深入涅槃解脫意　不捨世間十善行
獲得無漏禪智慧　無定亂心定信時
修四念處斷四倒　證四眞諦一切相
是名般若波羅蜜

모든 법이 참된 성품과 같고
지혜와 같고 믿음과 같으니
수행자가 이 세 가지 믿음 갖추면
이 사람은 법의 보시 얻을 것이니
믿음과 보시, 계 지님과 들음과 지혜
스스로와 남에 대한 부끄러움
이 일곱 가지 소중한 법의 재물을
깨달음에 이끄는 스승이라 하네.
일곱 가지 법의 재물 못 갖춘다면
이와 같은 수행자는 높은 법자리
반드시 오를 수가 없게 되리라.
참된 실상 믿어 깨침 이미 없어서
제 스스로 바른 법을 알지 못하니
대중 향해 거짓말로 무엇 말하리.
이 사람은 스스로를 속일뿐더러

남을 또한 거짓말로 속이는 자니
마음을 바삐바삐 어지럽혀서
붓다를 비방하는 말만 하리라.

諸法如性如慧信　若人具足此三信
是人乃可得法施　信施戒聞慧慚愧
是此七財名導師　若不具足此七法
是人不應昇高座　旣無信證自不知
向衆妄語何所說　此人誑自亦誑他
忽忽亂心謗佛說

부유하고 너그러운 저 장자에게
스스로 재물 있음같이 되어야
그 사람이 행하는 법의 보시를
실다운 보시라고 말하게 되니
만약 도를 닦아 해탈 얻으려면
저 장자처럼 진실한 보시 행하라.
받는 이나 법을 따라 배우는 이들
모두 이를 본받아 행하여서
먼저 배워 제 스스로 증득하고서
실상대로 바르게 법을 설하여
반드시 바삐바삐 번뇌 마음으로
뒷세상 어지럽게 하지 말지라.
붓다의 뜻은 깊어 알 수 없으니
가르침 그대로 닦아 행해서

참다웁게 깨쳐야 비로소 알리.

如富長者自有財　所行法施名實施
若人修道證解脫　如富長者行實施
受者學者皆效此　先學自證如實說
不應忽忽亂後世　佛意甚深難可知
如敎修行證乃解

차제선의 방편에서 방편이 공한 줄 알면 곧 방편을 버리고 크고 곧은 길을 가는 것이다. 혜사선사의 뜻으로 보면 '안으로 몸과 마음, 밖으로 세간법이 그림자와 같고 꿈과 같다'고 살펴, 앞 따라 나는 세 가지 느낌이 공한 줄 알면 선정과 지혜가 하나되고 계행이 갖춰져서 프라즈냐파라미타가 되는 것이다.

또 파라미타가 될 때 일곱 가지 법의 재물로 세간을 참으로 이롭게 할 수 있는 것이며 법의 보시로 세간을 안락하게 할 수 있는 것이니, 몸 안에 신묘하게 아는 자[神我] 깨치는 것으로 돈오를 말하는 이들을 어찌 붇다의 뜻에 하나된 자라 할 수 있을 것인가.

모든 법의 실상 밖에는 설사 니르바나보다 더한 것이라도 마라(māra)의 헛된 꿈이라는 경의 가르침을 깊이 살펴야 할 것이다.

1) 갖가지 선정의 이름과 방법

• 이끄는 글 •

온갖 존재의 연기적인 진실 밖에 디야나의 고요함도 없고 프라즈냐의 지혜도 없다.

살피는바 온갖 존재의 있는 모습에 실로 있음이 없고 공한 진리에 실로 공함이 없다. 그러므로 살피는 지혜 또한 실로 앎도 없고 앎 없음도 없으며 비춤도 아니고 고요함도 아니다[非照非寂].

그렇지만 모습에 머물지 않는 선정의 고요함을 보이기 위해 비추되 고요한[照而寂] 사마타를 말하고, 공함에 머물지 않는 선정의 밝음을 보이기 위해 고요하되 비추는[寂而照] 비파사나의 밝음을 말한 것이다.

이처럼 선정에는 고요함에도 머물 고요함이 없고 비춤에도 취할 비춤이 없지만, 중생의 병통 따라 세워진 선정의 실천에는 병통 따라 달리 보인 실천의 모습과 병에 따라 달리 드러나는 선정의 모습이 있다.

선정 또한 몸과 마음의 쉼, 살피는 지혜의 인연으로 일어난 것이다. 그러므로 선정의 모습은 병을 앓고 있는 중생의 입장에서는 의지해서 병을 나아야 하므로 버릴 것이 없다.

그러나 선정도 인연으로 난 모습이므로 선정의 모습 자체를 취하면 이는 약이 병을 키우듯 해탈의 행을 장애하는 새로운 병통이 되므로 취해서도 안 된다.

중생의 병통이 한량없으므로 병통을 다스리는 선정의 이름과 실천 또한 백천 사마디[百千三昧]의 이름과 모습이 세워진다.

선정의 방편이 없으면 번뇌의 어지러움을 쉬고 해탈의 문을 열 수 없고, 선정의 방편을 집착하면 실천의 원인이 닫혀지게 되어 원인 가운데서 니르바나의 결과를 말할 수 없게 된다.

선정의 방편으로 번뇌의 어지러움을 쉬되 실로 쉼이 없고 부지런히 닦되 실로 닦아 행함이 없을 때 선정은 디야나파라미타가 된다.

그러므로 디야나파라미타 가운데 닦음 없고 닦지 않음도 없을 때, 닦아감에 실로 닦음이 없어서 닦음이 온통 진리의 성품이 될 것[全修卽性]이고, 번뇌가 공한 본래의 니르바나의 땅에서 온전히 닦음 없는 닦음을 일으키게 될 것이다[全性起修].

『화엄경』(「이세간품」離世間品)은 선정과 사마디 모든 파라미타 행이 보디의 땅에서 일어나 중생을 다시 보디의 땅에 이끌어 여래와 평등하게 하는 행임을 이렇게 말한다.

> 잘 행하는 보디사트바의
> 사마디는 성곽이 되고
> 비어 고요함은 궁전이니
> 자비는 갑옷 지혜는 칼
> 바른 생각은 활이 되며
> 밝고 날카로움은 화살이 되네.
> 三昧爲城廓 空寂爲宮殿
> 慈甲智慧劍 念弓明利箭

신묘한 힘의 일산 높이 펼치고
지혜의 깃발을 훤칠히 세워
참음의 힘 움직이지 않고서
마라왕의 군대 곧장 깨뜨리네.

高張神力蓋　逈建智慧幢
忍力不動搖　直破魔王軍

다라니는 평평한 땅이 되고
뭇 좋은 행은 강물이 되며
맑은 지혜는 솟구치는 샘
묘한 지혜는 수풀이 되네.

總持爲平地　衆行爲河水
淨智爲涌泉　妙慧作樹林

빈 마음 맑은 못이 되고
일곱 갈래 깨달음 법은
꽃술 머금은 꽃이 되어
신묘한 힘 스스로 장엄해
사마디로 늘 즐거워하네.

空爲澄淨池　覺分菡萏華
神力自莊嚴　三昧常娛樂

잘 행하는 보디사트바는
이처럼 몸과 말과 뜻을 모두

모든 붇다와 평등히 하려고
금강 같은 마음을 반드시 내
이 공덕의 행 따라 배우네.

欲令身語意　悉與諸佛等
應發金剛心　學此功德行

  이처럼 보디사트바가 선정과 사마디의 행으로 돌아가는 보디의 땅에는 머물러서 취할 보디의 모습이 없다. 그러므로 여래의 보디와 하나된 보디사트바의 행은 다시 중생과 붇다를 섬기고 세계를 장엄하는 행이 되는 것이니, 경은 다시 말한다.

그 마음이 늘 고요하여
청정하기 허공과 같지만
널리 세계를 장엄하여
온갖 중생에게 나타내보이네.

其心常寂滅　淸淨如虛空
而普莊嚴刹　示現一切衆

① 그침[samatha, 止]과 살핌[vipaśyanā, 觀]

덧없음의 불을 끄기 위해서는
그침과 살핌 두 법을 닦아야 하리

이와 같이 내가 들었다.

한때 붓다께서는 슈라바스티 국 제타 숲 '외로운 이 돕는 장자의 동산'에 계셨다. 그때 세존께서 여러 비구들에게 말씀하셨다.

"마치 어떤 사람이 있는데, 불이 머리와 옷을 태우는 것과 같다. 어떻게 건져야 하겠는가?"

비구들은 붓다께 말씀드렸다.

"세존이시여, 더욱 위로 오르고자 함을 일으켜 방편을 은근히 해 때맞춰 구해 없애야 합니다."

덧없음의 불을 그침과 살핌으로 끄도록 하심

붓다께서는 비구들에게 말씀하셨다.

"머리나 옷이 타는 것은 오히려 잠깐 잊을 수 있지만, 덧없음의 타오르는 불은 반드시 다해 끊어야 한다.

덧없음의 불을 끊기 위해서는 그침[止, samatha]을 닦아야 한다.

어떤 법 등의 덧없음을 끊기 위하여 그침을 닦아야 하는가?

곧 물질의 덧없음을 끊기 위하여 그침을 닦아야 하고, 느낌·모습취함·지어감·앎의 덧없음을 끊기 위하여 그침을 닦아야 한다.

이와 같이 덧없음의 불을 끊기 위해서는 살핌[觀, vipaśyanā]을 닦아야 한다.

어떤 법 등의 덧없음의 불을 끊기 위하여 살핌을 닦아야 하는가?

곧 물질의 덧없음을 끊기 위하여 살핌을 닦아야 하고, 느낌·모습 취함·지어감·앎의 덧없음을 끊기 위하여 살핌을 닦아야 한다.

이와 같이 비구들이여, 과거·미래·현재의 덧없음을 끊고, 나아가 사라져 없어짐을 끊기 위해 그침과 살핌을 닦아야 한다.

어떤 법 등의 과거·미래·현재의 덧없음을 끊고, 나아가 사라져 없어짐을 끊기 위해 그침과 살핌을 닦아야 하는가?

곧 물질의 과거·미래·현재의 덧없음을 끊고, 나아가 사라져 없어짐을 끊기 위해 그침과 살핌을 닦아야 한다.

느낌·모습 취함·지어감·앎 또한 이와 같다."

다섯 쌓임의 진실상을 살펴야 해탈할 수 있음을 보이심

"그러므로 모습 있는 물질[色]은 과거든 미래든 현재든, 안이든 밖이든, 거칠든 가늘든, 곱든 밉든, 멀든 가깝든, 그 온갖 것은 나[我]가 아니요, 나와 다름[異我]도 아니며, 나와 나와 다름이 함께 있는 것[相在]도 아니라고, 진실 그대로 알아야 한다.

느낌·모습 취함·지어감·앎 또한 이와 같다.

이와 같이 많이 들은 거룩한 제자로서 이와 같이 바르게 살피는 사람은 물질에서 집착하지 않는 마음을 내고, 느낌·모습 취함·지어감·앎에서 탐착하지 않는 마음[厭]을 낸다.

탐착하지 않으므로 즐겨하지 않고, 즐겨하지 않으므로 해탈하며, 해탈지견(解脫知見)이 생겨 '나의 태어남은 이미 다하고 범행은 이미 서고, 지을 바를 이미 지어 다시는 뒤의 있음을 받지 않는다'라고 스스로 안다."

붓다께서 이 경을 말씀하시자, 여러 비구들은 붓다의 말씀을 듣고 기뻐하며 받들어 행하였다.

• 잡아함 186 지경(止經)

• 해설 •

덧없음의 불을 끄지 않으면 나의 삶의 안정과 평화가 참으로 위태로워지니 그 불을 꺼야 한다.

덧없음의 거센 불바람과 세찬 강물에 휩쓸려가면 찰나찰나 나고 사라짐에 갇히고 따라 흘러가니, 그 불을 끄지 않으면 영겁의 윤회만이 있게 된다.

어떻게 그 불을 끄는가. 저 덧없음의 변화가 남이 없는 남이고 사라짐 없는 사라짐인 줄 바로 볼 때 덧없음의 불을 끄고 흘러감 속에서 흘러감 없는 삶의 평화를 얻어, 따라 흘러감 없이 저 변화를 삶의 창조적 활동상으로 쓸 수 있다.

아는 마음은 알려지는 것으로 인해 마음이고 알려지는 것은 마음으로 인해 알려지는 것이니, 마음과 물질이 모두 나가 아니고 나와 다름도 아니고 둘이 같이 있음[相在]도 아니다.

이와 같이 살펴 다섯 쌓임의 법이 있되 있음 아니고 다섯 쌓임의 변화가 변화 아닌 줄 살피면 이것이 비파사나이고, 변화가 공한 줄 알아 변화를 따라 흐르지 않으면 사마타이다.

다시 흐름 속에서 진여를 아는 것이 사마타이고, 사마타의 고요함에 머물지 않고 변화 아닌 변화를 온전히 나의 삶활동으로 쓰는 것이 비파사나이다.

사마타와 비파사나가 하나되면 '온갖 행이 덧없어 온갖 것 공함이 곧 여래의 크고 두렷한 깨달음이다'[諸行無常一切空 卽是如來大圓覺]라고 한 옛 선사의 뜻을 밝게 알리라.

아란야 비구가 그침과 살핌
두 법을 행하면 해탈의 지혜 얻나니

이와 같이 들었다.

한때 붇다께서는 슈라바스티 국 제타 숲 '외로운 이 돕는 장자의 동산'에 계셨다.

그때 세존께서 여러 비구들에게 말씀하셨다.

"아란야 비구는 반드시 두 가지 법(法)을 닦아 행해야 한다. 어떤 것이 그 두 가지 법인가? 그침과 살핌을 말한다.

만약 아란야 비구가 쉬고 쉬어 그침[休息止]을 얻으면, 곧 계율을 성취하여 바른 몸가짐[威儀]을 잃지 않고, 금하는 행[禁行]을 범하지 않고 여러 공덕을 짓는다.

만약 다시 아란야 비구가 살핌을 얻고 나면, 이 괴로움[苦]을 살피어 진실 그대로 알고, 괴로움 모아냄[苦集]을 살피고, 괴로움의 사라짐[苦盡]을 살피며, 괴로움에서 벗어남[苦出要]을 살피어 진실 그대로 알게 된다."

그침과 살핌 닦아 얻는 과덕을 보이심

"그가 이와 같이 살피고 나면 탐욕의 흐름[欲漏]에서 마음이 해탈하고, 존재의 흐름[有漏]과 무명의 흐름[有漏]에서 마음이 해탈하여 곧 해탈의 지혜를 얻는다.

그리하여 '나고 죽음은 이미 다하고 범행은 이미 서고, 지을 바를 이미 지어 다시는 뒤의 있음을 받지 않는다'는 것을 진실 그대로 안다.

과거의 모든 다타가타(Tathāgata)·아라한(Arhat)·삼약삼붇다(Samyak-saṃbuddha, 等正覺)께서도 다 이 두 가지 법으로 말미암아 성취하게 되었다. 왜 그런가. 보디사트바가 나무 밑에 앉았을 때에 먼저 이 그침과 살핌, 두 가지 법을 사유하였기 때문이다.

만약 보디사트바마하사트바가 그침을 얻고 나면 마라와 원수[魔怨]를 항복받을 것이다. 만약 다시 살핌을 얻고 나면 바로 세 가지 통달한 지혜[三達智]를 이루어 위없고 지극히 참됨·바른 깨달음을 이루게 된다.

그러므로 여러 비구들이여, 아란야 비구는 반드시 방편을 구하여 이 두 가지 법을 행하여야 한다.

이와 같이 여러 비구들이여, 반드시 이렇게 배워야 한다.”

그때 여러 비구들은 붇다의 말씀을 듣고 기뻐하며 받들어 행하였다.

• 증일아함 20 선지식품(善知識品) 七

• 해설 •

덧없음의 불은 어떻게 끌 수 있는가. 사마타를 닦아야 끌 수 있다. 어떻게 사마타를 닦을 수 있는가.

비파사나로 저 다섯 쌓임이 연기이므로 공함을 살펴 덧없는 나고 죽음이 나되 남이 없이 나고 사라지되 사라짐 없는 사라짐인 줄 알아야 덧없음 속에서 고요할 수 있는 것이다.

그러므로 비파사나로 사마타의 고요함이 성취되고 사마타일 때 비파사나의 밝음이 현전하니 사마타인 비파사나일 때 마음이 해탈하게 된다.

사마타일 때, 아는 지혜와 알려지는바 경계가 함께 공하여[境智俱空] 눈이 빛깔을 보고 귀가 소리를 들을 때, 보고 들음에 보고 들음이 사라진다.

사마타인 비파사나일 때[卽止之觀], 아는 지혜는 앎 없는 앎이 되고 경계는 모습에 모습 없는 실상이 되어, 앎 없는 앎과 모습에 모습 없는 진리가 함께 살아난다[境智雙照].

그침과 살핌 이 두 가지 법을 때로 선정과 지혜[定慧]라 말하고, 고요함과 비춤[寂照]이라 말하며, 고요함과 밝게 앎[寂知]이라 말하니, 과거의 붇다도 이 두 가지 법으로 위없는 보디를 이루셨고, 현재의 붇다도 보디를 이루셨으며, 미래의 붇다인 지금의 보디사트바마하사트바도 삼약삼붇다를 이룰 것이다.

삼약삼붇다를 이룰 때 보디사트바의 사마타인 비파사나(vipaśyanā)를 보디(bodhi)라 말하고, 보디사트바의 비파사나인 사마타(śamatha)를 니르바나(nirvāṇa)라 하는 것이니, 사마타와 비파사나 밖에 다른 해탈의 법이 없는 것이다.

② 사마디(samādhi, 三昧, 等持)

한량없는 사마디를 닦아 꾸준히 힘써
생각을 잡아매면 진실 그대로가 나타나나니

이와 같이 내가 들었다.

한때 붇다께서는 바이살리의 약사(藥師)인 기바구마라의 암라 동산에 계셨다. 그때 세존께서 여러 비구들에게 말씀하셨다.

"한량이 없는 사마디를 닦아 부지런히 힘써 생각을 잡아매야 한다. 왜 그런가. 한량없는 사마디를 닦아 부지런히 힘써 생각을 잡아매면 곧 진실 그대로[如實]가 밝게 드러나기 때문이다.

어떤 것에서 진실 그대로가 밝게 드러남인가?

눈에서 진실 그대로가 나타나고, 빛깔과 눈의 앎·눈의 닿음·눈의 닿음의 인연으로 생기는 느낌인 괴롭거나 즐겁거나 또는 괴롭지도 않고 즐겁지도 않은 느낌, 그것들에서 진실 그대로가 밝게 드러난다.

귀·코·혀·몸·뜻 또한 이와 같다.

이 모든 법은 덧없고 함이 있는 것이니, 이것이 진실 그대로가 밝게 드러남이다."

붇다께서 이 경을 말씀하시자, 여러 비구들은 붇다의 말씀을 듣고 기뻐하며 받들어 행하였다.

• 잡아함 207 삼마제경(三摩提經)

한량없는 사마디를 닦아 생각을 잡아매면
나고 죽음의 참모습 밝게 나타나니

이와 같이 내가 들었다.

한때 붇다께서는 슈라바스티 국 제타 숲 '외로운 이 돕는 장자의 동산'에 계셨다.

그때 세존께서 여러 비구들에게 말씀하셨다.

"한량없는 사마디를 닦아 오롯이 정진하여 생각을 잡아매야 한다. 한량없는 사마디를 닦아 잡아매면 이와 같이 진실 그대로가 드러난다.

어떻게 진실 그대로가 밝게 드러나는가?

늙음과 죽음의 진실 그대로가 밝게 드러나고, 늙음과 죽음의 모아냄·늙음과 죽음의 사라짐·늙음과 죽음을 없애는 길, 그 진실 그대로가 밝게 드러난다.

태어남, 존재, 취함, 애착, 느낌, 닿음, 여섯 들임, 마음·물질, 앎, 지어감의 진실 그대로가 밝게 드러나고, 지어감 등의 모아냄, 지어감 등의 사라짐, 지어감 등을 없애는 길, 그 진실 그대로가 밝게 드러난다.

이 모든 법은 덧없어 함이 있고 샘이 있으니, 이와 같이 진실 그대로가 밝게 드러난다."

붇다께서 이 경을 말씀하시자, 여러 비구들은 붇다의 말씀을 듣고 기뻐하며 받들어 행하였다.

• 잡아함 368 삼마제경(三摩提經)

• 해설 •

사마디는 온갖 어지러움이 쉰 고요함이니, 사마디일 때 바른 생각이 현전하고 바른 생각일 때 진실 그대로의 모습이 밝게 나타난다.

눈과 빛깔, 눈의 앎에서 진실 그대로가 나타난다는 것은 무엇인가.

눈이 빛깔을 보고 나아가 뜻이 법을 아는 여섯 앎[六識]에서 무명을 일으키고 탐욕이 일어나면 눈과 빛깔, 눈의 앎, 뜻과 법, 뜻의 앎의 진실이 나타나지 않는다.

눈이 빛깔 볼 때 탐욕 떠나면 보여지는 빛깔이 머물러 있는 빛깔이 아니라 늘 덧없고 함이 있는 빛깔로 드러난다. 덧없는 것은 공하기 때문에 덧없는 것이니, 덧없음을 알 때 공해 취할 것 없음을 아는 것이다. 탐욕 떠나 덧없는 진실이 드러나면 눈과 빛깔 눈의 앎이 있되 공해 눈[眼]이 눈 아닌 눈이고 저 빛깔[色]이 빛깔 아닌 빛깔이며, 뜻[意]이 뜻 아닌 뜻이고, 저 아는 바 법[所知法]은 법 아닌 법이 된다.

이와 같이 바로 보아, 눈이 빛깔을 보되 봄이 없고 뜻이 법을 알되 앎이 없으면, 앎 없이 아는 지혜의 진실과 모습에 모습 없는 경계의 실상이 온전히 드러나니, 이것이 진실 그대로 밝게 드러남이다.

십이인연에서도 마찬가지다. 사마디인 바른 생각이 현전하면 나고 죽음에 실로 남이 없고 죽음이 없음을 바로 보게 되니, 나고 죽음에 갇힌 애착과 취함이 사라져 마음에 마음 없고 물질에 물질 없는 진실이 드러난다.

나고 죽음을 나고 죽음으로 보는 것을 짐짓 무명이라 말한 것이니, 나고 죽음에 나고 죽음이 없음을 바로 본다면 무명이 실로 어디 있겠는가.

사마디일 때 다섯 쌓임은 법의 몸[法身]이 되고, 무명은 붓다의 보디(菩提)가 되고 탐욕의 삶은 법의 재물[法財]이 충만한 공덕의 삶이 되리라.

바른 살핌이 있으면 사마디를 잃지 않나니

이와 같이 내가 들었다.

한때 붇다께서는 슈라바스티 국 제타 숲 '외로운 이 돕는 장자의 동산'에 계셨다.

그때 존자 아쓰바짓(Aśvajit)은 동쪽 동산에 있는 므리가라마트리 강당에 있었는데, 그는 몸에 무거운 병이 걸려 아주 크게 괴로워하고 있었다.

존자 푸르나(Pūrṇa)가 그를 돌보아주며 쓸 거리를 대주고 있었다.

세존께서 아쓰바짓이 있는 곳에 가셔서 아쓰바짓에게 말씀하셨다.

"네 마음은 그 병의 고통을 견딜 만한가.

몸은 좀 나아 안온한가, 고통이 더 심해지진 않았는가."

아쓰바짓이 붇다께 말씀드렸다.

"제 병은 차도가 없어 몸을 안온하지 않게 하며, 여러 고통은 더욱 늘어나 손쓸 길이 없습니다.

만약 힘센 장사가 마르고 약한 사람을 붙잡아 줄로 머리를 매고 두 손으로 세게 조른다면 아주 크게 고통스러울 것입니다. 제가 지금 겪는 고통은 그보다 더합니다.

또 비유하면, 만약 소 잡는 사람이 날카로운 칼로 소의 배를 가르고 내장을 끄집어낸다면 그 소 배의 고통이 어떻게 견딜 수 있겠습니까? 제가 지금 겪는 배의 고통이 그 소보다 더합니다.

또 마치 두 힘센 장사가 한 약한 사람을 붙들어 불 위에 매달아놓고 두 발을 태우는 것과 같습니다. 지금 제 두 발의 뜨거움은 그보다 더합니다."

병고에 시달리는 아쓰바짓에게 다섯 쌓임의 진실을 깨우치심

"너는 마음이 바뀌어 뉘우치지 말라."

아쓰바짓이 붇다께 말씀드렸다.

"세존이시여, 저는 실로 바뀌어 뉘우치고 있습니다."

붇다께서 아쓰바짓에게 말씀하셨다.

"너는 계율 깨뜨림은 없는가?"

"세존이시여, 저는 계율을 깨뜨리지 않았습니다."

붇다께서 아쓰바짓에게 말씀하셨다.

"너는 계율을 깨뜨리지 않았는데 왜 바뀌어 뉘우치는가?"

아쓰바짓이 붇다께 말씀드렸다.

"세존이시여, 제가 먼저 아프지 않았을 때에는 몸이 쉬고 즐거워 사마디를 많이 닦아 익혔으나, 저는 오늘 다시는 그 사마디에 들 수 없습니다.

그래서 저는 이렇게 생각했습니다.

'이제 이 사마디를 물리어 잃어버리지 않겠는가?'"

붇다께서 아쓰바짓에게 말씀하셨다.

"내가 이제 너에게 묻겠다. 뜻을 따라 내게 대답하라.

아쓰바짓이여, 너는 '물질은 곧 나다, 나와 다르다, 둘이 같이 있는 것이다'라고 보느냐?"

"아닙니다, 세존이시여."

또 물으셨다.

"너는 '느낌·모습 취함·지어감·앎은 곧 나다, 나와 다르다, 둘이 같이 있는 것이다'라고 보느냐?"

아쓰바짓이 붇다께 말씀드렸다.

"아닙니다, 세존이시여."

다섯 쌓임의 연기적 진실을 깨우치자
아쓰바짓이 마음이 해탈하여 병이 나음

붇다께서 아쓰바짓에게 말씀하셨다.

"너는 이미 '물질은 곧 나다, 나와 다르다, 둘이 같이 있는 것이다'라고 보지 않았고, '느낌·모습 취함·지어감·앎은 곧 나다, 나와 다르다, 둘이 같이 있는 것이다'라고 보지 않았는데, 왜 바뀌어 뉘우치느냐?"

아쓰바짓이 붇다께 말씀드렸다.

"세존이시여, 사유를 바르게 하지 못하기 때문입니다."

붇다께서 아쓰바짓에게 말씀하셨다.

"만약 사문·브라마나가 사마디가 굳세고 사마디가 평등하면, 만약 그 사마디에 들지 못하더라도 그는 이렇게 생각하지 않는다.

'나는 사마디에서 물러나고 줄어들었다.'

만약 다시 거룩한 제자라면 '물질은 곧 나다, 나와 다르다, 둘이 같이 있는 것이다'라고 보지 않고, '느낌·모습 취함·지어감·앎은 곧 나다, 나와 다르다, 둘이 같이 있는 것이다'라고 보지 않는다. 다만 다음과 같이 깨달아 알아야 한다.

'탐욕이 길이 다해 남음이 없고, 성냄과 어리석음도 길이 다해 남음이 없다.

탐욕·성냄·어리석음이 길이 다해 남음이 없으면, 온갖 흐름이 다하고 샘이 없어서 마음이 해탈하고, 지혜가 해탈한다.'

그리하여 현재의 법에서 스스로 증득한 줄을 알아 '나의 태어남은 이미 다하고 범행은 이미 서고, 지을 바를 이미 지어 다시는 뒤의 있음을 받지 않는다'라고 스스로 안다."

붇다께서 이 법을 말씀하시자, 존자 아쓰바짓은 모든 흐름을 일으키지 않고[不起諸漏] 마음이 해탈을 얻어서 기뻐 뛰놀았다.

그는 기뻐하고 뛰놀므로 몸의 병이 곧 없어졌다.

붇다께서는 이 경을 말씀하시어 아쓰바짓을 기쁘게 해주시고, 따라 기뻐하신 뒷자리에서 일어나 떠나셨다.

• 잡아함 1024 아습파서경(阿濕波誓經)

• 해설 •

사마디의 고요함은 바른 사유인 사마디이니, 시끄러워 어지러운 마음을 억지로 쉬어 사마디가 이루어지지 않는다.

깊은 병의 고통 때문에 마음이 어지럽고 온갖 쓰라린 괴로움의 느낌 때문에 '지금까지 익혀왔던 사마디를 잃게 되지 않을까' 절망에 빠진 아쓰바짓을 세존께서 병문안하시어 바른 사유와 하나된 사마디의 길을 일러주니, 아쓰바짓은 마음이 해탈하여 곧 병의 고통을 털고 일어난다.

왜 그럴 수 있는가. 세존께서 보이신 사마디의 법은 다섯 쌓임이 모두 연기이므로 공함을 보는 지혜인 고요함이니, 사마디의 고요함 속에는 몸이 공하고 마음이 공하며 세계가 공하기 때문이다.

세존의 자비하신 법음에 지금껏 사마디를 닦아오되 지혜와 사마디가 온전히 하나되지 못했던 아쓰바짓은 말씀 아래 다섯 쌓임의 공성에 하나된 사마디, 실상 그대로의 사마디를 증득하였다.

그리하여 몸과 마음 세계가 공한 실상이 바로 드러나 몸의 병과 마음의 번뇌를 함께 버리니, 그가 이미 저 사슴동산 맨 처음 여래의 가르침에 아라한의 도를 깨달았지만 다시 한 번 크게 뛰어 진여법계(眞如法界)에 들어간 것이며, 병의 고통마저 벗어날 수 있는 사마디의 힘을 얻은 것이다.

병과 죽음의 고통 속에서 여래의 말씀 아래 곧바로 병의 괴로움이 다한 니르바나의 땅에 들어가[即入涅槃地] 크게 쉰[大休歇] 존자 아쓰바짓을 어떻게 찬탄할까.

『화엄경』(「광명각품」光明覺品)의 다음 구절이 그에 맞으리라.

몸과 목숨 아끼지 않고
여러 붇다의 법 늘 보살펴서
나 없음으로 마음을 고루면
여래의 도를 얻게 되리라.

不惜於身命 常護諸佛法
無我心調柔 能得如來道

③ 고요한 사유[samāpatti, 禪思]

고요한 사유 닦아 마음이 자재하게 되면
물질에도 자재하게 되니

이와 같이 내가 들었다.

한때 붇다께서는 라자그리하 성의 칼란다카 대나무동산에 계셨다. 그때 존자 사리푸트라는 그리드라쿠타 산 가운데 있었다.

그때 존자 사리푸트라는 이른 아침에 가사를 입고 발우를 가지고 그리드라쿠타 산에서 나와 라자그리하 성에 들어가 밥을 빌었다.

그러다가 길가에서 큰 마른 나무를 보고는, 곧 그 나무 밑에 깔개를 펴고 몸을 가다듬어 바르게 앉아 여러 비구들에게 말하였다.

사마파티로 신통의 힘을 얻으면 물질에도 자재함을 보임

"만약 어떤 비구가 고요한 사유[禪思]를 닦아 익히고 신통의 힘[神通力]을 얻어 마음이 자재(自在)하게 된다면, 이 마른 나무가 흙을 이루게 하려면 곧 흙을 이룰 수 있을 것이오.

왜 그런가요. 이 마른 나무 가운데 땅의 영역[地界]이 있기 때문이오. 그러므로 비구가 신통의 힘을 얻어 마음에 땅이라는 이해를 지으면 곧 땅을 이루어 틀림이 없을 것이오.

만약 어떤 비구가 신통의 힘을 얻어 뜻대로 자재하게 된다면, 이 나무를 물·불·바람·금·은 등의 물질로 만들려고 해도 그것들을 다 성취하여 틀림이 없을 것이오.

왜 그런가요. 이 마른 나무에는 물의 영역[水界] 등이 있기 때문이오.

그러므로 비구가 고요한 사유로 신통의 힘을 얻어 뜻대로 자재하게 되면, 마른 나무를 금으로 만들려고 하면 곧 금을 이루어 틀림이 없을 것이며, 또 다른 여러 가지 물질로 만들려고 하더라도 그것들을 다 이루어 틀림이 없을 것이오.

왜 그런가요. 그 마른 나무에는 그 갖가지 영역[界]들이 다 있기 때문이오.

그러므로 비구들이여, 고요한 사유로 신통의 힘 얻어 뜻대로 자재하게 되면, 갖가지 물질을 다 이루게 되어 틀림이 없을 것이오.

비구들이여, 알아야 하오. 고요한 사유로 얻는 신통 경계는 이루 사유할 수 없고 말할 수 없소.

그러므로 비구들이여, 반드시 고요한 사유를 부지런히 행해 여러 신통을 배워야 하오."

사리푸트라가 이 경을 말하자, 여러 비구들은 그 말을 듣고 기뻐하며 받들어 행하였다.

· 잡아함 494 고수경(枯樹經)

· **해설** ·

마른 나무를 물과 불, 금과 은으로 만들 수 있다는 사리푸트라 존자의 뜻은 무엇인가.

보는바 마른 나무는 나무 아닌 나무이니 그 나무는 공하되 공함도 공하여 법계인 나무이고, 보는 내 마음인 나무이다. 나무가 공하되 공함도 공한 줄 알면 나무가 곧 물과 불, 땅과 바람과 허공인 나무이다.

내 마음이 사마파티의 고요한 사유가 되면 저 법계인 나무는 나의 사마파티인 나무가 되니, 사마파티의 사유의 힘이 자재해 신통을 이루면 법계 진리 곳간의 한량없는 공덕을 쓸 수 있다.

존자는 나무가 나무 아니라 법계의 공덕장인 나무임을 가르쳐, 나의 번뇌의 마음을 사마파티의 마음으로 돌이키도록 가르치니, 선지식의 뜻을 바로 알아들어야 할 것이다.

『화엄경』(「세계성취품」世界成就品) 또한 지혜의 눈을 뜨면 시방국토가 진리 곳간의 보배가 됨을 다음과 같이 가르친다.

> 보디사트바가 머무는 세계의 바다
> 잘 꾸미어진 공덕의 큰 곳간은
> 때를 떠나 깨끗하고 환히 밝은 빛
> 좋은 보배로 이루어진 것이네.
> 이는 넓고 큰 믿음과 지혜의 마음
> 말미암아 그럴 수 있는 것이니
> 시방의 머무는 곳 모두 이와 같네.
>
> 佛子刹海莊嚴藏 離垢光明寶所成
> 斯由廣大信解心 十方所住咸如是

고요한 사유 닦아 익히면 늙고
죽음이 사라진 삶의 진실 밝게 나타나나니

이와 같이 내가 들었다.

한때 붓다께서는 슈라바스티 국 제타 숲 '외로운 이 돕는 장자의 동산'에 계셨다.

그때 세존께서 여러 비구들에게 말씀하셨다.

"반드시 방편을 부지런히 행해 고요한 사유를 닦아 익혀 안으로 그 마음을 고요하게 해야 한다.

왜 그런가. 비구가 고요한 사유로 안으로 그 마음을 고요히 하고 방편을 부지런히 행하면, 이와 같이 진실 그대로가 밝게 드러나기 때문이다."

사마파티로 드러나는 진실의 내용을 갖추어 말씀하심

"어떤 것이 진실 그대로가 밝게 드러나는 것인가?

늙음과 죽음의 진실 그대로가 밝게 드러나고, 늙음과 죽음의 모아냄·늙음과 죽음의 사라짐·늙음과 죽음을 없애는 길, 그 진실 그대로 밝게 드러난다.

태어남, 존재, 취함, 애착, 느낌, 닿음, 여섯 들임, 마음·물질, 앎, 지어감, 그 진실 그대로가 밝게 드러나고, 지어감 등의 모아냄, 지어감 등의 사라짐, 지어감 등을 없애는 길, 그 진실 그대로가 밝게 드러난다.

이 모든 법은 덧없어 함이 있고 샘이 있으니, 그 진실 그대로가 밝게 드러난다."

붇다께서 이 경을 말씀하시자, 여러 비구들은 붇다의 말씀을 듣고 기뻐하며 받들어 행하였다.

• 잡아함 367 수습경(修習經)

• 해설 •

사마디가 비치되 고요함이라면 사마파티는 고요하되 비춤이니, 사마파티는 안의 마음과 바깥 경계가 공함 속에서 비춤 없이 경계를 비추는 고요한 사유이다.

사마파티로 바르게 비출 때 늙음과 죽음, 나고 사라짐은 남이 없는 남[無生之生]과 죽음 없는 죽음[無死之死]으로서의 진실을 드러낸다.

안의 지혜가 밝으므로 존재의 진실이 드러나고, 모습에 모습 없고 남에 남이 없는 존재의 진실이 드러나면 안의 마음이 알되 앎이 없는 고요함이 된다. 안의 지혜가 밝되 고요하여 고요하되 바른 사유가 어둡지 않으면 이 것이 사마파티이니, 사마파티는 니르바나 진실의 땅에서 일어나 니르바나의 문을 여는 해탈의 원인이다.

그러므로 사마파티의 고요한 사유로 나아가는 자, 그는 니르바나의 해탈의 땅에 언약 받은 자로서 기나긴 밤 험한 가시밭길 나그네의 고달픔을 쉰 자이니, 그가 여래의 참 아들이고 딸이며 보디사트바이다.

④ 선정(禪定, dhyāna)

사마디와 바른 받음의 작용에 따라
선정에 갖가지 분별이 생기나니

이와 같이 내가 들었다.

한때 붓다께서는 슈라바스티 국 제타 숲 '외로운 이 돕는 장자의 동산'에 계시면서 여러 비구들에게 말씀하셨다.

"네 가지 선정이 있다.

어떤 선정은 사마디가 좋지만 바른 받음[正受]이 좋지 않고, 어떤 선정은 바른 받음이 좋지만 사마디가 좋지 않다.

어떤 선정은 사마디가 좋으면서 또한 바른 받음도 좋으며, 어떤 선정은 사마디가 좋지 않으며 바른 받음도 좋지 않다.

다시 네 가지 선정이 있다. 어떤 선정은 사마디의 머묾[住]이 좋으나 바른 받음의 머묾이 좋지 않고, 어떤 선정은 바른 받음의 머묾은 좋으나 사마디의 머묾은 좋지 않다.

어떤 선정은 사마디의 머묾도 좋고 바른 받음의 머묾도 좋으며, 어떤 선정은 사마디의 머묾도 좋지 않고 바른 받음의 머묾도 좋지 않다."

**사마디와 바른 받음의 받음과 머묾을
분별하고 일으킴과 때와 곳을 분별하심**

"다시 네 가지 선정이 있다. 어떤 선정은 사마디의 일으킴[起]이 좋으나 바른 받음의 일으킴은 좋지 않으며, 어떤 선정은 바른 받음의 일으킴은 좋으나 사마디의 일으킴은 좋지 않다.

어떤 선정은 사마디의 일으킴도 좋고 바른 받음의 일으킴도 좋으며, 어떤 선정은 사마디의 일으킴도 좋지 않고 바른 받음의 일으킴도 좋지 않다.

다시 네 가지 선정이 있다. 어떤 선정은 사마디의 때[時]가 좋지만 바른 받음의 때가 좋지 않으며, 어떤 선정은 바른 받음의 때는 좋은데 사마디의 때는 좋지 않다.

어떤 선정은 사마디의 때도 좋고 바른 받음의 때도 좋으며, 어떤 선정은 사마디의 때도 좋지 않고 바른 받음의 때도 좋지 않다.

다시 네 가지 선정이 있다. 어떤 선정은 사마디의 곳[處]이 좋지만 바른 받음의 곳이 좋지 않으며, 어떤 선정은 바른 받음의 곳은 좋은데 사마디의 곳은 좋지 않다.

어떤 선정은 사마디의 곳도 좋고 바른 받음의 곳도 좋으며, 어떤 선정은 사마디의 곳도 좋지 않고 바른 받음의 곳도 좋지 않다."

**사마디와 바른 받음의 맞이함과 생각,
생각하되 생각하지 않음 분별하심**

"다시 네 가지 선정이 있다. 어떤 선정은 사마디의 맞이함[迎]이 좋으나 바른 받음[正受]의 맞이함이 좋지 않으며, 어떤 선정은 바른 받음의 맞이함은 좋으면서 사마디의 맞이함은 좋지 않다.

어떤 선정은 사마디의 맞이함도 좋고 바른 받음의 맞이함도 좋으며, 어떤 선정은 사마디의 맞이함도 좋지 않고 바른 받음의 맞이함도 좋지 않다.

다시 네 가지 선정이 있다. 어떤 선정은 사마디의 생각[念]은 좋으나 바른 받음의 생각은 좋지 않고, 어떤 선정은 바른 받음의 생각은 좋으나 사마디의 생각은 좋지 않다.

어떤 선정은 사마디의 생각도 좋고 바른 받음의 생각도 좋으며, 어떤 선정은 사마디의 생각도 좋지 않고 바른 받음의 생각도 좋지 않다.

다시 네 가지 선정이 있다. 어떤 선정은 사마디의 생각하면서 생각하지 않음[念不念]은 좋으나 바른 받음의 생각하면서 생각하지 않음은 좋지 않으며, 어떤 선정은 바른 받음의 생각하면서 생각하지 않음은 좋으나 사마디의 생각하면서 생각하지 않음은 좋지 않다.

어떤 선정은 사마디의 생각하면서 생각하지 않음도 좋고 바른 받음의 생각하면서 생각하지 않음도 좋으며, 어떤 선정은 사마디의 생각하면서 생각하지 않음도 좋지 않고 바른 받음의 생각하면서 생각하지 않음도 좋지 않다."

사마디와 바른 받음의 오는 것과 싫어함 방편을 분별하심

"다시 네 가지 선정이 있다. 어떤 선정은 사마디의 오는 것[來]이 좋으나 바른 받음의 오는 것은 좋지 않으며, 어떤 선정은 바른 받음의 오는 것은 좋으나 사마디의 오는 것이 좋지 않다.

어떤 선정은 사마디의 오는 것도 좋고 바른 받음의 오는 것도 좋으며, 어떤 선정은 사마디의 오는 것도 좋지 않고 바른 받음의 오는 것도 좋지 않다.

다시 네 가지 선정이 있다. 어떤 선정은 사마디의 싫어함[惡]은 좋으나 바른 받음의 싫어함은 좋지 않고, 어떤 선정은 바른 받음의 싫어함은 좋으면서 사마디의 싫어함은 좋지 않다.

어떤 선정은 사마디의 싫어함도 좋고 바른 받음의 싫어함도 좋으며, 어떤 선정은 사마디의 싫어함도 좋지 않고 바른 받음의 싫어함도 좋지 않다.

다시 네 가지 선정이 있다. 어떤 선정은 사마디의 방편(方便)은 좋으나 바른 받음의 방편이 좋지 않으며, 어떤 선정은 바른 받음의 방편은 좋으나 사마디의 방편은 좋지 않다.

어떤 선정은 사마디의 방편도 좋고 바른 받음의 방편도 좋으며, 어떤 선정은 사마디의 방편도 좋지 않고 바른 받음의 방편도 좋지 않다."

사마디와 바른 받음의 그침과 들음, 버림을 분별하심

"다시 네 가지 선정이 있다. 어떤 선정은 사마디의 그침[止]은 좋으나 바른 받음의 그침은 좋지 않으며, 어떤 선정은 바른 받음의 그침은 좋은데 사마디의 그침은 좋지 않다.

어떤 선정은 사마디의 그침도 좋고 바른 받음의 그침도 좋으며, 어떤 선정은 사마디의 그침도 좋지 않고 바른 받음의 그침도 좋지 않다.

다시 네 가지 선정이 있다. 어떤 선정은 사마디의 들음[聞]은 좋으나 바른 받음의 들음은 좋지 않으며, 어떤 선정은 바른 받음의 들음은 좋으면서 사마디의 들음은 좋지 않다.

어떤 선정은 사마디의 들음도 좋고 바른 받음의 들음도 좋으며, 어떤 선정은 사마디의 들음도 좋지 않고 바른 받음의 들음도 좋지 않다.

다시 네 가지 선정이 있다. 어떤 선정은 사마디의 버림[捨]은 좋으나 바른 받음의 버림은 좋지 않으며, 어떤 선정은 바른 받음의 버림은 좋으나 사마디의 버림은 좋지 않다.

어떤 선정은 사마디의 버림도 좋고 바른 받음의 버림도 좋으며, 어떤 선정은 사마디의 버림도 좋지 않고 바른 받음의 버림도 좋지 않다."

붇다께서 이 경을 말씀하시자, 여러 비구들은 붇다의 말씀을 듣고 기뻐하며 받들어 행하였다.

• 잡아함 883 사종선경(四種禪經)

• **해설** •

선정은 디야나와 사마디의 합해진 말이며, 디야나는 바른 사유를 떠나없다.

경에서 사마디와 바른 받음이 서로 마주하는 선정법으로 나오니, 바른 받음은 받음 없이 받음[無受而受]이라면, 사마디는 받되 받음 없는 고요함[受而無受]이라 할 것이다.

곧 사마디는 바른 사유[正思]인 고요함이고, 바른 받음은 고요한 사유[禪思]이니 사마파티이다.

사마디는 아는 지혜와 알려지는 경계가 있되 공함이고, 사마파티의 바른 받음은 아는 지혜와 알려지는 경계가 공하되 있음이다.

더야나가 지혜와 경계를 모두 없애되[智境雙亡] 지혜와 경계를 모두 살리는[智境雙存] 고요함이므로 사마디가 좋을 때 사마파티가 좋은 것이다.

그러나 닦아 행함이 사마디의 고요함에 치우치면 사마디는 좋으나 사마파티가 좋지 못한 것이니, '지혜와 경계를 비춤과 막음이 때를 같이해야'[遮照同時] 사마디도 좋고 사마파티도 좋은 것이다.

사마디는 비치되 고요하고 사마파티는 고요하되 비추므로 사마디와 사마파티가 함께하려면 고요함과 비춤에 모두 머물지 않아야 한다.

어떤 때 사마디의 고요함에 치우쳐 머물거나 사마파티의 비침에 치우쳐 머물면 그 머묾은 치우친 머묾이 된다.

또 사마디는 작용을 일으키고 경계를 맞이하되 고요하고, 사마파티는 고요하되 일으키고 맞이하니, 사마디와 사마파티가 평등하면 지혜와 경계가 모두 고요한 곳[智境空寂處]에서 함이 없이 일을 하고 일을 하되 함이 없게 된다.

이것을 지혜와 경계가 평등하고 사마디와 사마파티가 평등함이라 한다.

사마디와 사마파티는 때[時]와 곳[處]이 아니지만 때와 곳을 떠나지 않는다.

사마디는 때와 곳에서 때와 곳을 벗어난 고요함이고, 사마파티는 고요함에서 때와 곳을 분별한다.

때와 곳이 때 아닌 때이고 곳 아닌 곳이므로, 사마디에서 때와 곳이 없되 없지 않고 사마파티에서 때와 곳이 있되 있지 않아야 사마디의 때와 곳이 사마파티의 때와 곳으로 더불어 평등해진다.

이렇게 되는 것을 사마디의 때와 곳이 좋고 사마파티의 때와 곳도 좋은 것이라 한다.

좋고 나쁨, 옳고 그름은 평등 속에 차별이니, 그른 것을 싫어하고 고치며 좋은 것을 생각해 받아들이되 함이 없이 행해야 선정 속의 행함 없는 행함이 된다.

사마디의 고요함에 치우치어 옳고 그름의 분별을 놓아버리거나 사마파티의 사유함에 치우쳐서 분별함에 떨어지면, 사마디의 비치되 고요함과 사마파티의 고요하되 비춤이 평등하게 되지 못한다.

보고 듣고 알되, 실로 알고 봄이 없으면 늘 사마디와 함께하는 것이니, 사마디로 봄이 없이 보되 늘 사마파티와 함께하는 자, 그가 보되 봄이 없이 없음[見而無見]과 봄이 없이 봄[無見而見] 그 어디에도 치우침 없이 사마디와 사마파티가 평등한 디야나의 공덕을 실현할 것이다.

왜 그런가. 법신의 고요함에 하나된 사마디가 어둡지 않아 늘 바른 사유가 현전하고, 바른 사유가 막히지 않아 해탈의 활동이 다함없으며, 해탈의 활동이 다함없되 그 활동이 다시 고요하여 사마디의 고요함이 되기 때문이다.

네 곳 살피는 이와 같은 선정
앉거나 서거나 자나 깨나 늘 닦아 행하라

나는 들었다, 이와 같이.

한때 붇다께서 울카체라(Ulkacelā) 마을에 노니실 적에 강가아 물못[恒水池] 언덕에 계셨다. 그때 한 비구가 해질 무렵에 좌선[燕坐]에서 일어나 붇다께 나아가 붇다의 발에 머리를 대 절하고 물러나 한쪽에 앉아 여쭈었다.

"세존이시여, 저를 위하여 간략하게 잘 설법해주시길 바랍니다. 세존께 법을 듣고 나면 멀리 떠난 곳에 있으면서 홀로 머물어, 마음에 방일함이 없이 닦아 행해 부지런히 정진하겠습니다.

멀리 떠난 곳에 있으면서 홀로 머물러 마음에 방일함이 없이 닦아 행해 부지런히 정진하므로, 좋은 종족의 사람이 하는 것이란 다음과 같습니다.

그것은 수염과 머리를 깎고 가사를 입고, 지극한 믿음으로 집을 버리고 집이 없이 도를 배우는 것입니다. 그래서 오직 위없는 범행을 마쳐서 현재의 법에서 <u>스스로</u> 알고 <u>스스로</u> 깨달으며 <u>스스로</u> 증득하고 성취해 노니는 것입니다.

그렇게 하면 태어남은 이미 다하고 범행은 이미 서고, 지을 바를 이미 지어 다시는 뒤의 있음 받지 않음을 진실 그대로 알게 될 것입니다."

네 곳 살핌을 가운데, 먼저 몸 살핌[身念處]의 선정을 보이심

세존께서 말씀하셨다.

"비구여, 이와 같이 배워야 한다. 마음이 머무르게 하여[令心得住], 안에 두어 움직이지 않게[在內不動] 한량없이 잘 닦으며, 다시 안 몸[內身, 根]을 몸 그대로 살피고, 행함을 아주 부지런히 하여 바른 생각과 바른 지혜를 세우고, 잘 스스로 마음을 이끌어 아낌과 탐냄을 여의게 하고, 마음에 걱정과 슬픔이 없게 하라.

다시 바깥 몸[外身, 境]을 몸 그대로 살피고, 행함을 아주 부지런히 하여 바른 생각과 바른 지혜를 세우고, 잘 스스로 마음을 이끌어 아낌과 탐냄을 여의게 하고 마음에 걱정과 슬픔이 없게 하라.

다시 안팎의 몸[內外身, 識]을 몸 그대로 살피고, 행함을 아주 부지런히 하여 바른 생각과 바른 지혜를 세우고, 잘 스스로 마음을 이끌어 아낌과 탐냄을 여의게 하고 마음에 걱정과 슬픔이 없게 하라.

비구여, 이와 같은 선정은 갈 때나 올 때나[去時來時] 늘 잘 닦아 익혀야 하며, 설 때나 앉을 때나[住時坐時] 누울 때나 잘 때나[臥時眠時] 깨어 있을 때나 자다 깰 때에도[寤時眠寤時] 또한 반드시 잘 닦아 익혀야 한다.

또 느낌이 있고 살핌이 있는 선정[有覺有觀定, 初禪]과 느낌이 없고 살핌이 적은 선정[無覺少觀定]을 닦아 익히고, 느낌이 없고 살핌이 없는 선정[無覺無觀定, 二禪]을 닦아 익혀야 하며, 기쁨이 함께하는 선정[喜共俱定], 즐거움이 함께하는 선정[樂共俱定, 三禪]을 닦아 익히고, 고요함이 함께하는 선정[定共俱定]을 닦아 익히며, 평정이 함께하는 선정[捨共俱定, 四禪]을 닦아 익혀야 한다."

느낌의 곳 살피는 선정[受念處]으로
네 가지 선정 얻게 됨을 보이심

"비구여, 만약 이 선정을 닦아 아주 잘 닦는 자는, 다시 안의 느낌[內受, 根]을 느낌 그대로 살피고, 행함을 아주 부지런히 하여 바른 생각과 바른 지혜를 세우고, 잘 스스로 마음을 이끌어 아낌과 탐냄을 여의게 하고 마음에 걱정과 슬픔이 없게 하라.

다시 밖의 느낌[外受, 境]을 느낌 그대로 살피고, 행함을 아주 부지런히 하여 바른 생각과 바른 지혜를 세우고, 잘 스스로 마음을 이끌어 아낌과 탐냄을 여의게 하고 마음에 걱정과 슬픔이 없게 하라.

다시 안팎의 느낌[內外受, 識]을 느낌 그대로 살피고, 행함을 아주 부지런히 하여 바른 생각과 바른 지혜를 세우고, 잘 스스로 마음을 이끌어 아낌과 탐냄을 여의게 하고 마음에 걱정과 슬픔이 없게 하라.

비구여, 이와 같은 선정은 갈 때나 올 때나 늘 잘 닦아 익혀야 하며, 설 때나 앉을 때나 누울 때나 잘 때나 깨어 있을 때나 자다 깰 때에도 또한 반드시 잘 닦아 익혀야 한다.

또 느낌이 있고 살핌이 있는 선정과 느낌이 없고 살핌이 적은 선정을 닦아 익히고, 느낌이 없고 살핌이 없는 선정을 닦아 익혀야 하며, 기쁨이 함께하는 선정, 즐거움이 함께하는 선정을 닦아 익히고, 고요함이 함께하는 선정을 닦아 익히며, 평정이 함께하는 선정을 닦아 익혀야 한다."

마음의 곳 살피는 선정[心念處]으로 네 가지 선정 얻게 됨을 보이심

"비구여, 만약 이 선정을 닦아 아주 잘 닦는 자는, 다시 안의 마음[內心]을 마음 그대로 살피고, 행함을 아주 부지런히 하여 바른 생각과 바른 지혜를 세우고, 잘 스스로 마음을 이끌어 아낌과 탐냄을 여의게 하고 마음에 걱정과 슬픔이 없게 하라.

다시 밖의 마음[外心]을 마음 그대로 살피고, 행함을 아주 부지런히 하여 바른 생각과 바른 지혜를 세우고, 잘 스스로 마음을 이끌어 아낌과 탐냄을 여의게 하고 마음에 걱정과 슬픔이 없게 하라.

다시 안팎의 마음[內外心]을 마음 그대로 살피고, 행함을 아주 부지런히 하여 바른 생각과 바른 지혜를 세우고, 잘 스스로 마음을 이끌어 아낌과 탐냄을 여의게 하고 마음에 걱정과 슬픔이 없게 하라.

비구여, 이와 같은 선정은 갈 때나 올 때나 늘 잘 닦아 익혀야 하며, 설 때나 앉을 때나 누울 때나 잘 때나 깨어 있을 때나 자다 깰 때에도 또한 반드시 잘 닦아 익혀야 한다.

또 느낌이 있고 살핌이 있는 선정과 느낌이 없고 살핌이 적은 선정을 닦아 익히고, 느낌이 없고 살핌이 없는 선정을 닦아 익혀야 하며, 기쁨이 함께하는 선정, 즐거움이 함께하는 선정을 닦아 익히고, 고요함이 함께하는 선정을 닦아 익히며, 평정이 함께하는 선정을 닦아 익혀야 한다."

법의 곳 살피는 선정[法念處]으로 네 가지 선정 얻게 됨을 보이심

"비구여, 만약 이 선정을 닦아 아주 잘 닦는 자는, 다시 안의 법[內法]을 법 그대로 살피고, 행함을 아주 부지런히 하여 바른 생각과 바른 지혜를 세우고, 잘 스스로 마음을 이끌어 아낌과 탐냄을 여의게 하고 마음에 걱정과 슬픔이 없게 하라.

다시 밖의 법[外法]을 법 그대로 살피고, 행함을 아주 부지런히 하여 바른 생각과 바른 지혜를 세우고, 잘 스스로 마음을 이끌어 아낌과 탐냄을 여의게 하고 마음에 걱정과 슬픔이 없게 하라.

다시 안팎의 법[內外法]을 법 그대로 살피고, 행함을 아주 부지런히 하여 바른 생각과 바른 지혜를 세우고, 잘 스스로 마음을 이끌어 아낌과 탐냄을 여의게 하고 마음에 걱정과 슬픔이 없게 하라.

비구여, 이와 같은 선정은 갈 때나 올 때나 늘 잘 닦아 익혀야 하며, 설 때나 앉을 때나 누울 때나 잘 때나 깨어 있을 때나 자다 깰 때에도 또한 반드시 잘 닦아 익혀야 한다.

또 느낌이 있고 살핌이 있는 선정과 느낌이 없고 살핌이 적은 선정을 닦아 익히고, 느낌이 없고 살핌이 없는 선정을 닦아 익혀야 하며, 기쁨이 함께하는 선정, 즐거움이 함께하는 선정을 닦아 익히고, 고요함이 함께하는 선정을 닦아 익히며, 평정이 함께하는 선정을 닦아 익혀야 한다."

네 가지 한량없는 마음[四無量心]의 선정으로,
마쳐 다한 과덕과 아나가민 얻음을 보이심

"비구여, 만약 이 선정을 닦아 아주 잘 닦는 자는, 마음이 반드시 사랑과 함께하여 일방(一方)에 두루 차서 성취하여 노닌다.

이와 같이 이·삼·사방과 네 모서리, 위아래 온갖 곳에 두루하여, 마음이 사랑과 함께하기 때문에 맺힘도 없고 원한도 없으며, 성냄도 없고 다툼도 없고 아주 넓고 매우 크며, 한량없이 잘 닦아 온갖 세간에 두루 차서 성취하여 노닐어야 한다.

이와 같이 슬피 여김[悲]과 기뻐함[喜] 평정함[捨] 또한 그러하여, 마음은 평정함[捨] 등과 함께하기 때문에 맺힘도 없고 원한도 없으며, 성냄도 없고 다툼도 없으며, 아주 넓고 매우 크며, 한량없이 잘 닦아 온갖 세간에 두루 차서 성취하여 노닐어야 한다.

비구여, 만약 이 선정을 닦아 익혀 아주 잘 닦는 자는, 만약 동방에 노닐면 반드시 안락을 얻어 뭇 괴로움과 근심이 없을 것이다.

만약 남방·서방·북방에 노닐어도 반드시 안락을 얻어 뭇 괴로움과 근심이 없을 것이다.

비구여, 만약 네가 이 선정을 닦아 익혀 아주 잘 닦아 익힌다 해도, 나는 오히려 네가 여러 좋은 법에 머무른다고도 말하지 않는데, 하물며 시들어 물러섬을 그렇다고 말하겠느냐.

다만 밤낮으로 착한 법을 늘어나고 자라게 하여 시들어 물러서게 하지 말라.

비구여, 만약 네가 이 선정을 닦아 익히고 아주 잘 닦으면 너는 두 과덕[二果]에서 반드시 그 하나를 얻을 것이니, 때로 현재 세상에서 마쳐 다한 지혜[究竟智]를 얻고, 때로 또 남음이 있으면 아나가민(anāgāmin, 不來)을 이룰 것이다."

설법 들은 비구가 출가의 본뜻 그대로 범행 닦아 아라한을 이룸

이에 그 비구는 붓다의 말씀을 듣고 잘 받고 잘 지니어 곧 자리에서 일어나 붓다의 발에 머리를 대 절하고 붓다의 둘레를 세 바퀴 돌고는 물러갔다.

그는 붓다의 가르침을 받아 지니고 멀리 떠난 곳에 홀로 있으며 마음에 방일함이 없이 닦아 행해 부지런히 정진하였다.

멀리 떠나 홀로 머물러 마음에 방일함이 없이 닦아 행하며 부지런히 정진하므로, 좋은 종족의 사람이 하는 것이란 수염과 머리를 깎고 가사를 입고, 지극한 믿음으로 집을 버리고 집이 없이 도를 배워

오직 위없는 범행을 마쳐 다하는 것이다. 그렇게 해 현재의 법에서 스스로 알고 스스로 깨달으며 스스로 증득하고 성취하여 노니는 것이다.

그리하여 그는 '태어남은 이미 다하고 범행은 이미 서고, 지을 바를 이미 지어 다시는 뒤의 있음 받지 않는다는 것'을 진실 그대로 알았다.

그 존자는 법을 안 뒤에는 아라한을 얻었다.

붇다께서 이와 같이 말씀하시자, 저 여러 비구들은 붇다의 말씀을 듣고 기뻐하며 받들어 행하였다.

• 중아함 76 욱가지라경(郁伽支羅經)

• 해설 •

네 곳 살핌에서 살핌이라 옮긴 스므르티(smṛti)는 살피는 지혜[能觀智]이고, 살피는바 몸·느낌·마음·법[身受心法]은 살피는바 경계[所觀境]이다. 그러므로 이 경은 살피는바 경계의 실상을 깨쳐 살피는 마음이 경계의 모습에서 벗어나 마음이 해탈하는 것으로 선정을 말하니, 비파사나의 살핌으로 디야나를 보인다.

마음을 안에 두어 움직이지 않게 함[在內不動]이란 살피는바 온갖 경계를 마음에 거두어 경계가 마음인 경계가 됨을 말한다.

경계 살핌을 몸을 들어 보이면 안의 아는 뿌리[內根]는 안의 몸[內身]으로 기술되고, 바깥 여섯 경계[外境]는 밖의 몸[外身]이 되며, 가운데 여섯 앎[中識]은 안팎의 몸[內外身]이 된다.

이처럼 주체·객체·행위가 같음도 아니고 다름도 아니며 있음도 아니고 없음도 아닌 실상을 바로 살피어 아는 지혜와 아는바 경계가 함께 공한 줄 알면, 살피는 비파사나가 곧 사마타인 비파사나가 되고 바른 사유인 디야나가 된다.

느낌을 들어보여도 또한 그러해 지금 느껴 앎을 주체[內]·객체[外]가

겹쳐서 일어나는 느낌의 뜻으로 안팎의 느낌[內外受]이라고 하면, 주체는 안의 느낌[內受]이 되고 객체는 밖의 느낌[外受]이 된다.

마음[心]과 법(法) 또한 그러하니 경계를 살펴 아는 마음에 마음이 없고 알려지는 경계에 모습 없음을 알면 보고 듣고 느껴 아는 일상생활이 온전히 사마디인 생활이 된다.

그리하여 몸·느낌·마음·법을 살피는 그곳에서 몸의 장애를 떠난 선정의 기쁨을 누리고 선정의 기쁨마저 넘어서서 늘 청정한 사유[念淸淨], 평등한 마음의 평화[捨]를 구현하게 된다.

이것이 근본선인 네 가지 선정을 닦아 올라가는 모습이다.

또 일상에서 이처럼 괴로움과 즐거움을 넘어선 평정한[不苦不樂捨] 마음의 자유와 삶의 청정[念淸淨]을 얻으면, 자비(慈悲)의 마음, 따라 기뻐하는 마음·평정한 마음[喜捨] 이 네 가지 한량없는 마음[四無量心]이 넓고 커서 한량없는 마음의 사마디를 구현할 수 있게 된다.

니르바나의 땅에 앉아 중생을 니르바나에 이끄는 여래의 가르침을 잘 받들어, 보고 듣고 아는 경험 속에서 보고 듣는 경험 자체를 반성하여 지혜인 사마디를 성취하고 늘 선정의 생활에서 물러섬이 없으면, 그는 현재의 법에서 온전히 집착 떠난 지혜를 성취할 것이다.

그렇지 못하고 설사 남음이 있다 해도 그는 보디의 길[菩提路]에서 다시는 뒤로 물러서거나 탐욕의 세계에 떨어져 오지 않는 아나가민이 될 것이다.

여래의 가르침이 진실 그대로의 가르침이므로 지금 아나가민이 되지 못해 잠시 동요하고 갈등하더라도, 가르침 받아 행하는 자가 뜻이 바르며 그 믿음이 다시 굳건해진다면 그 또한 보디의 과덕에 이미 언약 받은 자이다. 왜 그런가. 여래의 넓고 넓은 진리의 집에는 문 밖에 내쳐지는 나그네가 없기 때문이다.

⑤ 네 곳 살핌 [四念處, catvāri-smṛty-upasthāna]

아니룻다시여, 어떤 것이
일승의 도인 네 곳 살핌이오

이와 같이 내가 들었다.

한때 붇다께서는 슈라바스티 국 제타 숲 '외로운 이 돕는 장자의 동산'에 계셨다. 그때에 존자 아니룻다는 소나무숲정사[松林精舍, salalāgāraka]에 있었고, 존자 마하목갈라야나는 브릿지 마을의 숨수마라 산 '두렵게 빽빽한 숲'이라는 짐승 사는 곳에 있었다.

때에 존자 아니룻다는 홀로 한 고요한 곳에서 선정의 사유[禪思]로 사유하다 이렇게 생각했다.

'일승(一乘)의 도가 있어 중생을 깨끗하게 하고, 근심·슬픔·번민·괴로움을 떠나 진여법(眞如法)을 얻게 한다.

이는 네 곳 살핌[四念處]이다. 어떤 것이 넷인가. 몸에서 몸 살피는 생각과 느낌·마음·법에서 법 등을 살피는 생각이다.

만약 네 곳 살핌을 멀리 떠나면 현성의 법을 멀리 떠나게 되고, 현성의 법을 멀리 떠나면 거룩한 도를 멀리 떠나게 되며, 거룩한 도를 멀리 떠나면 단이슬 법을 멀리 떠나게 되고, 단이슬 법을 멀리 떠나면 태어남·늙음·병듦·죽음과 근심·슬픔·괴로움·번민을 벗어나지 못하게 된다.

만약 네 곳 살핌을 믿고 즐거워하면 현성의 법을 믿고 즐겨하게 되고, 현성의 법을 믿고 즐거워하면 거룩한 도를 믿고 즐겨하게 되며, 거룩한 도를 믿고 즐거워하면 단이슬 법을 믿고 즐겨하게 되고, 단이슬 법을 믿고 즐거워하면 태어남·늙음·병듦·죽음과 근심·슬픔·괴로움·번민을 벗어나게 될 것이다.'

마하목갈라야나 존자가 아니룻다를 찾아가 네 곳 살핌의 뜻을 묻고 답함

그때에 존자 마하목갈라야나는 존자 아니룻다의 생각을 알고, 마치 힘센 장사가 팔을 굽혔다 펴는 듯한 사이에, 신통의 힘으로 브릿지 마을의 숨수마라 산 '두렵게 빽빽한 숲'이라는 짐승 사는 곳에서 사라져, 슈라바스티 성의 소나무숲정사에 이르러 존자 아니룻다 앞에 나타나 그에게 말하였다.

"그대는 홀로 한 고요한 곳에서 선정의 사유로 사유하다 이렇게 생각하였소?

'일승의 도가 있어 중생을 깨끗하게 하고, 근심·슬픔·번민·괴로움을 떠나 진여법을 얻게 한다.

이는 네 곳 살핌이다. 어떤 것이 넷인가. 몸에서 몸 살피는 생각과 느낌·마음·법에서 법 등을 살피는 생각이다.

만약 네 곳 살핌을 멀리 떠나면 현성의 법을 멀리 떠나게 되고, 현성의 법을 멀리 떠나면 거룩한 도를 멀리 떠나게 되며, 거룩한 도를 멀리 떠나면 단이슬 법을 멀리 떠나게 되고, 단이슬 법을 멀리 떠나면 태어남·늙음·병듦·죽음과 근심·슬픔·괴로움·번민을 벗어나지 못하게 된다.

만약 네 곳 살핌을 믿고 즐거워하면 현성의 법을 믿고 즐겨하게 되고, 현성의 법을 믿고 즐거워하면 거룩한 도를 믿고 즐거워하게 되며, 거룩한 도를 믿고 즐거워하면 단이슬 법을 믿고 즐거워하게 되고, 단이슬 법을 믿고 즐거워하면 태어남·늙음·병듦·죽음과 근심·슬픔·괴로움·번민을 벗어나게 될 것이다.'"

존자 아니룻다는 존자 마하목갈라야나에게 말하였다.

"그렇습니다, 그렇습니다. 존자시여."

존자 마하목갈라야나가 존자 아니룻다에게 말하였다.

"어떤 것이 네 곳 살핌을 즐거워하는 것이오?"

아니룻다가 답하였다.

"존자 마하목갈라야나여, 만약 비구가 몸에서 몸 살피는 생각에서, 마음이 몸을 생각하더라도[心緣身] 바른 생각에 머물러 조복하고, 그치고 쉬고 고요하여 한마음으로 더욱 나아간다 합시다.

이와 같이 느낌·마음·법 살피는 생각에서도 바른 생각에 머물러 조복하고, 그치고 쉬고 고요하여 한마음으로 더욱 나아간다 합시다.

그러면 존자 마하목갈라야나여, 이것을 비구가 네 곳 살핌을 즐거워하는 것이라 합니다."

때에 존자 마하목갈라야나는 곧 코끼리 같은 사마디[如其象三昧]에 바로 들어, 슈라바스티 성의 소나무숲정사 문에서 브릿지 마을의 숨수마라 산 '두렵게 빽빽한 숲'이라는 짐승 사는 곳으로 돌아갔다.

• 잡아함 535 독일경(獨一經) ①

• 해설 •

네 곳 살핌은 비파사나를 통해 디야나를 말하는 선정법이고 서른일곱 실천법의 뿌리가 되는 수행법이다.

몸을 살펴 '몸이 깨끗하다는 생각'을 '몸이 깨끗하지 않다는 살핌'으로 대치하고, 느낌을 살펴 '느낌이 즐겁다는 생각'을 '느낌이 다 괴롭다는 살핌'으로 대치하며, 마음을 살펴 '마음이 항상하다는 생각'을 '마음이 덧없다는 살핌'으로 대치하고, 법을 살펴 '법에 나가 있다는 생각'을 '법에 나가 없다는 생각'으로 대치하여 대치하는 살핌마저 버리면, 살피는바 존재의 진실이 드러난다.

곧 몸이 깨끗함도 아니고 더럽지도 않은 진실이 드러나고, 느낌이 즐거움도 아니고 괴로움도 아닌 진실이 드러나며, 마음이 항상함도 아니고 덧없음도 아닌 진실이 드러나고, 법이 나 있음도 아니고 나 없음도 아닌 진실이 드러난다.

살피는바 네 곳에서 집착 떠나 진실이 드러나면 살피는 마음이 마음 아닌 마음이 되어 진여법(眞如法)을 얻는다. 진여법을 얻으면 취하는 바 경계와 취하는 마음이 함께 사라져서 늘 고요해 한마음으로 나아가게 된다.

『화엄경』(「광명각품」) 또한 몸을 살펴 몸이 나 없고 덧없음을 알면 온갖 법의 진실을 알아 헛된 분별 모두 떠나게 됨을 이렇게 보인다.

> 몸에 대해서 잘 살피면
> 온갖 것을 다 밝게 보리.
> 온갖 법이 다 허망함 알면
> 마음의 분별 일으키지 않으리.
>
> 於身善觀察　一切皆明見
> 知法皆虛妄　不起心分別

네 곳 살핌이 있어 중생을 깨끗이 하고
걱정과 두려움을 없애나니

나는 들었다, 이와 같이.

한때 붇다께서 쿠루(Kuru) 국에 노니실 적에 도읍인 소 치는 마을[kalmāṣdamya, 調牛聚落]에 머무셨다.

그때 세존께서 여러 비구들에게 말씀하셨다.

"하나의 도가 있어 중생을 깨끗하게 하고, 걱정과 두려움을 건네주며, 고뇌를 없애고 슬픈 울음을 끊어 바른 법을 얻게 하니, 곧 네 곳 살핌이다."

네 곳 살핌으로 위없는 깨달음 이루었음을 보이심

"과거의 여러 여래 · 집착 없는 이 · 바르게 깨친 분이 계셨다면, 다섯 덮음[五蓋]과 마음의 더러움[心穢]과 지혜의 약함을 끊고 마음을 세워 네 곳 살핌에 바르게 머무르고, 일곱 갈래 깨달음 법[七覺支]을 닦아 위없고 바르게 다한 깨달음[無上正盡之覺]을 얻으신 것이다.

또 미래의 여러 여래 · 집착 없는 이 · 바르게 깨친 분이 계신다면, 다 다섯 덮음과 마음의 더러움과 지혜의 약함을 끊고 마음을 세워 네 곳 살핌에 바르게 머무르고, 일곱 갈래 깨달음 법을 닦아 위없고 바르게 다한 깨달음을 얻을 것이다.

나는 지금 현재의 여래 · 집착 없는 이 · 바르게 깨친 이로서, 나 또한 다섯 덮음과 마음의 더러움과 지혜의 약함을 끊고 마음을 세워 네 곳 살핌에 바르게 머무르고, 일곱 갈래 깨달음 법을 닦아 위없고 바르게 다한 깨달음을 얻게 되었다.

어떤 것이 네 가지인가? 몸[身]의 곳을 몸 그대로 살핌[念處]이고, 이와 같이 느낌[覺]·마음[心]·법(法)을 느낌·마음·법 그대로 살핌이다."

움직이고 고요하며 자고 깨는 행위 가운데 몸 살핌을 밝히심

"어떤 것을 '몸의 곳을 몸 그대로 살핌'[觀身如身念處]이라 하는가?

비구는 가면[行] 가는 줄을 알고, 머물면[住] 머무는 줄을 알며, 앉으면[坐] 앉은 줄 알고, 누우면[臥] 누운 줄 알며, 자면 자는 줄 알고, 깨면 깬 줄 알며, 자다 깨면 자다 깬 줄 안다.

이렇게 비구는 안 몸[內身]을 몸[身] 그대로 살피고, 바깥 몸[外身]을 몸 그대로 살펴서, 생각을 세워 몸에 두니 아는 것이 있고 봄이 있으며, 밝음[明]이 있고 통달함[達]이 있다.

이것을 비구가 몸의 곳을 몸 그대로 살핌이라 한다.

다시 비구가 '몸의 곳을 몸 그대로 살핌'은 다음과 같다. 비구란 들고 남[出入]을 바르게 알고, 구부리고 펴며[屈伸] 낮추고 우러르는 것[低昂]을 잘 살펴 분별하여 몸가짐과 얼굴에 질서가 있고, 상가티와 여러 옷과 발우를 잘 지니고, 가고 머물며 앉고 누우며[行住坐臥] 자고 깨며 말하고 잠잠함[眠寤語黙]을 다 바르게 안다.

이렇게 비구는 안 몸을 몸 그대로 살피고 바깥 몸을 몸 그대로 살펴서, 생각을 세워 몸에 두어 아는 것이 있고 봄이 있으며, 밝음이 있고 통달함이 있다.

이것을 비구가 몸의 곳을 몸 그대로 살핌이라 한다."

악한 생각 대치하는 착한 법으로 몸 살핌을 보이심

"또 비구가 '몸의 곳을 몸 그대로 살핌'은 다음과 같다.

비구란 악하여 착하지 않은 생각을 내면 착한 법[善法]의 생각으로써 다스려 끊어 없애 그치게 한다. 이는 마치 목수나 목수의 제자가 먹줄을 지니고 나무에 퉁기고는 곧 날카로운 도끼로 깎아 곧게 다듬는 것과 같다.

이와 같이 비구는 악하여 착하지 않은 생각을 내면 착한 법의 생각으로써 다스려 끊어 없애 그치게 한다.

이와 같이 비구는 안 몸을 몸 그대로 살피고, 바깥 몸을 몸 그대로 살펴서, 생각을 세워 몸에 두어 아는 것이 있고 봄이 있으며, 밝음이 있고 통달함이 있다.

이것을 비구가 몸의 곳을 몸 그대로 살핌이라 한다."

좌선과 숨 살핌 등 마음 그치는 선정의 방편을 통해
몸 살핌을 보이심

"다시 비구가 '몸의 곳을 몸 그대로 살핌'은 다음과 같다.

비구는 아래윗니를 서로 붙이고 혀를 입천장에 붙인 채 마음으로써 마음을 다스려서, 다스려 끊고 없애 그치게 한다.

그것은 마치 두 힘센 장사가 한 약한 사람을 붙잡고 곳곳으로 잡아 돌리며 마음대로 두들겨 때리는 것과 같다.

이와 같이 비구는 아래윗니를 서로 붙이고 혀를 입천장에 붙이고 마음으로써 마음을 다스려서, 다스려 끊고 없애 그치게 한다.

이와 같이 비구는 안 몸을 몸 그대로 살피고, 바깥 몸을 몸 그대로 살펴서, 생각을 세워 몸에 두어 아는 것이 있고 봄이 있으며, 밝음이 있고 통달함이 있다.

이것을 비구가 몸의 곳을 몸 그대로 살핌이라 한다.

다시 비구가 '몸의 곳을 몸 그대로 살핌'은 다음과 같다.

비구란 들숨[入息]을 생각하면 곧 들숨 생각하는 줄을 알고, 날숨[出息]을 생각하면 곧 날숨 생각하는 줄을 알며, 들숨이 길면 곧 들숨이 긴 줄을 알고, 날숨이 길면 곧 날숨이 긴 줄을 알며, 들숨이 짧으면 곧 들숨이 짧은 줄을 알고, 날숨이 짧으면 곧 날숨이 짧은 줄을 알며, 온몸으로 숨 들이쉼을 배우고, 온몸으로 숨 내쉼을 배우며, 몸의 행[身行]을 그치고 숨 들이쉬는 법을 배우고, 입의 행[口行]을 그치고 숨 내쉬는 법을 배운다.

이와 같이 비구는 안 몸을 몸 그대로 살피고, 바깥 몸을 몸 그대로 살펴서, 생각을 세워 몸에 두어 아는 것이 있고 봄이 있으며, 밝음이 있고 통달함이 있다.

이것을 비구가 몸의 곳을 몸 그대로 살핌이라 한다."

몸 살핌으로 깊어지는 선정을 갖가지 비유로 보이심

"다시 비구가 '몸의 곳을 몸 그대로 살핌'은 다음과 같다.

비구는 떠남으로 기쁨과 즐거움을 내[離生喜樂], 몸을 적셔 윤택하게 하며 널리 두루해 충만하게 하면, 이 몸 가운데 떠남으로 기쁨과 즐거움을 내 두루하지 않는 곳이 없게 된다.

마치 목욕하는 도구를 만드는 어떤 사람이 그릇에 가루비누[澡豆]를 담아 물과 섞어 덩이를 이루어 물에 적시면, 윤택해져 널리 두루하지 않은 곳이 없는 것과 같다.

이와 같이 비구도 떠남으로 기쁨과 즐거움을 내, 몸을 적셔 윤택하게 하며 널리 두루 충만하게 하면, 이 몸 가운데 떠남으로 기쁨과 즐거움을 내 두루하지 않는 곳이 없게 된다.

이와 같이 비구는 안 몸을 몸 그대로 살피고, 바깥 몸을 몸 그대로 살펴서, 생각을 세워 몸에 두어 아는 것이 있고 봄이 있으며, 밝음이 있고 통달함이 있다.

이것을 비구가 몸의 곳을 몸 그대로 살핌이라 한다.

다시 비구가 '몸의 곳을 몸 그대로 살핌'은 다음과 같다.

비구는 선정으로 기쁨과 즐거움을 내[定生喜樂], 몸을 적셔 윤택하게 하며 두루 충만하게 하면, 이 몸 가운데 선정으로 기쁨과 즐거움을 내 두루하지 않는 곳이 없게 된다.

마치 산의 샘물이 청정하여 흐리지 않고 충만하게 흘러 넘쳐 사방의 물이 와도 들어갈 길이 없으면, 곧 그 샘 밑바닥에서 물이 스스로 솟구쳐 밖으로 흘러 넘쳐 산을 적셔 윤택하게 해 널리 두루하지 않은 곳이 없는 것과 같다.

이와 같이 비구도 선정으로 기쁨과 즐거움을 내 몸을 적셔 윤택하게 하며 널리 두루 충만하게 하면, 이 몸 가운데 선정으로 기쁨과 즐거움을 내 두루하지 않는 곳이 없게 된다.

이와 같이 비구는 안 몸을 몸 그대로 살피고, 바깥 몸을 몸 그대로 살펴서, 생각을 세워 몸에 두어 아는 것이 있고 봄이 있으며, 밝음이 있고 통달함이 있다.

이것을 비구가 몸의 곳을 몸 그대로 살핌이라 한다.

다시 비구가 '몸의 곳을 몸 그대로 살핌'은 다음과 같다.

비구는 '기쁨마저 없음'으로 즐거움을 내[無喜生樂], 몸을 적시고 윤택하게 하며 널리 두루 충만하게 하면, 이 몸 가운데 기쁨마저 없음으로 즐거움을 내 두루하지 않는 곳이 없게 된다.

마치 푸른 연꽃, 붉은 연꽃, 빨간 연꽃, 흰 연꽃이 물에서 나고 물에서 자라 물밑에 있으며, 그 뿌리와 줄기와 꽃과 잎은 모두 젖어 윤택하며 널리 두루하지 않은 곳이 없는 것과 같다.

이와 같이 비구도 '기쁨마저 없음'으로 즐거움을 내 몸을 적시고 윤택하게 하며 두루 충만하면, 이 몸 가운데 기쁨마저 없음으로 즐거움을 내 두루하지 않는 곳이 없게 된다.

이와 같이 비구는 안 몸을 몸 그대로 살피고, 바깥 몸을 몸 그대로 살펴서, 생각을 세워 몸에 두어 아는 것이 있고 봄이 있으며, 밝음이 있고 통달함이 있다.

이것을 비구가 몸의 곳을 몸 그대로 살핌이라 한다.

다시 비구가 '몸의 곳을 몸 그대로 살핌'은 다음과 같다.

비구는 이 몸 가운데서 청정한 마음[清淨心]으로 뜻이 풀리어 두루 충만하여 성취하여 노닐어, 청정한 마음이 두루하지 않는 곳이 없게 된다.

마치 어떤 사람이 일곱 여덟 팔꿈치 길이의 옷을 입으면 머리에서 발에 이르기까지 그 몸을 덮지 않는 곳이 없는 것과 같다.

이와 같이 비구도 이 몸 가운데 청정한 마음이 두루하지 않는 곳이 없게 된다.

이와 같이 비구는 안 몸을 몸 그대로 살피고, 바깥 몸을 몸 그대로 살펴서, 생각을 세워 몸에 두어 아는 것이 있고 봄이 있으며, 밝음이 있고 통달함이 있다.

이것을 비구가 몸의 곳을 몸 그대로 살핌이라 한다."

몸의 곳 살핌을 광명상(光明想)이나 부정관(不淨觀) 등 살펴 드러내는 관행의 방편으로 보이심

"다시 비구가 '몸의 곳을 몸 그대로 살핌'은 다음과 같다.

비구는 '밝은 빛 같다는 생각'[念光明想]을 잘 받고 잘 지니어, 생각한 바를 잘 기억하여[善憶所念], 앞에서와 같이 뒤에서도 또한 그러하고 뒤에서와 같이 앞에서도 또한 그러하며, 낮과 같이 밤에도 또한 그러하고 밤과 같이 낮에도 또한 그러하며, 아래서와 같이 위에서도 또한 그러하고 위에서와 같이 아래서도 또한 그러하다.

이와 같이 뒤바뀌지 않고, 마음에 얽매임 없이 '밝은 빛의 마음'[光明心]을 닦으면 마음은 끝내 어두움에 덮이지 않을 것이다.

이와 같이 비구는 안 몸을 몸 그대로 살피고, 바깥 몸을 몸 그대로 살펴서, 생각을 세워 몸에 두어 아는 것이 있고 봄이 있으며, 밝음이 있고 통달함이 있다.

이것을 비구가 몸의 곳을 몸 그대로 살핌이라 한다.

다시 비구가 '몸의 곳을 몸 그대로 살핌'은 다음과 같다.

비구는 '살피는 모습'[觀相]을 잘 받아들이고[善受觀相] 생각한 바를 잘 기억한다[善憶所念]. 이는 마치 어떤 사람이 앉아서 누운 사람을 살피고, 누워서 앉은 사람을 살피는 것과 같다.

이와 같이 비구는 살피는 모습을 잘 받아들이고 생각한 바를 잘 기억한다.

이와 같이 비구는 안 몸을 몸 그대로 살피고, 바깥 몸을 몸 그대로 살펴서, 생각을 세워 몸에 두어 아는 것이 있고 봄이 있으며, 밝음이 있고 통달함이 있다.

이것을 비구가 몸의 곳을 몸 그대로 살핌이라 한다.

다시 비구가 '몸의 곳을 몸 그대로 살핌'은 다음과 같다.

비구는 이 몸이 머무는 곳을 따르고 그 좋고 나쁨을 따라 머리에서 발에 이르기까지, 갖가지 깨끗하지 않은 것[種種不淨]으로 충만해 있다고 다음처럼 살펴본다.

'나의 이 몸 가운데에는 머리털·털·손톱·이, 거칠고 가늘며 엷은 살갗, 가죽·살·힘줄·뼈·심장·콩팥·간·허파·큰 창자·작은 창자·지라·밥통·똥·골·뇌수·눈곱·땀·눈물·가래침·고름·피·기름·골수·침·쓸개·오줌이 있다.'

마치 그릇에 몇 가지 씨앗[種子]을 담으면 눈이 있는 사람은 다 분명히 볼 수 있는 것과 같으니, 곧 벼나 조의 씨앗이나 갓·무우·겨자의 씨앗 등이다.'

이와 같이 비구는 이 몸이 머무는 곳을 따르고 그 좋고 나쁨을 따라 머리에서 발에 이르기까지 갖가지 깨끗하지 않은 것이 충만해 있다고 다음처럼 살핀다.

'나의 이 몸 가운데에는 머리털·털·손톱·이, 거칠고 가늘며 엷은 살갗, 가죽·살·힘줄·뼈·심장·콩팥·간·허파·큰 창자·작은 창자·지라·밥통·똥·골·뇌수·눈곱·땀·눈물·가래침·고름·피·기름·골수·침·쓸개·오줌이 있다.'

이와 같이 비구는 안 몸을 몸 그대로 살피고, 바깥 몸을 몸 그대로 살펴서, 생각을 세워 몸에 두어[立念在身] 아는 것이 있고 봄이 있으며, 밝음이 있고 통달함이 있다.

이것을 비구가 몸의 곳을 몸 그대로 살핌이라 한다."

몸의 곳 살핌을 여섯 영역[六界] 다한 인연관이나
아홉 생각[九想] 등 관행을 통해 보이심

다시 비구가 '몸의 곳을 몸 그대로 살핌'은 다음과 같다.

비구는 몸의 모든 영역을 이렇게 살핀다.

'나의 몸 가운데는 흙의 영역[地界]·물의 영역[水界]·불의 영역[火界]·바람의 영역[風界]·허공의 영역[空界]·앎의 영역[識界]이 있다.'

마치 소를 잡는 이가 소를 잡아 껍질을 벗겨 땅에 펴고 그것을 여섯 덩이로 가르는 것과 같다.

이와 같이 비구는 몸의 여러 영역을 살핀다.

'다시 나의 몸 가운데는 흙의 영역·물의 영역·불의 영역·바람의 영역·허공의 영역·앎의 영역이 있다.'

이와 같이 비구는 안 몸을 몸 그대로 살피고, 바깥 몸을 몸 그대로 살펴서, 생각을 세워 몸에 두어 아는 것이 있고 봄이 있으며, 밝음이 있고 통달함이 있다.

이것을 비구가 몸의 곳을 몸 그대로 살핌이라 한다.

다시 비구가 '몸의 곳을 몸 그대로 살핌'은 다음과 같다.

비구는 저 송장이 하루 이틀, 엿새나 이레가 되어 까마귀나 소리개에게 쪼이고, 승냥이나 이리에게 먹히며, 불에 타고 땅에 묻혀 다 썩어 문드러지는 것을 살핀다. 살핀 뒤에는 스스로 견주어본다.

'지금 나의 이 몸 또한 이와 같아서 이런 법이 함께 있으니, 끝내 벗어날 수 없다.'

이와 같이 비구는 안 몸을 몸 그대로 살피고, 바깥 몸을 몸 그대로 살펴서, 생각을 세워 몸에 두어 아는 것이 있고 봄이 있으며, 밝음이 있고 통달함이 있다.

이것을 비구가 몸의 곳을 몸 그대로 살핌이라 한다.

다시 비구가 '몸의 곳을 몸 그대로 살핌'은 다음과 같다.

비구는 본래 숨쉬는 것을 보았던 해골이 푸른빛으로 썩어 문드러져 반쯤 남은 뼈사슬이 땅에 흩어진 것을 보게 되면, 그것을 보고 난 뒤에 스스로 견주어본다.

'지금 나의 이 몸 또한 이와 같아서 이런 법이 함께 있으니, 끝내 벗어날 수 없다.'

이와 같이 비구는 안 몸을 몸 그대로 살피고, 바깥 몸을 몸 그대로 살펴서, 생각을 세워 몸에 두어 아는 것이 있고 봄이 있으며, 밝음이 있고 통달함이 있다.

이것을 비구가 몸의 곳을 몸 그대로 살핌이라 한다.

다시 비구가 '몸의 곳을 몸 그대로 살핌'은 다음과 같다.

비구는 본래 숨쉬는 것을 보았던 가죽과 살과 피가 떨어져 오직 힘줄만 서로 이어져 있는 것을 보게 되면, 그것을 보고 난 뒤에 스스로 견주어본다.

'지금 나의 이 몸 또한 이와 같아서 이런 법이 함께 있으니, 끝내 벗어날 수 없다.'

이와 같이 비구는 안 몸을 몸 그대로 살피고, 바깥 몸을 몸 그대로 살펴서, 생각을 세워 몸에 두어 아는 것이 있고 봄이 있으며, 밝음이 있고 통달함이 있다.

이것을 비구가 몸의 곳을 몸 그대로 살핌이라 한다.

다시 비구가 '몸의 곳을 몸 그대로 살핌'은 다음과 같다.

비구는 본래 숨쉬는 것을 보았던 뼈마디가 나뉘어져서 여러 곳에 흩어져 발뼈·장딴지뼈·넓적다리뼈·허리뼈·등뼈·어깨뼈·목뼈·머리뼈들이 각기 다른 곳에 있는 것을 보게 되면 그것을 보고 난 뒤에 스스로 견주어본다.

'지금 나의 이 몸 또한 이와 같아서 이런 법이 함께 있으니, 끝내 벗어날 수 없다.'

이와 같이 비구는 안 몸을 몸 그대로 살피고, 바깥 몸을 몸 그대로 살펴서, 생각을 세워 몸에 두어 아는 것이 있고 봄이 있으며, 밝음이 있고 통달함이 있다.

이것을 비구가 몸의 곳을 몸 그대로 살핌이라 한다.

다시 비구가 '몸의 곳을 몸 그대로 살핌'은 다음과 같다.

비구는 본래 숨쉬는 것을 보았던 뼈가 마치 소라[螺]처럼 희고, 푸르기가 집비둘기 빛깔 같고, 붉기가 피를 칠한 것 같아, 썩어 문드러지고 부서져 가루가 되는 것을 보게 되면, 그것을 보고 난 뒤에 스스로 견주어본다.

'지금 나의 이 몸 또한 이와 같아서 이런 법이 함께 있으니, 끝내 벗어날 수 없다.'

이와 같이 비구는 안 몸을 몸 그대로 살피고, 바깥 몸을 몸 그대로 살펴서, 생각을 세워 몸에 두어 아는 것이 있고 봄이 있으며, 밝음이 있고 통달함이 있다.

이것을 비구가 몸의 곳을 몸 그대로 살핌이라 한다.

그러므로 만약 비구 비구니가 이렇게 조금이라도 몸의 곳을 몸 그대로 살핀다면, 이것을 몸의 곳을 몸 그대로 살핌이라 한다."

느낌의 곳 살핌[受念處]을 보이심

"어떤 것을 느낌의 곳을 느낌 그대로 살핌[觀覺如覺念處]이라 하는가?

비구는 즐거운 느낌을 느껴 알 때 곧 즐거운 느낌을 느끼는 줄 알고, 괴로운 느낌을 느껴 알 때 곧 괴로운 느낌을 느끼는 줄 알며, 괴롭지도 않고 즐겁지도 않은 느낌을 느껴 알 때 곧 괴롭지도 않고 즐겁지도 않은 느낌을 느끼는 줄 안다.

즐거운 몸[樂身]·괴로운 몸[苦身]·괴롭지도 않고 즐겁지도 않은 몸[不苦不樂身]과, 즐거운 마음[樂心]·괴로운 마음[苦心]·괴롭지도 않고 즐겁지도 않은 마음[不苦不樂心]을 느껴 알 때 그 느낌들을 느끼는 줄 안다.

즐거운 먹음[樂食]·괴로운 먹음[苦食]·괴롭지도 않고 즐겁지도 않은 먹음[不苦不樂食]과, 즐거운 먹음 없음[樂無食]·괴로운 먹음 없음[苦無食]·괴롭지도 않고 즐겁지도 않은 먹음 없음[不苦不樂無食]과, 즐거운 욕심[樂欲]·괴로운 욕심[苦欲]·괴롭지도 않고 즐겁지도 않은 욕심[不苦不樂欲]과, 즐거운 욕심 없는 느낌[樂無欲覺]·괴로운 욕심 없는 느낌[苦無欲覺]·괴롭지도 않고 즐겁지도 않은 욕심 없는 느낌[不苦不樂無欲覺]을 느껴 알 때도 곧 괴롭지도 않고 즐겁지도 않은 욕심 없는 느낌들을 느끼는 줄을 안다.

이와 같이 비구는 안의 느낌[內覺]을 느낌 그대로 살피고, 바깥 느낌[外覺]을 느낌 그대로 살펴, 생각을 세워 느낌에 두어서 아는 것이 있고 봄이 있으며, 밝음이 있고 통달함이 있다.

이것을 비구가 느낌을 느낌 그대로 살핌이라 한다.

만약 비구 비구니가 이와 같이 아주 작게라도 느낌을 느낌 그대로 살피면, 이것을 느낌의 곳을 느낌 그대로 살핌이라 한다."

마음의 곳 살핌[心念處]을 보이심

"어떤 것을 마음의 곳을 마음 그대로 살핌[觀心如心念處]이라 하는가?

비구는 욕심이 있으면 욕심이 있음을 진실 그대로 알고, 욕심이 없으면 욕심이 없음을 진실 그대로 알며, 성냄[恚]이 있고 성냄이 없는 것, 어리석음[癡]이 있고 어리석음이 없는 것, 더러움[穢]이 있고 더러움이 없는 것, 모임이 있고 흩어짐이 있는 것, 낮음이 있고 높음이 있는 것, 작음이 있고 큼이 있는 것, 닦음[修]과 닦지 않음, 정함[定]과 정하지 않음 있는 것도 진실 그대로 안다.

해탈하지 못한 마음이 있으면 해탈하지 못한 마음을 진실 그대로 알고, 해탈한 마음이 있으면 해탈한 마음을 진실 그대로 안다.

이와 같이 비구는 안의 마음[內心]을 마음 그대로 살피고, 바깥 마음[外心]을 마음 그대로 살펴, 생각을 세워 마음에 두어서 아는 것이 있고 봄이 있으며, 밝음이 있고 통달함이 있다.

이것을 비구가 마음의 곳을 마음 그대로 살핌이라 한다.

만약 비구 비구니가 이와 같이 아주 작게라도 마음의 곳을 마음 그대로 살피면, 이것을 마음의 곳을 마음 그대로 살핌이라 한다."

여섯 들이는 곳, 다섯 덮음으로 법 살핌[法念處]을 보이심

"어떤 것을 법의 곳을 법 그대로 살핌[觀法如法念處]이라 하는가?

눈은 빛깔을 말미암아 안의 묶임[內結]을 낸다.

비구가 안에 실로 묶임이 있으면 안에 묶임이 있음을 진실 그대로 알고, 안에 실로 묶임이 없으면 안에 묶임이 없음을 진실 그대로 안다. 만약 아직 생기지 않은 안의 묶임이 생기면 그것을 진실 그대로 알고, 만약 이미 생긴 안의 묶임이 사라져 다시 나지 않으면 그것을 진실 그대로 안다.

이와 같이 귀·코·혀·몸·뜻이 법 등을 말미암아 안의 묶임을 낸다.

비구가 안에 실로 묶임이 있으면 안에 묶임이 있음을 진실 그대로 알고, 안에 실로 묶임이 없으면 안에 묶임이 없음을 진실 그대로 안다. 만약 아직 생기지 않은 안의 묶임이 생기면 그것을 진실 그대로 알고, 만약 이미 생긴 안의 묶임이 사라져 다시 나지 않으면 그것을 진실 그대로 안다.

이와 같이 비구는 안의 법을 법 그대로 살피고, 바깥의 법을 법 그대로 살펴, 생각을 세워 법에 두어서 아는 것이 있고 봄이 있으며, 밝음이 있고 통달함이 있다.

이것을 비구가 법의 곳을 법 그대로 살핌이라 하니, 곧 '안의 여섯 들이는 곳'[內六處]이다.

다시 비구가 법을 법 그대로 살핌은 다음과 같다.

비구란 안에 실로 욕심이 있으면 안에 욕심이 있음을 진실 그대로 알고, 안에 실로 욕심이 없으면 안에 욕심이 없음을 진실 그대로 알며, 만약 아직 생기지 않은 욕심이 생기면 그것을 진실 그대로 알고, 만약 이미 생긴 욕심이 사라져 다시 나지 않으면 그것을 진실 그대로 안다.

이와 같이 성냄[瞋恚]·잠과 졸음[睡眠]·들뜸과 뉘우침[掉悔] 또한 그러하며, 안에 실로 의심[疑]이 있으면 안에 의심이 있음을 진실 그대로 알고, 안에 실로 의심이 없으면 안에 의심이 없음을 진실 그대로 알며, 만약 아직 생기지 않은 의심이 생기면 그것을 진실 그대로 알고, 만약 이미 생긴 의심이 사라져 다시 나지 않으면 그것을 진실 그대로 안다.

이와 같이 비구는 안의 법을 법 그대로 살피고, 바깥의 법을 법 그대로 살펴, 생각을 세워 법에 두어서 아는 것이 있고 봄이 있으며, 밝음이 있고 통달함이 있다.

이것을 비구가 법의 곳을 법 그대로 살핌이라 하니, 곧 '다섯 덮음'[五蓋]이다."

법 살핌을 일곱 갈래 깨달음 법으로 보이심

"다시 비구가 법의 곳을 법 그대로 살핌은 다음과 같다.

비구란 안에 실로 '생각의 깨달음 법'[念覺支]이 있으면 생각의 깨달음 법이 있음을 진실 그대로 알고, 안에 실로 생각의 깨달음 법이 없으면 생각의 깨달음 법이 없음을 진실 그대로 안다.

만약 아직 생기지 않은 '생각의 깨달음 법'이 생기면 그것을 진실 그대로 알고, 만약 이미 생긴 '생각의 깨달음 법'이 머물러 잊히지 않고 시들어 물러서지 않아 더욱 닦아 늘고 넓어지면 그것을 진실 그대로 안다.

이와 같이 법 가림의 깨달음 법[擇法覺支] · 정진(精進) · 기쁨[喜] · 쉼[息] · 선정[定]의 깨달음 법도 그러하다.

비구란 안에 실로 '버림의 깨달음 법'[捨覺支]이 있으면 '버림의 깨달음 법'이 있음을 진실 그대로 알고, 안에 실로 '버림의 깨달음 법'이 없으면 '버림의 깨달음 법'이 없음을 진실 그대로 안다.

만약 아직 생기지 않은 '버림의 깨달음 법'이 생기면 그것을 진실 그대로 알고, 만약 이미 생긴 '버림의 깨달음 법'이 머물러 잊혀지지 않고 시들어 물러서지 않아 더욱 늘고 넓어지면 그것을 진실 그대로 안다.

이와 같이 비구는 안의 법을 법 그대로 살피고, 바깥 법을 법 그대로 살펴, 생각을 세워 법에 두어서 아는 것이 있고 봄이 있으며, 밝음이 있고 통달함이 있다.

이것을 비구가 법의 곳을 법 그대로 살핌이라 하니, 곧 '일곱 갈래 깨달음 법[七覺支]이다.

만약 어떤 비구 비구니가 이와 같이 아주 적게라도 법의 곳을 법 그대로 살피면, 이것을 '법의 곳을 법 그대로 살핌'이라 한다."

네 곳 살핌의 빼어난 과덕을 보이심

"만약 어떤 비구 비구니가 일곱 해 동안 마음을 세워 바르게 네 곳 살핌에 머무르면 그는 반드시 두 가지 과덕을 얻을 것이니, 현재법[現法]에서 마쳐 다한 지혜[究竟智]를 얻거나, 남음[餘]이 있으면 아나가민을 얻을 것이다.

일곱 해·여섯 해·다섯 해·네 해·세 해·두 해·한 해는 그만두고, 만약 어떤 비구 비구니가 일곱 달 동안이라도 마음을 세워 바르게 네 곳 살핌에 머무르면 그는 반드시 두 가지 과덕을 얻을 것이니, 현재의 법에서 마쳐 다한 지혜를 얻거나, 남음이 있으면 아나가민을 얻을 것이다.

일곱 달·여섯 달·다섯 달·네 달·석 달·두 달·한 달은 그만두고, 어떤 비구 비구니가 이레 낮 이레 밤 동안이라도 마음을 세워 바르게 네 곳 살핌에 머무르면 그는 반드시 두 가지 과덕을 얻을 것이니, 현재의 법에서 마쳐 다한 지혜를 얻거나, 남음이 있으면 아나가민을 얻을 것이다.

이레 낮 이레 밤이나 엿새·닷새·나흘·사흘··이틀은 그만두고 나아가 하루 낮 하룻밤도 그만두고, 만약 어떤 비구 비구니가 잠깐 동안[須臾頃]이라도 마음을 세워 바르게 네 곳 살핌에 머무른다 하자. 아침에 이렇게 행하면 저녁에는 반드시 오르고 나아가게[昇進] 될 것이고, 저녁에 이렇게 행하면 아침에는 반드시 오르고 나아가게 될 것이다."

붇다께서 이렇게 말씀하시자, 비구들은 붇다의 말씀을 듣고 기뻐하며 받들어 행하였다.

• 중아함 98 염처경(念處經)

• 해설 •

이 경은 네 곳 살핌의 선정법으로 온갖 사마디를 다 거두어 보이고 있다.

처음 몸 살핌은 가고 머물고 앉고 누우며 자고 깨는 행위 가운데서 몸을 살피는 선정이다. 안의 몸을 살펴 몸이 몸 아님을 알면, 감에 감이 없고 머묾에 머묾이 없으며 잠에 잠이 없고 깸에 깸이 없음을 알아 온갖 행위의 지어감[作] 속에서 밝음이 있고 통달함이 있고 사마디가 있게 된다.

다음 몸 살핌의 방편은 '들고나는 숨 살핌'이다. 들숨과 날숨을 살펴 안의 마음과 몸과 입의 뜻의 행을 쉬면 숨 살핌을 통해 첫째 선정[初禪]·둘째 선정[二禪]·셋째 선정[三禪]·넷째 선정[四禪]의 즐거움을 얻되 그 즐거움마저 넘어서서 청정한 마음을 성취하니, 이는 숨 살핌으로 네 가지 선정을 이룸이다.

다시 수행자는 몸을 살피되 때로 마음의 병을 따라 몸을 밝은 빛으로 사유하기도 하고[念光明想] 몸에 갖가지 깨끗하지 않은 것들이 가득찼다고 사유한다[不淨觀].

그리하여 몸에 대한 마음의 집착이 사라지면 몸의 몸 아닌 진실이 드러나고, 살피는 마음과 살펴지는바 몸이 모두 진여가 된다.

다시 몸에 대해 몸의 실상이 연기인 줄 모르는 어리석음이 뿌리가 되어 탐욕의 병이 깊어지면, 몸이 곧 인연으로 있음을 살핀다.

몸이 몸이 아니라 땅·물·불·바람·허공·앎의 영역[地水火風空識]으로 이루어짐을 살피고, 안 몸만 그런 것이 아니라 밖의 몸, 안팎의 몸도 그런 줄을 살핀다.

다시 몸을 몸 되게 하는 여섯 영역[六界] 또한 공한 것이니, 몸과 몸을 몸이게 하는 여섯 법의 영역이 모두 공한 줄 살피면 몸에서 몸을 벗어나고 세계의 모습에서 모습을 벗어나 몸을 떠나지 않고 늘 사마디의 고요함이 함께한다.

또 몸에 탐욕의 병이 깊으면 아홉 가지 생각[九想]으로 몸이 깨끗하지 않다는 살핌[不淨觀]을 닦아야 하니, 병이 다할 때 그 살핌마저 버리면[念想觀已除] 청정한 마음이 늘 항상할 것이다[淸淨心常一].

몸 살핌 다음 느낌 살핌을 보인다. 느낌은 안의 여섯 아는 뿌리[內六根]가 바깥 경계[外六境]를 만나 앎이 날 때 괴로운 느낌·즐거운 느낌·괴롭지도 않고 즐겁지도 않은 느낌이 나는 것이다. 느낌으로 보면 주체는 안의 느낌[內受]이고 객체는 밖의 느낌[外受]이고 느낌 자체는 안팎의 느낌[內外受]이다.

또 느낌은 몸으로 보면 몸인 느낌이고, 마음으로 보면 마음인 느낌이며, 중생의 먹음[食]으로 보면 먹임인 느낌이며, 욕심으로 보면 욕심인 느낌이지만, 느낌을 아는 여섯 아는 뿌리와 느낌을 내는 여섯 경계가 공하니 여섯 앎과 느낌이 또한 공한 것이다.

그러므로 즐거운 느낌이라고 취할 것이 없고 괴로운 느낌이라고 버릴 것이 없으니, 이렇게 살핌이 느낌의 곳을 느낌 그대로 살핌이라 한다.

다음은 마음 살핌[心念處]이다. 마음이 있으므로 탐냄·성냄·어리석음이 있고 온갖 마음의 분별이 있으나, 안의 마음[內心]·밖의 마음[外心]·안팎의 마음[內外心]이 모두 공한 줄 알면, 온갖 분별과 탐냄 가운데 분별할 것이 없고 탐낼 것이 없어서 마음이 고요하게 된다.

이것을 마음의 곳을 마음 그대로 살핌이라 한다.

다음은 법 살핌[法念處]이다. 눈[眼]이 빛깔[色]을 보아 안의 마음이 빛깔에 물들어 안의 마음[識]에 묶임을 내고, 안의 마음의 묶임이 다시 빛깔을 묶어 안이 묶이고 밖이 묶이며 안과 밖이 묶인다.

안과 밖의 법[內外法]을 살펴 법에 법 없음을 살피면, 안의 마음에 묶임과 묶음이 없게 되어 마음이 마음에 머물지 않으니 마음이 해탈한다.

마음이 해탈하면 성냄·잠·들뜸·의심의 덮음이 마음의 지혜를 덮지 못하니 늘 밝음이 있고 통달함이 있게 된다.

이와 같이 네 곳 살핌을 잘 닦아 나아가면 일곱 갈래 깨달음 법이 갖춰지고, 네 곳 살핌에서 살피는바[所觀境] 네 곳이 진여인 실상[眞如實相]이 되면, 살핌[能觀智]이 사마타인 비파사나가 되어 현재법에서 번뇌를 마쳐 다하거나 뒤로 물러섬이 없는 아나가민의 과덕을 이룰 것이다.

여래의 법에 믿음을 일으킨 이라면 이미 해탈이 언약된 이 법을 어찌 듣고서 행하지 않을 것인가.

네 곳 살핌에서 살피는바 네 곳이 다섯 쌓임이고, 열여덟 법의 영역이며, 다섯 쌓임과 열여덟 법의 영역은 한 생각인 다섯 쌓임이니, 뒷생각으로 앞생각의 진실을 돌이켜 살피면 한 생각이 공하고 공도 공한 진실이 법계의 진실이다.

그러므로 하루 밤낮이나 잠깐이라도 돌이켜 살피면, 살피는 그 자리에서 바로 해탈의 문에 들어서게 되고 니르바나의 땅에 나아가게 될 것이다.

2) 사마디와 살핌의 행을 자세히 밝힘

• 이끄는 글 •

디야나는 사마타와 비파사나의 하나됨이고 바른 사유[正思惟]인 고요함이다.

그러므로 사마디로 디야나를 말하면 이는 사마디의 고요함으로 바른 사유를 거둠이고, 비파사나로 디야나를 말하면 이는 비파사나의 살핌으로 사마타의 그침을 거둠이다.

세 가지 사마디[三三昧]가 온갖 사마디의 뿌리이니, 세 가지 사마디는 공삼매(空三昧, śūnyatā-samādhi)·모습 없는 삼매[無相三昧, animitta-samādhi]·바람 없는 삼매[無願三昧, apraṇihita-samādhi]이다.

온갖 것이 연기이므로 공함을 알아 공한 진제를 체달한 사마디가 공삼매이고, 모습이 공하므로 모습 취함[想, saṃjñāna]이 없는 사마디가 모습 없는 삼매이다. 모습 취함 없으므로 밖으로 구함이 없고 구하는 마음으로 바라지 않는 것이 바람 없는 삼매이다.

금강삼매(金剛三昧)는 번뇌 다한 사마디의 바탕이 그 어느 것도 깨뜨릴 수 없음을 말하고, 사자처럼 몸을 떨치는 삼매[師子奮迅三昧]는 무너뜨릴 수 없는 사마디의 작용이 짐승의 왕 사자처럼 위력 있고 재빠름을 뜻한다.

또 모습 없고 마음 없는 삼매란 알려지는바 경계의 모습에 모습 다하고 마음에 실로 아는 마음 다한 사마디이니, 곧 사라져 다한 사마디[滅盡三昧]이다.

디야나를 비파사나로 거두어보면 선정은 대치관(對治觀)과 실상관(實相觀)으로 나눌 수 있다.

대치관에 대해서는 천태선사의 다섯 문[五門]의 대치하는 선정(호흡관·부정관·자비관·인연관·염불관)을 본 장에서는 아비다르마(abhidharma)의 다섯 마음 그치는 살핌[五停心觀]으로 엮는다.

다섯 살핌의 첫째는 범부들의 몸이 깨끗하다는 집착을 깨뜨리기 위해 세운바 '몸이 깨끗하지 않다는 살핌'[不淨觀]이다.

둘째는 범부들의 다른 사람에 대한 미움과 성냄의 마음을 다스리기 위해 세운 '자비의 마음으로 살핌'[慈悲觀]이다.

셋째는 존재의 실체[我]에 집착하는 범부의 마음을 다스리기 위해 세운바 '존재가 모두 인연임을 살핌'[因緣觀]이다.

넷째는 존재와 존재를 이루는 여러 가지 법의 영역에 대한 집착을 깨뜨리기 위해 세운 살핌으로서 '법의 영역을 분별하는 살핌'[界分別觀]이다.

마지막 다섯째는 어지럽게 흩어지는 범부의 마음을 다스리기 위해 세운 바 '들고나는 숨을 살핌'[呼吸觀]이다.

실상관은 다섯 쌓임·열두 들임·열여덟 법의 영역[陰入界]의 연기의 진실을 바로 살핌이니, 존재와 존재를 이루어주는 다섯 쌓임·열두 들임·열여덟 법의 영역이 모두 실로 있음도 아니고 실로 없음도 아님을 바로 살핌[正觀]이다.

천태선사의 『마하지관』으로 보면, 다섯 쌓임·열두 들임·열여덟 법의 영역으로 표시한 온갖 법을 '현전의 한 생각'[現前一念]에 거두어 '중도실상인 한 생각의 부사의경계를 바로 살핌'이다.

천태선사는 살피는 지혜[能觀智]를 잡아 바른 관행을 열 가지 실천의 수레[十乘觀行]로 보이고, 살피는 경계[所觀境]를 잡아 열 가지 경계[十境]를 말하고 있으나, 지혜와 경계가 곧 아함경이 말하고 있는 다섯 쌓임·열두 들임을 떠나지 않는다.

그러므로 『마하지관』 또한 부사의경계 살핌을 다섯 쌓임·열두 들임·열여덟 법의 영역을 살핌[觀陰入界境]이라 한다.

살피는바 다섯 쌓임의 있는 것이 인연으로 있음이라, 있음이 곧 공한 줄 알면 있음에서 있음을 얻지 못하고 공함에서 공함을 얻지 못해, 살피는 바가 부사의경계가 되면 살피는 마음이 부사의한 한마음[不思議一心]이 된다. 그러므로 한 생각으로 중생의 다섯 쌓임인 한 생각을 돌이켜 살펴 생각에 생각 없음[於念無念]을 깨달으면 진여법계에 들어가는 것이니, '이 법 밖에 여래의 다른 교설이 있고 이 법 밖에 조사선이라는 깊은 도리가 있다' 하면 삿된 살핌[邪觀]이 되는 것이니, 살피고 살펴야 할 것이다.

① 사마디의 여러 이름과 실천 내용

가. 공삼매·바람 없는 삼매·모습 없는 삼매

공삼매가 으뜸가는 사마디며 사마디의 왕이니

이와 같이 들었다.

한때 붇다께서는 슈라바스티 국 제타 숲 '외로운 이 돕는 장자의 동산'에 계셨다.

그때 존자 사리푸트라는 맑은 아침에 고요한 방에서 일어나 세존 계신 곳에 이르러 머리를 발에 대 절하고 한쪽에 앉았다.

그때 세존께서 사리푸트라에게 말씀하셨다.

"그대는 지금 모든 아는 뿌리가 청정하고 얼굴이 다른 사람과 다르구나. 그대는 지금 어떤 사마디에서 노니는가?"

사리푸트라가 붇다께 말씀드렸다.

"그렇습니다, 세존이시여. 저는 늘 공삼매(空三昧, śūnyatā-samādhi)에서 노닙니다."

사리푸트라의 공삼매를 찬탄하심

세존께서는 말씀하셨다.

"아주 빼어나고 아주 빼어나다. 사리푸트라여, 공삼매에서 노닐 수 있다니. 왜인가? 여러 사마디 가운데 허공삼매(虛空三昧)가 가장 으뜸이기 때문이다.

그 어떤 비구가 있어서 공삼매에서 노닌다면 그는 '나'[吾我, ātman]와 '사람'[人, pudgala]과 '목숨'[壽, jīva]과 '목숨의 틀'[命, ajīva]이라는 것이 없음을 알고 또 '중생'(衆生, sattva)이 있음을 보지 않고, 또한 여러 행의 바탕과 끝[本末]을 보지 않을 것이다.

이미 보지 않으면 또한 행의 바탕을 짓지 않으며, 이미 지어감이 없으므로 다시 뒤의 있음을 받지 않고, 이미 있음을 받음이 없으므로 괴로움과 즐거움의 갚음을 다시 받지 않는다.

사리푸트라여, 알아야 한다. 나는 옛날 깨달음의 도를 이루기 전에 나무 밑에 앉아 이렇게 생각했다.

'이 중생의 무리들이 어떤 법을 얻지 못해 나고 죽음에 흘러 구르며 해탈을 얻지 못하는가?'

이때 나는 다시 생각하였다.

'공삼매가 없는 자는 곧 나고 죽음에 흘러 다녀 마쳐 다한 해탈[究竟解脫]을 얻지 못한다.

이 공삼매가 있더라도 다만 중생들이 그 사마디를 이루지 못해 중생이 집착하는 생각을 내게 하면, 세간이라는 생각[世間想]을 일으키므로 곧 나고 죽음의 장애[生死之分]를 받게 된다.

만약 이 공삼매를 얻고 또한 바라는 바가 없으면 곧 바람 없는 삼매를 얻게 될 것이다.

바람 없는 삼매를 얻으므로 여기서 죽어 저기에 태어나기를 구하지 않고, 전혀 모습 취하는 생각이 없을 때[無想], 그 수행자는 다시 모습 없는 삼매를 얻어 즐길 수 있을 것이다.

중생의 무리들은 다 이 사마디를 얻지 못함으로 말미암아 나고 죽음에 흘러 다니는 것이다.

모든 법을 살피면 곧 공삼매를 얻을 것이요, 공삼매를 얻으면 곧 아누타라삼약삼보디를 이룰 것이다.'

나는 그때 공삼매를 얻고 이레 낮 이레 밤 동안 보디 나무를 살피면서 눈이 일찍이 깜짝이지 않았다.

사리푸트라여, 이런 방편으로 공삼매가 모든 사마디 가운데서 가장 으뜸의 사마디임을 알 수 있다.

사마디의 왕[王三昧]은 바로 공삼매이다. 그러므로 사리푸트라여, 반드시 방편을 구해 공삼매를 갖추도록 하라.

이와 같이 사리푸트라여, 반드시 이렇게 배워야 한다."

그때 사리푸트라는 붓다의 말씀을 듣고 기뻐하며 받들어 행하였다.

• 증일아함 45 마왕품(馬王品) 六

• 해설 •

공삼매가 사마디의 바탕이며 으뜸가는 사마디이다. 왜 그런가. 온갖 법이 연기이므로 공한 줄 모르면 모습에 물든 사유가 지양될 수 없으며, 온갖 번뇌의 어지러움 속에서 고요함을 얻을 수 없기 때문이다.

또한 나와 내 것, 나와 사람, 목숨의 실체에서 자유로울 수 없으며, 온갖 지어감의 비롯함과 마침을 떠나 지어감을 떠날 수 없기 때문이다.

그래서 천태선사 또한 세 가지 그침[三止]을 말하면서 여래의 가르침대로 '온갖 법이 공한 진제를 체달하여 그침[體眞止]'을 실천의 첫머리로 내세우는 것이니, 공삼매를 모르면 온갖 사마디가 날 수 없으며 모습에 물듦 없는 지혜가 날 수 없는 것이다.

여래는 그 뜻을 공삼매를 온갖 사마디의 왕이라고 가르치시니, 공삼매로 모습 없는 삼매가 있고 모습 없는 삼매로 바람 없는 삼매가 있게 된다.

공삼매가 있으면 머물 공함마저 보지 않으므로 해탈이 있고 해탈지견이 있게 된다.

제자 사리푸트라가 지혜로서 으뜸가는 것이 어찌 다만 지혜만이 높을 뿐이겠는가. 그의 공삼매가 깊고 깊으며 넓고 넓으므로 그의 지혜가 또한 높고 높아 밝으며 빠르고 빨라 견줄 수 없는 것이다.

『화엄경』(「광명각품」) 또한 공삼매가 모든 바른 업, 바른 행위의 근본이 됨을 이렇게 가르친다.

> 몸을 진실한 모습 그대로 살피면
> 온갖 것이 다 고요하게 되어서
> 나와 나 없음의 집착 떠나리니
> 이와 같이 바른 업 지어야 하리.
>
> 觀身如實相 一切皆寂滅
> 離我無我著 如是業應作
>
> 중생의 마음 평등히 살펴서
> 여러 가지 분별 일으키지 않으면
> 진실한 경계에 들어가리니
> 이와 같이 바른 업 지어야 하리.
>
> 等觀衆生心 不起諸分別
> 入於眞實境 如是業應作

공함과 바람 없음과 모습 없는 사마디가 아니면
나고 죽음 벗어나지 못하리니

이와 같이 들었다.

한때 붇다께서는 슈라바스티 국 제타 숲 '외로운 이 돕는 장자의 동산'에 계셨다.

그때 세존께서 여러 비구들에게 말씀하셨다.

"세 가지 사마디가 있다. 어떤 것이 그 세 가지인가? 공삼매·바람 없는 삼매·모습 없는 삼매이다.

그 어떤 것을 공삼매라고 하는가? 공함[空]이란, 온갖 모든 법이 다 비어 헛됨이라고 살피는 것이니, 이것을 공삼매라고 말한다.

그 어떤 것을 모습 없는 삼매라고 하는가? 모습 없음[無相]이란, 온갖 모든 법에는 도무지 모습 취해 생각할 것이 없고[無想], 또한 볼 수도 없으니, 이것을 모습 없는 삼매라고 말한다.

그 어떤 것을 바람 없는 삼매라고 하는가? 바람 없음이란, 온갖 모든 법에 바라 구하지 않음이니, 이것을 바람 없는 삼매라고 말한다."

세 가지 사마디로 나고 죽음 벗어날 수 있음을 보이심

"이와 같이 비구들이여, 이 세 가지 사마디를 얻지 못하면, 오래도록 나고 죽음에 있으면서 스스로 깨닫지 못할 것이다.

이와 같이 여러 비구들이여, 반드시 방편을 구해 이 세 가지 사마디를 얻어야 한다. 이와 같이 여러 비구들이여, 반드시 이렇게 배워야 한다."

그때 여러 비구들은 붇다의 말씀을 듣고 기뻐하며 받들어 행하였다.

• 증일아함 24 고당품(高幢品) +

• 해설 •

만법이 공함을 체달한 공삼매로 모습에 모습 취함 없으면 모습에서 모습 떠난 모습 없는 삼매가 이루어지고, 모습에 모습 취함 없으면 바람 없고 구함 없는 바람 없는 삼매가 현전한다.

천태선사는 초기 불교의 이 세 사마디를 다시 공삼매와 모습 없는 삼매 지음 없는 삼매[無作三昧] 이 세 삼매로 재해석하여 보인다.

천태선사의 세 삼매에서 공삼매는 무명에 남이 없음[無生]을 보는 삼매이고, 모습 없는 삼매는 모습에 모습 없는 실상에 계합한 삼매이며, 지음 없는 삼매는 지음 없되 짓지 않음도 없이 보디의 도 이루는 삼매이다.

중생의 무명이 남이 없되 남 없음도 없는 실상을 법성이라 이름한 것이니, 중생의 무명과 무명의 공한 실상인 법성은 같음도 아니고 다름도 아니다.

'무명은 스스로에서 나왔는가' '법성에서 나왔는가',

무명 스스로 났다고 해도 옳지 않고 법성이 일으켰다 해도 옳지 않으니 모두 여래의 뜻에 어긋나는 것이다.

무명이 연기된 것이라 공한 줄 아는 곳에 무명을 실로 다함이 없이 니르바나에 나아가는 사마디가 있다.

『유마경현소』(維摩經玄疏)는 무명이 있되 공한 자기진실이 법성이라 무명과 법성이 같음도 아니고 다름도 아님을 통해 세 가지 사마디를 이렇게 말한다.

처음 공삼매를 닦는 것은 다음과 같이 살핌이다.
이 무명이 스스로 나지 않으나[不自生] 법성을 따라 나는 것이 아니다.

남을 따라 나는 것이 아니나[不他生] 법성을 떠나 밖에 따로 다른 것을 의지해 나는 무명이 있어 나는 것이 아니다.

같이해서 나는 것이 아니니[不共生] 법성과 무명이 함께해서 나는 것도 아니며, 인연 없이 나는 것도 아니니[非無因緣生] 법성을 떠나고 무명을 떠나서 나는 것도 아니다.

그러므로 네 구절로 살펴보면 무명은 본래 스스로 나지 않아서 나는 근원[生源]을 얻을 수 없으니, 이것이 곧 비롯 없음의 공[無始空]이다. 이것을 공삼매(śūnyatā-samādhi)라 하니 공함은 머묾 없어서 온갖 법의 근본이 되는 것[本一切本]이다.

(중략)

다음 모습 없는 삼매를 살피는 것은 다음과 같다.

곧 남이 없는 실상[無生實相]이 모습 있음이 아닌 것을 살피는 것은 캄캄한 방에 병과 화분의 모습 있는 것 같지 않으며, 모습 없음이 아닌 것은 소젖 안에 삭힌 젖의 성질이 없음과 같지 않다.

모습 있음도 아니고 모습 없음도 아닌 것은 (두 가지가 다 취할 것이 아니므로) 지혜롭다고 하는 자가 공함과 공하지 않음 보는 것과 같지 않다.

공함과 공하지 않음을 보아 모습 있음 아님도 아니고 모습 없음 아님도 아니라 하면 (허튼 논란이므로) 취해 집착함이 되어 어리석게 논하는 것[愚癡論]이다.

만약 네 치우침의 정해진 모습을 취하지 않으면 곧 모습 없는 사마디로 실상에 들어감이다.

다음에 지음 없는 삼매를 밝힘은 다음과 같다.

진여인 실상을 살피면 지음 있는 닦음[緣修]으로 붇다 지음을 볼 수 없고, 지음 없는 닦음[眞修]으로도 붇다 지음을 볼 수 없으며, 지음 있고 지음 없는 두 닦음이 합해서[二修合] 붇다 지음을 볼 수 없고, 두 닦음을 떠나서도[離二修] 붇다 지음을 볼 수 없는 것이다.

곧 네 구절로 닦음을 밝히면 이것이 네 가지 짓는 뜻[作義]이다. 만약 네 가지 짓는 닦음이 없으면 네 가지 의지[四依]가 없으니, 이것이 지음 없는 삼매이다.

천태선사의 세 사마디를 다시 풀어보자.

무명이 공하되 공도 공한 곳에 법성의 거짓 이름을 붙였으므로, 무명이 스스로 나지 않되 법성이 낸다고 하면 법성이 실체화되는 것이므로 공한 사마디에 들지 못한다. 무명과 법성이 모두 거짓 이름이라 취할 것이 없어야 모습과 모습 없음을 모두 뛰어넘어 공한 사마디에 들 수 있다.

캄캄한 방에 화분이 보이지 않아 없는 것처럼 모습 없음을 알면 캄캄한 공과 사물의 있음이 모두 실체화되므로 모습에서 모습 떠나야 모든 모습 취함이 사라져서 모습 없는 사마디에 들 수 있다.

또 삭힌 젖은 소젖 안에 없지만 소젖을 떠나서도 없으니, 모든 있음을 있음 아닌 있음으로 보아야 모습 없음이 캄캄한 공과 같지 않아 공이 연기의 뜻[緣起義] 무너뜨리지 않음을 알아서, 모습에서 모습 취함 없는 사마디에 들 수 있다.

중생의 고제는 실로 있음이 아니고 없음도 아니다. 그러므로 닦되 닦음 없어야 지음 없는 사마디로 니르바나에 들 수 있다. 닦음 있음으로 니르바나를 얻는다거나 닦음 없음으로 니르바나를 얻는다 하면 닦되 닦음 없는 참된 닦음이 되지 못하고 닦음과 성품이 둘이 없는 해탈행이 되지 못한다.

성품[性, 空]이 닦음을 뺏되[以性奪修] 성품이 온전히 닦음을 일으킬 때[全性起修] 지음 없는 사마디가 될 수 있다.

공삼매를 얻어 앎에서 앎 떠나야
지견이 청정해지리니

이와 같이 내가 들었다.

한때 붇다께서는 슈라바스티 국 제타 숲 '외로운 이 돕는 장자의 동산'에 계셨다. 그때 세존께서 여러 비구들에게 말씀하셨다.

"거룩한 법의 도장[聖法印]과 견해의 청정함[見淸淨]을 말해주겠다. 자세히 듣고 잘 사유하라.

만약 어떤 비구가 이렇게 말했다 하자.

'나는 공삼매에서 아직 얻은 바가 없지만, 모습 없음과 있는 바 없음[無所有]과 아만 떠난 지견[離慢知見]을 일으킨다.'

그렇다면 이렇게 말해서는 안 된다.

왜냐하면 만약 '공함'에서 얻은 바가 없으면서 '나는 모습 없음과 있는 바 없음과 아만 떠난 지견을 얻었다'고 말한다면 그럴 수가 없기 때문이다.

만약 어떤 비구가 '나는 공함을 얻어 모습이 없고 있는 바 없음과 아만 떠난 지견을 일으킨다'고 말한다면, 이것은 옳은 말이다.

왜냐하면 만약 공함을 얻고서 모습 없음과 있는 바 없음과 아만 떠난 지견을 일으킨다고 하면, 이것은 그럴 수 있기 때문이다."

공한 사마디로 모습 없는 사마디와 있는 바 없는 사마디 얻음을 보이심

"비구들이여, 어떤 것이 거룩한 제자와 견해의 청정함인가."

비구들은 붓다께 말씀드렸다.

"붓다께서는 법의 근본이시고 법의 눈이시며 법의 의지이십니다. 말씀해주시길 바랍니다. 여러 비구들은 그 설법을 들은 뒤에는 그 말씀대로 받들어 행하겠습니다."

붓다께서는 비구들에게 말씀하셨다.

"만약 비구가 비어 한가한 곳이나 나무 밑에 앉아 '물질이 덧없어 닳아 사라지고 욕심을 떠나야 할 법'이라 살피고, 이와 같이 느낌·모습 취함·지어감·앎도 덧없어 닳아 사라지고 욕심 떠나야 할 법이라 살핀다 하자. 그리고 그 '쌓임'은 덧없어 닳아 사라지고 굳세지 않으며 변하고 바뀌는 법이라 살핀다 하자.

그러면 마음은 청정함을 즐겨하여 해탈할 것이니, 이것을 공함이라 한다.

이와 같이 살피는 사람은 아직 아만을 떠나 지견이 청정해지지는 못하였지만, 다시 바른 사유의 '사마디'가 있어서 물질의 모습이 끊어지고, 소리·냄새·맛·닿음·법의 모습이 끊어짐을 살피니, 이것을 '모습 없음'이라 한다.

이와 같이 살피는 사람은 아직 아만을 떠나 지견이 청정해지지는 못하였지만, 다시 바른 사유의 '사마디'가 있어서 탐하는 모습이 끊어지고 성내고 어리석은 모습이 끊어짐을 살피니, 이것을 '있는 바 없음'이라 한다.

이와 같이 살피는 사람은 아직 아만을 떠나 지견이 청정해지지는 못하였지만, 다시 바른 사유의 '사마디'가 있어서 '나와 내 것은 무엇을 좇아 생기는가'라고 살핀다.

다시 바른 사유의 '사마디'가 있어서 나와 내 것이 봄[見]과 들음[聞]·냄새 맡음[嗅]·맛봄[嘗]·닿음[觸]에서 생긴다고 살핀다."

앎에서 앎을 떠나야 지견이 청정하게 됨을 보이심

"다시 공함을 바르게 살피는 사람은 이와 같이 살필 것이다.

'원인과 조건이 앎을 낸다면, 그 앎의 인연은 항상한 것인가 덧없는 것인가.'

그리하여 그는 다시 이렇게 사유할 것이다.

'만약 원인과 조건이 앎을 내는 것이라면, 저 원인과 조건도 다 덧없는 것이다. 그러니 인연으로 난 앎이 어떻게 항상할 것인가. 덧없는 것이라면 이것은 함이 있는 행이라 조건을 좇아 일어난 것[從緣起]이다.

이는 걱정거리의 법이요 사라지는 법이며, 욕심 떠나야 할 법[離欲法]이고, 아는 것을 끊어야 하는 법[斷知法]이다.'

이것을 거룩한 법의 도장이라 하고 지견의 청정함이라 한다. 그리고 이것이 '비구들에게 거룩한 법의 도장과 지견의 청정함을 말해주겠다'고 한 것이다."

붓다께서 이 경을 말씀하시자, 여러 비구들은 붓다의 말씀을 듣고 기뻐하며 받들어 행하였다.

- 잡아함 80 법인경(法印經)

• 해설 •

공삼매로 나와 내 것에 있는 바가 없음을 바로 보지 못하면, 나와 내 것의 집착이 다하지 않으므로 모습 없는 삼매, 아만 떠난 지견의 청정함을 이룰 수 없다. 공삼매가 있어야 바른 사유의 삼매로 보여지는바 물질경계에 모습 없음을 알아 모습 없는 삼매, 있는 바 없는 삼매에 나아갈 수 있다.

봄에 실로 봄이 있고 들음에 실로 들음이 있으면 나와 내 것의 실로 있는 모습을 벗어나지 못하니, 나와 내 것을 벗어나야 공삼매가 되고 봄[見]에서 봄을 벗어나야 있는 바 없는 삼매가 된다.

모습에 모습 취함이 있으므로 모습 없음과 있는 바 없음을 말한 것이니, 모습 없음이라는 법의 자취가 있어도 지견의 청정이 이루어지지 못한다.

지금 앎은 아는 뿌리가 원인이 되고 알려지는바 경계가 조건이 되어 일어나니, 원인도 공하고 조건도 공하고 원인과 조건이 어울러서는 결과로서의 앎도 공하다. 이와 같이 앎이 인연으로 남[因緣生]을 알아, 앎에서 앎을 벗어나야 지견의 청정함이고 거룩한 법의 도장이라 말한다.

『화엄경』(「초발심공덕품」初發心功德品) 또한 온갖 법이 공한 줄 깨달아 앎에서 앎을 벗어난 사람이 세간을 위해 자비의 마음을 갖추고 법의 깃발 세울 수 있음을 다음과 같이 가르친다.

> 온갖 것이 공해 나 없음 깨치면
> 중생을 자비로 보살펴 생각해
> 중생을 언제나 버리지 않고
> 큰 자비의 미묘한 소리로써
> 세간에 널리 들어가 연설해주리.
>
> 了知一切空無我　慈念衆生恒不捨
> 以一大悲微妙音　普入世間而演說

나. 금강삼매 · 사자처럼 몸을 떨치는 삼매

금강삼매는 모든 마라의 힘을 꺾어
불과 물 칼로도 해칠 수 없다

이와 같이 들었다.

한때 붇다께서는 라자그리하 성 칼란다카 대나무동산에서 큰 비구대중 오백 명과 함께 계셨다.

그때 존자 사리푸트라는 그리드라쿠타 산의 가려 으슥한 곳에서 헌 누더기 옷을 깁고 있었다.

만 명의 하늘대중이 사리푸트라께 귀의함

이때 만 명의 브라흐마카이카하늘[Brahma-kāyika-deva]이 브라흐마하늘에서 사라져 사리푸트라가 있는 곳에 와서 머리를 발에 대절하고 모두 에워싸고 모시고 있었다.

그리고 이런 게송으로 찬탄하였다.

    사람 가운데 높은 분께 귀의합니다.
    사람 가운데 거룩한 이께 귀의합니다.
    어떤 선정에 의지하고 계시는지
    저희들은 지금 얻지 못하옵니다.

이때 만 명의 브라흐마카이카하늘이 이렇게 말하고 나자, 사리푸트라는 잠자코 옳다 하였다.

이때 여러 하늘들은 사리푸트라가 '잠자코 옳다' 하는 것을 보고 곧 발에 절하고 물러갔다. 하늘들이 멀리 가지 않아서 사리푸트라는 곧 금강삼매(金剛三昧, vajra-samādhi)에 들었다.

좌선하는 사리푸트라의 머리를 때린 악귀가 지옥에 떨어짐

이때 두 귀신이 있었으니, 하나는 가라(伽羅)라고 이름하고, 다른 하나는 우파가라(優波伽羅)라고 이름하였다.

바이쓰라바나(Vaiśravaṇa)하늘왕은 그들을 피루륵[毗留勒]하늘왕에게 보내 사람과 하늘의 일을 의논하려 하였다.

이때 두 귀신은 그 허공으로 지나가다가 사리푸트라가 두 발을 맺고 앉아 생각을 매어 앞에 두고 마음이 고요하게 선정에 들어 있는 것을 멀리서 보았다. 가라 귀신은 우파가라 귀신에게 말하였다.

"나는 지금 주먹으로 이 사문의 머리를 때릴 수 있다."

우파가라 귀신이 두 번째 귀신에게 말하였다.

"너는 저 사문의 머리를 때릴 생각을 일으키지 말라. 왜냐하면 저 사문은 아주 신묘한 덕과 큰 위신력이 있기 때문이다. 이 존자의 이름은 사리푸트라로서, 세존의 제자 가운데 지혜가 밝고 재주가 높기로 이 사람을 지날 자가 없다.

그는 지혜가 제자 가운데 가장 으뜸이다. 만약 그렇게 하면 너는 기나긴 밤 내내 괴로움 받음이 한량없을 것이다."

이때 그 귀신은 두 번 세 번 거듭 말하였다.

"나는 저 사문의 머리를 때릴 수 있다."

우파가라는 대답하였다.

"네가 지금 내 말을 따르지 않겠다면 너는 여기 있어라. 나는 너를 버리고 여기를 떠나겠다."

나쁜 귀신 가라는 말하였다.

"너는 저 사문이 두려운가?"

우파가라가 말하였다.

"나는 실로 두렵다. 만약 네가 손으로 이 사문을 때리면 이 땅은 두 조각이 날 것이다. 바로 그러면 사나운 바람과 세찬 비에 땅 또한 떨려 움직이고 하늘들은 놀랄 것이다.

땅이 떨려 움직이면 네 하늘왕도 놀라고 두려워할 것이요, 네 하늘왕이 우리들을 알면 그 머무는 곳을 불안케 할 것이다."

이때 나쁜 귀신은 말하였다.

"나는 지금 이 사문을 욕보일 수 있다"

착한 귀신은 그 말을 듣고 곧 그를 버리고 떠났다.

그때 그 나쁜 귀신은 곧 손으로 사리푸트라의 머리를 때렸다. 이때 하늘땅이 크게 움직이고 사방에서 사나운 바람과 세찬 비가 곧바로 몰아치고 땅이 곧 두 조각으로 갈라졌다.

그리고 이 나쁜 귀신은 온몸이 지옥 가운데 떨어졌다.

그때 존자 사리푸트라는 사마디에서 일어나 옷매무새를 바르게 하고 그리드라쿠타 산을 내려와 대나무동산에 가 세존 계신 곳에 이르러 머리를 발에 대 절하고 한쪽으로 앉았다.

세존께서 말씀하셨다.

"그대는 요즘 몸에 병은 없는가?"

사리푸트라는 말씀드렸다.

"몸에는 평소 병이 없는데, 머리만 아픕니다."

세존께서는 말씀하셨다.

"가라 귀신이 손으로 그대 머리를 때렸다. 만약 그 귀신이 손으로 수메루 산을 때렸다면 수메루 산은 곧바로 두 조각이 났을 것이다.

왜냐하면 그 귀신은 큰 힘이 있기 때문이다. 지금 이 귀신은 그 죄의 갚음을 받아 온몸이 아비지옥 가운데 들어갔다."

과거 붇다 당시 두 비구의 본사를 들어
금강삼매와 공삼매의 위덕을 보이심

그때 세존께서 여러 비구들에게 말씀하셨다.

"참으로 기이하고, 참으로 빼어난 일이다. 금강삼매의 힘이 이럴 수 있으니, 이 사마디의 힘 때문에 다치지 않은 것이다.

바로 수메루 산으로 그 머리를 때리게 해도 끝내 털끝 하나 움직이지 못하였을 것이다.

왜 그런가. 비구들이여, 들어라. 이 현겁(賢劫) 가운데 붇다가 계셨으니, 그 이름은 크라쿠찬다 여래·지극히 참된 이·바르게 깨친 분이셨다. 그 붇다에게 두 큰 성문이 있었으니, 한 사람은 이름이 '평등한 목숨'[等壽], 다른 사람은 이름이 '큰 지혜'[大智]였다.

비구 '평등한 목숨'은 신통이 으뜸이었고, 비구 '큰 지혜'는 지혜가 으뜸이었다. 그것은 마치 오늘날 나의 제자 사리푸트라가 지혜가 으뜸이요, 목갈라야나는 신통이 으뜸인 것과 같았다.

그때 '평등한 목숨'과 '큰 지혜', 두 비구는 모두 금강삼매를 얻었다. 어떤 때에 '평등한 목숨' 비구는 한가하고 고요한 곳에서 금강삼매에 들어 있었다. 이때 소 먹이는 사람·염소 먹이는 사람·나무하는 사람들은 이 비구가 좌선하는 것을 보고 저희끼리 서로 이렇게 말하였다.

'이 사문은 오늘 덧없음을 취해서[以取無常] 죽은 것이다.'

이때 소·염소 치는 사람과 나무꾼들은 곧 여러 풀과 나무를 모아 비구의 몸 위에 쌓아 불을 붙이고는 그를 두고 떠나버렸다.

이때 '평등한 목숨' 비구는 곧 사마디에서 일어나 옷매무새를 바르게 하고는 곧 그 자리에서 물러나 떠났다. 이때 비구는 그날로 가사를 입고 발우를 가지고 마을에 들어가 밥을 빌었다.

이때 여러 나무꾼들은 이 비구가 마을에서 밥 비는 것을 보고 저희끼리 서로 말하였다.

'저 비구는 어제 목숨을 마쳤다. 그래서 우리들이 불로 태웠는데 오늘 저렇게 다시 살아났다. 지금 이름을 세워서 저 분을 다시 살아난 분[還活]이라 부르자.'

비구들이여, 만약 어떤 비구가 금강삼매를 얻는다면 불에 타지 않고 칼로 벨 수 없으며, 물에 떠내려가지 않고 남의 해침을 받지 않을 것이다.

이와 같이 비구들이여, 금강삼매의 위덕(威德)은 이와 같은데, 지금 이 사리푸트라가 그 사마디를 얻었다. 사리푸트라 비구는 공삼매와 금강삼매, 두 곳에서 자주 노닌다.

그러므로 여러 비구들이여, 반드시 방편을 구해 금강삼매를 행하라. 이와 같이 비구들이여, 반드시 이렇게 배워야 한다."

사리푸트라와 같은 지혜를 성취해 널리 법 설하기를 당부하심

그때 세존께서는 여러 비구들에게 말씀하셨다.

"내 너희들에게 가르쳐주겠다. 저 사리푸트라 비구와 같은 비구의 지혜란 큰 지혜·분별하는 넓은 지혜·끝이 없는 지혜·빠른 지혜·널리 노니는 지혜·날카로운 지혜·깊고 깊은 지혜·끊는 지혜이다.

그는 욕심을 줄여 만족할 줄 알고, 고요하면서 용맹스러우며, 생각이 흩어지지 않아 계율을 성취하고, 사마디를 성취하고, 지혜와 해탈과 해탈지견을 성취하였다.

부드럽게 섞이어 다툼이 없고, 나쁜 말씨를 버려 다했으며, 여러 말들을 잘 참으며, 악 떠남을 칭찬해 말하며, 늘 버려 여의기를 생각하고, 중생을 가엾이 여기며, 바른 법을 불처럼 일으켜 남을 위해 설법하되 싫증냄이 없다."

사리푸트라를 붇다의 나무를 장엄하는 제자의 꽃으로 찬탄하심

그때 세존께서는 곧 다음 게송을 읊으셨다.

> 만 명의 여러 많은 하늘사람들
> 다 브라흐마카이카하늘인데
> 모두들 저 그라드라쿠타 산 꼭대기에서
> <u>스스로 사리푸트라께 이렇게 귀의했네.</u>
>
> 사람 가운데 높으신 분께 귀의합니다.
> 사람 가운데 거룩한 이께 귀의합니다.
> 어떤 선정에 의지하고 계시는지
> 저희들은 지금 얻지 못하옵니다.

이와 같이 뛰어난 제자의 꽃이
붇다의 도의 나무 장엄하였으니
마치 저 하늘동산 늘 핀 꽃 같아
그 즐거움 무엇으로 견줄 데 없네.

"제자의 꽃이란 바로 이 사리푸트라 비구가 그 사람이다. 왜 그런가. 붇다의 나무를 장엄할 수 있기 때문이다.

깨달음의 나무[道樹]란 바로 여래이니, 여래는 온갖 중생을 덮어줄 수 있기 때문이다.

그러므로 비구들이여, 반드시 생각을 부지런히 하고 더욱 용맹정진하기를 사리푸트라 비구처럼 해야 한다.

이와 같이 비구들이여, 반드시 이렇게 배워야 한다."

그때 비구들은 붇다의 말씀을 듣고 기뻐하며 받들어 행하였다.

• 증일아함 48 십불선품(十不善品) 六

• 해설 •

사리푸트라 존자의 공한 삼매에는 몸·마음·세계의 모습이 공하니, 공한 삼매인 사리푸트라의 몸을 철퇴로 치고 번개로 태우려 한들 어찌 부수고 태울 수 있을 것인가. 위력 있는 귀신인들 어찌 이미 있되 공한 사리푸트라의 삼매의 몸을 깨뜨릴 수 있겠는가.

공한 삼매이므로 금강처럼 무너지지 않으니, 세존께선 옛 붇다 때의 두 비구의 예를 들어 사리푸트라를 다섯 가지 법의 몸[五分法身]을 성취한 비구, 중생을 가엾이 여겨 한량없는 말솜씨로 법을 잘 설하는 비구라 찬탄하신다.

또한 붇다의 보디의 나무를 장엄하는 꽃 가운데 가장 빛나는 꽃, 성문제자의 꽃으로 높이 찬탄하시니, 사리푸트라 존자가 어찌 사람 세상의 스승 됨에만 그칠 것인가. 신통과 위력 갖춘 높은 하늘신들도 사리푸트라께 공경히 귀의하여, '사람 가운데 높은 분 사람 가운데 거룩한 분'이라 찬탄하는 것이다.

   사리푸트라 존자의 이와 같은 힘 이와 같은 자재는 어디서 오는가. 오직 존재의 진실 살피는 지혜를 떠나 그 위신력이 없으니, 『화엄경』(「입법계품」 入法界品)은 이렇게 말한다.

> 다섯 쌓임의 있는 모습 멀리 떠나고
> 열두 들임의 곳에 또한 머물지 않아
> 세간의 의심을 길이 끊으면
> 자재한 공덕과 힘 드러내리라.
>
> 遠離於五蘊 亦不住於處
> 永斷世間疑 顯現自在力

사리푸트라 존자가 니르바나에 들기 전
사자처럼 몸을 떨치는 사마디를 보이니

그때 세존께서 니르바나 때가 다 되었음을 말씀하시자, 사리푸트라는 곧 여래의 앞에 앉아 몸과 마음을 바르게 가지고 생각을 매어 앞에 두고는 첫째 선정에 들었다.

첫째 선정에서 일어나 둘째 선정에 들고, 둘째 선정에서 일어나 셋째 선정에 들고, 셋째 선정에서 일어나 넷째 선정에 들었다.

또 넷째 선정에서 일어나 또 빈 곳의 선정[空處]·앎의 곳의 선정[識處]·있는 바 없는 곳의 선정[不用處]·생각 있음도 아니고 생각 없음도 아닌 곳의 선정[有想無想處]에 들어가고, 생각 있음도 아니고 생각 없음도 아닌 곳의 선정에서 일어나 '사라져 다한 사마파티' [nirodha-samāpatti, 滅盡定]에 들어갔다.

다시 사라져 다한 사마파티에서 일어나 '생각 있음도 아니고 생각 없음도 아닌 곳의 선정'에 들어갔고, 생각 있음도 아니고 생각 없음도 아닌 곳의 선정에서 있는 바 없는 곳의 선정·앎의 곳의 선정·빈 곳의 선정에 들어갔다.

빈 곳의 선정에서 일어나 넷째 선정에 들어갔고, 넷째 선정에서 일어나 셋째 선정에 들어갔으며, 셋째 선정에서 일어나 둘째 선정에 들어갔고, 둘째 선정에서 일어나 첫째 선정에 들어갔다.

다시 첫째 선정에서 일어나 둘째 선정에 들어갔고, 둘째 선정에서 일어나 셋째 선정에 들어갔으며, 셋째 선정에서 일어나 넷째 선정에 들어갔다.

그때 존자 사리푸트라는 넷째 선정에서 일어나 여러 비구들에게 말하였다.

"이것을 사자처럼 몸을 떨치는 삼매라고 하오."

이때 여러 비구들은 일찍이 없었던 일에 대하여 찬탄하였다.

"매우 기이하고 매우 빼어난 일이다. 존자 사리푸트라께서 사마디에 드는 것이 저처럼 빠르구나."

그때 사리푸트라가 곧 자리에서 일어나 머리를 대 세존의 발에 절하고 물러나 떠나갔다.

• 증일아함 26 사의단품(四意斷品) 九 부분

• 해설 •

공삼매가 아니면 무너뜨릴 수 없는 금강삼매가 나올 수 없고, 깨뜨리고 무너뜨릴 수 없는 금강삼매가 아니면 '사자처럼 몸을 떨치는 삼매'의 자재한 작용이 나올 수 없다.

깊고 깊은 사마디이므로 그 작용이 빠르고 빠르되 늘 고요한 것이니, 『법계차제초문』은 다음과 같이 '사자처럼 몸을 떨치는 삼매'[siṃha-vijṛmbhita-samādhi]를 말한다.

> 세 가지 사마디 다음에 '사자처럼 빨리 떨치는 사마디'를 밝히는 것은 다음과 같다. 『대품경』에 붇다께서 몸소 이렇게 말씀하셨다.
> '보디사트바는 아홉 가지 차제의 선정을 의지해서 사자처럼 빨리 떨치는 사마디에 들어간다.'
> 세 가지 사마디와 아홉 차제의 선정의 법의 모습은 이미 같으므로 세 가지 사마디 다음에 밝히지만 뜻에 어그러짐이 없다.

'사자처럼 빨리 떨침'이라 말함은 비유를 들어서 법을 나타내는 것이다. 마치 세간에서 사자가 빨리 떨쳐 달리는 것은 두 가지 일 때문인 것과 같다.

첫째는 갑자기 땅을 치닫는 것이고, 둘째는 앞에 달리는 것을 앞질러 달려 다른 짐승보다 빠름을 달리하는 것이다.

이 사마디 또한 그러하여, 첫째 선정을 방해하는 미세한 무명의 의혹[無知之惑]을 떨쳐 없애는 것이고, 둘째 틈이 없는 선정[無間定]에 재빨리 들고나는 것이 위에서 얻은바 여러 선정들과 달리하므로 '사자처럼 빨리 떨치는 사마디'라 이름한다.

첫째, 선정에 들어감이 사자처럼 빨리 떨쳐 들어감[入禪奮迅]이다.

사자처럼 빨리 떨쳐 사마디에 들어감이란 '모든 탐욕의 악하여 착하지 않은 법'을 떠나, 잘 살펴 찾아 느낌이 있고[有覺] 살펴 앎이 있는[有觀] 첫째 선정에 들어감이다.

이와 같이 차례로 둘째 선정·셋째 선정·넷째 선정·빈 곳·앎의 곳·있는 바 없는 곳·생각 있음도 아니고 생각 없음도 아닌 곳·느낌과 모습 취함 없앤 선정에 들어가니 이것이 '빨리 떨쳐 들어감'이다.

둘째, 선정에서 나옴이 사자처럼 빨리 떨쳐 나옴[出禪奮迅]이다.

사자처럼 빨리 떨쳐 나옴이란 느낌과 모습 취함 없앤 선정에서 일어나 다시 생각 있음도 아니고 생각 없음도 아닌 선정에 들어가고, 생각 있음도 아니고 생각 없음도 아닌 선정에서 일어나 다시 있는 바 없는 곳에 들어간다.

이와 같이 앎의 곳·빈 곳·넷째 선정·셋째 선정·둘째 선정·첫째 선정 나아가 흩어진 마음[散心] 가운데로 나오니, 이것이 빨리 떨쳐 나옴이다.

다. 모습 없고 마음 없는 삼매

비구여, 세존께서는 모습 없는 사마디는 곧 지혜의 결과와 공덕이라 말씀하셨소

이와 같이 내가 들었다.

한때 붇다께서는 카우삼비 국 고실라라마 동산에 계셨다. 그때 존자 아난다도 카우삼비 국 고실라라마 동산에 있었다.

그때 어떤 비구는 '모습 없고 마음 없는 사마디'[無相心三昧]를 얻고서 이렇게 생각하였다.

'만약 내가 존자 아난다 있는 곳에 찾아간다면 존자 아난다에게 이렇게 물을 것이다.

〈만약 비구가 모습 없고 마음 없는 사마디를 얻어, 들뜨지도 않고 빠지지도 않으며, 해탈하여 이미 머물고, 머물고서 해탈한다면, 이 모습 없고 마음 없는 사마디는 무엇의 결과이며, 세존께서는 이것이 무엇의 공덕이라고 말씀하셨소?〉

그리고 만약 존자 아난다가 나에게 이렇게 묻는다 하자.

〈비구여, 그대는 그 모습 없고 마음 없는 사마디를 얻었소?〉

그러면 〈저는 아직 얻지 못했습니다〉라고 진실한 물음에 대답을 달리할 것이다[實問異答].

나는 반드시 존자 아난다를 꼭 쫓아다녀야겠다. 어쩌다 다른 사람이 이 뜻을 물으면 그로 인해 얻어들을 수 있을 것이다.'

그 비구는 곧 존자 아난다를 따라다녔는데, 그렇게 여섯 해를 지나는 가운데 그 뜻을 묻는 사람이 없었다.

**사마디 얻고서 묻는 비구에게 모습 없고
마음 없는 사마디는 곧 지혜의 공덕임을 답해줌**

그래서 곧 스스로 존자 아난다에게 물었다.

"만약 비구가 모습 없고 마음 없는 사마디를 얻어, 들뜨지도 않고 빠지지도 않으며, 해탈하여 이미 머물고, 머물고서 해탈하는 것을 묻는다면, 세존께서는 이것이 무엇의 결과요 무엇의 공덕이라고 말씀하셨습니까?"

존자 아난다가 그 비구에게 물었다.

"비구여, 그대는 그 사마디를 얻었소?"

그 비구는 잠자코 머물렀다.

존자 아난다가 그 비구에게 말했다.

"만약 비구가 모습 없고 마음 없는 사마디를 얻어, 들뜨지도 않고 빠지지도 않고, 해탈하여 이미 머물고, 머물고서 해탈한다면, 세존께서는 '이것은 지혜의 결과요 지혜의 공덕'이라고 말씀하셨습니다."

존자 아난다가 이 법을 말해주자, 그 비구는 그 말을 듣고 기뻐하면서 받들어 행하였다.

• 잡아함 558 아난경(阿難經)

• **해설** •

모습 없고 마음 없는 사마디는 무엇의 결과인가. 지혜로 저 살피는바 세계의 모습에 모습 없음을 알면 세계에 대한 모습 취함[想]이 사라지고 번뇌의 흐름이 다하며, 아는 마음에 마음이 사라지게 되는 것이다.

그러므로 지혜로 인해 모습 없는 사마디가 이루어지고 마음 없는 사마디가 이루어지는 것이니, 사마디는 지혜로 인한 사마디이고 지혜는 사마디의 지혜라 사마디 없는 지혜가 없는 것이다.

지혜로 인해 움직임 없는 사마디가 성취되고, 지혜로 인해 중생을 거두는 자비의 빛이 현전하는 것이니, 『화엄경』(「입법계품」) 또한 다음과 같이 말한다.

> 안과 밖의 법 취하지 않아야
> 움직임 없고 걸림이 없어
> 깨끗하고 맑은 지혜의 눈이
> 붇다의 신통의 힘을 보리라.
>
> 不取內外法　無動無所礙
> 淸淨智慧眼　見佛神通力
>
> 몸은 바른 법의 곳간이고
> 마음은 걸림 없는 지혜이니
> 이미 지혜의 빛 비춤 얻으면
> 다시 모든 중생 널리 비추리.
>
> 身爲正法藏　心是無礙智
> 旣得智光照　復照諸群生

갖가지 사마디에는 그 이름에 맞는
뜻과 맛이 있나니

이와 같이 내가 들었다.

한때 붇다께서는 암라 마을 암라 나무 숲의 정사에서 많은 윗자리 비구들과 함께 계셨다.

그때 칫타(Citta) 장자는 여러 윗자리 비구들이 있는 곳에 가서, 그 발에 머리를 대 절하고 한쪽에 물러나 앉았다.

그때 여러 윗자리 비구들은 칫타 장자를 위해 갖가지로 설법하여 가르쳐보이고 기뻐하게 하였고, 가르쳐보이고 기뻐하게 한 뒤에 잠자코 머물렀다.

그때 칫타 장자는 존자 나가닫타[那伽達多] 비구 있는 곳에 찾아가 그 발에 머리를 대 절하고 한쪽에 물러나 앉았다.

나가닫타 존자가 사마디의 뜻과 이름을 물음

존자 나가닫타가 칫타 장자에게 말했다.

"한량없는 마음의 사마디[無量心三昧]·모습 없고 마음 없는 사마디[無相心三昧]·있는 바 없는 마음의 사마디[無所有心三昧]·공한 마음의 사마디[空心三昧]가 있는데, 어떻소? 장자여, 이 법은 갖가지 뜻 때문에 갖가지 이름이 있는 것이오? 하나의 뜻인데 갖가지 이름이 있는 것이오?"

칫타 장자가 존자 나가닫타에게 물었다.

"이 여러 사마디는 세존의 말씀입니까, 존자께서 자기 뜻으로 말씀한 것입니까?"

존자 나가닫타가 대답하였다.

"이것은 세존께서 말씀한 것이오."

칫타 장자가 존자 나가닫타에게 말했다.

"제가 조금만 이 뜻을 사유하도록 들어주십시오. 그런 뒤에 대답하겠습니다."

사마디에는 여러 뜻에 여러 이름과 맛이 있음과
한뜻에 여러 이름과 맛이 있음을 답함

그리고 잠깐 사유한 뒤에 존자 나가닫타에게 말했다.

"어떤 법은 갖가지 뜻과 갖가지 이름과 갖가지 맛이 있으며, 어떤 법은 하나의 뜻에 갖가지 맛이 있습니다."

다시 장자에게 물었다.

"어떻게 법의 갖가지 뜻[法種種義]과 갖가지 이름[種種句]과 갖가지 맛[種種味]이 있습니까?"

장자가 대답하였다.

"한량없는 사마디[無量三昧]란, 곧 거룩한 제자가 마음이 사랑과 함께하여 원망이 없고 미움이 없고 성냄도 없어, 너그럽고 크고 무거운 마음으로 한량없이 널리 생각함[普緣]을 닦아 익혀 일방(一方)에 충만하게 하는 것입니다.

이와 같이 이·삼·사방, 위아래 온갖 세간에 마음이 사랑과 함께하여 원망이 없고 미움이 없고 성냄도 없어, 너그럽고 크고 무거운 마음으로 한량없이 닦아 익혀 여러 곳에 충만하게 하고, 온갖 세간을 널리 생각해 머뭅니다.

이것을 한량없는 사마디라 합니다.

어떤 것이 모습 없는 사마디[無相三昧]냐 하면, 다음과 같습니다.

곧 거룩한 제자가 온갖 모습을 생각하지 않아서 모습 없고 마음 없는 사마디를 몸으로 증득하는 것입니다. 이것을 모습 없고 마음 없는 사마디라 합니다.

어떤 것이 있는 바 없는 마음의 사마디이냐 하면, 다음과 같습니다.

곧 거룩한 제자는 온갖 한량없는 앎의 들이는 곳[識入處]을 건너, 있는 바 없이 있는 바 없는 마음에 머뭅니다. 이것을 있는 바 없는 마음의 사마디라 합니다.

어떤 것이 공한 사마디냐 하면, 다음과 같습니다.

곧 거룩한 제자는 세상의 공함에서 세상의 공함을 진실 그대로 살피어 늘 머물러 변해 바뀜이 없이 나도 아니고[非我] 내 것도 아닙니다[非我所]. 이것을 공한 마음의 사마디[空心三昧]라 합니다.

이것을 법의 갖가지 뜻과 갖가지 이름과 갖가지 맛이 있다고 하는 것입니다."

다시 장자에게 물었다.

"어떤 것이 법은 하나의 뜻[法一義]인데 갖가지 맛[種種味]이 있다는 것입니까?"

대답해 말했다.

"존자여, 곧 탐욕은 헤아림이 있으나, 만약 다툼이 없으면 이것은 으뜸가는 한량없음입니다.

탐욕은 모습이 있고 성냄과 어리석음도 모습이 있으나, 만약 다툼이 없으면 이것은 모습 없음입니다.

탐욕은 곧 있는 것이고 성냄과 어리석음도 있는 것이나, 만약 다툼이 없으면 곧 있는 바가 없음입니다. 다시 다툼이 없으면 공하니, 탐욕에 대해 공하고 성냄과 어리석음에 대해 공합니다. 변해 바뀜이 없이 공함[不變易空]에 늘 머물면 나도 아니고 내 것도 아니니, 이것을 법이 하나의 뜻인데 갖가지 맛이 있다고 하는 것입니다."

다툼이 있으므로 여러 뜻과 맛이 분별됨을 말하자
나가닫타 존자가 크게 찬탄함

존자 나가닫타가 물었다.
"어떻소, 장자여. 그대는 이런 뜻을 먼저 들은 적이 있소?"
대답했다.
"존자여, 듣지 않았습니다."
다시 장자에게 말했다.
"그대는 큰 이익을 얻었소. 이 깊고 깊은 붇다의 법에서 현성의 지혜의 눈을 드러내 들어가셨소."
칫타 장자는 존자 나가닫타의 말을 듣고, 기뻐하고 따라 기뻐하면서 절하고 떠나갔다.

· 잡아함 567 나가달다경(那伽達多經)②

· 해설 ·

있되 공한 존재의 진실 밖에 사마디가 없으니 사마디의 이름과 모습에 취할 모습을 두면 바른 사마디가 아니다. 그러나 실천과정[途中事]에서는 중생의 집착과 미혹에 따라 집착을 다스리는 여러 사마디의 이름과 맛이 달리 세워지기도 하고, 하나인 사마디에 온갖 사마디를 거두어 하나인 뜻과 맛으로 갖가지 사마디의 맛을 말하기도 한다.

성냄과 원망에 응해 한량없는 사랑의 사마디를 세우고, 시방에 충만한 사랑의 힘을 보이며, 모습에 걸리는 삶에 응해 모습 없고 마음 없는 삼매를 말하며 앎의 곳[識處]에 걸림으로 인해 있는 바 없는 곳의 사마디를 말한다.

그러나 만약 마음에 다툼이 없고 모습 취함이 없으면, 다툼 없는 삼매[無諍三昧] 공삼매의 하나인 사마디의 한뜻에서 사랑의 사마디·모습 없는 사마디·허공 같은 사마디 등 백천 삼매의 이름과 맛을 말할 수 있다.

크신 성문 존자의 물음에 칫타 장자가 시원스럽게 법의 뜻을 잘 분별해 주니, 그는 흰옷 입은 보디사트바이고, 집에 있되 집에 갇히지 않는 크나큰 자재의 사람[大自在人]이다.

『화엄경』(「여래현상품」如來現相品)은 재가·출가에 관계없이 깊은 믿음과 진리의 기쁨 지닌 이가 여래의 집에 태어나 붇다의 지혜 낼 수 있음을 이렇게 보인다.

> 만약 깊은 믿음과 기쁨 있어서
> 붇다께서 거두어주시는 이라면
> 이와 같은 사람이 붇다의 지혜
> 깨달을 수 있음을 알아야 하리.
>
> 若有深信喜 及爲佛攝受
> 當知如是人 能生了佛智
>
> 모든 적은 지혜 가진 이들은
> 붇다의 지혜의 법 알 수 없으며
> 지혜의 눈 청정한 사람이라사
> 보디의 법을 바르게 볼 수 있으리.
>
> 諸有少智者 不能知此法
> 慧眼淸淨人 於此乃能見

② 살핌의 법

가. 대치관(對治觀)을 모아 보임

비구여 몸이 깨끗하지 않다는 생각
모습이 덧없고 나 없다는 생각 깊이 닦으라

이와 같이 들었다.

한때 붇다께서는 슈라바스티 국 제타 숲 '외로운 이 돕는 장자의 동산'에 계셨다.

그때 어떤 비구가 세존 계신 곳에 와 머리를 대 발에 절하고 한쪽에 앉았다.

그때 그 비구가 세존께 말씀드렸다.

"여래께서는 오늘 여러 비구들에게 '열 가지 생각[十想]의 법'을 말씀하시고, '그것을 닦는 사람은 모든 샘 있음을 끊고 샘이 없는 행[無漏行]을 이룰 것이다'라고 말씀하셨습니다.

그러나 세존이시여, 저와 같은 사람은 이런 생각을 행할 수가 없습니다. 왜냐하면 저는 욕심이 많아 몸과 뜻이 불꽃처럼 일어나 쉴 수 없기 때문입니다."

탐욕 때문에 바른 관행 닦지 않는 비구에게
바른 살핌 닦도록 깨우치심

세존께서는 그 비구에게 말씀하셨다.

"너는 지금 깨끗하다는 생각을 버리고 깨끗하지 않다는 생각[不淨想]을 깊이 사유해야 한다.

항상하다는 생각을 버리고 덧없다는 생각[無常想]을 사유하라.

나가 있다는 생각을 버리고 나가 없다는 생각[無我想]을 사유하라.

즐길 만하다는 생각을 버리고 즐길 만할 것이 없다는 생각[不可樂想]을 사유하라.

왜 그런가. 만약 비구가 깨끗하다는 생각을 사유하면 곧 욕심이 불꽃처럼 일어나고, 깨끗하지 않다는 생각을 사유하면 곧 욕심이 없어지기 때문이다.

비구들이여, 알아야 한다. 욕심은 깨끗하지 않음이 똥덩이 같고, 욕심은 앵무새처럼 말이 많도록 하며, 욕심은 되돌려 갚음 없는 것이 독사와 같으며, 욕심은 허깨비 변화와 같음이 햇볕에 녹는 눈과 같다.

그러므로 탐욕 버림을, 주검을 무덤 사이에 버리듯 생각해야 한다. 탐욕이 도리어 스스로를 해침이 독을 품은 뱀과 같고, 탐욕의 싫증낼 줄 모르는 걱정거리가 짠물을 마심과 같다.

탐욕의 채우기 어려움이 바다가 강의 흐름을 삼킴과 같고, 탐욕의 두려움은 라크샤의 마음과 같고, 탐욕은 원수의 집과 같으니, 늘 멀리 여의어야 한다.

탐욕은 적게 맛봄이라도 꿀 바른 칼과 같고, 탐욕의 사랑할 만하지 못함은 길의 흰 뼈[路白骨]와 같으며, 탐욕이 바깥 모습 나타내는 것[欲現外形]은 뒷간에서 꽃이 피어나는 것과 같다.

탐욕이 참되지 못한 것은 저 그림의 병이 안에 더러운 것이 가득 담겨 있으나 밖으로 빼어남을 보이는 것과 같으며, 탐욕이 굳세지 못한 것은 거품덩이와 같다.

그러므로 비구여, 탐욕의 생각 멀리 떠날 것을 생각해, 깨끗하지 않다는 생각을 사유해야 한다.

너는 지금 비구여, 옛날 카샤파 붇다가 받들어 행했던 열 가지 생각을 반드시 기억해야 한다. 지금 거듭 열 가지 생각을 사유하면 샘이 있음에서 마음이 해탈할 것이다."

비구가 스스로 허물 뉘우치고 범행을 닦아 아라한을 이룸

그때 그 비구는 슬피 울면서 눈물을 흘리고 스스로 그칠 수 없었다.

그는 곧 머리를 대 붇다의 발에 절하고 세존께 말씀드렸다.

"그렇습니다. 세존이시여, 저는 어리석고 헤매임이 오래 쌓이어, 여래께서 몸소 열 가지 생각을 스스로 말씀해주셨으나, 이제야 멀리 여의려고 합니다.

이제 스스로 참회하오며 뒤에 다시는 범하지 않겠습니다.

세존께서는 이 무거운 허물 받아주시고 제가 미치지 못했던 것을 용서하시길 바랍니다."

세존께서 비구에게 말씀하셨다.

"너의 허물 고침을 들어주니, 다시는 범하지 말라. 또 여래가 너에게 열 가지 생각을 말해주었는데, 너는 지금껏 기꺼이 받들어 지니려 하지 않았다."

이때 그 비구는 세존의 가르쳐 깨우침[敎誡]을 듣고 한가하고 고요한 곳에 있으면서 스스로를 이겨내며 사유하였다.

좋은 종족의 사람이 수염과 머리를 깎고 세 가지 가사를 입고 위없는 범행을 닦는 것은 그 바라는 바에 오르기 위함이다. 그 바람대로 그는 '나고 죽음은 이미 다하고 범행은 이미 서고, 지을 바를 이미 지어 다시는 뒤의 있음을 받지 않는다'고 진실 그대로 알았다.

그때 그 비구는 곧 아라한을 이루었다.

그때 여러 비구들은 붇다의 말씀을 듣고 기뻐하며 받들어 행하였다.

• 증일아함 46 결금품(結禁品) 九

• 해설 •

부파불교의 아비다르마에서는 여래의 대치관을 다섯 가지 마음 그치는 살핌[五停心觀]으로 종합한다.

첫째는 탐욕을 다스리는 부정관(不淨觀)이고, 둘째는 성냄을 다스리는 자비관(慈悲觀)이다.

셋째 인연임을 살핌[因緣觀]과 넷째 법의 영역을 분별하는 살핌[界分別觀]은 어리석음을 다스리는 살핌이고, 다섯째 살핌은 들고 나는 숨을 살펴 흩어져 어지러움을 다스림[呼吸觀]이다.

또한 붇다는 살피는 경계와 집착의 방향에 따라 중생의 몸과 느낌 마음 법[身受心法]에 대한 집착을 모두 모아 그 병을 다스리는 대치의 사유를 가르친다.

곧 '몸이 깨끗하다는 생각'에 대해 '깨끗하지 않다'는 생각 닦아 몸에 대한 집착을 떠나도록 하고, '마음이 항상하다'는 집착에 대해 '마음이 덧없다'는 생각을 닦도록 하신다.

또 온갖 존재의 모습에 '나가 있다'는 집착에 대해 '나 없다는 생각'을 닦도록 하시고, 즐거운 느낌 주는 것에 대해 '즐겁다는 생각'을 버리고 '즐길 것이 없다'는 생각 닦도록 하신다.

인연관 · 자비관 · 부정관 · 무상관 · 무아관을 닦아 다스리는바 집착과 대치하는 살핌을 모두 넘어서면, 항상함도 아니고 덧없음도 아니며 나 없되 나 없음도 없는 존재의 진실이 온전히 실현될 것이다.

또 경에서는 네 가지 대치하는 살핌을 넓혀 비구들에게 열 가지 생각을 닦도록 하시니, 열 가지 생각은 어떤 것인가.

『법계차제초문』은 이렇게 말한다.

> 여덟 가지 생각[八念] 다음에 열 가지 생각을 밝히는 것은 다음과 같다.
> 『대지도론』에서는 '아홉 생각은 도적을 묶어두는 것과 같고, 열 가지 생각은 도적을 죽이는 것과 같다'고 했다.
> 만약 그렇다면 앞의 아홉 생각 다음에 밝혀야 하겠지만, 다만 아홉 생각을 닦을 때에 두려움 등의 장애가 생기기 때문에 반드시 여덟 생각을 설하여야 여러 두려움을 여의어 곧 마음이 편안하고 장애가 없게 되므로, 여덟 생각 다음에 열 가지 생각을 설한다.
> 통틀어 '생각'이라고 하는 것은 마음을 돌이키고 생각을 돌이킬 수 있으며, 항상함과 즐거움을 헤아리는 등 여러 뒤바뀐 생각을 돌이킬 수 있으므로 이를 생각[想]이라고 이름한 것이다.
> 앞의 세 가지 생각[三想]은 진리 보아야 다하는 견해의 미혹[見諦惑]을 끊기 위하여 설하고, 가운데 네 가지 생각은 사유의 미혹[思惟惑]을 끊기 위하여 설한다.
> 나머지 세 가지 생각은 '배울 것 없는 지위의 도'[無學道] 닦는 이를 위하여 설한 것이다.
> 이 때문에 법을 무너뜨린[壞法] 사람이라도 이 열 가지 생각을 닦으면 삼계의 번뇌를 끊고 샘이 없는 거룩한 과덕을 증득할 수 있게 된다.
> 첫째 덧없다는 생각[無常想]이니, 온갖 함이 있는 법의 덧없음을 살피어 지혜와 서로 맞는 생각을 '덧없다는 생각'이라 한다.
> 온갖 함이 있는 법에는 두 가지가 있으니, 첫째는 중생(衆生)이고, 둘째는 국토(國土)이다. 이 두 가지 모두 새롭게 나고 사라지므로 '덧없음'

이라 한다.

둘째 괴롭다는 생각[苦想]이니, 온갖 함이 있는 법의 괴로움을 살피어 지혜와 서로 맞는 생각을 '괴롭다는 생각'이라 한다.

만약 함이 있는 법이 덧없다면 곧 괴로움이니, 늘 세 가지 괴로움, 여덟 가지 괴로움에 몰려 쫓기므로 '괴로움'이라 한다.

셋째 나 없다는 생각[無我想]이니, 온갖 법의 나 없음[無我]을 살피어 지혜와 서로 맞는 생각을 '나 없다는 생각'이라 한다.

만약 함이 있는 법이 다 괴롭다고 하면 곧 나 없음이니, 스스로 있음[自在]이 없기 때문이다. 또한 괴로움은 인연을 따라 나서 자기 성품이 없으니, 자기 성품이 없는 가운데서 나는 얻을 수 없다.

넷째 먹는 것이 깨끗하지 않다는 생각[食不淨想]이니, 모든 먹을거리가 깨끗하지 않다고 살피어 지혜와 서로 맞는 생각을 '먹는 것이 깨끗하지 않다는 생각'이라 한다.

세간의 먹을거리는 모두 깨끗하지 않은 인연을 따라 있기 때문이다.

저 고기가 정기[精]와 피[血]와 물길[水道]을 따라 있는 것과 같고, 젖의 날버터[生酥]·삭힌 버터[熟酥]·삭힌 젖[酪] 등도 다 그 일을 따라 살펴보면 모두 깨끗하지 않은 것이다.

다섯째 세간은 즐길 것이 없다는 생각[世間不可樂想]이니, 온갖 세간은 즐길 것이 없다고 살피어 지혜와 서로 맞는 생각을 '세간은 즐길 것이 없다는 생각'이라 한다.

두 가지 세간이 있으니, 첫째는 중생이며 둘째는 국토이다. 세간에는 허물과 악이 있어 즐길 만한 것이 없다.

여섯째 죽는다는 생각[死想]이니, 죽음을 살피어 지혜와 서로 맞는 생각을 '죽는다는 생각'이라 한다.

만약 한 기간의 과보로 늘 두 가지 죽음이 따르는 것이니, 곧 날숨이 들숨을 따라 가지 않는 것이다.

일곱째 깨끗하지 않다는 생각[不淨想]이니, 자신과 남의 몸이 깨끗하지 않음을 살피어 지혜와 서로 맞는 생각을 '깨끗하지 않다는 생각'이라 한다.

만약 이 몸이 안으로 서른여섯 가지 물건이 있고, 밖에는 아홉 구멍이 있어 더러운 물이 늘 흐름을 살피면, 태어나서부터 목숨 마칠 때까지 한 가지도 깨끗한 것이 없다.

여덟째 끊었다는 생각[斷想]이니, 니르바나가 나고 죽음 끊었음을 살피어 지혜와 서로 맞는 생각을 '끊었다는 생각'이라 한다.

수행자가 사유할 때, 만약 니르바나가 청정하여 번뇌가 없는 것이라 하면 반드시 번뇌를 끊어 니르바나를 증득할 것이다.

아홉째 떠났다는 생각[離想]이니, 니르바나가 나고 죽음 떠났다는 것을 살피어 지혜와 서로 맞는 생각을 '떠났다는 생각'이라 한다.

수행자가 사유할 때, 만약 니르바나가 청정하여 나고 죽음 떠났다고 하면 반드시 나고 죽음을 떠나 니르바나를 증득할 것이다.

열째 다했다는 생각[盡想]이니, 니르바나가 번뇌와 나고 죽음이 다했음을 살피어 지혜와 서로 맞는 생각을 '다했다는 생각'이라 한다.

수행자가 사유할 때, 만약 니르바나가 청정하여 번뇌와 나고 죽음이 다했다고 하면 곧 번뇌와 나고 죽음의 업을 다하여 니르바나를 증득할 것이다.

나. 대치관을 나누어 보임

㉠ 부정관(不淨觀): 몸과 모습이 깨끗하다는 집착과 탐욕을 다스림

―――――

**열 가지 생각을 닦아 행해야
샘 있음을 다해 차츰 니르바나 이르나니**

이와 같이 들었다.

한때 붇다께서는 슈라바스티 국 제타 숲 '외로운 이 돕는 장자의 동산'에 계셨다.

그때 세존께서 여러 비구들에게 말씀하셨다.

"누구든 열 가지 생각[十想]을 닦아 행하면 곧 샘이 있음[有漏]을 다하고 신통을 얻어, 증득하여 차츰 니르바나에 이르게 될 것이다.

어떤 것이 열 가지인가? 곧 흰 뼈라는 생각[白骨想]·시퍼런 멍이 들었다는 생각[靑瘀想]·불어 터진다는 생각[膖脹想]·삭지 않은 먹을거리라는 생각[食不消想]·핏덩어리라는 생각[血想]·뜯어 먹는다는 생각[噉想]·항상하다 한 것이 덧없다는 생각[有常無常想]·탐욕스럽게 먹는다는 생각[貪食想]·죽는다는 생각[死想]·온갖 세간에 즐길 것이 없다는 생각[一切世間不可樂想]이다.

이것을 비구들이여, '열 가지 생각을 닦으면 샘이 있음을 다해 니르바나에 이르게 된다'고 함이다."

열 가지 생각 가운데 '세간에 즐길 것이 없다는 생각'이 으뜸이 됨을 다시 보이심

"또 비구들이여, 이 열 가지 생각 가운데서 '온갖 세간에 즐길 것이 없다'는 생각이 가장 으뜸이다.

왜 그런가. 즐길 것이 없다는 생각을 닦아 행하는 사람과 믿음을 가지고 법을 받드는 사람이 있다면, 이 두 사람은 반드시 차례를 뛰어넘어 진리를 증득할 것이기 때문이다.

그러므로 비구들이여, 만약 나무 밑이나 고요한 곳, 한 데 앉게 되거든 이 열 가지 생각을 깊이 사유해야 한다.

그러므로 여러 비구들이여, 반드시 이와 같이 배워야 한다."

그때 비구들은 붓다의 말씀을 듣고 기뻐하며 받들어 행하였다.

• 증일아함 46 결금품 八

• **해설** •

중생의 애착의 뿌리는 몸에 대한 그릇된 견해이다. '몸이 실로 있다는 견해'[身見]가 바탕이 되어 실로 깨끗하다 할 것이 없는 몸에 대해 깨끗하고 아름답다는 애착을 내어 온갖 번뇌가 벌어진다.

그러므로 맨처음 몸에 대한 집착을 깨기 위해 누구나 쉽게 이해할 수 있는 대치의 살핌을 주어 그 애착의 뿌리를 다스리니, 부정관의 기본은 아홉 생각[九想]이다.

때로 경은 그 아홉 생각에 다른 살핌을 늘리거나 빼서 열 가지 생각의 부정관을 보인다.

이 경에서는 '온갖 세간에 즐길 것이 없다는 생각'을 기본적인 살핌으로 해서 열 가지 생각을 세워 몸에 대한 애착 깨도록 하고 있으니, 『법계차제초문』에서는 아홉 생각의 부정관을 다음과 같이 보이고 있다.

'통해 밝히는 선정'[通明禪] 다음에 아홉 생각을 밝히는 것은 다음과 같다. 위에서 밝힌 선정은 비록 선정과 지혜가 있을지라도 다만 이것은 진실한 살핌이라, 쉽게 알 수 있는 살핌은 아니어서 대치의 힘이 약하다.

아홉 생각부터 뒤에서 밝히는 선정들은 모두 이해할 수 있는 살핌이라 무거운 번뇌의 병을 대치하는 데에 힘과 작용이 강하다.

마치 단단한 나무를 벨 때에 부드러운 도끼를 써서 끊으려 하면 끊어 낼 수 없어서 반드시 다시 강한 도끼를 써야 하는 것과 같다.

아홉 생각은 이해하고 닦는 살핌의 처음이므로, 통해 밝히는 선정 다음에 밝힌다.

이 아홉 가지를 모두 통틀어 '생각'[想]이라고 하는 것은 마음을 돌이키고 생각을 돌이키므로 생각이라고 이름하였다. 곧 깨끗하다는 뒤바뀐 생각[淨顚倒想]을 돌이킬 수 있으므로, 이 아홉 가지 법을 모두 '생각'이라 한다.

첫째 퉁퉁 붓는다는 생각[脹想]이니, 만약 사람의 죽은 시체를 살피면 퉁퉁 부은 모습이 마치 가죽 주머니에 바람을 꽉 채운 것과 같아 본래 모습과 달라진다. 이렇게 살피는 것이 퉁퉁 붓는다는 생각이다.

둘째 퍼렇게 된다는 생각[靑瘀想]이니, 만약 죽은 시체를 살피면 살가죽은 누렇고 붉게 피멍이 져 검푸른 색깔이 된다. 이렇게 살피는 것이 퍼렇게 된다는 생각이다.

셋째 문드러진다는 생각[壞想]이니, 만약 죽은 시체를 살피면 바람이 불고 해가 내리쬐어 더욱 심하게 살이 터지고 문드러져 땅에 흩어지게 된다. 이렇게 살피는 것이 문드러진다는 생각이다.

넷째 피가 흘러 퍼진다는 생각[四血塗漫想]이니, 만약 죽은 시체를 살피면 곳곳에 고름과 피가 흘러넘쳐 더러운 것이 퍼져 질퍽하게 된다. 이렇게 살피는 것이 피가 흘러 퍼진다는 생각이다.

다섯째 고름이 터져 넘친다는 생각[膿爛想]이니, 만약 죽은 시체를 살피면 벌레와 고름이 흘러넘쳐 살가죽과 살이 문드러지고 터져서 썩은 물이 땅에 고인다. 이렇게 살피는 것이 고름이 터져 넘친다는 생각이다.

여섯째 씹어 먹는다는 생각[噉想]이니, 만약 죽은 시체를 살피면 구더기나 다른 벌레들이 빨아먹고 새가 그 눈을 쪼아 먹으며, 여우나 개가 물어 씹고 범과 이리가 갈가리 찢어버린다. 이렇게 살피는 것이 씹어 먹는다는 생각이다.

일곱째 흩어진다는 생각[散想]이니, 만약 죽은 시체를 살피면 새나 짐승이 물어뜯어서 찢겨지고, 몸은 부서져 흩어지고, 힘줄은 끊어지고 뼈는 흩어지며 머리와 발이 뒤섞이게 된다. 이렇게 살피는 것이 흩어진다는 생각이다.

여덟째 뼈만 남는다는 생각[骨想]이니, 만약 죽은 시체를 살피면 가죽과 살이 다 썩어 없어져버리고 다만 흰 뼈만을 보게 된다.

이어진 힘줄은 흩어지고 땅에 펴져 흰 뼈가 마치 구슬이나 조개껍질과 같게 된다. 이렇게 살피는 것이 뼈만 남는다는 생각이다.

아홉째 타버린다는 생각[燒想]이니, 만약 죽은 시체를 살피면 불로 태워져서 센 불길에 튀어 타는 냄새가 나며, 장작이 다하여 형체가 사라지면 재와 같다. 설사 다 타지 않아도 또한 닳아 없어지게 된다. 이렇게 살피는 것이 타버린다는 생각이다.

위의 아홉 가지 생각과 이 경의 열 가지 생각은 곧 깨끗하다는 뒤바뀐 생각을 다스리기 위한 대치의 살핌이다. 그러므로 '깨끗하지 않다는 살핌'으로 '깨끗하다는 뒤바뀜'이 다하면 이 '몸이 깨끗하지 않다는 사유'도 끝내 떠나는 것이니, 집착의 병(病)과 법약(法藥)이 함께 사라지면 '진여인 몸의 참모습'[眞如身實相]이 늘 깨끗할 것이다.

몸의 깨끗하지 않음 살펴 탐욕 그치면
밝음을 일으키리

나는 들었다, 이와 같이.

한때 붇다께서 슈라바스티 국을 노니실 적에 제타 숲 '외로운 이 돕는 장자의 동산'에 머무셨다.

그때 세존께서 여러 비구들에게 말씀하셨다.

"젊은 비구로서 처음으로 계를 성취한 사람은, 자주자주 쉬어 그침의 도[息止道]에 나아가서 몸의 여러 모습을 살펴야 한다.

그것은 곧 뼈만 드러난 모습[骨相]·시체의 푸르딩한 모습[靑相]·썩는 모습[腐相]·짐승에게 먹히는 모습[食相]·뼈만 이어진 모습[骨鎖相]을 살피는 것이다.

그는 이 모습들을 잘 받아 잘 지니고, 머무는 곳에 돌아와서는 손발을 씻고 니시다나를 펴고 평상 위에서 두 발을 맺고 앉아 곧 이 모습을 생각해야 한다.

곧 그 모습은 뼈만 드러난 모습·시체의 푸르딩한 모습·썩는 모습·짐승에게 먹히는 모습·뼈만 이어진 모습이다.

왜 그런가. 만약 그 비구가 이 모습들을 닦아 익히면 마음 가운데 탐냄과 성냄의 병을 빨리 없앨 수 있기 때문이다."

**부정관을 통해 끝내 삶의 청정하고
밝음 얻게 됨을 게송으로 보이심**

이에 세존께서는 이 게송을 말씀하셨다.

　　만약 아직 나이 젊은 비구로서
　　높은 뜻을 깨우쳐 얻지 못했으면
　　반드시 쉬어 그침의 도에 나아가
　　그 음욕 없애려고 하여야 한다.

　　마음 가운데 성냄과 다툼 없이
　　중생을 사랑하고 가엾게 여겨
　　온갖 곳에 널리 두루 원만케 하고
　　여러 몸들 모두 가서 살펴보라.

　　죽은 시체 퍼렇게 멍든 모습과
　　썩어 문드러진 모습 살피고
　　새와 벌레에 먹히는 모습과
　　뼈마디 서로 이어진 모습 살펴
　　이와 같은 모습들 닦아 익히고
　　본래 머무르던 곳에 다시 돌아와
　　손과 발을 깨끗이 씻고 난 뒤에
　　자리 펴고 바르고 곧게 앉으라.

　　안의 몸과 또 바깥 몸 그 가운데

대변 소변 더러운 것 가득 차 있고
심장 콩팥 간 허파 등 함께 있으니
반드시 그 진실을 살펴야 한다.

만약 거리에서 밥을 빌어먹으려고
사람들의 마을과 성읍에 가면
장수가 갑옷으로 몸을 얽매 싸듯이
언제나 바른 생각 앞에 두어라.

만약 보는 모습 사랑할 만하고
깨끗해 내 욕심과 서로 맞으면
보고서는 진실 그대로 살펴서
붇다의 법과 율 바로 생각하라.

이 가운데는 뼈와 힘줄이 없고
살도 없고 또한 피도 없으며
콩팥 심장 간과 허파도 없고
눈물과 가래침과 뇌도 없도다.

온갖 땅의 요소는 다 공하고
물의 요소 또한 다시 그러하며
온갖 불의 요소도 다 공하고
바람의 요소 또한 다시 그러하네.

만약 있는바 여러 모든 느낌이
깨끗하다 해 탐욕과 서로 맞으면
그 온갖 느낌들을 쉬어 그치어
지혜로 살핌과 같도록 하라.

이와 같이 행하여 부지런히 힘써
깨끗하지 않다는 생각 늘 생각하면
탐냄 성냄 어리석음 길이 끊으며
온갖 무명 남김없이 없애버리고
깨끗하여 밝은 지혜 일으키리니
비구는 괴로움의 끝 얻게 되리라.

붇다께서 이렇게 말씀하시자, 여러 비구들은 붇다의 말씀을 듣고 기뻐하며 받들어 행하였다.

• 중아함 139 식지도경(息止道經)

• **해설** •

아홉 가지 또는 열 가지 '깨끗하지 않다는 살핌'을 통해 몸에 대한 탐욕과 애착이 다하면, 몸은 이제 탐욕의 대상이 아니라 몸에 몸 없는 법의 몸[法身]이 실현된다.

몸에 몸 없는 법의 몸이 실현되면 몸을 탐착하는 중생의 마음은 탐욕과 성냄의 불길이 쉬어 마음에 마음 없는 참마음[無心眞心]으로 드러난다.

곧 비파사나의 살핌으로 살펴지는바 경계에 대한 집착이 사라지면 비파사나의 살핌은 사마디의 고요한 살핌이 되는 것이다.

그 뜻을 여래는 온갖 무명 깨뜨려 늘 깨끗하여 밝은 지혜[淸淨明] 일으킨다고 한 것이다.

이처럼 깨끗하지 않다는 살핌은 끝내 삶의 근원적 청정을 실현하기 위함이고, 탐욕을 깨뜨리라는 것은 탐욕을 '넓고 큰 마음'[廣大心], '한량없는 사랑의 마음'[無量慈心]으로 돌이키기 위함이니, '깨끗하지 않다는 살핌'[不淨觀]의 뜻을 그릇 알지 않아야 한다.

『화엄경』(「수미정상게찬품」須彌頂上偈讚品)은 자기 몸의 진실 보지 못한 범부는 여래의 참모습 볼 수 없음을 다음과 같이 보인다.

> 취하고 집착하는 모든 범부들
> 몸을 실다운 있음이라 헤아린다.
> 여래는 취할 수 있는 것이 아니니
> 그들은 끝내 여래를 보지 못하리.
>
> 諸取著凡夫　計身爲實有
> 如來非所取　彼終不得見

또 「광명각품」은 중생의 탐욕의 몸뿐 아니라 여래의 거룩한 몸에도 실로 있다는 분별 떠나야 함을 이렇게 가르친다.

> 이 몸은 좇아온 바가 없고
> 또한 쌓여 모인 바 없네.
> 중생이 분별하기 때문에
> 붇다의 갖가지 몸을 보네.
>
> 此身無所從　亦無所積聚
> 衆生分別故　見佛種種身

ⓒ 자비관(慈悲觀): 자비의 마음을 일으켜 성냄을 다스림

온갖 중생에게 사랑의 마음을 늘 닦아야 하리

이와 같이 내가 들었다.

한때 붇다께서는 슈라바스티 국 제타 숲 '외로운 이 돕는 장자의 동산'에 계셨다.

그때 세존께서 손톱으로 흙을 집어들고 여러 비구들에게 말씀하셨다.

"어떻게 생각하느냐? 내 손톱 위의 흙이 더 많으냐, 이 큰 땅의 흙이 더 많으냐?"

비구들이 붇다께 말씀드렸다.

"세존이시여, 손톱 위의 흙은 매우 적고 또 적을 뿐입니다. 그러나 큰 땅의 흙은 한량없고 셀 수 없어 견줄 수가 없습니다."

붇다께서 여러 비구들에게 말씀하셨다.

"이와 같이 중생으로 자주자주, 손가락을 튕기는 짧은 동안이나마 온갖 중생들에게 사랑의 마음[慈心]을 닦아 익히는 사람은 손톱 위의 흙과 같다.

그리고 중생으로 자주자주, 손가락을 튕기는 짧은 동안이나마 온갖 중생에게 사랑의 마음을 닦아 익히지 않는 사람들은 이 땅의 흙과 같다.

그러므로 여러 비구들이여, 너희들은 늘 자주자주 온갖 중생들에

게 사랑의 마음을 닦아 익혀야 한다."

붓다께서 이 경을 말씀하시자, 여러 비구들은 붓다의 말씀을 듣고 기뻐하며 받들어 행하였다.

• 잡아함 1256 조토경(爪土經)

• 해설 •

아비다르마의 다섯 마음 그치는 살핌[五停心觀]의 두 번째는 자비관이다. 한 생의 삶을 살아가면서 남에 대한 미움과 적개심, 남에게 받은 상처로 인해 그 사람을 용서하지 못해 괴로워해보지 않은 사람이 있는가.

타인에 대한 미움과 적개심은 닫힘 없고 걸림 없는 법계로부터 자아를 스스로 닫힌 자아로 고립시키는 일이니, 미움을 사랑의 마음으로 다스리지 않으면 안 된다.

또 설사 세간의 선정으로 깊이 자신을 단련했다 해도 그 선정이 지혜로 발현되고 온 세상에 대한 자비의 마음으로 발현되지 못하면, 그 선정은 유아론의 비좁은 집에 갇힌 답답한 선정이 될 것이다.

그러므로 붓다는 중생에 대한 사랑의 마음을 닦아 끝내 미움과 사랑, 선과 악에 대한 분별을 모두 버려 평정한 마음[捨心]에 나아가도록 가르치신다.

『법계차제초문』은 네 가지 한량없는 마음[四無量心]의 선정을 다음과 같이 보인다.

> 네 가지 선정 다음에 네 가지 한량없는 마음을 밝히는 것은 다음과 같다.
> 네 가지 선정은 다만 스스로 얻는 선정의 공덕일 뿐 아직 남을 이롭게 하는 공덕은 있지 않다. 그러므로 큰 공덕[大功德]을 좋아하는 이는 반드시 온갖 중생을 불쌍히 여겨, 사랑·가엾이 여김·기뻐함·평등함의 네 가지 한량없는 선정을 닦아야 한다.

이 넷을 통틀어 '한량없는 마음'이라 한 것은 경계를 좇아 이름을 붙인 것이다. 생각하는 중생[所緣衆生]이 한량없기 때문이며, 생각하는 마음 [能緣之心] 또한 경계에 따라 한량없기 때문에 모두 '한량없는 마음'이라는 이름을 받았다.

네 가지 한량없는 마음의 첫째는 사랑이 한량없는 마음[慈無量心]이니, 남에게 즐거움을 주는 마음을 '사랑'이라 한다.

만약 수행자가 선정 가운데서 중생을 생각하여 즐거움을 얻게 하고자 할 때, 마음의 작용[心數法] 가운데 선정이 생겨나면 이를 '사랑의 선정' [慈定]이라 한다. 이 '사랑'에 서로 맞는 마음은 성냄도 없고 한도 없고 원망도 없고 괴로움도 없이 잘 닦아서 지혜를 얻어 넓고 크고 한량없어 시방에 두루 가득하니, 이를 '사랑이 한량없는 마음'이라고 이름한다.

둘째는 가엾이 여김이 한량없는 마음[悲無量心]이니, 다른 사람의 괴로움을 빼내 없애주는 마음을 '가엾이 여김'이라 한다.

만약 수행자가 선정 가운데서 괴로움 받는 중생이 해탈 얻게 하고자 생각할 때 마음작용 가운데 선정이 생겨나면 이를 '가엾이 여기는 선정' [悲定]이라 한다. 이 가엾이 여김에 서로 맞는 마음은 성냄도 없고 한도 없고 원망도 없고 괴로움도 없어 잘 닦아 해탈하여 크고 넓고 한량없이 시방세계에 두루 가득하니, 이를 '가엾이 여김이 한량없는 마음'이라 이름한다.

셋째는 기뻐함이 한량없는 마음[喜無量心]이니, 다른 사람이 즐거움 얻음을 좋아하여 함께 기뻐하는 마음을 내면 이를 '기뻐함'이라 한다.

만약 수행자가 선정 가운데서 중생이 괴로움을 벗어나 즐거움과 기쁨을 얻도록 함을 생각할 때 마음의 작용 가운데 선정이 생겨나면 이것을 '기쁨의 선정'[喜定]이라 한다. 이 기뻐함에 서로 맞는 마음은 성냄도 없고 한도 없고 원망도 없고 번뇌가 없이 잘 닦아 해탈을 얻어 넓고 크며 한량없이 시방에 두루 가득하니, 이를 '기뻐함이 한량없는 마음'이라 한다.

넷째는 평정함이 한량없는 마음[捨無量心]이니, 만약 다른 사람을 생각하여 미워하고 사랑하는 마음이 없으면 이를 '평정한 마음'이라 한다.

수행자가 선정 가운데서 중생에 모두 미워함과 사랑함 없음을 얻어 니르바나를 증득했을 때처럼 고요하고 깨끗하기를 생각하여 이렇게 생각할 때 마음의 작용 가운데 선정이 일어나면, 이것을 '평정한 마음의 선정'[捨定]이라 한다. 이 '평정함'에 서로 맞는 마음은 성냄도 없고 한도 없고 원망도 없고 괴로움도 없이 잘 닦아 해탈하여 넓고 크고 한량없이 시방에 두루 가득하니, 이를 '평정함이 한량없는 마음'이라 한다.

위 네 가지 한량없는 마음은 대치관으로써 자비의 마음 닦게 함이지만 여래의 가르침에서 법을 사랑함은 세간에 대한 자비심과 둘이 없으니, 『화엄경』(「현수품」賢首品)은 말한다.

> 만약 말솜씨 걸림 없음을 얻으면
> 끝없는 법 열어 연설할 수 있으며
> 끝없는 법 열어 연설할 수 있으면
> 중생을 슬피 여겨 건네줄 수 있네.
>
> 若得辯才無障礙　則能開演無邊法
> 若能開演無邊法　則能慈愍度衆生
>
> 만약 중생을 슬피 여겨 건네주면
> 큰 자비의 마음 굳세게 할 수 있으며
> 큰 자비의 마음 굳세게 할 수 있으면
> 깊고 깊은 법 사랑해 즐거워하리.
>
> 若能慈愍度衆生　則得堅固大悲心
> 若得堅固大悲心　則能愛樂甚深法

마음의 때를 알아 끊으면
한량없는 마음 온갖 세간에 두루 차리니

나는 들었다, 이와 같이.

한때 붇다께서는 우루빌라 나이란자나 강 언덕에서 노니시며, 핍팔라(pippala) 보디나무(bodhi-vṛkṣa) 아래에 계시면서 처음으로 도를 얻으셨다.

그때 물로 깨끗이 하는[水淨] 어떤 브라마나가 오후에 천천히 거닐어 붇다 계신 곳에 나아갔다.

세존께서는 멀리서 '물로 깨끗이 하는 브라마나'가 오는 것을 보시고, 물로 깨끗이 하는 브라마나를 말미암아 여러 비구들에게 말씀하셨다.

스물한 가지 마음의 더러움으로 악도에 떨어짐을 보이심

"만약 스물한 가지 더러움[穢]이 마음을 물들인 자가 있으면, 반드시 나쁜 곳에 이르러 지옥에 날 것이다.

어떤 것이 스물한 가지 더러움인가?

스물한 가지 더러움은 다음과 같다.

삿된 견해[邪見]에 물든 마음의 더러움[心穢], 법 아닌 욕심[非法欲]에 물든 마음의 더러움, 나쁜 탐욕[惡貪]에 물든 마음의 더러움, 삿된 법[邪法]에 물든 마음의 더러움이다.

탐내는[貪] 마음의 더러움, 성내는[恚] 마음의 더러움, 잠과 졸음

[睡眠]에 빠진 마음의 더러움, 들뜨고 뉘우치는[調悔] 마음의 더러움, 의혹하는[疑惑] 마음의 더러움이다.

또 성냄으로 덮인[瞋纏] 마음의 더러움, 말하지 않는 맺힌[不語結] 마음의 더러움, 아끼는[慳] 마음의 더러움, 질투하는[嫉] 마음의 더러움, 속이는[欺誑] 마음의 더러움이다.

아첨하는[諛諂] 마음의 더러움, 스스로와 남에 부끄러워하지 않는[無慙無愧] 마음의 더러움, 거만한[慢] 마음의 더러움, 크게 거만한[大慢] 마음의 더러움, 업신여기는[慢傲] 마음의 더러움, 방일한[放逸] 마음의 더러움이다.

만약 이 스물한 가지 더러움이 마음을 물들이는 자가 있으면, 반드시 나쁜 곳에 이르러 지옥에 날 것이다.

이는 마치 기름때 묻은 옷을 물들이는 집[染家]에 가져다주면, 그 물들이는 집에서는 잿물이나 가루비누, 또는 흙물로 잘 빨아 이 기름때 묻은 옷을 깨끗하게 하려는 것과 같다.

물들이는 집에서 비록 잿물이나 가루비누, 또는 흙물로 잘 빨아 깨끗하게 하려 해도 이 때묻은 옷은 여전히 더러운 빛깔이 있기 때문이다.

이와 같이 만약 스물한 가지 더러움이 마음을 물들이는 자가 있으면, 반드시 나쁜 곳에 이르러 지옥에 날 것이다.

어떤 것이 스물한 가지 더러움인가?

스물한 가지 더러움은 다음과 같다.

곧 삿된 견해에 물든 마음의 더러움, 법 아닌 욕심에 물든 마음의 더러움, 나쁜 탐욕에 물든 마음의 더러움, 삿된 법에 물든 마음의 더러움이다.

탐내는 마음의 더러움, 성내는 마음의 더러움, 잠과 졸음에 빠진 마음의 더러움, 들뜨고 뉘우치는 마음의 더러움, 의혹하는 마음의 더러움이다.

또 성냄으로 덮인 마음의 더러움, 말하지 않는 맺힌 마음의 더러움, 아끼는 마음의 더러움, 질투하는 마음의 더러움, 속이는 마음의 더러움이다.

아첨하는 마음의 더러움, 스스로와 남에 부끄러워하지 않는 마음의 더러움, 거만한 마음의 더러움, 크게 거만한 마음의 더러움, 업신여기는 마음의 더러움, 방일한 마음의 더러움이다.

만약 스물한 가지 더러움이 마음을 물들이는 자가 있으면, 반드시 나쁜 곳에 이르러 지옥에 날 것이다."

스물한 가지 더러움 없음으로 좋은 곳에 이르름을 보이심

"만약 스물한 가지 더러움이 마음을 물들이지 않은 자가 있으면, 반드시 좋은 곳에 이르러 하늘위에 날 것이다.

어떤 것이 스물한 가지 더러움인가?

스물한 가지 더러움은 다음과 같다.

곧 삿된 견해에 물든 마음의 더러움, 법 아닌 욕심에 물든 마음의 더러움, 나쁜 탐욕에 물든 마음의 더러움, 삿된 법에 물든 마음의 더러움이다.

탐내는 마음의 더러움, 성내는 마음의 더러움, 잠과 졸음에 빠진 마음의 더러움, 들뜨고 뉘우치는 마음의 더러움, 의혹하는 마음의 더러움이다.

또 성냄으로 덮인 마음의 더러움, 말하지 않는 맺힌 마음의 더러움, 아끼는 마음의 더러움, 질투하는 마음의 더러움, 속이는 마음의 더러움이다.

아첨하는 마음의 더러움, 스스로와 남에 부끄러워하지 않는 마음의 더러움, 거만한 마음의 더러움, 크게 거만한 마음의 더러움, 업신여기는 마음의 더러움, 방일한 마음의 더러움이다.

만약 이 스물한 가지 더러움이 마음을 물들이지 않은 자가 있으면, 반드시 좋은 곳에 이르러 하늘위에 날 것이다.

이는 마치 희고 깨끗한 바라나 옷[波羅奈衣]을 물들이는 집에 가져다주면, 그 물들이는 집에서는 잿물이나 가루비누, 또는 흙물로 잘 빨아 이 희고 깨끗한 바라나 옷을 깨끗하게 하려는 것과 같다.

물들이는 집에서 비록 잿물이나 가루비누, 또는 흙물로 잘 빨아 깨끗하게 하려 하면, 이 희고 깨끗한 바라나 옷은 본래 이미 깨끗하지만 다시 더욱 깨끗해진다.

이와 같이 만약 스물한 가지 더러움이 마음을 물들이지 않은 자가 있으면, 반드시 좋은 곳에 이르러 하늘위에 날 것이다.

어떤 것이 스물한 가지 더러움인가?

스물한 가지 더러움은 다음과 같다.

곧 삿된 견해에 물든 마음의 더러움, 법 아닌 욕심에 물든 마음의 더러움, 나쁜 탐욕에 물든 마음의 더러움, 삿된 법에 물든 마음의 더러움이다.

탐내는 마음의 더러움, 성내는 마음의 더러움, 잠과 졸음에 빠진 마음의 더러움, 들뜨고 뉘우치는 마음의 더러움, 의혹하는 마음의 더러움이다.

또 성냄으로 덮인 마음의 더러움, 말하지 않는 맺힌 마음의 더러움, 아끼는 마음의 더러움, 질투하는 마음의 더러움, 속이는 마음의 더러움이다.

아첨하는 마음의 더러움, 스스로와 남에 부끄러워하지 않는 마음의 더러움, 거만한 마음의 더러움, 크게 거만한 마음의 더러움, 업신여기는 마음의 더러움, 방일한 마음의 더러움이다.

만약 이 스물한 가지 더러움이 마음을 물들이지 않은 자가 있으면, 반드시 좋은 곳에 이르러 하늘위에 날 것이다."

마음의 더러움을 끊고 네 가지 한량없는 마음 성취함을 보이심

"만약 삿된 견해가 마음의 더러움인 줄 아는 이는 알고 나면 곧 끊는다.

이와 같이 법 아닌 욕심에 물든 마음의 더러움, 나쁜 탐욕에 물든 마음의 더러움, 삿된 법에 물든 마음의 더러움, 탐내는 마음의 더러움, 성내는 마음의 더러움, 잠과 졸음에 빠진 마음의 더러움, 들뜨고 뉘우치는 마음의 더러움, 의혹하는 마음의 더러움을 아는 이는 알고 나면 곧 끊는다.

또 성냄으로 덮인 마음의 더러움, 말하지 않는 맺힌 마음의 더러움, 아끼는 마음의 더러움, 질투하는 마음의 더러움, 속이는 마음의 더러움, 아첨하는 마음의 더러움, 스스로와 남에 부끄러워하지 않는 마음의 더러움, 거만한 마음의 더러움, 크게 거만한 마음의 더러움, 업신여기는 마음의 더러움 또한 그러하여 그것들이 마음의 더러움인 줄 아는 이는 알고 나면 곧 끊는다.

만약 방일함이 마음의 더러움인 줄 아는 이는 알고 나면 곧 끊는다.

그의 마음은 사랑[慈]과 함께하여 일방을 두루 채우고 성취하여 노닐고, 이와 같이 이·삼·사방, 네 모서리, 위아래의 온갖 곳에 두루해 사랑과 함께해 맺음[結]도 없고 원한도 없으며, 성냄도 없고 다툼도 없어, 아주 넓고 매우 커 한량없이 잘 닦아, 온갖 세간을 두루 채워 성취하여 노닌다.

이와 같이 슬피 여김[悲]과 기뻐함[喜], 평정함[捨] 또한 그러하여 마음이 평정함[捨] 등과 함께하면 맺음도 없고 원한도 없으며, 성냄도 없고 다툼도 없어, 아주 넓고 매우 커 한량없이 잘 닦아, 온갖 세간을 두루 채워 성취하여 노닌다.

브라마나여, 이것을 '안의 마음을 씻고[洗浴內心] 바깥 몸을 씻는 것이 아님[非浴外身]'이라 한다."

물로 몸의 때를 씻음과, 바른 업과 지혜로 목욕해 해탈 이룸을 가려 보이심

그때 브라마나가 세존께 말씀드렸다.

"고타마시여, 물 많은 강[多水河]으로 가셔서 목욕하시지요."

세존께서 물으셨다.

"브라마나여, 만약 물 많은 강에 가서 목욕하면 어떤 것을 얻는가?"

"고타마시여, 저 물 많은 강은 이 세간에서 깨끗이 재계하는 모습이고, 건너는 모습이며, 복된 모습입니다.

고타마시여, 물 많은 강에 가서 목욕하는 사람, 그는 곧 온갖 악을 깨끗이 없앨 것입니다."

그때 세존께서는 그 브라마나를 위하여 게송으로 말씀하셨다.

묘하게 머리 잘 꾸민 브라마나여

만약 물 많은 강에 들어간다 한들
이것은 어리석게 늘 노니는 것
검은 업을 깨끗이 할 수 없어라.

머리 잘 꾸민 이여, 왜 샘에 가는가.
물 많은 강에 그 어떤 뜻이 있으리.
사람이 좋지 않은 업을 지으면
맑은 물인들 무슨 이익 있으리.

깨끗한 사람은 때의 더러움 없고
깨끗한 사람은 늘 계를 말하며
깨끗한 사람의 맑고 흰 업은
언제나 맑고 깨끗한 행을 얻도다.

만약 그대가 산목숨 죽이지 않고
늘 주지 않는 것 갖지 않으며
진실하게 거짓말하지 않으며
늘 바르게 생각하고 바르게 알아
브라마나여, 이와 같이 배우면
온갖 중생 늘 편안하게 되리라.

집의 샘은 맑은 바가 없는데
브라마나여, 왜 집에 돌아가는가.
브라마나여, 그대는 착한 법으로

깨끗이 씻음을 배워야 하는데
어찌 더럽고 나쁜 물을 쓸 건가.
그 물은 몸의 때만을 없애주리.

브라마나가 삼보에 귀의함

브라마나가 붇다께 말씀드렸네.
'저 또한 이런 생각 하였나이다.
착한 법으로 깨끗이 씻어야 하는데
어찌 더럽고 나쁜 물을 쓸 건가.'

브라마나는 붇다의 가르침 듣고
마음 가운데 크게 기뻐하면서
바로 그때 붇다의 발에 절하고
붇다와 법과 상가에 귀명했네.

브라마나가 말씀드렸다.
"세존이시여, 저는 이미 알았습니다. 잘 가신 이여, 저는 이미 풀렸습니다.
저는 이제 스스로 붇다와 법과 상가에 귀의하겠습니다.
세존께서 제가 우파사카가 되도록 받아주시길 바랍니다.
저는 오늘부터 이 몸을 마치도록 스스로 귀의하여 목숨이 다하는 날까지 그렇게 하겠습니다."
붇다께서 이와 같이 말씀하시자, 머리 잘 꾸민 '물로 깨끗이 하는 브라마나'와 여러 비구들은 붇다의 말씀을 듣고 기뻐하며 받들어 행하였다.

• 중아함 93 수정범지경(水淨梵志經)

• **해설** •

'물로 깨끗이 하는' 브라마나는 강물에 가 늘 몸을 깨끗이 해 죽어서 하늘위에 가서 나는 것으로 수행의 목표를 삼는 브라마나이다.

이는 좋은 결과의 원인이 될 수 없는 치우친 원인으로 해탈을 말하고 하늘에 남을 말하는 수행자이니, 붇다는 해탈과 니르바나의 참된 원인으로 그를 깨우쳐 해탈의 가르침에 귀의케 한다.

저 브라마나가 물에 몸을 씻어서 악을 깨끗이 할 수 있다 말하므로, 붇다는 도리어 몸을 깨끗이 해도 스물한 가지 더러운 마음을 씻지 못하면 악한 길에 떨어진다 경계한다.

그러나 스물한 가지 물든 마음은 안의 마음이 바깥 경계를 취해 일어난 것이므로 공한 것이니, 공한 줄 알면 그 물듦을 버리고 깨끗함에 나아갈 수 있다. 붇다의 뜻은 물들고 더러운 마음이 본래 공한 줄 알아 악을 선으로 돌이키고 미움을 사랑으로 돌이키며 어리석음을 지혜로 돌이키도록 함에 그 뜻이 있는 것이다.

어리석고 물든 마음, 미워하고 방일한 마음을 바로 쉬고 네 가지 한량없는 마음으로 자신의 몸과 입과 뜻을 채우고 온 시방을 채우면, 그가 어찌 꼭 강에 몸을 씻어 깨끗함을 이룰 것인가.

몸과 입과 뜻의 업이 온통 한량없는 마음이 되면 스스로를 깨끗이 하고 온 세상을 깨끗이 하며, 깨끗한 법의 물[法水]로 뭇 삶들과 세간의 국토를 아름답게 장엄할 것이다.

그가 보디사트바 마하사트바가 아니고 누구이겠는가.

ⓒ 계분별관(界分別觀): 존재의 덧없음과 나 없음 살펴 어리석음을 떠남

다섯 쌓임에 대해 나 없음과
덧없음을 보아야 니르바나 깨달을 것이니

이와 같이 내가 들었다.

한때 붇다께서는 마쿨라 산에 계셨다.

이때 시자 비구가 있었는데 라다라고 하였다. 그때 세존께서는 라다 비구에게 말씀하셨다.

"모든 있는 물질은 과거든 미래든 현재든, 안이든 밖이든, 거칠든 가늘든, 곱든 밉든, 멀든 가깝든, 그 온갖 것은 다 죽는 법이다.

있는 모든 느낌·모습 취함·지어감·앎도 과거든 미래든 현재든, 안이든 밖이든, 거칠든 가늘든, 곱든 밉든, 멀든 가깝든, 그 온갖 것은 다 죽는 법이다."

**다섯 쌓임이 다 죽는 법임을 보이시고
연기의 진실을 문답으로 보이심**

붇다께서는 라다에게 말씀하셨다.

"물질은 항상한가, 덧없는가?"

"덧없습니다, 세존이시여."

"만약 덧없다면 그것은 괴로운 것인가?"

"그것은 괴로운 것입니다, 세존이시여."

"느낌·모습 취함·지어감·앎은 항상한가, 덧없는가?"

"덧없습니다, 세존이시여."

"만약 덧없다면 그것은 괴로운 것인가?"

"그것은 괴로운 것입니다, 세존이시여."

"만약 덧없고 괴로운 것이라면 그것은 변하고 바뀌는 법이다. 그런데 많이 들은 거룩한 제자로서 그 가운데서 '이것은 나다, 나와 다르다, 나와 나와 다름이 함께 있는 것이다'라고 보겠는가?"

"아닙니다, 세존이시여."

"만약 많이 들은 거룩한 제자로서 이 다섯 가지 받는 쌓임[五受陰]에서 '나도 아니요, 내 것도 아니다'라고 진실 그대로 살핀다면, 그는 모든 세간에서 도무지 취하는 것이 없고, 취하는 것이 없으므로 집착할 것이 없으며, 집착할 것이 없으므로 스스로 니르바나를 깨달을 것이다.

그래서 '나의 태어남은 이미 다하고 범행은 이미 서고, 지을 바를 이미 지어 다시는 뒤의 있음을 받지 않는다'라고 스스로 알 것이다."

붇다께서 이 경을 말씀하시자, 라다 비구는 붇다의 말씀을 듣고 기뻐하며 받들어 행하였다.

• 잡아함 121 사멸경(死滅經)

• **해설** •

아비다르마의 다섯 마음 그치는 살핌[五停心觀]의 셋째는 인연임을 살핌[因緣觀]이고, 넷째는 법의 영역을 분별하는 살핌[界分別觀]이다.

두 살핌은 서로 긴밀히 연결되어 있으니, 모든 것이 인연인 줄 살피면 다섯 쌓임·열두 들임·열여덟 법의 영역에서 존재[我]와 존재를 이루어내는 법의 집착을 떠나게 되므로 두 살핌을 모아 보인다.

다섯 쌓임의 법에서 물질·느낌·모습 취함·지어감·앎은 서로 의지해 일어나 짐짓 존재를 이루나, 다섯 쌓임의 법도 공하여 나 속에 물질 등 법이 없고 물질 등 다섯 법 가운데 나[我]가 없다.

온갖 법은 스스로 지음[自作]도 아니고 남이 지음[他作]도 아니며 나와 남이 같이 지음[共作]도 아니고 원인 없이 지음[無因作]도 아니다.

그러므로 나도 공하고 다섯 쌓임도 공하니, 다섯 쌓임이 나도 아니고 나와 다름도 아니다. 다섯 쌓임이 공하므로 덧없고 덧없으므로 공하니, 다섯 쌓임은 나도 아니고 내 것도 아니다.

이와 같이 보고 이와 같이 알면 온갖 법에서 취할 것이 없으므로 집착이 없고 집착이 없으므로 니르바나를 깨닫는다.

이렇게 다섯 쌓임을 살피면 이미 인연관이 이루어졌지만, 붇다 초기 교설에서 인연관으로 선정을 닦는 구체적인 모습은 십이인연을 살펴 온갖 법의 자기성품[自性] 없음을 깨닫는 것이다.

십이인연이 서로 의지해 나서 각 인연의 법에 주인 없음을 살펴서 선정이 일어날 때, 그 선정의 경계도 취할 것이 없는데 선정의 경계를 취하면 그것도 십이인연의 있음[有]에 해당한다.

그러니 선정 경계의 있음도 공한 줄 알아 선정의 모습에 머물지 않아야 지혜에 나아가 참으로 나라는 집착을 떠나게 된다.

『마하지관』은 십이인연이 공하여 주인이 없음을 알아 마음 그치는[停心] 인연삼매를 이렇게 말한다.

> 이 열두 가지 인연을 살펴 이미 나라는 뒤바뀜[我倒]을 깨뜨렸으면 '법의 영역 분별하는 방편'[界方便]과 나를 깨뜨리는 뜻이 같아진다. 다만 선경(禪經)에 의해 인연삼매(因緣三昧)의 뜻을 받았을 뿐이다.
>
> 과거·현재·미래로 인연의 모습을 찾아 살피면 비록 이것이 지혜의 성품[慧性]이지만 오히려 마음 그침[停心]이라 이름하게 된다.
>
> 마음이 그치어 머물러서 마치 고요한 방에 바람 없는 것과 같아야 네

곳 살핌[四念處]을 지을 수 있게 된다.

네 곳 살핌이 이루어지면 바야흐로 들음의 지혜[聞慧]라 한다. 들음의 지혜라야 진리의 살핌[理觀]이 되는 것이니, 마치 푸르나(Pūrṇa)가 알아듣고 다음과 같이 말함과 같다.

"나는 이미 풀렸고 이미 알았다. 그대는 어떻게 아는가. 만약 무명을 알면 취함[取]과 존재[有]를 일으키지 않는다."

이것은 곧 진리의 살핌인 들음의 지혜[聞慧]이다.

이 인연관은 네 곳 살피는 앎이 있어서 아직 선정의 힘이 없으므로 사법의 살핌[事觀]에 속한다.

인연관과 법의 영역을 분별하는 살핌은 서로 의지해 있다. 십이연기의 법이 서로 원인이 되고 조건이 됨을 알면 곧 모든 법의 영역에 나 없음을 알게 된다.

십이연기를 살펴서 인연의 모습이 공한 줄 알면 모습에 집착해 집착하는 마음이 그치지만, 살피는 일의 자취가 있으면 참으로 마음 쉼이 되지 못한다. 인연으로 있으므로 살피는 바 십이연기의 모든 법과 네 곳이 공한 줄 알아 살피는 마음이 사라져야 선정이 되고, 선정 속에서 살피되 살핌 없어야 진리의 살핌이 되는 것이다.

진리의 살핌이 될 때 살피는 바 다섯 쌓임은 부사의경계가 되고, 경계가 부사의경계가 되면 살핌 없이 살피는 마음은 사마타와 비파사나가 둘 아닌 지혜의 마음이 된다.

그러므로 중생의 망상이 곧 살피는 경계이고 살피는 마음이니 생각을 일으켜 미묘한 도리 참된 마음을 찾는 것은 연기론의 실천이 아닌 것이다.

ㄹ) 호흡관(呼吸觀, ānāpāna-smṛti): 들고나는 숨을 살핌

라훌라여, 아나파나의 법을 닦으면
모든 슬픔 근심이 다 사라지리

이와 같이 들었다.

한때 붇다께서는 슈라바스티 국 제타 숲 '외로운 이 돕는 장자의 동산'에 계셨다.

그때 세존께서는 때가 되어 가사를 입고 발우를 가지고 라훌라를 데리고 슈라바스티 성으로 들어가고 계셨다.

그때 세존께서 오른쪽으로 고개를 돌려 라훌라를 돌아보시면서 말씀하셨다.

"너는 지금 물질[色]이 덧없다고 살피느냐?"

라훌라가 대답하였다.

"그렇습니다. 세존이시여, 물질은 덧없는 것입니다."

세존께서 말씀하셨다.

"라훌라여, 느낌[痛, 受]·모습 취함[想]·지어감[行]·앎[識]도 다 덧없는 것이다."

라훌라가 대답하였다.

"그렇습니다. 세존이시여, 느낌·모습 취함·지어감·앎도 모두 덧없는 것입니다."

라훌라에게 아나파나의 방편을 보이심

그때 존자 라훌라는 또 이렇게 생각하였다.

'여기에 무슨 인연이 있을까? 지금은 성으로 향하고 있고, 또 길에 있다. 무슨 까닭으로 세존께서는 몸소 깨우쳐 말씀하시는 것일까. 나는 지금 바로 있던 곳으로 되돌아가야겠다. 성으로 들어가 밥을 빌 때가 아니다.'

그때 존자 라훌라는 길 가운데서 다시 제타 숲 정사로 되돌아가 옷과 발우를 지니고 한 나무 밑으로 갔다. 그곳에서 몸을 바르게 하고 마음을 바르게 가지고는 두 발을 맺고 앉아 오롯이 정진해 마음을 하나되게 하였다.

그리하여 물질은 덧없는 것이라고 생각하고, 느낌·모습 취함·지어감·앎도 모두 덧없는 것이라고 생각하였다.

그때 세존께서는 슈라바스티 성에서 밥을 다 비시고, 밥을 드신 뒤 제타 숲 정사에서 스스로 거니시다가 차츰 라훌라가 있는 곳에 이르셨다. 그곳에 이르신 뒤 라훌라에게 말씀하셨다.

"너는 반드시 아나파나의 법을 닦아 행해야 한다. 이 법을 닦아 행하면 지니고 있는 슬픔과 근심의 생각이 없어질 것이다.

너는 지금 다시 몸에 더러운 물이 흘러[惡露] 깨끗하지 않다는 생각을 닦아 행하라. 그렇게 하면 지니고 있던 탐욕이 다 사라지게 될 것이다.

너는 지금 라훌라여, 사랑의 마음[慈心]을 닦아 행해야 한다. 사랑의 마음을 행하고 나면 지니고 있는 성냄이 다 사라지게 될 것이다.

너는 지금 라훌라여, 슬피 여기는 마음[悲心]을 닦아 행해야 한다. 슬피 여기는 마음을 행하고 나면 지니고 있는 남을 해치려는 마음이

다 없어지게 될 것이다.

너는 지금 라훌라여, 기뻐하는 마음[喜心]을 닦아 행해야 한다. 그렇게 기뻐하는 마음을 닦아 행하면 지니고 있는 시기하는 마음이 다 없어지게 될 것이다.

너는 지금 라훌라여, 평정한 마음[護心, 捨心]을 닦아 행해야 한다. 평정한 마음을 행하고 나면 지니고 있는 교만이 다 없어지게 될 것이다."

그때 세존께서 라훌라를 향해 게송을 말씀하셨다.

집착하는 생각 자주 내지 말고
늘 스스로 바른 법을 따라야 한다.
이와 같은 지혜로운 사람이라면
좋은 이름이 널리 흘러 퍼지리.

사람 위해 횃불을 잡아 밝혀서
크나큰 어두움을 깨뜨려주면
저 하늘과 용들 떠받들어 공경해
스승과 어르신으로 섬기리라.

이때 라훌라 비구도 다시 게송으로 대답하였다.

저는 집착하는 생각 내지 않고
늘 다시 바른 법만을 따르옵니다.
이러한 지혜로운 사람이라면

스승과 어르신들 섬기게 되리.

그때 세존께서는 이와 같이 가르치고 나서 그를 두고 가시어 고요한 방으로 돌아가셨다.

아나파나의 법을 닦으면 단이슬의 맛 얻게 됨을 보이심
그때 존자 라훌라는 다시 이렇게 생각하였다.
'어떻게 아나파나를 닦아 행해야 슬픔과 근심을 없애고 모든 생각이 없게 될까?'
이때 라훌라는 곧 자리에서 일어나 세존 계신 곳으로 나아가 머리를 대 발에 절하고 한쪽에 앉았다.
잠깐 뒤에 자리를 물리고는 세존께 여쭈었다.
"어떻게 아나파나를 닦아 행해야 슬픔과 근심을 없애고 모든 생각이 없게 되어 큰 과보를 얻고 단이슬의 맛을 얻게 됩니까?"
세존께서 말씀하셨다.
"잘 말하고 잘 말했다. 라훌라여, 네가 여래 앞에서 사자의 외침으로 이런 뜻을 물을 수 있다니.
'어떻게 아나파나를 닦아 행해야 슬픔과 근심을 없애고 모든 생각이 없게 되어 큰 과보를 얻고 단이슬의 맛을 얻게 됩니까?'
지금 라훌라여, 너는 자세히 듣고 자세히 들어 잘 사유해 생각하라. 내 너를 위해 갖추어 분별해서 말해주겠다."
"그렇게 하겠습니다, 세존이시여."
그때 존자 라훌라가 세존의 가르침을 받아들이니, 세존께서 말씀하셨다.

"여기에 대해서는 이렇게 말할 수 있다. 라훌라여, 만약 어떤 비구가 한가하고 고요해 사람 없는 곳을 좋아한다 하자.

그러면 그는 곧 몸을 바르게 하고 뜻을 바르게 해, 두 발을 맺고 앉아 다른 생각 없이 뜻을 코끝에 매어두고, 나는 숨이 길면 숨이 긴 줄을 알고 드는 숨이 길면 긴 줄을 알며, 나는 숨이 짧으면 짧은 줄을 알고 드는 숨이 짧으면 짧은 줄을 안다.

나는 숨이 차가우면 차가운 줄을 알고 드는 숨이 차가우면 차가운 줄을 알며, 나는 숨이 따뜻하면 따뜻한 줄을 알고 드는 숨이 따뜻하면 따뜻한 줄을 알아서 온몸의 드는 숨과 나는 숨을 살피어 모두다 안다.

어떤 때에는 숨이 있으면 있는 줄을 알고 어떤 때에는 숨이 없으면 없는 줄을 안다. 만약 그 숨이 심장에서 나오면 심장에서 나오는 줄을 알고, 그 숨이 심장으로 들어가면 심장으로 들어가는 줄을 안다.

이와 같이 라훌라여, 아나파나를 닦아 행하면 곧 슬픔·근심·번민·어지러운 생각이 다 없어지고 큰 과보를 얻고 단이슬의 맛을 얻게 될 것이다."

그때 세존께서 라훌라에게 미묘한 법을 갖추어 말씀해주시자, 라훌라는 곧 자리에서 일어나 붓다의 발에 절하고 세 번 돌고 떠나갔다.

라훌라가 안다 숲에 들어가 들고나는 숨을 살펴
네 가지 선정을 얻고 마음이 해탈하여 해탈지견이 생김

그는 안다 동산에 가 한 나무 밑에 있으면서 몸을 바르게 하고 마음을 바르게 하고 두 발을 맺고 앉았다.

그리하여 다른 생각 없이 마음을 코끝에 매어두고 나는 숨이 길면 긴 줄을 알고 드는 숨이 길면 긴 줄을 알며, 나는 숨이 짧으면 짧은 줄을 알고 드는 숨이 짧으면 짧은 줄을 알았다.

나는 숨이 차가우면 차가운 줄을 알고 드는 숨이 차가우면 차가운 줄을 알며, 나는 숨이 따뜻하면 따뜻한 줄을 알고 드는 숨이 따뜻하면 따뜻한 줄을 알아서 온몸의 드는 숨과 나는 숨을 살피어 모두 다 알았다.

어떤 때에는 숨이 있으면 있는 줄을 알고, 어떤 때에는 숨이 없으면 없는 줄을 알았다. 만약 그 숨이 심장에서 나오면 심장에서 나오는 줄을 알고, 그 숨이 심장으로 들어가면 심장으로 들어가는 줄을 알았다.

그때 라훌라는 이와 같이 사유하여 욕심에서 곧 해탈하여 다시는 뭇 악(惡)이 없고, 다만 느낌[覺]과 살핌[觀]이 있는 생각을 지니어 기쁘고 편안하게 첫째 선정[初禪]에서 노닐었다.

다음에는 느낌[覺]과 살핌[觀]이 쉬어 안으로 스스로 기뻐하면서 한마음에 오롯이 하여 느낌과 살핌이 없이 사마디의 생각이 기뻐져서 둘째 선정에 노닐었다.

다시 기쁨의 생각이 없이 스스로 지켜 몸이 즐거움을 깨달아 알며, 모든 성현들이 늘 구하는바 평정한 기쁨의 생각으로 셋째 선정에 노닐었다.

그는 다시 괴로움과 즐거움이 이미 사라지고 슬픔·근심이 없고 괴로움도 즐거움도 없는 평정한 생각이 청정한[捨念淸淨] 넷째 선정에서 노닐었다.

그는 이 사마디로 마음은 깨끗하여 티끌의 더러움이 없고, 몸은 부드러워져 좇아온 곳을 알고, 본래 지었던 일을 기억하여 오랜 목숨의 셀 수 없이 많은 겁(劫)의 일들을 모두 가려 알았다.

그리고 또 일 생·이 생·삼 생·사 생·오 생과 십 생·이십 생·삼십 생·사십 생·오십 생과 백 생·천 생·만 생·수십만 생과 이루는 겁[成劫]·무너지는 겁[壞劫]·수없이 많은 이루는 겁·셀 수 없이 많은 무너지는 겁과 셀 수 없는 억년 긴 세월 동안에 '나는 저기에 태어났을 때 이름은 무엇이었고 성은 무엇이었다'는 것과 어떤 음식을 먹었고 어떤 괴로움과 즐거움[苦樂]을 받았었다는 것을 알았다.

또 목숨이 길고 짧음과 저기서 죽어 여기에 태어나고, 여기서 죽어 저기에 태어난 일들을 모두 알았다.

그는 다시 이 사마디로 마음이 깨끗하여 더러운 티가 없어지고, 또한 모든 묶음이 없어졌으며, 또 중생들이 일으킨 마음을 다 알았다.

그는 또 하늘눈이 깨끗하고 더러운 티가 없어서 중생 무리들을 보되 그들이 태어나고 죽는 것, 좋은 몸과 나쁜 몸, 좋은 곳과 나쁜 곳, 잘나고 못남, 그 행한 일과 지은 일을 모두 살펴 진실 그대로 알았다.

다시 어떤 중생이 몸으로 나쁜 짓을 행하고, 입으로 나쁜 말을 하며, 뜻으로 나쁜 마음을 먹어 현성을 비방하고 삿된 견해를 행하고 삿된 짓을 저지르다가, 몸이 무너지고 목숨을 마친 뒤에는 지옥에 들어가는 것을 다 보아 알았다.

다시 어떤 중생이 몸으로 착한 일을 행하고, 입으로 착한 말을 하며, 뜻으로 착한 마음을 먹어 현성을 비방하지 않고, 늘 바른 견해를 행하고 바른 일을 지어, 몸이 무너지고 목숨을 마친 뒤에 하늘위의 좋은 곳에 태어나는 것을 다 보아 알았다.

이것을 '하늘눈이 깨끗하고 더러운 티가 없어서 중생 무리들을 보되, 그들이 태어나고 죽는 것, 좋은 몸과 나쁜 몸, 좋은 곳과 나쁜 곳, 잘나고 못남, 그 행한 일과 지은 일을 모두 살펴 진실 그대로 안다'는 것이다.

그는 다시 뜻을 베풀어 샘이 다한 마음[盡漏心]을 성취하여 괴로움을 살피어 진실 그대로 알고, 다시 괴로움의 익히어냄과 괴로움의 사라짐과 괴로움을 없애는 길을 살펴 진실 그대로 알았다[如實知之].

그는 이와 같이 살핌으로 탐욕의 흐름[欲漏]에서 마음이 해탈하고 존재의 흐름[有漏]과 무명의 흐름[有漏]에서 마음이 해탈하며, 이미 해탈을 얻고 나서는 거기서 해탈의 지견이 생겼다.

그리하여 '나고 죽음은 이미 다하고 범행은 이미 서며, 지을 바를 이미 지어 다시는 뒤의 있음 받지 않는다'고 진실 그대로 알았다.

세존께서 라훌라의 선정과 계 잘 지님을 찬탄하심

이때 존자 라훌라는 이미 아라한을 이루었다.

그는 아라한을 이미 이루고서 곧 자리에서 일어나 옷을 바로 여미고 세존 계신 곳에 가 머리를 대 발에 절하고 한쪽에 서서 세존께 말씀드렸다.

"구하던 것을 이미 얻었으며, 모든 흐름을 없애 다했습니다."

그때 세존께서 여러 비구들에게 말씀하셨다.

"아라한을 얻은 여러 사람들 중 라훌라와 같은 이가 없다.

샘이 있음이 다함을 논하더라도 또한 바로 라훌라 비구요, 금한 계 잘 지키는 자를 논해도 바로 라훌라 비구이다.

왜냐하면 과거의 모든 여래·바르게 깨친 분들 때에도 저 라훌라 비구가 있었고, 붇다의 법의 아들로 말하려 해도 또한 바로 라훌라 비구이다.

그는 몸소 붇다에게서 태어나 법의 으뜸가는 사람[法之上者]이 되었기 때문이다."

그때 세존께서 여러 비구들에게 말씀하셨다.

"내 성문(聲聞)들 가운데 으뜸가는 제자로서 계율을 잘 지키는 이는 바로 라훌라 비구이다."

그때 세존께서 곧 게송을 설하셨다.

금한 계율 모두 갖추어 지니고
모든 아는 뿌리 또한 잘 성취하면
그는 차츰차츰 앞으로 나아가
온갖 묶음 다함을 얻게 되리라.

그때 비구들은 붇다의 말씀을 듣고 기뻐하며 받들어 행하였다.

• 증일아함 17 안반품(安般品) —

• 해설 •

아비다르마의 다섯 가지 마음 그치는 살핌[五停心觀]의 다섯 번째는 들고 나는 숨[出入息]을 살핌[呼吸觀, ānāpāna-smṛti]이다. 숨 살핌의 방편은 중생이 어지럽게 흩어진 마음을 다스리는 방편이니, 처음은 숨을 세고[數息] 다음은 들고나는 숨을 따라 그 숨의 오고 감, 길고 짧음, 차고 뜨거움을 보아 아는 것[隨息]이다.

숨 보는 것이 깊어지면 사마타와 비파사나를 이루어 숨 살핌이 마음 그침의 살핌[停心觀]이 되는 것이다.

라훌라는 숨 살핌의 선정을 닦아 고요한 마음 가운데서 '부정관을 닦고 한량없는 마음의 사마디 닦도록 하라'는 붇다의 가르침을 듣고서는 홀로 아란야에 가서 숨 살핌을 닦는다.

다시 붇다께 깊이 들어가는 방법을 묻고서 들은 대로 깊이 사유해 닦아 행해[聞思修] 네 가지 선정의 기쁨을 얻고, 중생의 오랜 목숨 아는 지혜·장애 밖을 보는 하늘눈·번뇌 다한 신통, 이 세 가지 밝음을 얻는다.

그리하여 세 가지 번뇌의 흐름에서 해탈하고 해탈지견 얻었으니, 이 모든 공덕이 '아나파나스므르티'의 공덕이다.

방편의 배를 지혜로운 눈이 잘 이끌어야 저 언덕에 이르듯, 마음 그치는 방편의 행 또한 지혜의 눈이 함께해야 들고나는 숨 보는 것이 해탈의 문이 되고 니르바나의 배가 되는 것이다.

숨을 볼 때 보는 마음과 보여지는 숨이 어울려 지금 보는 마음이 있으니, 숨이 오되 옴이 없음을 알아 마음에 마음 없음을 깨달을 때 숨 보는 방편의 살핌이 지혜의 살핌이 되고 사마타인 비파사나가 되어 숨 보는 살핌이 해탈의 문[解脫門]이 되는 것이다.

들고나는 숨을 살펴 숨이 공한 줄 알면, 숨이 공함 살피는 한 방편으로 온갖 법의 실상을 통달하여 이 실상의 법을 세간에 베풀 수 있으니, 『화엄경』(「십인품」十忍品)은 이렇게 보인다.

    세간 모습의 여러 차별은
    다 공하여 모습 없으니
    모습 없는 곳에 들어가면
    모든 모습 다 평등하도다.

    世間相差別　皆空無有相
    入於無相處　諸相悉平等

    오직 하나의 방편으로써
    널리 뭇 세간에 들어가면
    삼세의 법이 허공의 성품과

평등한 줄 안다 말하네.
唯以一方便　普入衆世間
謂知三世法　悉等虛空性

나를 버리고 닦아 행하면
깊은 법의 성품 들어가서
마음이 늘 깨끗한 법에 머물러
이로써 중생에게 베풀어주리.
捨我而修行　入於深法性
心常住淨法　以是施群生

중생과 세계의 티끌은
오히려 그 수를 셀 수 있어도
보디사트바의 모든 공덕은
그 끝을 헤아릴 수 없도다.
衆生及刹塵　尙可知其數
菩薩諸功德　無能度其限

다. 실상관(實相觀)

다섯 쌓임의 진실을 보면 취하고
버림 없이 곧바로 해탈하나니

이와 같이 내가 들었다.

한때 붇다께서는 라자그리하 성의 칼란다카 대나무동산에 계셨다. 그때 존자 사리푸트라는 그리드라쿠타 산에 있었다.

그때에 어떤 장자의 아들이 있었는데 수로나라고 하였다. 그는 여러 날 걸어서 그리드라쿠타 산에 이르러 사리푸트라가 있는 곳에 나아가 머리를 대 발에 절하고 물러나 한쪽에 앉았다.

다섯 쌓임의 진실 모르므로 모습 끊지 못함을 보임

때에 사리푸트라는 수로나에게 말하였다.

"수로나여, 만약 사문이나 브라마나로서 물질에 대해 진실 그대로 알지 못하고, 물질의 모아냄을 진실 그대로 알지 못하며, 물질의 사라짐을 진실 그대로 알지 못하고, 물질을 없애는 길을 진실 그대로 알지 못한다 하자.

그러면 수로나여, 알아야 한다. 이 사문·브라마나들은 그 때문에 물질을 끊지 못하게 된다.

이와 같이 만약 사문이나 브라마나로서 느낌·모습 취함·지어감·앎을 진실 그대로 알지 못하고, 앎 등의 모아냄을 진실 그대로 알지 못하며, 그것들의 사라짐을 진실 그대로 알지 못하고, 그것들을 없애는 길을 진실 그대로 알지 못한다 하자.

그러면 수로나여, 그 때문에 이 사문·브라마나들은 느낌·모습 취함·지어감·앎을 끊지 못하게 된다.

수로나여, 그러나 만약 사문이나 브라마나로서 물질을 진실 그대로 알고, 물질의 모아냄을 진실 그대로 알며, 물질의 사라짐을 진실 그대로 알고, 물질을 없애는 길을 진실 그대로 안다 하자.

그러면 수로나여, 알아야 한다. 이 사문·브라마나들은 그 때문에 물질을 끊을 수 있다.

이와 같이 수로나여, 만약 사문이나 브라마나로서 느낌·모습 취함·지어감·앎을 진실 그대로 알고, 그것들의 모아냄을 진실 그대로 알며, 앎 등의 사라짐을 진실 그대로 알고, 앎 등을 없애는 길을 진실 그대로 안다 하자.

그러면 수로나여, 알아야 한다. 이 사문·브라마나들은 그 때문에 느낌·모습 취함·지어감·앎을 끊을 수 있다."

수로나에게 다섯 쌓임의 연기적 진실을 깨우쳐줌

"수로나여, 어떻게 생각하느냐. 물질은 항상한 것인가, 덧없는 것인가."

"덧없는 것입니다."

"덧없는 것이라면 그것은 괴로운 것인가."

"그것은 괴로운 것입니다."

사리푸트라는 말하였다.

"만약 물질이 덧없고 괴로운 것이라면 그것은 변해 바뀌는 법이다.

그런데 거룩한 제자가 그 가운데서 과연 '물질이 나다, 물질이 나와 다르다, 나와 나와 다름 둘이 함께 있는 것이다'라고 보겠는가."

"아닙니다."

"수로나여, 이와 같이 느낌·모습 취함·지어감·앎은 항상한 것인가. 덧없는 것인가."

"덧없는 것입니다."

"만약 덧없는 것이라면 그것은 괴로운 것인가."

"그것은 괴로운 것입니다."

"만약 덧없고 괴로운 것이라면, 그것은 변해 바뀌는 법이다. 그런데 거룩한 제자로서 그 가운데 과연 '그 앎 등이 나다, 나와 다르다, 나와 나와 다름이 같이 있는 것이다'라고 보겠는가."

"아닙니다."

"그러므로 수로나여, 너는 물질로서 과거든 미래든 현재든, 안이든 밖이든, 거칠든 가늘든, 곱든 밉든, 멀든 가깝든 그 온갖 것은 나도 아니요, 나와 다름도 아니며, 나와 나와 다름이 같이 있는 것도 아니라고 알아야 하니, 이것을 진실 그대로 아는 것이라 한다.

수로나여, 그러므로 거룩한 제자는 물질에서 집착 없음[厭]을 내 탐욕 떠나 해탈하고, 남과 늙음·병듦과 죽음·근심·슬픔·괴로움·번민에서 해탈한다.

이와 같이 느낌·모습 취함·지어감·앎으로서 과거든 미래든 현재든, 안이든 밖이든, 거칠든 가늘든, 곱든 밉든, 멀든 가깝든 그 온갖 것은 나도 아니요, 나와 다름도 아니며, 나와 나와 다름이 같이 있는 것도 아니라고 알아야 하니, 이것을 진실 그대로 아는 것이라 한다.

수로나여, 그러므로 거룩한 제자는 느낌·모습 취함·지어감·앎에서 집착 없음[厭]을 내 탐욕 떠나 해탈하고, 남과 늙음·병듦과 죽음·근심·슬픔·괴로움·번민에서 해탈한다."

때에 수로나는 사리푸트라의 말씀을 듣고 기뻐 뛰면서 절하고 물러갔다.

• 잡아함 31 수루나경(輸屢那經) ②

• 해설 •

다섯 쌓임의 모든 법은 연기되어 일어난 것이므로 실로 있음이 아니고, 연기되어 있는 것이므로 실로 없음이 아니다.

다섯 쌓임으로 인해 나가 있으므로 나 또한 실로 있음도 아니고 실로 없음도 아니다. 다섯 쌓임을 떠나 내가 없지만, 다섯 쌓임과 내가 모두 있되 공하므로 다섯 쌓임은 나도 아니고 나 아님도 아니다. 다섯 쌓임을 살펴 인연으로 있는 다섯 쌓임이 곧 공하되 공함도 얻을 것 없음을 알면 다섯 쌓임의 공적한 집[五蘊空寂舍]이 법계의 집[法界家]이고 여래 진리의 땅[如來地]이다.

실로 있음을 집착하므로 다섯 쌓임의 덧없음을 가르치고, 물질과 마음에 대한 집착 끊기를 가르치지만, 있음이 있음 아닌 줄 알면 취할 것이 없고 버릴 것이 없게 된다.

그리하여 아는 마음과 알려지는 경계의 실로 있음을 넘어서서[雙遮能所] 아는 마음과 경계를 있음 아닌 있음으로 살려내면[雙照能所], 다섯 쌓임의 세속제 안에서 해탈하고 해탈지견을 일으켜 세간의 탐욕 속에서 여래의 일[如來事]을 짓고 해탈의 일[解脫事]을 짓게 될 것이다.

다섯 쌓임 가운데 집착 떠나면
온갖 걸림과 두려움 떠나니

이와 같이 내가 들었다.

한때 붇다께서는 슈라바스티 국 제타 숲 '외로운 이 돕는 장자의 동산'에 계시면서 비구들에게 말씀하셨다.

"취하기 때문에 집착을 내니, 취하지 않으면 집착하지 않는다. 자세히 듣고 잘 사유하라. 너희들을 위해 말해주겠다."

"그렇게 하겠습니다. 가르침을 잘 받겠습니다."

모습 취함으로 집착하여 따라 구르게 됨을 보이심

붇다께서는 비구들에게 말씀하셨다.

"어떻게 취하기 때문에 집착을 내는가. 어둡고 어리석어 들음 없는 범부들은 물질에서 '이것은 나다, 이것은 나와 다르다, 나와 나와 다름 이 둘의 합한 것이다'라고 보고, 또 '물질은 나요, 내 것이다'라고 보아 그것을 취한다.

그것을 취한 뒤에 그 물질이 만약 변하거나 달라지면 마음 또한 그것을 따라 구른다.

마음이 그것을 따라 구른 뒤에는 또한 취해 집착함을 내 거두어 받으려는 마음에 머무르게 되며, 거두어 받으려는 마음에 머무르기 때문에 곧 두려움과 걸림을 내어 마음이 어지러워진다. 이것은 다 취해 집착하기 때문이다.

또 어둡고 어리석어 들음 없는 범부들은 느낌·모습 취함·지어감·앎에서 '이것은 나다, 이것은 나와 다르다, 나와 나와 다름 이 둘의 합한 것이다'라고 보고, 또 '물질은 나요, 내 것이다'라고 보아 그것을 취한다.

그것을 취한 뒤에 그 물질이 만약 변하거나 달라지면 마음도 또한 그것을 따라 구른다.

마음이 그것을 따라 구른 뒤에는 또한 취해 집착함을 내 거두어 받으려는 마음에 머무르게 되며, 거두어 받으려는 마음에 머무르기 때문에 곧 두려움과 걸림을 내어 마음이 어지러워진다. 이것은 다 취해 집착하기 때문이니, 이것을 취해 집착함이라 한다."

다섯 쌓임이 있되 공한 연기적 진실을 살펴
두려움과 걸림 떠남을 보이심

"어떤 것을 취하지 않고 집착하지 않음이라 하는가.

많이 들은 거룩한 제자는 물질에서 나와 나와 다름과 나와 나와 다름 이 둘의 합한 것을 보지 않고, 물질에 대해서 나와 내 것을 보아 취하지 않는다.

나와 내 것을 보아 취하지 않고서는 그 물질이 변하거나 달라지더라도 마음이 그를 따라 구르지 않는다. 마음이 그를 따라 구르지 않기 때문에 취해 집착해 거두어 받으려는 마음에 머물지 않는다.

거두어 받으려는 마음에 머무르지 않기 때문에 두려움이나 막혀 걸림이 생겨 마음이 어지럽지 않으니, 이것은 다 취해 집착하지 않기 때문이다.

이와 같이 느낌·모습 취함·지어감·앎에 대해서도 나와 나와 다름과 나와 나와 다름 이 둘의 합한 것을 보지 않고 나와 내 것을 보아 취하지 않는다. 그래서 그것들이 변하거나 달라지더라도 마음은 그를 따라 구르지 않는다.

마음이 그를 따라 구르지 않기 때문에 집착이 생기어 거두어 받으려는 마음에 머무르지 않으며, 거두어 받으려는 마음에 머무르지 않기 때문에 두려움이나 막혀 걸림이 생겨 마음이 어지러워지지 않으니, 이것은 다 취해 집착하지 않기 때문이다.

이것을 취해 집착하지 않음이라 말하고, 이것을 곧 취해 집착함에서 취해 집착하지 않음이라 한다."

붓다께서 이 경을 말씀하시자 여러 비구들은 붓다의 말씀을 듣고 기뻐하며 받들어 행하였다.

• 잡아함 43 취착경(取著經)

• **해설** •

방편이 실상에서 일어나 실상에 이끄는 방편이라 방편이 공한 줄 알면 방편이 곧 실상이 되는 것이고, 대치의 살핌[對治觀]에서 다스리는 병이 다해 대치의 살핌 또한 다하면 대치의 살핌을 떠나지 않고 진실을 말할 수 있다.

여래가 세운 온갖 법[一切法]이 다섯 쌓임에 거두어지므로 이제 다섯 쌓임 살핌으로 실상관(實相觀)을 세운다.

이는 『반야심경』에서 '살핌이 자재한 보디사트바가 다섯 쌓임이 모두 공함을 비추어보고 온갖 괴로움과 액난을 벗어났다'고 하는 가르침과 서로 응한다.

다섯 쌓임이 연기이므로 공하다는 것[色卽是空]은 존재는 다섯 쌓임으로 성취된 것이므로 존재가 공한 것[我空]이고 존재를 이루는 다섯 쌓임의 법 또한 공함[法空]을 말한 것이다.

또 나와 법이 스스로 공한 것이므로 공한 모습도 취할 것이 없으니, 다섯 쌓임이 연기한 것이라 공하다 함 속에서 나와 법이 공하고[我法二空], 그 두 가지가 공함도 공하다는 뜻[俱空]을 말할 수 있다.

나는 다섯 쌓임의 법으로 인해 있지만 나와 법이 모두 공하므로 다섯 쌓임을 곧 나라고 해도 옳지 못하고 나 아님이라고 해도 옳지 못하며 둘이 같이 있다고 해도 옳지 못하다.

존재와 법이 모두 공하므로 온갖 모습과 관념의 장애를 벗어나고, 두 가지 공함 또한 공하므로 공에 머묾 없이 온갖 방편의 인연을 지음 없이 지어 세간에 자비를 행하되 그 행함에도 머물지 않게 된다. 이것이 나고 죽음을 벗어나되 범행을 성취하고 지을 바를 지어 마침[所作已作]이다.

다섯 쌓임 살핌을 아는 지혜[能觀智]와 살피는바 경계[所觀境]로 살펴보자.

다섯 쌓임에서 물질[色法]은 살피는바 모습이 되고, 느낌·모습 취함·지어감·앎은 살피는 마음이 되나, 모습과 마음이 서로 의지해 연기하여 물질의 모습은 마음인 모습이고 마음은 살피는바 물질인 마음이다. 그러므로 살피는바 모습도 있되 공하고 살피는 마음도 있되 공하다.

곧 모습 보는 마음은 알되 공하고 보여지는 모습은 있되 있음 아니다. 보는 마음이 알되 앎이 없고 앎 없되 앎 없음도 없으니, 앎 없음에 머물지 않으면 다섯 쌓임을 살피는 그 자리에서 마음의 해탈과 지혜의 해탈을 이룰 수 있다.

마음이 모습인 마음이므로 다섯 쌓임의 경계 살핌을 현전하는 한 생각 [現前一念] 마음에 거두어 사유해보자.

다섯 쌓임설에서 마음은 물질인 마음이고 물질은 마음인 물질이다. 그리고 십팔계설로 보면 여섯 아는 뿌리와 경계가 어울려 여섯 앎이 나지만, 여섯 앎을 떠나 자아와 세계가 따로 있지 않다.

그러므로 지금 현전하는 한 생각 밖에 살피는 마음이 없고 살펴지는 다섯 쌓임이 없으니, 지금 이 한 생각을 바로 돌이켜 살핌이 온갖 법계를 살핌이고 한 생각의 중도실상을 살핌이 천태선사의 『마하지관』에서 삼천계(三千界)의 삼제(三諦)를 바로 살핌이다.

그렇다면 생각[念]에 생각 없음[無念]을 보는 자가 다섯 쌓임의 진실을 보아 해탈에 나아가는 자이고, 생각에서 생각 없음을 보는 자가 보디사트바이며 생각에서 생각 없음을 보는 것이 보디사트바의 프라즈냐파라미타의 길이 되는 것이다.

마음이 인연으로 난 줄 바로 아는 곳에서 세간의 변화를 떠나지 않고 니르바나의 고요함을 알 수 있으니, 『화엄경』(「십인품」) 또한 다음과 같이 보인다.

>보디사트바 또한 이와 같아
>온갖 법이 다 인연으로 일어나
>남이 없으므로 사라짐 없음을
>밝게 살피어 깨달아 아네.
>
>菩薩亦如是　觀察一切法
>悉從因緣起　無生故無滅
>
>인연으로 나는 모든 법은
>사라짐 없으므로 다함이 없고
>다함없으므로 물듦이 없네.
>세간의 변해 달라지는 법에서
>법의 진실 깨달아 알면
>변하고 달라짐이 없네.
>
>無滅故無盡　無盡故無染
>於世變異法　了知無變異

3) 선정의 기본법인 아나파나와 여러 선정

• 이끄는 글 •

해탈의 실천에서 숨 살핌의 선정법

1. 선의 해탈 선의 장애

중생의 번뇌가 실로 있다 해도 무명과 번뇌를 돌이켜 보디에 나아가는 선정과 지혜의 실천이 나올 수 없고, 중생의 번뇌가 실로 없다 해도 번뇌를 없애 니르바나를 구현하는 파라미타의 행이 나올 수 없다.

끊을 번뇌가 실로 있는 것이 아니므로 번뇌를 돌이켜 해탈에 나아가는 선정과 지혜 또한 실로 닦는 것이 아니며, 번뇌가 실로 없는 것이 아니므로 선정과 지혜 닦는 모습이 없는 것도 아니다.

번뇌가 실로 있는 것이 아니므로 선정과 지혜 또한 실로 닦음이 아니지만, 번뇌가 실로 없는 것이 아니므로 선정과 지혜 그 실천의 수레가 없으면 중생은 고통의 이 언덕에서 해탈의 저 언덕에 이르를 수 없다.

선정의 갖가지 이름은 중생의 갖가지 병통에 따라 세워지니, 선정의 고요함[寂靜]의 뜻은 바로 중생의 어지럽고 흩어진 마음에 따라 세워진 뜻이다.

그러므로 중생의 어지러운 마음, 움직이는 마음이 없으면 선정의 뜻도 세울 것이 없다. 중생의 경계를 향해 치달리는 어지러운 마음은 연기한 것이고, 어지러운 마음을 쉬는 실천의 방편으로 성취되는 사마디의 고요함도 연기한 것이다.

선정의 고요함도 연기한 것이므로 연기된 고요한 경계에 맛들이거나 고요함을 취하면 법계의 진실 그대로의 참된 선정을 등지게 된다.

온전히 법계의 실상 그대로의 선정을 천태선사의『마하지관』은 이렇게 말한다.

'법성이 비치되 늘 고요함[法性常寂]을 사마타라 하고, 법성이 고요하되 늘 비침[法性常照]을 비파사나라 한다.'

본래의 실상에서 보면 연기로 성취된 선정의 경계를 취하는 것은 본래 고요한 법계의 선정을 어지럽게 하는 것이고, 본래 밝은 법계의 지혜를 어둡게 하는 것이다.

그러므로『마하지관』은 선정 자체를 살피는바 경계[所觀境]로 삼아, 선정에 취할 모습 두는 병통을 새롭게 경계한다.

이제 아함경 가운데 여러 선정의 법문을 읽는데 우리는『마하지관』의 '선정의 경계' 살피는 장의 법문을 통해 선정의 모습을 살피고, 다시 그 선정의 경계에 머무는 병통을 함께 말하려 한다.

『마하지관』은 이렇게 보인다.

십승의 살피는 법[十乘觀法]에서 열 가지 살피는 경계[所觀境] 가운데 여섯째는 선정의 경계를 살핌[觀禪定境]이다.

오랜 병이나 가는 길이 멀어지는 것[長病遠行]이 선정의 장애이다.

'세간법 세우는 아비다르마'[立世阿毘曇]에 말한다.

"많이 따지고 다투는 것이나 하는 일이 많은 것 또한 선정의 장애이다. 다시 많이 읽고 외기만 하는 것 또한 선정의 장애이다."

'만주쓰리보디사트바가 보디를 물은 경'[文殊問菩提經]에서도 '선정에 서른여섯 가지 때[三十六垢]가 있다'고 말하니 때[垢]가 곧 장애이다.

앞에서 말한 여러 경계에서 시원한 해탈의 못[淸涼池]에 들어갈 수 있으면 흐름에 들어감을 마친 것이니 곧 선정의 경계 살필 것이 없다.

만약 마라의 일[魔事]이 비록 지나갔어도 참된 밝음이 아직 일어나지 않았으면, 비록 별교의 참된 닦음[別修]이 없어도 통교의 닦음[通修] 때문에 과거의 익힘을 일으켜 여러 선정[諸禪]이 어지럽게 나타난다.

이렇게 되면 마라의 일 살핌을 두어두고 여러 선정의 경계[諸禪定境]를 돌이켜 살펴야 한다.

왜 그런가. 선정의 즐거움은 아름답고 묘해 기뻐하는 마음이 그 맛에 탐착함을 내고 그렇게 되면 기름때가 날로 늘어나는데, 만약 이것을 도(道)라고 말하면 더욱 교만 늘림[增上慢]에 떨어진다.

그렇다고 꾸짖어 내버리게 되면 온전히 방편을 잃게 된다[全失方便]. 이와 같은 허물들은 갖추어 말할 수 없다.

비록 마라의 해침을 벗어나도 다시 선정의 장애에 묶이면 마치 불을 피하려다 물에 빠짐과 같아 참된 사마디에 이익됨이 없다.

이런 뜻 때문에 반드시 선정의 경계를 살펴야 한다.

다만 '색계 네 가지 선'[色界四禪]의 여러 갈래의 선정은 돕는 도[助道]로서 힘이 있으니 대소승경에서 다같이 그 아름다움을 찬탄한다.

만약 네 선 여덟 정[四禪八定]이라면 아비다르마와 성실론(成實論)에서 이를 자세히 밝히고 있다.

'자기성품의 아홉 선'[自性九禪]은 지지론(地持論)과 십지론(十地論)에서 매우 분명히 하고 있다.

지금 또한 선정의 모습 일어남을 간략히 보이는데 거칠게 네 가지 뜻으로 말한다.

첫째 열고 합함을 밝히고[明開合], 둘째 선정이 일어나는 인연[發因緣]을 말하고, 셋째 일어나는 모습을 밝히고[明發相], 넷째 지관 닦음[修止觀]을 말한다.

선정은 중생의 번뇌와 어지러움을 다스리는 방편이므로 아주 버리면 해탈의 방편이 없어지는 것이고, 선정의 미묘한 경계에 탐착하면 모습에 탐착하는 것처럼 지혜의 밝음을 가로막아 해탈의 문에 들어설 수 없다.

그러므로 천태선사는 선정의 경계를 다시 살펴 취함도 없고 버림도 없이 선정이 파라미타인 선정이 되게 해야 함을 보이고 있다.

갖가지 선정의 이름과 모습은 다 중생의 병통에 따라 세워진 것이고, 닦아감의 방편에 따라 그 이름이 달리 세워진 것이다. 선정 또한 중생의 병통으로 인해 연기한 법의 약이니, 중생의 병이 다하면 선정이라는 법의 약도 다해야 한다.

그러므로 갖가지 선정의 이름을 듣고 여러 선정의 문을 의지해 중생의 병을 다스려가되 선정의 이름과 방편의 문에 취하는 마음을 일으켜서는 안 되는 것이니, 『마하지관』은 갖가지 선정의 문이 벌려지는 모습을 다음과 같이 보인다.

처음 열고 합함이다.
선정의 문[禪門]은 한량없으나 또 열 문[十門]으로 잡아 보이면 첫째 근본의 네 선[根本四禪], 둘째 열여섯 아주 빼어남[十六特勝], 셋째 통해 밝음[通明], 넷째 아홉 생각[九想], 다섯째 버리고 나아감[背捨], 여섯째 크게 깨끗하지 않음을 살핌[大不淨], 일곱째 자비의 마음[慈心], 여덟째 인연을 살핌[因緣觀], 아홉째 붓다 생각함을 살핌[念佛觀], 열째 신통(神通)이다.
이 열 문은 다섯 문[五門] 열다섯 문[十五門]과 어떻게 같고 다른가. 다만 열고 합함의 다름이 있을 뿐이다.
다섯을 열어 열이 된 것이니 다음과 같다.
숨 셈[數息]을 열어 열여섯 빼어남 통해 밝은 선정[通明禪]을 내고, '아홉 생각의 깨끗하지 않다는 살핌[不淨]'을 열어 '버리고 나아감'[背捨] '크게 깨끗하지 않다는 살핌'[大不淨]을 낸 것이다.
자비의 마음과 인연을 살핌은 자기바탕을 지킨 것이다.
붓다 생각하는 문은 아비다르마에서는 '법의 영역을 분별하는 방편'[界方便]이라 하지만, 선경(禪經)에서는 '붓다 생각함'[念佛]이라고 말하므로 이것 또한 자기바탕을 지킨 것이다.
신통은 아홉 가지 선정 위를 잡아 일어난 것이라 한 법에만 오롯이 의거하지 않는다.
열다섯 문을 합해 열 문을 삼은 것은 다음과 같다.
숨 셈과 깨끗하지 않다는 살핌에 각기 셋이 있으나 합하지 않는다.

자비의 마음에 셋이 있으나 합해 하나로 한 것이니, 곧 중생에 대한 자비[衆生慈]이다.

법을 생각하는 자비[法緣慈], 따짐 없는 자비[無緣慈] 이 두 가지 이름이 없는 것은, 선정은 문호(門戶)라 차제로 사법의 선을 말하기 때문이다.

그 법을 생각하는 자비는 이승이 진리에 드는 살핌[二乘入理觀]이고, 따짐 없는 자비는 대승이 진리에 드는 살핌[大乘入理觀]이니, 그 진리의 살핌을 없애 두 가지를 보내어 사법의 살핌만을 두면 중생에 대한 자비 오직 하나인 것이다.

만약 열면 곧 이승과 보디사트바의 두 경계 가운데 속해 거두어진다.

인연 살핌[因緣]에도 세 문이 있다. 삼세에 돌아 구르는 것은 거칠고, 과보의 몸[果報]과 지금 한 생각[一念]에서 뜻을 밝히는 것은 가늘다.

가늘므로 진리에 붙어지고 거칠므로 사법에 속하니, 지금 가는 것을 없애고 거친 것을 두므로 다만 삼세의 문[三世門]을 말하는 것이다.

붇다 생각함을 살핌[念佛觀]에도 또한 셋이 있으니, 다만 응신의 붇다[應身]만을 취해 생각함이다.

신통은 다만 다섯 문을 취한다. 만약 다섯 문만을 취하면 거두어서 거두지 못하는 것이 있고, 만약 열다섯 문을 취하면 뜻이 이치에 넘치게 된다. 그러므로 진리를 가리어내고 사법을 여는 것이다. 비록 열고 합함이 같지 않으나 각기 그 뜻이 있다.

디야나(dhyāna)의 방편을 다섯 문으로 합하든, 열 문, 열다섯 문으로 넓히든 온갖 선정의 문은 중생의 번뇌를 따라 세워진 것이고, 선정의 방편을 행해 성취되는 갖가지 선정의 경계도 인연으로 나는 것이니, 선정의 모습은 취해서도 안 되고 버려서도 안 된다.

　선정의 모습을 버리면 니르바나의 성에 들어갈 파라미타의 수레와 저 언덕에 이르를 방편의 배를 잃을 것이고, 취하면 선정의 모습이 장애가 되어 공함과 모습 없음의 해탈의 문에 들어설 수 없다.

　눈에 보이는 모습에 대한 집착만 모습의 장애가 아니라 인연으로 난 선정의 미묘한 모습에 집착해도 모습 없는 해탈의 문에 들어가지 못하고, 선정의 경계를 집착해도 있음의 장애가 일어나 공한 해탈의 문에 들어서지 못하기 때문이다.

　곧 앞의 갖가지 선정의 경계는 중생의 망상과 번뇌를 깨뜨리기 위해 세운 선정의 모습이니 사제법의 도제(道諦)이다. 이 선정을 닦아 선정의 경계가 일어남이 있고 번뇌 사라짐이 있다고 하면 이는 나고 사라짐의 사제법[生滅四諦]에서 도제를 닦음이니, 이 사람은 성문(聲聞)의 길을 가는 사람이다.

　선정으로 십이연기의 무명과 무명의 결과인 나고 죽음이 공한 줄 깨달으면 이 사람은 십이연기가 남이 없음을 깨닫는 연각(緣覺)이다.

　십이연기가 공하므로 무명의 십이연기를 돌이켜 여섯 파라미타를 일으키면, 이 사람은 선정으로 파라미타를 행하는 보디사트바의 사람이다.

　십이연기의 나고 사라짐이 온통 중도인 줄 깨달으면 선정으로 십이연기가 불성(佛性)임을 깨달아 쓰는 사람이니, 이 사람은 '하나인 붇다의 수레'[一佛乘]를 탄 사람이다.

이렇게 선정으로 십이연기의 중도실상을 발현하면 비파사나의 살핌은 법성의 늘 비침[法性常照] 그대로의 비춤이라 세울 것이 없고, 사마타의 늘 그침은 법성의 늘 고요함[法性常寂] 그대로의 그침이라 한 법도 쉴 것이 없다.

십이연기의 진실을 불성이라 하고 불성의 물듦을 무명의 십이연기가 하는 것이니, 십이연기의 진실을 온전히 발현시킴밖에 선정의 닦음 없는 닦음이 세워질 수 없다.

그러므로 『마하지관』은 말한다.

만약 무명을 돌이켜 붇다의 지혜의 밝음을 삼으면 첫 마음을 냄[初發心]으로부터 십이인연이 세 불성[三佛性]임을 안다.

만약 십이인연이 진여의 진실한 진리[眞如實理]임을 통해 살피면[通觀] 이것이 바른 원인의 불성[正因佛性]이다. 십이인연을 살피는 지혜는 곧 바른 원인 깨닫는 불성[了因佛性]이다.

십이인연 살피는 마음이 모든 행을 갖추면 이는 바른 원인 깨닫게 하는 불성[緣因佛性]이다.

공하므로 연기가 있음을 통해 만약 따로 살피면[別觀] 무명과 애착과 취함은 곧 바른 원인 깨닫는 지혜의 불성[了因佛性]이고, 지어감과 존재는 곧 바른 원인 깨닫게 하는 행의 불성[緣因佛性]이며, 앎 등 일곱 갈래법[識等七支]은 불성 자체인 바른 원인의 불성[正因佛性]이다.

왜 그런가. 괴로움의 길[苦道]은 곧 나고 죽음인데 나고 죽음의 몸을 바꾸면 곧 법신이고, 번뇌는 어두운 법[闇法]인데 무명을 돌이키면 밝음[明, vidya]이 되는 것이며, 업행(業行)은 묶음의 법[縛

法]인데 묶음을 바꾸면 해탈을 이루는 것이다.

이 중생 무명인 십이연기의 세 길[三道]이 니르바나의 세 덕인 것이다.

성품이 인행을 얻을 때[性得因時] 가로도 아니고 세로도 아니어서 세 불성[三佛性: 正因·了因·緣因]이라 이름하며, 닦음이 과덕을 얻을 때[修得果時] 가로도 아니고 세로도 아님이 세간의 이(ꙮ) 자와 같으면 세 덕의 니르바나[三德涅槃: 法身·般若·解脫]라 이름한다.

『비말라키르티수트라』에서 말하기를, '온갖 중생이 곧 크나큰 니르바나이고 붇다이며 곧 보디이다'라고 하니, 이 뜻이다.

이것을 '높고 높은 지혜의 살핌으로 붇다의 보디를 얻었다'고 말하는 것이다.

십이인연이 인연이라 공하고 공함도 공해 중도인 것이니 이렇게 보면 십이인연 밖에 세 불성이 없다.

그러나 십이인연의 있음이 있음 아닌 있음이므로 그 낱낱의 있음을 나누어 따로 살피면, 십이인연 가운데 집제(集諦)인 무명과 애착과 취함을 돌이키면 불성 깨닫는 지혜[了因佛性]이고 반야이며, 고제(苦諦)인 남과 죽음과 앎 등을 돌이키면 법신이고 바른 원인의 불성[正因佛性]이며, 집제를 돕는 지어감과 존재는 바른 원인 깨닫게 하는 불성이 되고 해탈행이 된다.

선정과 지혜의 방편이 탐착과 미혹을 반야로 돌이키고 남과 죽음과 앎을 법신으로 돌이키며, 물든 지어감을 해탈로 돌이키면, 흘러 구르는 십이연기가 불성이 되지만, 선정과 지혜의 방편 자체를 집착하면 선정이 장애가 되고 지혜의 방편이 새로운 견해의 장애가 될 것이다.

그러나 방편에서 방편인 줄 알아 선정이 선정 아닌 선정이 되면 물든 십이인연이 곧 세 원인의 불성[三因佛性]이 되는 것이고, 무명과 나고 죽음이 니르바나의 세 덕[三德涅槃]이 되는 것이다.

2. 선정과 숨 살핌의 법

연기법의 기본 교설인 사제법(四諦法)은 고통과 해탈의 인과를 설해 온갖 존재의 연기적 생성을 모두 밝힌다.

중생의 고통은 스스로 있는 고통이 아니라 주체적 요인과 객관 여건 속에서 일어난 고통 아닌 고통이다. 그러므로 고통은 주체적 실천을 통해 새로운 해탈의 현실로 전변되는 것이니, 고통의 조건을 깨뜨려 해탈의 현실을 새롭게 구현하는 실천이 도제(道諦)이다.

도제는 본래 니르바나인 연기법의 진실처에서 일어나 다시 니르바나의 과덕에 이끄는 실천이므로 도제 또한 공한 도제이다.

지금까지 우리는 도제를 말하면서 도제를 계·정·혜의 세 배움[三學]과 계·정·혜·해탈·해탈지견의 다섯 가지 진리의 몸[五分法身]으로 요약해 보인 뒤, 서른일곱 실천법[三十七道品]으로 실천법을 벌여 보이고, 다시 온갖 실천을 디야나로서 거두어 보이고 있다.

범어 디야나가 선나(禪那)으로 옮겨진 것이고, 다시 바른 사유[正思]로 그 뜻이 옮겨지니, 이는 선의 고요함이 지혜인 고요함을 뜻한다.

또 디야나가 지혜인 고요함이고 지혜가 디야나의 지혜라면, 지혜는 어디에 멈추어 있는 지혜가 아니라 고요하되 살아 움직이는 지혜인 것이니, 불교의 실천관에서 바른 지혜는 늘 바른 삶·바른 언어활동·바른 뜻으로 발현된다.

앞 장에서 우리는 선을 사마타의 고요함과 그침으로 잡아 보인 붇다의 여러 가르침을 살펴보았고, 다시 선을 비파사나의 밝음과 살핌으로 잡아 보인 여러 법문을 살펴보았다.

이제 다시 우리는 선을 차제와 완성의 차원에서 다시 살펴보고, 아는 주체[六根]와 알려지는 바 객체[六境]의 문제로 돌이켜서 선을 살펴보려 한다. 그리하여 여섯 가지 인간의 행위 양태[六作] 속에 선을 말하고 선과 역사, 선과 중생의 문제를 다루어 보고자 한다.

또한 디야나파라미타의 구체적 실천법으로서 숨 살핌의 방편을 자세히 살펴야 한다.

선은 역사와 중생의 진실을 깨달아 온전히 쓰는 행이니, 선의 큰 버림 가운데에는 온전히 역사와 중생 속에 다시 돌아오는 회향의 길이 있다. 그러나 디야나의 살핌을 통해 법계의 진실에 돌아가고 실천의 공덕을 중생 현실에 회향하는데, 그것을 이루어줄 구체적인 방편의 배가 없으면 선의 파라미타행은 공허한 관념의 메아리가 될 것이다.

이제 디야나파라미타를 중생을 살릴 구체성의 파라미타로 살려내는 실천의 도구, 방편의 문제를 서른일곱 실천법에서부터 다시 살펴보자.

서른일곱 실천법의 첫머리가 네 곳 살핌[四念處]이고 네 곳 살핌이 뒤의 모든 관행의 기본이 된다.

왜인가. 살피는바 네 곳이 곧 다섯 쌓임[五蘊]이고 다섯 쌓임이 온갖 법이므로 네 곳 살핌의 법이 온갖 살핌을 거두는 것이다.

천태선사의 『마하지관』에서 부사의경계를 살핀다고 함도 바로 다섯 쌓임의 진실상을 바로 살핌이고 네 곳의 중도상을 바로 살핀다고 함이다.

또 몸·느낌·마음·법 네 곳 살핌은 몸 살핌[身念處]을 첫머리로 하니, 중생의 모든 애착의 뿌리가 몸에 대한 집착[身見]이기 때문이다.

몸은 들고나는 숨과 앎이 함께할 때 몸[身]으로 이름지어지는 것이고, 드나드는 숨이 끊어지고 앎이 함께하지 않으면 목숨[命]을 가진 몸으로 이름지어지지 않는다.

몸 살핌이 모든 관행의 뿌리이지만, 몸은 중생의 눈앞에 분명히 하나의 있음으로 드러나 있기 때문에 쉽게 몸이 몸 아닌 몸의 연기적 실상을 살펴보기 어렵다.

중생의 마음은 중생 스스로 항상한 것으로 집착하고 보존하려 하나, 생각은 찰나찰나 생기고 달라져 쉽게 살핌의 경계로 삼기 어렵다.

몸은 눈앞에 분명히 보이므로 그 공성(空性)을 알기 어렵고, 마음은 허깨비처럼 변화해 그 진실을 보기 어렵다.

숨은 몸을 몸이게 하는 기본 요건이면서 늘 중생의 사유와 함께하므로 늘 살펴볼 수 있고, 실체적 덩어리가 아니므로 쉽게 공성을 깨달아 알 수 있다.

그러므로 숨 살핌이 곧 몸 살핌이 될 수 있고 숨 살핌이 다시 마음과 느낌 살핌이 될 수 있으니, 숨 살피는 방편이 디야나의 가장 기본적인 방편이고 가장 쉽고도 힘있게 실천할 수 있는 방편이라 말한다.

곧 숨을 볼 때 숨을 보고 느끼는 집중의 상태[覺觀]를 넘어서서, 숨의 공한 실상을 살펴[觀息之空相], 보는 마음과 보여지는 숨이 모두 나되 남이 없음을 깨달아 알면 숨 보는 그 자리에서 일곱 깨달음법을 모두 갖출 수 있다.

남악혜사선사의 『제법무쟁삼매법문』은 숨 살핌이 가장 쉽게 도에 드는 방편이 됨을 다음과 같이 말한다.

몸이 깨끗하지 않음을 살필 때[觀身不淨時], 먼저 숨이 들고 나며 생겨나고 사라짐에 얻을 것이 없음을 살피고, 다음 마음의 바탕과 마음의 모습을 살핀다.

만약 먼저 물질[色]을 살피려 하면, 거칠고[麤] 날카로워[利] 알기 어렵고, 가라앉아 무거워 가볍게 할 수 없다.

만약 먼저 마음을 살피려 하면 작고 가늘어서 알기 어렵다. 마음은 공하여 자체가 없어서[心空無體] 바깥 조건[緣]을 의탁하여 허망한 생각이 있으나 실다운 주인이 없다.

숨 쉬는 가운데에서는 가볍고 비어서 쉽게 알 수 있다.

먼저 '드는 숨이 어디서 오는가'[入息從何方來]를 살피면 도무지 오는 곳이 없고 생겨나는 곳이 없으며, '숨이 들어서 어느 곳에 이르는가'[入至何處] 살피면 도무지 돌아가는 곳이 없고 사라지는 모습을 볼 수 없어서 처소가 있지 않다.

드는 숨이 이미 없으니 거듭 '나는 숨이 어디에서 생겨나는가' 살펴, 자세히 살펴보면 도무지 생긴 곳이 없다. '어디에 이르러 사라지는가'를 살피면 가는 모습도 볼 수 없고 또한 사라지는 곳이 없다.

이미 숨에 들고 남이 없으니 거듭 '중간의 모습이 어떤가'를 살핀다. 이와 같이 살필 때 허공의 가는 바람과 같아서 도무지 모습이 없어서 숨에 자체가 없다[息無自體].

'숨이 생겨나고 사라진다'고 하는 것은 마음으로 말미암으니, 허망한 생각[妄念]이 있으면 숨이 움직이고[息動], 허망한 생각이 없으면[無念] 곧 생겨남이 없다[無生].

그러면 곧 '이 마음이 어느 곳에 머무는가' 살피고 다시 '몸안에 있는가'를 살펴도 도무지 마음을 볼 수 없고, '몸 밖에 있는가'를 살펴도 또한 마음의 모습이 없고, 거듭 중간을 살펴도 모습이 없다.

3. 천태선사의 육묘문에서 숨 살핌

들고 나는 숨 살피는 법[ānāpāna smṛti]을 온갖 선정법의 기본법으로 가르쳤던 붇다의 가르침을 받아 중국불교에서 남악혜사선사는 숨 살핌으로 일승의 원돈선을 말하고 방편의 차제선을 말한다.

숨 살피는 선정의 방편은 아비다르마의 다섯 가지 마음 그치는 법[五停心觀]에서 어지러운 마음을 쉬는 방편이 된다.

그러나 혜사선사는 숨 살핌이 근기 낮은 중생 누구라도 쉽게 이해할 수 있고 행할 수 있으며, 몸과 마음의 휴식을 빨리 얻을 수 있는 대치의 방편법이자 실상을 바로 보는 선법이 된다고 말한다.

앞이 인용문에서 알 수 있듯 혜사선사는 숨 살필 때 숨이 마음인 숨이므로 숨이 남이 없음을 보면, 마음에서 곧 마음을 떠나 해탈의 문에 들어설 수 있음을 보인다.

스승 혜사선사의 뜻을 이어 천태선사는 숨 살핌으로 부정지관(不

定止觀)인 육묘문(六妙門)을 말하고 있으니, 부정지관이란 숨 살핌이 바로 차제선의 뜻과 차제를 떠난 실상의 뜻이 함께하는 선정임을 말한다.

『법계차제초문』 가운데 실려 있는 육묘문의 가장 기본적인 뜻을 살펴보자.

먼저 천태선사는 여섯 가지 숨 살핌의 법을 묘한 문[妙門]이라고 한 것이 여섯 문이 다 니르바나에 드는 해탈의 문이 되기 때문임을 다음과 같이 보인다.

> 앞에서 밝힌 선정은 비록 다시 깊고 멀지만, 모두 세간에서 옛부터 행해온 법이다. 처음으로부터 뒤에 이르도록 낮은 것을 싫어하여 위를 타고 오르나, 낱낱 지위 가운데 도무지 살핌의 지혜로 밝게 비추어 세간 벗어나는 방편이 없다.
>
> 그러므로 범부나 바깥길의 사람들이 이 열두 문의 선정[十二門禪]을 닦아서는 참된 깨달음의 길을 일으킬 수 없으므로 나고 죽음이 끊이지 않으니, (여섯 묘한 문을 설하는) 뜻이 여기 있다.
>
> 지금 여섯 가지 법 가운데 앞의 숨을 셈·숨을 따름·그침 이 셋은 선정이고, 뒤의 살핌·돌아감·깨끗함 이 셋은 지혜이다. 선정으로 아끼고 지혜로 살피면[定愛慧察], 참된 밝음을 일으켜 나고 죽음을 떠날 수 있으니, 어찌 위의 열두 문의 선정과 같겠는가.
>
> 이 여섯을 모두 통틀어 '묘한 문'이라 한 것은 니르바나에 묘한 문이 되기 때문이다.
>
> 이 여섯 법을 통달하여 차제로 서로 통하게 하면, 참되고 묘한 니르바나에 이를 수 있으므로 묘한 문이라 하였다.

한 수행 문[一家]에서 밝힌 바로는 열 가지 여섯 묘한 문[十種六妙門]이 있으나, 지금은 다만 간략하게 (열 가지 여섯 묘한 문 가운데) 첫째 과목인 '차제로 서로 나는 여섯 묘한 문'을 내보인다.

이 여섯 문을 차제라고 말한 것은 이 여섯 문은 이미 '샘이 있기도 하고 샘이 없기도 한 선'[亦有漏亦無漏禪]인데, 열 가지 여섯 문 가운데 나머지 '샘이 있기도 하고 샘이 없기도 한 선' 가운데서는, 이 차제로 보인 문이 얕고 폭이 국한되어 있으므로 차제라 한다.

숨을 통해 수행하는 법은 세간에 오래도록 전승되어 행해지는 법이다. 그러나 숨을 수련하여 몸의 기(氣)를 키우고 몸의 능력을 키우고 신통을 얻는 수행법은 해탈과 니르바나의 법이 아니므로, 여래가 다시 숨 살핌이 니르바나의 문이 되는 살핌의 법을 보인 것이다.

줄여서 한 수행문이라 한 것은 천태선문 자종(自宗)을 말한 것으로, 천태선사의 부정지관법(不定止觀法)인 육묘문에 열 가지 여섯 묘한 문이 있음을 말하고 있는 것이다.

열 가지 여섯 묘한 문, 그 맨 처음이 바로 차제의 육묘문인 것이며, 나머지 아홉의 육묘문은 바로 숨 살핌의 방편을 통해 바로 실상을 보는 육묘문이고, 숨 살핌이 곧 보디사트바의 파라미타가 되는 육묘문인 것이다.

이제 열 가지 육묘문 가운데 차제선으로서의 육묘문의 뜻을 살펴보자.

천태선사는 앞의 세 문을 사마타 문이라 하고 뒤의 세 문을 비파사나 문이라 하지만, 편의상 사마타와 비파사나의 전 방편인 숨 셈과 숨 따름의 뜻을 먼저 다음과 같이 말하고 있다.

여섯 묘한 문의 첫째는 숨 셈의 문[數息門]이니, 마음을 거두어 숨에 두어 하나로부터 열에 이르는 것을 '셈'이라 한다.

수행자가 '샘이 없는 참된 법'을 닦으려면 먼저 반드시 마음을 조복하여 선정에 들어야 한다. 욕계는 거칠고 어지러워 거두기 어려우니 '숨을 세는 법'이 아니면 다스릴 수가 없다.

그러므로 반드시 몸을 잘 고루고 가다듬어 숨이 하나로부터 열에 이르면 거칠고 어지러움이 고요히 쉬고 마음이 안정된다. 이것이 선정에 드는 요점이 되므로 '숨을 셈'으로써 묘한 문을 삼는다.

둘째는 숨 따름의 문[隨息門]이니, 미세한 마음이 숨에 의지하여 숨이 들어옴을 알고 나감을 앎으로 '따름'이라 한다.

수행자가 비록 숨 셈을 인하여 마음은 안정되었으나, 아직 선정이 일어나지 않는데도 만약 여전히 세는 법만 의지하면 마음에 생각 일으키는 허물이 생긴다.

그러므로 모름지기 숨 셈을 놓아버리고 숨 따름을 닦아야 한다. 마음이 숨에 의지하여 들어올 때에 들어옴을 알고 나갈 때 나감을 알고, 길고 짧음과 차갑고 따뜻함을 모두다 알아야 한다.

마음이 안정되어 밝고 깨끗해지면 이로 인하여 여러 선정이 저절로 일어나므로 '숨 따름'으로써 문을 삼는다.

숨 셈과 숨 따름이 아비다르마에서 어지러운 마음 그치는 대치의 법이고, 아함경에 자주 등장하는 숨 살핌의 법이다. 이 대치의 방편 문에 숨이 오고 감이 없음을 아는 지혜가 함께하면 숨 셈이 바로 보디사트바의 파라미타의 문이 되는 숨 셈이 된다.

숨을 세고 숨을 따르는 앞의 방편으로 다음 숨 살핌의 사마타와 비파사나의 정수행(正修行)이 현전하니, 육묘문은 그침의 문[止門]과 살핌의 문[觀門]을 다음과 같이 말한다.

셋째는 그침의 문이니, 마음을 쉬어 생각 고요하게 함을 '그침'이라 이름한다. 수행자가 비록 숨 따름으로 인해 마음이 안정되고 밝고 깨끗해졌으나 선정이 아직 일어나지 않는데도 마음이 만약 숨 따름에만 의지하면, 작으나마 생각을 일으키는 어지러움이 있게 되어서 깨끗하고 고요해 안온하게 하는 데는 그침의 법만 같지 못하다.

그러므로 따르는 법을 버리고 그침을 닦는다. 이 가운데는 많이 마음을 모아 그치는 방법을 쓴다. 마음을 모아 생각을 고요히 하면 마음에 물결의 움직임이 없어서 여러 선정이 저절로 열려 일어나므로 '그침'으로써 문을 삼는다.

넷째는 살핌의 문이니, 잘 분별하여 미루어 아는 마음을 '살핌'이라 이름한다. 수행자가 비록 '그침'으로 인하여 여러 선정을 증득하였으나, 지혜가 아직 일어나지 않는데도 만약 선정의 마음에만 머무르면 무명으로 맛들여 집착하는 어긋남이 있다.

그러므로 반드시 증득한 선정을 미루어 살피고 가려 알아야 한다. 이 가운데서는 많이 진실한 살핌인 네 곳 살핌을 쓴다.

만약 살피는 마음이 분명하면 곧 다섯 쌓임이 헛되고 거짓됨을 알며, 네 가지의 뒤바뀐 견해와 '나'라는 집착 등 열여섯 가지 견해를 깨뜨려 뒤바뀐 생각이 이미 없게 되면 샘이 없는 방편이 이로 인하여 열리어 일어나게 된다.

그러므로 살핌으로써 문을 삼는다.

들고 나는 숨에 마음이 머물러 어지러움을 그치고 숨이 공함을 살피는 지혜가 또렷해도, 살피는 지혜의 자취가 있으면 참으로 사마타인 비파사나가 되지 못한다. 숨을 따르며 숨이 오되 오는 곳이 없고 나가되 나감이 없는 줄 알아 숨과 마음이 고요해지면 사마타이고, 고요함 속에서 숨이 오되 옴이 없음을 앎 없이 알아야 비파사나이다.

그러므로 숨이 공함을 살피는 지혜 또한 공하여 마음에 마음 없는 바탕에 돌아감이 돌아감의 문[還門]이고, 아는 마음과 숨이 모두 공함에도 머묾 없을 때 참된 삶의 청정이 구현되니, 깨끗함의 문이다.

돌아감의 문은 비파사나가 사마타인 비파사나가 됨이고, 깨끗함의 문은 사마타가 비파사나인 사마타가 되어 사마타와 비파사나가 평등한 사마파티가 됨을 말한다.

육묘문은 돌아감과 깨끗함의 두 문을 다음과 같이 말한다.

다섯째는 돌아감의 문이니, 마음을 돌이켜 다시 뒤집어 비추는 것을 '돌아감'이라 한다. 수행자가 비록 살펴 비춤을 닦았으나, 참된 밝음이 아직 나타나지 않았는데도 만약 '내가 뒤바뀐 생각을 살펴 깨뜨릴 수 있다'고 헤아리면, 이는 곧 나를 헤아리는 미혹[計我之惑]이 도리어 살핌에 덧붙여 일어나므로 바깥길과 같게 된다.

그러므로 '여러 바깥길은 공을 살피는 지혜를 헤아리고 집착하여 해탈을 얻을 수가 없다'고 말하는 것이다. 만약 이 잘못을 깨달으면 곧 반드시 마음을 돌이켜 살피는 마음[能觀之心]을 뒤집어 비춰야 한다.

만약 살피는 마음이 헛되어 실체가 없음을 알면, 곧 살핌에 붙어 '나를 집착하는 뒤바뀜'[執我之倒]이 저절로 사라질 것이다.

이로 인하여 샘이 없는 방편이 저절로 밝아지게 되므로 '돌아감'으로써 문을 삼는다.

여섯째는 깨끗함의 문[淨門]이니, 마음이 의지하는 바가 없어 망령된 물결이 일어나지 않는 것을 '깨끗함'이라 한다. 수행자가 '돌아감'을 닦을 때에 비록 살핌을 집착하는 뒤바뀜을 깨뜨리지만, 아직 참된 지혜가 일어나지 않는데도 '살핌과 살펴짐이 없음[無能所]'에 머무르면 곧 이것도 생각을 받아들임이다.

그러므로 마음의 지혜로 하여금 때묻게 하고 흐리게 한다. 이를 깨달아 알고서 머무르지 않고 집착하지 않으면 아주 사라져 깨끗해져서 이로 인하여 참된 밝음이 일어나 곧 삼계의 묶음과 부림을 끊고 삼승의 길[三乘道]을 증득한다.

그러므로 '이런 깨끗함으로 한 마음을 얻으면 곧 온갖 샛됨이 사라진다'고 한다. '깨끗함'을 문으로 삼은 뜻이 여기에 있다.

앞의 육묘문의 해석에서는 숨을 셈과 숨 따름을 통해 선정의 힘과 지혜의 힘을 길러 차츰 지관을 성취하고, 살피는 마음과 살펴지는 숨이 모두 공함을 체달하되 공에도 머묾 없이 청정을 성취하는 차제의 길을 보이고 있다.

차제는 중생의 근기 따라 세워진 뜻이니, 지금 숨 살핌에서 살피는 숨이 오되 옴이 없음을 바로 보면, 숨 보는 한 생각에서 프라즈냐파라미타(prajñā-pāramitā, 般若)를 이루고 디야나파라미타(dhyāna-pāramitā, 禪定)와 다나파라미타(dāna-pāramitā, 布施)를 모두 이루게 된다.

숨을 보되 봄이 없으면 디야나이고 봄이 없이 보면 프라즈냐이며,

보되 봄이 없고 봄이 없되 봄 없음도 없으면 디야나와 프라즈냐가 곧 해탈의 행이 되고 만행이 선정의 고요함이 된다.

그러므로 천태선사는 부정지관으로서 육묘문 가운데 보디사트바가 숨 살피는 한 생각 속에 온갖 파라미타 갖춤을 다음과 같이 말한다.

거듭 다시 보디사트바는 숨의 자기성품 없음을 요달하니[了息無性], 이때 오히려 숨이 있음도 보지 않는데 어찌 하물며 숨쉬는 길 가운데 여섯 가림[六蔽]이나 여섯 파라미타의 법[六度]이 있음을 보겠는가?

비록 숨의 성품 가운데 여섯 가림이나 여섯 파라미타를 보지 않지만 또한 여섯 가림이나 여섯 파라미타를 또렷하게 통달한다.

무슨 까닭인가?

수행자가 숨을 셀 때 곧 스스로 사무쳐 아는 것이니, 만약 숨이 숨 아님[非息] 가운데서 실로 있는 숨을 본다면, 이것은 반드시 아낌[慳], 탐냄과 같이 어둡게 가리는 법을 이루게 되는 것이다.

아낌에도 네 가지가 있다. 첫째는 재물을 아낌이니, 숨 가운데 나[我]가 있음을 보아서, 나를 위하여 아끼는 마음을 내기 때문이다.

둘째는 몸을 아낌이니, 숨 가운데서 몸이 실로 있다는 견해를 일으키기 때문이다.

셋째는 목숨을 아낌이니, 숨 가운데서 바르게 사무치지 못하여 목숨이 있다고 헤아리기 때문이다.

넷째는 번뇌의 법[惱法]이니, 숨 가운데 바르게 사무치지 못하여 곧 견해를 일으켜 법에 집착하는 마음이 생겨나기 때문이다.

수행자는 이와 같은 바른 도를 어둡게 가리는 아낌의 나쁜 법을 깨뜨리기 위하여 네 가지 다나파라미타를 닦는다.

첫째는 숨이 공하여 내가 아니며 숨을 떠나서도 내가 없음을 안다. 이미 나를 얻을 수 없는데, 여러 재물을 모아 어느 곳에 도와줄 것인가? 이때 재물을 아끼는 마음과 제 혼자 편하려는 마음이 곧 스스로 쉬어 여러 진귀한 보배를 마치 눈물이나 침을 버리듯 버리게 된다.

숨의 성품을 사무쳐 통달하는 것이 곧 '재물을 보시하는 파라미타'임을 알아야 한다.

거듭 다시 보디사트바가 몸의 성품이 없음을 알면[知無身性] 숨 등의 여러 법을 몸이라고 이름하지 않게 되나, 숨 등의 법을 떠나서도 또한 따로 몸이 없는 것이다.

이때 몸이 몸 아님을 알면 곧 몸을 아끼는 집착을 깨뜨리게 되고, 이미 몸을 아끼지 않게 되면 곧 몸을 따르는 이나 심부름꾼으로 여길 수 있게 되어 법답게 앞 사람에 베풀어주게 된다.

그러므로 숨이 숨 아님을 사무쳐 알면, 곧 '몸을 버리는 다나파라미타'를 갖추어 성취할 수 있음을 반드시 알아야 한다.

거듭 다시 수행자가 만약 숨의 성품이 공함을 사무쳐 알 수 있으면, 그대로 곧 목숨이라 하거나 숨을 떠나서 목숨이 있다고 보지 않는다. 이미 목숨을 얻을 수 없어 자기성품을 가진 목숨[性命]이라는 마음을 깨뜨리게 되니, 이때 곧 목숨을 버릴 수 있어서 중생에게 베풀어주어도 마음에 놀라움이나 두려움이 없다.

그러므로 숨이 공함을 사무쳐 알면[了達息空] 곧 '목숨을 버리는 다나파라미타'를 갖출 수 있게 됨을 알아야 한다.

거듭 다시 수행자가 만약 숨이 공함을 통달하면[若達息空] 곧 다섯 쌓임·열두 들임·열여덟 법의 영역 등의 여러 법을 보지 않게 된다. 또한 세간과 출세간의 갖가지 법의 모습을 보지 않게 되어 중생의 갖가지 헤아림과 여러 법에 대한 미혹한 집착, 여섯 갈래 나고 죽음의 길에 윤회함을 깨뜨린다.

그러므로 말하는 바가 있어도 실로 말함과 보임이 없으니, 듣는 사람에게 들음도 없고 얻음도 없기 때문이다.

이때 비록 법보시[法施]를 행하더라도 법보시를 집착하지 않아서 받는 저에게 은혜롭게 한다 함이 없지만 온갖 이들을 이롭게 한다[無恩於彼而利一切].

비유하면 마치 큰 땅과 허공의 해와 달이 세간을 이익되게 하지만, 사물에 대한 아무런 마음이 없이 은혜 갚기를 바라지 않음과 같다.

보디사트바가 숨의 성품이 공함을 통달하여[達息性空], 평등하게 '법을 베푸는 다나파라미타'를 행하여 중생을 이익케 함 또한 이와 같다.

그러므로 보디사트바가 숨의 성품이 공함을 알면 인색하게 아낌과 베푸는 파라미타[慳度]를 얻지 않되, 아낌과 다나파라미타를 또렷하게 분별할 수 있음을 알아야 하니, 얻을 것이 없기 때문이다.

숨의 성품이 공함을 알아 실라파라미타(śīla-pāramitā, 持戒)와 찬티파라미타(kṣānti-pāramitā, 忍辱), 비리야파라미타(vīrya-pāramitā, 精進)와 디야나파라미타, 프라즈냐파라미타를 갖춤 또한 이와 같다.

보디사트바가 이 가운데 한 파라미타에 응하면 하나가 여러 파라미타의 모습을 널리 돌이켜 굴려내, 붇다의 도를 구해 바르게 나아가는 남자와 여인을 위해 열어 보여 분별해준다.

이것은 곧 숨을 세는 문 가운데서 '돌려 굴리는 다라니'[旋轉陀羅尼]를 닦는 보디사트바가 행하는 바 걸림 없는 방편을 간략히 설한 것이다.

보디사트바가 만약 이 문에 들어가면, 숨을 셈[數息]과 마음 고름[調心]을 겁을 사무쳐 바로 말한다 해도 다할 수 없는데, 하물며 다시 숨을 따름, 쉬어 그침, 바르게 살핌, 돌아감, 깨끗함 등의 갖가지 여러 선정과 지혜와 신통, 네 가지 걸림 없는 변재, 열 가지 힘, 두려움 없음, 여러 지위의 행원, 일체종지, 다함없는 온갖 공덕 돌이켜 굴림을 분별해서 이루 다할 수 있겠는가?

① 아나파나의 살핌이 온갖 실천법을 거둠

다섯 가지 법의 요익됨이 있으므로
아나파나의 생각을 잘 닦아 익혀야 하니

이와 같이 내가 들었다.

한때 붇다께서는 슈라바스티 국 제타 숲 '외로운 이 돕는 장자의 동산'에 계셨다.

그때 세존께서 여러 비구들에게 말씀하셨다.

"다섯 가지 법의 많은 요익됨이 있어서 아나파나의 생각[ānāpāna smṛti]을 닦는다.

어떤 것이 다섯 가지인가? 먼저 청정한 계인 프라티목샤(prāti-mokṣa)의 바른 몸가짐[威儀]에 머물러 바른 몸가짐을 가는 곳마다 갖추어 아주 작은 죄에 대해서도 두려움을 내고 배움의 계[學戒]을 받아지닌다. 이것을 첫 번째 법의 많은 요익됨이 있어서 아나파나의 생각을 닦아 익힘이라 말한다.

다시 비구여, 다음에는 욕심 줄이고 일을 줄이며 일함을 줄인다. 이것을 두 번째 법의 많은 요익됨이 있어서 아나파나의 생각을 닦아 익힘이라 말한다.

다시 비구여, 먹을거리에 분량을 알아 많고 적음을 알맞게 하고, 먹을거리에 대하여 탐욕의 생각 구함을 일으키지 않고 부지런히 정진해 사유한다. 이것을 세 번째 법의 많은 요익됨이 있어서 아나파나의 생각을 닦아 익힘이라고 말한다.

다시 비구여, 초저녁이나 새벽에 잠에 빠지지 않고 부지런히 정진하고 사유한다. 이것을 네 번째 법의 많은 요익됨이 있어서 아나파나의 생각을 닦아 익힘이라고 말한다.

다시 비구여, 비어 한가한 숲 가운데서 모든 시끄러움을 떠난다. 이것을 다섯 번째 법의 많은 요익됨이 있어서 아나파나의 생각을 닦아 익힘이라고 말한다."

붇다께서 이 경을 말씀하시자, 여러 비구들은 붇다의 말씀을 듣고 기뻐하며 받들어 행하였다.

• 잡아함 801 오법경(五法經)

• 해설 •

서른일곱 실천법의 토대가 네 곳 살핌이고, 네 곳 살핌의 출발이 들고 나는 숨 살핌이다.

숨 살핌으로 계와 선정과 지혜의 바탕이 굳세지고 숨을 살펴 숨이 오되 옴이 없음을 알면 숨 살핌이 해탈의 문이 된다.

숨 살핌으로 얻게 되는 법의 요익됨은 첫째 계 지님, 둘째 욕심 줄임과 일을 줄임, 셋째 먹을거리에 양을 알아 탐욕 떠남, 넷째 밤낮으로 부지런히 정진함, 다섯째 시끄러움을 멀리 떠남이다.

이 다섯 가지 법은 아나파나의 생각으로 갖춰지는 법이자, 아나파나의 생각이 깊어지면 저절로 이루어지는 법이다.

아나파나의 생각이 탐욕 줄여 만족함을 알게 해[少欲知足] 생활의 평화와 안정을 보살피고, 몸과 마음의 온갖 시끄러움을 떠나게 하니, 숨 살핌이 지혜를 기르는 출발이 되고 선정과 지혜로 자신과 세간을 법의 기쁨 법의 재물로 장엄하는 첫걸음이 된다.

아나파나의 생각 닦아 네 곳 살핌을 바로 행하라

이와 같이 내가 들었다.

한때 붓다께서는 킴빌라(Kimbila) 마을 킴빌라 대나무숲[Kimbilā-veṇuvana] 가운데 계셨다.

그때 세존께서 존자 킴빌라에게 말씀하셨다.

"내가 지금 부지런히 정진해 네 곳 살핌을 닦아야 함을 말해주겠으니, 자세히 듣고 잘 사유하라. 너를 위해 말해주겠다."

그때 존자 킴빌라는 잠자코 그대로 있었다. 이와 같이 두 번 세 번 거듭되었다.

그때 존자 아난다가 존자 킴빌라에게 말했다.

"지금 큰 스승께서 그대에게 말씀하시는 것이오."

또 이렇게 세 번씩이나 말했다.

존자 킴빌라가 존자 아난다에게 말했다.

"저는 이미 알고 있습니다, 존자 아난다여. 저는 이미 알고 있습니다, 크신 스승 고타마시여."

그때 존자 아난다가 붓다께 말씀드렸다.

"세존이시여, 바로 이때입니다. 세존이시여, 바로 이때입니다.

잘 가신 이여, 여러 비구들을 위해 부지런히 정진해 '네 곳 살핌'을 닦아야 함을 말씀해주시기 바랍니다.

여러 비구들은 듣고서는 받들어 행할 것입니다."

아나파나가 '네 곳 살핌' 거둠을 말씀하고
'몸 살펴 생각함'을 먼저 보이심

붇다께서 아난다에게 말씀하셨다.

"자세히 듣고 잘 사유해보아라. 너희들을 위해 말해주겠다.

만약 비구가 드는 숨 생각일 때는 드는 숨 그대로 배워야 하고, 나는 숨 생각일 때는 나는 숨 그대로 배워야 하며, 나아가 나는 숨이 사라질 때는 나는 숨의 사라짐 그대로 배워야 한다.

그때 거룩한 제자는 다시 드는 숨 생각일 때는 드는 숨 생각함 그대로 배워야 하고, 나아가 몸의 지어감[身行]이 그치어 쉬게 되면 몸의 지어감이 그치어 쉬는 데에서 나는 숨 그대로 배워야 한다.

그때 거룩한 제자는 몸에서 '몸 살펴 생각함'[身觀念]에 머물게 되고, 그때 거룩한 제자가 몸에서 몸 살펴 생각함에 머물고서는 이와 같음을 알아 안으로 잘 사유하게 된다."

붇다께서 아난다에게 말씀하셨다.

"비유하면 어떤 사람이 수레를 타고 동쪽에서 넘어지고 자빠지면서 온 것과 같다. 그 길을 올 때 그는 여러 흙무더기 언덕을 밟았겠느냐?"

아난다가 붇다께 말씀드렸다.

"그렇습니다, 세존이시여."

붇다께서 아난다에게 말씀하셨다.

"이와 같아서 거룩한 제자가 드는 숨을 생각할 때는 드는 숨 생각대로 배워야 한다.

이와 같이 나아가 몸에서 몸 살펴 생각함에 머물고서는 이와 같음을 알아 잘 사유하게 된다.

만약 그때 거룩한 제자는 기쁨[喜]을 깨달아 알고, 나아가 뜻의 지어감이 쉼[意行息]을 깨달아 알면, 뜻의 지어감이 쉼을 깨달아 알고 배워야 한다."

아나파나로 느낌 살펴 생각함을 보이심

"거룩한 제자는 느낌에서 '느낌 살펴 생각함'[受觀念]에 머물게 되고, 그가 느낌에서 느낌 살펴 생각함에 머물고서는 이와 같음을 알아 안으로 잘 사유하게 된다.

비유하면 어떤 사람이 수레를 타고 남쪽에서 넘어지고 자빠지면서 온 것과 같다. 어떤가, 아난다여. 그 길을 올 때 그는 여러 흙무더기 언덕을 밟았겠느냐?"

아난다가 붇다께 말씀드렸다.

"그렇습니다, 세존이시여."

붇다께서 아난다에게 말씀하셨다.

"이와 같이 거룩한 제자는 느낌에서 느낌 살펴 생각함에 머물게 되면 이와 같음을 알아 안으로 잘 사유하게 된다.

만약 거룩한 제자가 마음의 기쁨·마음의 안정·마음의 해탈·마음의 들이쉬는 숨을 깨달아 알면, 마음의 해탈과 마음의 드는 숨 그대로 배우고, 마음의 해탈과 마음의 나는 숨을 깨달아 알면 해탈과 마음의 나는 숨 그대로 배워야 한다."

아나파나로 마음 살펴 생각함을 보이심

"그때 거룩한 제자는 다시 마음에서 '마음 살펴 생각함'[心觀念]에 머물게 되고, 이와 같이 거룩한 제자가 마음에서 마음 살펴 생각함에 머물고 나면 이와 같음을 알아 안으로 잘 사유하게 된다.

비유하면 어떤 사람이 수레를 타고 서쪽에서 오는 것과 같다. 그는 여러 흙무더기 언덕을 밟았겠느냐?"

아난다가 붇다께 말씀드렸다.

"그렇습니다, 세존이시여."

붇다께서 아난다에게 말씀하셨다.

"그와 같이 거룩한 제자는 마음을 깨달아 알고, 나아가 마음의 해탈과 마음의 나는 숨을 깨달아 알면 마음의 해탈과 마음의 나는 숨 그대로 배워야 한다.

거룩한 제자는 이와 같이 마음에서 마음 살펴 생각함에 머물게 되고, 이와 같음을 알아 안으로 잘 사유하고, 몸[身]·느낌[受]·마음[心]에서 탐욕과 근심을 잘 없애버린다."

아나파나로 법 살펴 생각함을 보이심

"그때 거룩한 제자는 다시 법에서 '법 살펴 생각함'[法觀念]에 머물게 되고, 이와 같이 거룩한 제자가 법에서 법 살펴 생각함에 머물고 나면, 이와 같음을 알아 안으로 잘 사유하게 된다.

아난다여, 비유하면 길 네거리에 흙무더기와 언덕이 있는데, 어떤 사람이 수레를 타고 북쪽에서 넘어지고 자빠지면서 온 것과 같다. 그는 여러 흙무더기 언덕을 밟았겠느냐?"

아난다가 붇다께 말씀드렸다.

"그렇습니다, 세존이시여."

붇다께서 아난다에게 말씀하셨다

"이와 같이 거룩한 제자는 법에서 법 살펴 생각함에 머물게 되면,

이와 같음을 알아 안으로 잘 사유하게 된다.

아난다여, 이것을 비구가 방편에 부지런히 정진해 네 곳 살핌을 닦음이라 한다."

붇다께서 이 경을 말씀하시자, 존자 아난다는 붇다의 말씀을 듣고 기뻐하며 받들어 행하였다

• 잡아함 813 금비라경(金毘羅經)

• 해설 •

네 곳 살핌의 구체적 방법은 무엇인가. 몸 살핌이 첫 문이 되고 몸 살핌은 숨 살핌이 뿌리가 된다. 숨 살핌이 깊어지면 몸·느낌·마음·법 살핌이 따라서 이루어진다.

숨을 살피면 살피는 마음 밖에 숨이 없어서 숨 살피는 마음이 느낌과 마음, 법 살피는 마음이 되는 것이다. 네 곳 살핌이 사방에서 수레를 타고 흙더미를 밟고 오는 것과 같다는 비유는 무엇을 보이심일까.

수레를 타고 오면서 흙더미 언덕에 넘어지거나 흙더미에 가로막히면 이르러야 할 곳에 이르지 못하듯, 네 곳 살핌에 갖가지 선정의 경계가 일어나도 그것에 넘어지거나 그것에 얽혀 매이지 않아야 함을 보이심이리라.

숨 살핌이 네 곳 살핌을 모두 거두는 것은 왜일까. 숨을 살펴 숨이 오는 곳 없음을 알면 온갖 법이 나되 남이 없음을 알고, 법을 아는 마음의 있되 공한 진실을 알 수 있기 때문이다.

곧 숨 살핌으로 몸이 고요해지면 몸의 지어감이 그치고, 숨 살핌 따라 마음이 고요해지면 뜻의 지어감이 그친다. 또 느낌 살핌으로 괴로운 느낌·즐거운 느낌의 소용돌이가 사라지면 선정의 기쁨이 넘쳐 마음이 안정되고 끝내 마음에서 마음이 사라져 마음이 해탈한다.

다시 숨 살핌을 통해 마음을 돌이켜 살펴 마음이 허깨비 같아 마음이 마음 아닌 줄 알면, 마음이 해탈해 근심과 걱정이 사라지고, 법을 살펴 법에

취할 것이 없음을 알면 살피는 마음에 마음이 사라져 니르바나의 문에 들어설 수 있게 되는 것이다.

이처럼 숨 살필 때 숨에 숨의 모습이 공한 줄 알면 살피는바 숨이 부사의 경계가 되고, 숨 보는 마음이 마음 아닌 마음인 줄 깨달으면 숨 보는 마음이 법신인 지혜가 되고 프라즈냐파라미타가 되는 것이다.

『화엄경』(「광명각품」) 또한 눈 등 아는 뿌리와 몸의 실상 바로 살핌이 모두 망상의 분별 떠나는 바탕이 됨을 이렇게 말한다.

눈과 귀 코와 혀 닿는 몸
마음과 뜻의 모든 아는 뿌리
이것은 늘 흘러 굴러가지만
구르게 하는 자는 없도다.

眼耳鼻舌身　心意諸情根
以此常流轉　而無能轉者

몸의 진실에 대해 잘 살피면
온갖 것을 다 밝게 볼 수 있으니
법이 다 허망한 줄 알게 되면
마음의 분별 일으키지 않으리.

於身善觀察　一切皆明見
知法皆虛妄　不起心分別

아나파나의 생각으로 네 곳 살핌과
일곱 갈래 깨달음의 길 만족하게 하라

이와 같이 내가 들었다.

한때 붇다께서는 금강(金剛) 마을의 바쿠마[跋求摩] 강가에 있는 사라리숲[薩羅梨林]에 계셨다.

그때 존자 아난다는 홀로 한 고요한 곳에서 선정의 고요한 사유[禪思]로 사유하다 이렇게 생각하였다.

'어떤 한 법이 있어 닦아 익히고 많이 닦아 익히면 네 가지 법[四法]이 다 만족하게 되고, 네 가지 법이 다 만족하게 되면 일곱 가지 법[七法]이 다 만족하게 되며, 일곱 가지 법이 다 만족하게 되면 두 가지 법[二法]이 만족하게 되는 것인가?'

아나파나의 한 법으로 다른 실천법이 만족하게 되고
밝음과 해탈 갖추게 됨을 보이심

그때 존자 아난다가 선정에서 깨어나 붇다 계신 곳으로 가서 붇다의 발에 머리 대 절하고 한쪽에 물러앉아 붇다께 말씀드렸다.

"세존이시여, 저는 홀로 한 고요한 곳에서 선정의 고요한 사유로 사유하다 이렇게 생각하였습니다.

'어떤 한 법이 있어 닦아 익히고 많이 닦아 익히면 네 가지 법을 다 만족하게 되고, 네 가지 법이 다 만족하게 되면 일곱 가지 법이 다 만족하게 되며, 일곱 가지 법이 다 만족하게 되면 두 가지 법이 만족

하게 되는 것인가?'

제가 이제 세존께 여쭈옵니다. 과연 한 법이 있어 닦아 익히고 많이 닦아 익히면 네 가지 법이 다 만족하게 되고, 네 가지 법이 다 만족하게 되면 일곱 가지 법이 다 만족하게 되며, 일곱 가지 법이 다 만족하게 되면 두 가지 법이 만족하게 됩니까?"

붓다께서 아난다에게 말씀하셨다.

"한 가지 법이 있어 많이 닦아 익히고 나면 네 가지 법이 다 만족하게 되고, 네 가지 법이 다 만족하게 되면 일곱 가지 법이 다 만족하게 되며, 일곱 가지 법이 다 만족하게 되면 두 가지 법이 만족하게 된다.

어떤 것이 한 법인가? '아나파나의 생각'을 말하니, 많이 닦아 익히고 나면 '네 곳 살핌'을 만족하게 할 수 있다.

네 곳 살핌이 만족하게 되면 '일곱 갈래 깨달음 법'[七覺分]이 만족하게 되며, 일곱 갈래 깨달음 법이 만족하게 되면 '밝음'[三明]과 '해탈'[三解脫]이 만족하게 된다."

아나파나의 생각 닦음으로 네 곳 살핌이 만족하게 됨을 보이심

"어떻게 아나파나의 생각을 닦아야 네 곳 살핌이 만족해지는가? 이 비구는 마을에 의지해 살면서, 드는 숨의 생각일 때는 드는 숨의 생각대로 배우고, 나는 숨의 생각일 때는 나는 숨의 생각대로 배우고, 나아가 나는 숨 사라짐의 생각일 때는 나는 숨 사라짐의 생각대로 배운다.

아난다여, 이와 같이 거룩한 제자는 드는 숨의 생각일 때는 드는 숨의 생각대로 배우고, 나는 숨의 생각일 때는 나는 숨의 생각대로 배운다. 숨이 긴지 짧은지, 온몸에 행함을 깨달아 알아, 드는 숨의 생각일 때는 드는 숨의 생각대로 배우고, 나는 숨의 생각일 때는 나는 숨의 생각대로 배운다.

'몸의 지어감이 쉼'[身行休息]에서 드는 숨의 생각일 때[入息念時]는 몸의 지어감이 쉼에서 드는 숨 생각대로 배우고, '몸의 지어감이 쉼'에서 나는 숨의 생각일 때[出息念時]는 '몸의 지어감이 쉼'에서 나는 숨 생각대로 배워야 한다.

이때 거룩한 제자는 몸에서 몸 살펴 생각함[身觀念]에 머물면서, 몸과 다른 것[異於身者]에는 그 또한 이와 같이 몸을 따라 견주어 사유해야 한다.

만약 어떤 때 거룩한 제자가 기쁨을 깨달아 알고[喜覺知] 즐거움을 깨달아 알며[樂覺知], 마음의 지어감을 깨달아 알고[心行覺知] 마음의 지어감이 쉼을 깨달아 안다[心行息覺知] 하자. 그러면 드는 숨의 생각일 때는 '마음의 지어감이 쉼'[心行息]에서 드는 숨의 생각대로 배우고, '마음의 지어감이 쉼'에서 나는 숨의 생각일 때는 '마음의 지어감이 쉼'에서 나는 숨의 생각대로 배워야 한다.

어떤 때 이 거룩한 제자가 느낌에서 느낌 살펴 생각함[受觀念]에 머물면서, 만약 또 느낌과 다른 것[異受者]이 있으면 그 또한 느낌을 따라 견주어 사유해야 한다.

거룩한 제자가 이때 마음[心]을 깨달아 알고, 마음의 기쁨[心喜]·마음의 안정[心定]·마음의 해탈[心解脫]을 깨달아 알면서 드는 숨의 생각일 때는 드는 숨의 생각대로 배우고, '마음이 해탈함'[心解脫]에서 나는 숨의 생각일 때는 '마음이 해탈한 나는 숨'[心解脫出息]의 생각대로 배워야 한다.

이 거룩한 제자는 그때 마음에서 마음 살펴 생각함[心觀念]에 머물면서, 만약 또 마음과 다른 것[異心者]이 있으면 그 또한 마음을 따라 견주어 사유해야 한다.

만약 거룩한 제자가 덧없음[無常]·끊어짐[斷]·욕심 없음[無欲]·사라짐[滅]에 대하여 살필 때 덧없음·끊어짐·욕심 없음·사라짐 그대로 살핌에 머물러 배워야 한다.

이 거룩한 제자는 이때 법에서 법 살펴 생각함[法觀念]에 머물면서, 법과 다른 것[異於法者]이 있으면 그 또한 법을 따라 견주어 사유해야 한다.

이것을 '아나파나의 생각'을 닦아 '네 곳 살핌'을 만족하게 함이라 한다."

네 곳 살핌으로 일곱 갈래 깨달음 법이 만족하게 됨을 보이심

아난다가 붇다께 말씀드렸다.

"이와 같은 '아나파나의 생각'을 닦아 '네 곳 살핌'을 만족하게 하는 것처럼, 어떻게 네 곳 살핌을 닦아야 '일곱 갈래 깨달음 법'을 만족하게 할 수 있습니까?"

붇다께서 아난다에게 말씀하셨다.

"만약 비구가 몸에서 몸 살피는 생각에 머물고, 그 생각에 머물고서는 생각을 매어 머물게 해 잊지 않으면, 그때 방편으로 '생각의 깨달음 법'[念覺分]을 닦는 것이다.

생각의 깨달음 법을 닦고서는 생각의 깨달음 법이 만족하게 되고, 생각의 깨달음 법이 만족하게 되면 법을 가려 헤아리게 되니, 그때 방편으로 '법 가림의 깨달음 법'[擇法覺分]을 닦는 것이다.

법 가림의 깨달음 법을 닦고서는 법 가림의 깨달음 법이 만족하게 되고, 법을 가리고 분별해 헤아리고서는 방편에 부지런히 정진할 수 있다. 그때 방편으로 '정진의 깨달음 법'[精進覺分]을 닦아 익히게 된다.

'정진의 깨달음 법'을 닦고서는 정진의 깨달음 법이 만족하게 되고, 방편으로 정진하고서는 곧 마음이 기뻐지니, 그때 방편으로 '기쁨의 깨달음 법'[喜覺分]을 닦게 된다.

기쁨의 깨달음 법을 닦고서는 기쁨의 깨달음 법이 만족하게 되고, 기쁨의 깨달음 법이 만족하게 되면 몸과 마음이 부드럽게 쉬게 되니, 그때 방편으로 '쉼의 깨달음 법'[猗覺分]을 닦게 된다.

쉼의 깨달음 법을 닦고서는 쉼의 깨달음 법이 만족하게 되어 몸과 마음이 즐거워져 사마디를 얻게 되니, 그때 '선정의 깨달음 법'[定覺分]을 닦게 된다.

선정의 깨달음 법을 닦고서는 선정의 깨달음 법이 만족하게 되고, 선정의 깨달음 법이 만족하게 되면 탐욕과 근심이 없어져서 평정함[平捨]을 얻게 되니, 그때 방편으로 '버림의 깨달음 법'[捨覺分]을 닦게 된다.

버림[捨, upekṣā]의 깨달음 법을 닦고서는 버림의 깨달음 법이 만족하게 된다.

느낌·마음·법에서 법 등을 살핌 또한 이와 같이 말하니, 이것을 '네 곳 살핌'을 닦으면 '일곱 갈래 깨달음 법'을 만족하게 함이라 한다."

**네 곳 살핌, 일곱 갈래 깨달음 법이 만족해지면 밝음과
해탈 이루게 되어 법과 법이 서로 어울려 적셔줌을 보이심**

아난다가 붇다게 말씀드렸다.

"이것을 네 곳 살핌을 닦으면 일곱 갈래 깨달음 법을 만족하게 함이라 하시니, 그렇다면 또 어떻게 일곱 갈래 깨달음 법을 닦아야 세 가지 밝음과 세 가지 해탈을 만족할 수 있겠습니까?"

붇다께서 아난다에게 말씀하셨다.

"만약 비구가 생각의 깨달음 법을 닦으면 멀리 여읨[遠離]에 의지하고 욕심 없음[無欲]에 의지하며, 사라짐에 의지하여 버림으로 향한다[向於捨].

생각의 깨달음 법을 닦고서는 세 가지 밝음과 세 가지 해탈이 만족하게 되고, 법 가림·정진·기쁨·쉼·선정·버림의 깨달음 법 또한 그러하여, 버림의 깨달음 법 등을 닦으면 멀리 여읨에 의지하고 욕심 없음에 의지하며, 사라짐에 의지하여 버림으로 향한다.

이와 같이 버림의 깨달음 법 등을 닦고서는 세 가지 밝음과 세 가지 해탈이 만족하게 된다.

아난다여, 이것을 바로 '법과 법이 서로 어울리고'[法法相類], '법과 법이 서로 적셔주는 것'[法法相潤]이라고 한다.

이와 같이 열세 가지 법은 한 법 한 법이 늘리어 올림[增上]이 되고, 한 법 한 법이 문(門)이 되어 차례로 늘리고 나아가 닦아 익힘이 만족하게 된다."

붇다께서 이 경을 말씀하시자, 존자 아난다는 붇다의 말씀을 듣고 기뻐하며 받들어 행하였다.

• 잡아함 810 아난경(阿難經)

• **해설** •

아나파나(ānāpāna, 出入息)의 생각이 온갖 사마디의 문이 되니, 아나파나의 생각으로 네 곳 살핌이 만족하게 되고, 아나파나의 생각으로 일곱 깨달음 법이 만족하게 되며, 밝음과 해탈의 과덕을 이루게 된다.

아나파나의 생각이 어떻게 오랜 목숨 아는 지혜, 하늘눈, 번뇌 다한 세 가지 밝음과 공함과 모습 없음, 바람 없음의 세 가지 해탈을 이룰 수 있는가.

아나파나를 살피는 것이 법계를 살피는 것이기 때문이다. 오되 옴이 없는 숨의 참모습이 법계의 참모습이고, 숨 살피는 마음에 마음 없는[於心無心] 마음의 해탈이 세 가지 밝음과 세 가지 해탈이기 때문이다.

숨 살핌이 몸 살핌이고, 몸 살핌이 깊어져 느낌 살핌·마음 살핌이 되니, 몸을 살펴 몸의 지어감이 쉬고 느낌 살펴 마음의 지어감이 쉬며, 마음 살펴 마음이 해탈하고, 법을 살펴 마음과 지혜가 같이 해탈하면, 열여섯 빼어난 선정[十六特勝觀]의 뜻이 된다.

'네 곳 살피는 생각' 밖에 '생각의 깨달음 법'[念覺支]이 없으니, 네 곳 살핌이 만족하게 되면 일곱 갈래 깨달음 법[七覺支]이 만족되어 끝내 모든 모습 취함을 버린 평정에 나아가[向於捨] 밝음과 해탈을 만족하게 된다.

인행의 열한 가지 법과 과덕인 밝음과 해탈이 열세 법이 된다. 이 법들은 다섯 쌓임의 실상인 본래의 니르바나의 땅에서 일어나는 법이므로 그 이름이 다르나 그 바탕은 다르지 않다.

한 법이 열한 가지 법이 되고 인행이 과덕이 되고 과덕이 다시 인행을 과덕인 인행이 되게 하니, 그 뜻을 경은 '법과 법이 서로 어울리고 법과 법이 서로 적셔주는 것'이라 한다.

밝음과 해탈은 어디에서 오는가. 아는 지혜와 알려지는 경계가 모두 공해 아는 바에 실로 알 것이 없어서 마음이 경계를 알되 앎이 없는 지혜가 본래의 밝음과 해탈이다.

밝음과 해탈은 다만 모습 취할 것 없는 곳에서 취함 일으키는 중생의 집착과 미혹이 끊어지므로 본래의 밝음과 해탈이 다시 만족하게 된 것이다. 그러니 숨 살피는 한 법이 어찌 작은 법이라 할 것인가.

한량없는 법계 진리의 곳간[法界藏], 그 빗장을 여는 자물쇠인 것이다.

들고 나는 숨의 진실을 보고 한 털끝의 실상을 알면, 숨과 한 털끝 속에서 한량없는 법계의 공덕을 모두 볼 수 있으니, 『화엄경』(「십행품」十行品)은 다음과 같이 말한다.

> 닦아 행하는 낱낱 사마디 가운데서
> 널리 셀 수 없는 모든 사마디에 들어
> 진리의 문 깊고 그윽한 곳에 이르나니
> 달을 논하는 이가 이 도 행하네.
> 能於一一三昧中 普入無數諸三昧
> 悉至法門幽奧處 此論月者行斯道
>
> 한 털끝에서 모든 붇다를 보니
> 그 수 한량없어 셀 수 없어라.
> 온갖 법계가 다 또한 그러하니
> 저 잘 배우는 이들이 이 도 행하네.
> 一毛端處見諸佛 其數無量不可說
> 一切法界悉亦然 彼諸佛子行斯道

② 아나파나와 여러 차제의 선정

가. 아나파나와 사선팔정

아나파나의 생각 닦으면 사선팔정과
온갖 지혜와 공덕 갖추게 되니

이와 같이 내가 들었다.

한때 붇다께서는 슈라바스티 국 제타 숲 '외로운 이 돕는 장자의 동산'에 계시면서 여러 비구들에게 말씀하셨다.

"아나파나의 생각을 닦아야 한다. 아나파나의 생각을 닦고 많이 닦아 익히면 몸은 피로하지 않고 눈은 걱정하거나 즐겨하지 않으며, 살핌을 따라 즐거움에 머무르되 즐거움에 집착하지 않아야 함을 깨달아 안다. 어떻게 아나파나의 생각을 닦고 많이 닦아 익히면 몸은 피로하지 않고 눈은 걱정하거나 즐겨하지 않으며, 살핌을 따라 즐거움에 머무르되 즐거움에 집착하지 않아야 함을 깨달아 아는가.

이 비구는 마을에 의지해 살면서 들고 나는 숨을 살피고, 나아가 나는 숨 사라짐을 살필 때에는 나는 숨 사라짐 그대로 배운다.

이것을 아나파나의 생각을 닦고 많이 닦아 익히면 몸은 피로하지 않고 눈은 걱정하거나 즐겨하지 않으며, 살핌을 따라 즐거움에 머무르되 즐거움에 집착하지 않아야 함을 깨달아 아는 것이라 한다.

이와 같이 아나파나의 생각을 닦으면 큰 결과와 크게 복된 이익을 얻는다."

해탈의 과덕 얻으려면 아나파나의 생각 닦아야 함을 보이심

"이 비구가 탐욕과 악하여 착하지 않은 법을 떠나 살핌과 느낌이 있으며, 떠남에서 생기는 기쁨과 즐거움을 구해 첫째 선정을 갖추어 머물려고 하면, 이 비구는 '아나파나의 생각'을 반드시 닦아야 한다.

이와 같이 아나파나의 생각을 닦으면 큰 결과와 크게 복된 이익을 얻는다.

이 비구가 만약 둘째·셋째·넷째 선정과 사랑하는 마음·가엾이 여기는 마음·기뻐하는 마음·평정한 마음과, 허공처럼 빈 곳[空入處]·앎의 곳[識入處]·있는 바 없는 곳[無所有入處]·생각도 아니고 생각 아님도 아닌 곳[非想非非想入處]을 구하려 한다면, 이와 같은 비구는 아나파나의 생각을 닦아야 한다.

다시 세 묶음[三結] 다함을 갖추어 스로타판나의 과덕을 얻고, 세 묶음이 다해 탐욕·성냄·어리석음이 엷어져 사크리다가민의 과덕을 얻으며, 욕계의 다섯 가지 묶음이 다해 아나가민의 과덕을 얻으려면 아나파나의 생각을 닦아야 한다.

한량이 없는 신통의 힘, 곧 하늘귀·남의 마음을 아는 지혜·오랜 목숨 아는 지혜·나고 죽음을 아는 지혜·흐름이 다한 지혜를 구하려고 한다면, 이와 같은 비구는 아나파나의 생각을 닦아야 한다.

이와 같이 아나파나의 생각을 닦으면 그 큰 결과와 크게 복된 이익을 얻을 것이다."

붇다께서 이 경을 말씀하시자, 여러 비구들은 붇다의 말씀을 듣고 기뻐하며 받들어 행하였다.

• 잡아함 814 불피경(不疲經)

• 해설 •

 선정의 기쁨과 즐거움은 받아 쓰고 키워 길러서 나아가되 집착해서는 안 된다. 선정의 기쁨과 즐거움 또한 몸의 피로가 사라지고 번뇌와 업의 장애가 사라짐으로 해서 인연으로 나타나는 법이니, 선정의 기쁨을 집착함도 있음의 장애를 이루기 때문이다.

 선정의 차제는 차제 아닌 차제이니, 지금 성취된 선정의 경계에 머물지 않고 앞으로 나아감이 차제의 모습으로 나타나기 때문이다.

 '아나파나의 생각'을 잘 닦아 몸의 피로가 사라지고 탐욕의 소용돌이가 사라지면 첫째 선정에 들고, 첫째 선정에 머물지 않아 둘째·셋째·넷째의 선정을 수용하되 선정의 경계가 공한 줄 알면 주관의 내면에 갇힌 사마디에서 벗어나 중생에 대한 네 가지 한량없는 마음, 시방에 두루한 마음을 성취한다.

 중생에 대한 자비의 마음이 한량없이 밖으로 실로 건네줄 중생이 본래 없음을 알면 허공처럼 빈 곳[虛空處]의 선정에 들고, 빈 곳에 머물지 않으면 앎의 곳[識處]에 들고, 허공과 앎을 모두 버리면 있는 바 없는 곳에 들고, 생각 있음도 아니고 없음도 아님에 들어, 모습 취함이 다하면 '사라져 다한 사마파티'[nirodha-samāpatti, 滅盡定]를 얻는다.

 그리하여 스로타판나·사크리다가민·아나가민을 넘어 한량없는 신통을 얻고 지혜를 얻는다.

 이때 얻는 지혜란 무엇인가. 비록 얻는다 말하나 실로 얻을 바가 없으니, 보고 들음에 취함이 있고 얻음이 있는 번뇌의 장애가 사라지고 선정의 경계 또한 붙잡지 않는 것을 지혜라고 거짓 이름한 것이다. 그러니 이 지혜는 바로 처음 수행자가 살핌을 일으킬 때 아나파나의 생각에 생각 없는 마음의 진실일 뿐이다.

나. 아나파나와 육묘문

―――

보디사트바는 아나파나의 생각으로
여섯 가지 묘한 문을 이루었으니

바른 깨달음을 이루기 전 보디사트바는 사라 나무 아래 앉아서 온갖 중생을 위하여 위없이 바르고 참된 도를 구하고 있었다.

여러 하늘들이 단이슬의 맛을 바쳤지만 보디사트바는 하나도 받으려 하지 않고 스스로 다짐해 하루에 한 톨의 깨[一麻]와 한 톨의 쌀[一米]만 먹으면서 정신과 기운을 잇고 있었다.

여섯 해를 단정하게 앉으니 몸은 마르고 살갗과 뼈는 서로가 맞붙었다. 마음을 그윽이 하고 고요히 해 고요한 한 마음으로 안으로 들고 나는 숨[出入息, ānāpāna]을 생각하였다.

곧 첫 번째는 숨을 세고 헤아리며[數], 두 번째는 숨을 따르며[隨], 세 번째는 생각을 그치고[止], 네 번째는 살펴 드러내며[觀], 다섯 번째는 고요함에 돌아가며[還], 여섯 번째는 깨끗하게 됨[淨]이다.

뜻을 네 가지 뜻의 그침[四意止]과 네 가지 바른 끊음[四意斷]과 네 가지 신통[四神足] 이 세 가지 법에 노닐면서, 열두 가지 선정의 문[十二門, 四禪·四無量心·四空定]을 내, 마음이 나뉘어 흐트러지지 않게 하였다. 그러므로 신통이 미묘하게 통달하고 욕심과 악한 법을 버리어, 다시는 다섯 덮음이 없게 되고 다섯 탐욕을 받지 아니하며 여러 나쁜 행이 저절로 사라졌다.

그리하여 생각과 헤아림이 분명해지며, 생각과 봄이 함이 없어서[無爲] 마치 건장한 사람이 원수를 이기게 된 것과 같아, 뜻이 깨끗해져 셋째 선정의 행[三禪行]을 이루게 되었다.

• 수행본기경 5 출가품(出家品) 부분

• 해설 •

이 여섯 묘한 문에 관한 경의 이야기는, 사카무니 붇다가 보디 나무 아래서 위없는 깨달음 이루기 전 이미 여섯 묘한 문으로 세간 선정[世間禪]인 삼선(三禪)의 사마디를 증득했음을 보이고 있다.

천태선사는 아나파나의 생각으로써 세 가지 지관[三種止觀] 가운데 부정지관(不定止觀)의 법을 말하고 있는데, 부정지관인 여섯 묘한 문의 경전적 근거가 바로 붇다의 여섯 해 고행 가운데 삼선의 선정행을 보인 『수행본기경』(修行本紀經)이다.

천태선사는 이 해탈의 방편으로서 아나파나를 여섯 묘한 문으로 재해석하여 숨 살핌의 선정을 점차선(漸次禪)과 두렷이 바로 깨우치는 원돈선(圓頓禪)의 두 뜻을 모두 갖춘 부정지관으로 제시하고 있다.

여래의 보디 이루기 전 들고 나는 숨 살핌의 선정행이 점차적 방편 수행이라면, 천태선사가 해석한 육묘문은 방편과 실상이 하나된 수행법이다.

여섯 문 가운데 앞의 숨 셈과 숨 따름이 어지러움을 다스리는 방편의 수행이라면, 그침[止]과 살핌[觀]은 본 수행[正修行]에 해당하고, 뒤의 돌이킴과 깨끗해짐은 과덕에 해당한다.

숨 셈은 들이쉬고 내쉬는 숨을 하나에서 열까지 반복적으로 세어 어지러움을 그치는 방편이고, 숨 따름은 숨 들어오고 머물러 있다 나감을 따라 생각하는 방편이니, 숨이 올 때는 오는 줄 알며 숨이 길면 긴 줄 알며 숨이 차가우면 차가운 줄 알아 마음을 그치는 방편이다.

이 숨 따름이 깊어져 숨이 오되 옴이 없고 옴이 없되 오는 줄 살피면, 사마타와 비파사나가 되고 안의 살피는 마음과 살피는바 숨이 공함에 돌아가면 돌아감의 문이 되고, 안의 마음 밖의 숨이 공함에도 머물지 않으면 깨끗함이 된다.

천태선사는 육묘문 가운데 돌아감의 문을 다음과 같이 말한다.

돌아감에도 두 가지가 있으니, 첫째는 돌아감을 닦음[修還]이며, 둘째는 돌아감을 증득함[證還]이다.

돌아감을 닦음이란 다음과 같다. 이미 살핌이 마음으로부터 생겨남을 알지만 만약 경계를 따라 분석하면 이것은 곧 본바탕에 돌아가지 못함이다. 반드시 살피는 마음을 돌이켜 살펴 '이 살피는 마음이 어디에서 생겨나는가, 살피는 마음으로부터 생기는가, 살피지 않는 마음으로부터 생기는가'를 살펴야 한다.

만약 살피는 마음으로부터 생긴다면, 곧 지금 살피기 전에 이미 살핌이 있게 된다. 지금 실로는 그렇지 않으니 무슨 까닭인가? 숨을 셈, 숨을 따름, 쉬어 그침 등의 세 가지 법 가운데는 아직 곧 바르게 살핌이 있지 않기 때문이다. 만일 살피지 않는 마음으로부터 생긴다면 살피지 않는 마음이 사라지고서 생기는가, 사라지지 않고서 생기는가? 만일 사라지지 않고서 생긴다면 곧 두 가지 마음이 함께 있게 되며, 사라지고서 생긴다면 사라진 법은 이미 없어졌으므로 살핌을 생기게 할 수 없다.

만약 사라지기도 하고 사라지지 않기도 하여 생기거나 나아가 사라짐도 아니고 사라짐 아님도 아니면서 생긴다고 말한다면 모두 그럴 수 없다.

알아야 한다. 살피는 마음은 본래 스스로 생기지 않으며[本自不生], 스스로 생기지 않으므로 실로 있지도 않고, 실로 있지 않으므로 곧 공하다. 공하므로 살피는 마음이 없다.

만약 살피는 마음이 없다면 어찌 살피는 대상이 있겠는가? 살피는 바 경계와 살피는 지혜가 모두 없어짐[境智雙亡]이 본바탕에 돌아가는 요체이니, 이것을 돌아감을 닦는 모습이라 이름한다.

 돌아감을 증득하는 모습이란 다음과 같다. 마음의 지혜가 열리면 공(功)과 힘[力]을 더하지 않아도 저절로 살핌의 실체를 스스로 부수어 없애서 본바탕에 돌아가고 근원에 돌이키게 되니[反本還源], 이것을 돌아감을 증득함이라 이름한다.

 수행자는 알아야 한다. 만약 살피는바 경계와 살피는 지혜를 떠나서 경계와 지혜 없음에 돌아가고자 하면, 경계와 지혜의 얽힘을 여의지 못한다. 이는 이 두 가지 치우침[二邊]을 따르는 까닭이니, 이때 다만 고요함에 돌아가는 문을 버리고[當捨還門] 마음을 깨끗한 도에 편안하게 하여야 한다[安心淨道].

숨을 살피고 마음을 살펴 살피는바 경계가 공한 줄 알면 경계가 공하므로 살피는 마음이 고요해지는 것이니, 아는 마음과 아는바 경계를 끊고 지혜와 경계 없음에 돌아가고자 하면 이는 있음을 끊고 없음에 돌아감이라 더욱 있음에 얽매이는 것이 된다.

 아는 지혜와 경계가 있되 고요하므로 살펴 앎에서 앎을 떠나되 공에 머물지 않으면 지혜는 비치되 고요하고 고요하되 비치니, 이것이 깨끗함에 돌아감이다.

다. 아나파나와 열여섯 가지 빼어난 선정

들고 나는 숨과 들고 나는 숨 사라짐을 살펴야
몸과 마음을 쉬고 고요한 지혜를 갖추게 되니

이와 같이 내가 들었다.

한때 붇다께서는 슈라바스티 국 제타 숲 '외로운 이 돕는 장자의 동산'에 계셨다.

그때 세존께서 여러 비구들에게 말씀하셨다.

"아나파나의 생각을 닦아 익히라. 만약 비구로서 아나파나의 생각을 닦아 익혀 많이 닦아 익히는 사람은 몸과 마음이 그쳐 쉬게 되고 느낌[覺]이 있고 살핌[觀]이 있으며, 고요하고 순일하여 밝아 또렷한 생각을 닦아 익혀 만족하게 된다.

어떤 것이 아나파나의 생각을 닦아 익혀 많이 닦아 익히면 몸과 마음이 그쳐 쉬고 느낌이 있고 살핌이 있으며, 고요하고 순일하여 밝고 또렷한 생각을 닦아 익혀 만족하게 되는 것인가?"

**아나파나의 선정이 더욱 깊어지고 더욱
빼어나는 모습을 자세히 보이심**

"이는 다음과 같다.

만약 그 비구가 마을에 의지해 살거나 성읍에 머물러 산다 하자. 그러면 그는 이른 아침에 가사를 입고 발우를 가지고 마을에 들어가 밥을 빌며, 그 몸을 잘 보살펴 여러 아는 뿌리의 문[根門]을 지키고 마음을 잘 매어 머문다.

밥 빌기를 마치고 나서는 머물던 곳으로 돌아와, 가사와 발우를 거두어들고 발을 씻은 다음, 숲속이나 고요한 방이나 나무 아래, 텅 빈 한데[露地]서 몸을 단정히 하고 바로 앉는다.

그리고 생각[念]을 매어 앞에 두어 세간의 탐욕과 애착을 끊고 욕심을 여의어 청정하며, 성냄[瞋恚]·졸음과 잠[睡眠]·들뜸과 뉘우침[掉悔]·의심[疑]을 끊고, 모든 의혹을 건너 온갖 착한 법에 대해 마음에 결정됨을 얻는다.

그러면 지혜의 힘을 약하게 하고 걸림이 되어 니르바나에 나아가지 못하게 하는 다섯 덮음의 번뇌의 마음[煩惱心]을 멀리 여의게 될 것이다.

그러니 안숨[內息, 入息]을 생각하고는 생각을 매어 잘 배우고, 바깥숨[外息, 出息]을 생각하고는 생각을 매어 잘 배운다.

숨이 길거나 짧거나, 온몸의 들이쉬는 숨을 깨달아 알고는 온몸의 들이쉬는 숨을 잘 배우고, 온몸의 내쉬는 숨을 깨달아 알고는 온몸의 내쉬는 숨을 잘 배운다.

또 '온몸의 지어감이 쉰 들이쉬는 숨'을 깨달아 알고는 온몸의 지어감[身行]이 쉰 들이쉬는 숨을 잘 배운다. '온몸의 지어감이 쉰 내쉬는 숨'을 깨달아 알고는 온몸의 지어감이 쉰 내쉬는 숨을 잘 배운다.

또 기쁨[喜]을 깨달아 알고 즐거움[樂]을 깨달아 알며, 마음의 지어감[心行]을 깨달아 안다.

'마음의 지어감이 쉰 드는 숨'을 깨달아 알고는, 마음의 지어감이 쉰 드는 숨에 대해 잘 배우며, '마음의 지어감이 쉰 나는 숨'을 깨달아 알고는, 마음의 지어감이 쉰 나는 숨에 대해 잘 배운다.

또 마음을 깨달아 알고 마음의 기쁨을 깨달아 알며, 마음의 안정을 깨달아 안다.

'마음이 해탈한 드는 숨'을 깨달아 알고, 마음이 해탈한 드는 숨을 깨달아 아는 것에 대해 잘 배우고, '마음이 해탈한 나는 숨'을 깨달아 알고, 마음이 해탈한 나는 숨을 깨달아 아는 것에 대해 잘 배운다.

덧없음[無常]을 살피고 끊어짐[斷]을 살피며, 욕심 없음[無欲]을 살핀다.

'드는 숨의 사라짐'을 살피며, 드는 숨의 사라짐을 살피는 것에 대해 잘 배우고, 나는 숨의 사라짐을 살피며, '나는 숨의 사라짐'을 살피는 것에 대해 잘 배운다.

이것을 '아나파나의 생각을 닦으면 몸이 그쳐 쉬게 되고 마음이 그쳐 쉬게 되며, 느낌이 있고 살핌이 있어서 몸과 마음이 그쳐 쉬게 되고, 느낌이 있고 살핌이 있어서 고요하고 순일하여 밝아 또렷한 생각을 닦아 익혀 만족하게 됨'이라 한다."

붇다께서 이 경을 말씀하시자, 여러 비구들은 붇다의 말씀을 듣고 기뻐하며 받들어 행하였다.

• 잡아함 803 안나반나념경(安那般那念經) ②

• 해설 •

아나파나의 생각으로 몸과 마음의 지어감이 그치어 쉬면 다섯 덮음이 사라진다. 다시 몸과 마음이 고요한 가운데 덧없음과 끊어짐을 잘 살피고, 들고 나는 숨이 사라짐을 살피면 몸과 마음의 사마타와 비파사나를 성취한다.

이러한 선정의 과정은 열여섯 아주 빼어난 선정[十六特勝觀]으로 정리된다.

천태선사의 『법계차제초문』은 먼저 숨 살핌의 법 가운데 여섯 묘한 문은 숨 살핌이 곧 지관의 법을 모두 거두는 법이 되므로 그 폭이 넓은 법이라 말한다. 그에 비해 열여섯 아주 빼어난 선정은 숨 따름과 숨 살핌의 방법론을 세분화한 것으로 그 폭은 좁지만 깊이가 긴 법문임을 다음과 같이 말한다.

여섯 묘한 문 다음에 '열여섯 아주 빼어난 선정'을 밝히는 것은 다음과 같다. 이 두 선정은 큰 뜻은 비록 같으나, 여섯 묘한 문은 하나같이 높이는 얕고 폭은 넓으며, 열여섯 아주 빼어난 선정은 깊이는 길지만 폭은 국한되어 있다.

깊이가 길면 곧 지위가 멀어 끝을 찾기 어려우니 뒤에 밝힌다.

모두 '아주 빼어남'[特勝]이라고 함은, 그에 대한 풀이에 인연된 일이 있으니 자세히 보이는 것은 그에 따라 할 것이다.

다만 이 선정은 처음에 마음을 고룸으로부터 생각 아님[非想]에 이르기까지 지위마다 모두 살펴 비춤이 있다. 그래서 샘이 없는 선정을 일으킬 수 있으면 싫어하고 미워해 스스로 해치는 허물이 없게 되므로 '아주 빼어남'이라는 이름을 받았다.

여러 법사들은 많이들 이 열여섯 아주 빼어난 선정으로써 네 곳 살핌에 대비시켰다. 만약 이렇게 풀이하는 것은 곧 나아가고 물러섬의 지위를 잡아 보인 것이니, 여섯 묘한 문과 같을 뿐이다. 두 가지를 분별하여 '아주 빼어남'의 모습에 대비하면 깊이와 폭이 같지 않다. 대략 아래에 밝힌 것과 같으니 알맞게 뜻을 취하여 쓰도록 하라.

몸·느낌·마음·법의 네 곳 살핌에서 살피는바 온갖 법은 몸으로 보면 몸에 거두어지고, 마음으로 보면 마음으로 거두어진다. 그러나 몸 살핌이 느낌과 마음·법 살핌으로 발전하는 차제의 측면이 없지 않으니, 아비다르마의 논사들은 '열여섯 아주 빼어난 선정'을 네 곳 살핌과 연결지어 숨 살핌을 통한 몸의 살핌이 느낌·마음·법 살핌으로 발전하는 것으로 풀이한다.

이렇게 보면 숨 들어옴을 앎부터 온갖 몸의 지어감을 없앰까지는 몸 살핌이 되고, 기쁨을 받음부터 마음의 지어감을 받음까지는 느낌 살핌이 되며, 기쁨을 일으킴부터 마음으로 해탈함까지는 마음 살핌이 된다. 뒤의 덧없음을 봄부터 버림을 살핌까지는 법 살핌이 된다.

천태선사 또한 아비다르마의 기본 관점을 받아들여, 열여섯 아주 빼어난 선정을 네 곳 살핌을 통해 색계선정·무색계선정으로 향상하는 모습으로 다음과 같이 풀이한다.

몸 살핌

'열여섯 빼어남' 가운데 첫째는 숨 들어옴을 앎[知息入]이니, 숨 들어옴을 알아 아주 빼어난 선정을 닦아 익히는 처음에는 바로 숨 따름[隨息]을 의지한다. 그러므로 '숨 들어옴을 앎'으로 문을 삼아 곧 처음의 숨을 세어 마음 고르는 법[代數息調心法]을 대신한다.

왜냐하면 숨을 세는 것은 깜깜한 마음으로 수를 세므로 살피는 지혜가 밝지 못하기 때문이다. 이제 숨이 들어오는 것을 알면 숨을 비추어 봄이 분명하므로 아는 지혜가 쉽게 일어난다. 그러므로 '숨 들어옴을 앎'을 써서 마음 고르는 법으로 삼는다.

만약 '열여섯 아주 빼어남'을 가지고 옆으로 네 곳 살핌에 마주하면 '숨 들어옴을 앎'으로부터 다섯째의 아주 빼어남까지는 모두 '몸 살핌'[身念處觀]에 속한다.

둘째는 숨 나감을 앎[知息出]이니, 숨 나감을 알아 '아주 빼어남'[特勝]을 닦는 이는 반드시 이 '숨 나감을 앎'으로써 처음 '숨을 세어 마음 고르는 법'을 대신한다. 뜻은 앞에서 풀이한 것과 같다. 네 곳 살핌에 마주하면 몸 살핌에 속한다.

셋째는 숨의 길고 짧음을 앎[知息長短]이니, 숨의 길고 짧음을 알아 '아주 빼어남'을 닦는 이는 '살핌'[觀]을 빌려서 마음을 고른다.

마음이 이미 고요하고 미세해지면 비추는 지혜가 또렷하게 차츰 밝아진다. 만약 거칠게 머묾과 가늘게 머묾을 얻고 욕계의 선정을 얻으면, 선정 가운데 어두운 장애가 얇아져서 곧 숨이 들어오고 나갈 때의 길고 짧은 모습을 느끼어 알게 된다. 네 곳 살핌에 마주하면 몸 살핌에 속한다.

넷째는 숨이 몸에 두루함을 앎[知息徧身]이니, 숨이 몸에 두루함을 알아 '아주 빼어남'을 닦는 이는 욕계의 선정으로부터 살핌과 서로 붙들어서 색계 선정에 이르기 전의 선정에 들어간다. 그러므로 색계에 이르기 전의 선정을 증득할 때는 곧 몸과 선정법이 모두 허망하고 거짓됨을 깨닫는다[覺身及定法悉皆虛假].

숨의 들어오고 나감이 온몸에 가늘게 퍼져 있는 듯 없는 듯하니, 이미 선정 가운데에서 비추는 지혜가 또렷하고 분명해져서[照了分明] 물들어 집착하는 마음이 얇아진다. 네 곳 살핌에 마주하면 몸 살핌에 속한다.

다섯째는 온갖 몸의 지어감을 없앰[除諸身行]이니, 몸의 지어감을 없애 '아주 빼어남'을 닦는 이가 색계에 이르기 전의 선정으로부터 첫째 선정에 들고자 할 때는 늘 살펴 분석해야 한다. 이로 인하여 첫째 선정의 찾아 느낌과 살펴 아는 법을 일으키면, 몸과 마음이 환하게 트이어 밝게 열리니[身心豁然開朗], 마치 눈 밝은 사람이 곳간을 열어 곧 스스로 또렷하게 곳간 속에 있는 것을 보는 것과 같다.

증득한 경계를 분별해 보면 모두 허망하고 거짓되고 비어서 나도 남도 없다[空無人我]. 이미 나도 남도 없으니 누가 여러 일들을 지으며, 누가 선정을 받겠는가. 이것은 곧 뒤바뀌어 일으킨 몸의 업이라 모두다 무너져 사라지게 된다. 그러므로 '온갖 몸의 지어감을 없앰'이라고 한다. 만약 네 곳 살핌에 마주하면 이것도 같이 몸 살핌에 속한다.

느낌 살핌

여섯째는 기쁨을 받음[受喜]이니, 기쁨을 받아 '아주 빼어남'을 닦는 이는 이미 늘 살피는 지혜와 서로 맞는다. 만약 첫째 선정의 기쁨을 증득하면 바로 밝게 비출 수 있게 된다. 이로 인하여 기쁨이 일어나 허물이 없어지므로 '기쁨을 받는다'고 한다. 네 곳 살핌에 마주하면 이로부터 있는 세 가지 아주 빼어난 선정은 모두 '느낌 살핌'에 속한다.

일곱째는 즐거움을 받음[受樂]이니, 즐거움을 받아 '아주 빼어남'을 닦는 이는 이미 늘 살피는 지혜와 서로 맞는다. 만약 첫째 선정에서 즐거움을 증득할 때 곧 밝게 깨달아 알 수 있다. 그리하여 즐거움 가운데서 집착하는 견해를 일으키지 않아 받는 바 없이 즐거움을 받으므로 '즐거움을 받음'이라 하였다. 네 곳 살핌에 마주하면 느낌 살핌[受念處觀]에 속한다.

여덟째는 여러 마음의 바른 지어감을 받음[受諸心行]이니, 바른 지어감을 받아 '아주 빼어남'을 닦는 이는 늘 살피는 지혜와 서로 붙든다[常與觀慧相扶]. 만약 첫째 선정의 한 마음을 증득할 때 곧 한 마음을 밝게 비추어 뒤바뀐 생각을 일으키지 않아 한 마음 가운데서 바른 사마디를 얻게 된다[於一心中獲得正受]. 그러므로 '여러 마음의 바른 지어감을 받음'이라 하였다. 네 곳 살핌에 마주하면 이것도 같이 느낌 살핌에 속한다.

마음 살핌

아홉째는 마음으로 기쁨을 일으킴[心作喜]이니, 마음으로 기쁨 일으켜 '아주 빼어남'을 닦는 이는 첫째 선정을 벗어나 둘째 선정에 들 때[入二禪時] 늘 스스로 밝게 비춘다. 이로 인하여 만약 둘째 선정의 안의 깨끗함과 기쁨을 일으키면 곧 참된 기쁨이 살피는 지혜를 따라 일어난다. 그러므로 '마음으로 기쁨을 일으킴'이라 하였다.

만약 네 곳 살핌에 마주하면 이로부터 세 가지 아주 빼어남은 모두 마음 살핌[心念處觀]에 속한다.

열째는 마음으로 거두어들임[心作攝]이니, 마음으로 거두어들여 '아주 빼어남'을 닦는 이는 이미 살피는 지혜로 인하여 둘째 선정의 한 마음을 얻어서[得二禪一心支] 한 마음을 밝게 비추게 된다[照了一心]. 그러면 이로 인하여 뒤바뀐 생각이 일어나지 않으므로 '마음으로 거둔다'고 한다. 만약 네 곳 살핌에 마주하면 '마음 살핌'에 속한다.

열한째는 마음으로 해탈함[心作解脫]이니, 마음으로 해탈해 '아주 빼어남'을 닦는 이는 둘째 선정을 떠나 셋째 선정에 들 때[入三禪時]에 늘 살펴 비춤이 있다. 그러므로 만약 셋째 선정이 일어나면 곧 밝게 비출 수 있다. 그리하여 비록 미묘한 즐거움을 얻더라도 마음이 탐착하지 아니하고 얽매임 없이 자재하므로 '마음으로 해탈함'이라고 한다. 만약 네 곳 살핌에 마주하면 '마음 살핌'에 속한다.

법 살핌

열두째는 덧없음을 봄[觀無常]이니, 덧없음을 살펴 '아주 빼어남'을 닦는 이는 셋째 선정[三禪]을 떠나 넷째 선정에 들 때[入四禪時]에 늘 살펴 비춤을 닦는다. 그러므로 만약 '넷째 선정의 움직이지 않는 선정'[四禪不動定]을 일으키면 곧 스스로 선정 가운데 마음의 앎이 헛되고 거짓되며 생각생각 났다가 사라짐을 스스로 살펴 통달한다. 그러므로 '덧없음을 살핌'이라 한다. 네 곳 살핌에 마주하면 이로부터 다섯 가지 아주 빼어남은 모두 '법 살핌'[法念處觀]에 속한다.

열셋째는 색계에서 나와 흩어짐을 살핌[觀出散]이니, 나와 흩어짐을 살펴 '아주 빼어남'을 닦는 이는 넷째 선정으로부터 빈 곳의 선정에 들 때[從四禪入虛空處時]에 살피는 지혜를 더 닦아서 안팎을 밝게 비춘다. 그러므로 만약 빈 곳의 선정을 증득하는 때[證空定之時] 곧 색계 떠날 수 있음을 안다. '빈 곳을 생각하는 앎'[緣空之識]은 자재하게 노닐어 흩어져 허망하며 거짓되어 실답지 않으므로 마음으로 좋아하여 집착하지 않는다. 그러므로 '나와 흩어짐을 살핀다'고 한다. 네 곳 살핌에 마주하면 법을 살핌에 속한다.

열넷째는 벗어나고자 함도 여읨을 살핌[觀離欲]이니, 벗어나고자함 떠남을 살펴 '아주 빼어남'을 닦는 이는 빈 곳의 선정[虛空處定]을 벗어나 앎의 곳의 선정에 들 때[入識處時], 늘 살피는 지혜로써 안으로 스스로 미루어 점검하여 빈 곳의 선정을 벗어나고자 하되, 또 그 벗어나고자 하는 마음도 여읜다. 그러므로 앎의 곳의 선정을 일으킨다.

앎의 곳의 선정이 허망하며 거짓되어 실답지 않음을 살펴 통달하여 마음으로 좋아하거나 집착하지 않으므로 '빈 곳 벗어나고자 함도 여읨을 살핀다'고 한다. 네 곳 살핌에 마주하면 '법 살핌'에 속한다.

열다섯째는 사라짐을 살핌[觀滅]이니, 사라짐을 살펴 '아주 빼어남'을 닦는 이는 앎의 곳의 선정을 벗어나 '있는 바 없는 곳의 선정'[無所有處定]에 들 때, 닦는바 경계[所修之境]와 닦는 마음[能修之心]을 지혜로 밝게 비춘다. 그러므로 만약 있는 바 없는 곳의 선정을 일으키면 곧 스스로 있는 바 없는 곳이 허망하고 거짓되어 실답지 않음을 살펴 통달하여 마음에 집착하여 머물지 않으므로 '사라짐을 본다'고 한다. 네 곳 살핌에 마주하면 '법 살핌'에 속한다.

열여섯째는 버림을 살핌[觀棄捨]이니, 버림을 살펴 '아주 빼어남'을 닦는 이가 '있는 바 없는 곳의 선정'을 벗어나 '생각 있음도 아니고 생각 없음도 아닌 선정'[非想非非想處定]을 닦을 때, 곧 스스로 지혜로써 그 닦는바 법[所修之法]과 닦는 마음[能修之心]을 살피게 된다. 그러므로 생각 있음이 아닌 선정[非想定]을 일으킬 때에 곧 살펴 비춤이 분명하여 다음과 같이 안다.

'생각 있음과 생각 없음을 둘 다 버리는 생각 아닌 선정 가운데도 오히려 미세한 생각이 남아 있다. 이것은 마음의 네 가지 쌓임[四衆]이 화합하여 있는 것이므로 허망하고 거짓되어 실답지 않으므로 니르바나의 편안하고 즐거운 참된 법[涅槃安樂眞法]이 아니다.'

그러면 곧 마음으로 사랑하여 집착하지 않는다. 아주 빼어난 선정을 행하는 이가 만약 지위마다 살핌을 닦아서 밝게 비추면, 곧 각 지위 가운데 뒤바뀐 생각이 일어나지 않고, 마음이 물들어 집착하지 않으면 인연이 모이는 곳을 따라 바로 그 자리에서 참된 샘이 없는 선정[眞無漏]을 일으켜 삼승의 도[三乘道]를 증득하게 된다.

이제 열여섯 가지 아주 빼어난 선정을 간략히 모두 설명하였다. 설명하는 말이 적어서 뜻을 알기 어려우니 읽는 이들은 반드시 세심한 마음으로 견주어 살피어, 지위지위의 선정 가운데 근본 네 가지 선정[根本四禪, 四色界定]과 네 가지 공한 선정[四空定, 無色界定]과 전체적으로는 비록 같을지라도 살피는 지혜는 다름이 있음을 알도록 해야 한다.

네 곳 살핌을 통해 선정이 깊어짐으로 열여섯 빼어난 경계를 얻는다 해도, 이는 아직 선정의 있음이 그 묘함을 더해감이니 선정의 경계에 머물면 니르바나의 해탈의 문이 되지 못한다. 살피는바 네 곳에 얻을 바 없음을 밝게 깨치고 열여섯 선정의 미묘한 경계도 취하지 않으면, 열여섯 빼어난 선정의 경계를 버림이 없이 니르바나의 문을 열 것이다.

4) 선정의 차제와 완성

• 이끄는 글 •

선정이 법계의 진실과 하나된 삶의 고요함과 밝음이라고 말하면 선정에 차제를 말할 것이 없다.

곧 디야나를 바른 사유라 하면, 바른 사유는 법계의 중도실상과 서로 맞을 때 바른 사유인 것이니, 디야나는 실상의 지혜 자체인 디야나이다. 이때 디야나에는 디야나의 모습도 없으므로 점차적인 방편의 행을 세울 것도 없다.

그러나 중생이 있음을 실로 있음으로 집착하면 공한 살핌[空觀]을 세우고, 공을 다만 없는 공[但空]으로 집착하면 거짓 있음의 살핌[假觀]을 세우며, 공한 살핌과 거짓 있음의 살핌이라는 방편의 자취를 다하기 위해 중도의 살핌[中道觀]을 세운다.

만약 공한 살핌을 세워도 공함이 거짓 세워진 것인 줄 알면, 공함이 바로 거짓 있음[假有] 아님이 없고 중도 아님이 없으므로 차제 안에서 차제 아닌 완성의 뜻을 볼 수 있다.

또 욕계 탐욕의 흐름[欲漏]에 젖은 중생에게 몸이 깨끗지 않다는 살핌[不淨觀]을 세우고, 색계의 존재의 흐름[有漏]에 젖은 중생에게는 존재에 대한 집착 뛰어넘어 선정의 청정한 사유에 나아가게 하도록 색계의 네 가지 선정을 세운다.

다시 무색계의 무명의 흐름[無明漏]에 젖은 중생에게는 무색계의 비어 공한 곳[空處]·앎의 곳[識處]·있는 바 없는 곳[無所有處] 등의 선정에도 머물지 않도록 가르쳐 모든 모습 취함이 사라져 다한 사마파티에 이끈다.

차제는 중생의 망념과 집착을 위한 것이나, 차제의 사마디가 아니면 해탈의 문을 열 수 없으므로 차제의 선정을 지은 것이니, 차제의 선정 또한 인연으로 세운 것이다. 그러므로 차제의 모습이 공한 줄 알면 차제 가운데서 법계의 지혜인 선정을 성취할 수 있다. 차제의 인과가 공한 줄 알고 인과를 쓰는 자, 그가 인과에 어둡지 않되[不昧因果] 인과에 떨어지지 않는 자[不落因果]이다.

인과의 실로 있음과 공함의 두 가[二邊]를 모두 버릴 때 선정의 고요함과 보디의 도에서 물러섬이 없이 중생 위한 갖가지 파라미타 행을 지을 수 있는 것이니, 『화엄경』(「광명각품」)은 말한다.

> 잘 행하는 보디사트바는
> 모든 법을 널리 보아서
> 두 가를 모두 버리고
> 보디 이루어 길이 물러섬 없이
> 이 같이함 없는 수레 굴리네.
>
> 普見於諸法 二邊皆捨離
> 道成永不退 轉此無等輪

> 사의할 수 없는 기나긴 겁에
> 여러 행을 부지런히 닦아
> 여러 중생 건네주나니

이것이 큰 선인의 힘이네.

不可思議劫　精進修諸行
爲度諸衆生　此是大仙力

  그러므로「현수품」은, 온갖 법이 적멸한 니르바나의 땅에서 갖가지 사마디의 문 해탈의 문을 열어 중생을 이끄는 현성의 방편을 이렇게 보인다.

때로 덧없음과 괴로움을 일깨우는 문
때로 나 없고 목숨 없는 문으로 보이고
때로 깨끗하지 않음을 살피게 해
경계에 대한 탐욕 떠나는 문으로 이끌며
때로 사라져 다한 사마디 문으로 보이네.

或以無常衆苦門　或以無我壽者門
或以不淨離欲門　或以滅盡三昧門

여러 중생의 병이 같지 않음을 따라서
모두 법의 약으로써 마주해 다스리어
여러 중생의 마음에 좋아함을 따라서
모두다 방편으로 중생을 만족케 하네.

隨諸衆生病不同　悉以法藥而對治
隨諸衆生心所樂　悉以方便而滿足

① 네 가지 선(禪), 네 가지 정(定)

다섯 쌓임에 취할 것 없음을 알면
차제의 선정에서 바로 니르바나가 되리

이와 같이 내가 들었다.

한때 붇다께서는 슈라바스티 국 제타 숲 '외로운 이 돕는 장자의 동산'에 계셨다.

그때 세존께서 여러 비구들에게 말씀하셨다.

"만약 비구가 어떤 지어감[行]과 어떤 꼴[形]과 어떤 모습[相]에서 탐욕과 악하여 착하지 못한 법을 여의면, 느낌[覺]과 살핌[觀]이 있고, 욕계의 악을 여읜 데서 기쁨과 즐거움[離生喜樂]을 낸 첫째 선정을 갖추어 머물 것이다.

그가 이와 같은 지어감과 이와 같은 꼴과 이와 같은 모습을 기억해 생각하지 않는다 하자. 그러면 저 물질·느낌·모습 취함·지어감·앎 등의 법에 대해 병과 같고 종기와 같으며 가시와 같고 죽임과 같아, 덧없고[無常] 괴롭고[苦] 공(空)하며 나가 아님[非我]을 생각할 것이다.

그리하여 그런 법들에 대하여 즐기지 않음과 두려움, 막아 보살핌을 내고, 즐기지 않음과 두려움, 막아 보살핌을 내고서는 단이슬의 문[甘露門]으로써 스스로 요익하게 할 것이다.

이와 같이 고요하고 이와 같이 빼어나고 묘함을, 버려 여읨이라 한다. 남은 애착[貪愛]이 다하고 욕심이 없으면 사라져 다한 니르바나이다."

붇다께서 이 경을 말씀하시자, 여러 비구들은 붇다의 말씀을 듣고 기뻐하며 받들어 행하였다.

다섯 쌓임에 집착 없으면 둘째 선정의 곳이
곧 단이슬의 법계가 되니

이와 같이 내가 들었다.

한때 붇다께서는 슈라바스티 국 제타 숲 '외로운 이 돕는 장자의 동산'에 계셨다.

그때 세존께서 여러 비구들에게 말씀하셨다.

"만약 비구가 이와 같은 지어감과 이와 같은 꼴과 이와 같은 모습에서 느낌 있음과 살핌 있음을 쉬면, 안으로 깨끗한 마음이 되어 느낌과 살핌이 없이 선정에서 기쁨과 즐거움을 내[定生喜樂] 둘째 선정을 갖추어 머물 것이다.

만약 이와 같은 지어감과 이와 같은 꼴과 이와 같은 모습을 기억해 생각하지 않는다 하자. 그러면 저 물질·느낌·모습 취함·지어감·앎 등의 법에 대해 병과 같고 종기와 같으며 가시와 같고 죽임과 같아, 덧없고 괴롭고 공하며 나가 아님을 생각할 것이다.

그리하여 그런 법 등에 대하여 즐기지 않음과 두려움, 막아 보살핌을 내고, 즐기지 않음과 두려움, 막아 보살핌을 내고서는 단이슬의 법계[甘露法界]에서 스스로 요익하게 할 것이다.

이것이 곧 고요함이고 이것이 곧 빼어나 묘함이니, 이것을 버려 여읨이라 한다. 온갖 남은 애착이 다하고 욕심이 없으면 사라져 다한 니르바나이다."

붇다께서는 이 경을 말씀하시자, 여러 비구들은 붇다의 말씀을 듣고 기뻐하며 받들어 행하였다.

셋째 선정에서 다시 깨끗함을 집착하면 깨끗한 세계에 떨어지리

이와 같이 내가 들었다.

한때 붇다께서는 슈라바스티 국 제타 숲 '외로운 이 돕는 장자의 동산'에 계셨다.

그때 세존께서 여러 비구들에게 말씀하셨다.

"만약 비구가 이와 같은 지어감과 이와 같은 꼴과 이와 같은 모습에서 그 기쁨에 대한 탐착을 떠나 평정에 머문다[捨住] 하자. 그러면 바른 생각과 바른 지혜로 몸의 즐거움을 느끼며, 성인만이 말할 수 있고 버릴 수 있는[聖人能說能捨] 바른 생각[念]과 즐거움[樂]에 머물러 셋째 선정을 갖추어 머물게 될 것이다.

만약 그렇지 않으면 이와 같은 지어감과 이와 같은 꼴과 이와 같은 모습으로, 느낌·모습 취함·지어감·앎 등의 법에서 병과 같고 종기와 같으며 가시와 같고 죽임과 같아, 덧없고 괴롭고 공하며 나가 아님을 사유한다.

그리하여 그런 법 등에 대하여 즐기지 않음과 두려움, 막아 보살핌을 내고, 즐기지 않음과 두려움, 막아 보살핌을 내고서는 단이슬의 법계에서 스스로 요익하게 할 것이다.

이것이 곧 고요함이고 이것이 빼어나 묘함이니, 이것을 버려 여읨이라 하며, 남은 애착이 다하고 욕심이 없으면 사라져 다한 높은 흐름[上流]의 니르바나이다.

만약 그렇지 않으면 그 법과 법을 탐욕함과 법을 생각함 때문에 '두루 깨끗한 하늘'[遍淨天]에 나는 것을 좋아할 것이다.

만약 그렇지 않으면 '한량없이 깨끗한 하늘'[無量淨天]에 태어나며, 만약 그렇지 않으면 '적게 깨끗한 하늘'[少淨天]에 태어날 것이다."

붓다께서 이 경을 말씀하시자, 여러 비구들은 붓다의 말씀을 듣고 기뻐하며 받들어 행하였다.

넷째 선정 가운데 선정의 기쁨과 하늘의 복을 집착하지 않아야 하니

이와 같이 내가 들었다.

한때 붓다께서는 슈라바스티 국 제타 숲 '외로운 이 돕는 장자의 동산'에 계셨다.

그때 세존께서 여러 비구들에게 말씀하셨다.

"만약 비구가 이와 같은 지어감과 이와 같은 꼴과 이와 같은 모습에서 괴로움을 여의고 즐거움을 쉬며, 앞의 근심과 기쁨이 이미 사라졌다 하자. 그러면 괴롭지도 않고 즐겁지도 않은 평정[不苦不樂捨]이 되고 깨끗한 생각의 한 마음[淨念一心]이 되어 넷째 선정을 갖추어 머물게 될 것이다.

만약 이와 같이 생각하지 못하면 물질 · 느낌 · 모습 취함 · 지어감 · 앎 등의 법에 대해 병과 같고 종기와 같으며, 가시와 같고 죽임과 같아, 덧없고 · 괴롭고 · 공하며, 나가 아님을 사유한다.

그리하여 그런 법 등에 대하여 즐기지 않음과 두려움, 막아 보살핌을 내고, 즐기지 않음과 두려움, 막아 보살핌을 내고서는 단이슬의 법계에서 스스로 요익하게 할 것이다.

이것이 곧 고요함이고 이것이 빼어나 묘함이니, 이것을 버려 여읨이라 한다. 남은 애착이 다하고 욕심이 없으면 사라져 다한 높은 흐름의 온전한 니르바나이다.

만약 그렇지 않으면 '넓은 과덕의 하늘'[廣果天, 因性果實天]에 태어나고, 또 그렇지 않으면 '복으로 나는 하늘'[福生天]에 태어난다.

만약 그렇지 않으면 '적은 복의 하늘'[少福天, 無雲天]에 태어난다."

붇다께서 이 경을 말씀하시자, 여러 비구들은 붇다의 말씀을 듣고 기뻐하며 받들어 행하였다.

- 잡아함 864 초선경(初禪經)·867 제2선경(第二禪經)·869 제3선경(第三禪經)·870 제4선경(第四禪經)

• 해설 •

색계의 네 가지 선정[四禪]은 탐욕에 물들고 모습에 갇힌 세간 범부의 집착을 깨기 위해 세워진 선정이므로 세간선(世間禪)이라 한다. 비록 세간선이라는 이름이 가장 낮은 선이라는 뜻이 되지만, 모습을 모습으로 보는 집착이 모든 미혹의 근본이 되므로 또 세간선인 네 가지 선정을 근본정(根本定)이라 한다.

네 가지 선정은 차제선의 첫 디딤돌이 되지만, 네 선의 차제는 첫째 선정의 모습에 머물지 않음이 둘째 선정이 되고, 둘째 선정에 머물지 않음이 셋째 선정이 되며, 셋째 선정에 머물지 않음이 넷째 선정이 된다. 그러므로 첫째 선정에서 선정이 인연으로 난 모습이라 그 선정의 모습과 선정의 맛에도 탐착하지 않으면 첫째 선정을 떠나지 않고 해탈의 문에 들어서고 니르바나의 문을 열 수 있다.

만약 선정의 모습에 머물고 선정의 맛에 탐착하면 그 선정의 실천에 상응한 과보의 하늘에 나게 되니, 이는 인과에 갇히고 존재에 갇힘이라 해탈의 문에 들지 못함이다.

『법계차제초문』은 먼저 네 가지 선정이 근본 선정이 됨을 다음과 같이 말한다.

> 만약 계[śīla]의 밝고 깨끗함[皎潔]으로부터 뜻을 선문(禪門)에 두어 다섯 가지 법을 오롯이 닦으면, 색계의 청정한 사대[色界淸淨四大]가 몸 가운데 경계를 스스로 나타내게 될 것이다[現身中緣].
>
> 그러므로 차제로 근본의 네 선정의 갖가지 빼어나고 묘한 공덕의 숲을 얻어 욕계의 그물[欲網]을 뛰어넘어 과덕의 몸이 색계에 머무는 것이다.
>
> 통틀어 '선'이라 함은 무엇인가. '디야나'는 서방의 말로서 여기 말로 '악을 버린다'고 옮긴다. 욕계의 다섯 덮음 등 온갖 모든 악을 버릴 수 있으므로 '악을 버림'이라 말한다.
>
> 디야나는 때로 '공덕의 숲'[功德叢林]이라고 옮기기도 하고 '사유로 닦아감'[思惟修]이라 옮기기도 한다. 지금은 자세히 풀이하지 않는다.
>
> '근본'이라고 말하는 것은 네 가지 한량없는 마음[無量心], 버리고 나아감[背捨], 빼어난 곳[勝處], 온갖 곳[一切處], 신통변화(神通變化), 샘이 없는 살핌의 지혜[無漏觀慧] 등 갖가지 모든 디야나의 사마디[諸禪三昧]가 네 가지 선정 가운데서 나오므로 근본이라 말한다.

근본 선정인 색계의 네 가지 선정은 물질에 대한 탐욕이 그침으로 선정의 공덕이 성취되고, 그 선정의 기쁨에 머물지 않음으로 삶의 참된 청정과 평정에 오르는 과정이 선정의 단계로 표시된다. 그러므로 각 선정의 지위마다 한 마음의 완성이 함께 있다.

『법계차제초문』은 사선의 차제와 완성을 다음과 같이 말한다.

첫째 선정의 다섯 갈래 내용

첫째 선정에 다섯 갈래 내용[初禪五支]이 있으니, 다음과 같다.

첫째 느껴 앎[覺支]이니, 첫 마음[初心]이 찾아 생각함[緣]에 있으면 느껴 앎[覺, 尋]이라 한다. 수행자가 아직 색계정에 이르기 전 선정에 의지해 첫째 선정의 '색계의 청정한 물질법'[色界淸淨色法]을 일으킬 때, 욕계의 몸에 닿으면[觸欲界身根] 마음이 크게 놀라 그때 깨달아 곧 몸의 알아 느낌[身識覺]을 내게 된다. 이러한 색계의 닿음[色觸]이 일찍이 없었던 공덕의 이익이 되므로 '느껴 앎'이라 한다.

둘째 살펴 앎[觀支]이니, 세밀한 마음으로 분별하는 것을 '살펴 앎'[觀, 伺]이라 한다. 수행자는 이미 첫째 선정의 공덕을 얻어서 세밀한 마음으로 이 선정 가운데 '물질법의 여러 묘한 공덕의 경계'[色法諸妙功德境界]를 분별함이 분명하여 조금도 가려 닿음이 없다. 이와 같은 공덕은 욕계에는 없던 것이므로 '살펴 앎'이라 한다.

셋째 기뻐함[喜支]이니, 기뻐 좋아하는 마음을 '기뻐함'이라 한다. 수행자가 처음 선정을 일으킬 때 기쁨이 생기지만, 아직 분별함이 밝지 못하므로 기뻐하는 마음이 아직 이루어지지 않는다. 만약 살펴 아는 마음으로 분별하여, 버릴 바 욕계의 즐거움은 매우 적고 첫째 선정을 얻으면 그 이익이 매우 많을 것이라고 이와 같이 사유하면, 곧 기뻐함이 한량없으므로 '기뻐함'이라 이름한다.

넷째 즐거워함[樂支]이니, 고요히 즐거워하는 마음을 '즐거워함'이라 한다. 수행자가 첫째 선정을 일으킬 때 곧 즐거움이 있다. 다만 기뻐 뛰노는 마음[樂喜動踊心]이 쉼을 분별해서 선정의 즐거움이라 한 것이다. 편안하게 고요한 사유[靜慮]로 즐거운 감촉의 즐겁고 편안함을 받게 되므로 '즐거워함'이라 한다.

다섯째 한 마음[一心支]이니, 마음이 선정의 법과 하나가 되면[心與定法一] 이를 한 마음이라 한다. 수행자가 처음 선정을 얻을 때는 곧 선정에 집착하여 마음이 오히려 느껴 앎, 살펴 앎, 기뻐하고 즐거워하는 법에 의지하므로 미세한 흩어짐이 있게 된다. 기뻐하고 즐거워하는 마음을 받아 저절로 선정의 법과 하나가 되므로 '한 마음'이라 한다.

둘째 선정의 네 갈래 내용

둘째 선정에 네 갈래 내용[二禪四支]이 있다.

첫째 안의 마음이 깨끗함[內淨支]이니, 마음에 느끼어 알고 살펴 아는 흐림[觀覺之渾濁]이 없으므로 '안의 마음이 깨끗함'이라 한다. 수행자가 첫째 선정을 떠나려 할 때 갖가지 느껴 앎과 살펴 앎을 꾸짖으면 느낌과 살핌이 사라지고 마음이 안으로 고요해진다. 이 마음이 고요한 물질의 법[靜色法]과 서로 맞아 툭 트여 밝고 고요하므로 '안의 마음이 깨끗함'이라 말한다.

둘째 기뻐함[喜支]이니, 기뻐 좋아하는 마음을 '기뻐함'이라 한다. 수행자가 처음 안의 깨끗함을 얻을 때, 깨끗함이 기뻐함과 함께 일어나지만 기뻐하는 마음이 아직 이루어지지 않는다. 다음 마음이 스스로 즐거워 느껴 앎과 살펴 아는 걱정거리를 벗어나 '빼어난 선정의 안의 깨끗한 기쁨'[勝定內淨之喜]을 얻어서 그 기뻐함이 한량없으면 '기뻐함'이라 한다.

셋째 즐거워함[樂支]이니, 기뻐 즐거운 마음[怡悅之心]을 일컬어 '즐거워함'이라 한다. 수행자가 기뻐 뛰노는 뜻[喜踊之情]이 이미 쉬어, 편안하게 고요한 사유[靜慮]로 안의 깨끗한 기쁨[內淨喜] 가운데 더욱 큰 즐거움을 받게 되므로 이것을 '즐거워함'이라 한다.

넷째 한 마음[一心支]이니, 마음이 선정의 법과 하나가 되는 것을 '한 마음'이라 한다. 수행자가 즐거움 받는 마음이 쉬어 마음이 선정과 하나가 되면 맑게 그치어 움직임이 없게 되므로[澄停不動] '한 마음'이라 한다.

셋째 선정의 다섯 갈래 내용

셋째 선정에는 다섯 갈래 내용[三禪五支]이 있다.

첫째 버림[捨支]이니, 둘째 선정의 기쁨을 떠나 뉘우치지 않으면[離喜不悔] 이 마음을 '버림'이라 한다. 수행자가 둘째 선정을 떠나려 할 때 갖가지 인연으로 선정의 기쁨을 꾸짖어 기쁨이 이미 사라져 없어지면, 곧 셋째 선정이 일어난다. 만약 셋째 선정의 즐거움을 얻으면 곧 둘째 선정의 기쁨을 버리게 되어도 뉘우치는 마음을 내지 않게 되므로 '버림'이라 하고, 또한 셋째 선정이라 한다. 선정의 즐거움이 처음 날 때 이 즐거움은 삼계에서 으뜸가므로 집착하는 마음을 낼 수 있다. 마음이 집착하면 선정은 깨어지게 되므로[心著禪壞] 반드시 버림을 행해야 한다.

둘째 생각함[念支]이니, 생각함이란 보살펴 생각함[愛念]이다. 수행자가 이미 셋째 선정의 즐거움[三禪之樂]을 일으켜 즐거움이 안으로부터 일어나 반드시 보살펴 생각해야 한다. 그렇게 해서 그 즐거움이 쉬게 되면 다시 즐거움이 늘어나고 자라 온몸에 두루해진다. 마치 자애로운 어머니가 자식을 생각하는 것처럼 보살펴 생각해서 기르므로 '생각함'이라 말한다.

셋째 지혜로움[慧支]이니, 밝게 아는 마음[解知之心]을 지혜로움이라 한다. 수행자가 이미 셋째 선정의 즐거움을 일으켜서 이 즐거움이 미묘하여 온몸에 가득하도록 늘려 키우기 어려우니, 만약 교묘히 아는 지혜가 없으면 방편을 써서 이 즐거움이 온몸에 두루하도록 할 수 없다.

넷째 즐거워함[樂支]이니, 고요히 즐거워하는 마음[怡悅之心]을 '즐거워함'이라 한다. 수행자가 셋째 선정의 즐거움을 이미 일으켜 앞의 버림과 생각함과 지혜로움을 잘 써서 그 즐거움을 잘 보살피면, 그 즐거움에는 허물이 없어서 곧 늘어나 자라 온몸에 두루하게 된다. 그리하여 고요하게 즐거움을 받아 셋째 선정의 즐거움에 편안히 머물러 셋째 선정이 가장 즐겁게 된다. 만약 이 셋째 선정을 떠나면 달리 다시 온몸에 두루한 즐거움이 없는 것이다.

다섯째 한 마음[一心支]이니, 마음이 선정의 법과 하나가 되는 것을 '한 마음'이라 한다. 수행자가 즐거움을 얻어 마음이 쉬게 되면[受樂心息] 그 마음이 저절로 선정법과 하나된다. 맑고 고요히 머물러 움직이지 않음[澄淳不動]을 '한 마음'이라 한다.

넷째 선정의 네 가지 내용

넷째 선정에는 네 갈래 내용[四禪四支]이 있다.

첫째 괴로움도 아니고 즐거움도 아님[不苦不樂支]이니, 치우침이 없는 마음[中庸之心]을 '괴로움도 아니고 즐거움도 아님'이라 한다. 수행자가 셋째 선정을 여의려 할 때 갖가지 인연으로 그 즐거움을 꾸짖게 되니, 그 즐거움이 이미 사라져 없어지게 되면 움직이지 않는 선정[不動之定]이 평정함과 같이 일어난다. 그러므로 안의 마음이 맑아 고요해지니[內心湛然], 괴로움도 아니고 즐거움도 아닌 것이다.

둘째 버림[捨支]이니, 즐거움을 버리고도 뉘우치지 않으면 이 마음을 '버림'이라 한다. 수행자가 이미 넷째 선정의 움직이지 않는 참된 선정[不動眞定]을 얻어 버리기 어려운 셋째 선정의 즐거움을 버리고도 뉘우치는 마음을 내지 않으므로 이것을 '버림'이라 한다. 또한 아무리 넷째 선정의 움직이지 않는 선정을 얻었다고 말할 때에도 선정을 취해 생각 움직이는 마음[動念心]을 일으켜서는 안 된다. 만약 마음으로 버림을 행하면 곧 '생각 움직이는 어긋남'[動念之乖]이 없게 된다.

셋째 생각이 깨끗함[念淸淨支]이니, '생각'이란 보살펴 생각함[愛念]이다. 수행자가 이미 넷째 선정의 바른 선정을 얻으면 반드시 아래 지위의 허물을 생각해야 하는데, 스스로의 공덕을 생각해 방편으로 길러 물러나 잃지 않으면 보다 빼어난 곳에 들어가게 되므로 '생각'이라 한다. 또한 이 넷째 선정 가운데 '움직임이 없이 밝게 비추는 바른 생각'[不動照了正念]이 분명하므로 '생각'이라 한다.

넷째 한 마음[一心支]이니, 마음이 선정의 법과 하나되는 것을 '한 마음'이라 한다. 수행자가 이미 넷째 선정의 버림과 함께 하는 선정을 얻고서 버림의 생각이 쉬게 되면[捨念將息], 마음이 의지하는 바 없이[心無所依] 모두 사라져 고요히 엉기어[泯然凝寂] 한 마음이 선정에 있게 된다[一心在定]. 그래서 한 마음이 마치 밝은 거울의 움직이지 않음과 같고 물결도 없이 맑고 고요한 물이 모든 사물을 비추어 환히 나타남과 같다.

무슨 까닭으로 이 넷째 선정에서만 홀로 '움직이지 않는 선정'[不動禪]이라 이름하는가?

첫째 선정에는 느껴 앎[覺]과 살펴 앎[觀]의 움직임이 있고, 둘째 선정에는 기뻐함으로 움직이는 것이 있고, 셋째 선정에는 즐거워함으로 움직이는 것이 있다. 그러나 이 넷째 선정 가운데서는 먼저 근심과 기쁨을 여의고[先離憂喜], 이제 다시 괴로움과 즐거움을 없애므로[復除苦樂] '참된 선정'이라 한다.

삼계에서 빼어난 선정[三界勝定] 중에는 이보다 더한 것이 없다. 만약 삼승(三乘)의 수행자가 좋은 방편으로 비추어 봄이 분명하면, 이 선정으로 말미암아 '참된 샘이 없는 지혜'[眞無漏]를 일으키게 될 것이다.

샘이 있는 바깥길 수행자는 지혜 방편이 없어 이 선정에 들어도 그 몸의 실체를 무너뜨리지 않고[不壞身色] 그 마음만 없애 생각이 없는 선정에 들어 니르바나라고 한다.

그러나 이는 그릇되게 뒤바뀜[邪倒]으로서 니르바나가 아니다.

첫째 선정으로부터 넷째 선정까지 열여덟의 선정의 내용이 있다.

다 '갈래'[支]라고 한 것은 갈라진 줄기요 물결인 것이다.

네 선정[四禪] 가운데서 나뉜 물결이 이 열여덟 공덕을 내므로 갈래라 한 것이다.

여래께서 한량없는 사마디와 디야나의 이름을 말하고 그 방편문을 열어도 방편의 길은 모두 나와 내 것 그 모든 있음의 바다[諸有海]를 넘어서 해탈의 저 언덕에 이끌기 위함이니 선정의 모습에도 취할 것이 없다.

『화엄경』(「광명각품」)은 여래의 해탈의 지혜를 다음과 같이 말한다.

여래의 지혜는 같이함이 없고
그 지혜의 법도 끝이 없나니
모든 있음의 바다를 뛰어넘어서

니르바나의 저 언덕에 이르네.
그 목숨과 밝은 빛 견줄 수 없으니
이는 공덕 크신 분 방편의 힘이네.

智慧無等法無邊　超諸有海到彼岸
壽量光明悉無比　此功德者方便力

중생의 참모습을 즐겁게 살펴
나되 실로 남이 없다는 생각과
중생의 여러 길을 널리 보아서
여러 길에 길이 없다는 생각으로
선정의 고요함에 늘 머물지만
고요함이 마음 매어 묶지 않으니
걸림 없는 지혜 그 방편의 힘이네.

樂觀衆生無生想　普見諸趣無趣想
恒住禪寂不繫心　此無礙慧方便力

네 가지 선(禪), 네 가지 정(定)으로 사마디 얻으면
법이 있어도 느껴 앎이 없으니

이와 같이 내가 들었다.

한때 붇다께서는 파탈리푸트라(Pāṭaliputra)에 계셨다.

존자 아난다와 존자 가마도 파탈리푸트라 닭숲정사[鷄林精舍]에 있었다.

그때 존자 가마는 존자 아난다가 있는 곳에 찾아가, 서로 같이 문안하고 위로한 뒤에 한쪽에 앉아 존자 아난다에게 말했다.

"기이합니다, 존자 아난다여. 눈이 있고 빛깔이 있으며, 귀가 있고 소리가 있으며, 코가 있고 냄새가 있으며, 혀가 있고 맛이 있으며, 몸이 있고 닿음이 있으며, 뜻이 있고 법이 있습니다.

그런데 어떤 비구는 이런 법들이 있어도 느껴 알지 않을 수 있습니다. 어떻습니까? 존자 아난다여, 그 비구는 모습 취함[想]이 있으면서 느껴 알지 않는 것입니까, 모습 취함이 없기 때문에 느껴 알지 않는 것입니까?"

모습 취함 없는 마음의 사마디 얻으면 법이 있어도
법 취하지 않음을 논의함

존자 아난다가 가마 비구에게 말했다.

"모습 취함이 있어도 느껴 알지 않는데, 하물며 모습 취함이 없는 사람이겠소?"

다시 존자 아난다에게 물었다.

"존자 아난다여, 무엇이 어떤 존재[有]에 모습 취함 있으면서도 느껴 알지[覺知] 않는 것입니까?"

존자 아난다가 가마 비구에게 말했다.

"만약 비구가 욕심과 악하여 착하지 않은 법을 떠나 느낌[覺]도 있고 살핌[觀]도 있으며, 멀리 여읨에서 기쁨과 즐거움을 내 첫째 선정[初禪]에 갖추어 머문다 합시다. 이와 같으면 모습 취함이 있는 그 비구[有想比丘]는 법이 있어도 느껴 알지 않소.

이와 같이 둘째 선정·셋째 선정·넷째 선정·허공의 들이는 곳[空入處]·앎의 들이는 곳[識入處]·있는 바 없음의 들이는 곳[無所有入處]에 갖추어 머문다 합시다. 이와 같으면 모습 취함이 있는 그 비구는 법이 있어도 느껴 알지 않소.

그러면 어떤 것이 모습 취함이 없어서 법이 있어도 느껴 알지 않는 것인가요? 이와 같은 비구는 온갖 모습 취함[一切想]을 기억해 생각지 않고, 모습 취하는 마음 없는 사마디[無想心三昧]를 몸으로 증득하여 갖추어 머물게 되오.

그러면 이것을 비구가 법이 있어도 모습 취함이 없어서 느껴 알지 않는 것[不覺知]이라 하오."

모습 취하는 마음 없는 사마디가 지혜의 과덕임을 말함

존자 가마 비구가 다시 물었다.

"만약 비구가 모습 취하는 마음 없는 사마디로 솟구치지도 않고 빠지지도 않으며, 해탈하고서 머물고 머물고서 해탈한다면, 세존께서는 그것을 무엇의 결과요 무엇의 공덕이라고 말씀하셨습니까?"

존자 아난다가 가마 비구에게 말했다.

"만약 비구가 모습 취하는 마음 없는 사마디로 솟구치지도 않고 빠지지도 않으며, 해탈하고서 머물고 머물고서 해탈한다면, 세존께서는 그것을 지혜의 결과요 지혜의 공덕이라고 말씀하셨소."

그때 두 존자[正士]는 서로 같이 논의하고서는 기뻐하고 따라 기뻐하면서 각기 자리에서 일어나 떠나갔다.

• 잡아함 559 가마경(迦摩經)

• 해설 •

근본정인 네 가지 선정을 통해 욕계 탐욕의 물질과 색계의 깨끗하고 미묘한 물질의 탐착을 벗어나고, 다시 물질 없는 허공[空虛]과 허공인 줄 아는 앎의 곳[識處]과 허공과 앎이 모두 있는 바 없는 곳[無所有處]에도 머물지 않으면, 네 가지 근본정 밖에 따로 네 가지 공한 선정[四空定]을 세울 것이 없다.

네 가지 선정에서 선정의 미묘한 즐거움에 탐착하여 닫힌 자아의 벽을 넘지 못하므로 중생에 대한 네 가지 한량없는 마음[四無量心]의 선정을 말하고, 중생에 대한 자비가 함이 없는 마음의 자비가 되지 못하므로 네 가지 허공의 사마디[四空定]를 보인다.

이 네 가지 공한 사마디 또한 그 차제의 내용을 살피면 허공에도 머물 것 없고 앎에도 머물 것 없음을 보이고 앎과 허공이 있는 바 없는 곳에도 머물 것 없음을 보이는 선정의 모습이다.

그러므로 네 가지 공한 사마디[四空定]를 보인 뜻도 결국 느낌[受]에서 느낌 떠나고 모습 취함[想]에서 모습 취함 떠나, 사라져 다한 사마파티[滅盡定]에 나아가도록 하기 위함이다.

모습 취하는 마음 없는 사마디란 여섯 아는 뿌리와 알려지는바 경계가 모두 있되 공한 실상의 사마디이다. 바른 지혜로 아는 것에 실로 알 바가 없고 취하는 모습에 실로 취할 모습 없음을 통달할 때 모습 취함이 끊어지는 것이다.

모습 취하는 마음 없는 사마디는 모습에 머물지 않고 공에 머물지 않으며 선정의 모습에도 머물지 않는 사마디이니, 그 사마디는 바른 지혜인 사마디이고 해탈인 사마디이다.

무색계(無色界) 네 가지 선정의 차제 아닌 차제의 뜻을 『법계차제초문』은 이렇게 말한다.

> 네 가지 한량없는 마음[四無量心] 가운데 비록 큰 공덕이 있으나 아직 형질의 쌓여짐을 면하지는 못하였다. 만약 수행자가 물질을 감옥과 같이 싫어한다면 곧 마음마음에 기꺼이 물질의 굴레[色籠]를 벗어나고자 할 것이다.
>
> 그러므로 한량없는 마음 다음에 네 공한 곳의 선정[四空定]을 밝힌다.
>
> 모두 통틀어 '공하다'고 한 것은, 이 네 가지 선정의 바탕에는 물질의 꼴과 빛깔[形色]이 없으므로 공하다고 말하였다. 각기 '증득한 경계'[所證之境]를 의지해 경계에 머무는 법을 삼아 마음마음을 지녀 마음이 흩어지지 아니하므로 '선정'이라 이름하였다.
>
> 첫째 빈 곳의 선정[空處定]이니, 만약 세 가지 물질을 없애고 허공을 생각하여 선정에 들면 이를 빈 곳의 선정이라 한다.
>
> 만약 수행자가 물질을 감옥과 같이 싫어하여 마음이 그로부터 벗어나고자 하면 곧 살피는 지혜[觀智]를 닦아 물질을 깨뜨린다.
>
> 그러므로 온갖 물질의 모습을 넘어서 마주하는 모습을 없애고 갖가지 모습을 생각하지 않고 끝없는 허공의 곳에 들어간다. 마음이 허공의 법과 서로 맞는 것 이것이 텅 빈 곳[虛空處]의 선정이다.
>
> 둘째 앎의 곳의 선정[識處定]이니, 만약 공을 버리고 앎을 생각하여 선정에 들면 이를 앎의 곳의 선정이라 한다.
>
> 수행자가 허공을 싫어하나 허공은 끝이 없으니, 생각함이 많으면 흩어

져서 선정을 깨뜨리게 된다.

그러므로 곧 허공을 버리고 마음을 돌이켜 앎[識]에 따르면 마음이 앎의 법과 서로 맞으니 이를 앎의 곳의 선정이라 이름한다.

셋째 있는 바 없는 곳의 선정[無所有處定]이니, 만약 앎의 곳의 선정을 버리고 마음이 있는 바 없는 법에 의지하여 선정에 드는 것을 있는 바 없는 곳의 선정이라 한다.

수행자가 앎을 싫어하나 삼세의 앎은 끝이 없으니, 생각함이 많으면 곧 흩어져서 선정을 깨뜨리게 된다.

그러므로 이에 앎 생각함을 버리고 마음을 돌이켜 '있는 바 없는 법'에 의지하여 마음이 이 '있는 바 없는 법'에 서로 맞는 것을 '있는 바 없는 곳의 선정'이라 이름한다.

어떤 사람은 이렇게 풀이한다. 많은 앎[多識]을 버리고 적은 앎[少識]을 취하여 이를 생각하여 선정에 드는 것을 있는 바 없는 곳의 선정이라 한다.

넷째 생각 있음도 아니고 생각 없음도 아닌 곳의 선정[非有想非無想處定]이니, 만약 두 가지 치우친 가의 생각[二邊之想]을 버리고 선정에 들면 이를 생각 있음도 아니고 생각 없음도 아닌 곳의 선정이라 한다.

수행자가 있는 바 없는 곳의 선정이 어리석음 같다고 여겨 싫어하고, 생각 있는 곳은 등창이나 종기 같다고 여겨 다시 새로운 선정에 들면, 이를 생각 있음도 아니고 생각 없음도 아닌 곳의 선정이라 한다.

곧 있는 바 없는 곳을 버리고 생각 있음도 아니고 생각 없음도 아닌 법을 나아가 생각하여 마음이 생각 있음도 아니고 생각 없음도 아닌 법에 서로 맞는 것, 이것이 생각 있음도 아니고 생각 없음도 아닌 곳의 선정이라 한다.

또한 이렇게 말한다. 범부나 바깥길에서는 이 선정을 얻고서 니르바나를 증득하였다고 한다. 온갖 생각을 끊으므로 '생각 있음이 아니다'라고 한다. 붇다의 제자는 (이러한 때에도) 미세한 생각이 네 쌓임[四衆, 느낌

· 모습 취함 · 지어감 · 앎]에 의지하여 머묾이 있음을 진실 그대로 알므로 '생각 없음이 아니다'라고 한다.

얻음과 잃음을 합하여 이름을 세웠으므로 '생각 있음도 아니고 생각 없음도 아닌 곳의 선정'이라 한다.

삼계의 열두 문의 선[十二門禪]을 간략히 밝히면 가장 높음이 여기에 있는 것이다.

위 열두 문의 선정의 차제를 살펴보자. 열두 문의 선정은 색계의 네 가지 선정[四禪] · 네 가지 한량없는 마음[無量心] · 무색계의 네 가지 선정[四空定]이다.

색계의 네 선정에서 안으로 구할 것이 없음[內無所求]을 보이기 위해 네 한량없는 마음의 선정을 보이고, 한량없는 마음에서 밖으로 얻을 것 없음[外無所得]을 보이기 위해 네 가지 공한 선정을 보인 것이다. 그러므로 낱낱 선정에서 선정의 모습마저 취함이 없으면 차제선문에서 그대로 해탈에 나아갈 수 있다.

여래의 선정은 온갖 법의 있되 공한 중도의 진실 그 자체라 따로 취할 모습이 없으나 중생이 알지 못하므로 차제의 선정을 보인 것이니, 『화엄경』(「광명각품」)은 말한다.

붓다는 깊고 깊은 법을
통달하여 짝함 없지만
중생이 깨닫지 못하므로
차제로 열어 보이시네.
佛於甚深法　通達無與等
衆生不能了　次第爲開示

여래의 깨친 진리의 성품

언제나 움직임이 없어서
나도 없고 오고 감이 없지만
잠든 세간 깨워주시므로
끝없이 중생 다 조복하시네.

體性常不動 無我無來去
而能寤世間 無邊悉調伏

모든 붓다의 참된 금빛은
실로 있는 모습이 아니지만
모든 있음 속에 널리 두루해
중생의 마음의 좋아함 따라
니르바나의 법 말씀하시네.

諸佛眞金色 非有遍諸有
隨衆生心樂 爲說寂滅法

② 한 사마디로 여러 사마디 함께 거두는 선정
가. 모두 통해 밝아지는 선정 [通明禪]

사선팔정의 점차적인 쉼이 있고
위없는 그침과 쉼이 있나니

이와 같이 내가 들었다.

한때 붇다께서는 라자그리하 성의 칼란다카 대나무동산에 계셨다.

그때 존자 아난다는 홀로 한 고요한 곳에서 선정의 사유를 하다가 이렇게 생각하였다.

'세존께서는 세 가지 느낌, 곧 즐거운 느낌 · 괴로운 느낌 · 괴롭지도 않고 즐겁지도 않은 느낌을 말씀하시고, 다시 모든 있는 느낌은 다 괴롭다고 말씀하셨다. 여기에는 무슨 뜻이 있을까?'

이렇게 생각하고서는 곧 선정에서 일어나 세존 계신 곳에 가서 머리를 발에 대 절한 뒤에 한쪽에 물러나 앉아 붇다께 말씀드렸다.

"세존이시여, 저는 홀로 한 고요한 곳에서 선정의 사유를 하다가 이렇게 생각했습니다.

'세존께서는 세 가지 느낌, 곧 즐거운 느낌 · 괴로운 느낌 · 괴롭지도 않고 즐겁지도 않은 느낌을 말씀하시고, 다시 모든 있는 느낌은 다 괴롭다고 하셨다. 여기에는 무슨 뜻이 있을까?'"

붇다께서 아난다에게 말씀하셨다.

"나는 온갖 행(行)이 덧없기 때문에, 그리고 온갖 행은 변하고 바뀌는 법이기 때문에, 모든 있는 느낌은 다 괴롭다고 말한다.

또 다시 아난다여, 나는 모든 행이 점차로 고요히 사라지기 때문에 그렇게 말하고, 모든 행은 점차로 그치어 쉬기 때문에 그렇게 말하니, 모든 느낌은 다 괴로운 것이다."

언어와 느낌 모습이 차제로 사라지는 선정을 보이심

아난다가 붇다께 여쭈었다.

"어째서 세존이시여, '모든 행이 점차로 고요히 사라지기 때문에 그렇게 말한다'고 하십니까?"

붇다께서 아난다에게 말씀하셨다.

"첫째 선정의 사마디[正受]일 때는 언어가 고요히 사라지고, 둘째 선정의 사마디일 때는 느낌과 살핌이 고요히 사라지며, 셋째 선정의 사마디일 때는 기쁜 마음이 고요히 사라지고, 넷째 선정의 사마디일 때는 나고 드는 숨이 고요히 사라진다.

허공의 곳[空入處]의 사마디일 때는 빛깔이라는 생각[色想]이 고요히 사라지고, 앎의 곳[識入處]의 사마디일 때는 허공의 곳이라는 생각[空入處想]이 고요히 사라지며, 있는 바 없는 곳[無所有入處]의 사마디일 때는 앎의 곳이라는 생각[識入處想]이 고요히 사라진다.

생각 아니고 생각 아님도 아닌 곳[非想非非想入處]의 사마디일 때는 있는 바 없는 곳이라는 생각[無所有入處想]이 고요히 사라지며, 모습 취함과 느낌이 사라진[想受滅] 사마디일 때는 모습 취함과 느낌이 고요히 사라진다.

이것을 점차로 모든 행이 고요히 사라짐이라 한다."

**선정의 차제가 곧 선정의 경계에 대한
집착이 점차 그치어 쉬는 것임을 보이심**

아난다가 붇다께 여쭈었다.

"세존이시여, 어떻게 점차로 모든 지어감이 그치어 쉬게 됩니까?"
붇다께서 아난다에게 말씀하셨다.

첫째 선정의 사마디일 때는 언어가 그치어 쉬고[言語止息], 둘째 선정의 사마디일 때는 느낌과 살핌이 그치어 쉬며[覺觀止息], 셋째 선정의 사마디일 때는 기쁜 마음이 그치어 쉬고[喜心止息], 넷째 선정의 사마디일 때는 나고 드는 숨이 그치어 쉰다[出入息止息].

허공의 곳의 사마디일 때는 빛깔이라는 생각이 그치어 쉬고, 앎의 곳의 사마디일 때는 허공의 곳이라는 생각이 그치어 쉬며, 있는 바 없는 곳의 사마디일 때는 앎의 곳이라는 생각이 그치어 쉰다.

생각 아니고 생각 아님도 아닌 곳의 사마디일 때는 있는 바 없는 곳이라는 생각이 그치어 쉬며, 모습 취함과 느낌이 사라진 사마디일 때는 모습 취함과 느낌이 그치어 쉰다[想受止息].

이것을 점차로 모든 행이 그치어 쉼이라 한다."

아난다가 붇다께 말씀드렸다.

"세존이시여, 이것을 점차로 모든 행이 그치어 쉼이라 하는군요."

**탐냄 · 성냄 · 어리석음을 취하지 않으면
현전에서 그치어 쉬어 해탈함을 보이심**

붇다께서 아난다에게 말씀하셨다.

"다시 빼어난 그치어 쉼[勝止息] · 기이하고 뛰어난 그치어 쉼[奇特止息] · 높은 그치어 쉼[上止息] · 위없는 그치어 쉼[無上止息]이 있으니, 이와 같은 그치어 쉼보다 더 뛰어난 다른 그치어 쉼이란 없다."

아난다가 붇다께 여쭈었다.

"어떤 것이 빼어난 그치어 쉼·기이하고 뛰어난 그치어 쉼·높은 그치어 쉼·위없는 그치어 쉼으로서, 다른 어떤 그치어 쉼이 이보다 뛰어난 것은 없는 것입니까?"

붇다께서 아난다에게 말씀하셨다.

"탐욕의 마음에서 즐기지 않아 해탈하며, 성내고 어리석은 마음에서 즐기지 않아 해탈한다면, 이것이 빼어난 그치어 쉼·기이하고 뛰어난 그치어 쉼·높은 그치어 쉼·위없는 그치어 쉼으로서, 다른 어떤 그치어 쉼도 이보다 더 뛰어난 것은 없는 것이다."

붇다께서 이 경을 말씀하시자, 존자 아난다는 붇다의 말씀을 듣고 기뻐하며 받들어 행하였다.

• 잡아함 474 지식경(止息經)

• 해설 •

선정의 경계도 인연으로 성취된 것이므로 그 선정의 경계와 선정의 즐거움과 미묘한 맛도 취해서는 안 된다.

본디 니르바나되어 있어서[本涅槃] 다시 없앨 것이 없고 본래 있되 공하여 다시 고요히 할 것이 없는 본래의 사마디[本三昧]에서 보면, 지금 성취된 선정의 경계를 취해 머무는 것이 지혜와 사마디의 장애가 된다.

붇다는 중생의 탐욕의 흐름과 존재의 흐름, 무명의 흐름을 따라 그에 대치하는 사선팔정이라는 선정의 차제를 보이고 있지만, 선정의 모습이 본디 공한 줄 알아 머물지 않고 앞으로 나아가면[背捨], 지금 증득한 선정의 경계에서 온갖 지혜와 신통이 함께 통해 밝아진다[通明]고 말씀한다.

한 걸음 더 나아가 아는 지혜[能觀智]와 알려지는바 경계[所觀境]가 본래 공한 줄 알아 눈이 빛깔 보는 그 자리에서 탐욕과 어리석은 마음의 집착을 바로 놓아 해탈하면, 지혜는 해탈의 지혜가 되고 경계는 중도의 실상인 경계가 된다.

선정의 차제에 머물 것이 없음을 보이는 선정의 교설은 통명선(通明禪)과 여덟 가지 배사[八背捨]의 두 선법이다.

『법계차제초문』은 먼저 통명선을 세운 뜻을 이렇게 보인다.

> 이 선정은 위아래도 깊고 또 옆으로도 세밀하게 되어 있다. 선정의 살펴봄[定觀]이 정교해서 '열여섯 아주 빼어남'을 뛰어넘으므로 다음에 이것을 밝힌다.
>
> 그러나 아홉 생각[九想]과 여덟 배사[八背捨] 뒤에 밝히지 않는 것은 비록 이 선의 진실한 살핌이 아주 깊고 미세하나, 아직 샘이 없는 지혜를 갖추지 못하고 넓고 큰 대치의 작용을 갖추지 못해서 번뇌를 깨뜨리는 뜻이 낮으므로 배사 다음에 이것을 두지 않았다.
>
> 또한 그것과 비슷한 선정이 아니므로 '아주 빼어난 살핌의 선정'[特勝觀] 다음에 위치를 두었다. 바로 받아 얻음을 따라 위치를 얻은 것이다.
>
> '통해 밝음'[通明]이라 말하는 것은 이 선정의 모습[禪相]을 말하는 것이니, 자세한 것은 모두 『대집경』(大集經) 가운데 나온다. 다만 『대집경』에서는 따로 명목을 나누어 보이지 않았다.
>
> 그런데 중국 북방 여러 나라들의 여러 선사들이 실제로 이 법을 체험해서 사람들에게 가르칠 때 반드시 이름을 표시해서 세상에 전해야 했다.
>
> 만약 근본선(根本禪)을 써서 말하면 비록 선정의 이름은 모두 하나로 비슷하지만, 수행의 모습은 아주 다르다. 그래서 도리어 네 선정[四禪]의 이름을 쓰면 설하는 자나 수행하는 사람들이 평상시 아는 대로 네 가지 선정을 이해하여 그 묘함을 크게 어그러뜨린다.
>
> 만약 '열여섯 아주 빼어난 살핌의 법'을 고찰하면, 비록 작은 모습은 서로 비슷하나 이름은 전혀 서로 관련이 없다.

만약에 '버리고 나아감'[背捨]이나 '빼어난 곳'[勝處]과 마주하면 이름과 살핌이 아주 모두 다르다. 이미 나아가고 물러서는 것이 또한 다른 선정과 다르니, 어찌 다른 선정의 이름을 쓸 수 있겠는가.

그래서 따로 고유한 이름을 세워서 '통해 밝음'[通明]이라고 이름하였다.

'통해 밝음'이라고 한 것은, 이 선정을 닦을 때 반드시 세 가지 일[三事]을 통해 살펴야[通觀] 하므로 '통해 밝음'이라 하였다. 또한 '여섯 신통 세 밝음'[六通三明]을 일으키므로 '통해 밝음'이라 한다.

근본 선정인 네 선정과 네 가지 한량없는 마음, 네 공한 선정을 닦는 것은 '열여섯 빼어난 살핌의 선정'과 같으나, 통명선은 살피는 마음과 번뇌, 선정의 경계까지 세 일을 통해 살피는 선정이므로 통해 밝은 선정이라 이름하고, 이 선정에서 머물 선정의 경계 떠날 때 세 가지 밝음[三明]과 여섯 신통을 모두 일으킬 수 있으므로 '통해 밝은 선정'이라 이름한다.

천태선사는 통명선의 실천 내용을 『대집경』을 이끌어 다음과 같이 말한다.

다만 이 선정의 경계는 번다해서 전하여 말할 수 없으므로 이제 『대집경』 가운데 나온 과목을 나열해서, 이 '통해 밝음의 선' 한 법문이 그간에 세상에 전해왔던 선[常所傳禪]과 다름이 있음을 보여 알게 한다.

첫째 선정의 다섯 갈래 내용

첫째 선정의 다섯 갈래 내용[初禪五支]에 대해서는 『대집경』에 이렇게 말한다.

"첫째 선정이라는 것은 '갖춤'[具]이라고도 이름하고 또한 '떠남'[離]이라고도 한다. 떠남이란 곧 다섯 덮음을 떠난다는 것이고, 갖춤이란 다섯 갈래 내용을 갖춘다는 것이다. '다섯 갈래 내용'은 '찾아 느낌[覺]·살펴 앎[觀]·기쁨[喜]·즐거움[樂]·편안함과 고요함[安定]'이다.

첫째 '찾아 느낌'이란 무엇을 찾아 느낌이라고 하는가? 마음이 큰 보디[大覺]를 깨치고 큰 사유[大思惟]를 사유함과 같이 마음의 성품[心性]을 살피는 것을 '찾아 느낌'이라 한다.

어떤 것을 '살펴 앎'이라 하는가? 마음이 큰 행[大行]을 행하고 두루 행하여 따라 기뻐함을 '살펴 앎'이라 한다.

어떤 것을 '기쁨'이라고 하는가? 진실 그대로 큰 것, 작은 것을 알고 마음이 그 마음 움직이는 줄[心動其心] 아는 것을 '기쁨'이라 한다.

어떤 것을 '즐거움'이라 하는가? 이 법을 행하여 마음이 기뻐 즐거운 감촉[樂觸] 받는 것을 '즐거움'이라 한다.

어떤 것을 '편안함'이라 하는가? 마음이 편안하고 몸이 편안해[心安身安] 즐거운 감촉을 받는 것이니, 이것을 '편안함'이라 한다.

어떤 것을 '고요함'이라 하는가? 마음이 큰 머무름[大住]에 머물러 어지럽지 않고 생각함에 그릇됨이 없고 뒤바뀜이 없는 것을 '머묾'[住]이라 한다."

둘째 선정의 세 갈래 내용

둘째 선정의 세 갈래 내용[二禪三支]에 대해 『대집경』에서는 이렇게 말한다.

"둘째 선정이라 함은 '떠남'이라고도 하고 '갖춤'이라고도 한다. 떠난다는 것은 (앞의 첫째 선정과) 마찬가지로 다섯 덮음을 떠난다는 것이다. 갖춘다는 것은 세 갈래 내용을 갖춘다는 것이니, 기쁨과 편안함과 고요함이다."

셋째 선정의 다섯 갈래 내용

셋째 선정의 다섯 갈래 내용[三禪五支]에 대해 『대집경』에서는 이렇게 말한다.

"셋째 선정이라는 것은 '떠남'이라고도 하고 또한 '갖춤'이라고도 한다. 떠난다는 것은 곧 다섯 덮음을 떠나는 것이고, 갖춘다는 것은 곧 다섯 갈래 내용을 갖추는 것이니, 생각[念]·버림[捨]·지혜[慧]·편안함[安]·고요함[定]이다."

넷째 선정의 네 갈래 내용

넷째 선정의 네 갈래 내용[四禪四支]에 대해 『대집경』에서는 이렇게 말한다.

"넷째 선정이라는 것은 '떠남'이라고도 하고 또한 '갖춤'이라고도 한다. 떠난다는 것은 같이 다섯 덮음을 떠나는 것이고, 갖춘다는 것은 네 갈래 내용을 갖추는 것이니, 생각[念]·버림[捨]·괴로움도 아니고 즐거움도 아님[不苦不樂]·고요함[定]이다."

빈 곳의 선정

다섯째 빈 곳의 선정[空處定]에 대해 『대집경』에서는 이렇게 말한다.
"만약 어떤 비구가 몸을 살펴 그 걱정거리를 싫어하면 몸의 모습과 온갖 몸의 닿음·기쁨의 닿음·즐거움의 닿음을 멀리 떠나게 된다. 그리하여 물질의 모습을 잘 분별하고 물질의 쌓임[色陰]을 멀리 떠나 한량없이 빈 곳을 살피면[觀無量空處], 이것을 비구가 '빈 곳의 선정'을 얻은 것이라고 한다."

앎의 곳의 선정

여섯째 앎의 곳의 선정[識處定]에 대해 『대집경』에서는 이렇게 말한다.
"어떤 비구가 사마타(śamatha, 止)와 바파사나(vipaśyanā, 觀)를 닦으며, 마음[心, citta]·뜻[意, manas]·앎[識, mano-vijñāna]에서 스스로 이 몸이 세 가지 느낌[三受] 받지 않음을 알아 세 가지 느낌을 멀리 떠나면[遠離三受], 이것을 비구가 '앎의 곳의 선정'을 얻었다고 한다."

있는 바 없는 곳의 선정

일곱째 있는 바 없는 곳의 선정[少處定, 無所有處定]에 대해 『대집경』에서는 이렇게 말한다.

"만약 어떤 비구가 삼세가 공한 것[三世空]을 살피면 온갖 행이 생기기도 하고 또한 사라지기도 하는 줄을 알고, 빈 곳[空處]과 앎의 곳[識處] 또한 생기기도 하고 사라지기도 함을 안다.

이렇게 살피고 나서 차제로 앎을 살피어 나의 지금 이 앎이 또한 앎이면서 앎이 아님[亦識非識]을 살피게 된다.

만약 앎이 앎이 아니라면 곧 적정(寂靜)한 것이니, 내가 어찌 이 앎을 끊을 것을 구하겠는가. 이것이 '있는 바 없는 곳의 선정'을 얻음이라 한다."

생각도 아니고 생각 아님도 아닌 선정

여덟째 생각도 아니고 생각 아님도 아닌 선정[非想定]에 대해 『대집경』에서는 이렇게 말한다.

"만약 어떤 비구가 생각 아닌 마음이 있어 이렇게 사유한다 하자.

'나의 지금 이 생각이 괴로움이며 흐름[漏]이며 종기나 등창이라면 이것은 고요하지 못하다. 만약 내가 이와 같은 생각 아님[非想]과 생각 아님도 아닌 것[非非想]을 끊을 수 있으면, 그것을 고요함[寂靜]이라고 한다.'

만약 어떤 비구가 이와 같이 생각 아님과 생각 아님도 아님을 끊을 수 있으면, 이것이 '생각 없는 해탈문'[無想解脫門]을 얻은 것이라 한다.

무슨 까닭인가? 법을 행하는 비구가 '만약 느낌[受]이라는 생각이 있고 닿음이라는 생각이 있거나, 허공이라는 생각, 앎이라는 생각, 생각도 아니고 생각 아님도 아니라는 생각이 있다'고 이와 같이 사유하면, 이것은 모두 거친 생각[麤想]이라 한다.

내가 이제 생각 없는[無想] 사마디를 닦으면, 곧 이러한 사유를 길이 끊어 벗어날 수 있는 것이다. 그러므로 생각 아니고 생각 아님도 아님[非想非非想]이 고요함[寂靜]이라고 본다.

이와 같이 보면 바로 생각 아님도 아닌 선정[非非想定]에 들어간 것이다. 이미 애착하지도 않고 무명을 깨뜨리니, 그가 이미 무명을 깨뜨리면 아라한과(阿羅漢果)를 얻은 것이라고 한다.

앞의 세 가지 선정(빈 곳·앎의 곳·있는 바 없는 곳)은 도를 보는 지위[見道]와 도를 닦는 지위[修道] 두 가지 도[二道]로 끊는 것이다.

뒤의 넷째의 선정(생각도 아니고 생각 아님도 아님)은 끝내 세속의 도[世俗道]로써 끊을 수 있는 것이 아니다.

범부는 생각 아님도 아닌 선정에서 비록 거친 번뇌를 다 여의었으나 아직도 열 가지 미세한 법[十種細法]이 남아 있다. 여기에 거친 번뇌가 없으므로 온갖 범부들은 이것을 니르바나라 하는데, 범부란 바깥길 우드라카 라마푸트라(Udraka-rāmaputra)가 이 사람이다."

사라져 다한 사마파티

아홉째 사라져 다한 사마파티[nirodha-samāpatti, 滅盡定]에 대해 『대집경』에서는 이렇게 말한다.

"카운디냐(Kauṇḍinya)여, 만약 어떤 비구가 성인의 길을 닦아 익혀 네 가지 선정과 네 가지 공한 선정을 싫어해 떠나면 사라져 다한 고요함의 장엄하는 도[滅定莊嚴之道]로써 바로 사라져 다한 사마파티에 들어가게 된다."

지금 이렇게 말한 것이 모두 '통해 밝은 선정의 내용'[通明禪支]이다. 모두 『대집경』의 글에 나온다.

이 가운데 한 구절도 내 견해[私解]로 말한 것이 없으니, 읽는 이들은 스스로 자세히 찾아 사유하라.

통해 밝음[通明]의 이름이 차제적 선정에서 선정의 경계에 머물지 않으면 온갖 신통, 세 가지 밝음을 함께 통해 밝아지므로 통해 밝음의 이름을 얻은 것이다. 통명선의 맨 끝은 사라져 다한 사마파티이다.

바깥길의 스승들은 빈 곳[空處]과 앎의 곳[識處]을 넘어 '생각도 아니고 생각 아님도 아닌 관념의 처소'를 설정해 그곳이 니르바나라 이름하나, 통명선에서는 온갖 관념과 모습이 본래 공한 줄 사무칠 때 사유와 모습이 있는 그곳을 떠나지 않고 사라져 다한 사마파티를 성취하는 것이다.

다시 지금 얻은 선정의 경계에서 머묾 없이 앞으로 나아가는 것이 '버리고 나아간다'[背捨]는 뜻이 되니, 여덟 가지 배사의 선정[八背捨]은 앞의 선정에 머물지 않고 버리고 나아감으로 선정의 이름을 얻은 것이다.

『법계차제초문』은 여덟 가지 버리고 나아가는 선정의 뜻을 이렇게 말한다.

열 생각[十想] 다음에 '여덟 버리고 나아감'[八背捨]을 말하는 것은 왜인가.

앞에 아홉 생각[九想]·열 생각[十想]이란 법을 무너뜨리고 대치하는 살핌의 문[壞法對治觀門]이어서 폭도 좁고 깊이도 짧다.

그래서 세밀하게 대치하는 선정의 살핌과 여러 선정이 모두 갖추어지지 않았다.

그래서 만약 거룩한 과덕을 증득해도 세 밝음[三明]·여덟 해탈[八解脫] 등의 여러 큰 공덕이 없게 된다.

지금은 온갖 샘이 없이 대치하는 살핌[觀]과 단련[練], 끼침[熏]과 닦음[修]의 선정을 갖추어 밝히고자 하므로, 열 생각 다음에 이것을 말한다.

만약 이 살핌을 닦고 여러 선정을 연마하여 거룩한 과덕을 얻을 때에는 큰 힘을 갖춘 아라한을 이루고, 여섯 신통·세 밝음과 여덟 해탈·원력과 지혜[願智]·으뜸선[頂禪]·다툼 없는 사마디[無諍三昧] 등 여러 공덕을 모두 갖춘다.

여덟 가지를 통틀어 모두 '여덟 버리고 나아감'이라고 한 것은 『대지도론』(大智度論)에서 이렇게 말한다.

"등짐[背]이라는 것은 다섯 탐욕을 깨끗이 하는 것이요. 버림[捨]은 집착의 마음을 버리는 것이므로 버리고 나아감[背捨]이라 한다. 만약 참된 샘이 없는 지혜[眞無漏]를 일으켜 삼계의 번뇌업을 끊어 다하면 곧 해탈이라 한다."

여덟 버리고 나아감이라고 한 것은 세간 물질의 탐욕을 버릴 뿐 아니라, 탐욕 버리기 위한 대치의 선정에도 머묾 없이 닦아 나감을 뜻한다.

또 이 선정법에서는 탐욕의 경계를 떠나기 위한 근본 네 선정을 안과 밖의 물질 살피는 구체적인 수행법과 연결지어 선정을 보이고 있으며, 온갖 선정의 차제가 끝내 '모습 취함이 다한 사마파티'[滅受想定]에 귀결됨을 보이고 있다.

『법계차제초문』은 말한다.

안에 모습을 두고 밖으로 물질을 살핌

첫째 안에 모습을 두고 밖으로 물질을 살핌[內有色相外觀色]이니, 안의 모습을 둔다는 것은 안의 물질을 무너뜨리지 않고[不壞內色] 안의 물질의 모습을 없애지 않는 것이다.

밖으로 물질을 살핌이란, 밖의 물질을 무너뜨리지 않고 밖의 물질의 모습을 없애지 않는 것이니, 이것은 깨끗하지 않다는 마음[不淨心]으로 밖의 물질을 살피는 것이다.

그 까닭은 흐르는 빛[流光]을 닦으려 하기 때문에 첫 '버리고 나아감' 가운데 안의 몸의 뼈로 된 사람[內身骨人]을 무너뜨려 없애지 않아야 하는 것이다.

욕계의 번뇌는 끊기가 어려우므로 반드시 깨끗하지 않다는 마음으로 밖의 물질을 살펴야 한다. 이것이 '첫 버리고 나아감'[初背捨]으로 지위가 첫 선정에 있다.

자기와 남 그리고 낮은 지위의 선정을 버릴 수 있으므로 '버리고 나아감'이라 한다.

안에 모습을 두지 않고 밖으로 물질을 살핌

둘째 안에 모습을 두지 않고 밖으로 물질을 살핌[內無色相外觀色]이다. 안에 물질의 모습을 두지 않음이란 안의 물질을 무너뜨리고 안의 모습을 없앰이다.

밖으로 물질을 살핌이란, 밖의 물질을 무너뜨리지 않고 밖의 물질의 모습을 없애지 않는 것이니, 이것은 깨끗하지 않다는 마음으로 밖의 물질을 살피는 것이다.

그 까닭은 수행자가 둘째 선정의 안의 깨끗함[內淨]에 들어가므로 안의 뼈로 된 사람[內骨人]을 무너뜨리고 없애지만, 욕계의 번뇌는 끊기 어려우므로 오히려 밖으로 깨끗하지 않은 모습을 살피는 것이다.

깨끗함으로 버리고 나아가 몸으로 증득함

셋째 깨끗함으로 버리고 나아가 몸으로 증득함[淨背捨身作證]이니, '깨끗함'이란 깨끗한 것을 생각하므로 '깨끗함'이라 이름한다.

수행자가 이미 밖의 깨끗하지 않은 모습을 다 없애고, 다만 선정 가운데서 여덟 빛깔의 밝은 빛[八色光明]을 닦아 청정하고 밝고 깨끗함이 마치 미묘한 보배의 빛깔과 같으므로 '깨끗한 것을 생각함'[緣淨]이라고 한다.

몸으로 증득함이란, 집착하는 마음을 받지 않고서[無受著心] 셋째 선정[三禪] 가운데 몸에 두루한 즐거움을 받으므로 '몸으로 증득함'이라 한다.

빈 곳의 선정으로 버리고 나아감

넷째 빈 곳의 선정으로 버리고 나아감[虛空處背捨]이다. 만약 근본 네 가지 선정의 물질과 세 가지 버리고 나아감·네 가지 빼어난 곳·여덟 가지 온갖 곳의 선정 가운데 물질을 없애면, 한 마음으로 끝없는 허공[無邊虛空]을 생각하여 선정에 들어간다.

곧 이 선정은 다섯 쌓임·열두 들임·열여덟 법의 영역을 의지하므로,

덧없고 괴로우며 공하고 나없으며 거짓되고 실답지 않음을 살펴, 마음에 싫어하고 물리치는 생각을 낸다.

그리하여 온갖 물질의 집착을 받지 않고 깊이 들어가 한결같이 나아가 돌이키지 않으니, 이것이 '빈 곳의 선정으로 버리고 나아감'이다.

앎의 곳의 선정으로 버리고 나아감

다섯째 앎의 곳의 선정으로 버리고 나아감[識處背捨]이다. 만약 빈 곳의 선정을 버리고[若捨虛空] 한마음으로 앎을 생각하여[一心緣識] 선정에 들면, 곧 이 선정은 다섯 쌓임·열두 들임·열여덟 법의 영역을 의지하므로, 덧없고 괴로우며 공하고 나 없으며 거짓되고 실답지 않음을 살펴, 마음에 싫어하고 물리치는 생각을 낸다.

그리하여 다시는 허공에 집착함이 없이 깊이 들어가 한결같이 나아가 다시 돌이키지 않으므로, 이것이 '앎의 곳의 선정으로 버리고 나아감'이다.

있는 바 없는 곳의 선정으로 버리고 나아감

여섯째 있는 바 없는 곳의 선정으로 버리고 나아감[無所有處背捨]이다. 만약 앎을 버리고[若捨識] 한마음이 있는 바 없음을 생각하여[一心緣無所有] 선정에 들 때, 이 선정이 다섯 쌓임·열두 들임·열여덟 법의 영역을 의지하므로, 덧없고 괴로우며 공하고 나없으며 거짓되고 실답지 않음을 살핀다.

그리하여 마음으로 싫어하고 물리치는 생각 냄이 있으므로 다시는 앎에 집착함이 없이 깊이 들어가 한결같이 나아가 다시 돌이키지 않으므로, 이것이 '있는 바 없는 곳의 선정으로 버리고 나아감'이다.

생각 있음도 아니고 생각 없음도 아닌 곳의 선정으로 버리고 나아감

일곱째 생각 있음도 아니고 생각 없음도 아닌 곳의 선정으로 버리고 나아감[非有想非無想背捨]이다. 만약 있는 바 없는 곳을 버리고[若捨無所有] 한 마음이 생각 있음도 아니고 생각 없음도 아님을 생각하여 선정에 들면, 곧 이 선정이 다섯 쌓임·열두 들임·열여덟 법의 영역을 의지하므로, 덧없고 괴로우며 공하고 나옴이며 거짓되고 실답지 않음을 살펴, 마음으로 탐착치 않고 물리치는 생각을 낸다.

그리하여 다시는 생각 있음도 아니고 없음도 아님에 집착함이 없이 깊이 들어가 한결같이 나아가 다시 돌이키지 않으므로, 이것이 '생각 있음도 아니고 생각 없음도 아닌 곳의 선정으로 버리고 나아감'이다.

느낌과 모습 취함 없애는 사마파티로 버리고 나아감

여덟째 느낌과 모습 취함 없애는 선정으로 버리고 나아감[滅受想背捨]이다. 느낌과 모습 취함 등의 여러 마음과 마음작용의 법을 물리쳐버리면, 이것이 '느낌과 모습 취함 없애는 선정으로 버리고 나아감'이다.

왜 그런가. 무슨 여러 붇다의 제자가 흩어져 어지러운 마음을 싫어하여 선정에 들어 휴식하고자 한다면[欲入定休息], 니르바나의 법을 몸 가운데 두어야 한다[以涅槃法安著身中].

그러므로 '몸으로 증득하여 모습 취함과 느낌이 사라짐'이라 한다.

위 뜻을 다시 정리해보자.

여덟 배사 가운데 처음과 두 번째 배사는 탐욕에 물든 안과 밖의 물질의 모습을 무너뜨려 집착하지 않음이니, 색계선정의 첫째·둘째 선정을 증득함이다.

세 번째 버리고 나아감은 둘째 선정의 즐거움을 버리고 셋째 선정의 깨끗함을 증득함이다.

네 번째 배사는 욕계 네 선정의 즐거움과 깨끗함을 버리고 허공의 선정에 들어감이다.

다섯째 배사는 빈 곳을 버리고 앞의 곳에 들어감이니, 허공의 선정은 다섯 쌓임·열두 들임의 법으로 인해 세워진 것이라 집착할 것이 없기 때문이다.

여섯째 배사는 허공과 앎의 곳의 선정 또한 열여덟 법의 영역을 의지해 연기한 모습이므로 앎의 곳도 취하지 않고 버리고 나아가 있는 바 없는 곳의 선정에 들어감이다.

일곱째 배사는 있는 바 없는 곳 또한 연기된 모습을 의지해 그 있는 바 없음이 세워진 것이므로 취하지 않고, 생각 있음도 아니고 없음도 아닌 곳의 선정으로 나아감이다.

여덟째 배사는 생각 있음도 아니고 없음도 아님 또한 관념의 처소로서 모습 취함이 있는 것이니, 온갖 느낌과 모습 취함을 없애 사마파티에 이름이다.

이 사라져 다한 사마파티[nirodha-samāpatti]의 성취에서는 느낌과 모습 취함에서 모습 취함 없으면 바로 니르바나의 법이므로 니르바나의 법을 모습 취함이 일어나는 몸 가운데 두어 몸의 진실을 증득함으로 사라져 다한 니르바나를 증득하는 것이다.

나. 사자처럼 몸을 떨치는 사마디 [獅子奮身三昧]

선정에 머무름 없되 머무름 없음도 없이 '사자처럼 몸을 떨치는 사마디'

그때 존자 마하목갈라야나가 다시 내려와서 자리에 나아가 두 발을 맺고 앉아 몸과 마음을 바르게 하고 생각을 매어 앞에 두고 다시 첫째 선정에 들었다.

첫째 선정에서 일어나 둘째 선정에 들어갔고, 둘째 선정에서 일어나 셋째 선정에 들어갔으며, 셋째 선정에서 일어나 넷째 선정에 들어갔다.

다시 넷째 선정에서 일어나 '허공의 곳'의 사마디에 들어갔고, '허공의 곳'의 사마디에서 일어나서 '앎의 곳'의 사마디에 들어갔으며, '앎의 곳'의 사마디에서 일어나 '있는 바 없는 곳'의 사마디에 들어갔고, '있는 바 없는 곳'의 사마디에서 일어나서 '생각 아니고 생각 아님도 아닌 곳'의 사마디에 들어갔으며, '생각 아니고 생각 아님도 아닌 곳'의 사마디에서 일어나 불빛 사마디에 들어갔다.

다시 불빛 사마디에서 일어나 물빛 사마디에 들어갔고, 물빛 사마디에서 일어나 사라져 다한 사마파티에 들어갔다.

다시 사라져 다한 사마파티에서 일어나 도로 물빛 · 불빛 · 생각 아니고 생각 아님도 아닌 곳의 사마디 · 있는 바 없는 곳의 사마디 · 앎의 곳의 사마디 · 허공의 곳의 사마디 · 넷째 선정의 사마디 · 셋째 선정의 사마디·둘째 선정의 사마디·첫째 선정의 사마디에 들어갔다.

다시 첫째 선정의 사마디에서 일어나 둘째 선정의 사마디에 들어갔고, 둘째 선정의 사마디에서 일어나 셋째 선정의 사마디에 들어갔으며, 셋째 선정의 사마디에서 일어나 넷째 선정의 사마디에 들어갔고, 넷째 선정의 사마디에서 일어나 조금 있다가 니르바나에 들어갔다."

파리니르바나에 든 마하목갈라야나께
여러 하늘들과 비구들이 꽃과 향, 소리로 공양함

"그때 마하목갈라야나가 니르바나에 들어가자 때맞추어 온 땅덩이가 아주 크게 떨려 움직이고, 여러 하늘들은 각기 저마다 서로 알리고 아래로 내려와 마하목갈라야나를 깊이 살펴 뵙고서, 지니고 온 것으로 공양하였다.

어떤 하늘은 갖가지 향과 꽃으로 공양하는 이도 있었고, 허공 가운데서 아름다운 소리를 연주하였으며, 거문고를 타고 노래하고 춤추면서 그것들로 존자 목갈라야나에게 공양하였다.

그때 존자 마하목갈라야나가 이미 니르바나에 들자 나라타라는 마을 한 요자나(yojana, 由旬, 1요자나는 약 1.3킬로미터) 안에는 여러 하늘 사람들이 그 안에 가득 차 있었다.

그때 또 많은 비구들은 특별히 갖가지 향과 꽃을 존자 마하목갈라야나의 몸 위에 뿌렸다."

• 증일아함 26 사의단품(四意斷品) 九 부분

• 해설 •

탐욕이 사라진 지혜의 경계에서 모든 모습을 떠나되 모습을 자재하게 굴리는 선정의 모습은 짐승의 왕 사자의 위력에 비유된다.

때로 강한 위력과 공덕 갖춘 사마디는 '사자처럼 몸을 떨치는 사마디', '사자처럼 노닐어 다니는 사마디'[獅子遊步三昧]로 이름지어진다.

경에서는 붇다보다 먼저 파리니르바나(Parinirvāṇa)에 든 사리푸트라와 목갈라야나가 파리니르바나할 때의 사마디를 '사자처럼 몸을 떨치는 사마디'라고 말하고 있으니, 이 사마디는 첫째 선정에 들되 그 선정에 머묾 없이 온갖 선정을 모두 수용하는 자재한 사마디이다.

'사자처럼 몸을 떨치는 사마디'를 『법계차제초문』은 다음과 같이 말한다.

'사자처럼 몸을 떨침'이라 말함은 비유를 들어서 법을 나타내는 것이다. 마치 세간에서 사자가 빨리 떨쳐 달리는 것은 두 가지 일 때문인 것과 같다.

첫째는 갑자기 땅을 치닫는 것이고, 둘째는 앞에 달리는 것을 앞질러 달려 다른 짐승보다 빠름을 달리하는 것이다.

이 사마디 또한 그러하여, 첫째 선정을 방해하는 미세한 무지의 의혹[無知之惑]을 떨쳐 없애는 것이고, 둘째 틈이 없는 선정[無間定]에 재빨리 들고 나는 것이 위에서 얻은 바 여러 선정들과 달리하므로 '사자처럼 빨리 떨치는 사마디'라 이름한다.

다. 한 선정에서 그 선정 벗어나 온갖 선정 거두는 사마디 [超越三昧]

여래의 법에 온갖 선정과 실천의 공덕 거두는
목욕의 못이 있어 니르바나의 성에 들어가게 하니

이와 같이 들었다.

한때 붇다께서는 슈라바스티 국 제타 숲 '외로운 이 돕는 장자의 동산'에 계시면서 여러 비구들에게 말씀하셨다.

"서른세하늘에 네 개의 동산이 있다. 여러 하늘은 거기서 스스로 즐거이 놀며 다섯 즐거운 마음으로 스스로 즐긴다.

어떤 것이 넷인가. 기쁨의 동산, 거친 동산, 밤낮의 동산, 뒤섞인 무리들의 동산이다. 그리고 그 네 개의 동산 안에는 네 개의 목욕못이 있는데, 아주 찬 목욕못, 향내 나는 맛의 목욕못, 가볍고 편한 목욕못, 맑게 사무친 목욕못이다.

어떤 것이 넷인가. 첫째는 이름이 '난다 목욕못'이고, 둘째는 이름이 '난다 정수리 목욕못'이요, 셋째는 이름이 '소마 목욕못'이며, 넷째는 이름이 '기쁨의 목욕못'이다.

비구들이여, 알아야 한다. 그 네 개의 동산 안에는 네 개의 목욕못이 있어 사람의 몸을 향기롭고 깨끗이 해 때가 없게 한다."

서른세하늘의 네 개의 동산을 분별해보이심

"왜 이름이 기쁨의 동산인가. 만약 서른세하늘들이 그 기쁨의 동산에 들어가면 마음이 기뻐 스스로 이길 수 없어 그 가운데서 스스로 즐거이 놀므로 기쁨의 동산이라 한다.

다시 왜 이름이 거친 동산인가. 만약 서른세하늘들이 그 동산에 들어가면 몸이 아주 거칠어진다. 마치 겨울에 몸에 향을 바르면 몸이 아주 거칠어지는 것처럼, 서른세하늘들이 그 동산에 들어가면 몸이 아주 거칠어져 평소와 달라진다. 이 때문에 이름이 거친 동산인 것이다.

다시 왜 이름이 밤낮의 동산인가. 만약 서른세하늘들이 그 동산에 가게 되면 여러 하늘들의 얼굴빛은 각기 달라져, 갖가지 형체가 마치 여인들이 여러 가지 옷을 입으면 본래 형상과 같지 않은 것처럼, 서른세하늘들이 그 동산에 들어가면 갖가지 모습이 되어 본래와 같지 않다. 이 때문에 이름이 밤낮의 동산이다.

다시 왜 이름이 뒤섞인 무리들의 동산인가. 가장 높은 하늘과 가운데 하늘과 아래의 하늘[下天]이 그 동산에 들어가면 모두 같이 한 무리가 되지만, 만약 가장 아래 하늘[最下天]이면 다른 세 개의 동산에는 들어가지 못한다.

마치 전륜왕이 들어갔던 동산에는 다른 왕은 다시 그 가운데 들어가 목욕하지 못하고 일반 사람들은 멀리서 바라볼 수밖에 없는 것과 같다. 이 또한 이와 같아서 가장 높은 하늘이 들어가 동산 가운데서 목욕한 곳에는 다른 작은 하늘들은 들어가지 못한다. 이 때문에 뒤섞인 무리들의 동산이라 한다."

서른세하늘의 네 목욕못을 분별해보이심

"다시 왜 이름이 난다 목욕못인가. 서른세하늘들이 그 못에 들어가면 아주 기쁜 마음이 생긴다. 그러므로 이름이 난다 목욕못이다.

다시 왜 이름이 난다정수리 목욕못인가. 만약 서른세하늘들이 그 못에 들어가면 둘씩 서로 손 맞잡고 그 정수리를 문질러 씻는다. 바로 하늘여인들 또한 이와 같이 하도록 한다. 그러므로 이름이 난다 정수리 목욕못이다.

다시 왜 이름이 소마 목욕못인가. 서른세하늘들이 그 못에 들어가면 그 하늘들의 얼굴은 다 사람 모양 같아서 조금치 다름이 없다. 그러므로 이름이 소마 목욕못이다.

다시 왜 이름이 기쁨의 목욕못인가. 만약 서른세하늘들이 그 못에 들어가면, 모두 높다 낮다는 교만한 생각이 없고, 바라는 뜻이 아주 적어져서 그때 다 한마음을 같이해 목욕한다. 그러므로 이름이 기쁨의 목욕못이다.

비구들이여, 이것을 이 인연이 있기 때문에 곧 이 이름이 있다고 하는 것이다."

여래의 바른 법 안에 네 개의 동산이 있음을 보임

"지금 여래의 바른 법 또한 이와 같아서, 네 개의 동산 이름이 있다. 어떤 것이 넷인가. 첫째는 사랑[慈]의 동산이요, 둘째는 가엾이여김[悲]의 동산이며, 셋째는 기뻐함[喜]의 동산이요, 넷째는 보살핌[護]의 동산이다.

이것을 비구들이여, 여래의 바른 법 가운데 네 가지 동산이 있다고 하는 것이다.

왜 이름이 사랑의 동산인가. 비구들이여, 알아야 한다. 이 사랑의 동산으로 말미암아 '브라흐마하늘' 위에 나고, 브라흐마하늘에서 마치고는 반드시 넉넉하고 높은 집안에 태어나게 되어, 재물과 보배가 많고 늘 다섯 가지 즐거움이 있어 스스로 놀며 일찍 눈을 떼지 않는다. 이 때문에 이름이 사랑의 동산이다.

다시 왜 이름이 가엾이 여김의 동산인가. 비구들이여, 알아야 한다. 만약 가엾이 여김으로 해탈하는 마음을 가까이하면 '브라흐만의 빛과 소리의 하늘'[梵光音天]에 나고, 사람 사이에 오게 되면 넉넉한 집안에 태어나 성냄이 없고 또한 재물과 보배가 많다. 이 때문에 이름이 가엾이 여김의 동산이다.

다시 왜 이름이 기뻐함의 동산인가. 만약 기뻐함의 동산을 가까이하면 '빛과 소리의 하늘'[光音天]에 나고, 사람 사이에 오게 되면 국왕의 집에 태어나 언제나 기쁨을 품는다. 이 때문에 이름이 기뻐함의 동산이다.

다시 왜 이름이 보살핌의 동산인가. 만약 어떤 사람이 보살핌의 동산을 가까이하면 '생각없는 하늘'[無想天]에 나서 팔만 사천 겁을 살고, 사람 사이에 오게 되면 좋은 나라의 집에 태어나 성냄이 없고 늘 법답지 않은 모든 행을 막아 보살핀다. 이 때문에 이름이 보살핌의 동산이다.

비구들이여, 알아야 한다. 여래의 바른 법 가운데 이 네 개의 동산이 있어 모든 성문들로 하여금 그 가운데 즐거이 놀게 한다."

여래의 바른 법 가운데 네 개의 목욕못이 있음을 보이심

"그렇듯이 여래의 이 네 개의 동산 안에는 네 개의 목욕못이 있어, 우리 성문들로 하여금 그 가운데서 목욕하면서 즐거이 놀게 한다. 그리하여 샘이 있음을 다해 샘이 없음을 이루어 다시 티끌의 때가 없게 한다.

 어떤 것이 넷인가. 첫째는 느낌과 살핌이 있는 목욕못이요, 둘째는 느낌과 살핌이 없는 목욕못이며, 셋째는 보살펴 생각하는 목욕못이요, 넷째는 괴로움도 즐거움도 없는 목욕못이다.

 왜 이름이 느낌과 살핌이 있는 목욕못인가. 만약 어떤 비구가 첫째 선정을 얻으면, 모든 법 안에서 언제나 느낌과 살핌이 있어, 모든 법을 사유하여 맺어 얽힘을 없애어 길이 남음이 없게 한다. 이 때문에 느낌과 살핌이 있는 목욕못이다.

 다시 왜 이름이 느낌과 살핌이 없는 목욕못인가. 만약 어떤 비구가 둘째 선정을 얻으면 느낌 있음과 살핌 있음을 없애고 선정으로 먹음을 삼는다[以禪爲食]. 이 때문에 느낌이 없고 살핌이 없는 목욕못이라 한다.

 다시 왜 이름이 보살펴 생각하는 목욕못인가. 만약 어떤 비구가 셋째 선정을 얻으면, 느낌 있음과 살핌 있음을 없애고 느낌이 없고 살핌이 없게 되어 늘 셋째 선정을 보살펴 생각한다.

 이 때문에 이름이 보살펴 생각하는 목욕못이다.

 다시 왜 이름이 괴롭지도 즐겁지도 않은 목욕못인가. 만약 어떤 비구가 넷째 선정을 얻으면, 즐거움도 생각하지 않고 다시 괴로움도 생각하지 않으며, 또 과거와 미래의 법도 생각하지 않고 다만 현재의 법 가운데서 마음을 쓴다.

 이 때문에 이름이 괴롭지도 즐겁지도 않은 목욕못이다."

바른 법의 목욕못에 목욕하여 스물한 가지 묶음을 끊고 니르바나의 성에 들어가도록 당부하심

"비구들이여, 이와 같이 여래의 바른 법 가운데는 이 네 개의 목욕못이 있어, 우리 성문들로 하여금 거기서 목욕하여 스물한 가지 묶음[二十一結]을 없애고 나고 죽음의 바다[生死海]를 건너 니르바나의 성에 들어가게 한다.

그러므로 여러 비구들이여, 만약 이 나고 죽음의 바다를 건너려고 하면, 반드시 방편을 구해 스물한 가지 묶음을 없애고 니르바나의 성에 들어가야 한다. 여러 비구들이여, 반드시 이렇게 배워야 한다."

그때에 여러 비구들은 붓다의 말씀을 듣고 기뻐하며 받들어 행하였다.

• 증일아함 31 증상품(增上品) 五

• 해설 •

여래가 설한 갖가지 선정은 인연으로 성취된 선정의 모습이므로 공하고 공하되 연기적 성취가 있다. 그러므로 선정의 모습에서 있음과 없음을 떠나야 중도인 선정의 실상을 본다.

갖가지 선정이 모두 있되 공한 선정인 줄 알면 하나의 선정이 온갖 선정을 모두 거두어 하나의 선정에 들 때 그 선정에서 바로 벗어나 온갖 다른 선정에 든다.

여래의 법 가운데 '네 가지의 동산'은 네 가지 한량없는 마음[四無量心]이고 '네 가지 못'은 네 가지 선정의 못[四定池]인데, 낱낱 동산과 못 그 못과 동산은 공한 못과 동산이라 서로 하나되고 서로 들어간다.

하나의 선정일 때 온갖 선정에 바로 들고 다른 선정 또한 그러하니, 이와 같은 자재한 선정의 모습을 '보디사트바의 뛰어넘는 사마디'[超越三昧]라

한다.

이 사마디의 모습을 『법계차제초문』은 다음과 같이 말한다.

'사자처럼 빨리 떨치는 사마디' 다음에 뛰어넘는 사마디[超越三昧]를 밝히는 것은 다음과 같다. 『대품경』에서 붇다께서 스스로 이렇게 말씀하셨다.

'보디사트바는 사자처럼 몸을 떨치는 사마디에 의거해서 뛰어넘는 사마디에 들어간다.'

'뛰어넘음'이라 이름한 까닭은, 모든 지위를 뛰어넘어 자재하게 들고 나므로 '뛰어넘음'이라 이름한다.

뛰어드는 사마디

첫째 뛰어드는 사마디[超入三昧]이니, 무엇을 뛰어드는 사마디라 이름하는가? 여러 탐욕의 악하여 좋지 못한 법[欲惡不善法]을 떠나 찾아 느낌이 있고 살펴 앎이 있고 떠남에서 기뻐 즐거워함을 내 첫째 선정에 들어가고, 첫째 선정으로부터 일어나 곧 바로 생각 있음도 아니고 생각 없음도 아닌 곳에 들어간다.

생각 있음도 아니고 생각 없음도 아닌 곳에서 일어나 '느낌과 모습 취함 없앤 선정'[滅受想定]에 들어가고, '느낌과 모습 취함 없앤 선정'에서 일어나 다시 첫째 선정에 들어간다.

첫째 선정으로부터 일어나 '느낌과 모습 취함 없앤 선정'에 들어가고, '느낌과 모습 취함 없앤 선정'에서 일어나 둘째 선정에 들어간다. 둘째 선정에서 일어나 '느낌과 모습 취함 없앤 선정'에 들어가고, 느낌과 모습 취함 없앤 선정에서 일어나 셋째 선정에 들어간다.

셋째 선정에서 일어나 '느낌과 모습 취함 없앤 선정'에 들어가고, 느낌과 모습 취함 없앤 선정에서 일어나 넷째 선정에 들어가고, 넷째 선정에서 일어나 느낌과 모습 취함 없앤 선정에 들어간다.

느낌과 모습 취함 없앤 선정에서 일어나 '빈 곳'에 들어가고, '빈 곳'에서 일어나 '느낌과 모습 취함 없앤 선정'에 들어가고, '느낌과 모습 취함 없앤 선정'에서 일어나 '앎의 곳'에 들어간다.

'앎의 곳'에서 일어나 '느낌과 모습 취함 없앤 선정'에 들어가고, '느낌과 모습 취함 없앤 선정'에서 일어나 '있는 바 없는 곳'[不用處]에 들어간다.

'있는 바 없는 곳'에서 일어나 '느낌과 모습 취함 없앤 선정'에 들어가고, '느낌과 모습 취함 없앤 선정'에서 일어나 '생각 있음도 아니고 생각 없음도 아닌 곳'에 들어가며, '생각 있음도 아니고 생각 없음도 아닌 곳'에서 일어나 '느낌과 모습 취함 없앤 선정'에 든다.

이것은 모든 붓다와 보디사트바의 뛰어드는 사마디의 모습이다.

만약에 성문의 사람이라면, 다만 하나만 뛰어들 수 있고 둘은 뛰어들 수 없다. 하물며 위에서 밝힌 바와 같이 자재하게 뛰어들 수 있겠는가.

여기서 밝힌 뛰어들어감에는 세 가지가 있으니, 첫째 따라서 뛰어들어감[順入超], 둘째 거슬러 뛰어들어감[逆入超], 셋째 따르고 거슬러 뛰어들어감[順逆入超]이다.

세밀한 마음으로 뜻을 잡아 살피면 스스로 알 수 있다.

뛰어 벗어나는 사마디

둘째 뛰어 벗어나는 사마디[超出三昧]이니, 무엇을 뛰어 벗어나는 사마디라 하는가. 그것은 다음과 같다. '느낌과 모습 취함 없앤 선정'으로부터 일어나 '흩어진 마음'[散心] 가운데 들어가고, '흩어진 마음'에서 일어나 느낌과 모습 취함 없앤 선정에 들어간다.

느낌과 모습 취함 없앤 선정에서 일어나 다시 흩어진 마음 가운데 머물고, 흩어진 마음 가운데서 일어나 생각 있음도 아니고 생각 없음도 아닌 곳에 들어가고, 생각 있음도 아니고 생각 없음도 아닌 곳에서 일어나 흩어진 마음 가운데 머문다. 흩어진 마음 가운데서 일어나 '있는 바 없는 곳'

에 들어가고, '있는 바 없는 곳'에서 일어나 흩어진 마음 가운데 머문다.

흩어진 마음 가운데서 일어나 '앎의 곳'에 들어가고, '앎의 곳'에서 일어나 흩어진 마음 가운데 머물고, 흩어진 마음 가운데서 일어나 빈 곳에 들어가고, 빈 곳에서 일어나 흩어진 마음 가운데 머문다.

흩어진 마음 가운데서 일어나 넷째 선정에 들고, 넷째 선정에서 일어나 흩어진 마음 가운데 머물고, 흩어진 마음 가운데서 일어나 셋째 선정에 들고, 셋째 선정에서 일어나 흩어진 마음 가운데 머문다.

흩어진 마음에서 일어나 둘째 선정에 들어가고, 둘째 선정에서 일어나 흩어진 마음 가운데 머문다. 흩어진 마음 가운데서 일어나 첫째 선정에 들어가고, 첫째 선정에서 일어나 흩어진 마음 가운데 머문다.

이것이 모든 붇다와 보디사트바의 뛰어 벗어나는 사마디의 모습이다.

만약 성문의 사람이 뛰어 벗어나면 다만 하나의 선정만 뛰어 벗어날 수 있고 두 가지는 뛰어 벗어날 수 없으니, 어찌 하물며 자재하게 뛰어 벗어날 수 있겠는가.

이 가운데 뛰어 벗어남에는 세 가지가 있는데, 첫째 따라서 뛰어 벗어남이고[順超出], 둘째 거슬러 뛰어 벗어남[逆超出]이며, 셋째 따르고 거슬러 뛰어 벗어남[順逆超出]이다.

앞의 세 가지 뛰어 들어감과 더하여 합하면 여섯 가지 뛰어넘는 사마디[六種超越三昧]가 된다. 여래는 이 여섯 사마디로 니르바나에 들었다.

이와 같이 해서 삼승(三乘, 성문·연각·보디사트바)의 수행자가 같이 행하는 선의 실천을 모두 밝혔다.

뛰어들고 뛰어 벗어나는 사마디가 곧 여래의 사마디인데, 여래의 사라나무 아래 파리니르바나는 바로 이 사마디의 평상에서 가심 없이 가심이다. 뛰어 벗어나는 사마디를 기술하는 데 늘 모든 사마디와 흩어진 마음[散心]이 서로 벗어나고 서로 들어감이 자재하게 표현되고 있으니, 이는 여래의 사마디가 중생의 보고 듣는 생활의 장에서 해탈의 크나큰 작용으로 발현되는 사마디임을 나타낸다.

여래의 위와 같은 사마디는 『화엄경』(「현수품」)에서 우주론적으로 다시 전개되고 있으니, 경은 여래와 크신 보디사트바의 뛰어들고 뛰어 벗어나는 [超入超出] 사마디를 다음과 같이 노래한다.

빼어난 사마디 있어 안락이라 이름하니
모든 중생 널리 건져주고 건네줄 수 있도다.
크고 밝은 빛 놓으심 사의할 수 없어서
그 빛 보는 자 모두 조복하여 주시네.

有勝三昧名安樂 能普救度諸群生
放大光明不思議 令其見者悉調伏

놓으신 밝은 빛을 잘 나타냄이라 하니
만약 어떤 중생이 이 빛을 만나면
반드시 이익 얻어 없애지 않게 하사
이로 인해 위없는 지혜 이루게 하네.

所放光明名善現 若有衆生遇此光
必令獲益不唐捐 因是得成無上智

프라테카붇다의 몸으로 선정 들어
여래의 몸을 나투어 선정 나오고
여래의 몸에서 선정에 들어
여러 하늘 몸 가운데 선정 나오며
여러 하늘 몸 가운데서 선정에 들어
큰 용의 몸 가운데서 선정 나오며
큰용의 몸 가운데서 선정에 들어
야크샤의 몸 가운데서 선정 나오며

야크샤의 몸 가운데서 선정에 들어
귀신의 몸 가운데서 선정 나오며
귀신의 몸 가운데서 선정에 들어
온갖 털구멍 가운데서 선정 나오네.

辟支佛身入正定　現如來身從定出
於如來身入正定　諸天身中從定出
諸天身中入正定　大龍身中從定出
大龍身中入正定　夜叉身中從定出
夜叉身中入正定　鬼神身中從定出
鬼神身中入正定　一毛孔中從定出

이와 같이 자재한 선정의 모습
비유하면 해와 달이 허공에 노닐어
그림자의 모습 시방에 널리 두루하여
샘과 못 둑의 구렁 그릇 가운데 물
뭇 맑은 보배와 시냇물과 바다에
나타나지 않음이 없는 것과 같아라.

譬如日月遊虛空　影像普遍於十方
泉池陂澤器中水　衆寶河海靡不現

보디사트바의 모습 또한 그러해
시방에 널리 나타남 사의할 수 없으니
이것은 다 사마디의 자재한 법이라
이 사마디 여래만이 깨쳐 알 수 있네.

菩薩色像亦復然　十方普現不思議
此皆三昧自在法　唯有如來能證了

③ 지금 현재의 법에서 바로 번뇌 다함 이루는 사마디

느낌의 실상 바로 살피면 현세에서 모든 번뇌 다하리

이와 같이 내가 들었다.

한때 붇다께서는 라자그리하 성의 칼란다카 대나무동산에 계셨다.

그때 어떤 비구가 홀로 한 고요한 곳에서 선정의 사유를 하다가 이렇게 생각하였다.

'세존께서는 세 가지 느낌을 말씀하시는데, 즐거운 느낌 · 괴로운 느낌 · 괴롭지도 않고 즐겁지도 않은 느낌이다. 또 모든 있는 느낌들은 다 괴롭다고 말씀하셨다. 여기에는 무슨 뜻이 있는가?'

그 비구는 이렇게 생각한 뒤에 곧 선정에서 일어나 붇다 계신 곳에 가 머리를 발에 대 절한 뒤에 한쪽에 물러서서 붇다께 말씀드렸다.

"세존이시여, 저는 고요한 곳에서 선정의 사유를 하다가 이렇게 생각했습니다.

'세존께서는 세 가지 느낌을 말씀하시는데, 즐거운 느낌 · 괴로운 느낌 · 괴롭지도 않고 즐겁지도 않은 느낌이다. 또 모든 있는 느낌들은 다 괴롭다고 말씀하셨다. 여기에는 무슨 뜻이 있는가?'"

느낌이 덧없는 줄 알면 덧없음 가운데 니르바나됨을 보이심

붇다께서 비구에게 말씀하셨다.

"나는 온갖 행이 덧없기 때문에, 온갖 행은 변하고 바뀌는 법이기 때문에, 모든 있는 느낌은 다 괴롭다고 말한다."

그때 세존께서 곧 게송으로 말씀하셨다.

나는 온갖 모든 행이 덧없고
변해 바뀌는 법이라 알므로
모든 느낌 괴로움이라 말하니
바르게 깨친 이의 아는 바이네.

비구는 방편을 부지런히 하여서
바른 지혜로 기울어 움직이지 않고
온갖 느낌들 지혜로 사무쳐 아네.
모든 느낌 공한 줄 깨달아 알므로
현재법에서 모든 흐름 다하게 되어
몸 죽어도 세간 숫자에 떨어지지 않고
길이 온전한 니르바나 머물게 되네.

붇다께서 이 경을 말씀하시자, 여러 비구들은 붇다의 말씀을 듣고 기뻐하며 받들어 행하였다.

• 잡아함 473 선경(禪經)

• 해설 •

느낌은 안의 아는 자[內心]와 밖의 알려지는 것[外心]과 가운데 앎[內外心]이 서로 어울려 합함[觸]으로 일어나는데, 아는 자·알려지는 것·앎이 모두 공하므로 느낌 또한 공하다.

그러므로 괴로운 느낌·즐거운 느낌·괴롭지도 않고 즐겁지도 않은 느낌이 모두 공해 얻을 것 없음을 깨달으면 보고 듣고 느끼어 앎[見聞覺知]을 떠나지 않고 느낌과 모습 취함이 사라져 다한 사마파티[Nirodha-samāpatti]를 이룰 수 있다.

끊음 없이 두렷이 끊고 닦음 없이 두렷이 닦아 얻음 없이 니르바나를 두렷이 얻으니, 두렷이 닦고 두렷이 이루는 곳에 차제는 무엇이고 닦아나감의 자취는 무엇인가.

물질과 아는 마음 등 온갖 법이 공한 줄 알아 다섯 쌓임의 모든 법이 세간 수에 떨어지지 않음을 바로 보는 자가 여래를 따라 한 번 뛰어 여래의 보디의 땅에 들어가니[一超直入如來地], 『화엄경』(「광명각품」)은 말한다.

> 물질과 느낌에 셀 것이 없고
> 모습 취함과 지어감과 앎도
> 또한 다시 그러하여 셀 것이 없네.
> 만약 이와 같이 알 수 있으면
> 반드시 크신 무니가 될 수 있으리.
>
> 色受無有數 想行識亦然
> 若能如是知 當作大牟尼

다섯 쌓임의 실상 바로 보면 해탈하나니

이와 같이 내가 들었다.

한때 붓다께서는 슈라바스티 국 제타 숲 '외로운 이 돕는 장자의 동산'에 계셨다.

그때 세존께서 여러 비구들에게 말씀하셨다.

"물질은 덧없다. 덧없으면 곧 괴로움이요, 괴로우면 곧 나가 아니며, 나가 아닌 것은 곧 내 것도 아니다.

이렇게 살피는 것을 진실한 살핌이라 한다.

이와 같이 느낌·모습 취함·지어감·앎도 덧없다. 덧없으면 곧 괴로움이요, 괴로우면 곧 나가 아니며, 나가 아닌 것은 내 것도 아니다.

이렇게 살피는 것을 진실한 살핌이라 한다.

거룩한 제자들이여, 이렇게 살피면 그는 물질에서 해탈하고, 느낌·모습 취함·지어감·앎에서 해탈한다.

나는 이러한 것을 '태어남·늙음·병듦·죽음·근심·슬픔·괴로움·번민에서 해탈하였다'고 말한다."

그때 여러 비구들은 붓다의 말씀을 듣고 기뻐하며 받들어 행하였다.

• 잡아함 10 해탈경(解脫經)

• 해설 •

 온갖 법은 다섯 쌓임으로 표시되니, 다섯 쌓임의 진실 밖에 선정도 없고 지혜도 없다. 다섯 쌓임이 덧없되 나 없음 그대로의 고요함이 디야나이고, 다섯 쌓임이 나 없되 덧없음을 바로 살펴 드러냄이 프라즈냐이다.

 다섯 쌓임이 실로 있지 않으므로 취하지 않고, 실로 없지 않으므로 버리지 않으면, 아는 마음과 알려지는 것에서 해탈하고, 해탈하면 다섯 쌓임 그대로 니르바나의 으뜸가는 뜻에 머물게 되니, 『화엄경』(「이세간품」)은 다음과 같이 가르친다.

　　법의 진실 살피는 보디사트바는
　　물질은 마치 거품 무더기와 같고
　　느낌은 물 위에 거품 같으며
　　모습 취함 뜨거울 때 아지랑이며
　　모든 지어감 파초 같다 살피네.

　　觀色如聚沫　受如水上泡
　　想如熱時焰　諸行如芭蕉

　　또한 마음과 앎은 허깨비와 같이
　　갖가지 일을 나타내 보이니
　　이와 같이 모든 쌓임을 알아서
　　지혜로운 이 집착하는 바 없네.

　　心識猶如幻　示現種種事
　　如是知諸蘊　智者無所著

　　보디사트바는 진실하고 고요한
　　으뜸가는 뜻에 바르게 머물러서
　　갖가지를 널리 펼쳐 보이지만

마음에 의지하는 바가 없도다.

菩薩住眞實　寂滅第一義
種種廣宣暢　而心無所依

이처럼 다섯 쌓임의 실상 그대로 니르바나의 진실의 뜻에 머무는 보디사트바는 니르바나에 머묾이 머묾 없는 머묾이라 중생과 세계를 보디로 장엄할 크나큰 서원을 내게 되는 것이니, 「십지품」(十地品)은 다시 이렇게 말한다.

잘 행하는 보디사트바는
온갖 지혜의 힘을 깨끗이 하고
나아가 두려워할 바 없음으로써
모든 붇다의 법을 성취하여
중생을 널리 건져 거두어주네.

淨一切智力　及以無所畏
成就諸佛法　救攝群生衆

보디사트바는 큰 자비 얻어
빼어난 법의 바퀴 굴리어
붇다의 국토 깨끗이 꾸미려
이같이 빼어난 마음을 내네.

爲得大慈悲　及轉勝法輪
嚴淨佛國土　發此最勝心

5) 선정과 여섯 아는 뿌리[六根]의 행

• 이끄는 글 •

사마타의 고요함은 진리인 지혜와 하나되어야만 바른 선정[正定]의 고요함이 되고, 비파사나의 살핌은 살피는바 경계가 있되 공한 줄 알아 살펴 비추는 바가 없어야 사마타의 고요함 그대로 비파사나의 밝음이 된다.

지금 눈이 빛깔을 보고, 귀가 소리 들으며, 코가 냄새 맡고, 혀가 맛을 느끼며, 몸이 닿음을 가르치고, 뜻이 법을 안다고 하자.

이때 아는 여섯 뿌리와 알려지는바 여섯 경계가 공한 줄 바로 보아 보되 보는 바가 없고 나아가 알되 아는 바가 없어야 '보고 듣고 느끼어 앎'[見聞覺知]이 선정인 지혜가 되는 것이다.

지금 여기 있는 주체가 저기 있는 경계를 알 수 있는 것은, 여기 아는 뿌리가 있고 저기 알려지는바 경계가 실로 있기 때문에 아는 것이 아니라 아는 자와 알려지는 것이 실로 있지 않기 때문에 알 수 있는 것이다. 눈이 빛깔을 볼 때 그 봄은 보는 눈과 빛깔이 어울려 봄이 있으므로 봄에 실로 봄이 없다. 보는 자는 봄으로 인해 보는 자가 되고 보여지는 빛깔로 인해 보는 자가 되므로 보는 자가 실로 있어 보는 것이 아니다.

나가르주나 존자의 『중론』은 보는 자가 있고 경계가 있어서 본다는 견해를 다음과 같이 깨뜨린다.

묻는다

경 가운데 여섯 아는 뿌리가 있다고 말했으니, 다음과 같다.

눈과 귀, 코와 혀, 몸과 뜻이
여섯 아는 뿌리이니
이 눈 등 여섯 아는 뿌리가
빛깔 등 여섯 경계에 행하네.

眼耳及鼻舌　身意等六情
此眼等六情　行色等六塵

이 가운데 눈은 안의 아는 뿌리이고 빛깔 등은 바깥 경계인데, 눈이 빛깔을 볼 수 있다. 나아가 뜻이 안의 아는 뿌리이고 법이 바깥 경계인데, 뜻이 법을 알 수 있다.

답한다

실로 없다. 왜 그런가.

눈은 자기 바탕 스스로 볼 수 없다.
만약 눈이 스스로 볼 수 없다면
어떻게 다른 것을 볼 수 있겠는가.

是眼則不能　自見其己體
若不能自見　云何見餘物

이 눈은 자기 바탕을 볼 수 없다. 왜인가. 마치 등(燈)이 스스로 비추고 또한 남을 비출 수 있음과 같이 눈에 만약 이런 보는 모습이 있다면 반드시 스스로를 보고 또한 남을 보아야 한다.

그런데 실로는 그렇지 않다. 그러므로 게송에서 '만약 눈이 스스로 볼 수 없다면 어떻게 다른 것을 볼 수 있겠는가'라고 말한 것이다.

묻는다

눈이 비록 스스로 볼 수 없지만 다른 것을 볼 수 있다. 마치 불이 다른 것을 태우지만 스스로를 태우지 못하는 것과 같다.

답한다

다음 게송과 같다.

불의 비유는 눈이 보는 법을
바로 이루어내지 못한다.
감과 아직 가지 않음 가는 때로
이미 이 일을 모아 답했다.

火喩則不能　成於眼見法

去未去去時　已總答是事

그대는 비록 불의 비유를 말했지만 이 비유는 눈의 보는 법을 이루지 못한다. 이 일은 '가고 옴을 살피는 품'[觀去來品] 가운데서 이미 답했다.

이는 이미 감 가운데 감이 없고 아직 가지 않음 가운데 감이 없으며 가는 때 가운데 감이 없는 것과 같다. 곧 이미 탐과 아직 타지 않음과 타는 때에 모두 탐이 있지 않는 것과 같으니, 이와 같이 이미 봄과 아직 보지 않음과 보는 때에 모두 보는 모습이 없다.
다시 말한다.

봄이란 아직 보지 않았을 때는
봄이라고 이름하지 않는다.
그런데도 봄이 볼 수 있다고 하면
이런 일은 곧 그럴 수 없다.

見若未見時　則不名為見
而言見能見　是事則不然

눈이 아직 빛깔을 마주하지 않으면 볼 수 없다. 그때에는 본다고 말하지 않는다. 빛깔을 마주함으로 인하여 본다고 이름한다. 그러므로 게 가운데서 말한다.
'아직 보지 않을 때는 봄이 없는데 어떻게 봄이 볼 수 있다고 하겠는가.'

봄[見]은 보는 자[見者]와 보여지는 것[可見]이 어울려 봄이 연기한 것이므로 봄에는 봄이 없다. 그러므로 봄이 실로 있어서 본다고 말하는 것은 그럴 수 없다. 이미 봄[已見] 가운데 봄이 없고 아직 보지 않음[未見] 가운데 봄이 없으며, 지금 보는 때[見時]에도 머물러 있는 봄이 없다. 이와 같이 세 때에 보는 모습이 없다.
봄에 봄이 없는데 보는 자[見者]가 본다는 말도 이루어지지 않으니, 봄과 보는 자 두 곳에 보는 법이 없다. 왜인가. 보는 자와 보여지는 것이 어울려 봄이 있기 때문이고, 봄 아닌 봄이 일어나므로 주체는 빛깔을 보는 자가 되기 때문이다.
　『중론』은 다시 말한다.

　　다시 두 곳[二處]에 모두 보는 법이 없다. 왜 그런가.

　　봄이 볼 수 있음이 아니고
　　보지 않음 또한 보지 않네.
　　만약 이미 봄을 깨뜨렸다면
　　곧 보는 자를 깨뜨림이네.

　　見不能有見　非見亦不見
　　若已破於見　則為破見者

　봄은 볼 수 없으니 먼저 이미 허물을 말하였기 때문이다. 보지 않음 또한 보지 않으니 보는 모습이 없기 때문이다.
　만약 보는 모습이 없다면 어떻게 볼 수 있겠는가. 보는 법이 없으므로 보는 자 또한 없다. 왜 그런가. 만약 봄을 떠나서 보는 자가 있다면 눈이 없는데 다른 아는 뿌리[餘情]로 보아야 할 것이다.
　만약 봄으로써 본다면 곧 봄 가운데 보는 모습이 있는 것이지만 보는 자에게는 보는 모습이 없다. 그러므로 게송에서는 말한다.
　'만약 이미 봄을 깨뜨렸으면 곧 보는 자를 깨뜨림이네.'

　다시 말한다.

　　봄을 떠나서나 봄을 떠나지 않고
　　보는 자를 얻을 수 없네.

보는 자가 없기 때문에
어떻게 봄과 볼 것 있겠는가.

離見不離見　見者不可得
以無見者故　何有見可見

만약 봄이 있다면 보는 자가 곧 이루어지지 않고, 만약 봄이 없다면 보는 자가 또한 이루어지지 않는다. 실로 보는 자가 없으므로 어떻게 봄과 보여지는 것이 있겠는가.

만약 보는 자가 없다면 누가 보는 법을 써서 바깥 빛깔을 분별하겠는가. 그러므로 게송에서는 이렇게 말한다.

'보는 자가 없으므로 어떻게 봄과 보여지는 것이 있겠는가.'

보는 자[見者], 보여지는 것[可見], 봄[見]은 서로 의지해 일어난다. 그러므로 봄을 떠나서 보는 자를 얻을 수 없고 봄을 떠나지 않고도 보는 자를 얻을 수 없다.

봄은 보는 자와 보여지는 것 속에 있는 것이 아니되 보는 자와 보여지는 것을 떠나서도 봄이 없다. 봄에서 실로 보는 자와 보여지는 것이 공한 줄 알아, 봄에서 봄을 떠나는 자[於見離見]가 보고 듣되 늘 사마타의 선정 속에서 봄이 없이 보고 들음 없이 들을 수 있다.

『중론』은 말한다.

다시 말한다.

봄과 보여지는 것이 없으므로

앎 등 네 가지 법이 없으니
네 취함 등 모든 조건들이
어떻게 있을 수 있겠는가.

見可見無故　識等四法無
四取等諸緣　云何當得有

실로 봄[見]과 보여지는 법[可見法]이 없으므로, 앎과 닿음 느낌과 애착 네 법이 다 없다. 애착 등이 없으므로 네 취함[四取] 등 열두 인연의 갈래[十二緣分] 또한 없다.

다시 말한다.

귀 코 혀 몸과 뜻에서
소리와 듣는 자 등도
이와 같은 뜻이 모두 다
앞의 말과 같음 알아야 한다.

耳鼻舌身意　聲及聞者等
當知如是義　皆同於上說

봄과 보여지는 법이 공하여 뭇 조건에 속하므로[屬衆緣故] 결정됨이 없음과 같이, 다른 귀 등 다섯 아는 뿌리[五情]에서 소리 등 다섯 객관 경계[五塵] 등도 또한 봄과 보여지는 법과 같음을 알아야 한다.

뜻이 같으므로 따로 말하지 않는다.

곧 봄[見]과 들음[聞]과 앎[識]에 실로 보는 자와 보는 바, 듣는 자와 듣는 바, 아는 자와 아는 바가 없어서 봄에 실로 봄이 없고 앎에 앎이 없으면, 느낌·닿음·애착에서도 그 법들을 떠난 것이다.

비록 저 경계를 보고 듣되[雖見聞] 실로 느끼어 받아들임이 없고 모습 취함이 없고 애착이 없으므로 늘 봄이 없이 보고[無見而見] 들음이 없이 듣는 것[無聞而聞]이니, 이와 같이 진실 그대로 보고 들으면 이것이 마음의 해탈이고 지혜의 해탈이 되는 것이다.

『화엄경』(「보살문명품」菩薩問明品) 또한 여섯 아는 뿌리에 실로 아는 자가 없고 알려지는 것과 앎이 모두 공함을 다음과 같이 보인다.

> 법의 성품 본래 남이 없으나
> 남이 있음 나타내 보이니
> 이 가운데 실로 나타냄도 없고
> 또한 나타난 사물도 없도다.
>
> 法性本無生 示現而有生
> 是中無能現 亦無所現物
>
> 눈 귀 코 혀 몸과 마음의 뜻
> 이 같은 여섯 아는 뿌리들
> 이 온갖 것은 공해 자기성품 없지만
> 망령된 마음으로 있음을 분별하네.
>
> 眼耳鼻舌身 心意諸情根
> 一切空無性 妄心分別有

사미디여, 바른 선정 속에서는 세간이 없나니

이와 같이 내가 들었다.

한때 붇다께서는 슈라바스티 국 제타 숲 '외로운 이 돕는 장자의 동산'에 계셨다.

이때 어떤 비구가 있었는데 사미디(巴 Samiddhi)라고 하였다. 그가 붇다 계신 곳에 가서 붇다의 발에 머리를 대 절하고 한쪽에 물러나 앉아서 붇다께 말씀드렸다.

"세존이시여, 세간(世間)이라는 것은 무엇을 세간이라고 합니까?"

붇다께서 사미디에게 말씀하셨다.

"곧 눈과 빛깔·눈의 앎·눈의 닿음·눈의 닿음을 인연하여 생기는 느낌으로 안의 느낌인 괴롭거나 즐겁거나 괴롭지도 않고 즐겁지도 않은 느낌이다.

그리고 귀·코·혀·몸·뜻과 법, 뜻 등의 앎·뜻 등의 닿음·뜻 등의 닿음을 인연하여 생기는 느낌으로 안의 느낌인 괴롭거나 즐겁거나 괴롭지도 않고 즐겁지도 않은 느낌이다.

이것들을 세간이라 한다.

왜 그런가. 여섯 들이는 곳이 모아나면 곧 닿음이 모아나고, 이와 같이 나아가 순전히 큰 괴로움의 무더기가 모아나기 때문이다."

아는 뿌리가 공한 줄 알면 세간의 실체가 사라짐을 보이심

"사미디야, 만약 저 눈이 없고 빛깔이 없으며, 눈의 앎이 없고 눈의 닿음이 없으며, 눈의 닿음을 인연하여 생기는 느낌으로 안의 느낌인 괴롭거나 즐겁거나 괴롭지도 즐겁지도 않음이 없다 하자.

그리고 귀·코·혀·몸·뜻과 법, 뜻 등의 앎·뜻 등의 닿음·뜻 등의 닿음을 인연하여 생기는 느낌으로 안의 느낌인 괴롭거나 즐겁거나 괴롭지도 즐겁지도 않음이 없다 하자.

그러면 곧 세간이 없는 것이다.

그러면 또한 세간을 베풀어 세우지 않을 것이다.

왜 그런가. 여섯 들이는 곳이 사라지면 닿음이 곧 사라지며, 이와 같이 나아가 순전하고 큰 괴로움의 무더기가 사라지기 때문이다."

붓다께서 이 경을 말씀하시자, 여러 비구들은 붓다의 말씀을 듣고 기뻐하며 받들어 행하였다.

• 잡아함 230 삼미리제경(三彌離提經) ①

• 해설 •

여섯 아는 뿌리와 알려지는바 여섯 경계와 여섯 앎과 여섯 앎 따라 나는 여섯 닿음과 여섯 느낌이 곧 세간이니 이것들밖에 세간이 없다.

여섯 아는 뿌리와 알려지는 경계가 있되 있음 아니므로, 아는 자와 알려지는 것이 어울려 일어난 여섯 앎과 닿음, 느낌 또한 있되 있음 아니다. 그러므로 세간은 있되 공한 있음이다.

경에서 안의 여섯 뿌리와 밖의 경계 앎과 느낌 등이 사라지면 세간법이 없는 것이라고 함은, 세간법의 있음이 있음 아닌 줄 알면 세간법이 곧 진제가 됨을 말한다. 세간의 공한 진실 세간법의 진제 그대로의 사마디가 지혜인 사마디이고 진리인 사마디이다.

세간법의 보고 들음에 보고 들음을 세우면[知見立知] 괴로움의 세계이고 마라의 세계[魔界, māra-dhātu]이지만, 아는 자와 알려지는 것이 공한 줄 알아 보고 들음에 봄이 없으면[知見無見] 니르바나의 세계[nirvāṇa-dhātu]이다. 니르바나의 세계에는 아는 자와 아는 바에 같음도 없고 다름도 없다.

옛 선사[竹庵珪]는 다음과 같이 노래한다.

지는 꽃은 뜻이 있어 흐르는 물 따르고
흐르는 물은 뜻이 없어 지는 꽃을 보내네.
봄이 와도 찾을 곳 없음 길이 한탄터니
이미 여기 굴러 들어왔음을 알지 못했네.

落花有意隨流水 流水無情送落花
長恨春歸無覓處 不知轉入此中來

이 노래의 뜻이 끝내 어디에 돌아가는가. 옛 사람[保寧勇]은 이렇게 말한다.

지는 놀은 외로운 따오기와 같이 날고
가을 물은 긴 하늘과 같이 한 빛이로다.

落霞與孤鶩齊飛 秋水共長天一色

아는 뿌리에 집착하여 맛들이면
마라의 손에서 벗어나지 못하니

이와 같이 내가 들었다.

한때 붇다께서는 바이살리 국의 원숭이 못가에 있는 이층강당에 계셨다.

그때 세존께서 여러 비구들에게 말씀하셨다.

"만약 여러 비구들이 눈에 맛들인다면, 이 사문·브라마나는 마라의 손[魔手]에서 자재하게 벗어나지 못하게 되어 마라의 묶음[魔縛]에 묶이고 마라의 올가미[魔繫]에 들어가게 됨을 반드시 알아야 한다.

귀·코·혀·몸·뜻 또한 이와 같다.

만약 사문·브라마나가 눈에 맛들이지 않는다면, 이 사문·브라마나는 마라를 따르지 않고 마라의 손에서 벗어나 마라의 올가미에 들어가지 않음을 반드시 알아야 한다."

붇다께서 이 경을 말씀하시자, 여러 비구들은 붇다의 말씀을 듣고 기뻐하며 받들어 행하였다.

보고 아는바 경계에 집착함을 경계하심

이와 같이 내가 들었다.

한때 붇다께서는 라자그리하 성 그리드라쿠타 산에 계셨다.

그때 세존께서 여러 비구들에게 말씀하셨다.

"만약 사문·브라마나가 눈으로 빛깔을 익히어 가까이하면, 그는 곧 마라가 마음대로 함[自在]을 따르게 되고, 마라의 묶음에 묶이고, 나아가 마라의 올가미를 벗어나지 못하게 될 것이다.

 귀·코·혀·몸·뜻 또한 이와 같다.

 만약 사문·브라마나가 눈으로 빛깔을 익히어 가까이하지 않으면, 그는 마라가 마음대로 함을 따르지 않게 되고, 마라의 묶음에 묶이지 않고, 나아가 마라의 올가미에서 벗어나게 될 것이다.

 귀·코·혀·몸·뜻 또한 이와 같다."

 붓다께서 이 경을 말씀하시자, 여러 비구들은 붓다의 말씀을 듣고 기뻐하며 받들어 행하였다.

• 잡아함 243 미경(味經) · 247 습근경(習近經)

• 해설 •

두 경 가운데 앞의 경은 보고 듣고 아는 자에 실로 아는 자가 있다는 집착으로 마라의 굴레에 갇힘을 보이고 있다면, 뒤의 경은 알려지는 것에 실로 보고 들을 것이 있다고 집착하여 마라의 경계에 들어감을 보이고 있다.

 안의 관념의 성에 취할 것이 있고 밖의 사물의 세계에 구할 것이 있으면, 실로 아는 자와 알 것이 없고 앎이 공한 니르바나 그 진리의 성을 등지고 마라의 손에 잡히고 마라의 굴레에 갇히게 되는 것이다.

 그러나 비록 보고 듣되 들음과 들을 것이 없고 비록 대상을 알되 앎과 알 것이 없음[雖知無有能知可知]을 깨달아, 봄이 없이 보고 들음 없이 들으며[無聞而聞] 앎이 없이 알면[無知而知] 마라의 손에서 벗어나 마라를 따르지 않고 니르바나의 성에서 자재하게 되는 것이다.

눈과 빛깔, 눈의 앎과 느낌의 덧없음을 살피면

이와 같이 내가 들었다.

한때 붇다께서는 바이살리 국의 약사(藥師) 쿠마라(Kumāra)의 암라 동산에 계셨다.

그때 세존께서 여러 우다나(Udāna) 게를 말씀하신 뒤에 존자 아난다에게 말씀하셨다.

"눈은 덧없고 괴로우며 변해 바뀌어 달라지는 법이다.

만약 빛깔과 눈의 앎·눈의 닿음·눈의 닿음을 인연하여 생기는 느낌으로 괴롭거나 즐겁거나 괴롭지도 즐겁지도 않은 느낌들이라 해도 또한 덧없고 괴로우며 변해 바뀌어 달라지는 법이다.

귀·코·혀·몸·뜻 또한 이와 같다.

많이 들은 거룩한 제자로서 이와 같이 살피는 사람은 눈에서 해탈을 얻고, 빛깔과 눈의 앎·눈의 닿음·눈의 닿음을 인연하여 생기는 느낌에서도 또한 해탈한다.

귀·코·혀·몸·뜻과 법, 뜻 등의 앎·뜻 등의 닿음·뜻 등의 닿음을 인연하여 생기는 느낌으로 괴롭거나 즐겁거나 괴롭지도 즐겁지도 않은 느낌들에서도 그는 해탈한다.

나는 '그가 태어남·늙음·병듦·죽음·근심·슬픔·번민·괴로움에서 해탈하였다'고 말한다."

붇다께서 이 경을 말씀하시자, 존자 아난다는 붇다의 말씀을 듣고 기뻐하며 받들어 행하였다.

- 잡아함 205 우다나경(優陀那經)

• 해설 •

보는 눈과 보여지는 빛깔과 눈의 앎, 듣는 귀와 들리는 소리와 귀의 앎 나아가 아는 뜻뿌리[意根]와 알려지는 법과 뜻의 앎[意識]이 모두 공해 나 없음[無我]을 알고 덧없음[無常]을 알아서, 보되 봄이 없고 봄이 없되 봄이 없이 보면 온갖 닿음 온갖 느낌에서 해탈한다.

닿음에 닿음이 없고 느낌에 받아들임이 없으면 그는 나고 죽음에서 벗어나고 근심과 번민에서 해탈한 것이니, 그가 자재한 사람[自在人]이고 벗어난 사람[解脫人]이며, 법의 눈이 열린 사람[開眼者]이다.

천태선사는 『각의삼매』(覺意三昧)에서 눈이 빛깔을 보고 귀가 소리를 들으며 나아가 뜻이 법을 알 때, 보고 아는 마음에 마음의 모습 얻을 것이 없음을 살펴, 보고 듣고 앎에서 사마디 성취함을 다음과 같이 보인다.

다시 수행자는 안의 마음에 여섯 가지 받아 들임[六種受]이 있으나 받는 자가 없음을 안다. 왜 그런가.

모든 받아들임은 비록 공하지만 만약 살펴보지 않으면 한량없는 번뇌와 나고 죽음의 인연을 짓기 때문이다. 그러므로 수행자는 반드시 여러 아는 뿌리가 티끌경계 받아들이는 때를 따라서 낱낱이 살펴야 한다.

어떻게 살피는가. 맨 먼저 수행자는 눈이 빛깔 볼 때에 반드시 빛깔 아직 보지 않음[未見色]·보려고 함[欲見色]·빛깔 봄[見色]·이미 빛깔 봄[見色已], 이 네 가지 움직이는 모습이 다 얻을 수 없음을 자세히 살펴야 한다.

공함과 있음 두 가지를 비춤이 분명한 것[雙照分明]은 위에서 널리 말한 대로다.

다시 이렇게 생각한다.

'이와 같이 보는 자[如是見者]에는 곧 보는 모습[見相]이 없다. 왜 그런가.'

저 눈의 아는 뿌리와 빛깔의 경계와 허공과 밝음 가운데 각각 봄이 없고 또한 분별이 없다. 어울려 합함의 인연으로 눈의 앎[眼識]을 내고 눈의 앎의 인연으로 뜻의 앎[意識]을 내, 뜻의 앎이 날 때 곧 갖가지 여러 빛깔을 분별할 수 있다.

또한 뜻의 앎을 의지해 곧 눈의 앎이 있고 눈의 앎의 인연으로 빛깔을 볼 수 있어 탐착함을 낸다. 그러므로 곧 반드시 '빛깔 생각하는 마음을 돌이켜 살펴야 한다'[反觀念色之心].

이와 같이 살필 때 이 마음이 밖에서 들어와 받아들여 느낌[領納] 내는 것을 보지 않으며, 또한 다시 이 마음이 안에서 나가 분별(分別) 내는 것을 보지 않는다.

왜 그런가.

밖에서 들어온 것이라면 나에게는 일이 없는 것이고, 만약 안에 스스로 있다면 인연을 기다리지 않음이기 때문이다. 그러므로 반드시 받아들이는 것이, 마쳐 다함마저 공적한[畢竟空寂] 줄 알아야 한다.

비말라키르티 보디사트바[淨名菩薩]는 이러한 뜻을 '지혜로운 이가 빛깔 보는 것 등은 장님과 같다'[所見色與盲等]고 말한다.

(중략)

둘째 귀가 소리 들음, 셋째 코가 냄새 맡음, 넷째 혀가 맛을 봄, 다섯째 몸이 닿음을 느낌 또한 같다.

(중략)

여섯째 수행자는 뜻으로 법을 생각할 때[意緣法時] 반드시 아직 법 생각하지 않음[未念法]·생각하려 함[欲念法]·법 생각함[念法]·이미 법 생각함[念法已], 이 네 가지 움직이는 모습이 다 얻을 수 없음을 자세히 살펴야 한다.

공함과 있음 두 가지를 모두 비춤이 분명한 것[雙照分明]은 위에서 널리 말함대로이다.

다시 이렇게 생각한다.

'이와 같은 뜻의 앎은 여러 가지 법을 잡아 생각함[攀緣諸法]이라 다 허망하여 실체의 일이 없다. 왜 그런가.'

법은 허깨비 변화와 같이 그 성품이 실다움이 없기 때문이고, 마음은 아지랑이 같아 잠깐도 머묾이 없기 때문이고, 법에 정해진 성품이 없어 이루 생각할 수 없기 때문이다.

마음에 머무는 곳이 없다면[心無住處] 누가 생각할 수 있음인가. 만약 생각할 수 있음[能緣]과 생각하는 것[所緣]을 떠나면 다시 다른 생각함[別緣]이 없다.

그러니 다만 허망한 생각으로 억지로 이 법에 분별을 일으켜 여러 견해를 내 온갖 번뇌와 나고 죽음의 업행이 서로 이어 끊어지지 않음을 어찌 알겠는가.

그러므로 수행자는 허망하여 뒤바뀐 생각을 깨뜨리고, 경계 생각함을 따를 때[隨緣境時] 곧 반드시 살펴야 한다.

몸과 뜻과 앎의 근원을 돌이켜 살펴서 마음을 자세히 살필 때, 머물러 그침을 보지 않고 나고 사라지는 온갖 법의 모습을 보지 않는다.

만약 마음에 머무는 곳이 없고[心無住處] 나고 사라지는 여러 모습이 없다면[無生滅相] 이 마음은 얻을 수 없음을 반드시 알아야 한다. 마음도 오히려 얻을 수 없는데 하물며 마음작용의 법[心數法]이겠는가.

만약 마음작용이 없다면 온갖 모든 법은 끝내 어디에 의지하겠는가. 그러므로 경은 '나의 마음이 스스로 공하니 죄와 복에도 실체가 없다'고 말한다. 온갖 법 또한 이와 같아 머묾이 없고 무너짐이 없는 것이다.

수행자가 이와 같이 마음과 뜻을 살필 때 온갖 법을 얻지 못하니, 반드시 붙잡아 생각하는 법이 마쳐 다함마저 공적한[畢竟空寂] 줄 알아야 한다.

그러므로 비말라키르티 보디사트바는 말한다.

"모든 법이 허깨비 모습과 같아 자기성품도 없고 남의 성품도 없음을 알라. 본디 스스로 그렇게 있지 않으니 지금 사라짐이 없는 것이다."

이와 같은 말이 무엇을 말하겠는가.

이처럼 『각의삼매』는 지금 아는 뜻뿌리를 바로 돌이켜 살펴 아는 자와 알려지는 것과 앎 자체에 얻을 것 없음을 바로 보아, '보고 듣고 느껴 앎'[見聞覺知] 가운데서 사마디를 얻게 한다.

『금강경』에서는 삼세의 마음 가운데서 사마디 얻는 뜻을 마음이 곧 마음이 아니라 '과거의 마음도 얻을 수 없고 현재의 마음도 얻을 수 없으며 미래의 마음도 얻을 수 없다'고 가르친다.

이 뜻을 『각의삼매』에서는 눈이 빛깔을 볼 때 이미 본 마음[念已]·지금 보는 마음[念]·보려는 마음[欲念]·아직 보지 않는 마음[未念], 이 네 가지 마음의 움직임[四運心]을 얻을 수 없다는 말로 다시 보인다.

눈이 빛깔을 볼 때 네 가지 움직이는 마음의 모습을 얻을 수 없되 그 공함도 얻을 수 없으면 공함과 있음 두 가지를 모두 비춤이 분명한 것[雙照分明]이다.

그렇다면 눈이 빛깔 봄이 있되 공할 때가 비파사나인 사마타이고, 눈이 빛깔 봄이 공하되 보지 않음도 없을 때가 사마타인 비파사나인 것이니, 봄과 보지 않음을 모두 막고 모두 살리는 자[雙遮雙照]가 보고 들음 가운데서 '묘하고 빼어난 사마디'[妙勝定]의 길을 잘 가는 자인 것이다.

6) 선정과 여섯 가지 행위 [六作, 六威儀]

• 이끄는 글 •

연기법에서 자아[內根]는 공하므로 세계[外境]를 의지해 행위하지 않는 바가 없고, 행위[識·業]는 자아[根]와 세계[境] 속에서 연기하므로 행위의 실체가 없다.

자아가 온전히 행위하는 자아이되 주체의 지음[作]에 실로 지음이 없고[無作], 행위하는 마음에 '아직 행위하지 않는 마음'[未念], '행위하려는 마음'[欲念], '행위하는 마음'[念], '이미 행위한 마음'[念己]의 서로 이어짐이 있되 네 가지 움직이는 마음[四運心]의 실로 있는 모습이 없다.

그러므로 행위를 되살펴 지음에 지음 없음을 알면, 지음 없는 사마디[無作三昧] 속에서 지음 없이 행위를 지을 수 있다.

행위 속에서 사마디 얻는 법을 남악혜사선사의 『수자의삼매』(隨自意三昧)에서는 감[行]과 머묾[住], 앉음[坐]과 누워잠[眠], 말함[語]과 먹음[食]의 여섯 행위의 지음[六作]을 통해 보인다.

그에 비해 천태선사의 『각의삼매』(覺意三昧)는 스승 혜사선사의 여섯 행위의 지음 가운데 말함과 먹음을 일함과 말함으로 바꾸어 여섯 행위의 지음 가운데 짓는 마음의 근원을 돌이켜 살펴, 지음 가운데 지음 없는 삼매의 길을 보인다.

천태선사의 『각의삼매』는 '앉아 있음의 몸가짐'[坐威儀]과 움직여 일을 짓는 마음에 얻을 것 없음을 살피는 것이 사마디의 기본법이 됨을 말한다.

그러므로 『각의삼매』는 살핌을 둘로 나누어 먼저 앉음 가운데서 '온갖 행위하는 마음'을 모아 살핌[總觀]과, 다시 여섯 가지 지음을 그 차별된 행위 가운데 따로 나누어 마음 살피는 법[別觀]을 이렇게 보인다.

> 다시 바른 살핌[正觀] 닦는 데는 두 가지가 있으니, 첫째 모아 살핌[總觀]이고, 둘째 다름을 따로 거치어 살핌[歷別觀]이다.
> 첫째, 모아 살핌이라 말한 것은 다음과 같다.
> 만약 수행자가 큰 방편의 힘이 아직 없으면 온갖 곳 가운데서 실상을 살필 수 없다. 그러므로 반드시 먼저 앉음[坐] 가운데서 마음과 뜻을 비추어야 하니, 이것이 곧 마음과 뜻을 모아 살핌[總觀心意]이라 한다.
> 둘째, 다름을 따로 거치어 살핌이라고 하는 것은 다음과 같다.
> 만약 수행자가 방편이 교묘하여 온갖 곳 가운데서 늘 마음을 쓸 수 있으면 이것이 다름을 따로 거치어 마음과 뜻을 살핌이라 한다.

수행자가 마음을 살피는 데는 앉음 속에서 살핌이 그 기본적인 방법이 되니, 『각의삼매』는 앉음 속에서 마음 살핌을 통해 살핌의 기본방향을 제시한다. 『각의삼매』는 말한다.

> 다시 수행자가 사마디에 들고자 하면 반드시 먼저 앉음 가운데서 마음과 뜻을 살펴야 한다. 그런 뒤에 또한 반드시 온갖 곳 가운

데 다 마음과 뜻을 살펴야 한다.

왜 그런가. 네 가지 몸가짐[四威儀] 가운데서 오직 앉을 때만 몸과 마음이 안온하여 가라앉지 않고 들뜨지 않으며, 다른 생각[異緣]이 나지 않으므로 마음이 자세히 일을 살피어 살피는 법[觀法]이 있게 되기 때문이다.

그러므로 경은 말한다.

단정히 앉아 실상을 생각함
이것을 으뜸가는 참회라 한다
端坐念實相　是名第一懺

그러므로 수행자는 반드시 먼저 한가한 방 고요한 곳에서 사마디를 닦아야 한다.

어떻게 닦는가. 수행자는 반드시 스스로 몸과 마음 등을 잘 고루어 어울리게 해, 닦아 행하는 일과 일이 선법(禪法) 가운데서 말한 것과 같이해야 하니, 이 가운데서 반드시 널리 밝히고 있다.

수행자가 이미 잘 고루고 어울리게 했으면 이때에 반드시 앉음 가운데서 바른 생각으로 마음과 뜻과 앎 등의 아직 생각하지 않음 [未念]·생각하려 함[欲念]·생각함[念]·이미 생각함[已念], 이 네 가지 움직이는 뜻[四運之義] 다 얻을 수 없음을 살펴야 한다.

살피는 행으로 네 가지 움직이는 뜻을 모두 깨뜨리는 것은 다 위에서 말함과 같다.

이때에 '좌선(坐禪) 가운데 사마디를 닦아 행함'이라 이름하게 된다.

뜻을 돌이켜 살펴 사마디 얻는 법을 혜사선사의 『수자의삼매』 법문에서는 여섯 가지 행위를 가고 머물고 앉고 누움과 말하고 먹음으로 분류하고, 천태선사의 『각의삼매』에서는 가고 머물고 앉고 누움과 일하고 말함으로 분류한다.

여섯 가지 차별된 행위 속에서 따로 마음 살핌을 거치어[歷別觀] 사마디 얻는 법을 천태선사는 다음과 같이 말한다.

수행자가 이와 같이 마음과 뜻과 앎에 볼 것이 없고 얻을 것이 없음을 알면, 다시 반드시 짓는 것을 따라서 낱낱이 안과 밖의 마음[內外心]을 자세히 살펴야 한다.

밖의 마음[外心, 六境]을 짓는 자라 하고, 안의 마음[內心, 六根]을 받는 자라 하니, 『대집경』 가운데서는 짓는 자와 받는 자를 말하였다.

수행자가 짓는 자를 살피는 데 여섯 가지 일[六事]의 살핌이 있고, 받는 자를 살피는 데 또한 여섯 가지가 있다. 안과 밖을 같이 살피는 데 열두 가지가 있어서 이 사마디의 경계[三昧境]가 사마디를 낼 수 있다.

수행자는 반드시 일이 일어나는 곳을 따라서 이를 살펴야 한다.

밖으로 짓는 여섯[外作六者]이란 첫째 걸어감[行], 둘째 머묾[住], 셋째 앉음[坐], 넷째 누움[臥], 다섯째 일을 지음[作作], 여섯째 말함[言談]이다.

안으로 받는 여섯[內受六者]이란 첫째 눈이 빛깔 받음[眼受色], 둘째 귀가 소리 받음[耳受聲], 셋째 코가 냄새 받음[鼻受香], 넷째 혀가 맛을 받음[舌受味], 다섯째 몸이 닿음을 받음[身受觸], 여섯째 뜻이 법을 생각함[意緣法]이다. 이것이 안팎의 열두 가지 살피는 경계이니[十二觀境], 사마디의 문의 으뜸이다.

걸어감 가운데 사마디

만약 걸어갈 때는 곧 걸어감 가운데 아직 가지 않음[未行]·가려 함[欲行]·감[行]·이미 감[行已]의 마음의 모습을 살펴 다 얻을 수 없음을 통달해야 한다.

공함과 있음을 같이 비춤이 분명한 것[雙照分明]은 앞에서 말한 것과 같다.

다시 이렇게 생각한다.

이와 같이 걸어 움직임은 마음이 움직여 옮기므로 가고 옴이 있는 것이다. 걷는 마음을 돌이켜 살피면[反觀行心] 머무는 곳을 보지 못하고 나고 사라지는 온갖 모습이 없다. 그러므로 가는 것[行者]이 마쳐 다해 다함마저 공적함을 알아야 한다.

머묾 가운데 사마디

만약 머물 때에는 곧 반드시 아직 머물지 않음·머물려 함·머묾·이미 머묾의 마음의 모습이 다 얻을 수 없음을 살펴야 한다.

공함과 있음을 같이 비춤이 분명한 것이고 앞에 자세히 말한 것과 같다.

다시 이렇게 생각한다.

이와 같이 머무는 것은 마음이 잘 누르고 다스려 몸을 세워 편히 서기 때문에 머묾이라 한다. 머무는 마음을 돌이켜 살피면[反觀住心] 머무는 곳을 볼 수 없는데, 하물며 다시 나고 사라지는 온갖 모습이겠는가. 머무는 것[住者]이 마쳐 다해 다함마저 공적한 줄 반드시 알아야 한다.

  앉음 가운데 사마디
  만약 앉을 때는 곧 반드시 아직 앉지 않음·앉으려 함·앉음·이미 앉음의 마음의 모습이 다 얻을 수 없음을 자세히 살펴야 한다.
  공함과 있음을 같이 비춤이 분명한 것은 또한 앞에 말과 같다.
  다시 이렇게 생각한다.
  이와 같이 앉는 것은 마음이 돌이켜 굴리어 발을 굽히고 몸을 편안히 함으로 앉음이라 한다. 앉는 마음을 돌이켜 살피면[反觀坐心] 나고 사라짐을 볼 수 없고 또한 안도 아니고 밖도 아닌 것이다. 반드시 앉는 것[坐者]이 마쳐 다해 다함마저 공적한 줄 알아야 한다.

  누워 잠듦 가운데 사마디
  누워 잠잘 때에는 반드시 아직 잠자지 않음·잠자려 함·잠을 잠·이미 잠의 마음의 모습이 다 얻을 수 없음을 반드시 자세히 살펴야 한다.
  공함과 있음을 같이 비춤이 분명한 것은 또한 위에서 말함과 같다.
  다시 이렇게 생각한다. 이와 같이 자는 것은 마음이 지쳐서 닫히기 때문에 곧 몸의 여섯 부분[六分]을 놓아버리고 누워버리므로 잠이라 이름한다. 잠자는 마음을 돌이켜 살피면[反觀眠心] 그 모습을 볼 수 없다. 잠자는 것[眠者]이 마쳐 다해 다함마저 공적함을 반드시 알아야 한다.

일 지음 속의 사마디

만약 일을 지을 때에는 반드시 이미 지음·지으려 함·지음·이미 지음의 마음의 모습이 다 얻을 수 없음을 자세히 살펴야 한다.

공함과 있음을 같이 비춤이 분명한 것은 또한 위에서 말함과 같다.

다시 이렇게 생각한다.

지금 몸의 손을 움직여서 여러 가지 사업을 하며 손을 들고 손을 내리는 것은 마음이 돌이켜 굴림으로 말미암아 뭇 일을 이루므로 지음이라 말한다. 짓는 마음을 돌이켜 살피면[反觀作心] 움직여 구름을 보지 못한다. 반드시 짓는 것[作者]이 마쳐 다해 다함마저 공적한 줄 알아야 한다.

말함 가운데 사마디

수행자가 만약 말하고 읽고 외울 때에는 곧 반드시 아직 말하지 않음·말하려 함·말함·이미 말함의 마음의 모습이 얻을 수 없음을 자세히 살펴야 한다.

공함과 있음을 같이 비춤이 분명한 것은 또한 위에서 말함과 같다.

다시 이렇게 생각한다.

이와 같은 음성을 말해 뱉어내게 된 것은 마음의 느끼어 살핌이 기(氣)와 숨[息]을 움직여 목과 목구멍, 입술과 혀, 이와 입천장의 여섯 곳을 쳐내므로 이 말함이 있게 된 것이다.

말하는 마음을 돌이켜 살피면[反觀語心] 자취를 보지 못하고 음성은 허공에 머무는 것[音聲住空]이다. 반드시 말하는 것[語者]이 마쳐 다해 다함마저 공적한 줄 알아야 한다.

이것이 수행자가 밖의 마음의 여섯 가지 짓는 일을 살펴어 모두 공적함을 알아 짓는 자에 정해진 실체의 모습 있음을 보지 않는 것이다.

그러므로 보디사트바는 온갖 일 가운데서 사마디를 닦아 행한다.

그러므로 『반야경』에서는 이렇게 보인다.

"붇다께서 수부티에게 말씀하셨다.

'만약 보디사트바마하사트바가 갈 때에 간 줄 알고, 나아가 앉을 때 앉은 줄 알며 누울 때와 말하고 몸에 상가티를 입을 때 그런 줄을 모두다 알지만 모든 지음을 얻을 수 없다.'"

그러므로 이것이 보디사트바의 마하야나(mahāyāna, 大乘)인 것이다.

위 『각의삼매』의 법문에는 여섯 가지 행위 짓는 마음[六作心]을 살필 때, '공함과 있음을 같이 비춤이 분명하다'[雙照分明]는 구절이 늘 등장하니 무슨 뜻인가.

갖가지 행위를 지을 때 짓는 마음은 모두 얻을 것이 없으므로 아직 짓지 않은 마음[未念], 지으려는 마음[欲念], 지금 짓는 마음[念], 이미 지은 마음[念已] 등 네 가지 움직이는 마음의 이름을 세울 것이 없다. 그러나 네 가지 마음은 있되 공하므로 과거의 마음을 의지해 현재의 마음이 있고 현재의 마음을 의지해 미래의 마음이 있으니 네 가지 움직이는 모습의 이름을 세우지 않을 것이 없다.

이름 세움과 세울 것 없음의 두 치우침을 모두 막고[雙遮] 모두 살리면[雙照] 이것이 '공함과 있음을 같이 비춤이 분명하다'는 것이다.
『각의삼매』는 다음과 같이 말한다.

> 만약 아직 짓지 않는 마음·지으려는 마음·짓는 마음·이미 지은 마음에 과거의 마음이 사라지고 현재의 마음이 난 것인가, 과거의 마음 사라지지 않고 난 것인가, 사라지기도 하고 사라지지 않기도 하고 난 것인가, 사라짐도 아니고 사라지지 않음도 아니고 난 것인가.
> 이 네 구절 이름자를 얻을 수 없다면 이름자 없음 또한 얻을 수 없다.
> '아직 생각하지 않는 마음'[未念心]이 사라짐이라는 것에서, 생각하려는 마음[欲念心]이 나고 생각하지 않는 마음[未念心]이 사라진 것인가.
> 생각하려는 마음이 나지 않고 생각하지 않는 마음이 사라진 것인가. 생각하려는 마음이 나기도 하고 나지 않기도 하며, 생각하지 않는 마음이 사라진 것인가. 생각하려는 마음이 남도 아니고 나지 않음도 아닌데 생각하지 않는 마음이 사라진 것인가.
> 이와 같이 사라지려는 마음 가운데 네 구절을 돌이켜 잡아 아직 생각하지 않는 마음[未念心]의 사라짐을 살펴서 구하면 끝내 다 해 얻을 것이 없다.
> 수행자가 만약 아직 생각하지 않는 마음, 생각하려는 마음의 나고 사라짐을 얻을 수 없으면 곧 나고 사라짐 아님도 얻을 수 없으며, 나고 사라지기도 하고 또한 나고 사라지지 않기도 함도 얻을 수 없으며, 나고 사라짐도 아니고 나고 사라짐 아님이 아님도 얻

을 수 없는 것이다.

다만 범부의 뒤바뀐 망상으로 아직 생각하지 않는 마음, 생각하려는 마음, 나아가 온갖 법 가운데서 나고 사라짐[生滅]이 있다거나 나지 않고 사라지지 않음[不生滅]이나 나고 사라짐 아님도 아님[非不生滅]이 있다고 헤아리는 것이다.

이는 다 헛되고 거짓되어 실답지 않아서 다 얻을 수 없고 다만 이름자만 있는 것이다.

이름자의 법은 안과 밖 가운데에 있지 않고 늘 스스로 있는 것이 아니니, 곧 이름자가 없는 것이다. 만약 나고 사라짐 등 네 구절 이름자를 얻을 수 없으면 이름자 없음도 없다.

이름자를 얻을 수 없으므로 거짓 있음이 아니고[非假] 이름자 없음도 얻을 수 없으므로 공함도 아니다[非空].

거짓 있음을 얻을 수 없으므로 속제(俗諦)가 아니고, 공함을 얻을 수 없으므로 진제(眞諦)가 아니다. 속제를 얻을 수 없으므로 세간법이 아니고, 진제를 얻을 수 없으므로 출세간법이 아니다.

세간법을 얻을 수 없으므로 샘 있음[有漏]이 아니고, 출세간법을 얻을 수 없으므로 샘 없음[無漏]이 아니다.

샘 있음을 얻을 수 없으므로 나고 죽음이 아니고, 샘 없음을 얻을 수 없으므로 니르바나가 아니다.

수행자가 이와 같이 아직 생각하지 않는 마음·생각하려는 마음을 살필 때, 두 치우친 가를 얻지 못하면[不得二邊] 두 치우친 가를 취하지 않는다[不取二邊]. 두 치우친 가를 취하지 않으면 두 치우친 가를 집착해 여러 번뇌의 업을 일으키지 않는다.

만약 두 치우친 가에 묶인 업의 막아 덮음이 없으면 바르게 살피는 마음이 허공과 같아 맑고 고요해 청정할 것이다.

이로 인해 중도의 바른 지혜[中道正慧]가 환하게 열리어 공함과 있음 두 진리를 같이 비추어[雙照二諦] 마음마음이 적멸하여 저절로 크나큰 니르바나의 바다[大涅槃海]에 들어가게 될 것이다.

만약 아직 생각하지 않는 마음·생각하려는 마음을 살피면 이와 같이 나머지 생각함[念]과 이미 생각함[念已]·온갖 마음 법[一切心法]도 미루어 생각해 알 수 있을 것이다.

이것이 곧 바르게 살피는 모습[正觀相]을 간략히 말한 것이다.

천태『각의삼매』의 법문처럼 지금 중생이 짓는 가고 머물고 앉고 누움의 여섯 가지 지음 가운데 짓는 마음과 짓는 일을 얻을 수 없고 얻지 않을 것도 없음을 알아, 두 치우친 가에 머물지 않으면[不住二邊] 지금 보고 듣고 말하고 먹음 가운데서 하되 함이 없이 법계 그대로의 사마디행을 행할 수 있는 것이다.

『화엄경』(「도솔궁중게찬품」兜率宮中偈讚品)은 이렇게 말한다.

마음이 가는 곳도 아니고
마음이 일어나지도 않네.
모든 붇다의 경계 가운데는
마쳐 다해 나고 사라짐 없네.
非心所行處 心不於中起
諸佛境界中 畢竟無生滅

① 여섯 가지 행위 속의 선정을 모아 말함

가거나 서거나 앉거나 눕거나 자나 깨나
늘 공한 사마디에 있나니

이와 같이 내가 들었다.

한때 붇다께서는 슈라바스티 국 제타 숲 '외로운 이 돕는 장자의 동산'에 계셨다.

그때 존자 사리푸트라는 이른 아침에 가사를 입고 발우를 가지고 슈라바스티 성에 들어가 밥을 빌었다. 밥 빌기를 마치고 정사로 돌아와, 가사와 발우를 거두고 발을 씻은 뒤에 니시다나를 가지고 숲 가운데 들어가 한낮에 좌선하였다.

이때 사리푸트라는 좌선에서 깨어나 붇다 계신 곳에 가서 머리를 대 붇다의 발에 절하고 한쪽에 물러나 앉았다.

그때 붇다께서 사리푸트라에게 말씀하셨다.

"그대는 어디서 오는가?"

사리푸트라가 대답하였다.

"세존이시여, 숲속에서 한낮에 좌선하고 오는 길입니다."

붇다께서 사리푸트라에게 말씀하셨다.

"지금 어떤 선정에 들어 머물렀는가?"

사리푸트라가 붇다께 말씀드렸다.

"세존이시여, 저는 오늘 숲 가운데서 공한 사마디의 선정[空三昧

禪]에 들어 머물렀습니다."

사리푸트라의 공삼매를 찬탄하시고,
가고 머물고 앉고 누움 속에서 늘 청정한 사마디를 보이심

붓다께서 사리푸트라에게 말씀하셨다.

"아주 잘한 일이고 잘한 일이다. 사리푸트라여, 그대는 윗자리의 선정[上座禪]에 들어 머물면서 좌선하였다.

만약 여러 비구들로서 윗자리의 선정에 들고자 하는 사람은 반드시 이와 같이 배워야 한다. 만약 성으로 들어갈 때나 밥을 빌 때나 성에서 나올 때에는 반드시 이렇게 사유해야 한다.

'나는 지금 눈으로 빛깔을 보고 있다. 자못 탐욕과 은애(恩愛)와 사랑하는 생각과 집착을 일으키지 않는가?'

사리푸트라여, 비구가 이와 같이 살필 때에 만약 눈의 앎이 빛깔에 대해 애착하는 마음과 물들어 집착함이 있다 하자. 그러면 그 비구는 악하여 착하지 않음을 끊기 위하므로, 반드시 하고자 함의 방편[欲方便]을 부지런히 행해야 방편을 써서 생각을 잡아매[繫念] 닦아 배울 수 있게 된다.

비유하면 마치 어떤 사람이 있어 불이 머리나 옷을 태우면 그 불을 끄기 위하여 반드시 더욱 위로 오르는 방편을 일으켜 힘써 끄려고 함과 같다.

저 비구 또한 이와 같아서 더욱 위로 오름[增上]을 일으켜, 하고자 함의 방편을 부지런히 해, 생각을 잡아매 닦아 배워야 한다.

만약 비구가 살필 때, 길에서나 마을에서 밥을 빌거나, 마을을 나와 그 길가는 가운데, 눈의 앎이 빛깔에 대해 사랑하는 생각과 물들어 집착함이 없으면, 그 비구는 기쁘고 즐거운 선근(善根)으로 밤낮으로 부지런히 정진해 생각을 잡아매 닦아 익히게 된다."

가르침의 뜻을 경의 이름으로 거두어 보이심

"비구여, 이것을 '가고 머묾[行住]과 앉고 누움[坐臥]에서 번뇌를 깨끗이 없앤 밥 빌기'라고 이름한다. 그러므로 이 경의 이름을 '깨끗하게 밥을 빌며 머묾'[淸淨乞食住]이라고 한다."

붇다께서 이 경을 말씀하시자, 존자 사리푸트라는 붇다의 말씀을 듣고 기뻐하며 받들어 행하였다.

- 잡아함 236 청정걸식주경(淸淨乞食住經)

• 해설 •

자아는 행위인 자아이고 행위는 마음인 행위이다. 짓는 행위에 실로 지음이 없고 마음에 마음이 없는 줄 알면 가고 머물며 앉고 누움에서 온갖 번뇌 떠난 고요함에서 가고 옴이 없이 가고 오며, 앉고 누움 없이 앉고 누울 수 있다.

세존께서 사리푸트라의 '앉음 가운데의 공삼매(空三昧)'를 찬탄하시니, 사리푸트라는 여섯 아는 뿌리와 여섯 경계가 공한 줄 알아 온갖 모습에 머묾 없이 공삼매에 들었으나, 사리푸트라의 공삼매는 모습에 모습 없는 사마디이므로 그는 공에도 머물 공을 보지 않는다.

그러므로 눈으로 빛깔 보되 봄이 없이 보고, 가고 오되 가고 옴이 없이 가고 오니, 그의 공한 사마디는 움직임과 나고 사라짐에 머물지 않되[不住生滅], 고요함과 공함에도 머물지 않는[不住寂滅] 사마디이다.

참된 선정을 닦고, 억지로 짓는 선정을 닦지 마라

이와 같이 내가 들었다.

한때 붓다께서는 나다칸타(Nādakantha)라는 마을의 깊은 골짜기 정사[深谷精舍]에 계셨다.

그때 세존께서 선타카타야나에게 말씀하셨다.

"반드시 진실한 선정[眞實禪]을 닦고, 억지로 짓는 선정[强良禪]을 익히지 말라.

비유하면 마치 거친 말을 마구간에 매어두면 그 말은 자기가 해야 할 것과 하지 않아야 할 것은 생각하지 않고, 다만 곡식과 풀만 생각하는 것과 같다.

이와 같이 장부도 탐욕의 얽힘에 의해 많이 닦고 익혔기 때문에 그는 탐욕의 마음으로 사유하면서 벗어남의 길을 진실 그대로 알지 못하고, 마음이 늘 내달려 탐욕의 얽힘을 따라 사마디를 구한다.

성냄[瞋恚]·잠과 졸음[睡眠]·들뜸과 뉘우침[掉悔]·의심[疑]을 많이 닦아 익혔기 때문에 벗어남의 길을 진실 그대로 알지 못하고, 의심의 덮음[疑蓋]으로만 마음이 사유하여 사마디를 구한다.

선타여, 만약 진실한 말[眞生馬]이라면 마구간에 매어두더라도 물이나 풀은 생각하지 않고 다만 멍에 매고 태우는 일만 생각할 것이다."

말의 비유로 참된 선정의 길을 보이심

"이와 같이 장부도 탐욕의 얽힘[纏]을 생각하지 않고 벗어남에 머묾을 진실 그대로 알아, 탐욕의 얽힘으로 사마디를 구하지 않는다.

또한 성냄·잠과 졸음·들뜸과 뉘우침·의심의 얽힘을 생각하지 않고 벗어남[出離]에 많이 머물러, 성냄·잠과 졸음·들뜸과 뉘우침·의심의 얽힘을 진실 그대로 알아 의심 등의 얽힘으로 사마디를 구하지 않는다.

이와 같이 선타여, 비구가 이렇게 선정을 닦는 사람은 흙의 영역[地界]을 의지해 선정을 닦지 않고, 물·불·바람의 영역[水火風界], 허공의 곳·앎의 곳·있는 바 없는 곳·생각도 아니고 생각 아님도 아닌 곳을 의지해 선정을 닦지도 않는다.

이 세상을 의지하지도 않고 다른 세상을 의지하지도 않으며, 해와 달도 의지하지 않고, 보고·듣고·느끼어·아는 것에도 의지하지 않고, 얻음도 아니고 구함도 아니며, 선정 속 느낌을 따르지도 않고 살핌을 따르지도 않고 선정을 닦는다.

선타여, 비구로서 이와 같이 선정을 닦는 사람이라면, 여러 하늘의 주인들[天主]·마헤쓰바라(Maheśvara, 大自在天)·프라자파티(Prajāpati, 生主)도 그를 공경하여 합장하고 머리 숙여 절하고 이렇게 게송으로 말할 것이다."

크신 수행자에게 귀의합니다.
수행자 중 높은 이께 귀의합니다.
무엇에 의지해 선정 닦는지
저희들은 전혀 알 수 없습니다.

바가리가 다시 하늘신마저 공경하는 참된 선정의 길을 물음

그때 존자 바카리는 붇다의 뒤에 머물러 있으면서 부채를 잡고 붇다께 부채질을 하고 있었다. 그때 바카리가 붇다께 말씀드렸다.

"세존이시여, 비구가 어떻게 선정에 들어야 흙·물·불·바람의 영역에 의지하지 않습니까.

나아가 이 세상을 의지하지도 않고 다른 세상을 의지하지도 않으며, 해와 달도 의지하지 않고, 보고·듣고·느끼어·아는 것에도 의지하지 않고, 얻음도 아니고 구함도 아니며, 선정 속 느낌을 따르지도 않고 살핌을 따르지도 않고 선정을 닦습니까.

또 비구가 어떻게 선정에 들어야 저 하늘의 주인들·마헤쓰바라·프라자파티가 합장하고 공경히 머리 숙여 절하면서 다음과 같은 게송을 말하겠습니까?"

> 크신 수행자에게 귀의합니다.
> 수행자 중 높은 이께 귀의합니다.
> 무엇에 의지해 선정 닦는지
> 저희들은 전혀 알 수 없습니다.

모습에서 모습 떠나고 허공에서 허공을 떠나면 바른 선정의 길임을 다시 보이심

붇다께서 바카리에게 말씀하셨다.

"비구가 땅이라는 생각에서 땅이라는 생각을 조복하고, 물·불·바람이라는 생각과, 한량없는 허공의 곳이라는 생각·앎의 곳이라는 생각·있는 바 없는 곳이라는 생각·생각도 아니고 생각 아님도 아닌 곳이라는 생각을 조복한다 하자.

그리고 이 세상과 다른 세상, 해와 달이라는 생각, 보고·듣고·느끼고·앎과 얻음과 구함, 느낌과 살핌에서 그러한 생각들을 다 조복하면 그 모든 것들을 의지하지 않게 된다.

바카리여, 이와 같이 선정을 닦는 비구는 흙·물·불·바람의 영역에 의지하지 않는다.

나아가 이 세상을 의지하지도 않고 다른 세상을 의지하지도 않으며, 해와 달도 의지하지 않고, 보고·듣고·느끼고·아는 것에도 의지하지 않고, 얻음도 아니고 구함도 아니며, 선정 속 느낌을 따르지도 않고 살핌을 따르지도 않고 선정을 닦을 수 있다.

바카리여, 비구로서 이와 같이 선정을 닦는 이는 저 하늘의 주인들·마헤쓰바라·프라자파티가 합장하고 공경히 머리 숙여 절하면서 다음과 같은 게송을 말할 것이다."

크신 수행자에게 귀의합니다.
수행자 중 높은 이께 귀의합니다.
무엇에 의지해 선정 닦는지
저희들은 전혀 알 수 없습니다.

카타야나 비구와 바카리 존자가 법의 눈이 깨끗해짐

붇다께서 이 경을 말씀하자, 선타카타야나 비구는 티끌을 멀리하고 때를 여의어 법의 눈이 깨끗하게 되었으며, 바카리 비구는 모든 흐름을 일으키지 않고 마음이 해탈하였다.

붇다께서 이 경을 말씀하시자, 바카리 비구는 붇다의 말씀을 듣고 기뻐하며 받들어 행하였다.

• 잡아함 926 선타가전연경(詵陀迦旃延經)

• 해설 •

참된 선정은 연기하는 법계의 실상 그대로의 삶의 고요함과 해탈이므로 참된 선정은 모습에서 모습 떠나고 공함에서 공함마저 떠난다.

참된 선정을 닦는 이는 지혜로 만법의 공한 진실 그대로 닦음 없이 선정을 닦으므로, 미묘한 물질을 의지하거나 영성의 신비를 의지하는 구함이 있는 선정의 길을 가지 않는다.

'억지로 짓는 선정'이란 육체의 거친 물질을 버리고 변화 속에 자재하고 미묘한 몸을 의지하거나, 번뇌의 마음을 버리고 신묘한 영성을 찾는 따위의 지음 있고 의지함이 있는 선정을 말한다.

참된 선정을 닦는 이는 흙·물·불·바람의 영역, 허공의 곳·앎의 곳을 의지하지 않으니, 이는 여섯 법의 영역이 공하기 때문에 거기에 의지하지 않는 것이다. 있는 바 없는 곳·생각도 아니고 생각 아님도 아닌 곳을 의지하지 않음이란 있는 바 없는 곳과 생각 있음도 아니고 없음도 아닌 곳 또한 중생의 망집 따라 거짓 이름[假名]으로 세워진 것이기 때문에 그곳에도 머물지 않음이다.

이 세상이 있되 공하고 저 세상이 또한 공하여 세간이 실로 있는 것이 아니므로 이 세상과 저 세상에 의지하지 않으며, 눈으로 빛깔을 보고 귀로 소리를 듣고 뜻으로 법을 알되 아는 자가 공하고 보고 듣고 아는 것에 실로 알 것이 없으므로, 보되 봄이 없고 느끼되 실로 느낌이 없으니 이것이 보고 듣고 느끼어 앎에 의지하지 않는 것이다.

의지함이 없는 선정으로 살아가는 자, 그가 온갖 것 속에 자재하고, 밖으로 구함이 없는 선정으로 살아가며, 참된 풍요와 안락의 삶을 산다.

『비말라키르티수트라』(淨名經)는 다음과 같이 말한다.

저 사리푸트라시여, 법을 구함은 붇다를 집착해서 구함이 아니고 다르마를 집착하여 구함도 아니며 상가를 집착해서 구함도 아닙니다. (중략) 법은 처소가 없으니 만약 처소를 집착하면 이는 곳[處]을 집착함이지 법을 구함이 아니고, 법을 모습 없음[無相]이라 하니 모습을 따라 알면[隨相識] 이는 모습을 구함이지 법을 구함이 아닙니다.

법은 머물 수 없으니 만약 법에 머물면 이것은 머무는 법이지 법을 구함이 아니고, 법은 보고 듣고 느끼어 알 수 없으니 만약 보고 듣고 느끼어 앎을 행하면 이것은 보고 듣고 느끼어 앎을 행함이지 법을 구함이 아닙니다.

법을 함이 없음[無爲]이라 하니, 만약 함이 있음을 행하면 이것은 함이 있음[有爲]을 구함이지 법을 구함이 아닙니다.

그러므로 사리푸트라시여, 만약 법을 구하는 이는 온갖 법에 반드시 구하는 바가 없어야 합니다.

『화엄경』(「수미정상게찬품」) 또한 온갖 법이 스스로 공하므로 법의 생각을 떠나되 억지로 떠나는 행 닦지 않아야 보디의 세계에 나아감을 이렇게 가르친다.

법의 생각 멀리 떠나서
온갖 법을 즐기지 아니하되
이것 또한 닦을 것이 없어야
크신 무니를 뵐 수 있으리.

遠離於法想　不樂一切法
此亦無所修　能見大牟尼

가고 머물고 굽히고 펴고 숙이고
우러름에 소처럼 행해야 하니

이와 같이 들었다.
한때 붇다께서는 슈라바스티 국 제타 숲 '외로운 이 돕는 장자의 동산'에 계셨다.
그때 세존께서 여러 비구들에게 말씀하셨다.
"내 이제 사람에게는 노새와 같은 자가 있고 소와 같은 자가 있음을 말하겠으니, 자세히 듣고 잘 사유하라."
여러 비구들이 대답했다.
"그렇게 하겠습니다, 세존이시여."
이때 여러 비구들이 붇다께 가르침을 받으니, 세존께서 말씀하셨다.

경계에 마음이 치달려 어지러운 이를 노새와 같은 자로 비유하심

"그 어떤 이를 노새와 같은 사람이라고 하는가? 만약 어떤 사람이 수염과 머리를 깎고 세 가지 가사를 입고, 믿음이 굳세어 집을 나와 도를 배운다 하자.
그때 그 사람이 모든 아는 뿌리가 안정되지 못하여, 만약 눈이 빛깔을 보면 빛깔이라는 생각을 따라 일으켜, 만 갈래로 흘러 치달리게 된다. 그러면 그때 눈이 깨끗하지 못해 여러 어지러운 생각을 내어 눌러 지닐 수 없게 되고, 뭇 악이 널리 모여 그 눈뿌리마저 보살필 수 없게 된다. 귀가 소리를 듣고, 코가 냄새를 맡으며, 혀가 맛을 보고, 몸이 가늘고 부드러움을 느끼고, 뜻이 법을 알며, 앎의 병[識病] 일으킴을 따라 만 갈래로 흘러 치달리게 된다. 그때 뜻뿌리가 깨끗하지 못해 여러 어지러운 생각을 내어 눌러 지닐 수 없게 되고, 뭇 악이 널리 모여 그 뜻뿌리마저 보살필 수 없게 된다.

그래서 바른 몸가짐[威儀]과 예절(禮節)의 마땅함이 없어 걸음걸이와 나아가고 그침, 굽히고 펴며, 숙이고 우러름, 가사를 입고 발우를 지님에 모두 금한 계를 어기게 된다.

그래서 범행을 닦는 사람들로부터 다음과 같은 꾸짖음을 받게 된다.

'쯧쯧, 이 어리석은 사람은 모양만 사문 같구나.'

그리하여 곧 '사문이라면 그렇게 해서는 안 된다'고 하며 꾸짖어 쫓아낼 것이다. 그래도 그는 이렇게 말한다.

'나 또한 비구다, 나 또한 비구다.'

그러나 그것은 마치 노새가 소 떼 속에 들어가서 스스로를 일컬어 '나도 소다, 나도 소다'라고 하지만, 그 두 귀를 보아도 소와 닮지 않았고 뿔도 닮지 않았고 꼬리도 닮지 않았으며 소리도 서로 다른 것과 같다.

그때 소 떼들은 뿔로 떠받고 발로 짓밟으며 입으로 물 것이다.

이제 이 비구도 이와 같아서 모든 아는 뿌리가 안정되지 못하여 만약 눈이 빛깔을 보면 빛깔이라는 생각을 따라 일으켜 만 갈래로 흘러 치달린다. 그러면 그때 눈이 깨끗하지 못해 여러 어지러운 생각을 내어 눌러 지닐 수 없게 되고, 뭇 악이 널리 모여 그 눈뿌리마저 보살필 수 없게 된다.

귀가 소리를 듣고, 코가 냄새를 맡으며, 혀가 맛을 보고, 몸이 가늘고 부드러움을 느끼고, 뜻이 법을 알며, 앎의 병 일으킴을 따라 만 갈래로 흘러 치달리게 된다. 그때 뜻뿌리가 깨끗하지 못해 여러 어지러운 생각을 내어 눌러 지닐 수 없게 되고, 뭇 악이 널리 모여 그 뜻뿌리마저 보살필 수 없게 된다.

그래서 바른 몸가짐과 예절의 마땅함이 없어 걸음걸이와 나아가고 그침, 굽히고 펴며, 숙이고 우러름, 가사를 입고 발우를 지님에 모두 금한 계를 어기게 된다.

그래서 범행을 닦는 사람들로부터 다음과 같은 꾸짖음을 받게 된다.

'쯧쯧, 이 어리석은 사람은 모양만 사문 같구나.'

그리하여 곧 '사문이라면 그렇게 해서는 안 된다'고 하며 꾸짖어 쫓아낼 것이다. 그때도 그는 이렇게 말한다.

'나는 사문이다.'

그러나 그것은 마치 노새가 소 떼 속에 들어가는 것과 같으니, 이것을 곧 어떤 사람이 노새와 같다고 함이다."

안으로 고요하고 밖으로 치달리지 않아 늘 바른 실천법 행하는 이를 소와 같은 이로 비유하심

"그 어떤 이를 소와 같은 사람이라고 하는가? 만약 어떤 사람이 수염과 머리를 깎고 세 가지 가사를 입고, 믿음이 굳세어 집을 나와 도를 배운다 하자.

그때 그 사람이 모든 아는 뿌리가 고요히 안정되어, 먹고 마심에 절도를 알고, 날이 다하도록 거닐어도 일찍이 버리는 일이 없이 마음이 서른일곱 실천법[三十七助道品]에 노닐면, 만약 눈이 빛깔을 보아도 빛깔이라는 생각을 내지 않고, 또한 흘러 치달리는 생각도 없게 된다. 그럴 때엔 눈은 깨끗하여 여러 착한 생각을 내며, 또 잘 눌러 지니어 다 모든 악이 없이 늘 그 눈을 잘 보살핀다. 귀가 소리를 듣고, 코가 냄새를 맡으며, 혀가 맛을 보고, 몸이 가늘고 부드러움을 느끼며, 뜻이 법을 앎에서도 앎의 병을 일으키지 않는다.

그때는 뜻뿌리가 깨끗하게 되어, 범행을 닦는 사람들 있는 곳에 여러 범행을 닦는 사람들이 그가 오는 것을 멀리서 보고 소리 높여 이렇게 말할 것이다.

'잘 오셨소, 배움 같이하는 이여.'

그러면서 때를 따라 공양해주어 모자람이 없게 해줄 것이다.

비유하면 마치 좋은 소가 소 떼 속에 들어가서 '나도 소다'라고 스스로 일컬으면, 그 소는 털·꼬리·귀·뿔·소리까지 모두 바로 소이므로 다른 여러 소들이 보고서는 각기 와서 몸을 핥아주는 것과 같다."

**안과 밖이 모두 고요해 온갖 지음이
선정이 되는 길을 배우도록 하심**

"이 또한 이와 같아서 어떤 사람이 수염과 머리를 깎고 세 가지 가사를 입고 믿음이 굳세어 집을 나와 도를 배운다 하자.

그때 그 사람이 모든 아는 뿌리가 고요히 안정되어 먹고 마심에 절도를 알고, 날이 다하도록 거닐어도 일찍이 버리는 일이 없이 마음이 서른일곱 실천법에 노닐면, 만약 눈이 빛깔을 보아도 빛깔이라는 생각을 내지 않고 또한 치달리는 생각이 없다.

그럴 때면 그의 눈은 깨끗하여 여러 착한 생각을 내며, 또 잘 눌러 지니어 다시 여러 악이 없이 늘 그 눈뿌리를 잘 보살핀다. 귀가 소리를 듣고, 코가 냄새를 맡으며, 혀가 맛을 보고, 몸이 가늘고 부드러움을 느끼고, 뜻이 법을 앎에서도 앎의 병을 일으키지 않는다.

그때는 뜻뿌리가 갖춰져서 원만함을 얻게 된다.

이것을 '어떤 사람이 소와 같다'고 함이다.

이와 같이 여러 비구들이여, 그대들은 소와 같기를 배우고 노새를 본받지 말라.

이와 같이 여러 비구들이여, 반드시 이렇게 배워야 한다."

그때 여러 비구들은 붇다의 말씀을 듣고 기뻐하며 받들어 행하였다.

• 증일아함 16화멸품(火滅品) 四

• **해설** •

눈이 빛깔을 보고 귀가 소리를 들으며 나아가 뜻이 법을 알 때 어떻게 해야 여섯 아는 뿌리를 잘 보살필 수 있는가.

눈이 빛깔을 보되 실로 보는 자가 없고, 귀가 소리를 듣되 실로 듣는 자가 없으며, 뜻이 법을 알 때 실로 아는 자가 없는 줄 바로 보아야 여섯 아는 뿌리를 바깥 경계의 소용돌이에서 참으로 잘 보살필 수 있을 것이다. 또 어떻게 해야 여섯 아는 뿌리가 앎의 병을 일으켜 밖으로 치달리지 않는가.

안의 여섯 뿌리로 빛깔을 보고 소리를 들으며 냄새 맡고 맛보며 닿음을 느끼고 법을 알되, 여섯 경계가 공하여 실로 알 바가 없음을 바로 보아야 여섯 티끌경계를 향해 내달리는 앎의 병을 떠날 수 있다.

여섯 아는 뿌리가 공함을 보아 안이 고요하고, 여섯 경계가 공함을 알아 밖이 고요하면, 날이 다하도록 보아도 봄이 없고 날이 다하도록 일하되 일함이 없으니, 그가 소 떼 가운데 소 무리지어 의젓이 걸어감과 같다.

그의 걸음걸이는 소와 같이 든든하고, 그의 머묾은 제비처럼 한가로우며,

그의 앉음은 산과 같이 움직임 없고, 그의 누워 쉼은 짐승의 왕 사자 같을 것이다.

그의 말함은 칼라빙카(kalaviṅka) 새와 같을 것이며, 그의 밥 먹음은 먹되 먹음이 없으니, 그는 밥 먹되 오직 법의 기쁨[法喜]과 선정의 기쁨[禪悅]으로 밥을 삼아 먹음 없이 그 밥을 먹어 길이 죽지 않는 지혜의 목숨[慧命]을 기를 것이다.

세간 번뇌의 물결에 물듦 없이 우뚝한 사마디의 사람을 어떻다고 말해야 하는가. 『화엄경』(「이세간품」)은 이렇게 말한다.

> 보디사트바 수메루 산은
> 세간을 뛰어 벗어났네.
> 신통 사마디의 봉우리
> 크나큰 마음 평안하여
> 조금도 움직이지 아니하네.
>
> 菩薩須彌山　超出於世間
> 神通三昧峰　大心安不動

② 여섯 가지 행위 속의 선정을 나누어 말함

가. 걸어감 속의 선정[行威儀]

마음을 한곳에 거두어 지니고 모든 아는
뿌리 휘잡아 단정히 걸어가야 하나니

이와 같이 내가 들었다.

한때 붇다께서는 바라나시 국 선인이 머무는 곳인 사슴동산에 계셨다.

그때 세존께서는 이른 아침에 가사를 입고 발우를 가지고 바라나시 성에 들어가 밥을 비셨다.

그때 어떤 비구는 마음을 머물지 못하여 그 마음이 미혹하고 어지러워 '모든 아는 뿌리'를 거두지 못하였다. 그도 이른 아침에 가사를 입고 발우를 가지고 바라나시 성으로 들어가 밥을 빌었다.

그러다가 그 비구는 멀리서 세존을 보고 그런 뒤에 모든 아는 뿌리를 거두어 지니어 단정히 바라보며 걸었다.

세존께서는 그 비구가 모든 아는 뿌리를 거두어 지니고 단정히 바라보며 걷는 것을 보시고는 성으로 들어가셨다.

밥 빌기를 마치고 정사에 돌아와 가사와 발우를 거두어들고 발을 씻은 뒤에 방에 들어가 좌선하셨다.

걸식하다 세존을 보고서야 단정하고 고요히 걷는
비구를 세존께서 찬탄하심

세존께서는 해질녘 선정에서 깨어나 대중 가운데로 들어가시어 자리를 펴고 대중 앞에 앉아 비구들에게 말씀하셨다.

"내 오늘 이른 아침에 가사를 입고 발우를 가지고 바라나시 성으로 들어가 밥을 빌다가, 어떤 비구가 마음을 머물지 못하여 마음을 미혹하고 어지럽게 해 모든 아는 뿌리가 흩어진 것을 보았다.

그 비구 또한 가사를 입고 발우를 가지고 성에 들어가 밥을 빌다가 멀리서 나를 보자 곧 스스로 거두어 들였다. 그 비구가 누군가?"

그때 그 비구가 자리에서 일어나 옷을 바로 여미고 붇다 앞에 이르러 오른 어깨를 드러내고 합장한 뒤 붇다께 말씀드렸다.

"세존이시여, 제가 이른 아침에 성에 들어가 밥을 빌었습니다.

그때 마음이 미혹되고 어지러워 모든 아는 뿌리를 거두어 지니지 못하고 걷다가, 멀리서 세존을 뵙고서는 곧 스스로 마음을 거두고 모든 아는 뿌리를 거두어 지닐 수 있었습니다."

붇다께서 그 비구에게 말씀하셨다.

"참 잘하고 잘했다. 너는 나를 보고서는 스스로 마음을 거두고 모든 아는 뿌리를 거두어 지닐 수 있었다.

비구여, 이 법이 반드시 이와 같아야 하는 것이다[法應如是].

만약 비구를 보더라도 스스로 거두어 지녀야 하고, 또 비구니·우파사카·우파시카를 보더라도 또한 이와 같이 모든 아는 뿌리를 거두어 지녀야 한다. 그러면 반드시 기나긴 밤에 뜻의 요익함[義饒益]을 얻을 것이고, 안온함과 즐거움을 얻을 것이다."

법을 듣던 다른 비구가 그 비구를 찬탄함

그때 대중 가운데서 어떤 비구가 게송으로 찬탄하였다.

그 마음이 헤매고 어지러워서
오롯이 생각 매어 머물지 못하고
이른 아침 가사 입고 발우 가지고
성안에 들어가서 밥을 빌었네.

길 가운데서 저 크신 스승의
위엄 있고 덕스러운 모습을 뵙고
기뻐하여 부끄러운 마음을 내고
모든 아는 뿌리 거두어 지니었네.

붇다께서 이 경을 말씀하시자, 여러 비구들은 붇다의 말씀을 듣고 기뻐하며 받들어 행하였다.

• 잡아함 1080 참괴경(慚愧經)

• 해설 •

어떻게 걷는 것이 바르게 걷는 것인가. 몸을 단정히 해 고요히 걸으며 왼쪽 오른쪽에 치우침 없되 가운데에도 머물지 않는 이가 잘 걷는 이이며, 빛깔을 보되 봄이 없고 소리를 듣되 들음이 없고 법을 알되 앎이 없이 걷는 이가 잘 걷는 이이다. 뜻이 흐트러져 어지럽게 걷다가 붇다의 위덕 어린 모습을 한 번 보고 그 뜻을 모두 거두어 사마디의 마음이 되었으니, 그는 바로 걸음 없이 걸어 세간에 잘 노니는 자가 된 것이며, 청정하게 머물며 밥을 비는[淸淨住乞食] 사문다운 사문이 된 것이다.

사리푸트라는 몸에서 몸 살핌이 있어
세간에 잘 노니나니

나는 들었다. 이와 같이.

한때 붇다께서 슈라바스티 국에 노니실 적에 제타 숲 '외로운 이 돕는 장자의 동산'에 계셨다. 그때 세존께서 큰 비구대중과 함께 그 곳에서 여름 안거를 지내셨다.

존자 사리푸트라도 슈라바스티 국에서 여름 안거를 지냈는데, 석 달 동안 안거를 마치고서 옷을 다 기운 뒤에 옷을 거두고 발우를 가 지고 붇다 계신 곳에 나아갔다.

그는 붇다의 발에 머리를 대 절하고 물러나 한쪽에 앉아 말씀드 렸다.

"세존이시여, 저는 슈라바스티 국에서 여름 안거를 마쳤습니다. 세존이시여, 저는 사람 사이에 노닐어 다니고자 합니다."

세존께서 말씀하셨다.

"사리푸트라여, 그대가 하고 싶은 대로 떠나가 여러 건너지 못한 사람들[未度者]을 건너도록 해주고, 아직 벗어나지 못한 사람들[未 脫者]을 벗어나게 해주며, 아직 파리니르바나에 들지 못한 사람들 [未般涅槃者]을 파리니르바나에 들게 해주라.

사리푸트라여, 그대가 하고 싶은 대로 떠나라."

이에 존자 사리푸트라는 붇다의 말씀을 들어 잘 받고 잘 지니었 다. 그러고는 곧 자리에서 일어나 붇다의 발에 머리를 대 절하고 붇다 둘레를 세 바퀴 돌고 나서 떠나갔다.

그는 자기 방에 돌아와 누울 자리와 앉을 자리를 거두어 들고, 옷을 거두고 발우를 가지고 바로 나가 사람 사이에 노닐어 다녔다.

세간 유행의 길 떠난 사리푸트라 존자를 어떤 비구가 무고함

존자 사리푸트라가 가고 나서 오래지 않아, 어떤 범행자[梵行]가 붇다 앞에서 '서로 어겨 다투는 법'[相違法]을 저질러 세존께 말씀드렸다.

"오늘 존자 사리푸트라가 저를 업신여기고서는 사람 사이에 노닐어 다니고 있습니다."

세존께서 한 비구에게 말씀하셨다.

"너는 사리푸트라 있는 곳에 가서 사리푸트라에게 이렇게 말하라. '세존께서 그대를 부르시오. 그대가 떠난 지 오래지 않아 어떤 범행자가 세존 앞에서 '서로 어겨 다투는 법'을 저질러 이렇게 말했소. 〈오늘 존자 사리푸트라가 저를 업신여기고서는 사람 사이에 노닐어 다니고 있습니다.〉'"

한 비구가 붇다의 분부를 받고 곧 자리에서 일어나 붇다께 절하고 떠나갔다. 이때에 존자 아난다가 세존의 뒤에서 털이[拂子]를 잡고 세존을 모시고 있었다.

아난다 존자가 사리푸트라의 '노닐어 거님'의
도를 듣도록 여러 비구들을 모음

한 비구가 떠나간 지 얼마 되지 않아 존자 아난다가 곧 방문 열쇠를 가지고 여러 방을 두루 돌면서 여러 비구들을 보고 이렇게 말하였다.

"잘하고 계시오, 여러 존자들이여. 빨리 강당으로 갑시다. 지금 존자 사리푸트라가 붇다 앞에서 사자처럼 외칠 것입니다.

만약 존자 사리푸트라가 말씀하시는 것이라면, 깊고 깊어서 고요히 쉼 가운데 고요함일 것이고, 묘함 가운데 묘함일 것이오.

여러 존자들과 나는 이 같은 말씀을 들은 뒤에 반드시 잘 외워 익히고, 잘 받아 지녀야 할 것이오."

그때 여러 비구들은 존자 아난다의 말을 듣고 모두 강당으로 갔다.

한 비구가 존자 사리푸트라가 있는 곳에 가서 말했다.

"세존께서 존자를 부르시면서 이렇게 전하라고 말씀하셨소.

'그대가 떠난 지 오래지 않아 어떤 범행자가 내 앞에서 서로 어겨 다투는 법을 저질러 이렇게 말했다.

〈오늘 존자 사리푸트라가 저를 업신여기고서는 사람 사이에 노닐어 다니고 있습니다.〉'"

이에 사리푸트라는 이 말을 듣고 곧 자리에서 일어나 바로 붇다 계신 곳에 왔다. 그는 머리를 대 붇다의 발에 절하고 물러나 한쪽에 앉았다. 붇다께서 곧 말씀하셨다.

"사리푸트라여, 그대가 떠난 지 오래지 않아 어떤 범행자가 내 앞에서 서로 어겨 다투는 법을 저질러 이렇게 말했다.

'세존이시여, 오늘 존자 사리푸트라가 저를 업신여기고서는 사람 사이에 노닐어 다니고 있습니다.'

사리푸트라여, 그대가 참으로 어떤 범행자를 업신여기고서는 사람사이에 노닐어 다녔는가?"

몸에서 몸을 살펴 해침 없는 마음을 뿔 잘린 소에 비유해 말씀드림

사리푸트라가 말씀드렸다.

"세존이시여, 만약 몸에서 몸 살핌[身身念]이 없는 사람이라면, 그는 범행자를 업신여기고 사람 사이에 노닐어 다닐 것입니다. 그러나 저는 잘 몸에서 몸 살핌이 있는데, 제가 어떻게 범행자를 업신여기고 사람 사이를 노닐어 다니겠습니까?

세존이시여, 마치 뿔을 잘린 소가 아주 잘 참고 온순하며 잘 길들여져서, 마을에서 마을로 거리에서 거리로 노닐어 다니는 곳에서 조금도 침범하지 않는 것처럼 세존이시여, 저 또한 이와 같습니다.

마음은 뿔을 잘린 소와 같아서, 맺힘도 없고 원한도 없으며, 성냄도 없고 다툼도 없어, 아주 넓고 매우 커서 한량없이 잘 닦아 온갖 세간에 두루 가득히 성취하여 노닙니다.

세존이시여, 만약 몸에서 몸 살핌이 없는 사람이라면, 그는 곧 범행자를 업신여기고 사람 사이를 노닐어 다닐 것입니다. 그러나 저는 잘 몸에서 몸 살핌이 있는데, 제가 어떻게 범행자를 업신여기고 사람 사이에 노닐어 다니겠습니까?

세존이시여, 마치 수드라의 어린이가 두 손이 잘리고 그 뜻마저 아주 낮은데, 마을에서 마을로 읍에서 읍으로 노닐어 가는 곳마다 전혀 침범하지 않는 것처럼 세존이시여, 저 또한 이와 같습니다.

마음은 손을 잘린 수드라의 어린이와 같아, 맺힘도 없고 원한도 없으며, 성냄도 없고 다툼도 없어 아주 넓고 매우 크며 한량없이 잘 닦아 온갖 세간에 두루 가득히 성취하여 노닙니다.

세존이시여, 만약 몸에서 몸 살핌이 없는 사람이라면, 그는 곧 범행자를 업신여기고 사람 사이에 노닐어 다닐 것입니다. 그러나 저는 잘 몸에서 몸 살핌이 있는데, 제가 어떻게 범행자를 업신여기고 사람 사이에 노닐어 다니겠습니까?"

치우침 없고 미움 없는 마음을 땅·불·물·바람으로 비유해 말함

"세존이시여, 마치 땅이 깨끗한 것이거나 깨끗하지 않은 것, 똥오줌·눈물·침 따위를 모두 받아들이면서도, 땅이 이 때문에 미움과 사랑을 두지 않고, 스스로 부끄러워 뉘우칠 것이 없고, 남에게 부끄러워할 것도 없는 것과 같습니다. 세존이시여, 저 또한 이와 같습니다.

마음이 저 땅과 같아서 맺힘도 없고 원한도 없으며, 성냄도 없고 다툼도 없으며, 아주 넓고 매우 크고 한량없이 잘 닦아 온갖 세간에 두루 가득히 성취하여 노닙니다.

세존이시여, 만약 몸에서 몸 살핌이 없는 사람이라면, 그는 곧 범행자를 업신여기고 사람 사이를 노닐어 다닐 것입니다. 그러나 저는 잘 몸에서 몸 살핌이 있는데, 제가 어떻게 범행자를 업신여기고 사람 사이를 노닐어 다니겠습니까?

세존이시여, 마치 물이 깨끗한 것이거나 깨끗하지 않은 것, 똥오줌·눈물·침 따위를 모두 씻어도, 물이 이 때문에 미움과 사랑을 두지 않고, 스스로 부끄러워 뉘우칠 것이 없고, 남에게 부끄러워할 것도 없는 것과 같습니다. 세존이시여, 저 또한 이와 같습니다.

마음이 저 물과 같아서 맺힘도 없고 원한도 없으며, 성냄도 없고 다툼도 없으며, 아주 넓고 매우 크고 한량없이 잘 닦아 온갖 세간에 두루 가득히 성취하여 노닙니다.

세존이시여, 만약 몸에서 몸 살핌이 없는 사람이라면, 그는 곧 범행자를 업신여기고 사람 사이에 노닐어 다닐 것입니다. 그러나 저는 잘 몸에서 몸 살핌이 있는데, 제가 어떻게 범행자를 업신여기고 사람사이를 노닐어 다니겠습니까?

세존이시여, 마치 불이 깨끗한 것이거나 깨끗하지 않은 것, 똥오줌·눈물·침 따위를 다 불살라도, 불이 이 때문에 미움과 사랑을 두지 않고, 스스로 부끄러워 뉘우칠 것이 없고, 남에게 부끄러워할 것도 없는 것과 같습니다. 세존이시여, 저 또한 이와 같습니다.

마음이 저 불과 같아서 맺힘도 없고 원한도 없으며, 성냄도 없고 다툼도 없으며, 아주 넓고 매우 크고 한량없이 잘 닦아 온갖 세간에 두루 가득히 성취하여 노닙니다.

세존이시여, 만약 몸에서 몸 살핌이 없는 사람이라면, 그는 곧 범행자를 업신여기고 사람사이에 노닐어 다닐 것입니다. 그러나 저는 잘 몸에서 몸 살핌이 있는데, 제가 어떻게 범행자를 업신여기고 사람 사이에 노닐어 다니겠습니까?

세존이시여, 마치 바람이 깨끗한 것이거나 깨끗하지 않은 것, 똥오줌·눈물·침 따위를 모두 불어도, 바람이 이 때문에 미움과 사랑을 두지 않고, 스스로 부끄러워 뉘우칠 것이 없고, 남에게 부끄러워할 것도 없는 것과 같습니다. 세존이시여, 저 또한 이와 같습니다.

마음이 저 바람과 같아서 맺힘도 없고 원한도 없으며, 성냄도 없고 다툼도 없으며, 아주 넓고 매우 크고 한량없이 잘 닦아 온갖 세간에 두루 가득히 성취하여 노닙니다.

세존이시여, 만약 몸에서 몸 살핌이 없는 사람이라면, 그는 곧 범행자를 업신여기고 사람 사이에 노닐어 다닐 것입니다. 그러나 저는 잘 몸에서 몸 살핌이 있는데, 제가 어떻게 범행자를 업신여기고 사람 사이에 노닐어 다니겠습니까?"

몸을 살펴 부끄러움 없고 다툼 없는 마음을 빗자루 걸레에 비유함

"세존이시여, 마치 청소하는 빗자루[掃箒]는 깨끗한 것이거나 깨끗하지 않은 것, 똥오줌·눈물·침 따위를 모두 쓸어도, 빗자루가 이 때문에 미움과 사랑을 두지 않고, 스스로 부끄러워 뉘우칠 것이 없고, 남에게 부끄러워할 것도 없는 것과 같습니다. 세존이시여, 저 또한 이와 같습니다.

마음이 저 빗자루와 같아서 맺힘도 없고 원한도 없으며, 성냄도 없고 다툼도 없으며, 아주 넓고 매우 크고 한량없이 잘 닦아 온갖 세간에 두루 가득히 성취하여 노닙니다.

세존이시여, 만약 몸에서 몸 살핌이 없는 사람이라면, 그는 곧 범행자를 업신여기고 사람 사이에 노닐어 다닐 것입니다. 그러나 저는 잘 몸에서 몸 살핌이 있는데, 제가 어떻게 범행자를 업신여기고 사람 사이에 노닐어 다니겠습니까?

세존이시여, 마치 닦아내는 걸레가 깨끗한 것이거나 깨끗하지 않은 것, 똥오줌·눈물·침 따위를 모두 닦아도, 걸레가 이 때문에 미움과 사랑을 두지 않고, 스스로 부끄러워 뉘우칠 것이 없고, 남에게 부끄러워할 것도 없는 것과 같습니다. 세존이시여, 저 또한 이와 같습니다.

마음이 저 걸레와 같아서 맺힘도 없고 원한도 없으며, 성냄도 없고 다툼도 없으며, 아주 넓고 매우 크고 한량없이 잘 닦아 온갖 세간에 두루 가득히 성취하여 노닙니다.

세존이시여, 만약 몸에서 몸 살핌이 없는 사람이라면, 그는 곧 범행자를 업신여기고 사람 사이에 노닐어 다닐 것입니다. 그러나 저는 잘 몸에서 몸 살핌이 있는데, 제가 어떻게 범행자를 업신여기고 사람 사이에 노닐어 다니겠습니까?"

몸 살핌을 깨진 병에서 새는 고약, 목에 두른 시체로 비유해 말함

"세존이시여, 마치 고약병이 곳곳이 부서져 있는데, 거기 고약을 가득 담아 햇볕에 두면, 그 병 여러 군데서 고약이 새어 줄줄 흐르는 것과 같습니다. 만약 눈이 있는 사람이 와서 한쪽에 서서 이 고약병이 곳곳이 부서져 있는데 거기 고약을 가득 담아 햇볕에 두면 그 병 여러 군데서 고약이 새는 것을 볼 것입니다. 세존이시여, 저 또한 몸 살핌이 이와 같습니다.

늘 이 몸을 살펴보니, 아홉 구멍에서 더러운 것이 온통 새어 흐르고 있습니다.

세존이시여, 만약 몸에서 몸 살핌이 없는 사람이라면, 그는 곧 범행자를 업신여기고 사람 사이에 노닐어 다닐 것입니다. 그러나 저는 잘 몸에서 몸 살핌이 있는데, 제가 어떻게 범행자를 업신여기고 사람 사이에 노닐어 다니겠습니까?

세존이시여, 어떤 사람이 나이 젊은 것을 스스로 기뻐하여 목욕하고 손발 씻고 바르는 향[塗香]을 몸에 바르고 희고 깨끗한 옷을 입고, 구슬목걸이로 그 몸을 꾸미고 수염을 깎고 머리털을 다듬고, 머리에 꽃다발을 쓴 것과 같습니다.

만약 푸르딩딩하게 퉁퉁 붓고 지독한 냄새가 나며, 문드러져 더러운 물이 줄줄 흐르는 세 가지 시체, 곧 죽은 뱀과 죽은 개나 사람의 시체를 목에 걸치면, 그는 부끄러움을 품고 아주 싫어하고 더럽게 여길 것입니다. 세존이시여, 저 또한 이와 같습니다. 늘 이 몸의 냄새 나는 곳이 깨끗하지 못함을 살펴 마음에 부끄러움을 품고 아주 그것을 싫어하고 더럽게 여깁니다.

세존이시여, 만약 몸에서 몸 살핌이 없는 사람이라면, 그는 곧 범행자를 업신여기고 사람 사이에 노닐어 다닐 것입니다. 그러나 저는 잘 몸에서 몸 살핌이 있는데, 제가 어떻게 범행자를 업신여기고 사람 사이에 노닐어 다니겠습니까?"

거짓 무고했던 비구가 뉘우치자, 그 뉘우침을 받아주심

이때 그 비구는 곧 자리에서 일어나 붇다의 발에 머리를 대 절하고 세존께 말씀드렸다.

"허물을 뉘우칩니다, 세존이시여. 스스로 고백합니다, 잘 가신 이여. 저는 참으로 어둡고 어리석으며 안정되지 못하고 옳지 못했습니다. 왜냐하면 저는 헛된 거짓말로 청정한 범행자인 사리푸트라 비구를 모함하고 비방했기 때문입니다.

세존이시여, 제가 이제 허물을 뉘우치니 받아주시길 바랍니다. 저는 허물을 보고서 드러내 밝히고 다시 짓지 않겠습니다."

세존께서 말씀하셨다.

"그렇다. 비구여, 너는 참으로 어둡고 어리석으며 안정되지 못하고 옳지 못했다. 왜냐하면 너는 헛된 거짓말로 청정한 범행자인 사리푸트라 비구를 모함하고 비방했기 때문이다.

그러나 너는 허물을 뉘우치고 허물을 보고서 드러내 밝혀, 뒤에 다시 짓지 않게 되었다. 만약 허물을 뉘우치고 허물을 보아 드러내 밝히고, 다시는 짓지 않는 자는, 이와 같이 거룩한 법을 길러 자라게 하니, 그러면 바른 율(律, vinaya)은 곧 시들어 물러나지 않을 것이다."

이에 붇다께서는 존자 사리푸트라에게 말씀하셨다.

"그대는 어서 저 어리석은 사람이 허물 뉘우친 것을 받아들여, 저 비구가 그대 앞에서 머리가 부서져 일곱 조각 나지 않도록 하라."

존자 사리푸트라는 곧 그 비구를 가엾게 여겨 이내 그가 허물을 뉘우치는 것을 받아들였다.

붇다께서 이와 같이 말씀하시자, 존자 사리푸트라와 여러 비구들은 붇다의 말씀을 듣고 기뻐하며 받들어 행하였다.

• 중아함 24 사자후경(師子吼經)

• 해설 •

사리푸트라 존자는 여래의 제자 가운데 지혜가 으뜸으로서 늘 몸에서 몸을 살펴어 몸에 취할 모습이 없음을 잘 깨달아 아는 분이니, 그가 어찌 나[我]라는 모습을 두어 남을 업신여길 것인가.

그는 몸 살핌의 선정에 들어 세간에 노니니 노님 없이 세간에 노님이고, 그는 몸 살핌의 선정에 들어 아란야에 머무니 또한 머묾 없이 머묾이다. 이와 같이 가되 감이 없고 머물되 머묾 없는 그가 바로 잘 사마디에 머물러 사는 아란야행자이며, 그가 바로 잘 세간에 노님 없이 노닐어 밥을 비는 두타행자이다.

사리푸트라 존자가 스스로의 평등한 마음 분별없는 사마디의 마음을 땅과 물·불과 바람으로 비유하고, 더러운 것 닦아내는 걸레·먼지 쓰는 빗자루로 비유하니, 그의 선정은 수메루 산처럼 움직임 없고 그의 지혜는 바다처럼 깊고 깊다.

여래께서 사리푸트라를 찬탄하고 허물 지은 비구의 참회를 사리푸트라 존자가 받아들이니, 여래의 법과 율 가운데 이와 같이 화합하는 상가의 아름다운 모습을 천추만대 다른 어느 곳에서 찾아볼 수 있을 것인가.

또 여래의 가르침 따라 늘 사마디 속에서 길을 걷고 사마디 속에 법을 설하며 고요한 아란야에 머물며, 떨어진 옷에 밥을 빌고 두타를 닦는 사리푸트라가 어찌 범행 닦는 이를 업신여기며, 세간에 거짓과 헛것을 전할 것인가. 사리푸트라 존자는 천추만대 그 이름이 지워지지 않을 보디사트바 법의 바다이고, 보디사트바 수메루 산왕이다.

영가선사의 「증도가」 또한 사리푸트라처럼 가난한 마음으로 아란야행 닦는 수행자의 모습을 다음과 같이 말한다.

> 깊은 산에 들어가 아란야에 머물며
> 높은 산 깊은 골짝 긴 소나무 아래
> 가난하고 조촐한 절집 아름다이 노닐고
> 고요히 앉아서 선정 닦으며
> 고요한 사마디로 편히 머무니
> 그 생활 참으로 맑고 시원하도다.
>
> 入深山　住蘭若　岑崟幽邃長松下
> 優游靜坐野僧家　閴寂安居實蕭灑

> 강에 달 비치고 소나무에 바람 부니
> 긴 밤 맑은 하늘 무엇을 할 것인가.
> 불성의 계의 구슬 마음 땅 도장이요
> 안개 이슬 구름과 물은 몸 위의 옷이로다.
>
> 江月照　松風吹　永夜淸宵何所爲
> 佛性戒珠心地印　霧露雲霞體上衣

나. 머묾 속의 선정 [住威儀]

배우는 이의 머묾과 배움 다한 여래의 머묾은 같지 않나니

이와 같이 내가 들었다.

한때 붇다께서는 카필라바스투 니그로다 동산에 계셨다.

그때 사카족 마하나마(Mahānāma)는 존자 카마부(Kāmabhū) 비구 있는 곳에 가서 카마부 비구의 발에 절하고 한쪽에 물러앉아 카마부 비구에게 말했다.

"어떻습니까? 존자 카마부여, 배우는 이의 머묾이 곧 여래의 머묾입니까? 배우는 이의 머묾과 여래의 머묾은 다릅니까?"

카마부 비구가 대답했다.

"마하나마여, 배우는 이의 머묾은 여래의 머묾과 다르오.

마하나마여, 배우는 이의 머묾은 다섯 덮음[五蓋, 번뇌] 끊음에 많이 머물고, 여래의 머묾은 다섯 덮음 이미 끊고 이미 알아, 그 뿌리를 끊음이 마치 사라 나무 밑둥치를 끊어 다시 자라지 않는 것처럼 미래세상에 다시 나지 않는 법[不生法]을 이루셨소."

여래의 머묾이 배우는 이의 머묾과 다름을 세존의 말씀으로 보임

"한때 세존께서는 이차낭갈라(Icchānaṅgala) 숲속에 계셨소. 그때 세존께서 여러 비구들에게 이렇게 말씀하셨소.

'나는 이 이차낭갈라 숲속에서 두 달 동안 좌선하려고 한다. 다만 밥을 가져오는 비구와 우파바사타(Upavasatha, 布薩)할 때를 빼놓고는 너희 비구들은 오가지 말라.

비구들이여, 배우는 이의 머묾은 여래의 머묾과 다르다.

비구들이여, 배우는 이의 머묾은 다섯 덮음 끊음에 많이 머물고, 여래의 머묾은 다섯 덮음 이미 끊고 이미 알아, 그 뿌리를 끊음이 마치 사라 나무 밑둥치를 끊어 다시 자라지 않는 것처럼 미래세상에 다시 나지 않는 법을 이룬다.

그러므로 배울 것이 없는 이는 현재의 법에서 즐겁게 머문다[現法樂住].'

그러므로 알아야 하오. 마하나마여, 배우는 이의 머묾과 여래의 머묾은 다르오."

사카족 마하나마는 카마부 비구의 말을 듣고 기뻐하면서 자리에서 일어나 떠나갔다.

• 잡아함 808 가마경(迦磨經)

• 해설 •

온갖 법이 본래 니르바나되어 있어서 다시 고요히 할 것 없는 실상의 법에 머묾 없이 머묾이 잘 머묾이다.

아직 배우는 이의 머묾은 모습에 물든 온갖 탐욕과 번뇌를 떠나기 위해 번뇌 끊음에 머물고 모습 떠나 공함에 머문다.

그러나 여래는 온갖 번뇌와 무명이 본래 적멸한 니르바나의 처소[本涅槃處]와 온갖 모습에 모습 없는 진리의 땅[實際理地]에 계시므로 있음에 머물지 않고 없음에도 머물지 않으며, 남 속에 남이 없고 사라짐 속에 사라짐이 없다.

여래는 길이 나지 않고 사라지지 않는 법을 이루되 나지 않고 사라지지 않음의 자취마저 없다.

여래의 머묾 없는 머묾은 여기 이곳에 머물되 온갖 곳에 두루하시는 머묾이고, 이차낭갈라 숲속에 홀로 계시되 늘 뭇 삶들을 찰나라도 떠남이 없이 늘 함께하시는 머묾이다.

여래는 과거의 법·현재의 법·미래의 법에 모두 얻을 것이 없음을 알아 과거를 붙잡지 않고 미래를 구하지 않으며, 현재의 법에 취함이 없되 늘 현재의 법 안에서 머묾 없이 즐겁게 머문다[現法樂住].

여래는 여기 지금 머물되 머묾 없으므로 온갖 중생을 따뜻이 보살펴 생각해주시며[護念] 머묾 없이 여기 머물므로 때로 미혹의 중생을 엄하게 가르치고 타이르시어[敎誡] 니르바나의 땅에 이끌어주신다.

여래의 머묾 없는 머묾을 무어라 찬탄할까. 옛 사람[悅齋居士]은 이렇게 노래한다.

> 동쪽 고개 구름이 돌아가는 곳이요
> 서쪽 강은 달이 지는 때로다.
> 그 가운데 밝고 밝은 뜻이여
> 한 사유도 범하지 않음이로다.
>
> 東嶺雲歸處　西江月落時
> 箇中端的旨　不犯一思惟

늘 버림과 멀리 떠남을 행하며 바르게 머물러야 하니

이와 같이 내가 들었다.

한때 붇다께서는 코살라 국 사람 사이에 노니시다가 이차낭갈라 마을에 이르셨다.

그때 존자 나기타(Nāgita)는 옛날부터 이차낭갈라 마을에 살았다. 붇다께서 나기타에게 말씀하셨다.

"나는 마을가에 있는 정사에서 어떤 비구가 좌선하는 것을 보았다. 나는 그 비구를 보고서는 이렇게 생각했다.

'이제 이렇게 좌선하는 비구가 있는데, 여기서 마을 사람이나 사미들이 오고가며 그 소리를 어지럽게 하면, 그 선정의 사유를 막거나 그 사마디를 깨우게 될 것이다. 그리하여 가지 않을 곳을 가려고 하거나, 얻지 못할 것을 얻으려 하거나, 증득하지 못할 것을 증득하려고 해 어려움을 짓게 될 것이다.'

나기타여, 나는 그 비구가 마을의 정사에 머무르는 것을 기쁘게 여기지 않는다.

나기타여, 나는 어떤 비구가 비어 한가한 곳[空閑處]에 머물면서 반듯이 누워 한숨만 짓고 있는 것을 보았다. 나는 그 모습을 보고 나서 이렇게 생각하였다.

'지금 저 비구는 잠과 졸음에서 깨고 나면, 비어 한가하다는 생각[空閑想]만을 사유하는구나.'

나기타여, 나는 비구가 이와 같이 비어 한가한 곳[空閑處]에 머무는 것을 기쁘게 여기지 않는다.

나기타여, 나는 다시 어떤 비구가 비어 한가한 곳에서 몸을 흔들면서 앉아서 조는 것을 보았다. 나는 그것을 보고 나서 이렇게 생각하였다.

'지금 이 비구는 졸음에서 깨어나 선정을 얻지 못해서 선정을 얻고자 한다. 마음을 고요히 한 자라야 해탈을 얻는다.'

그러므로 나기타여, 나는 비구가 그렇게 비어 한가한 곳에 머무는 것을 기쁘게 여기지 않는다."

비어 한가한 곳에서 모든 공양거리 탐착하지 않고 바르게 머묾을 찬탄하심

"나기타여, 나는 다시 어떤 비구가 비어 한가한 곳에서 단정히 앉아 사마디에 들어 있는 것을 보았다. 나는 그것을 보고 나서 이렇게 생각하였다.

'지금 이 비구가 해탈하지 못한 비구라면 빨리 해탈을 얻게 할 것이요, 이미 해탈한 이라면 스스로 지켜 보살펴서 물러나 잃지 않도록 할 것이다.'

나기타여, 나는 비구가 그렇게 비어 한가한 곳에 머무는 것을 기뻐한다.

나기타여, 나는 다시 어떤 비구가 비어 한가한 곳에 머물다가, 뒷날 비어 한가한 곳을 멀리 떠나 평상과 자리끼 등을 모두 버리고 마을로 도로 들어가 평상과 자리끼 등을 다시 받는 것을 보았다.

나기타여, 나는 비구가 그렇게 마을로 도로 들어가는 것을 기뻐하지 않는다.

다시 나기타여, 나는 어떤 비구가 마을에 있는 정사에 머물고 있는 것을 보았다. 그는 이름이 있고 큰 덕이 있는 이로서, 재물과 옷가지, 먹을거리, 의약품과 뭇 도구들을 받을 수 있지만, 그는 뒷날 그런 이익됨과 마을과 평상 따위를 모두 버리고 비어 한가한 곳에 이르러 앉고 누움에 편안히 그치었다.

나기타여, 나는 비구가 그러한 이익됨과 마을과 평상 등을 모두 버리고 비어 한가한 곳에 머무르는 것을 기뻐한다.

나기타여, 비구는 반드시 이와 같이 배워야 한다."

붇다께서 이 경을 말씀하시자, 나기타 비구는 기뻐하고 따라 기뻐하면서 절하고 떠나갔다.

• 잡아함 1251 나제가경(那提迦經) ②

• 해설 •

세간의 시끄러움에 동요하지 않는 사마타의 힘이 없는 이가 시끄러운 마을의 정사에 머물기 좋아하는 것을 여래는 기쁘게 여기지 않는다.

또 늘 밝은 살핌의 힘이 없이 좌선하며 잠과 졸음에 빠지는 이가 한가한 곳 즐겨 찾고 머물기 좋아하는 것을 여래는 기뻐하지 않는다.

수행자가 세간의 즐길거리 버리고 한가한 숲에서 고요히 좌선하는 것을 여래는 기뻐하시나, 한가한 아란야에 잘 머물다 세간에 돌아가 이익됨을 취하고 세간의 공양거리 취하는 것을 여래는 기뻐하지 않으신다.

시끄러움 속에서 시끄러움에 움직이지 않고 고요함 속에서 고요함에 어둡게 빠지지 않는 이는, 시끄러움 속에서 좌선해도 시끄러움이 없고 한가한 아란야에 머물러도 그 고요함에 빠져 가라앉지 않으니, 그와 같이 잘 머무는 이를 여래는 기뻐하신다.

고요함 속에서 고요함이 없고 시끄러움 속에서 시끄러움이 없는 이, 그가 참으로 아란야에 머무는 자이고 머묾 없이 잘 진여에 머무는 자이다.

그렇다면 여래의 가르침 따라 잘 머무는 비구의 자리는 어디인가. 만법이 찰나찰나 생기고 사라져 옮겨 가는데, 어느 곳이 머물 곳인가.

옛 사람[慈航朴]의 다음 노래는 무엇을 가르치는가.

금향로에 향이 다해 물소리 시들한데
솔솔 부는 가벼운 바람 한 바탕 차가웁네.
봄빛이 번민케 해 사람은 잠 못 이루는데
꽃그림자 달이 옮겨 난간 위에 놓는다.

金爐香盡漏聲殘　翦翦輕風陣陣寒
春色惱人眠不得　月移花影上欄干

다. 앉음 속의 선정[坐威儀]

> 단정히 앉아 묘한 선정에 머물러 있는
> 칼피나 비구를 보았느냐

이와 같이 내가 들었다.

한때 붇다께서는 슈라바스티 국 제타 숲 '외로운 이 돕는 장자의 동산'에 계셨다.

그때 세존께서 이른 아침에 가사를 입고 발우를 가지고 슈라바스티 성에 들어가 밥을 비셨다. 밥을 다 비신 뒤 다 마치시고는 정사로 돌아와 가사와 발우를 거두어 들고 발을 씻은 뒤에, 니시다나를 가지고 안다 숲(Andha-vana)으로 들어가 한 나무 밑에 앉아 좌선하셨다.

**숲에서 좌선하시는 세존 곁에서 좌선하는
칼피나 존자를 세존이 대중 앞에서 찬탄하심**

그때 존자 칼피나(Kalpina)도 이른 새벽에 가사를 입고 발우를 가지고 슈라바스티 성으로 들어가 밥을 빌고 돌아와서는, 가사와 발우를 두고 발을 씻은 다음, 니시다나를 가지고 안다 숲으로 들어가 나무 밑에서 좌선하였다.

그곳은 붇다께 가기 그리 멀지 않은 곳이었다.

그는 몸을 바르게 하여 움직이지 않고, 몸과 마음을 곧고 바르게 하고는 빼어나고 묘하게 사유하였다.

그때 많은 비구들은 해질 무렵에 선정에서 깨어나, 붇다 계신 곳으로 찾아가 붇다의 발에 머리를 대 절하고 한쪽에 물러앉았다.

붇다께서 여러 비구들에게 말씀하셨다.

"너희들은 존자 칼피나를 보았느냐? 그는 나에게 가기 멀지 않은 곳에서 몸을 바르게 하고 단정히 앉아 몸과 마음이 움직이지 않고 빼어나고 묘한 선정에 머물러 있다."

여러 비구들이 붇다께 말씀드렸다.

"세존이시여, 저희들은 그 존자가 몸을 바르게 하고 단정히 앉아, 그 몸을 잘 거두어 기울거나 움직이지 않고 마음을 오롯이 하여 빼어나고 묘한 선정에 머물러 있는 것을 보았습니다."

붇다께서 여러 비구들에게 말씀하셨다.

"만약 비구가 사마디를 닦아 익힐 때 몸과 마음이 편안히 머물러서 기울이지 않고 움직이지 않으며 빼어나고 묘한 선정에 머물면, 이 비구는 이 사마디를 얻어 방편에 힘을 쓰지 않더라도 '하고자 함'을 따라 곧 증득할 수 있을 것이다."

좌선하여 빼어나고 묘한 사마디에 머무는 길을 보이심

여러 비구들이 붇다께 여쭈었다.

"그것은 어떤 사마디이기에 비구가 그 사마디를 얻으면 몸과 마음이 움직이지 않고 빼어나고 묘한 선정에 머물게 됩니까?"

붇다께서 여러 비구들에게 말씀하셨다.

"만약 비구가 마을에 의지하고 살면서 이른 아침에 가사를 입고 발우를 가지고 마을에 들어가 밥을 빌며 산다 하자.

그가 밥을 빌고 정사로 돌아와서는, 가사와 발우를 거두어 들고 발을 씻은 다음, 숲속에 들어가 고요한 방이나 한데에서 사유하여 생각을 매어, 나고 드는 숨을 살피고 나아가 숨이 사라짐을 살펴 잘 배우면 이것을 사마디라고 말한다.

　만약 비구가 단정히 앉아 사유하면 몸과 마음이 움직이지 않고 빼어나고 묘한 선정에 머물 수 있을 것이다."

　붇다께서 이 경을 말씀하시자, 여러 비구들은 붇다의 말씀을 듣고 기뻐하며 받들어 행하였다.

・잡아함 806 계빈나경(罽賓那經)

・해설・

　단정히 앉아 몸과 마음을 편안히 해 나고 드는 숨을 살피는 것이 사마디를 닦는 가장 기본법이다.

　숨을 살펴 고요히 선정에 든 칼피나의 모습을 여래께서 크게 찬탄하시니, 칼피나의 단정히 앉음이 다만 모습으로만 단정히 앉은 것이 아니라 몸에 몸의 모습을 보지 않고 마음에서 마음의 모습을 보지 않아 몸과 마음이 움직이지 않았기 때문이다.

　앉아 있는 몸에서 앉아 있는 모습을 보면 그는 앉음에 머문 자이지만, 앉아 있는 몸에서 앉아 있는 모습을 보지 않으면 그의 앉음은 마치 다함마저 공한 진리의 자리에 잘 앉은 것[畢竟空爲座]이다.

　앉음에서 앉음 떠나 법의 자리에 잘 앉은 이, 그의 앉음은 '걸어감'과 '서 있음'과 '말함'과 '일함'을 떠나지 않으니, 그는 늘 고요하되 감이 없이 가고 말함 없이 말하고 일함 없이 일하는 자이다.

저 난다는 밤낮으로 늘 거닐고
좌선하며 바른 업을 닦나니

이와 같이 내가 들었다.

한때 붇다께서는 슈라바스티 국 제타 숲 '외로운 이 돕는 장자의 동산'에 계시면서 여러 비구들에게 말씀하셨다.

"그 어떤 사람은 이렇게 말한다.

'큰 힘이 있는 사람은 오직 난다뿐이다.'

이것은 바른 말이다.

그 어떤 사람은 이렇게 말한다.

'가장 단정한 사람은 오직 난다뿐이다.'

이것은 바른 말이다.

그 어떤 사람은 이렇게 말한다.

'애욕이 무거운 사람은 오직 난다뿐이다.'

이것은 바른 말이다.

여러 비구들이여, 지금 난다는 아는 뿌리의 문을 닫고서[關閉根門], 먹고 마심에 양을 알며[飮食知量], 초저녁에도 새벽에도 부지런히 정진해 업을 닦아 익히니[精勤修業], 바른 지혜를 이루어 목숨이 다하도록 순수하고 한결같으며, 원만하고 청정하여 범행이 깨끗할 수 있을 것이다."

범행자 난다가 아는 뿌리의 문 잘 보살핌과
양에 맞춰 먹고 마심을 보이심

"저 난다 비구는 아는 뿌리의 문을 굳게 닫았기 때문에 눈이 빛깔을 보아도 그 빛깔의 모습을 취하지 않고, 그 좋은 형상을 취하지 않는다.

그래서 모든 눈뿌리가 바른 몸가짐 아닌 것[非律儀], 무명의 어두움과 막힘, 세간의 탐욕과 애착, 악하여 착하지 않은 법을 늘리더라도 그 마음을 새지 않게 하여 여러 바른 몸가짐[諸律儀]을 낸다.

다시 귀·코·혀·몸·뜻 뿌리를 막아 보살펴 모든 바른 몸가짐을 낸다. 이것을 '난다 비구가 아는 뿌리의 문 굳게 닫음'이라 한다.

'먹고 마심에 양을 안다는 것'은 다음과 같다.

난다 비구는 먹음에서 수에 매여, 스스로 높이지 않고 방일하지 않으며, 빛깔에 집착하지 않고 꾸밈에 집착하지 않으며, 다만 몸을 버티게 할 뿐이다. 그 얻는 바에 맡겨 굶주리고 목마름을 그치게 할 뿐이니, 범행을 닦기 때문이다.

이미 일어난 괴로운 느낌은 쉬어 사라지게 하며, 아직 일어나지 않은 괴로운 느낌은 일어나지 않게 하며, 높이 향함[崇向]을 이루므로 몸의 기운과 힘이 편하고 즐거우니, 시끄러운 소리 들음이 없이 홀로 머물기[無聞獨住] 때문이다.

마치 사람들이 수레를 타는 것과 같아, 기름을 발라 스스로 높은 체 않고 나아가 꾸미지 않으니, 오직 실어 나르기 때문이다.

또 부스럼에 약을 바르는 것과 같아 그 맛을 탐하지 않고 고통을 쉬려 하기 때문이다.

이와 같이 잘 행하는 이 난다는 양을 알아 먹고, 나아가 들음 없이 홀로 머무니, 이것을 난다가 '양을 알아 먹음'[知量而食]이라 한다."

난다의 좌선행과 지혜를 보이심

"저 잘 행하는 이 난다가 초저녁에도 새벽에도 '부지런히 정진해 업을 닦는다는 것'은 다음과 같다.

저 난다는 낮에는 거닐고 좌선하여 장애를 덜어버려 그 몸을 깨끗이 하고, 초저녁에도 거닐고 좌선하여 장애를 덜어버려 그 몸을 깨끗이 하며, 한밤에도 방 밖에서 발을 씻고 방 안에 들어가 오른쪽으로 누워, 무릎을 굽히고 발을 포개고, 생각을 밝은 모습에 매어 깨어 일어날 생각을 가진다.

새벽에는 천천히 깨고 천천히 일어나 거닐고 좌선하나니, 이것을 '잘 행하는 이 난다가 초저녁에도 새벽에도 부지런히 정진해 닦아 익힘'이라 한다.

저 잘 행하는 이 난다의 빼어난 생각과 바르게 아는 것은 다음과 같다. 이 잘 행하는 이 난다는 동방을 살필 때 한마음과 바른 생각으로 편안히 머물러 살피며, 남·서·북방을 살피는 것 또한 이와 같이 한마음과 바른 생각으로 편히 머물러 살핀다.

이렇게 살피면 세간의 탐욕과 애착, 악하여 착하지 않은 법이 그 마음에서 흘러 새지 않는다.

저 잘 행하는 이 난다는 모든 느낌[受]의 일어남을 깨닫고, 모든 느낌의 머무름을 깨닫고서, 모든 느낌의 사라짐을 깨달아 바른 생각으로 머물러 흩어져 어지럽게 하지 않는다.

모든 모습 취함의 일어남을 깨닫고, 모든 모습 취함의 머무름을 깨닫고서, 모든 모습 취함의 사라짐을 깨닫는다.

모든 모습 취함의 일어남을 깨닫고, 모든 모습 취함의 머무름을 깨닫고, 모든 모습 취함의 사라짐을 깨닫고는, 바른 생각으로 머물러 흩어져 어지럽게 하지 않는다.

이것을 잘 행하는 이 난다의 빼어난 생각과 바른 지혜의 성취라 한다.

그러므로 여러 비구들이여, 반드시 이와 같이 배워 아는 뿌리의 문 굳게 닫음을 잘 행하는 이 난다와 같이하고, 먹고 마심에 양을 아는 것을 잘 행하는 이 난다와 같이하라.

초저녁에도 새벽에도 부지런히 정진해 업을 닦음을 난다와 같이하고, 바른 생각과 바른 지혜 성취함을 잘 행하는 이 난다처럼 하라.

내가 난다의 법을 가르치는 것과 같이 너희들 또한 이 법을 지니어 다른 사람을 위해 말해주어야 한다."

다른 비구가 난다를 찬탄함

때에 어떤 비구가 게송으로 말하였다.

> 아는 뿌리의 문을 잘 닫아 막고
> 바른 생각으로 마음 거두어 머물며
> 먹고 마심에 양 조절할 줄 알아서
> 모든 마음의 모습 깨달아 아나니
> 저 잘 행하는 이 난다야말로
> 세존께서 찬탄하시는 바이네.

붓다께서 이 경을 말씀하시자 여러 비구들은 붓다의 말씀을 듣고 기뻐하며 받들어 행하였다.

· 잡아함 275 난타경(難陀經)

· **해설** ·

　난다는 애욕의 장애가 무거워 늘 붇다로부터 경책을 받던 비구이다.

　또 옛날 궁에서 누렸던 세속의 화려한 생활을 그리워하고 화려한 옷 입기와 몸 가꾸기를 좋아하므로, 세존께서 '내 언제나 저 난다가 아란야행으로 저 언덕 건너갈 것을 볼 것인가' 탄식했던 비구이다.

　그러한 난다가 이제 밤낮으로 부지런히 정진해 좌선하고 거닐어 선정을 닦으니 붇다께서 그의 닦아 행함을 크게 찬탄하신다.

　그는 여섯 아는 뿌리가 여섯 경계를 보되 빛깔 소리 등 경계의 모습 취하지 않으니, 그는 아는 뿌리의 문을 굳게 닫고 사마디에 있는 수행자이다. 그러나 다만 아는 문을 닫고 고요함에 빠져 바른 몸가짐을 일으켜 낼 줄 모르면 그 사람은 공(空)에 머문 자이다.

　난다는 아는 뿌리가 본래 공하므로 봄이 없고 들음이 없지만 봄이 없이 바르게 보고 들음 없이 바르게 들어, 좋은 몸가짐 좋은 행을 잘 일으킨다.

　그는 앉음 없이 앉고 걸음 없이 걸으며, 살아감에 늘 만족할 줄 알며, 먹을거리에 양을 조절하며, 잠의 덮음을 떠나 누워 쉼 속에서도 밝은 모습 떠나지 않는 이이다.

　그는 느낌과 모습 취함이 일어남[生]을 깨닫고 머무름[住]을 깨닫고 사라짐[滅]을 깨달아 바른 지혜를 성취한다고 하였으니, 이는 무슨 뜻인가.

　느낌과 모습 취함은 앎[識]을 따라 일어나고, 일어남이 있으므로 머물고, 머묾이 있으므로 달라지고[異] 달라짐이 있으므로 사라져서 느낌과 모습 취함은 실로 있는 것이 아니다.

　그러므로 그는 느낌과 모습 취함을 붙잡아 그에 매이지 않고 느낌과 모습 취함이 나되 남이 없고 머무르되 머무름 없음을 알아, 느낌에서 느낌 벗어나 바른 지혜를 성취하는 것이다.

찬탄하는 비구의 게송에서 난다 비구는 마음의 모습 깨달아 아는 이라고 하였으니, 이는 마음이 실로 남이 없어서[實無生] 마음과 마음에 서로 이어지는 모습[相續相] 없음을 알았다고 함이다.

그는 마음에 마음 없음을 깨달아 마음 없는 마음으로 온갖 바른 몸가짐과 바른 행을 일으킨다. 그리하여 걸음 없이 잘 걸어가고 먹음 없이 알맞게 먹고 마시며, 한마음으로 동서남북을 잘 보고 살피며, 누워 쉬되 밝은 모습 떠남 없이 잘 누워 쉬며, 일함 없이 잘 일하니, 그가 늘 사마타와 비파사나가 하나된 참된 수행자인 것이다.

그 옛날 애욕의 갈증에 몸부림치며 세속의 화려한 생활을 그리워하던 난다는 지금 어디 있는가.

옛 선사[大慧]의 다음 한 구절의 노래를 살펴보자.

큰 붕새가 날개를 펴자
온 산천을 덮는데
울타리 가에 있는 것
공연히 찍찍 거리네.

大鵬展翔蓋十洲 蘺邊之物空啾啾

라. 누워 쉼과 선정[眠威儀]

목갈라야나여, 다음과 같이 하면
잠이 사라지나니

나는 들었다. 이와 같이.

한때 붇다께서 바기수(婆耆瘦)에 노니실 적에 악어산 두려운 숲[怖林] 사슴동산에 계셨다.

그때에 존자 마하목갈라야나가 마가다 국에 노닐면서 선지식마을[善知識村]에 있었다.

이에 마하목갈라야나는 홀로 고요한 곳에서 좌선하면서 사유하다 곧 잠이 들었다. 세존께서는 멀리서 존자 마하목갈라야나가 홀로 고요한 곳에서 좌선하면서 사유하다 곧 잠이 든 것을 아셨다.

세존께서 아시고는 곧 코끼리 같은 선정에 드시어 코끼리 같은 선정으로 마치 힘센 장사가 팔을 굽혔다 펴는 만큼 짧은 시간에 포기슈 악어산 두려운 숲 사슴동산에서 갑자기 사라져 나타나지 않으시더니, 마가다 국 선지식마을에 있는 존자 마하목갈라야나 앞에 가셨다.

그때 세존께서 선정에서 깨어 말씀하셨다.

"마하목갈라야나여, 그대는 잠에 빠졌다. 마하목갈라야나여, 그대는 잠에 빠졌다."

존자 마하목갈라야나가 세존께 말씀드렸다.

"예 그렇습니다, 세존이시여."

**좌선하다 잠에 빠진 마하목갈라야나를 경책하고
잠 없애는 여러 방편을 보이심**

붇다께서 다시 말씀하셨다.

"마하목갈라야나여, 그런 모습으로 잠에 빠졌구나. 그대는 그런 모습을 닦지 말고 또한 널리 펴지도 말라.

이와 같이 하면 잠이 곧 없어질 것이다.

만약 그대의 잠이 그대로 없어지지 않거든, 마하목갈라야나여, 본래 들었던 법을 따르고 따라 받아 지니며 널리 펴며 외워 익히라. 이와 같이 하면 잠이 곧 없어질 것이다.

만약 그대의 잠이 그래도 없어지지 않거든, 마하목갈라야나여, 본래 들었던 법을 따르고 따라서 받아 지니며 남을 위하여 널리 설하라. 이와 같이 하면 잠이 곧 없어질 것이다.

만약 그대의 잠이 그래도 없어지지 않거든, 마하목갈라야나여, 본래 들었던 법을 따르고 따라서 받아 지니며 마음으로 늘 생각하고 마음으로 사유하라. 이와 같이 하면 잠이 곧 없어질 것이다.

만약 그대의 잠이 그래도 없어지지 않거든, 마하목갈라야나여, 두 손으로 귀를 문질러라. 이와 같이 하면 잠이 곧 없어질 것이다.

만약 그대의 잠이 그래도 없어지지 않거든, 마하목갈라야나여, 찬물로 얼굴과 눈을 씻고 또 몸에 부어라. 이와 같이 하면 잠이 곧 없어질 것이다. 만약 그대의 잠이 그래도 없어지지 않거든, 마하목갈라야나여, 방에서 나가 밖으로 사방을 살피고 별들을 우러러 보아라. 이와 같이 하면 잠이 곧 없어질 것이다.

만약 그대의 잠이 그래도 없어지지 않거든, 마하목갈라야나여, 방에서 나와 집 앞으로 가서 한데서 거닐면서 모든 아는 뿌리[諸根]를 지켜 보살펴 마음을 편안히 안에 두어 뒤와 앞에 대해 생각하라. 이와 같이 하면 잠이 곧 없어질 것이다.

만약 그대의 잠이 그래도 없어지지 않거든, 마하목갈라야나여, 거닐던 길을 버리고 거닐던 길거리에 니시다나를 펴고 두 발을 맺고 앉으라. 이와 같이 하면 잠이 곧 없어질 것이다."

잠에 떨어지지 않는 참된 휴식과 일 없는 곳의 좌선을 보이심

"만약 그대의 잠이 그래도 없어지지 않거든, 마하목갈라야나여, 다시 방에 들어가 웃타라상가를 네 겹으로 하여 평상 위에 펴고, 상가티를 개어 베개를 만들고, 오른쪽 옆구리로 누워 발과 발을 서로 포개고 마음으로 밝은 생각[明想]을 지어, 바른 생각과 바른 지혜를 세워 늘 일어나려는 생각을 가져라.

마하목갈라야나여, 잠자리의 즐거움과 잠자고 누움의 편안하고 유쾌함을 헤아리지 말라. 재물의 이익을 탐하지 말고 명예에 집착하지 말라. 왜 그런가. 나는 온갖 법은 함께 모이지 않아야 한다고 말하고, 또한 함께 모여야 한다고도 말한다.

마하목갈라야나여, 나는 어떤 법이 함께 모이지 않아야 한다고 말하는가? 마하목갈라야나여, 만약 도법(道法)과 세속법[俗法]이 함께 모이면 나는 이 법은 함께 모여서는 안 된다고 말한다.

마하목갈라야나여, 만약 도법과 세속법이 함께 모이면 곧 말이 많게 되고, 말이 많아지면 시끄러우며, 만약 시끄러우면 곧 마음이 쉬지 못한다. 마하목갈라야나여, 만약 마음이 쉬지 못하면 곧 마음이 선정을 떠나게 된다. 마하목갈라야나여, 이러므로 나는 함께 모이지 않아야 한다고 말하는 것이다.

마하목갈라야나여, 내가 어떤 법이 함께 모여야 한다고 말하는가? 저 일이 없는 곳[無事處], 이 법과는 함께하여야 한다고 나는 말한다. 곧 산숲이나 나무 밑, 비어 편안하고 고요한 곳, 높은 바윗돌집들은 고요하여 아무 소리도 없고, 멀리 떠나 악이 없으며, 사람이 없어 편안히 좌선함을 따를 수 있다.

마하목갈라야나여, 나는 이런 법과는 함께 어울려야 한다고 말한다."

세간 이익 구함이 없이 밥 비는 법을 가르치심

"마하목갈라야나여, 그대가 만약 마을에 들어가 밥을 빌려 하거든 반드시 이익됨을 싫어하고 공양과 공경 받기를 집착해 좋아하지 말라. 만약 그대가 이익됨과 공양과 공경에 대해 마음으로 집착해 좋아하지 않을 수 있으면 곧 마을에 들어가 밥을 빌라.

마하목갈라야나여, 높고 크다는 마음으로 마을에 들어가 밥을 빌지 말라. 왜 그런가. 여러 장자들의 집에서는 이와 같은 일이 있기 때문이다. 곧 비구들이 와서 밥을 비는데 장자가 마음을 쓰지 않게 되면 비구는 곧 이렇게 생각한다.

'누가 이 장자의 집을 부셔버리겠느냐? 왜냐하면 내가 장자의 집에 들어가도 장자는 마음을 쓰지 않기 때문이다.'

이 때문에 근심을 내고, 근심으로 인해 시끄러움을 내고, 시끄러움이 생김으로 인해 마음이 쉬지 못하고, 마음이 쉬지 못함으로 인해 마음은 곧 선정을 떠나게 된다."

다툼 없고 부드러운 말씨의 설법을 가르치심

"마하목갈라야나여, 그대는 설법할 때에 말다툼이 될 말을 하지 말라. 만약 말다툼이 될 말을 하게 되면 곧 말이 많게 된다.

말이 많음으로 인해 곧 시끄러움을 내고, 시끄러움을 내므로 곧 마음이 쉬지 못하며, 마음이 쉬지 못함으로 인해 곧 마음은 선정을 떠나게 된다.

마하목갈라야나여, 그대는 설법할 때에 사자처럼 강하게 말하지 말라. 마하목갈라야나여, 그대는 설법할 때에 뜻을 낮추어 설법하되[下意說法] 힘을 버리고[捨力], 힘을 없애고[滅力] 힘을 부수어[破壞於力], 반드시 사자처럼 강하게 설법하지 말라.

마하목갈라야나여, 반드시 이와 같이 배워야 한다."

범행의 완성을 보이심

그때 마하목갈라야나는 곧 자리에서 일어나 가사 한 자락을 벗어 메고 두 손을 맞잡고 붇다를 향하여 말씀드렸다.

"세존이시여, 어떻게 하면 비구가 마쳐 다함[究竟]에 이르게 되고, 희고 깨끗함[白淨]을 이루어 마치며, 범행(梵行)을 이루어 마치고 범행을 마쳐 다하게 되겠습니까?"

세존께서 말씀하셨다.

"마하목갈라야나여, 비구가 만약 즐거움을 깨닫고 괴로움을 깨달으며, 괴롭지도 않고 즐겁지도 않음을 깨달으면, 그는 이 깨달음으로 덧없음을 살피고 일어나고 시듦을 살피며, 끊음[斷]을 살피고 욕심 없음을 살피며, 사라짐을 살피고 평정을 살핀다.

그는 이 깨달음으로 덧없음을 살피고 일어나고 시듦을 살피며, 끊음을 살피고 욕심 없음을 살피며, 사라짐을 살피고 평정을 살핀 뒤에는 이 세간을 받지 않으며, 이 세간을 받지 않고서는 곧 피로하지 않게 된다. 피로하지 않음으로 인해 곧 온전한 니르바나에 들어 '태어남은 이미 다하고 범행이 이미 서고, 지을 바를 이미 지어 다시는 뒤의 있음 받지 않음'을 진실 그대로 안다.

마하목갈라야나여, 이와 같이 비구가 마쳐 다함에 이르게 되고 희고 깨끗함을 이루어 마치고, 범행을 이루어 마치며 범행을 마쳐 다하게 된다."

붇다께서 이렇게 말씀하시자, 존자 마하목갈라야나는 붇다의 말씀을 듣고 기뻐하며 받들어 행하였다.

• 중아함 83 장로상존수면경(長老上尊睡眠經)

• 해설 •

마음 없는 몸이 없고 몸 없는 마음이 없으니 마음도 공하고 몸도 공하다. 몸의 다섯 아는 뿌리가 힘들고 지치어 몸의 아는 뿌리의 문이 닫히고 뜻의 아는 뿌리가 몸을 따라 어두움에 잠기면 이를 잠이라 하니, 잠도 인연의 법이다. 그러므로 몸과 마음과 잠이 공하되 그 공함도 공한 줄 알아, 누워서 몸의 피로를 풀되 뜻의 아는 뿌리가 어두워지지 않아 늘 밝은 모습에 하나 되면, 몸과 잠이 공한 곳에서 지혜가 어둡지 않게 된다.

잠이 몸의 피로와 함께 오므로 붇다는 잠을 이기는 갖가지 방편을 보여 몸의 피로도 이기고 잠을 이기게 한다. 들은 법을 읽고 외워 잠을 쫓고, 손으로 귀를 문지르고 찬물로 몸을 씻으며 먼 하늘에 별을 우러러서 잠을 쫓아야 한다. 그래도 잠을 이기지 못하면 한데로 나와 천천히 걸으며 아는 뿌리를 거두어 잡고, 길거리에 니시다나를 펴 두 발을 맺고 앉아 좌선해 잠을 보내야 한다. 누워 쉴 때는 오른 옆구리로 누워 쉬되 밝은 생각을 놓아버리지 않아야 한다. 이와 같이 잠을 이기고 누워 쉼 속에서도 사마디를 행해 닦는 자는 구하는 마음 없이 밥을 빌며 강한 기운을 누그러뜨려 부드러운 말씨로 법을 설해 시주와 세간 대중에게 복밭이 되어야 한다.

사마디 속에서 잘 누워 쉬는 자, 그가 잠을 이긴 자이고, 잘 걷고 잘 앉으며 잘 밥을 빌어 먹는 자이며, 그가 남의 말을 들음 없이 잘 듣고 설함 없이 남에게 잘 법을 설해 세간을 이익과 안락에 이끄는 자이다.

어찌 파리니르바나가 밥 먹고 길 걸으며 듣고 말하며 앉아 좌선하고 누워 쉼 밖에 있겠는가. 일하고 일하며 짓고 지음[作] 가운데가 곧 파리니르바나인 것이다.

『화엄경』(「광명각품」) 또한 깨어 일함과 누워 쉼, 말함과 침묵함의 온갖 몸가짐 속에서 늘 보디의 공덕과 니르바나의 공덕 사유하는 보디사트바의 업을 이렇게 가르친다.

> 잘 행하는 이는 온갖 몸가짐 가운데
> 붇다의 거룩한 공덕 늘 생각해
> 낮과 밤에 잠깐도 끊어짐 없이
> 이와 같은 업 반드시 지어야 하리.
>
> 一切威儀中　常念佛功德
> 晝夜無暫斷　如是業應作
>
> 끝없는 삼세의 진실을 살펴
> 저 붇다의 위없는 공덕 배워서
> 늘 싫증내고 게으른 마음이 없이
> 이와 같은 업 반드시 지어야 하리.
>
> 觀無邊三世　學彼佛功德
> 常無厭倦心　如是業應作

성냄과 번뇌 없앤 이가 참으로
잘 잘 수 있는 사람이니

이와 같이 내가 들었다.

한때 붇다께서는 슈라바스티 국 제타 숲 '외로운 이 돕는 장자의 동산'에 계셨다.

그때에 카우시카(Kauśika)하늘신이 있었는데 얼굴 모습이 아주 묘했다. 새벽녘 붇다 계신 곳에 와서 붇다의 발에 머리를 대 절하고 한쪽에 물러나 앉았다. 그러자 온몸의 밝은 빛이 제타 숲 '외로운 이 돕는 장자의 동산'을 두루 비추었다.

때에 카우시카하늘신은 게송으로 붇다께 말씀드렸다.

무엇을 죽이면 편히 잘 수 있으며
무엇을 죽이면 좋은 즐거움 얻나이까.
그 무엇을 죽인 어떤 사람이
고타마의 칭찬을 받게 됩니까.

번뇌 없는 니르바나가 여래의 잠임을 보이심

그때에 세존께서는 게송으로 대답하셨다.

만약 성내는 마음을 죽이면
안온하게 누워 잠잘 수 있고

성내는 마음을 죽인 그 사람이
사람들이 즐거움을 얻도록 한다.

성냄은 모든 독의 뿌리가 되니
그것을 죽이는 자 나는 찬탄하니
저 성냄을 죽여 다하게 되면
기나긴 밤에 근심 걱정 없으리.

그때에 카우시카하늘신은 붇다의 말씀을 듣고 기뻐하고 따라 기뻐하면서, 붇다의 발에 머리를 대 절하고 바로 사라져 나타나지 않았다.

• 잡아함 1309 마가경(摩伽經)

• 해설 •

밤에 편히 쉬지 못하는 이들은 무엇 때문에 그러한가. 지난 일에 대한 뉘우침, 앞으로 올 일에 대한 걱정, 남에 대한 미움과 원망, 부질없는 적개심이 그를 편히 쉬지 못하게 한다.

마음속에 타오르는 번뇌의 불이 쉬어 미움이 사라지면 낮에 경계를 마주할 때도 늘 고요하고, 밤에 홀로 누워 경계를 보지 않을 때도 편안히 쉬되 늘 밝을 수 있는 것이다.

번뇌가 없으므로 편히 쉬는 이, 그는 번뇌가 다한 곳에서 지혜가 어둡지 않으니, 밤에 누워 쉬어도 잠의 어두움과 뉘우침의 어두움이 그의 지혜의 밝음을 덮지 않을 것이다.

누가 그 사람인가. 삼계의 큰 꿈[三界大夢]이 다한 여래가 바로 그분이다.

마음 쉬어 해탈한 이가 안온히 잘 수 있나니

그때에 세존께서는 방에서 나와 한데를 거닐고 계셨다.
'외로운 이 돕는 장자'는 멀리서 세존을 뵈옵고 곧 그 앞으로 나아가 세간 사람들의 예법으로 공손히 문안하였다.
"어떠십니까, 세존이시여. 편안히 주무셨습니까."
그때에 세존께서는 게송으로 말씀하셨다.

　　브라마나의 니르바나는
　　늘 편안하고 즐거우며
　　애욕에 물들지 않고
　　해탈하여 길이 남음 없다.

　　온갖 헛된 바람 길이 끊고
　　마음의 타는 불꽃 눌러서
　　마음은 고요히 그치어 쉬니
　　편히 쉬고 안온히 자네.

그때에 세존께서는 '외로운 이 돕는 장자'를 데리고 방으로 들어가, 자리에 앉아 몸을 바로하고 생각을 매어 묶었다. 그때 세존께서는 장자를 위해 설법하여 가르쳐보이고 기뻐하게 하셨다.

그런 뒤 세존께서는 다시 모든 법의 덧없음과 알맞은 보시의 복되는 일·계율을 가지는 복되는 일·하늘에 나는 복되는 일과 탐욕의 맛·탐욕의 근심·탐욕에서 벗어남과 멀리 떠나는 복되는 일들을 말씀하셨다.

'외로운 이 돕는 장자'는 법을 듣고 법을 보고 법을 얻고 법에 들어가고 법을 알아 모든 의혹을 건너고, 남을 말미암아 믿지 않고 남을 말미암아 건너지 않고 바로 바른 법과 율에 들어가, 마음에 두려움이 없게 되었다.

• 잡아함 592 급고독경(給孤獨經) 부분

• 해설 •

위 법문은 슈라바스티 국에 살던 수닫타 장자가 라자그리하 성에서 맨 처음 붇다를 뵙고서 붇다께 아침문안 인사드리고 나눈 대화 내용이다.

붇다의 주무심은 잠의 어두움에 덮인 캄캄한 잠이 아니라 마음의 분별과 모습의 장애가 끊어진 해탈의 잠이니, 니르바나의 자리에 누워 쉬는 잠이다. 그러므로 그 잠은 온갖 번뇌 다한 니르바나의 잠이다.

여래의 해탈과 니르바나의 잠은 깨어 있음에 실로 앎이 없고 누워 쉼 속에서 실로 알지 못함이 없으며, 모습에 모습이 없되 공함에 공함이 없는 잠이다. 그러므로 여래야말로 참으로 안락하게 쉬는 분이자 온갖 중생을 위해 자비의 행을 지음 없이 지어 세간을 장엄하는 분이다.

남악혜사선사는 『수자의삼매』에서 보디사트바의 누워 쉬되 잠 없는 잠, 프라즈냐파라미타의 행으로서 잠을 다음과 같이 말한다.

보디사트바는 누워 있을 때 온갖 다섯 쌓임과 열여덟 법의 영역, 이 모든 법이 허공꽃과 같아서 결정된 모습이 없으므로 모든 법계의 삶들을 이익되게 하여 끝내 해탈케 하며, 모두 깨달음을 얻게 할 수 있고 또한 누움 속에서 가고 머물고 앉는 뜻을 다 갖춘다.

보디사트바는 비록 잠자지만 중생에 응해 교화하여 한량없는 법계에 모든 행동거지를 널리 나타낸다.

그러면 뭇 삶들은 자신의 근기에 맞춰 안온하게 누울 수 있음이 니르바나 얼음과 같고, 만 가지 행을 쉬는 것이 사람이 잠자는 것과 같게 된다.

만 가지 행, 이것을 보디사트바가 누워 잠 가운데 행하는 프라즈냐파라미타라 한다.

혜사선사의 '잠 법문'처럼 여래의 잠은 니르바나의 평상 위에서 쉼 없이 쉬심이라 큰 자비심을 떠나지 않고 파라미타행을 떠나지 않으니, 기나긴 밤 번뇌의 악몽에 시달리는 중생은 어떻게 해야 여래와 같은 안온한 잠을 잘 수 있는가.

삼계가 꿈인 줄 알면 그가 꿈에서 벗어난 자인가.

『화엄경』(「십인품」十忍品)은 이렇게 말한다.

꿈은 세간에 있지 않고
세간 아님에도 있지 않네.
이 둘을 분별하지 않으면
참음의 땅에 들어가리라.

夢不在世間 不在非世間
此二不分別 得入於忍地

마. 말함과 선정[語威儀]

늘 거룩한 침묵에 머물러
거룩한 침묵 떠나지 말아야 하니

이와 같이 내가 들었다.

한때 붇다께서는 라자그리하 성의 칼란다카 대나무동산에 계셨다. 그때 존자 마하목갈라야나는 라자그리하 성에 있는 그리드라쿠타 산에 있었다. 그때 존자 마하목갈라야나가 여러 비구들에게 말하였다.

"한때 세존께서는 라자그리하 성 칼란다카 대나무동산에 계셨고, 나는 이 그리드라쿠타 산 가운데 머물고 있었소.

나는 홀로 한 고요한 곳에서 이렇게 생각하였소.

'어떤 것을 거룩한 침묵[聖黙然]이라고 하는가?'

다시 이렇게 생각하였소.

'만약 어떤 비구가 느낌 있음과 살핌 있음을 쉬고 안으로 깨끗하여 한마음이 되어, 느낌 없고 살핌 없는 사마디[無覺無觀三昧]에서 기쁨과 즐거움을 내 둘째 선정을 갖추어 머문다면, 이것을 거룩한 침묵이라고 한다.'

다시 이렇게 생각하였소.

'나도 지금 거룩한 침묵에 머물자.'

그리하여 느낌 있음과 살핌 있음을 쉬고 안으로 깨끗하여 한마음이 되어, 느낌 없고 살핌 없는 사마디에서 기쁨과 즐거움을 내 갖추어 머물고 그 선정에 많이 머물렀소. 많이 머물고 나서 다시 느낌이 있고 살핌이 있는 마음이 일어났소."

거룩한 침묵은 느낌과 살핌 없는 사마디임을 보임

"그때 세존께서 내 마음의 생각을 아시고 대나무동산 정사[竹園精舍]에서 사라져 그리드라쿠타 산에 있는 내 앞에 나타나시더니 내게 말씀하셨소.

'목갈라야나여, 그대는 거룩하게 침묵하고 방일함을 내지 말라.'

나는 세존의 말씀을 듣자 곧 다시 느낌 있음과 살핌 있음을 떠나 안으로 깨끗하여 한마음이 되어, 느낌 없고 살핌 없는 사마디에서 기쁨과 즐거움을 내, 둘째 선정에 갖추어 머물렀소.

나는 이렇게 하기를 두세 번 하였고, 붇다께서 또한 두세 번이나 '그대는 거룩하게 침묵하고, 방일함을 내지 말라'고 내게 가르치셨소.

그래서 나는 곧 다시 느낌 있음과 살핌 있음을 쉬고 안으로 깨끗하여 한마음이 되어, 느낌 없고 살핌 없는 사마디에서 기쁨과 즐거움을 내, 둘째 선정에 갖추어 머물렀소."

목갈라야나 존자가 스스로의 몸이 붇다의 입으로 태어난
참된 붇다의 아들임을 선언함

"만약 붇다의 아들을 바로 말한다면 붇다의 입으로부터 태어나고 법의 교화로부터 나며 붇다 법의 한 부분을 얻은 사람이니, 내 몸이 바로 붇다의 아들이오. 왜냐하면 나는 곧 붇다의 아들로서 붇다의 입으로 태어났고 법의 교화로부터 태어났으며, 붇다 법의 한 부분을 얻어 적은 방편으로 디야나와 해탈(解脫, mokṣa), 사마디와 사마파티를 얻었기 때문이오.

비유하면 전륜왕의 맏아들은 아직 관정(灌頂) 의식을 치르지 않았더라도 이미 왕의 법을 얻었고, 방편을 부지런히 하지 않아도 다섯 가지 욕망의 공덕[五欲功德]을 얻을 수 있는 것과 같소.

나 또한 이와 같아 붇다의 아들이기 때문에, 방편을 부지런히 하지 않아도 디야나와 해탈, 사마디와 사마파티를 얻었소.

그러니 하루 동안에 세존께서 신통의 힘으로써 세 번이나 내가 있는 곳으로 오셔서 세 번이나 나를 가르쳐주셨으며, '큰 사람의 자리'[大人處所]에 나를 세워주신 것이오."

존자 마하목갈라야나가 이 경을 말하자, 여러 비구들은 그 말을 듣고 기뻐하며 받들어 행하였다.

• 잡아함 501 성묵연경(聖默然經)

• 해설 •

다만 말 없다고 거룩한 침묵이 되는 것이 아니고 모습을 보되 받아들여 느낌이 없고[無受] 느끼어 살핌이 없고[無觀] 모습 취함이 없어야[無想] 거룩한 침묵이 된다.

느낌과 모습 취함이 없으면 설사 말해도 말 없음이 되고 말 없어도 말 없음의 공적함에 빠지지 않으니, 이와 같은 사람이 늘 거룩한 침묵 떠나지 않는 사람이다. 말할 때 말하는 마음의 모습 얻을 것이 없으면 그는 비록 말하되 말함과 말하는 바가 없으니, 그는 말과 말 없음의 두 치우친 가를 떠나 중도를 행하는 자이고, 말함 속의 사마디를 행하는 자이다.

존자 목갈라야나가 바로 그런 분이다. 그는 붇다의 입으로 난 사람이고 붇다의 교화로 난 사람이니, 그가 바로 보디사트바 마하사트바요 큰 사람의 자리에 선 붇다의 아들인 것이다.

비구들이여, 사마디로 정진하며
니르바나에 이끄는 법만을 말하라

이와 같이 들었다.

한때 붇다께서는 슈라바스티 국 제타 숲 '외로운 이 돕는 장자의 동산'에 계셨다.

그때 많은 비구들은 식사를 마치고 모두 '널리 모이는 강당'[普會講堂]에 모여 같이 이런 뜻들을 논해 말하고 있었다.

곧 논한 것은 입는 옷과 옷가지로 꾸밈·먹을거리에 관한 이야기, 이웃나라·도적·전쟁에 관한 이야기, 술 마심·음행·다섯 가지 즐거움에 관한 이야기, 노래와 춤·우스갯놀이·풍류에 관한 이야기 등, 이런 쓸데없는 이야기들이 이루 헤아릴 수 없었다.

그때 세존께서는 하늘귀로 여러 비구들이 각기 이런 논의하는 것을 들으시고 곧 널리 모이는 강당으로 가 비구들에게 물으셨다.

"너희들은 여기 모여 어떤 것들을 이야기하려 하는가?"

비구들은 말씀드렸다.

"저희들은 여기 같이 모여 이런 중요하지 않은 일들을 이야기하였습니다."

세존께서는 말씀하셨다.

"그만두라, 그만두라. 비구들이여, 이런 이야기들은 그만두라.

왜냐하면 이런 이야기는 바른 뜻이 아니고 또 좋은 법으로 나아가는 것도 아니기 때문이다. 이런 이야기로는 범행을 닦을 수 없고, 사라져 다한 니르바나를 얻을 수 없으며, 사문의 평등한 길도 얻을 수 없기 때문이다.

이것들은 다 세속 이야기로서 바른 길로 나아가는 이야기가 아니다. 너희들은 이미 세속을 떠나 도를 닦고 있다. 그러므로 바른 행을 무너뜨리는 그런 이야기를 사유해서는 안 된다."

부질없는 논의를 그만두고 니르바나에
나아가게 하는 바른 법 이야기하도록 가르치심

"너희들이 이야기하고 싶거든 열 가지 일의 공덕을 이야기하라. 어떤 것이 열 가지인가?

부지런히 정진하는 비구가 욕심 줄이고, 만족할 줄을 알며, 용맹스런 마음이 있고, 많이 들어 남을 위해 설법하며, 두려움과 무서움이 없고, 계율을 갖추며, 사마디를 성취하고, 지혜를 성취하며, 해탈을 성취하고, 해탈한 지혜를 성취하는 것이다.

너희들이 이야기하고 싶으면 이 열 가지 일을 이야기해야 한다.

왜냐하면 그것은 온갖 것을 윤택하게 하고, 이익됨이 많으며, 범행을 닦을 수 있고, 사라져 다해 함이 없는 곳에 이르게 하며, 니르바나의 요점이기 때문이다.

너희들은 이제 좋은 종족의 사람으로서 이미 집을 나와 도를 배우고 있다. 반드시 이 열 가지 일을 사유해야 한다.

이런 논의는 바른 법의 논의로서 나쁜 세계를 떠나게 한다.

이와 같이 비구들이여, 반드시 이렇게 배워야 한다."

그때 여러 비구들은 붇다의 말씀을 듣고 기뻐하며 받들어 행하였다.

• 증일아함 47 선악품(善惡品) 四

• 해설 •

　말하되 말함이 없고 말함이 없되 말함 없음도 없어야 지혜롭게 말하는 자이고 사마디로 말하는 자이다.

　잘 말하는 자는 말함 없이 말하되 진실에 맞고 바른 뜻 갖춘 말을 말하는 자이니, 말할 때 잘 법을 가리어[擇法] 말할 것은 말하고 말하지 않을 것은 말하지 않아야 한다.

　어떤 법을 말하고 어떤 법을 말하지 않아야 하는가.

　지혜를 성취하고 사마디를 성취하며 니르바나에 나아가게 하고 범행에 나아가게 하는, 해탈의 뜻이 있는 말 법다운 말을 해야 한다.

　잘 말하는 자는 저 언덕에 이끄는 파라미타의 말을 하고 파라미타의 방편이 되는 말을 하여 부질없는 세속 이야기로 날을 보내고 달을 보내지 말아야 하는 것이다.

　『화엄경』(「보살문명품」菩薩問明品) 또한 있음의 틀에 갇힌 세간의 언어가 삶의 진실에 이끌지 못함을 다음과 같이 가르친다.

> 세간에서 따져 논하는 것들
> 그 온갖 것은 헛된 분별이니
> 일찍이 그 어느 한 법이라도
> 법의 성품에 들어가지 못하네.
>
> 世間所言論　一切是分別
> 未曾有一法　得入於法性

바. 먹음과 선정[食威儀]

선정과 기쁨 등 다섯 가지 해탈의 음식 먹으며
세간의 밥을 먹어야 하니

이와 같이 들었다.

한때 붇다께서는 바라 동산[婆羅園]에 계셨다.

그때 세존께서는 때가 되어 가사를 입고 발우를 가지고 밥을 빌러 바라 마을[婆羅村]로 들어가셨다.

이때 악한 마라 파피야스는 이렇게 생각하였다.

'지금 이 사문은 마을에 들어가 밥을 빌려고 한다. 내 지금 방편으로 저 마을의 남녀들이 그에게 밥을 주지 않도록 해야겠다.'

악한 마라 파피야스는 곧 온 나라 사람들에게 널리 말해 저 사문 고타마에게 밥을 주지 말도록 하였다.

그때 세존께서는 마을로 들어가 밥을 빌었다. 그러나 사람들이 아무도 여래와 더불어 말하지 않았고, 또 다가와 받들어 섬기며 공양하는 이도 없었다.

여래께서는 밥을 끝내 빌지 못하고 이내 마을에서 도로 나오셨다.

이때 악한 마라 파피야스가 세존 계신 곳에 와 말하였다.

"사문이여, 밥을 끝내 빌지 못하였구나."

여래의 밥 빌기를 방해하는 파피야스에게
옛 붇다 때 본사를 보이심

세존께서는 말씀하셨다.

"마라가 하는 짓으로 말미암아 내가 밥을 얻지 못하였다. 너도 오래지 않아 그 갚음을 받을 것이다.

악한 마라여, 지금 내 말을 들어보아라. 옛날 현겁(賢劫) 동안에 크라쿠찬다 여래·지극히 참된 이·바르게 깨친 분·지혜와 행을 갖춘 분·잘 가신 이·세간을 잘 아시는 분·위없는 스승·법에 이끄는 이·하늘과 사람의 스승으로 붇다 세존이라 불리는 분이 이 세상에 출현했었다.

그때 그분 또한 이 마을을 의지해 살며 사십만 대중을 거느리고 머물고 계셨었다. 이때 악한 마라 파피야스는 이렇게 생각하였다.

'내 이제 사문의 방편으로는 끝내 아무것도 얻지 못하게 하겠다.'

그는 다시 생각하였다.

'나는 이제 이 바라 마을 사람들에게 당부하여 저 사문에게 밥을 주지 못하도록 해야겠다.'

이때 여러 거룩한 대중[聖衆]은 가사를 입고 발우를 가지고 마을에 들어가 밥을 빌었다. 그때 여러 비구들은 끝내 밥을 얻지 못하고 마을에서 도로 나왔다."

옛 붇다의 말씀을 빌려 다섯 가지 진리의 먹음을 보이심

"그때 그 붇다께서는 여러 비구들에게 이렇게 말씀하셨다.

'이와 같은 묘한 법을 말해주겠다. 대개 먹음을 살펴보면 아홉 가지 일이 있으니, 사람이 먹는 네 가지 먹음[四食]과 다섯 가지 '사람을 벗어난 이들'[出人間]의 다섯 가지 먹음[五食]이다.

어떤 것이 사람이 먹는 네 가지 먹음인가? 첫째는 덩이로 먹음[搏食], 둘째는 닿아 먹음[更樂識], 셋째는 하고자 함의 먹음[欲食], 넷째는 앎의 먹음[識食]이니, 이것을 세간에 네 가지 먹음이 있다고 함이다.

그 어떤 것을 사람을 벗어난 이들의 다섯 가지 먹음[五種之食]이라 하는가?

첫째는 선정의 먹음[禪食], 둘째는 바람의 먹음[願食], 셋째는 바른 생각의 먹음[念食], 넷째는 여덟 해탈의 먹음[八解脫食], 다섯째는 기쁨의 먹음[喜食]이니, 이것을 다섯 가지 먹음이라 한다.

이와 같이 비구들이여, 이와 같은 다섯 가지 먹음은 사람을 벗어난 이들의 먹음이다. 반드시 생각을 오롯이 해 네 가지 먹음을 버리고, 방편을 구해 다섯 가지 먹음을 갖추도록 하라.

이와 같이 비구들이여, 반드시 이렇게 배워야 한다.'

그때 여러 비구들은 그 붇다의 가르침을 듣고 곧 스스로 힘을 다해 다섯 가지 먹음을 이루었다.

이때 악한 마라 파피야스도 그 틈을 노리지 못하였으니, 이때 악한 마라 파피야스는 이렇게 생각하였다.

'나는 이제 이 사문의 방편을 얻을 수가 없다. 지금 반드시 눈·귀·코·혀·몸·뜻의 틈을 구해보겠다.

나는 이제 저 마을에 머물며 마을 사람들을 시켜, 사문들로 하여금 이익됨을 구하게 하고 이익됨을 얻게 하며, 이익됨 이룬 이들을 곱절이나 늘려 많게 하리라.

그리고 그 비구들로 하여금 이익됨에 탐착하여 잠깐도 버리지 않

게 하고, 또 눈·귀·코·혀·몸·뜻을 따라 방편을 얻고 싶어하도록 하겠다.'

이때 그 붓다의 성문들은 때가 되어 가사를 입고 발우를 가지고 마을에 들어가 밥을 빌었다. 그때 바라 마을 사람들은 비구들에게 입을 것·먹을거리·앉을 자리·자리끼·병에 맞는 의약품 등을 대주어 모자람이 없게 하고, 모두들 앞에서 상가티를 붙잡고 억지로 물건을 주었다."

옛 붓다의 말씀을 빌려 이익됨에 대한 탐착을 경계하심

"이때 그 붓다는 성문들에게 말씀하셨다.

'이익됨이란 사람을 나쁜 곳에 떨어뜨리고 함이 없는 곳[無爲之處]에 이르지 못하게 하는 것이다.

너희 비구들이여, 거기 집착하는 마음에 나아가지 말고, 이익됨으로 향하지 말라. 비구로서 이익됨에 집착하는 자는 다섯 가지 '법의 몸'[法身]을 이루지 못하고 계의 덕[戒德]을 갖추지 못할 것이다.

그러므로 비구들이여, 이익됨을 찾는 마음[利養之心]이 아직 생기지 않았으면 그것을 생기지 못하게 하고, 이익됨을 찾는 마음을 이미 냈으면 곧 빨리 없애도록 하라.

이와 같이 비구들이여, 반드시 이렇게 배워야 한다.'

이때 악한 마라 파피야스는 곧 몸을 숨기고 떠났다."

그때 여러 비구들은 붓다의 말씀을 듣고 기뻐하며 받들어 행하였다.

• 증일아함 45 마왕품(馬王品) 四

• 해설 •

중생의 몸은 먹음[食]으로 지탱하고 숨[息]으로 지탱하며 앎[識]으로 지탱한다. 중생의 덩이로 먹음, 탐욕이 있고 취함이 있는 갖가지 먹음은 하나의 먹음을 소모하고서 새로운 먹을거리를 취해 먹지 않으면 안 되는 먹음이다. 중생의 먹음은 늘 새로운 먹을거리를 먹어 채우지 않으면 목마름과 배고픔을 쉬지 못하는 먹음이다.

비록 덩이로 먹고 앎으로 먹되, 먹음[能食]과 먹은 바[所食]가 공한 줄 알아 먹음 없이 먹으면, 하나의 먹을거리의 맛이 한량없는 맛[無量味]을 갖춘 다함없는 먹음이 되니, 그 먹음이 해탈의 먹음이고 기쁨의 먹음이다.

먹을거리를 먹되 실로 먹은 바가 없이 맛없는 법의 맛을 먹으며, 먹을 때 먹는 마음의 모습 얻을 것 없이 먹으면 그 먹음이 선정의 먹음 법의 기쁨의 먹음이 되고, 탐욕이 다한 크나큰 바람의 먹음[願食]이 된다.

붇다는 밥을 빌러 성에 들어가셨다 밥을 얻지 못하고 돌아오신 뒤, 옛 붇다의 본사(本事)를 들어 거룩한 상가의 먹음이 다섯 가지 진리의 먹음이 되어야 함을 깨우쳐주신다.

곧 상가의 먹음은 탐욕의 먹음이 아니고 선정의 기쁨[禪悅]을 먹음이고, 크나큰 바람의 먹음으로 세간에 큰 복밭을 짓는 먹음이며, 먹음으로 파라미타를 행해 뭇 삶들을 해탈시키는 먹음[解脫食]임을 가르치신다.

거룩한 상가는 이익됨을 찾는 마음을 떠나 오직 법의 기쁨[法喜]을 위해 세간의 밥을 빌되 온전히 그 먹음 없는 먹음이 사마타의 먹음이 되게 하고 파라미타의 먹음이 되게 해야 한다.

남악혜사선사는 『수자의삼매』에서 『화엄경』의 법문을 이끌어, 먹음으로 파라미타 행하는 보디사트바의 크나큰 바람[大願]을 다음과 같이 말한다.

밥을 얻을 때에 바라오니 모든 삶들
선정의 기쁨 그 밥을 얻어
다른 맛 찾는 생각 없어지이다.

밥을 받을 때에 바라오니 모든 삶들
진리의 기쁨 그 밥을 얻어
단이슬의 맛 생각하여지이다.
먹을거리 씹을 때에 바라오니 모든 삶들
니르바나 그 진리의 밥을 먹고
저 언덕 이르름 생각하여지이다.

若得食時 當願衆生
得禪悅食 無餘味想
若受食時 當願衆生
得法喜食 甘露味想
噉飮食時 當願衆生
餐涅槃飯 到彼岸想

밥을 먹고 나서 바라오니 모든 삶들
일체종지 두렷이 가득 채워서
뭇 삶들 깨우칠 것 생각하여지이다.
밥먹고 양치질하고 바라오니 모든 삶들
두렷하고 묘한 깨달음이 늘 머물러서
맑고 맑으며 밝고 깨끗하여지이다.

飯食已訖 當願衆生
種智圓滿 覺衆生想
澡漱飮訖 當願衆生
妙覺常住 湛然明淨

여래는 진리의 기쁨으로 밥을 삼나니

이와 같이 내가 들었다.

한때 붇다께서는 '사라브라마나'의 마을에 계셨다.

그때 세존께서 이른 아침에 가사를 입고 발우를 가지고 사라 마을에 들어가 밥을 비셨다.

그때 악한 마라 파피야스는 이렇게 생각하였다.

'지금 사문 고타마가 이른 아침에 가사를 입고 발우를 가지고 사라 마을에 들어가 밥을 빌고 있다. 내가 지금 먼저 그 집에 들어가 믿음의 마음이 있는 브라마나 장자들에게 말해서 사문 고타마로 하여금 빈 발우로 나오게 하겠다.'

그때 악한 마라 파피야스가 붇다 뒤를 따라가면서 이렇게 외쳤다.

"사문이여, 사문이여, 밥을 조금도 얻지 못하였는가?"

그때 세존께서 이렇게 생각하셨다.

'이것은 악한 마라 파피야스가 나를 어지럽히려고 하는 짓이다.'

곧 게송으로 말씀하셨다.

  너는 몸소 여래에 대해
  한량없는 죄를 짓고 있다.
  너는 해탈하신 여래를 불러
  여러 괴로움 받는다 하느냐.

그때 악한 마라 파피야스가 이렇게 말했다.

"고타마여, 다시 마을로 들어가라. 밥을 얻도록 해주겠다."

그때 세존께서 게송으로 말씀하셨다.

아무것도 있는 바 없도록 해도
편안하고 즐겁게 살아가나니
마치 저 빛과 소리의 하늘이
늘 기쁨으로 먹음 삼는 것 같네.

아무것도 있는 바 없도록 해도
편안하고 즐겁게 살아가면서
늘 진리의 기쁨으로 먹음 삼으니
이 몸을 의지하여 살지 않노라.

그러자 악한 마라 파피야스는 '사문 고타마가 이미 내 마음을 알고 있구나'라고 생각하고, 안에 근심 걱정을 품은 채 곧 사라져 나타나지 않았다.

• 잡아함 1095 걸식경(乞食經)

• **해설** •

여래는 몸에 몸 없음을 통달하여 법의 몸을 성취하였으니 어찌 탐욕의 마음으로 먹을거리를 취하겠으며, 길이 목마름이 없는 니르바나를 성취하였으니 어찌 여래에게 목마름과 굶주림이 있겠는가.

오직 법의 기쁨이 여래의 밥이 되고 선정의 기쁨이 마실거리 되어 한량없는 법의 맛 시원한 법의 물로 중생을 적셔주고 윤택케 하시는 것이다.

덩이밥의 맛에 취할 맛 있음을 보는 파피야스가 어찌 여래의 다함없는 단이슬의 법맛[甘露法味]을 깨뜨릴 수 있겠는가.

여래는 맛보는 혀뿌리와 먹는 맛이 공한 법계 진리의 처소, 고요한 사마디의 처소에서 한량없는 해탈의 법맛으로 중생을 해탈에 이끄시니, 『화엄경』(「현수품」)은 이렇게 말한다.

혀뿌리 가운데서 선정에 들어
맛의 경계 가운데서 선정 나오사
온갖 좋은 법의 맛을 널리 얻으나
여러 하늘 세상 사람 알 수 없어라.

於舌根中入正定 於味塵中從定出
普得一切諸上味 諸天世人莫能知

맛의 경계 가운데서 선정에 들어
혀뿌리 위에서 선정 나오지만
그 마음이 어지럽지 않으시사
혀가 남이 없고 일어남이 없어
그 성품 고요해 짓는바 없음
중생에게 널리 설해 가르쳐주네.

於味塵中入正定 於舌起定心不亂
說舌無生無有起 性空寂滅無所作

7) 삼세의 시간과 선정

· 이끄는 글 ·

시간은 주체의 관념 속에 있는 것도 아니고 객관의 실재도 아니지만, 객관의 사물운동을 떠나지도 않고 주체의 사유를 떠나지도 않는다. 시간은 과거·현재·미래의 실체적 시간이 서로 이어감도 아니고 하나인 것의 영원한 자기 돌아옴의 운동도 아니다.

시간은 연기로 성취한 존재운동에 대한 주체의 알아차림 속에서 분별된다. 그래서 연기법에서 시간은 과거의 것·현재의 것·미래의 것으로 표현되기도 하고, 과거의 마음·현재의 마음·미래의 마음으로 표현되기도 하니, 연기법에서 존재는 늘 마음인 존재이고 마음은 존재인 마음이기 때문이다.

삼세(三世)로 이어지는 존재의 운동은 인연이 이룬 것이지만 실로 남이 없고, 실로 남이 없기 때문에 나지 않음도 없는 것이다.

과거·현재·미래의 것이 있되 공해 취할 것이 없는 곳에 사마타의 휴식이 표시되고, 삼세의 존재운동이 공하되 있으므로 버릴 것이 없는 곳에서 비파사나의 살핌이 표시된다.

곧 삼세의 존재운동에서 있되 공한 진제(眞諦)와 공하되 거짓 있는 속제(俗諦)를 두렷이 같이 비출 수 있어야[圓照二諦] 사마타와 비파사나가 하나된[止觀俱行] 디야나파라미타를 실현할 수 있다.

이제 승조법사(僧肇法師)의 『조론』(肇論) 가운데 「물불천론」(物

不遷論)과 「반야무지론」(般若無知論)을 통해 시간과 선정의 문제를 간략히 살펴보자.

승조법사에게 물(物)은 사물 아닌 사물[非物之物]이고, 마음[心]은 마음 아닌 마음[非心之心]이다. 그러므로 물은 마음 밖의 물이 아니라 물일 때 물질은 오직 마음인[唯心]인 물이며, 마음일 때 마음은 안의 관념이 아니라 오직 물질[唯物]인 마음[心]이다.

아함경에서 과거의 것·현재의 것·미래의 것이라고 말한 것이 바로 승조법사의 물인 것이니, 과거의 것은 연기적 성취이므로 있되 공하나 공도 공하므로 끊어져 없는 것이 아니다.

과거의 것을 얻을 수 없으나, 얻을 것이 실로 없기 때문에 과거를 토대로 현재·미래가 남이 없이 나는 것이다.

곧 연기적 성취로 있는 어떤 것은 공하되 끊어지지 않고[雖空亦不斷] 있되 항상하지 않다[雖有亦不常]. 그러므로 과거의 것이 사라지고 현재의 것이 나왔다고 해도 안 되고, 과거의 것이 현재로 이어졌다고 해도 안 된다.

승조법사는 과거의 것과 현재의 것이 서로 옮겨가지 않음을 다음과 같이 말한다.

> 대개 사람들이 움직인다[動者]고 말하는 것은 옛것이 지금에 이르지 않기 때문(젊음이 지금 늙음에 이르지 않는 것처럼)이니, 그래서 움직여 고요하지 않다고 말한다.
> 내가 고요하다[靜者]고 말하는 것은 또한 옛것이 지금에 이르지 않기 때문이니, 그래서 고요하여 움직이지 않는다 말한다.
> 사람들이 움직여 고요하지 않다 함은 옛것이 지금에 오지 않기

때문이며, 내가 고요하여 움직이지 않는다 함은 지금 것이 옛날에 가지 않기 때문이다.

그렇다면 사람들과 내가 나아간 바는 일찍이 다르지 않았지만 보는 바는 일찍이 같지 않았으니, 보통사람의 참모습 거슬림을 막힘[塞]이라 말하고 깨친 사람의 참모습 따름을 통함[通]이라 말한다.

참으로 바른 삶의 길 얻으면 다시 어디에 막힐 것인가.

가슴 아프다! 사람들의 헛된 뜻 미혹한 지 오래됨이여, 눈으로 참됨을 마주하고도 깨닫지 못하니, 지난 것이 지금에 오지 않는 줄 알면서도 지금 것이 옛날로 간다 말하네.

지난 것이 이미 오지 않는다면 지금 것이 어느 곳에 가겠는가.

『조론』의 말을 다시 풀어보자.

옛것은 옛때의 인연으로 성취된 옛것이므로 있되 공하다. 보통사람들은 옛것이 그대로 있지 않고 다음 새로운 연기적 성취가 있게 되므로 그것을 움직인다고 말한다. 그러나 옛것이 있되 공하고 공도 공하여 새것이 이루어지는 것이니, 옛것이 그대로 새것으로 옮겨오지 않는다. 그러므로 옛것과 새것이 서로 이어 연기하되 움직임 없이 고요한 것이다.

승조법사는 다시 말한다.

왜 그런가. 지난 것을 지나감 속에서 구하면 지나감 속에 일찍이 없지 않으나, 지나간 것을 지금에서 찾으면 지금 이 속에 일찍이 있지 않다.

지난 것이 지금 속에 일찍이 있지 않다면 지난 것이 지금 속에 오지 않음 분명하며, 지난 것이 지나감 속에 일찍이 없지 않다면 지금 것이 지나감 속에 가지 않음을 알 수 있다.

　뒤집어 지나감 속에 지금을 구해보면 지금 또한 지나감 속에 가지 않았다. 이는 바로 옛것은 스스로 옛날에 있어 지금에서 옛날로 이르러 간 것 아니며, 지금 것은 스스로 지금에 있어 옛날에서 지금에 이르러 온 것 아님을 말함이다.

　그러므로 공자[仲尼]는 말한다.

　"안회야, 잠깐 새로 스치는 팔도 옛것이 아닌 줄 보라"[回也 見新交臂非故].

　이와 같다면 사물이 서로 가고 옴이 아님이 분명한 것이다.

　이미 가고 돌아오는 작은 조짐도 없다면 어떤 것이 있어서 움직일 수 있겠는가.

　그렇다면 개벽의 바람이 몰아쳐 큰 산이 무너져도 늘 고요하고,
　강물이 다투어 흘러도 흘러간 것 아니며,
　아지랑이 나부껴 올라가도 움직인 것 아니고,
　해와 달이 하늘을 거쳐 가도 두루 돈 것 아니다.
　이런 것을 어찌 다시 괴이하게 여길 것인가.

　　然則旋嵐偃嶽而常靜　江河競注而不流
　　野馬飄鼓而不動　日月歷天而不周　復何怪哉

『조론』의 말을 다시 풀어보자.

온갖 법은 그 자리에 머물러 있되 공하다. 그러므로 과거의 법이

현재의 이 법으로 그대로 이어진 것도 아니고, 과거의 법이 끊어지고 현재의 법이 세워진 것도 아니다.

또 지금 이 법은 지금의 인연으로 성취된 법이므로 지금이 과거의 법으로 돌아가지 않는다.

온갖 법이 덧없음 가운데 늘 고요함이 있고, 세상 사람들이 움직인다고 말한 것 속에 늘 고요함이 있다.

공자가 안회에게 '잠깐 새로 스치는 팔도 옛것이 아님을 보라'고 한 말이 찰나찰나 옮겨 변화함 속에 늘 고요함이 있음을 말한 것이다.

그렇다면 개벽이 바람이 몰아치고 큰 산이 무너져도 늘 고요한 뜻을 알 수 있을 것이다.

다만 '사물이 흘러간다'고 말한 것은 '늘 머물러 있다'는 집착을 깨기 위함이고, '늘 머문다'[常住]고 말한 것은 '흘러가 사라진다'[起滅]는 집착을 깨기 위함이다.

승조법사는 다시 말한다.

그러므로 흘러감[去]을 말해도 반드시 흘러감이 아니라 사람들의 항상하다는 생각[常想] 막아주려는 것이요, 머무름[住]을 말해도 반드시 머무름이 아니라 사람들이 흘러가버린다[往]는 말 버리게 함이다.

어찌 흘러감에 버려야 할[可遣] 나고 죽음의 흐름이 있음을 말하며, 머무름에 머물러야 할[可留] 니르바나의 모습 있음을 말하겠는가.

그러므로 『성구경』(成具經)에 '보디사트바는 항상하다는 헤아림 속에 있으면 항상하지 않다는 가르침을 연설한다'고 말씀한다.

그 반대로 마하야나의 논[摩訶衍論]은 '모든 법은 움직이지 않아서 흘러가는 곳도 좇아온 곳도 없다'고 말한다.

이것들은 모두 삶들을 이끌어 진리에 이르게 하는 여러 가지 방편이니 두 가지 말이 하나로 모아진다.

어찌 글이 다르다[殊]고 그 이르름[致]을 어긋나게 할 것인가.

그러므로 항상함을 말해도 머무름이 아니고 흘러감을 말해도 옮겨감이 아니다. 옮겨가지 않으므로 비록 가지만 늘 고요하고, 머무르지 않으므로 비록 고요하지만 늘 흘러간다.

비록 고요하지만 늘 가므로 가지만 옮겨가는 것이 아니고, 비록 흘러가지만 늘 고요하므로 고요하지만 머물러 있는 것이 아니다.

그러므로 장자[莊生]가 산을 큰 못 속에 감추고 공자가 시냇가에서 흐름을 탄식한 까닭은 모두 흘러가는 것이란 머물러 둘 수 없음을 느꼈기 때문이다.

어찌 지금의 것 밀쳐내고 옛으로 갈 수 있음을 말했겠는가. 성인의 마음[聖人心]을 살핀다는 것은 보통 사람들의 보고 얻음과는 같지 않다.

위 글을 다시 풀어보자. 글에서 승조법사가 인용한 장자(莊子)의 비유는 다음과 같다.

배를 산골짜기에 감추고 그 산을 큰 못 속에 감추고 그를 굳세다고 말한다. 그러나 산과 못보다 큰 힘센 사람이 이를 짊어지고 달려간다면 어리석은 사람은 알지 못한다.

천하를 천하에 숨기면 도망할 것이 없다.

藏舟於壑 藏山於澤 謂之固矣 有力者負之而趨 昧者不覺 藏天下
於天下則 無所遯矣

이 뜻은 무엇을 말하는가. 온갖 것은 변화한다. 범부들이 굳세다고 여기는 산과 큰 땅도 지금 변화하고 있다.

설사 큰 하늘땅에 의탁해서 변화의 두려움을 잊는다 해도 덧없음의 힘을 비껴갈 수 없으니, 마치 배에 탄 사람이 산과 못보다 크고 힘센 사람이 배를 숨긴 산과 못을 짊어지고 가면 실로는 옮겨가는데 그런 줄도 모르고 잠시 변화의 두려움을 잊는 것과 같다.

오히려 변화하는 모습이 실로 옮겨감이 없는 도의 바탕에 하나되면 숨길 곳도 숨을 곳도 없게 되니, 그 뜻을 장자는 천하를 천하에 숨기면 도망할 것이 없다고 말한다.

공자 또한 강가에서 흐르는 물을 보고 말했다.

가는 것이 이와 같구나. 밤낮으로 그치지 않네.

逝者如斯夫 不捨晝夜

흐르는 강물은 찰나찰나 쉬임없이 흘러간다. 그러나 지금 물방울은 찰나 앞서 그 물방울이 아니고, 찰나 뒤의 그 물방울도 지금 이 물방울이 아니니, 쉴새없이 흐르고 흐름 가운데 고요함이 있으며 쉴새없이 움직여 항상함이 아니되[不常], 밤낮으로 흘러 그침이 아니다[不斷].

과거·현재·미래의 사물이 멈추지 않고 흘러가되 고요한 줄 아는 곳에 '있되 공한 진제'를 비추는 지혜의 눈이 있고, 고요하되 찰나찰나 새것이 되는 연기의 활동이 없지 않음을 보는 곳에 '공하되 있는 속제'를 비추는 눈이 있다.

진제와 속제를 두렷이 비춤[雙照二諦]이 분명하면 중도의 진실[中道實相]이 현전하고, 과거·현재·미래의 시간이 공한 사마디의 고요함 속에서 창조적으로 역사와 세간의 변화를 사는 지혜가 현전한다.

과거의 것·현재의 것·미래의 것은 늘 과거의 마음·현재의 마음·미래의 마음으로 현전한다.

과거의 것·현재의 것·미래의 것이 있되 공하고 덧없이 흐르되 흘러감이 없으므로 삼세의 마음에 얻을 것이 없다. 그러나 과거의 것·현재의 것·미래의 것이 공하되 있으므로 삼세의 마음 아닌 마음은 끊어짐이 없이 연기하는 것이다.

보디사트바는 삼세의 마음에 얻을 것이 없으므로 알되 앎이 없지만, 삼세의 마음이 공하되 연기하므로 앎이 없이 아는 것이니, 실로 앎[知]과 실로 알지 못함[不知]의 두 치우침을 떠난 곳에 시간의 필연을 뛰어넘는 해탈과 자유의 길이 있다.

승조법사의 「반야무지론」은 말한다.

그러므로 성인은 그 마음을 비워서 그 비춤을 진실하게 하니, 날이 다하도록 알아도 일찍이 알지 않는다.

그러므로 환히 밝음을 고요히 해[默耀] 빛을 감출 수 있으며[韜光] 마음을 비워 살핌을 그윽히 하고 아는 지혜[智]를 막고 귀 밝음[聰]을 닫되, 홀로 드러난 깨침이 그윽하고 그윽한 것이다.

위의 말에서 그 비춤을 진실하게 한다는 것은 어떤 것인가. 그것은 비춤을 실체화한다는 뜻이 아니라 아는 뿌리와 아는 경계가 공한 줄 통달해 눈이 빛깔을 보되 그 봄을 실로 봄이 없는 봄이 되게 하는 것이 그 비춤을 진실하게 함이다.

곧 비춤을 비출 바 있는 비춤이 아니라 비추되 비출 바가 없어서 비추되 고요함[照而寂]이 되게 하는 것이 비춤을 진실하게 하는 것이니, 그 비춤이 진실하게 되면 날이 다하도록 알되 앎이 없는 것이다.

위의 글에서 밝은 저 빛을 감춤은 앎에 앎이 없는 것이고, 마음을 비워 살핌을 그윽하게 하되 홀로 드러난 깨침이 그윽한 것은 앎 없되 앎 없음도 없는 것이다.

승조법사의「반야무지론」은 다시 말한다.

그러므로 반야는 비었지만 비출 수 있고, 진제는 모습 없지만 알 수 있으며, 만 가지 움직임은 움직임에 나아가 고요할 수 있으니, 성인의 응함은 응함이 없지만 응할 수 있다.

이것이 곧 알지 않으면서 스스로 알고, 하지 않으면서 스스로 하는 것이니, 다시 어찌 앎이 있을 것이며 다시 어찌 함이 있을 것인가.

위 말은 무슨 뜻인가. 반야는 알되 앎이 없고 하되 함이 없으니 알되 앎이 없을 때 삼세로 치닫는 시간의 운명 속에서 시간의 굴레를 벗어난 사마타의 고요함에 설 수 있고, 비파사나로 앎이 없이 알 때 시간의 저 언덕에 도피함이 없이 시간 아닌 시간을 창조적으로 굴려

쓰며 역사의 운명을 온전히 살아가는 것이다.

그러므로 「반야무지론」은 말한다.

> 지혜는 비록 일 밖[事外]이지만 일찍이 일 없음이 아니고, 신묘한 앎은 비록 세간 밖[世表]이지만 날이 다하도록 세간의 터전 한복판이다.
> 이 때문에 구부리고 우러름이 세상의 변화를 따라 대상을 응해 맞음이 다함없는 것이며, 그윽하여 살피지 않음이 없지만 지어 비춤[照功]이 없는 것이다.
> 이것이 앎이 없이 아는 것[無知之所知]이고 거룩한 지혜가 그윽이 아는 것[聖神之所會]이다.

『조론』의 이 말과 같이 삼세의 시간이 공한 줄 알아 가고 오는 세간의 흐름 속에서 자재히 시간을 쓰는 대자유인의 삶을, 『화엄경』(「입법계품」) 또한 다음과 같이 노래한다.

> 허공처럼 넓고 크신 붇다의 지혜
> 한 생각에 삼세의 법 모두다 알며
> 온갖 중생의 근기 또한 아시니
> 비유하면 빼어난 환술쟁이가
> 생각생각 끝없는 일 나툼 같아라.
> 一念悉知三世法 亦了一切衆生根
> 譬如善巧大幻師 念念示現無邊事

붇다는 지혜가 통달하여서
깨끗하여 삼세에 걸림 없으니
한 생각에 삼계의 온갖 법이
마음의 앎 따라 인연으로 일어나
나고 사라져 항상함이 없고
자기성품 없음을 널리 아시네.

佛智通達淨無礙　一念普知三世法
皆從心識因緣起　生滅無常無自性

비유하면 깨끗한 해 환한 빛 놓아
본 곳을 움직이지 아니하고서
시방을 널리 두루 비춤과 같이
붇다의 해 밝은 빛 또한 이 같아
가고 옴이 없이 세간 어두움 없애네.

譬如淨日放千光　不動本處照十方
佛日光明亦如是　無去無來除世暗

① 시간의 실상과 선

―――

과거 · 현재 · 미래의 다섯 쌓임의 있는 모습에
가리고 막힘 떠나야 하니

이와 같이 내가 들었다.

한때 붓다께서는 슈라바스티 국 제타 숲 '외로운 이 돕는 장자의 동산'에 계시면서 여러 비구들에게 말씀하셨다.

"다섯 받는 쌓임이 있다. 어떤 것이 다섯인가. 물질의 받는 쌓임과 느낌 · 모습 취함 · 지어감 · 앎의 받는 쌓임이다.

만약 사문이나 브라마나로서 '오랜 목숨을 아는 지혜'[宿命智]로써 스스로 갖가지 오랜 목숨을 이미 알았고 알게 되며 지금 안다면, 그것은 다 이 다섯 받는 쌓임에 대해 이미 알았고 알게 되며 지금 아는 것이다.

곧 '내가 과거에 겪은 것은 이와 같은 물질, 이와 같은 느낌, 이와 같은 모습 취함, 이와 같은 지어감, 이와 같은 앎이었다'고 아는 것이다.

만약 걸리고 나뉠 수 있는 것이라면 이것을 물질의 받는 쌓임이라한다. 또 걸리는 것[所閡] 곧 손이나 돌, 막대기나 칼, 추위와 더위, 목마름과 굶주림이나, 모기나 등에 등 모든 독한 벌레나 바람 · 비에 닿음을 가리켜 이것을 닿아 걸림[觸閡]이라 한다. 그러므로 걸리는 것은 다 물질의 받는 쌓임이고, 그것은 다시 덧없고 괴로우며, 변하고 바뀌는 것이다.

 모든 느껴 깨닫는 모습은 다 느낌의 받는 쌓임이니, 무엇을 느끼는가. 괴로움을 느끼고, 즐거움을 느끼며, 괴롭지도 않고 즐겁지도 않음을 느낀다.

 그러므로 느껴 깨닫는 모습[覺相]은 다 느낌의 받는 쌓임이고, 그것은 다시 덧없고 괴로우며 변하고 바뀌는 것이다.

 모든 모습 취함은 다 모습 취함의 받는 쌓임이니, 무엇에서 그 모습 취하는가. 적다고 생각함·많다고 생각함·한량없다고 생각함, 전혀 있는 바가 없을 때 있는 바 없다는 생각을 지음이다.

 그러므로 이것을 모습 취함의 받는 쌓임이라 하고, 그것은 다시 덧없고 괴로우며 변하고 바뀌는 것이다.

 지어가는 모습[造作相]은 지어감[行]의 받는 쌓임이니, 무엇을 지어가는가. 물질에 대해서 짓고, 느낌·모습 취함·지어감·앎에 대해서 짓는다. 그러므로 지어가는 모습은 지어감의 받는 쌓임이고, 그것은 다시 덧없고 괴로우며 변하고 바뀌는 법이다.

 가려 아는 모습[別知相]은 앎[識]의 받는 쌓임이니 무엇을 아는가. 빛깔을 알고, 소리·냄새·맛·닿음·법을 안다. 그러므로 이것을 앎의 받는 쌓임이라 하고, 다시 그것은 덧없고 괴로우며 변하고 바뀌는 법이다."

**삼세 다섯 쌓임의 있는 모습을 밝히고
다시 다섯 쌓임에 가리고 막힌 집착의 삶을 보이심**

 "비구들이여, 저 많이 들은 거룩한 제자들은 물질의 받는 쌓임에 대해서 이렇게 배운다.

곧 '나는 현재의 물질에게 먹히고 있다. 과거세상에서도 이미 현재와 같이 저 물질에게 먹혔다.'

그는 다시 이렇게 생각한다.

'나는 지금 현재의 물질에 먹히고 있다. 내가 만약 다시 미래의 물질을 즐겨 집착하면 다시 현재와 같이 그 물질에 먹히게 될 것이다.'

그는 이렇게 생각한 뒤에는 과거의 물질은 돌아보지 않고, 미래의 물질은 즐겨해 집착하지 않으며, 현재의 물질에 대해서는 즐겨하지 않음을 내, 탐욕 떠나고 걱정거리 없애 사라짐에 향한다.

많이 들은 거룩한 제자들은 이 느낌·모습 취함·지어감·앎의 받는 쌓임에 대해서도 이렇게 배운다.

곧 '나는 지금 현재의 앎 등에 먹히고 있다. 과거세상에서도 이미 현재와 같이 앎 등에 먹혔다.

내가 이미 현재의 앎 등에 먹히고 있으면서 만약 다시 미래의 앎 등을 즐겨해 집착하면 반드시 앞으로도 현재와 같이 앎 등에 먹히게 될 것이다.'"

삼세 다섯 쌓임에 집착 떠나 니르바나에 나아감을 보이심

"이와 같이 안 뒤에는 과거의 앎 등을 돌아보지 않고, 미래의 앎 등을 즐겨해 집착하지 않으며, 현재의 앎 등에 대해서는 즐겨하지 않음을 내, 탐욕 떠나고 걱정거리 없애 사라짐에 향한다.

그래서 없애고는 더하지 않고, 물러나서 나아가지 않으며, 없애고는 일으키지 않고, 버리고서 잡지 않는다.

무엇을 없애고서 더하지 않는가. 물질을 없애고서 더하지 않고, 느낌·모습 취함·지어감·앎을 없애고서 더하지 않는다.

무엇에서 물러나 나아가지 않는가. 물질에서 물러나서 나아가지 않으며, 느낌·모습 취함·지어감·앎에서 물러나서 나아가지 않는다.

무엇을 없애고서 일으키지 않는가. 물질을 없애고서 일으키지 않고, 느낌·모습 취함·지어감·앎을 없애고서 일으키지 않는다.

무엇을 버리고서 잡지 않는가. 물질을 버리고서 잡지 않으며, 느낌·모습 취함·지어감·앎을 버리고서 잡지 않는다.

없애고서 더하지 않으면 고요히 사라져 머무르고, 물러나고서 나아가지 않으며, 고요히 물러나 머무른다.

없애고서 일으키지 않으면 고요히 사라져 머무르고, 버리고서 잡지 않으며, 얽매이고 집착함을 내지 않는다.

얽매여 집착하지 않으면 스스로 니르바나를 깨달아 '나의 태어남은 이미 다하고, 범행은 이미 서고, 지을 바를 이미 지어 뒤의 있음을 받지 않음'을 스스로 안다."

붇다께서 이 경을 말씀하실 때 많은 비구들은 모든 흐름을 일으키지 않고[不起諸漏] 마음이 해탈하였다[心得解脫].

붇다께서 이 경을 말씀하시자 여러 비구들은 붇다의 말씀을 듣고 기뻐하며 받들어 행하였다.

- 잡아함 46 삼세음세경(三世陰世經)

• 해설 •

다섯 쌓임은 있되 공하고 공하되 있다. 과거의 다섯 쌓임이 실로 있지 않으므로 과거의 쌓임에 얻을 것이 없지만, 과거에 얻을 것이 없으므로 과거가 사라지되 과거를 토대로 현재가 나온다.

현재가 실로 있음이 아니므로 현재법에 얻을 것이 없지만, 현재법에 실로 얻을 것이 없으므로 현재법이 사라지되 현재를 토대로 미래가 형성된다.

과거의 물질에 실로 얻을 것이 있고 과거의 앎에 실로 얻을 것이 있다고 하면 과거의 다섯 쌓임에 먹히게 된다.

과거와 같이 현재·미래의 다섯 쌓임에서도 실로 있음이 아닌 곳에서 실로 있다는 집착을 내면 현재와 미래의 다섯 쌓임에 먹히게 된다.

다섯 쌓임에서 실로 있음을 떠나되 있음 아닌 있음을 세워 진제와 속제를 모두 비추면[雙照二諦] 삼세의 세간에 머물지 않되 삼세의 시간을 떠나지 않게 된다.

삼세의 시간 속에서 자재한 위없는 지혜의 세계를 『화엄경』(「입법계품」)은 이렇게 말한다.

> 여래의 보디는 한 생각에
> 온갖 법의 실상 깨달아 아니
> 여래의 지혜의 끝과 바탕
> 어떻게 헤아릴 수 있으리.
>
> 菩提一念頃 能覺一切法
> 云何欲測量 如來智邊際
>
> 온갖 삼세의 모든 법을
> 한 생각에 밝게 통달하므로
> 붇다의 지혜는 다함이 없고
> 무너뜨릴 수 없다 말하네.
>
> 一念悉明達 一切三世法
> 故說佛智慧 無盡無能壞

비구들이여, 삼세 다섯 쌓임에는 취할 것이 없다

이와 같이 내가 들었다.

한때 붇다께서는 슈라바스티 국 제타 숲 '외로운 이 돕는 장자의 동산'에 계시면서 여러 비구들에게 말씀하셨다.

"너희들에게 맞는 법이 아니면 반드시 다 버리고 떠나야 한다. 그 법을 버리고 나면 기나긴 밤 동안에 안락할 것이다.

비구들이여, 어떤 법이 너희들에게 맞는 것이 아니어서 반드시 빨리 버리고 떠나야 할 것인가.

이와 같은 물질·느낌·모습 취함·지어감·앎은 너희들에게 맞는 것이 아니어서 반드시 다 버리고 떠나야 한다. 그 법들을 끊고 난 뒤에는 기나긴 밤 동안에 안락할 것이다.

비유하면 제타 숲속의 나무를 어떤 사람이 가지와 줄기를 베어 짊어지고 가더라도 너희들이 또한 근심하고 슬퍼하지 않는 것과 같다.

무슨 까닭인가. 그 나무들은 나도 아니요 내 것도 아니기 때문이다.

이와 같이 비구들이여, 너희들에게 맞는 것이 아니면 반드시 버리고 떠나야 한다. 버리고 떠난 뒤에는 기나긴 밤 동안에 안락할 것이다.

어떤 것이 너희들에게 맞는 것이 아닌가. 물질은 너희들에게 맞는 것이 아니니 반드시 다 버리고 떠나야 한다. 버리고 떠난 뒤에는 기나긴 밤 동안에 안락할 것이다.

이와 같이 느낌·모습 취함·지어감·앎도 너희들에게 맞는 것이 아니니 반드시 빨리 버리고 떠나야 한다. 그 법을 버린 뒤에는 기나긴 밤 동안에 안락할 것이다."

다섯 쌓임의 모든 법이 취할 것 없음을 보이고
다시 다섯 쌓임의 덧없음과 나 없음을 보이심

"비구들이여, 물질은 항상한 것인가, 덧없는 것인가."

비구들은 붇다께 말씀드렸다.

"덧없는 것입니다, 세존이시여."

"비구들이여, 만약 덧없는 것이라면 그것은 괴로운 것인가."

"그것은 괴로운 것입니다, 세존이시여."

붇다께서는 비구들에게 말씀하셨다.

"만약 덧없고 괴로운 것이라면 그것은 변하고 바뀌는 법이다. 그런데 많이 들은 거룩한 제자로서 과연 거기서 '나'와 '나와 다름', 그 둘의 서로 같이 있음을 보겠느냐."

"아닙니다. 세존이시여."

"이와 같이 느낌·모습 취함·지어감·앎은 항상한 것인가, 덧없는 것인가."

"덧없습니다, 세존이시여."

"비구들이여, 만약 덧없는 것이라면 그것은 괴로운 것인가."

"그것은 괴로운 것입니다, 세존이시여."

붇다께서는 비구들에게 말씀하셨다.

"만약 덧없고 괴로운 것이라면 그것은 변하고 바뀌는 법이다. 그런데 많이 들은 거룩한 제자로서 과연 거기서 '나'와 '나와 다름', 그 둘의 서로 같이 있음을 보겠느냐."

"아닙니다, 세존이시여."

삼세의 다섯 쌓임의 법에 나와 내 것 없음을 다시 보이심

"비구들이여, 그러므로 모든 있는 물질로, 과거든 미래든 현재든, 안이든 밖이든, 거칠든 가늘든, 곱든 밉든, 멀든 가깝든 그 온갖 것은 '나'가 아니요 '나와 다름'도 아니며 그 둘의 같이 있음도 아니다.

이와 같이 느낌·모습 취함·지어감·앎으로 과거든 미래든 현재든, 안이든 밖이든, 거칠든 가늘든, 곱든 밉든, 멀든 가깝든 그 온갖 것은 '나'가 아니요 '나와 다름'도 아니며 그 둘의 합한 것도 아니다.

그러므로 거룩한 제자는 이 다섯 받는 쌓임을 '나'나 '내 것'이 아니라고 살핀다. 이와 같이 살필 때에는 모든 세간에 대해서 취해 집착하는 바가 없고, 취해 집착하는 바가 없으면 스스로 '니르바나'를 얻는다.

그래서 나의 태어남은 이미 다하고, 범행은 이미 서고, 지을 바를 이미 지어, 다시는 뒤의 있음을 받지 않는다고 스스로 안다."

붇다께서 이 경을 말씀하시자 여러 비구들은 붇다의 말씀을 듣고 기뻐하며 받들어 행하였다.

• 잡아함 269 기림경(祇林經)

• 해설 •

다섯 쌓임은 있되 있음 아닌 있음이니, 실로 있다 하면 아는 마음과 알려지는 모습이 서로 부딪치니 참으로 맞는 것이 아니다.

아는 마음이 알되 앎이 없고, 알려지는 모습이 모습에 모습 없을 때 마음과 경계가 참으로 맞는 것이니, 다섯 쌓임의 있는 모습을 떠나야 한다.

다섯 쌓임을 통해 내가 있으므로 나도 공하고 다섯 쌓임도 공하니, 다섯 쌓임이 나도 아니고 나 아님도 아니다. 또 다섯 쌓임이 있되 공하므로 과거의 다섯 쌓임·현재의 다섯 쌓임·미래의 다섯 쌓임은 끊어짐도 아니고 항상함도 아니며 실로 있음도 아니고 실로 없음도 아니다.

이같이 삼세 모든 법의 진실을 알아 취하지 않고 집착하지 않으면 삼세의 다섯 쌓임이 그대로 법성의 공적한 집[法性空寂舍]이 되고 니르바나의 성이 된다.

『화엄경』(「도솔궁중게찬품」)은 이렇게 말한다.

만약 이 세간 가운데서
온갖 집착 멀리 떠나서
걸림 없는 마음으로 기뻐하면
법을 밝게 깨닫게 되리.

若能於世間 遠離一切著
無礙心歡喜 於法得開悟

신묘한 힘이 나타냄이라
이를 붇다라 이름하지만
삼세의 온갖 때 가운데
구해도 있는 바가 없도다.

神力之所現 卽此說名佛
三世一切時 求悉無所有

마음과 뜻 모든 법에 대해
만약 이와 같이 알 수 있어서
온갖 것의 참모습 알고 보면

빨리 여래의 도 이루게 되리.

若能如是知　心意及諸法
一切悉知見　疾得成如來

「입법계품」 또한 삼세의 시간이 공한 평등한 바탕에서 시간 아닌 시간을 알아 쓰는 여래의 지혜를 이렇게 말한다.

법계의 평등한 바탕에
모든 붇다 늘 편히 머물러
차별된 법을 연설하시니
그 말과 표현 다함없어라.

諸佛常安住　法界平等際
演說差別法　言辭無有盡

해가 허공에 있으면서
온갖 곳에 비출 수 있듯
붇다의 지혜 또한 이 같아
삼세의 법을 밝게 통달하시네.

如日在虛空　照臨一切處
佛智亦如是　了達三世法

② 시간의 굴레에서 해탈하는 선정

숨 살핌으로 삼세의 행을 취하지 않되
다시 숨과 선정의 방편까지 사라져야 하나니

이와 같이 내가 들었다.

한때 붇다께서는 슈라바스티 국 제타 숲 '외로운 이 돕는 장자의 동산'에 계셨다.

그때 세존께서 여러 비구들에게 말씀하셨다.

"내가 말한 아나파나의 생각을 너희들은 닦아 익히느냐?"

그때 아리슬타(阿梨瑟吒)라고 하는 비구가 대중들 가운데 있다가 곧 자리에서 일어나 옷을 여미고 붇다께 절한 뒤에, 땅에 오른 무릎을 꿇고 합장하고 붇다께 말씀드렸다.

"세존이시여, 세존께서 말씀하신 아나파나의 생각을 저는 이미 닦아 익혔습니다."

아나파나의 생각으로 삼세의 행 취하지 않음을 말씀드림

붇다께서 아리슬타 비구에게 말씀하셨다.

"너는 내가 말한 아나파나의 생각을 어떻게 닦아 익혔느냐?"

비구가 붇다께 말씀드렸다.

"세존이시여, 저는 과거의 모든 행을 돌아보아 생각하지 않고, 미래의 모든 행에 대해 기뻐해 즐김을 내지 않으며, 현재의 모든 행에

대하여 물들어 집착함을 내지 않고, 안팎의 마주해 걸리는 생각[對
礙想]을 바로 잘 없앴습니다.

저는 이미 이와 같이 세존께서 말씀하신 '아나파나의 생각'을 닦
았습니다."

열여섯 빼어난 살핌으로
마음의 해탈과 끊어짐에 나아가도록 하심

붇다께서 아리슬타 비구에게 말씀하셨다.

"너는 참으로 내가 말한 아나파나의 생각을 닦았으니, 닦지 않은
것은 아니다.

그러나 비구여, 네가 닦은 '아나파나의 생각'보다 더 빼어나고 묘
해 그 위를 지나는 것이 있다. 어떤 것이 아리슬타가 닦은 아나파나
의 생각보다 더 빼어나고 묘해 그 위를 지나는 것인가.

이는 다음과 같음이다. 만약 그 비구가 마을에 의지해 살거나 성
읍에 머물러 살면, 그는 이른 아침에 가사를 입고 발우를 가지고 마
을에 들어가 밥을 빌며, 그 몸을 잘 보살펴 여러 아는 뿌리의 문을 지
키고 마음을 잘 매어 머문다.

밥 빌기를 마치고 나서는 머물던 곳으로 돌아와 가사와 발우를 거
두어 들고 발을 씻은 다음, 숲속이나 고요한 방이나 나무 아래, 텅 빈
한데서 몸을 단정히 하고 바로 앉는다.

그리고 생각[念]을 매어 앞에 두고, 세간의 탐욕과 애착을 끊고 욕
심을 여의어 청정하며, 성냄·잠과 졸음·들뜸과 뉘우침·의심을 끊
고, 모든 의혹을 건너 온갖 착한 법에 대해 마음에 결정됨을 얻는다
하자. 그러면 지혜의 힘을 약하게 하고 장애거리가 되어 니르바나에

로 나아가지 못하게 하는 다섯 덮음의 번뇌의 마음을 멀리 여의게 될 것이다.

　그러니 안숨[內息, 入息]을 생각하고는 생각을 매어 잘 배우고, 바깥숨[外息, 出息]을 생각하고는 생각을 매어 잘 배운다.

　숨이 길거나 짧거나, '온몸의 들이쉬는 숨'을 깨달아 알고는 '온몸의 들이쉬는 숨'을 잘 배우고, '온몸의 내쉬는 숨'을 깨달아 알고는 '온몸의 내쉬는 숨'을 잘 배운다.

　또 '온몸의 지어감이 그친 들이쉬는 숨'을 깨달아 알고는 '온몸의 지어감이 그친 들이쉬는 숨'을 잘 배운다.

　'온몸의 지어감이 그친 내쉬는 숨'을 깨달아 알고는 '온몸의 지어감이 그친 내쉬는 숨'을 잘 배운다.

　또 기쁨[喜]을 깨달아 알고 즐거움[樂]을 깨달아 알며, 마음의 지어감을 깨달아 알고, '마음의 지어감이 그친 들이쉬는 숨'을 깨달아 알고, '마음의 지어감이 그친 들이쉬는 숨'을 깨달아 아는 것에 대해 잘 배운다.

　'마음의 지어감이 그친 내쉬는 숨'을 깨달아 알고, '마음의 지어감이 그친 내쉬는 숨'을 깨달아 아는 것에 대해 잘 배운다.

　또 마음을 깨달아 알고 마음의 기쁨을 깨달아 알며, 마음의 안정을 깨달아 안다.

　'마음이 해탈한 들이쉬는 숨'을 깨달아 알고, '마음이 해탈한 들이쉬는 숨'을 깨달아 아는 것에 대해 잘 배운다.

　'마음이 해탈한 내쉬는 숨'을 깨달아 알고, '마음이 해탈한 내쉬는 숨'을 깨달아 아는 것에 대해 잘 배운다.

　덧없음[無常]을 살피고 끊어짐[斷]을 살피며, 욕심 없음[無欲]을 살피고 '들이쉬는 숨의 사라짐'을 살피며, 들이쉬는 숨의 사라짐을 살피는 것에 대해 잘 배운다.

'내쉬는 숨의 사라짐'을 살피며, 내쉬는 숨의 사라짐을 살피는 것에 대해 잘 배운다.

아리슬타 비구여, 이것을 네가 닦은 '아나파나의 생각'보다 더 빼어나고 묘한 법이라고 한다."

붇다께서 이 경을 말씀하시자, 여러 비구들은 붇다의 말씀을 듣고 기뻐하며 받들어 행하였다.

• 잡아함 805 아리슬타경(阿梨瑟咤經)

• 해설 •

들고 나는 숨에 생각을 묶어 삼세(三世)의 행을 취하지 않으면 디야나(dhyāna)의 첫 입문이 된다. 그러나 아직 살펴야 할 숨의 모습과 삼세로 이어지는 몸과 마음의 행이 있어서 그 행을 억지로 쉬려 하면 참된 디야나가 되지 못한다.

'열여섯 빼어난 살핌'[十六特勝觀]으로 몸과 마음의 행을 쉬고, 삼세의 시간과 온갖 존재가 덧없음을 살피어 지어감에 지어감 없음을 알면, 몸과 마음의 행이 그치어 쉬고 몸과 마음의 행 살피는 선정의 사유도 그치어 쉰다.

그러나 '아나파나의 살핌' 밖에 열여섯 빼어난 살핌이 따로 있지 않으니, 살펴야 할 '들고 나는 숨'에 실로 들고 남이 없음을 밝게 깨달으면 숨 살핌에 살핌의 자취마저 없어져 첫 걸음에 마지막 이르름이 있는 것이다.

이때 숨 살핌이 사마타가 되고 사마타인 비파사나가 되는 것이다.

숨 살핌이 어찌 시간을 살핌이 되는가. 숨 살핌이 비록 여기 '나'의 몸에 드나드는 숨을 살피고 몸을 살핌이지만 숨이 실로 오고 감이 없고 몸이 덧없음을 살피면, 삼세 온갖 법이 이어짐도 아니고 끊어짐도 아닌 진실을 보게 되는 것이다.

붓다 또한 과거·현재·미래의 시간과 과거·현재·미래로 이어지는 존재의 실상을 깨달아 붓다가 된 분이니, 『화엄경(「야마궁중게찬품」)』은 먼저 삼세에 갇힌 중생의 삶을 이렇게 말한다.

> 온갖 중생의 세계들은
> 다 삼세 가운데 있으며
> 삼세의 모든 중생은
> 다 다섯 쌓임 가운데 있네.
>
> 一切衆生界　皆在三世中
> 三世諸衆生　悉住五蘊中

> 세간은 스스로 지음 아니고
> 또한 다시 남이 지음 아니네.
> 그렇지만 이루어짐이 있고
> 또한 다시 무너짐이 있네.
>
> 世間非自作　亦復非他作
> 而其得有成　亦復得有壞

위 게송처럼 과거·현재·미래로 이어지는 세간법이 비록 이루어지고 무너짐이 있지만, 삼세의 세간법은 스스로 지음이 아니고 남이 지음도 아니나 스스로와 남을 떠나서도 삼세의 법은 없다. 그러므로 세간법은 나되 남이 없고 세간법이 이루어짐에 이루어짐이 없다. 이와 같은 삼세 시간의 실상을 모르므로 중생을 미망의 중생이라 한 것이니, 미망의 중생은 삼세법에 남이 없음을 모르므로 삼세 시간의 굴레를 벗어나지 못한다.

보디의 길을 가는 마하사트바는 세간법의 나고 사라짐 속에서 남이 없는 뜻[無生義]을 깨달아 알아 시간 속에 자재할 수 있으니 「야마궁중게찬품」은 말한다.

이 여러 쌓임을 잘 살펴보니
그 성품은 본래 공적하도다.
쌓임의 성품이 공하여
여러 쌓임 없앨 것이 없으니
이것이 남이 없는 뜻이네.

分別此諸蘊　其性本空寂
空故不可滅　此是無生義

경의 뜻처럼 삼세로 이어지는 다섯 쌓임이 곧 공하여 다시 없앨 것이 없으므로 붇다는 삼세의 시간 속에서 세간의 굴레를 벗어나 해탈의 몸을 이루신 것이니 「여래현상품」은 다시 이렇게 말한다.

여래의 깊고 깊은 지혜는
널리 법계에 들어가서
삼세를 따라 구르시어
세간의 밝은 인도자 되시네.

如來甚深智　普入於法界
能隨三世轉　與世爲明導

여래 지혜 삼세에 자재하여
과거와 미래 현재에 계신
온갖 모든 여래들께서
굴리신 묘한 법의 바퀴
이 모임에서 모두 들을 수 있네.

過未及現在　一切諸如來
所轉妙法輪　此會皆得聞

부디 과거를 생각지 말고
미래를 바라지 말며 현재의 일 집착하지 말라

나는 들었다, 이와 같이.

한때 붓다께서 라자그리하 성에서 노니실 적에 칼란다카 대나무 동산에 계셨다. 그때 존자 사미디(Samiddhi) 또한 라자그리하 성에 노닐며 온천숲[溫泉林]에 머물고 있었다.

존자 사미디는 먼동이 트는 새벽에 방을 나와 온천으로 가서, 언덕 위에 옷을 벗어놓고 온천에 들어가 목욕한 뒤에 다시 나와 몸을 닦고 옷을 입었다. 그때 하늘여인이 있어 몸이 아주 아름답고 빛깔과 모습이 우뚝하였는데, 먼동이 틀 무렵에 존자 사미디가 있는 곳으로 가서 머리를 숙여 절하고 물러나 한쪽에 서 있었다.

그 하늘여인의 빛깔과 모습 위신력이 아주 묘해 그 밝은 빛이 온천 언덕을 널리 비추었다.

하늘여인이 존자 사미디에게 세존께 바즈라티
게송 받아 지니도록 깨우침

그 하늘여인은 한쪽에 서서 존자 사미디에게 말했다.

"비구여, 바즈라티[跋地羅帝]의 게송을 받아 지니고 계시오?"

존자 사미디는 그 하늘여인에게 대답하였다.

"나는 바즈라티의 게송을 받아 지니지 못하고 있소."

바로 그 하늘여인에게 물었다.

"그대는 바즈라티의 게송을 받아 지니고 있소?"

하늘여인이 대답하였다.

"저도 바즈라티의 게송을 받아 지니지 못하고 있소."

곧 존자 사미디가 그 하늘여인에게 물었다.

"누가 바즈라티의 게송을 받아 지녔소?"

하늘이 대답하였다.

"세존께서 이 라자그리하 성에 노니시면서 칼란다카 대나무동산에 계시는데, 그분은 바즈라티의 게송을 받아 지니고 계시오.

비구여, 그대는 가서 세존에게 몸소 바즈라티의 게송을 잘 받아 지녀 외우시오. 왜냐하면 바즈라티의 게송은 법이 있고 뜻[義]이 있어 범행의 근본이 되어, 지혜로 나아가고 깨달음으로 나아가며 니르바나에 나아가기 때문이오.

그러므로 좋은 종족의 사람으로서 지극한 믿음이 있어 집을 버리고 집이 없이 도를 배우는 자는 바즈라티의 게송을 잘 받아 지니고 외워야 하오."

그 하늘여인은 이렇게 말한 뒤 존자 사미디의 발에 머리를 대 절하고 세 번 돌고는 거기서 사라졌다.

**하늘사람의 깨우침을 듣고 사미디 존자가
세존 계신 곳에 나아가 바즈라티 게송을 물음**

이에 존자 사미디는 하늘이 사라진 지 오래지 않아 붇다 계신 곳에 가서 머리를 숙여 절하고 물러나 한쪽에 앉아 말씀드렸다.

"세존이시여, 저는 오늘 먼동이 틀 무렵 방에서 나와 저 온천 있는 곳에 가서, 언덕 위에 옷을 벗어 놓고 온천에 들어가 목욕하고서 곧 나와 언덕에서 몸을 닦았습니다.

그때 몸이 아주 아름답고 빛깔과 모습이 우뚝한 하늘여인이 먼동이 트는 새벽에 저 있는 곳에 와서 머리를 숙여 절하고 물러나 한쪽에 섰습니다.

그 하늘여인의 빛깔과 모습 위신력이 아주 묘해 그 밝은 빛이 온 천 언덕을 널리 비추었습니다. 그 하늘은 물러나 한쪽에 서서 제게 물었습니다.

'비구여, 바즈라티의 게송을 받아 지니고 계시오?

저는 그 하늘에게 대답하였습니다.

'나는 바즈라티의 게송을 받아 지니지 못하고 있소.'

저는 바로 그 하늘에게 물었습니다.

'그대는 바즈라티의 게송을 받아 지니고 있소?'

그 하늘이 대답하였습니다.

'저도 바즈라티의 게송을 받아 지니지 못하고 있소.'

곧 제가 그 하늘에게 물었습니다.

'누가 바즈라티의 게송을 받아 지녔소?'

하늘이 대답하였습니다.

'세존께서 이 라자그리하 성에 노니시면서 칼란다카 대나무동산에 계시는데, 그분은 바즈라티의 게송을 받아 지니고 계시오.

비구여, 그대는 가서 세존에게 몸소 바즈라티의 게송을 잘 받아 지녀 외우시오. 왜냐하면 바즈라티의 게송은 법이 있고 뜻이 있어 범행의 근본이 되어, 지혜로 나아가고 깨달음으로 나아가며 니르바나에 나아가기 때문이오.

그러므로 좋은 종족의 사람으로서 지극한 믿음이 있어 집을 버리

고 집이 없이 도를 배우는 자는 바즈라티의 게송을 잘 받아 지니고 외워야 하오.'

그 하늘은 이와 같이 말한 뒤 제 발에 머리를 대 절하고 세 번 돌고는 곧 거기서 사라졌습니다."

세존께서 물으셨다.

"사미디여, 너는 그 하늘이 어디서 왔으며, 그 하늘의 이름이 무엇인지 아느냐?"

"세존이시여, 저는 그 하늘이 어디서 왔으며, 그 이름이 무엇인지 알지 못합니다."

"사미디여, 그 하늘사람의 이름은 '바른 집'[正殿]이며 서른세하늘 군대의 장수이다."

이에 존자 사미디는 말씀드렸다.

"세존이시여, 지금이 바로 그때입니다. 잘 가신 이여, 지금이 바로 그때입니다. 만약 세존께서 여러 비구들을 위하여 바즈라티의 게송을 말씀하신다면, 여러 비구들은 세존의 그 말씀을 듣고 잘 받아 지닐 것입니다."

세존께서 말씀하셨다.

"사미디여, 자세히 듣고 잘 사유하라. 내가 너를 위해 말해주겠다."

존자 사미디가 대답했다.

"그렇게 하겠습니다."

세존께서 사미디의 요청에 의해 게송을 말씀하시고 좌선하심

그때 여러 비구들도 가르침을 받아 들으니, 붇다께서는 말씀하셨다.

삼가해 지나간 것 생각지 말고
또한 오지 않은 것 바라지 말라.
지나간 일은 이미 사라져 없고
오지 않은 것 아직 이르지 않았네.

현재에 있는바 모든 법들은
그것들 또한 반드시 사유하여서
굳세어 강하지 않음 생각해야 하니
지혜로운 이 이 같음 깨달아 아네.

만약 성인의 바른 행 짓는 이라면
뉘라서 죽음을 근심할 것인가.
나는 반드시 그것 만나지 않나니
큰 괴로움과 걱정거리 끝냈도다.

이와 같이 부지런히 정진하여서
밤낮으로 늘 게으름 두지 말라.
그러므로 이 바즈라티의 게송을
언제나 반드시 설해야 하리.

붓다께서는 이렇게 말씀하시고 곧 자리에서 일어나 방으로 들어가 고요히 좌선하셨다.

**비구들이 게송의 뜻을 자세히 묻기 위해
마하카타야나 존자를 찾아감**

이에 여러 비구들은 곧 이렇게 생각하였다.

'여러 어진 이들이여, 아셔야 하오. 세존께서는 이 가르침을 간략히 말씀하시고 널리 분별해주시지 않으셨소. 그러고는 곧 자리에서 일어나 방으로 들어가 고요히 좌선하고 계시오. 이 게송은 다음과 같소.'

    삼가해 지나간 것 생각지 말고
    또한 오지 않은 것 바라지 말라.
    지나간 일은 이미 사라져 없고
    오지 않은 것 아직 이르지 않았네.

    현재에 있는바 모든 법들은
    그것들 또한 반드시 사유하여서
    굳세어 강하지 않음 생각해야 하니
    지혜로운 이 이 같음 깨달아 아네.

    만약 성인의 바른 행 짓는 이라면
    뉘라서 죽음을 근심할 것인가.
    나는 반드시 그것 만나지 않나니
    큰 괴로움과 걱정거리 끝냈도다.

    이와 같이 부지런히 정진하여서

밤낮으로 늘 게으름 두지 말라.
그러므로 이 바즈라티의 게송을
언제나 반드시 설해야 하리.

 그들은 다시 이렇게 생각하였다.
 '여러 어진 이들이여, 아까 세존께서 간략히 말씀하신 그 뜻을 누가 널리 분별해줄 수 있겠습니까?'
 그들은 다시 이렇게 생각하였다.
 '존자 마하카타야나는 늘 세존의 칭찬을 받고 여러 지혜로운 범행인들의 칭찬을 받는다. 존자 마하카타야나라면 아까 세존께서 간략하게 말씀하신 그 뜻을 널리 분별해주실 수 있을 것이다.'
 '여러 어진 이들이여, 다같이 존자 마하카타야나 있는 곳에 가서 이 뜻을 말씀해달라고 청합시다. 만약 존자 마하카타야나께서 분별해주시면 우리는 반드시 잘 받아 지닙시다.'
 이에 여러 비구들은 존자 마하카타야나가 있는 곳에 가서 서로 같이 문안하고 물러나 한쪽에 앉아 말씀드렸다.
 "존자 마하카타야나여, 아셔야 합니다. 세존께서는 이 가르침을 간략히 말씀하시고 널리 분별해주시지 않으셨습니다. 그러고는 곧 자리에서 일어나 방으로 들어가 고요히 좌선하고 계십니다.
 세존의 가르침은 이렇습니다."

삼가해 지나간 것 생각지 말고
또한 오지 않은 것 바라지 말라.
지나간 일은 이미 사라져 없고

오지 않은 것 아직 이르지 않았네.

현재에 있는바 모든 법들은
그것들 또한 반드시 사유하여서
굳세어 강하지 않음 생각해야 하니
지혜로운 이 이 같음 깨달아 아네.

만약 성인의 바른 행 짓는 이라면
뉘라서 죽음을 근심할 것인가.
나는 반드시 그것 만나지 않나니
큰 괴로움과 걱정거리 끝냈도다.

이와 같이 부지런히 정진하여서
밤낮으로 늘 게으름 두지 말라.
그러므로 이 바즈라티의 게송을
언제나 반드시 설해야 하리.

"우리들은 곧 이렇게 생각하였습니다.
'여러 어진 이들이여, 아까 세존께서 간략히 말씀하신 그 뜻을 누가 널리 분별할 수 있겠습니까?'
우리는 다시 이렇게 생각하였습니다.
'존자 마하카타야나는 늘 세존의 칭찬을 받고 여러 지혜로운 범행인들의 칭찬을 받는다. 존자 마하카타야나라면 아까 세존께서 간략하게 말씀하신 그 뜻을 널리 분별해주실 수 있을 것이다.'

존자 마하카타야나께서는 저희들을 사랑하고 가엾이 여겨 그 뜻을 널리 말씀해주시길 바랍니다."

마하카타야나 존자가 법의 주인이신 세존께 미루고 사양함

존자 마하카타야나가 말하였다.

"여러 어진 이들이여, 내가 비유로 말하는 것을 잘 들으시오. 지혜로운 사람은 비유를 들으면 곧 그 뜻을 잘 이해하오.

여러 어진 이들이여, 이는 마치 다음과 같소.

어떤 사람이 나무 심[實]을 얻기 위해 도끼를 가지고 숲속으로 들어갔소. 그런데 그는 큰 나무가 뿌리와 줄기·마디·가지·잎·꽃·심으로 이루어져 있는 것을 보고, 뿌리와 줄기·마디·심은 건드리지 않고 가지와 잎만 건드렸소.

지금 여러 어진 이들이 말한 것 또한 이와 같소. 세존께서 앞에 계시는데 그분을 버려두고 내게 와서 이 뜻을 묻다니요.

왜인가요. 여러 어진 이들이여 아셔야 하오. 세존께서는 곧 눈이요 지혜며, 뜻이요 법이며, 법의 주인이요 법의 장수[法將]이시오.

진리의 뜻[眞諦義]을 말씀하시고 온갖 뜻을 나타내심은 오직 세존을 말미암소. 여러 어진 이들께서는 세존 계신 곳에 나아가 다음과 같이 이 뜻을 물어야 하오.

'세존이시여, 이것은 무엇이며, 이것은 무슨 뜻입니까?'

만약 세존께서 말씀하시면 여러 어진 이들은 반드시 잘 받아 지녀야 하오."

그때 여러 비구들이 말하였다.

"그렇습니다, 존자 마하카타야나여. 세존께서는 곧 눈이요 지혜며, 뜻이요 법이며, 법의 주인이요 법의 장수이십니다. 진리의 뜻을 말씀하시고 온갖 뜻을 나타내심은 저 세존을 말미암습니다.

따라서 저희들은 세존 계신 곳에 가서 이렇게 이 뜻을 물어야 합니다.

'세존이시여, 이것은 무엇이며, 이것은 무슨 뜻입니까?'

그리고 만약 세존께서 말씀하시면 저희들은 반드시 잘 받아 지녀야 합니다.

그러나 존자 마하카타야나께서는 늘 세존의 칭찬을 받고 모든 지혜로운 범행인들의 칭찬을 받고 있습니다. 그러니 존자 마하카타야나시라면 아까 세존께서 간략히 말씀하신 그 뜻을 널리 분별할 수 있을 것입니다.

존자 마하카타야나께서는 저희를 사랑하고 가엾이 여겨 그 뜻을 널리 말씀해주시길 바랍니다."

삼세의 눈과 빛깔, 눈의 앎 등 온갖 법에 취할 것 없는 뜻을 갖추어 풀이함

존자 마하카타야나가 여러 비구들에게 말하였다.

"여러 어진 이들이여, 다 함께 내가 말하는 것을 들으시오.

과거를 생각하지 않음

"여러 어진 이들이여, 어떻게 비구가 과거를 생각[念過去]하게 되오?

여러 어진 이들이여, 어떤 비구는 실로 눈이 있어서 기뻐할 빛깔을 알고는 뜻으로 생각하여 빛깔을 사랑하며, 욕심과 서로 응해 마음으로 즐기지만, 그 바탕을 더듬어보면 그 바탕은 곧 지나간 것이오.

그는 과거에 대한 앎이 욕심내고 물들고 집착하오. 앎이 욕심내고 물들고 집착하기 때문에 곧 그것을 즐기게 되고, 그것을 즐기기 때문에 곧 과거를 생각하게 되오.

이와 같이 귀·코·혀·몸도 그러하오.

어떤 비구는 실로 뜻[意, manas]이 있어서 기뻐할 법(法)을 알고는 뜻으로 생각하여 법을 기억하고 사랑하며, 욕심과 서로 응해 마음으로 즐기지만, 그 바탕을 더듬어보면 그 바탕은 곧 지나간 것이오.

그는 과거에 대한 앎이 욕심내고 물들고 집착하오. 앎이 욕심내고 물들고 집착하기 때문에 곧 그것을 즐기게 되고, 그것을 즐기기 때문에 곧 과거를 생각하게 되오.

여러 어진 이들이여, 이와 같이 비구는 과거를 생각하게 되오.

여러 어진 이들이여, 어떻게 비구가 과거를 생각하지 않게[不念過去] 되오?

여러 어진 이들이여, 어떤 비구는 실로 눈이 있어서 기뻐할 빛깔을 알고는 뜻으로 생각하여 빛깔을 사랑하며, 욕심과 서로 응해 마음으로 즐기지만, 그 바탕을 더듬어보면 그 바탕은 곧 지나간 것이오.

그는 과거에 대한 앎이 욕심내거나 물들고 집착하지 않소. 앎이 욕심내거나 물들고 집착하지 않기 때문에 곧 그것을 즐기지 않게 되고, 그것을 즐기지 않기 때문에 곧 과거를 생각하지 않게 되오.

이와 같이 귀·코·혀·몸도 그러하오.

어떤 비구는 실로 뜻이 있어서 기뻐할 법을 알고는 뜻으로 생각하여 법을 기억하고 사랑하며, 욕심과 서로 응해 마음으로 즐기지만,

그 바탕을 더듬어 보면 그 바탕은 곧 지나간 것이오.

그는 과거에 대한 앎이 욕심내거나 물들고 집착하지 않고, 앎이 욕심내거나 물들고 집착하지 않기 때문에 곧 그것을 즐기지 않게 되고, 그것을 즐기지 않기 때문에 곧 과거를 생각하지 않게 되오.

여러 어진 이들이여, 이와 같이 비구는 과거를 생각하지 않게 되오."

미래를 바라지 않음

"여러 어진 이들이여, 어떻게 비구가 미래를 바라는 것[願未來]이오?

여러 어진 이들이여, 어떤 비구는 만약 눈과 빛깔, 눈의 앎의 아직 오지 않은 것이 있으면, 그는 아직 얻지 못한 것을 얻으려 하고, 이미 얻은 것은 마음으로 바라오.

그는 마음으로 바라기 때문에 곧 그것을 즐기게 되며, 그것을 즐기기 때문에 곧 미래를 바라게 되오.

이와 같이 귀·코·혀·몸도 그러하오.

만약 뜻과 법, 뜻의 앎의 아직 오지 않은 것이 있으면, 그는 아직 얻지 못한 것을 얻으려 하고, 이미 얻은 것은 마음으로 바라오.

그는 마음으로 바라기 때문에 곧 그것을 즐기게 되며, 그것을 즐기기 때문에 곧 미래를 바라게 되오.

여러 어진 이들이여, 비구는 이와 같이 미래를 바라게 되오.

여러 어진 이들이여, 어떻게 비구가 미래를 바라지 않게[不願未來] 되오?

여러 어진 이들이여, 어떤 비구는 만약 눈과 빛깔, 눈의 앎의 아직 오지 않은 것이 있으면, 그는 얻지 못한 것을 얻으려 하지 않고, 이미 얻은 것을 마음으로 바라지도 않소.

그는 마음으로 바라지 않기 때문에 곧 그것을 즐기지 않게 되며, 그것을 즐기지 않기 때문에 곧 미래를 바라지 않소.

이와 같이 귀·코·혀·몸도 그러하오.

만약 뜻과 법, 뜻의 앎의 아직 오지 않은 것이 있으면, 그는 얻지 못한 것을 얻으려 하지 않고, 이미 얻은 것을 마음으로 바라지도 않소.

그는 마음으로 바라지 않기 때문에 곧 그것을 즐기지 않게 되며, 그것을 즐기지 않기 때문에 곧 미래를 바라지 않게 되오.

여러 어진 이들이여, 비구는 이와 같이 미래를 바라지 않게 되오."

현재를 받아들이지 않음

"여러 어진 이들이여, 어떻게 비구가 현재의 법을 받아들이게[受現在法] 되오?

여러 어진 이들이여, 어떤 비구는 만약 눈과 빛깔, 눈의 앎의 지금 드러나 있는 것이 있으면, 그는 지금 있는 것에 앎이 욕심내고 물들고 집착하오.

앎[識]이 욕심내고 물들고 집착하기 때문에 곧 그것을 즐기게 되고, 그것을 즐기기 때문에 곧 현재의 법을 받아들이게 되오.

이와 같이 귀·코·혀·몸도 그러하오.

만약 뜻[意根, manas-indriya]과 법[法境, dharma-viṣayāḥ]과 뜻의 앎[意識, mano-vijñāna]의 지금 드러나 있는 것이 있으면, 그는 지금 있는 것에 앎이 욕심내고 물들고 집착하오.

앎이 욕심내고 물들고 집착하기 때문에 곧 그것을 즐기게 되며,

그것을 즐기기 때문에 곧 현재의 법을 받아들이게 되오.

여러 어진 이들이여, 이와 같이 비구가 현재의 법을 받아들이게 되오.

여러 어진 이들이여, 어떻게 비구가 현재의 법을 받아들이지 않게[不受現在法] 되오?

여러 어진 이들이여, 어떤 비구는 만약 눈과 빛깔, 눈의 앎[眼識]의 지금 드러나 있는 것이 있으면, 그는 현재의 법에 앎이 욕심내거나 물들고 집착하지 않소.

앎이 욕심내거나 물들고 집착하지 않기 때문에 곧 그것을 즐기지 않게 되고, 그것을 즐기지 않기 때문에 곧 현재의 법을 받아들이지 않게 되오.

이와 같이 귀·코·혀·몸도 그러하오.

만약 뜻과 법과 뜻의 앎의 지금 드러나 있는 것이 있으면, 그는 현재의 법에 앎이 욕심내거나 물들고 집착하지 않소.

앎이 욕심내거나 물들고 집착하지 않기 때문에 곧 그것을 즐기지 않게 되고, 그것을 즐기지 않기 때문에 곧 현재의 법을 받아들이지 않게 되오.

여러 어진 이들이여, 이와 같이 비구는 현재의 법을 받아들이지 않게 되오.

여러 어진 이들이여, 곧 세존께서는 이 가르침[此敎]을 간략히 말씀하시고 널리 분별하지 않으셨소.

그리고 곧 자리에서 일어나 방에 들어가시어 편히 좌선하셨소."

마하카타야나가 세존의 계송을 다시 들어 보임

"세존의 가르치심은 다음과 같소.

　삼가해 지나간 것 생각지 말고
　또한 오지 않은 것 바라지 말라.
　지나간 일은 이미 사라져 없고
　오지 않은 것 아직 이르지 않았네.

　현재에 있는바 모든 법들은
　그것들 또한 반드시 사유하여서
　굳세어 강하지 않음 생각해야 하니
　지혜로운 이 이 같음 깨달아 아네.

　만약 성인의 바른 행 짓는 이라면
　뉘라서 죽음을 근심할 것인가.
　나는 반드시 그것 만나지 않나니
　큰 괴로움과 걱정거리 끝냈도다.

　이와 같이 부지런히 정진하여서
　밤낮으로 늘 게으름 두지 말라.
　그러므로 이 바즈라티의 계송을
　언제나 반드시 설해야 하리.

이것이 세존께서 간략히 말씀하시고 널리 분별해주시지 않으신 것이오. 저는 이 글귀와 글로써 이와 같이 널리 설명하였소.

 여러 어진 이들이여, 붇다께 가서 갖추어 말씀드리는 것이 좋겠소. 그리하여 만약 세존께서 말씀하신 뜻과 같으면 여러 어진 이들은 같이 받아지니시오."

 이에 여러 비구들은 존자 마하카타야나가 말한 것을 잘 받아지니고 외우며, 곧 자리에서 일어나 존자 마하카타야나를 세 번 돌고 떠났다.

세존께서 마하카타야나의 풀이를 크게 찬탄하심

 그들은 붇다 계신 곳으로 가서 머리를 대 절하고 물러나 한쪽에 앉아 말씀드렸다.

 "세존이시여, 아까 세존께서는 이 뜻을 간략히 말씀하시고 널리 분별해주시지 않으셨습니다. 그러고는 곧 자리에서 일어나 방으로 들어가시어 편안하게 좌선하셨습니다.

 이에 존자 마하카타야나가 이런 글귀와 이런 글로써 그것을 널리 말씀해주었습니다."

 세존께서는 들으시고 찬탄하셨다.

 "아주 참 잘 말하고 잘 말했다. 나의 제자 가운데서 눈이 있고 지혜가 있으며, 법이 있고 뜻이 있는 사람이다.

 왜 그런가? 스승이 제자들에게 이 가르침을 간략히 말하고 널리 분별해주지 않자, 그 제자가 이런 글귀와 이런 글로써 그것을 널리 말해주기 때문이다. 마하카타야나 비구가 말한 대로 너희들은 반드시 이와 같이 받아지녀야 한다[如是受持].

 왜냐하면 뜻 살핌[觀義]을 말한다면 반드시 이와 같아야 하기 때문이다."

 붓다께서 이렇게 말씀하시자, 여러 비구들은 붓다의 말씀을 듣고 기뻐하며 받들어 행하였다.

• 중아함 165 온천림천경(溫泉林天經)

• 해설 •

 바즈라티란 '밤낮으로 한결같이 잘 행하는 이'를 말하니 그 누가 바즈라티인가. 아는 지혜와 알려지는 경계의 공한 참모습을 아는 이가 잘 행하는 이며, 삼세의 시간과 온갖 곳의 실상을 알아 삼세의 때에 머묾 없되 삼세의 때를 잘 굴려쓰는 이가 바즈라티이다.

 하늘여인이 사미디 존자께 바즈라티의 게송 받아 지니도록 권유하고 세존이 바즈라티 게송 참으로 지닌 분임을 말하니, 세존이야말로 참으로 삼계에 우뚝 벗어나 삼계중생의 어버이되고 스승되신 분이고 사람과 하늘의 스승되심을 말한 것이다.

 세존이 간략히 보이신 뜻을 마하카타야나 존자가 자세히 그 뜻을 풀이해주고 세존께서 마하카타야나를 찬탄하니, 이 법은 위없는 스승의 법이자 제자가 받아들어 해탈하는 법이며 붓다의 법이자 중생의 실상이기 때문이다.

 게송의 뜻은 무엇인가. 과거·현재·미래의 법은 실로 있음이 아니니 취할 것이 없고, 실로 없음이 아니니 버릴 것이 없다. 취하고 버림이 없으면 삼세에 머묾 없되 삼세에 자재한 해탈의 삶이 있다.

 과거·현재·미래는 같은 법이 끊어지지 않고 이어짐도 아니고, 앞의 법이 없어지고 뒤의 법이 새로 나옴도 아니다. 그러므로 끊어짐도 아니고 이어짐도 아닌 시간의 실상을 아는 자, 그가 덧없음 속에서 항상함을 보는 자이고, 삼세의 시간이 공한 디야나파라미타(dhyāna-pāramitā)에 앉아 늘 쉼임없이 정진 파라미타(virya-pāramitā)를 행할 수 있는 자이다.

 세존의 바즈라티의 게송의 뜻을 받아지녀 외우고 말씀대로 행하는 이, 그가 법사(法師, dharma-bhāṇaka)이고 디야나의 수행자이며 크나큰 장부이다.

『화엄경』(「여래현상품」)은 삼세의 시간에 머묾 없이 시간 속에 자재한 세존의 지혜를 다음과 같이 노래한다.

> 여래의 깊고 깊은 지혜는
> 널리 법계에 들어가시네.
> 삼세의 시간 따라 구르지만
> 윤회 속에 헤매는 세간 중생의
> 밝은 인도자 되어주시네.
>
> 如來甚深智 普入於法界
> 能隨三世中 與世爲明導

해탈의 사람은 삼세의 시간이 공한 줄 알므로 시간에 갇히거나 시간과 합하지 않지만, 삼세의 시간을 떠나 해탈의 사람도 없으므로 시간을 버리지도 않는다.

그러므로 「도솔궁중게찬품」은 다시 삼세의 시간을 버리지 않고 삼세의 시간에 갇히지 않는 여래의 해탈경계를 다음과 같이 찬탄한다.

> 여래는 모든 분별을 여의시사
> 삼세의 시간이 아니시니
> 모든 수를 뛰어나 벗어나시네.
> 삼세의 모든 바른 인도자께서
> 세간 나타나심 다 이와 같도다.
>
> 如來離分別 非世超諸數
> 三世諸導師 出現皆如是

> 비유하면 저 깨끗한 해가

어두운 밤과 합하지 않으나
어느날 밤이라 말함 같나니
모든 붓다의 법도 이와 같도다.

譬如淨日輪　不與昏夜合
而說某日夜　諸佛法如是

삼세의 온갖 모든 겁은
여래와 합하지 않지만
삼세의 붓다를 말하는 것이니
큰 인도자의 법 이와 같도다.

三世一切劫　不與如來合
而說三世佛　導師法如是

삼세의 다섯 쌓임에 머무르지 않으면
삼세에서 해탈하나니

 나는 들었다. 이와 같이.

 한때 붇다께서 슈라바스티 국을 노닐어 다니실 적에 제타 숲 '외로운 이 돕는 장자의 동산'에 계셨다.

 그때 존자 로마사캉기야(巴 Lomasakangiya)는 사카족 가운데 노닐면서 '일이 없는 선실'[無事禪室]에 머물고 있었다.

 그때 존자 로마사캉기야는 먼동이 트는 새벽에 그 선실에서 나와, 선실 바깥 그늘에 있는 한데에 있으면서 자리 위에 니시다나를 펴고 두 발을 맺고 앉았다.

 그때 한 하늘사람이 있었는데, 몸이 아주 아름답고 빛깔과 모습이 우뚝하였다. 그는 먼동이 트는 새벽에 존자 로마사캉기야가 있는 곳에 가서 머리를 대 절하고 물러나 한쪽에 서 있었다.

 그 하늘사람은 빛깔과 모습 위신력이 아주 묘해 밝은 빛이 널리 비추었다.

**하늘사람이 존자 로마사캉기야에게 바즈라티
게송 지니도록 권유함**

 그 선실에서 하늘사람은 한쪽에 서서 존자 로마사캉기야에게 말했다.

 "비구여, 바즈라티의 게송과 그 뜻을 받아지니고 계시오?"

존자 로마사캉기야가 그 하늘사람에게 대답하였다.

"나는 바즈라티의 게송과 그 뜻을 받아지니지 못하고 있소."

그는 그 하늘사람에게 도로 물었다.

"그대는 바즈라티의 게송과 그 뜻을 받아지니시오?"

그 하늘사람이 대답했다.

"저는 바즈라티의 게송은 받아지니고 있지만, 그 뜻은 받아지니지 못하고 있소."

존자 로마사캉기야는 다시 그 하늘사람에게 물었다.

"어떻게 바즈라티의 게송은 받아지니면서 그 뜻을 받아지니지 못합니까?"

그 하늘사람이 대답하였다.

"한때 붓다께서는 라자그리하 성을 노니실 적에 칼란다카 대나무 동산에 계셨습니다. 그때 세존께서는 여러 비구들을 위해 다음과 같이 바즈라티의 게송을 말씀하셨습니다.

삼가해 지나간 것 생각지 말고
또한 오지 않은 것 바라지 말라.
지나간 일은 이미 사라져 없고
오지 않은 것 아직 이르지 않았네.

현재에 있는바 모든 법들은
그것들 또한 반드시 사유하여서
굳세어 강하지 않음 생각해야 하니
지혜로운 이 이 같음 깨달아 아네.

만약 성인의 바른 행 짓는 이라면
뉘라서 죽음을 근심할 것인가.
나는 반드시 그것 만나지 않나니
큰 괴로움과 걱정거리 끝냈도다.

이와 같이 부지런히 정진하여서
밤낮으로 늘 게으름 두지 말라.
그러므로 이 바즈라티의 게송을
언제나 반드시 설해야 하리.

비구여, 나는 이와 같이 바즈라티의 게송을 받아지니고 있지만, 그 뜻은 받아지니지 못하고 있소."

존자 로마사캉기야는 다시 그 하늘사람에게 물었다.

"누가 바즈라티의 게송과 그 뜻을 받아지니고 있소?"

하늘사람이 대답하였다.

"붇다께서는 슈라바스티 국에 노니시다 제타 숲 '외로운 이 돕는 장자의 동산'에 계시는데, 그분은 바즈라티의 게송과 그 뜻을 받아지니고 계시오.

비구여, 그대는 세존께 가서 세존께 몸소 바즈라티의 게송과 그 뜻을 받아 잘 지니고 외우시오. 왜냐하면 바즈라티의 게송과 그 내용이란 뜻이 있고 법이 있어 범행의 근본이 되며, 지혜로 나아가고, 깨달음으로 나아가며, 니르바나로 나아가기 때문이오.

따라서 좋은 종족의 사람으로 지극한 믿음으로 집을 버리고 집 없이 도를 배우는 자는 반드시 바즈라티의 게송과 그 뜻을 잘 받아지니고 외워야 하오."

그 하늘사람은 이렇게 말한 뒤 존자 로마사캉기야의 발에 머리를 대 절하고 세 번 돌고는 그곳에서 사라졌다.

**하늘의 깨우침을 듣고 세존께
하늘사람과의 대화를 말씀드림**

그 하늘이 사라진 지 오래지 않아 이에 존자 로마사캉기야는 사카족 가운데 있으면서 여름 안거를 마쳤다. 그는 석 달을 지낸 뒤 옷을 다 기우고 나서, 옷과 발우를 거두고 슈라바스티 국에 갔다.

여러 곳을 거치며 더욱 앞으로 나아가 슈라바스티 국에 이르러 제타 숲 '외로운 이 돕는 장자의 동산'에 머물렀다.

그때 존자 로마사캉기야는 붇다 계신 곳에 가서 머리를 대 절하고 물러나 한쪽에 앉아 말씀드렸다.

"세존이시여, 저는 한때 사카족 가운데 노닐며 '일이 없는 선실'에 머물고 있었습니다. 세존이시여, 저는 그때 먼동이 트는 새벽, 선실에서 나와 한데 있으면서 선실 바깥 그늘 가운데 자리 위에 니시다나를 펴고 두 발을 맺고 앉아 있었습니다.

그때 몸이 아주 아름답고 빛깔과 모습이 우뚝한 어느 하늘사람이 먼동이 트는 새벽에 저에게 와서 머리를 대 절하고 물러나 한쪽에 머물러 있었습니다.

그 하늘사람은 빛깔과 모습 위신력이 아주 묘해 그 밝은 빛이 널리 비추었습니다. 선실에서 그 하늘신은 한쪽에 서서 제게 물었습니다.

'비구여, 바즈라티의 게송과 그 뜻을 받아지니고 계시오?'

저는 그 하늘사람에게 대답하였습니다.

'나는 바즈라티의 게송과 그 뜻을 받아지니지 못하고 있소.'

저는 그 하늘사람에게 도로 물었습니다.

'그대는 바즈라티의 게송과 그 뜻을 받아지니시오?'

그 하늘사람이 대답했습니다.

'저는 바즈라티의 게송은 받아지니고 있지만, 그 뜻은 받아지니지 못하고 있소.'

저는 다시 그 하늘사람에게 물었습니다.

'어떻게 바즈라티의 게송은 받아지니면서 그 뜻을 받아지니지 못합니까?'

그 하늘사람이 대답하였습니다.

'한때 붇다께서는 라자그리하 성을 노니실 적에 칼란다카 대나무 동산에 계셨습니다. 그때 세존께서는 여러 비구들을 위해 다음과 같이 바즈라티의 게송을 말씀하셨습니다.

삼가해 지나간 것 생각지 말고
또한 오지 않은 것 바라지 말라.
지나간 일은 이미 사라져 없고
오지 않은 것 아직 이르지 않았네.

현재에 있는바 모든 법들은
그것들 또한 반드시 사유하여서
굳세어 강하지 않음 생각해야 하니
지혜로운 이 이 같음 깨달아 아네.

만약 성인의 바른 행 짓는 이라면
뉘라서 죽음을 근심할 것인가.
나는 반드시 그것 만나지 않나니
큰 괴로움과 걱정거리 끝냈도다.

이와 같이 부지런히 정진하여서
밤낮으로 늘 게으름 두지 말라.
그러므로 이 바즈라티의 게송을
언제나 반드시 설해야 하리.

비구여, 나는 이와 같이 바즈라티의 게송은 받아지니고 있지만, 그 뜻은 받아지니지 못하고 있소.'
저는 다시 하늘사람에게 물었습니다.
'누가 바즈라티의 게송과 그 뜻을 받아지니고 있소?'
그 하늘사람은 제게 대답했습니다.
'붇다께서는 슈라바스티 국에 노니시다 제타 숲 '외로운 이 돕는 장자의 동산'에 계시는데, 그분은 바즈라티의 게송과 그 뜻을 받아지니고 계시오.
비구여, 그대는 가서 세존께 몸소 바즈라티의 게송과 그 뜻을 받아 잘 지니고 외우시오. 왜냐하면 바즈라티의 게송과 그 내용에는 뜻이 있고 법이 있어 범행의 근본이 되며, 지혜로 나아가고, 깨달음으로 나아가며, 니르바나로 나아가기 때문이오.
따라서 좋은 종족의 사람으로 지극한 믿음으로 집을 버리고 집 없이 도를 배우는 사람은 반드시 바즈라티의 게송과 그 뜻을 잘 받아

지니고 외워야 하오.'

그 하늘사람은 이렇게 말한 뒤 제 발에 머리를 대 절하고 세 번 돌고는 거기서 사라졌습니다."

이에 세존께서는 존자 로마사캉기야에게 물으셨다.

"너는 그 하늘사람이 어느 곳에서 왔으며, 그 하늘사람의 이름이 무엇인지 아느냐?"

"세존이시여, 저는 그 하늘사람이 어느 곳에서 왔으며, 또 그 이름이 무엇인지 모릅니다."

"로마사캉기야여, 그 하늘사람의 이름은 찬다나(巴 Candana)라 하며 서른세하늘 군대의 장수이다."

삼세의 모든 법에 머무를 것이 없음을 보이시어
게송의 뜻을 다시 풀이하심

그때 존자 로마사캉기야가 말씀드렸다.

"세존이시여, 지금이 바로 그때입니다. 잘 가신 이여, 지금이 바로 그때입니다. 만약 세존께서 여러 비구들을 위하여 바즈라티의 게송과 그 뜻을 말씀하신다면 여러 비구들은 세존께 듣고서는 잘 받아지닐 것입니다."

세존께서 말씀하셨다.

"로마사캉기야여, 자세히 듣고 잘 사유해 생각하라. 나는 너를 위하여 그 뜻을 널리 말해주겠다."

존자 로마사캉기야가 말씀드렸다.

"예, 그렇게 하겠습니다. 반드시 분부를 받아듣겠습니다."

붇다께서 말씀하셨다.

삼가해 지나간 것 생각지 말고
또한 오지 않은 것 바라지 말라.
지나간 일은 이미 사라져 없고
오지 않은 것 아직 이르지 않았네.

현재에 있는바 모든 법들은
그것들 또한 반드시 사유하여서
굳세어 강하지 않음 생각해야 하니
지혜로운 이 이 같음 깨달아 아네.

만약 성인의 바른 행 짓는 이라면
뉘라서 죽음을 근심할 것인가.
나는 반드시 그것 만나지 않나니
큰 괴로움과 걱정거리 끝냈도다.

이와 같이 부지런히 정진하여서
밤낮으로 늘 게으름 두지 말라.
그러므로 이 바즈라티의 게송을
언제나 반드시 설해야 하리.

"로마사캉기야여, 어떻게 비구가 과거를 생각하는가?
 만약 비구가 과거의 물질을 즐겨하여 욕심내고 집착하고 머무르고, 과거의 느낌·모습 취함·지어감·앎을 즐겨하여 욕심내고 집착하고 머무르면, 이와 같은 비구는 과거를 생각하는 것이다.

로마사캉기야여, 어떻게 비구가 과거를 생각하지 않는가?

만약 비구가 과거의 물질을 즐겨하지 않아서 욕심 내지 않고 집착하지 않고 머무르지 않으며, 과거의 느낌·모습 취함·지어감·앎을 즐겨하지 않아서 욕심 내지 않고 집착하지 않고 머무르지 않는다면, 이와 같은 비구는 과거를 생각하지 않는 것이다.

로마사캉기야여, 어떻게 비구가 미래를 바라는가?

만약 비구가 미래의 물질을 즐겨하여 욕심내고 집착하고 머무르고, 미래의 느낌·모습 취함·지어감·앎을 즐겨하여 욕심내고 집착하고 머무르면, 이와 같은 비구는 미래를 바라는 것이다.

로마사캉기야여, 어떻게 비구가 미래를 바라지 않는가?

만약 비구가 미래의 물질을 즐겨하지 않아서 욕심 내지 않고 집착하지 않고 머무르지 않으며, 미래의 느낌·모습 취함·지어감·앎을 즐겨하지 않아서 욕심 내지 않고 집착하지 않고 머무르지 않으면, 이와 같은 비구는 미래를 바라지 않는 것이다.

로마사캉기야여, 어떻게 비구가 현재의 법을 받아들이는가?

만약 비구가 현재의 물질을 즐겨하여 욕심내고 집착하고 머무르고, 현재의 느낌·모습 취함·지어감·앎을 즐겨하여 욕심내고 집착하고 머무르면, 이와 같은 비구는 현재의 법을 받아들이는 것이다.

로마사캉기야여, 어떻게 비구가 현재의 법을 받아들이지 않는가?
만약 비구가 현재의 물질을 즐겨하지 않아서 욕심 내지 않고 집착하지 않고 머무르지 않고, 현재의 느낌·모습 취함·지어감·앎을 즐겨하지 않아서 욕심 내지 않고 집착하지 않고 머무르지 않으면, 이와 같은 비구는 현재의 법을 받아들이지 않는 것이다."

붇다께서 이렇게 말씀하시자, 존자 로마사캉기야와 여러 비구들은 붇다의 말씀을 듣고 기뻐하며 받들어 행하였다.

- 중아함 166 석중선실존경(釋中禪室尊經)

• 해설 •

이 경은 앞의 경과 같은 구조로 같은 교설을 담고 있다. 다만 앞의 경에서는 세존의 간략한 게송을 듣고 그 자세한 뜻을 마하카타야나 존자에게 물어 받았는데, 이 경에서는 세존께서 몸소 삼세의 법을 취하지 않음으로 성취되는 해탈의 지혜와 사마디를 말씀해주고 있다.

아함의 바즈라티의 게송의 뜻과 다음 『화엄경』의 뜻이 서로 하나로 합치하니, 여래의 가르침이 한맛[一味]의 진실임을 다시 한 번 확인할 수 있다.

『화엄경』(「십회향품」十廻向品)은 말한다.

> 마음이 이미 지나간 법에 대해
> 허망하게 붙잡아 취하지 않고
> 또한 미래의 일 탐착하지 않으며
> 현재의 법에 머무는 바가 없으면
> 삼세가 공적함을 깨달아 알리.
>
> 心不妄取過去法 亦不貪着未來事
> 不於現在有所住 了達三世悉空寂
>
> 바른 지혜 성취한 보디사트바
> 이미 물질의 저 언덕에 이르르고
> 느낌과 모습 취함 지어감과 앎도
> 또한 이와 같이 벗어나게 되면
> 세간 나고 죽음의 흐름 벗어나
> 그 마음은 겸손해 늘 청정하리.

菩薩已到色彼岸 受想行識亦如是
超出世間生死流 其心謙下常淸淨

모든 법은 남이 없고 사라짐 없으며
또한 다시 옴이 없고 감이 없어서
여기서 죽어 저기에 나지 않으니
이와 같이 삼세의 법을 사무쳐 알면
이 사람이 모든 붇다의 법 깨쳐 앎이네.

諸法無生亦無滅 亦復無來無有去
不於此死而生彼 是人解悟諸佛法

온갖 모든 붇다 깨쳐 아시는 것
모든 법 다 거두어 나머지 없이
비록 삼세의 온갖 법을 말하나
이와 같은 법들은 다 있음 아니네.

一切諸佛所覺了 悉皆攝取無有餘
雖說三世一切法 如是等法悉非有

8) 선정과 중생구제행

• 이끄는 글 •

 연기법의 디야나는 절대신성의 품에 돌아가는 것도 아니고 개아(個我) 안의 실체적 영성에 몰입하는 것도 아니다.

 연기법의 디야나는 아는 자[六根]와 알려지는 것[六境]이 마주하는 경험현실 속에서 대립과 분별을 넘어서서 존재의 진실을 실현하는 일이며, 온갖 지어감의 소용돌이 속에서 짓되 지음 없이 삶의 평화를 지켜가는 일이다.

 그러므로 디야나는 다만 모습 없음과 앎 없음, 공적함에 머무는 길이 아니라, 모습에서 모습을 뛰어넘고 앎에서 앎을 뛰어넘되 앎 없음도 없이 사물의 변화를 늘 올바로 대응하고, 모습 없되 모습 없음도 없이 온갖 사물의 모습 아닌 진실의 모습을 올바로 쓰는 길이다.

 디야나는 실상을 바로 보는 지혜인 선정이고, 실상인 지혜는 살아 움직이는 활동으로서의 지혜이다. 그러므로 디야나는 앎 없되 앎 없음도 없는 지혜이자 함이 없되 함 없음도 없는 해탈의 활동으로 기술된다.

 저 초월주의자의 '내가 곧 브라흐만이다'라고 말하는[梵我一如] 신비적 합일의 선정 속이나 영혼주의자의 유아론적 선정 속에서는 타자와 역사에 대한 윤리적 실천의 당위가 나올 수 없다.

 그러나 연기론적 선정에서는 일상행위 자체가 함이 없되 함 없음도 없는 고요함이고, 저 세간이 내가 아니되 나 아님도 아니므로 역사 속의 창조적 실천과 선정은 둘이 아닌 것이다.

연기론적 선정에서 디야나는 디야나일 때 지혜이고 지혜일 때 바른 행이 되는 것이니, 디야나를 디야나파라미타라 말하는 것이다.

있되 공한 존재의 진실을 온전히 사는 연기론적 선정과 해탈의 길에서는 구할바 보디와 건져야 할 중생이 삶활동 바깥에 실로 있는 모습이 아니므로 보디의 길은 온전히 중생과 역사에 회향되는 길이다.

『화엄경』(「십회향품」)은 말한다.

> 보디사트바는 실상을 잘 살펴
> 모든 법에 머무는 바가 없고
> 중생과 보디의 모습 보지 않아서
> 시방국토 삼세 가운데서
> 마쳐 다해 구해도 얻을 수 없네.
>
> 不於諸法有所住　不見衆生及菩提
> 十方國土三世中　畢竟求之無可得

> 만약 이와 같이 모든 법 살피면
> 곧 모든 붇다께서 아는 바와 같네.
> 비록 그 성품 구해도 얻을 수 없으나
> 보디사트바의 행함은 헛되지 않네.
>
> 若能如是觀諸法　則如諸佛之所解
> 雖求其性不可得　菩薩所行亦不虛

법의 성품 온갖 곳에 두루 있어서
온갖 중생 나아가 국토와 삼세에
모두 있어 나머지가 있지 않으나
또한 얻을 수 있는 형상이 없네.

法性遍在一切處　一切衆生及國土
三世悉在無有餘　亦無形相而可得

모든 법의 성품 온갖 곳 두루하듯
보디사트바의 회향 또한 그러니
고통받는 세간의 온갖 중생에
이와 같이 모든 행 회향하여서
늘 세간에서 물러나 구름이 없네.

如諸法性遍一切　菩薩迴向亦復然
如是迴向諸衆生　常於世間無退轉

사랑의 마음과 함께해
해탈의 실천에 나아가야 하니

이와 같이 내가 들었다.

한때 붇다께서는 슈라바스티 국 제타 숲 '외로운 이 돕는 장자의 동산'에 계시면서 여러 비구들에게 말씀하셨다.

"만약 비구가 사랑하는 마음을 닦아 익혀서 많이 닦아 익히면 크나큰 결과와 크나큰 복된 이익을 얻을 것이다.

어떻게 비구가 사랑하는 마음을 닦아 익히면 크나큰 결과와 크나큰 복된 이익을 얻는가. 이 비구의 마음이 사랑의 마음과 함께하여 '생각의 깨달음 법'[念覺分]을 닦으면, 멀리 떠남을 의지하고 욕심 없음을 의지하며 사라짐에 의지하여 버림[捨]에 나아간다.

이와 같이 정진·기쁨·쉼·선정·버림의 깨달음 법을 닦으면, 멀리 떠남을 의지하고 욕심 없음을 의지하며 사라짐을 의지하여 버림에 향한다."

붇다께서 이 경을 말씀하시자, 여러 비구들은 그 말씀을 듣고 기뻐하며 받들어 행하였다.

· 잡아함 744 자경(茲經) ②

· 해설 ·

생각의 깨달음 법으로 나와 내 것, 나[我, ātman]와 사람[人, pudgala]에 실로 취할 것이 없음을 생각하고, 나와 내 것이 공하고 나와 사람이 공한 그 모습에도 취할 것이 없음을 살피면 그 마음은 넓고 큰 마음[廣大心]이 되고 한량없는 마음[無量心]이 된다.

그러므로 여래는 애착의 마음으로 짓는 자비가 참된 사랑이 아니라, 생각의 깨달음 법을 닦을 때 그 선정이 사랑의 마음과 함께해야 버림[捨]에 나아가 해탈한다고 가르치신다. 선정의 실천이 지혜와 자비행으로 발현되지 못하면 선정이 도리어 해탈의 장애가 되니,『비말라키르티수트라』에서 크신 보디사트바 비말라키르티 거사[淨名居士]는 말한다.

> 만주쓰리보디사트바시여, 붇다의 말씀과 같이 스스로 묶임이 있으면서 남의 묶임을 풀어준다는 것은 그럴 수 없습니다.
>
> 만약 스스로 묶임이 없이 남의 묶임을 풀어준다면 이것은 그럴 수 있습니다. 그러므로 보디사트바는 묶임을 일으켜서는 안 되니, 무엇을 묶임이라 하고 무엇을 풀림이라 하는가요.
>
> 선정의 맛을 탐착하는 것[貪着禪味]은 보디사트바의 묶임이 되고, 방편으로 남이 없이 나는 것[以方便生]이 보디사트바의 해탈입니다.
>
> 또 방편 없는 지혜[無方便慧]는 묶임이요 방편이 있는 지혜[有方便慧]는 풀림이고, 지혜 없는 방편[無慧方便]은 묶임이요 지혜 있는 방편[有慧方便]은 풀림입니다.
>
> 무엇을 방편 없는 지혜의 묶임이라 하는가요. 보디사트바가 애착 있는 마음[愛見心]으로 붇다의 땅을 장엄하고 중생을 성취하려고, 공함과 모습 없음과 지음 없는 사마디 법 가운데서 스스로 조복하면, 이것을 방편 없는 지혜의 묶임이라 합니다.
>
> 무엇을 방편 있는 지혜의 풀림이라 하는가요. 애착의 마음으로 붇다의 땅을 장엄하고 중생을 성취하고자 함이 없이 공함과 모습 없음 지음 없는 사마디의 법 가운데서 스스로 조복하되 싫증냄이 없으면, 이를 방편 있는 지혜의 풀림이라 합니다.

번뇌 없는 곳에 향하는 이는
사부대중을 이끌고 약한 이를 보살피나니

이와 같이 들었다.

한때 붇다께서는 슈라바스티 국 제타 숲 '외로운 이 돕는 장자의 동산'에 계셨다.

그때 세존께서 여러 비구들에게 말씀하셨다.

"성현이 사는 곳에는 열 가지 일이 있으니, 삼세의 여러 성현들은 늘 그 가운데 산다.

어떤 것이 그 열 가지인가? 열 가지에 대해서는 다음과 같이 말할 수 있다.

비구는 다섯 가지 일은 이미 버리고, 여섯 가지 일을 성취하며, 한 가지 일을 늘 보살핀다. 또 비구는 사부대중[四部大衆]을 이끌어 보살피며, 뒤떨어지고 약한 이[劣弱]를 살펴주고, 평등하게 가까이한다.

비구는 샘이 없는 곳으로 바로 나아가고, 몸의 지어감을 쉬어, 마음이 잘 해탈하고, 지혜가 잘 해탈한다."

성현이 사는 곳인 열 가지 일을 갖추어 보이심

"어떻게 비구는 다섯 가지 일을 이미 버렸는가?

곧 비구는 다섯 묶음[五結]을 이미 끊었으니, 이와 같음이 다섯 일을 이미 버림이다.

어떻게 비구는 여섯 가지 일을 성취하는가?

곧 비구는 '여섯 가지 화합과 존중의 법'[六重法]을 받드니, 이와 같음이 비구가 여섯 가지 일을 성취함이다.

어떻게 비구는 한 가지 일을 늘 보살피는가?

곧 비구는 마음에서 샘이 있음과 샘이 없음, 함이 있음과 함이 없음을 늘 보살펴 니르바나의 문에 이른다. 이와 같음이 비구가 늘 한 가지 일을 보살핌이다.

어떻게 비구는 사부대중을 이끌어 보살피는가?

곧 비구는 네 가지 자재한 신통[四神足]을 성취하니, 이와 같음이 바로 사부대중을 이끌어 보살핌이다.

어떻게 비구는 뒤떨어지고 약한 이를 살펴보는가?

곧 비구는 나고 죽음의 뭇 행이 이미 다했으니, 이와 같음이 뒤떨어지고 약한 이들을 보살핌이다.

어떻게 비구는 평등하게 가까이 지내는 것인가?

곧 비구는 세 가지 묶음[三結]이 이미 다했으니, 이것을 비구가 평등하게 가까이함이라 한다.

어떻게 비구는 샘이 없는 곳으로 바로 나아가는가?

곧 비구는 교만을 없애버리니, 이와 같음이 비구가 샘이 없는 곳으로 나아감이다.

어떻게 비구는 몸의 지어감을 쉬는가?

곧 비구는 무명이 이미 없어졌으니, 이와 같음이 비구가 몸의 지어감을 쉼이다.

어떻게 비구는 마음이 잘 해탈하는가?

곧 비구는 애욕이 이미 다 없어져 다했으니, 이와 같음이 비구가 마음이 잘 해탈함이다.

어떻게 비구는 지혜가 해탈하는가?

곧 비구는 괴로움의 진리와 괴로움 모아냄·괴로움의 사라짐·괴로움을 없애는 길의 진리를 진실 그대로 아니, 이와 같음이 비구의 지혜가 해탈함이다."

성현의 머무는 곳에 함께 머물며 열 가지 일 행하도록 당부하심

"이것을 비구들이여, 성현들이 열 가지 일로써 사는 곳이라 한다. 옛날의 성현들도 이곳에서 살았고, 살고 있고, 또 살아갈 것이다.

그러므로 비구들이여, 너희들은 '다섯 가지 일' 없앰과 '여섯 가지 법'을 성취함, '한 가지 법' 보살핌을 생각하라.

그리하여 사부대중을 이끌어 보살피고, 뒤떨어지고 약한 이를 살펴주며, 평등하게 가까이 지내고, 샘이 없는 곳으로 바로 나아가고, 몸의 지어감을 쉬어, 마음이 해탈하고 지혜가 해탈하게 해야 한다.

이와 같이 여러 비구들이여, 반드시 이와 같이 배워야 한다."

그때 비구들은 붇다의 말씀을 듣고 기뻐하며 받들어 행하였다.

• 증일아함 46 결금품(結禁品) 二

• 해설 •

디야나의 고요함을 닦아 행하는 이는 선정의 기쁨 속에서 홀로만의 안락함을 누리는 자인가. 붇다는 그렇지 않다고 가르친다.

디야나의 고요함 그 샘이 없음에 나아가 몸의 지어감과 마음의 번뇌를 쉬어 해탈한 이는 또한 사부대중을 보살피며 뒤떨어지고 약한 이를 보살펴서 평등한 마음으로 세간을 보살피고, 자비로 온갖 중생 거두어야 한다고 가르치신다.

성현이 사는 곳의 열 가지 일[聖所居處十事]이 지금 번뇌의 타는 집 속에 살고 있는 중생이 번뇌의 집을 벗어나 깃들어 살아야 할 '해탈의 집'이다.

안으로 탐욕세계의 다섯 묶음을 끊은 수행자는 여섯 가지 존중해야 할 일을 받들어 행해야 하니, 이 두 가지 머무는 곳은 오직 니르바나의 문에 이르기 위함이다.

끊어야 할 다섯 가지는 탐냄·성냄·교만·미워함·아낌이니, 이 다섯 묶음 끊어진 곳이 성현이 머무는 곳이다.

여섯 가지 화합과 존중의 법은 몸과 입과 뜻의 업에 자비를 행함, 법다운 이익으로 도움[如法利養], 계법을 지님[受持戒法], 바른 견해를 냄[能生正見]이니, 여섯 존중의 법 행하는 곳이 성현이 머무는 곳이다.

다섯 가지 끊을 것을 끊음이 첫째 머무는 곳이고, 여섯 가지 행할 것을 행함이 둘째 머무는 곳이며, 니르바나에 이르는 지혜와 사마디를 보살피는 한 법이 셋째 머무는 곳이다.

사부대중을 보살피고 약한 이를 거두는 것이 넷째 다섯째 머무는 곳이고, 평등하게 가까이 지냄이 여섯째 머무는 곳이다.

샘이 없음으로 행하는 것이 일곱째 머무는 곳이고, 온갖 몸의 지어감을 쉬는 것이 여덟째 머무는 곳이다.

성현이 머무는 아홉째 곳 열째 곳은 바로 마음의 해탈과 지혜의 해탈이다.

니르바나에는 여기 나에 나의 모습이 없고 저기 중생과 사물의 모습에 마주할 실체적인 모습이 없으니, 끊을 것을 끊고 행할 것을 행하고 사마디를 보살펴 니르바나의 문에 나아가 니르바나의 성에 들어가려면 중생에 대한 자비의 마음과 세간을 건질 크나큰 서원을 일으켜야 한다.

니르바나는 나와 중생, 나와 세계가 본래 장애 없는 진리의 땅이니, 니르바나의 문에 드는 자는 스스로 네 가지 자재한 선정의 신통을 얻고 밖으로 널리 사부대중을 이끌어 보살펴야 하는 것이다.

또한 스스로 나고 죽음의 행을 다하고는 널리 아직 미망의 바다에 허우적거리는 뭇 삶을 이끌고 보살펴 니르바나의 이 언덕에 이끌어들여야 한다.

또한 스스로 세 묶음을 다했으면 남의 묶임을 풀어주어야 하며, 스스로 몸과 마음이 해탈하고 지혜가 해탈하여 해탈지견이 갖춰지면 널리 세간의 뭇 삶들을 위해 해탈지견의 방편을 써서 뭇 삶들을 해탈의 땅에 이끌어야 한다.

여래의 가르침이 이와 같으니 스스로 디야나를 닦아 깊은 사마디를 얻었다고 말하거나 조사선(祖師禪)의 관문을 뚫었다고 말하면서 미망의 중생에 대한 자비심이 없는 이, 대중에 대한 공경심이 없이 종사관을 쓰고 대중을 오만하게 내려다보는 이, 그들은 참된 선지식이 아니고 여래가 가르친 '현성의 열 가지 곳'을 알지 못하는 자이다.

『화엄경』(「십회향품」)은 가르친다.

> 보디사트바는 있는바 모든 선근
> 모든 중생에게 다 회향하여서
> 널리 그 중생 건져 나머지 없이
> 길이 그 중생 다 해탈케 하여
> 언제나 안락하게 하여주도다.
>
> 菩薩所有諸善根　悉以迴向諸衆生
> 普皆救護無有餘　永使解脫常安樂

보시 · 평등한 마음 · 선정의 사유가 복된 업이니

이와 같이 들었다.

한때 붇다께서는 슈라바스티 국 제타 숲 '외로운 이 돕는 장자의 동산'에 계시면서 여러 비구들에게 말씀하셨다.

"이 세 가지의 복된 업이 있다. 어떤 것이 세 가지인가.

보시[施]가 복된 업이요, 평등(平等)한 마음이 복된 업이며, 선정의 사유(思惟)가 복된 업이다."

세 가지 복된 업을 자세히 가르쳐 보이심

"그 무엇을 보시가 복된 업이 된다고 하는가.

만약 어떤 사람이 마음을 열어 사문 · 브라마나나 아주 가난한 이나 외로운 이나 갈 곳 없는 이에게 보시하되 밥이 필요한 이에게는 밥을 주고, 마실 것이 필요한 이에게는 마실 것을 주며, 입을 옷 · 먹을거리 · 자리끼 · 의약품 · 앉을 자리 · 향 · 꽃과 잘 곳 등 그의 몸이 필요한 것을 따라 주어 아까워하지 않는다 하자.

그러면 이것을 '보시가 복된 업이 된다'고 하는 것이다.

그 무엇을 평등한 마음이 복된 업이 된다고 하는가.

잘 행하는 어떤 사람은 산목숨 죽이지 않고 도둑질하지 않고 늘 스스로와 남에게 부끄러워함이 있고, 나쁜 생각을 일으키지 않고, 또한 남의 물건을 몰래 훔치지 않고, 남에게 보시하기를 좋아하여 아끼는 마음이 없다.

또 말씨가 부드러워 남의 마음을 다치지 않고, 남의 사람에 음란하지 않고 스스로 범행을 닦아 자기 사람에 만족하며, 거짓말하지 않고 늘 지성스러움을 생각하여 속이지 않는다. 잘 행하는 그 사람은 세상 사람들의 공경함을 따라 늘고 줆이 없으며, 술 마시지 않고 늘 어지러움 피할 줄 안다.

다시 그 사람이 사랑의 마음을 일방에 두루 가득히 하고, 이·삼·사방·팔방·위아래에도 두루 가득히 해 한량없고 헤아릴 수도 없이, 이 사랑의 마음으로 온갖 것을 널리 덮어 안온하도록 한다 하자. 다시 그 사람이 가엾이 여기는 마음, 기뻐하는 마음, 보살피는 마음을 일방에 두루 가득히 하고, 이·삼·사방·팔방·위아래에도 모두 널리 가득히 해, 한량없고 헤아릴 수도 없이 가엾이 여기는 마음·기뻐하는 마음·보살피는 마음이 그 가운데 가득 찬다 하자.

그러면 이것을 '평등한 마음이 복된 업이 된다'고 하는 것이다.

그 어떤 법을 선정의 사유가 복된 업이 된다고 하는가.

곧 비구는 '생각의 깨달음 법'을 닦아 행해 탐욕 없음에 의지하고 살핌 없음에 의지하며 사라져 다함에 의지하고 벗어남에 의지한다.

다음 법 가림·기쁨·쉼·선정·평정의 깨달음 법을 닦아 행해 탐욕 없음에 의지하고 살핌 없음에 의지하며 사라져 다함에 의지하고 벗어남에 의지한다.

그러면 이것을 '선정의 사유가 복된 업이 된다'고 하는 것이다.

이와 같이 비구들이여, 이런 세 가지 복된 업이 있다."

게송으로 세 가지 업에 늘 가까이하도록 당부하심

그때에 세존께서는 곧 다음 게송으로 말씀하셨다.

> 보시와 평등한 사랑의 마음과
> 보살피는 마음 또 선정의 사유
> 이 세 가지 복된 업 되는 곳 있으니
> 지혜로운 이가 가까이해야 하네.

> 이 세간에서 그 좋은 갚음을 받고
> 하늘위에서도 또한 그러하니
> 이 세 곳 있음으로 말미암아
> 하늘위에 나는 것 의심 없으리.

"그러므로 비구들이여, 반드시 방편을 구해 이 '세 곳'[三處]을 찾아야 한다.
이와 같이 비구들이여, 반드시 이렇게 배워야 한다."
그때에 비구들은 붇다의 말씀을 듣고 기뻐하며 받들어 행하였다.

• 증일아함 21 삼보품(三寶品) 二

• **해설** •

연기법의 핵심 실천인 디야나에서 비파사나는 있음이 실로 있음 아님을 밝혀내고, 없음이 다만 없음 아님을 밝혀내며, 중도에 머물러야 할 중도의 모습이 없음을 밝혀낸다.

또한 디야나에서 사마타는 있음에서 실로 있다는 생각을 쉬고, 없음에서 다만 없다는 생각을 쉬며, 중도에 머물러야 할 중도라는 생각을 쉰다.

그러므로 바르게 몸을 살피고 마음을 살피는 생각의 깨달음 법은 사마타인 비파사나가 되고 비파사나인 사마타가 되며, 사마타와 비파사나가 둘이 아닌 지혜는 파라미타의 행이 되는 것이다.

선정의 고요함은 늘 지혜의 밝음이 되고 보시행이 되며 네 가지 한량없는 마음이 되며 탐욕에 물듦 없는 범행이 되니, 이 디야나의 행과 디야나인 지혜 밖에 참으로 나와 너, 나와 세간을 안락과 풍요로 장엄하는 복된 행이 있지 않다.

사마타인 비파사나의 지혜로 보시를 행하고 범행을 행하여 세간을 복되게 하는 자, 그는 복되게 하되 복됨이라는 생각이 없는 자이며 스스로 지은 복된 업을 탐착하지 않는다. 복된 업을 짓되 복의 모습을 취하지 않는 자, 그가 바로 『금강경』에서 말한 '복덕을 받지 않는 자'[不受福德]이며 세간을 장엄함이 없이 장엄하는 자이다.

『화엄경』(「십회향품」)은 스스로 좋은 업을 짓되 지혜로 나와 중생이 공함을 알아 온갖 공덕을 법계와 중생에 회향하는 보디사트바의 삶을 이렇게 보인다.

> 보디사트바는 묘한 법신 이루어
> 모든 붇다의 법을 따라 변화로 나
> 온갖 중생을 이롭게 하기 위해서
> 이 세간 법의 등불이 되어주고
> 한량없이 빼어난 법 연설하도다.
>
> 菩薩成就妙法身 親從諸佛法化生
> 爲利衆生作法燈 演說無量最勝法
>
> 닦아 행한 묘한 법의 보시 따르고
> 바로 또한 중생의 선근 살펴서
> 지은바 뭇 좋은 행 중생을 위해

지혜로써 모두다 회향하도다.

隨所修行妙法施　則亦觀察彼善根
所作衆善爲衆生　悉以智慧而廻向

법의 진실 바로 살피는 보디사트바
자기 몸 위해 즐거움 구하지 않고
다만 모든 중생 건져 보살피려 해
큰 자비심 이와 같이 일으키나니
걸림 없는 해탈의 땅 빨리 들리라.

不爲自身求快樂　但欲救護諸衆生
如是發起大悲心　疾得入於無礙地

「입법계품」의 선지식 또한 선정과 지혜로 깨달아 얻는 해탈의 공덕이 끝내 중생과 역사에 회향되어야 함을, 구도자 선재에게 다음과 같이 가르친다.

모든 붇다의 법바다는 끝이 없으나
나는 한때에 다 널리 마실 수 있어
시방에 있는 온갖 모든 나라에
그 몸이 널리 들어가 걸림이 없네.

諸佛法海無有邊　我悉一時能普飮
十方所有一切刹　其身普入無所礙

시방에 있는 온갖 붇다의 제자들도
이 사유할 수 없는 해탈의 문에 들면
미래 한량없는 겁이 다하도록
보디사트바의 행 닦아 행함에
언제나 편안히 머물게 되리.

十方一切諸佛子 入此難思解脫門
悉盡未來無量劫 安住修行菩薩行

바른 행에 잘 머무는 보디사트바
온갖 중생이 태어남 받는 곳에
끝없는 갖가지 몸을 나타내 보여
그 무리들과 같은 뭇 모습 나타내
널리 그 마음에 응해 법을 설하리.

一切衆生受生處 示現無邊種種身
悉同其類現衆像 普應其心而說法

법보장 法寶章 8

존재의 실상, 해탈의 현실인 니르바나

제8부
얻음 없이 얻는 니르바나
[圓成實相, 滅諦]

결과에서 일어난 원인과 원인이 내는
결과가 서로 통하고 서로 사무치지 않으면
니르바나의 원인과 결과가 해명되지 않는다.
믿음을 통해 니르바나에 나아가지만 바른 믿음의
첫 자리가 실은 온갖 존재가 본래 니르바나되어
있음을 믿는 것이고 중생의 번뇌가 본래
공한 줄 믿는 것이다. 그러므로 확실히 믿어
다시 여우 같은 의심이 나지 않으면 그 자리가
지혜의 흐름에 들어간 곳이며, 믿을 때 이미
니르바나의 땅에 발을 딛고 서 있음이다.

• 이끄는 글 •

삶의 실상이자 해탈 현실로서 니르바나

1. 실상 자체의 새로운 실현인 니르바나

열반(涅槃)의 범어는 니르바나(nirvāṇa)이고 팔리어는 니빠아나(nibbāna)이다. 소리로는 열반·니원(泥洹) 등으로 옮겨지고, 뜻으로는 사라져 건넘[滅度]·고요히 사라짐[寂滅]·두렷이 고요함[圓寂]·나지 않음[不生]으로 옮겨졌다.

번역으로 보면 니르바나는 모든 불꽃이 사라져 고요함, 나고 죽음이 사라진 곳에 건너감의 뜻이 된다.

연기법에서 온갖 법의 생겨남은 인연으로 나기 때문에 실로 남이 아니고, 사라짐은 인연으로 사라지기 때문에 실로 사라짐이 아니다. 그러므로 니르바나의 고요히 사라짐이란 실로 나고 죽음을 끊고 고요함이 아니라 나고 죽음이 곧 나고 죽음 아님을 니르바나의 고요함이라 한다. 니르바나의 고요함이 끊어져 없어져버린 고요함이 아니라 나고 죽음이 본래 공한 고요함이라면, 니르바나는 나고 사라짐이 사라져 고요하되 온갖 공덕이 원만한 것이니 니르바다의 고요함은 나고 죽음이 해탈의 행이 된 고요함이다.

이러한 니르바나의 원만한 공덕을 『열반경』은 세 가지 덕[三德]으로 표현하니, 법신(法身)·반야(般若)·해탈(解脫)로 니르바나의 덕을 말함은 니르바나에 대한 인식론적·실천론적 해명이다.

법신은 있음이 있음이 아니고 없음이 없음이 아닌 중도의 진리를 말하고, 반야는 실상을 비추는 실상인 지혜이다. 반야는 있음을 비추면 있음이 있음 아니므로 있음에서 있음을 벗어나고, 없음을 비추면 없음이 없음 아니므로 없음에서 없음을 벗어난다.

　반야인 실상에 실로 얻을 것이 없으므로 반야는 비추되 고요하고[照而寂] 고요하되 비추니[寂而照], 반야는 앎에 앎 없고 하되 함 없는 해탈의 활동으로 드러난다.

　곧 해탈은 고요하되 비추며 비추되 고요한 지혜의 활동[寂照同時]이니, 해탈의 활동은 다시 하되 함이 없어 법신의 고요함이 된다. 그러므로 법신·반야·해탈은 세 법이되 하나가 된다.

　천태선사는 법신·반야·해탈이 세 이름이되 세 바탕 없음을 다음과 같이 말한다.

　해탈이 자재하고 법신과 반야가 또한 자재하니 비록 세 이름이 있으나 세 바탕이 없으며, 비록 한 바탕이나 세 이름을 세운다. 이 셋이 곧 한 바탕이라 그것이 실은 다름이 있지 않다.
　비유하면, 여의구슬 가운데 빛을 논하고 보배를 논하면 빛과 보배가 구슬과 같지도 않고 빛과 보배가 구슬과 다르지 않음과 같아, 세로도 아니고 가로도 아니니, 세 법 또한 이와 같다.

　위와 같이 니르바나의 세 덕을 살핌은 인식론적·실천론적인 고찰이다. 연기의 실상이 실현된 니르바나의 덕을 다시 존재론적인 차원에서 살펴보자.

　이때 니르바나는 네 덕으로 표현되니 항상함[常]과 즐거움[樂], 참된 나[我]와 깨끗함[淨]을 니르바나의 네 덕[涅槃四德]이라고 말한다. 연기법에서 모든 법은 나되 남이 없고 사라지되 사라짐 없다. 그러므로 연기의 진실처에서 보면 존재에는 항상함도 없고 덧없음도 없으며, 나[我]도 없고 나 없음[無我]도 없다.

니르바나의 항상함의 덕[眞常德]이란 실체적인 항상함과 덧없음을 넘어선 참된 항상함[眞常]이니, 연기되어 사라지는 것을 항상하다고 생각하는 범부의 뒤바뀐 집착과 치우친 수행자들의 덧없이 사라진다는 집착이 모두 없어진 항상함의 덕이다.

즐거움의 덕[眞樂德]이란 괴로움과 즐거움을 넘어선 참된 즐거움[眞樂]이니, 범부의 탐욕의 경계에 물든 즐거움을 넘어서고 치우친 수행자들의 괴롭다는 뒤바뀐 집착과 고행의 추구를 모두 깨뜨린 삶의 즐거움이다.

곧 니르바나에는 범부의 실로 즐겁지 않은 것에 대한 즐겁다는 집착[樂顚倒]을 깨뜨리고 고통과 쾌락이 모두 공한 줄 알면, 참된 즐거움이 현전한 줄 모르는 치우친 수행자들의 괴롭다는 뒤바뀐 집착[苦顚倒]이 모두 없어진 즐거움의 덕이다.

참된 나의 덕[眞我德]이란 나와 나 없음을 넘어선 '참된 나'의 덕이다. 니르바나에는 범부의 연기된 존재에 대해 일으키는 '나'라는 집착[我顚倒]과 치우친 수행자들의 '나 없다'는 뒤바뀐 집착[無我顚倒]이 모두 없어진 참된 나의 덕이 있다.

깨끗함의 덕[眞淨德]이란 깨끗함과 더러움을 넘어선 참된 깨끗함의 덕이다. 범부의 실로 깨끗하지 않은 것에 대한 깨끗하다는 집착[淨顚倒]을 버리고 몸이 실로 더럽다 하는 치우친 수행자들의 뒤바뀐 집착[不淨顚倒]이 다한 참된 깨끗함을 말한다.

이처럼 니르바나에는 세계와 중생의 원래적인 진실의 모습을 가리키는 뜻과 중생의 집착이 사라져 본래 갖춘 실상의 덕이 온전히 실현된 해탈의 세계를 나타내는 두 뜻이 모두 있다.

그 어원을 다시 살펴보기로 하자.

니르바나는 원래 니스-바나(nis-vāṇa)인데 소리가 이어질 때 변성해 니르바나가 된 것이다. 니스 또는 니르는 부정의 뜻이고 바나는 솟구쳐 나온다[噴出]는 뜻이다.

어원으로 보면 니르바나는 곧 솟구치는 삼독의 불이 쉬어 그침으로 드러나는 지혜와 해탈의 공덕으로 풀이될 수 있다. 니르바나의 해탈은 중생의 고통과 장애가 공하므로 구현되는 것이다.

니르바나가 본래 갖춘 중생 자신의 참모습이고 세계의 진실이므로, 번뇌를 끊어서 니르바나를 새로 실체적으로 얻을 것이 없다는 것이 마하야나에서 니르바나 해석의 기본입장이다.

『성유식론』(成唯識論)의 뜻으로 살펴보자.

『성유식론』의 표현으로 보면 진여는 청정법계인데 이 진여가 중생의 장애 속에 있다가, 수행을 통해서 장애를 떠나 진여의 공덕이 드러나는 것을 니르바나라고 한다.

『성유식론』은 말한다.

> 이 니르바나는 비록 본래 자기성품[自性]이 청정하지만 밖의 장애[客障]가 덮어서 나타나지 못하게 한다.
>
> 참되고 거룩한 도[眞聖道]가 생겨나 저 장애를 끊으므로 진여의 모습을 나타나게 하므로 니르바나를 얻었다고 하는 것이다.
>
> 거룩한 도란 진여를 의지하여 장애 떠나도록 하기 위해 베풀어 세운 것이다. 그러므로 진여의 바탕이 청정법계이다.

『성유식론』의 뜻을 다시 사제의 교설로 살펴보자.

청정법계인 진여란 다섯 쌓임의 있되 공한 실상이다. 다섯 쌓임이 번뇌에 물들어 '다섯 받는 쌓임'이 되는 것이 밖의 장애가 진여를 덮어 나타내지 못하게 하는 것이지만 번뇌의 물들임 자체가 실로 있는 것이 아니다.

사제법(四諦法)에서 괴로움 모아냄이란 무명으로 인해 다섯 쌓임이 물든 다섯 쌓임이 되는 것을 말한다.

괴로움인 물든 다섯 쌓임이 무명에 의해 연기된 것이므로 괴로움은 있되 공한 괴로움이고, 무명 또한 다섯 쌓임에서 헛되이 일으킨 분별이므로 실로 있는 무명이 아니다. 무명과 물든 다섯 쌓임이 공하므로 무명의 장애를 끊는 실천의 방편, 곧 참되고 거룩한 도로써 청정법계가 다시 실현될 수 있는 것이다.

니르바나는 사제법에서 멸제(滅諦)이고 장애를 끊는 수행은 도제(道諦)이다. 끊어야 할 집제(集諦)와 고제(苦諦)가 본래 실로 있는 것이 아니면 장애를 끊는 수행으로서 도제 또한 닦되 닦음 없으며, 도제를 통해 구현되는 니르바나 또한 본래 갖춘 진여법계의 실현이므로 얻되 얻음이 없는 것이다.

미혹[惑]과 물든 업(業)과 고통의 삶[苦]이 공하므로, 번뇌와 고통을 돌이켜 지혜와 니르바나를 얻음 없이 얻을 수 있는 것이다. 또한 끊어야 할 번뇌와 고통이 공하므로 번뇌를 돌이키는 수행 또한 닦되 닦음 없어서 본래 니르바나인 실제(實際)를 떠나지 않고 도제를 통해 멸제를 구현할 수 있는 것이다.

이제 고통이 일어나는 연기와 니르바나가 구현되는 연기가 공하므로 실로 끊을 번뇌가 없고 실로 얻을 니르바나가 없는 뜻을 나가르주나(Nāgārjuna, 龍樹) 존자의 『중론』(中論)을 통해 살펴보자.

2. 『중론』을 통해 본 니르바나의 뜻

1) 공하므로 니르바나가 있을 수 있음을 보임

『중론』은 니르바나에 대해서 실로 얻을 것이 있다는 실체론적 사고를 깨뜨려, 니르바나가 본래 갖춘 존재의 진실의 새로운 실현일 뿐 삶 현실 밖에 어떤 신비한 실천의 공덕을 얻는 것이 아님을 밝힌다.

먼저 『중론』은 온갖 법이 공하기 때문에 생겨나고 사라질 수 있음을 말하니, 이는 번뇌가 공하기 때문에 무명과 번뇌를 끊고 니르바나가 성취될 수 있음을 보인 것이다. 곧 고제와 집제가 공하기 때문에 도제를 세워 니르바나의 멸제가 있을 수 있음을 말한 것이다.

고제와 집제가 없지 않기 때문에 중생은 그 괴로움과 윤회를 벗어나고자 한다. 그러나 고제와 집제가 실로 있다면 중생이 어떻게 실로 있는 괴로움의 굴레에서 벗어날 수 있겠는가.

『중론』은 먼저 공함[空]이 니르바나의 뜻을 깨뜨린다고 생각하는 실체론자[有論]의 사고를 다음과 같이 보인다.

묻는다
만약 온갖 법이 공하다면
나지 않고 사라지지 않는데
어떤 것을 끊고 어떤 것을 없애
니르바나라고 부르는가.

若一切法空 無生無滅者

何斷何所滅　而稱爲涅槃

만약 온갖 법이 공하다면 곧 남이 없고 사라짐이 없다. 남이 없고 사라짐이 없는데 어떤 것을 끊고 어떤 것을 없애 니르바나라고 이름하는가. 그러므로 온갖 법은 공하지 않아야 한다. 모든 법이 공하지 않기 때문에 모든 번뇌를 끊고 다섯 쌓임을 없애 니르바나라고 이름하는 것이다.

이에 대해 나가르주나 존자는 번뇌가 있되 공하므로 번뇌를 다해 니르바나가 구현될 수 있음을 이렇게 보인다.

만약 모든 법이 공하지 않다면
곧 남도 없고 사라짐도 없으니
무엇을 끊고 어떤 것을 없애
니르바나라고 부르겠는가.

若諸法不空　則無生無滅
何斷何所滅　而稱爲涅槃

만약 온갖 세간이 공하지 않다면 곧 남도 없고 사라짐도 있을 수 없다. 무엇을 끊고 무엇을 없애 니르바나라고 이름하겠는가. 그러므로 있음과 없음 두 문(門)으로는 니르바나에 이르지 못한다.

나가르주나 존자의 본송(本頌)과 청목(靑目)의 풀이를 다시 살펴보자.

번뇌가 실로 있다 해도 번뇌를 끊고 니르바나를 이룰 수 없고, 번뇌가 실로 없다 하면 없기 때문에 번뇌를 끊고 니르바나에 나아간다는 말이 성립될 수 없다.

그러므로 '있음과 없음 두 문으로는 니르바나에 이르지 못한다'고 말한 것이다.

번뇌와 고통은 있되 공하다. 공한 번뇌와 고통이므로 번뇌와 고통은 실로 끊고 니르바나를 얻는 것이 아니다. 다섯 쌓임의 공한 실상 가운데 마음이 취할 경계의 모습이 없고, 마음이 공해 모습 받아들일 것이 없는 데서 받아들임을 두어 '다섯 쌓임의 공한 실상'[五蘊實相]이 '다섯 가지 받는 쌓임'이 된 것을 고제라 한다.

그러므로 니르바나는 여기 번뇌의 땅에서 번뇌 없는 곳에 이르러 가는 것이 아니라 '다섯 가지 받는 쌓임'을 돌이켜 '다섯 쌓임의 공한 실상'을 실현한 것일 뿐이다.

다섯 쌓임을 없애 사라져 다한 니르바나를 얻는다고 하거나, 나고 죽음의 이 언덕[此岸]을 건너 니르바나의 저 언덕[彼岸]에 이른다고 해서는 안 된다.

『중론』은 이렇게 보인다.

> 니르바나라고 말한 것은 다음과 같다.
>
> 얻음이 없고 또한 이르름 없으며
> 끊는 것도 아니고 또한 항상함 아니며
> 나지 않고 또한 사라지지 않으니
> 이것을 니르바나라 이름하네.

無得亦無至　不斷亦不常
不生亦不滅　是說名涅槃

　얻음이 없다는 것은 닦아 행함과 과덕에 얻는 바가 없는 것이다. 이르름이 없다는 것은 이를 곳이 없다는 것이다. 끊는 것이 아니라는 것은 다섯 쌓임이 원래 마쳐 다함마저 공하므로 도를 얻어 남음 없는 니르바나에 들어갈 때 또한 끊는 바가 없는 것이다.
　항상하지 않다는 것은 만약 분별할 수 있는 어떤 법이 있다면 곧 항상함이라 하는데, 니르바나가 고요하여 분별할 법이 없기 때문이다.

이 뜻을 다시 풀어보자.
다섯 쌓임에 실로 취할 것이 없는 데서 취함을 일으키는 것을 무명과 번뇌라 이름했으므로 무명과 번뇌 또한 있는 것이 아니다. 그러므로 번뇌를 끊고 니르바나를 얻음이 없고[無得] 나고 죽음의 이곳을 떠나 이르러 가는 니르바나의 처소가 없다[無至].
다섯 가지 받는 쌓임을 돌이켜 있되 공한 다섯 쌓임의 실상을 실현한 것이 니르바나이다.
니르바나일 때 다섯 가지 받는 쌓임이 끊어져 없어짐이 아니고[不斷], 번뇌에 물든 다섯 쌓임이 그대로 니르바나가 되거나 다섯 쌓임 가운데 없어지지 않는 신묘한 것이 니르바나까지 이어지는 것이 아니다[不常].
다섯 쌓임이 공한 다섯 쌓임이므로 나되 남이 없고 사라지되 사라짐 없음을 체달한 곳에 니르바나란 거짓 이름을 세운 것이다. 번뇌 그대로도 아니고 번뇌 끊고서 새로 얻는 니르바나도 아닌 것이니, 이 뜻을 『중론』은 '끊어짐도 아니고 항상함도 아니다'라고 말한다.

이처럼 다섯 쌓임의 법이 실로 남도 아니고 사라짐도 아니며 끊어짐도 아니고 사라짐도 아닌 실상 밖에 니르바나는 없는 것이다.

2) 존재의 실상이 곧 니르바나임을 보임

니르바나는 있되 공한 존재의 실상이다. 있되 공한 실상은 곧 있음이 아니므로 있음으로 분별할 수 없고, 있음이 곧 있음 아닌 것이므로 없음의 집착도 세울 수 없다.

있음이 곧 있지 않음[有卽非有]이라, 실로 있음도 얻지 못하고 실로 없음도 얻지 못하므로 있기도 하고 없기도 함[亦有亦無], 있음도 아니고 없음도 아님[非有非無]이라는 분별도 붙을 수 없다.

있음이 있음 아닌 존재의 실상[諸法實相] 밖에 니르바나가 없으므로 『중론』은 있음·없음·있기도 하고 없기도 함·있음도 아니고 없음도 아님의 네 구절 분별이 붙을 수 없다는 것으로 니르바나의 진실을 열어보인다.

이제 『중론』 본송과 청목의 풀이를 통해 이 뜻을 살펴보자.

• 있음의 분별을 깨뜨림

니르바나는 스스로 있는 니르바나가 아니다.

연기되어 일어난 존재의 있음에서 실로 있음의 집착을 떠난 삶에 니르바나란 이름을 붙인 것이다. 그러므로 『중론』은 먼저 니르바나에는 '있음의 분별'이 붙을 수 없음을 다음과 같이 말한다.

니르바나는 있음이 아니고, 없음이 아니며, 있기도 하고 없기도 함도 아니며, 있음 아님도 아니고 없음 아님도 아니다. 온갖 법을 안에 받아들이지 않아 고요한 것을 니르바나라 한다.

왜 그런가.

니르바나는 있음이라 하지 않으니
있음이라면 늙고 죽는 모습이다.
어떤 법이 있어 늙고 죽음의 모습
떠남이란 끝내 있지 않도다.

涅槃不名有　有則老死相
終無有有法　離於老死相

눈이 온갖 만 가지 것을 보면, 다 나고 사라지므로 이것이 늙고 죽는 모습이다.

니르바나가 만약 있음이라면 반드시 늙고 죽는 모습이 있어야 하니, 이런 일은 그럴 수 없는 것이다.

그러므로 니르바나는 있음이라고 하지 않는다.

또 나고 사라지며 늙고 죽음을 떠나 따로 어떤 결정된 법이 있어서 니르바나라고 이름하는 것도 보지 않는다.

만약 니르바나가 어떤 있음이라면 반드시 나고 사라지며 늙고 죽는 모습이 있어야 하지만, 늙고 죽는 모습을 떠났으므로 니르바나라 이름하는 것이다.

다시 말한다.

만약 니르바나가 있음이라면
니르바나는 곧 함이 있는 것이네.
끝내 그 어느 한 법이라도
함이 없는 것은 있지 않기 때문이다.

若涅槃是有 涅槃即有爲
終無有一法 而是無爲者

니르바나는 있음이 아니다. 왜 그런가. 온갖 모든 것이 뭇 연[衆緣]을 따라 나서 다 이것이 함이 있음[有爲]이라 한 법도 함이 없음[無爲]이라 이름할 수 있는 것이 없기 때문이다.

비록 항상한 법[常法]을 함이 없음이라 거짓 이름하였지만, 이치로 맞추어보면 덧없는 법[無常法]도 있지 않는데 하물며 볼 수 없고 얻을 수 없는 항상한 법이 어떻게 있겠는가.

다시 말한다.

만약 니르바나가 있음이라면
어떻게 받음 없음이라 이름하리.
받음을 따르지 않는데도
있음의 법이라 이름함은 없네.

若涅槃是有 云何名無受
無有不從受 而名爲有法

만약 니르바나를 있음의 법[有法]이라 한다면 경은 반드시 '받음 없음이 니르바나다'라고 말씀하지 않아야 한다.

왜 그런가. 받지 않고서 있는 있음의 법은 있지 않기 때문이다. 그러므로 니르바나는 있음이 아니다.

본송과 청목의 풀이를 다시 살펴보자.

니르바나는 나고 죽음에 실로 나고 죽음 없는 실상에 붙인 거짓 이름이니, 니르바나를 나고 죽음이 있는 존재라 하거나 나고 죽음을 떠난 어떤 결정된 모습이라 말해서는 안 된다.

만약 니르바나가 어떤 실체로서의 존재[有]라면 니르바나도 함이 있는 법이 되고 해탈의 법이 되지 못한다. 왜 그런가. 온갖 존재는 그 어떤 한 법이라도 모두 함이 있음이고 함 없음이 아니기 때문이다. 다만 니르바나는 온갖 함 있음에서 곧 실로 함 있음을 떠나므로 니르바나라 하는 것이니, 니르바나를 실로 있는 것으로 사물화하거나 함이 있는 어떤 법으로 고정해서는 안 된다.

현실에서 보더라도 중생의 눈 등 물든 아는 뿌리가 있되 공한 다섯 쌓임의 법에서 실로 취할 모습을 보아 받아들임이 있어서, 중생의 삶은 물듦을 이루고 함이 있음을 이룬다.

그러므로 있되 공함을 살피는 비파사나로 있음의 집착 떠난 곳에 니르바나의 거짓 이름이 세워진다.

이미 있음이 있음 아님에 니르바나의 이름을 세웠는데, 니르바나를 어찌 있음의 법이라고 말해 니르바나를 사물화할 것인가.

• **없음의 분별을 깨뜨림**

있음을 실로 있음이라 하므로 없음이 아주 없음으로 굳어진다.
있음에서 있음을 떠나면 없음 또한 머물러야 할 없음이 아니니,

없음에 대한 집착 또한 있음을 있다고 하는 분별과 서로 맞물려 나기 때문이다. 그러므로 니르바나는 없음의 분별을 뛰어넘어야 한다. 『중론』의 본송과 청목의 풀이는 말한다.

묻는다 만약 있음이 니르바나가 아니라면 없음이 니르바나가 되어야 할 것이다.

답한다
있음도 오히려 니르바나가 아닌데
어찌 하물며 없음이 니르바나겠는가.
니르바나에는 있음이 있지 않는데
어느 곳에서 없음이 있을 수 있겠는가.

有尚非涅槃 何況於無耶
涅槃無有有 何處當有無

만약 있음이 니르바나가 아니라면 없음이 어떻게 니르바나이겠는가. 왜 그런가. 있음으로 인해 없음이 있기 때문이다. 만약 있음이 없다면 어떻게 없음이 있겠는가.
경의 다음 말씀과 같다.
"앞에 있다가 지금 없는 것을 없음이라 이름한다. 니르바나는 그렇지 않다. 왜 그런가. 있는 법이 변해 없음이 되는 것이 아니기 때문이다."
그러므로 없음 또한 니르바나가 되지 못한다.
다시 말한다.

만약 없음이 니르바나라고 하면
어떻게 받지 않음이라 말하는가.
아예 받지 않는 것을 없는 법이라
이름하는 것은 일찍이 있지 않도다.

若無是涅槃　云何名不受
未曾有不受　而名爲無法

만약 없음이 니르바나라고 말한다면 경에서는 '받지 않음을 니르바나라고 한다'고 말씀하지 않았을 것이다.
왜 그런가. 받지 않는 것을 없는 법이라고 이름하지는 않기 때문이다. 그러므로 니르바나가 없음이 아니라는 것을 안다.

이 뜻을 다시 살펴보자.
니르바나가 받지 않음이라 말하는 것은 모습에 모습 없으므로 마음이 모습을 받되 받지 않음을 말한다. 니르바나 자체가 없음이라 아예 받지 않는다면 어떻게 '받지 않는다'는 말이 성립될 수 있겠는가.
니르바나는 있음에서 있음을 떠나고 없음에서 없음을 떠났으므로 있다는 분별과 없다는 분별이 붙을 수 없다.
『중론』은 말한다.

답한다
여러 인연을 받기 때문에
나고 죽음 가운데 돌아 구르네.
여러 인연을 받지 않으면

이것을 니르바나라고 하네.

受諸因緣故　輪轉生死中
不受諸因緣　是名爲涅槃

진실 그대로 알지 못해 뒤바뀌므로 다섯 가지 받는 쌓임으로 인해 나고 죽음에 가고 온다. 진실 그대로 알기 때문에 다시 다섯 가지 받는 쌓임으로 인해 가고 오지 않는다.
　자기성품 없는 다섯 쌓임은 다시 서로 이어가지 않기 때문에 니르바나라고 말하는 것이다.

붇다께서 경 가운데 말씀하셨듯이
있음도 끊고 있지 않음도 끊네.
그러므로 니르바나의 참된 뜻이
있음 아니고 없음도 아님을 알라.

如佛經中說　斷有斷非有
是故知涅槃　非有亦非無

있음[有]이란 세 가지 존재[三有]를 말하고 있지 않음[非有]이란 세 가지 존재가 끊어져 없어짐을 말한다.
　붇다께서는 있음과 있지 않음 두 가지 일[二事] 끊음을 말씀하시므로 니르바나가 있음도 아니고 없음도 아님을 알아야 한다.

• 있기도 하고 없기도 함의 분별을 깨뜨림

니르바나에 있음과 없음의 분별이 붙을 수 없는데, 다시 니르바나를 '있기도 하고 없기도 하다'고 말하면, 이는 있음과 없음 두 가지 집착을 모두 짊어진 것이니 옳지 못하다.

있기도 하고 없기도 하다 함은 있음에서 있음을 보아 있음을 받고, 없음에서 없음을 보아 없음을 받는 것이니 '니르바나는 받음 없다'는 뜻에 어긋난다.

『중론』은 말한다.

> 만약 있음과 없음 두 법에 대해
> 합한 것이 니르바나라고 하면
> 있음이자 없음이 곧 해탈이 되니
> 이런 일은 그럴 수 없는 것이네.
>
> 若謂於有無 合爲涅槃者
> 有無即解脫 是事則不然

만약 있음과 없음을 합한 것이 니르바나라고 하면 곧 있음과 없음 두 가지 일 합한 것이 해탈이 될 것이니 이런 일은 그럴 수 없다. 왜 그런가.

있음과 없음 두 가지 일은 서로 어긋나기 때문이다. 그런데 어떻게 한곳에 있겠는가.

다시 말한다.

> 만약 있음과 없음 두 법에 대해
> 합한 것이 니르바나라고 한다면
> 니르바나는 받음 없음 아니게 되니

이 둘은 받음 따라 나기 때문이네.

若謂於有無　合爲涅槃者
涅槃非無受　是二從受生

만약 있음과 없음 합한 것이 니르바나라고 말한다면 경은 '니르바나는 받음 없음이다'라고 말씀하지 않으셨을 것이다. 왜인가. 있음과 없음 두 일은 받음을 따라 나는 것이고 서로 원인이 되어 있기 때문이다.

그러므로 있음과 없음 두 일이 합해서 니르바나가 될 수 없다.
다시 말한다.

있음과 없음을 같이 합한 것을
어떻게 니르바나라 할 수 있겠나.
니르바나는 함이 없음을 말한 것이고
있음과 없음은 함이 있음이거니.

有無共合成　云何名涅槃
涅槃名無爲　有無是有爲

있음과 없음 두 일 같이 합함[共合]을 니르바나라고 할 수 없다.
니르바나는 함이 없음을 말하고, 있음과 없음은 함이 있는 것이기 때문이다. 그러므로 있음과 없음은 니르바나가 아니다.
다시 말한다.

있음과 없음 두 일 같이함이
어떻게 니르바나일 수 있겠는가.

이 둘이 곳을 같이하지 않음은

밝음과 어두움이 함께하지 않음 같네.

有無二事共　云何是涅槃

是二不同處　如明暗不俱

있음과 없음 두 일은 니르바나라고 이름할 수 없다.

왜 그런가.

있음과 없음은 서로 어긋나 한 곳에 같이 있을 수 없기 때문이니, 밝음과 어두움이 함께하지 못함과 같다.

그러므로 있을 때는 없음이 없고 없을 때는 있음이 없으니, 어떻게 있음과 없음이 같이 합함을 니르바나라고 이름하겠는가.

• **있음도 아니고 없음도 아님의 분별을 깨뜨림**

『중론』의 뜻에 의하면 있음이라는 분별이 서면 이는 없음이 아니고, 없음이라는 분별이 서면 이는 있음이 아닌데, 있기도 하고 없기도 하다고 말하면 이는 같이 있을 수 없는 것이 함께 있는 것이다.

비유하면 빛과 어두움이 한곳에 같이 있는 것과 같으니 이는 옳지 못하다.

그렇다면 다시 니르바나는 '있음도 아니고 없음도 아니다'라고 하면 니르바나에 대한 옳은 정의인가. 이 또한 허튼 논란을 이루는 것이다. 왜 그런가. 있음이 곧 있음이 아닌데 '있음도 아니고 없음도 아님'이라는 것은 분별할 수 없는 법을 관념 속에 세운 것이다.

『중론』은 말한다.

묻는다 만약 있음과 없음 같이 합한 것이 니르바나가 아니라면 이제 '있음도 아니고 없음도 아닌 것'이 니르바나여야 한다.

답한다
만약 있음도 아니고 없음도 아님
이것을 니르바나라고 한다면
이 있음도 아니고 없음도 아님은
무엇으로써 분별할 수 있는가.

若非有非無 名之爲涅槃
此非有非無 以何而分別

만약 니르바나가 있음도 아니고 없음도 아님이라면 이 있음도 아니고 없음도 아님은 무엇으로써 분별하는가. 그러므로 있음도 아니고 없음도 아님이 니르바나라는 것 이런 일은 그럴 수 없는 것이다.
다시 말한다.

있음도 아니고 없음도 아님 분별해
이와 같음을 니르바나라 한다 하는가.
있기도 하고 없기도 함이 이루어져야
있음 아니고 없음 아님 이루어지리.

分別非有無 如是名涅槃
若有無成者 非有非無成

그대가 '있음도 아니고 없음도 아님'을 분별해서 이것이 니르바나라고 하면 이런 일은 그럴 수 없는 것이다. 왜 그런가.

만약 '있음이자 또한 없음'의 뜻이 이루어진 뒤라야 '있음도 아니고 없음도 아님'이 이루어지는 것이다.

있음과 서로 어긋나는 것을 없음이라고 하고 없음과 서로 어긋나는 것을 있음이라 이름하는데, 이 '있기도 하고 없기도 함'은 세 번째 구절[第三句]에서 이미 깨뜨려졌다.

'있음이자 없음'이 없다면 어떻게 '있음도 아니고 없음도 아님'이 있겠는가.

그러므로 니르바나는 '있음도 아니고 없음도 아님'이 아닌 것이다.

위 『중론』의 문답을 통해 네 구절의 분별이 니르바나의 진실을 등지는 허튼 논란임을 자세히 살펴보았다.

세간법의 있되 공한 진실 밖에 니르바나는 따로 없다. 세간법이 연기이므로 공하고 공하므로 연기하여, 실로 있음과 실로 없음을 모두 세울 수 없으므로 니르바나 또한 실로 있음과 실로 없음의 분별을 세울 수 없다.

니르바나를 있다고 말하며 니르바나를 실로 얻을 수 있는 신비한 곳으로 보는 것은 니르바나를 사물화하는 것이며, 니르바나를 없음이라고 말하는 것은 니르바나를 사라져 다한 허무와 동일시하는 견해이다.

있음과 없음이 모두 니르바나의 진실이 아니라면, '있기도 하고 없기도 함' '있음도 아니고 없음도 아님'의 분별을 어찌 니르바나에 세울 수 있겠는가. 온갖 허튼 논란과 환상을 떠난 곳에 니르바나의 진실이 있을 뿐이다.

• **견해와 환상이 다한 실상이 니르바나임을 보임**

니르바나에 대해 네 구절의 분별을 깨뜨리는 것은 새롭게 관념의 놀음놀이를 하는 것이 아니라, 오히려 온갖 관념과 환상의 놀이를 그치고 존재의 연기적 진실을 온전히 살리도록 하기 위함이다.

온갖 존재가 연기한 것이라, 있음이 있음 아니므로 실로 있다는 견해를 깨뜨려야 존재의 있음에 막힌 장애의 삶을 벗어나는 것이다.

또한 있음이 곧 있음 아니므로, 없음에서도 머물 없음을 보지 않아야 한다. 그러므로 있음을 끊고 없음에 돌아가면 없음의 적멸에 빠져 니르바나라고 하지 않는다. 있음이 있음 아니므로 존재를 취하지 않고, 없음이 없음 아니므로 존재를 버리지 않아야, 있음과 없음을 떠나 니르바나의 해탈이 현전하는 것이다.

또한 있음에 취할 있음을 보지 않으므로 나고 죽음에 머물지 않는 지혜가 현전하고, 없음에 머물 없음을 보지 않으므로 니르바나의 고요함에도 머물지 않는 자비가 현전하는 것이다.

환상의 관념과, 세계를 세계 밖에서 들여다보고 제약하는 온갖 견해가 다해야 니르바나의 삶이 되는 것이니, 『중론』은 말한다.

여래께서 니르바나에 건너가신 뒤
여래가 있다거나 없다고 말하지 말고
있기도 하고 없기도 하다 말하지 말며
있음도 아니고 없음도 아니라 말라.

如來滅度後 不言有與無

亦不言有無 非有及非無

여래께서 머물러 계실 때에도
여래가 있다거나 없다고 말하지 말고
있기도 하고 없기도 하다 말하지 말며
있음도 아니고 없음도 아니라 말라.

如來現在時 不言有與無

亦不言有無 非有及非無

만약 여래께서 니르바나에 드신 뒤나 계실 때에나 '여래가 있다' 함도 받아들이지 않고, '여래가 없다' 함도 또한 받아들이지 않으며, '여래가 있기도 하고 없기도 하다' 함도 받아들이지 않고, '여래가 있음도 아니고 없음도 아니다'라고 함도 또한 받아들이지 않아야 한다.

받아들이지 않으므로 니르바나가 있음이라고 하거나 없음이라고 하는 것들을 분별해서는 안 된다.

여래를 떠나서 누가 니르바나를 얻을 것이며, 어느 때 어느 곳에서 무슨 법으로 니르바나를 말하겠는가.

그러므로 (세간법의 있는 모습이 공해 실로 받을 것 없음을 니르바나라 하므로) 온갖 때 온갖 여러 가지에서 니르바나의 모습 구해도 얻을 수 없다.

다시 말한다.

니르바나와 세간의 법에는
어떤 적은 분별도 있지 않다.
세간의 법과 니르바나에도
또한 적은 분별이라도 있지 않다.

涅槃與世間　無有少分別
世間與涅槃　亦無少分別

다섯 쌓임이 서로 이어 가고 오는 인연 때문에 세간이라 말한다.
　다섯 쌓임의 성품이 마쳐 다함마저 공해 받음이 없이 고요하니 이 뜻은 먼저 이미 말했다.
　온갖 법이 나지 않고 사라지지 않으므로(인연으로 나는 세간법이 나되 남이 없고 사라지되 사라짐 없는 진실을 니르바나라 이름한 것이므로) 세간의 법과 니르바나에는 분별이 없는 것이고 니르바나와 세간에도 또한 분별이 없는 것이다.
　다시 말한다.

니르바나의 진실한 바탕과
모습 있는 세간의 바탕
이와 같은 두 가지 바탕은
털끝만큼의 차별이 없네.

涅槃之實際　及與世間際
如是二際者　無毫釐差別

세간과 니르바나의 진실한 바탕을 끝까지 미루어 구해보아도 나는 바탕[生際]이 없다. 평등하게 얻을 수 없으므로 털끝만큼의 차별도 없다.

다시 말한다.

여래께서 니르바나에 드신 뒤에
여래가 있다거나 없다고 하고
세간의 끝이 있다거나 없다고 하며
세간이 항상하거나 덧없다고 함
이와 같은 갖가지 여러 견해들은
니르바나라고 할 것 있다는 생각과
미래세와 과거세에 의지함이네.

滅後有無等　有邊等常等
諸見依涅槃　未來過去世

여래께서 니르바나에 드신 뒤에 여래가 있는가 여래가 없는가, 또한 여래가 있기도 하고 없기도 하는가, 여래가 있음도 아니고 없음도 아닌가.

세간에 끝이 있는가, 세간에 끝이 없는가, 세간의 끝이 있기도 하고 없기도 하는가, 세간에 끝이 있음도 아니고 끝이 없음도 아닌가.

세간은 항상한가, 덧없는가, 세간은 항상하기도 하고 덧없기도 하는가, 세간은 항상함도 아니고 덧없음도 아닌가.

이것이 세 가지 열두 견해이다.

여래가 니르바나에 드신 뒤 있고 없는 등 네 견해는 '니르바나라는 생각'[涅槃想]에 의지해 일어난 것이다. 세간이 끝이 있고 없는 등 네 견해는 미래세에 의지해 일어난 것이다. 세간이 항상한가 덧없는가 등 네 견해는 과거세에 의지해 일어난 것이다.

여래께서 니르바나에 드신 뒤 여래가 있고 없는 등을 얻을 수 없으니, 니르바나 또한 이와 같다.

세간의 앞때[前際]와 뒤때, 끝 있음과 끝 없음, 항상함과 덧없음 등도 얻을 수 없으니 니르바나 또한 이와 같다.

그러므로 세간과 니르바나가 평등하여 다름이 없다고 말한다.

『중론』의 논증과 같이 세간법 밖에 니르바나가 없어서 세간의 진실을 아는 것이 니르바나의 진실에 나아감이고, 중생의 무명(無明, avidyā)의 참모습[實相]을 아는 것이 여래의 보디에 나아감이다.

그러므로 중생의 번뇌를 끊고 여래의 보디를 구하거나 연기하는 세간법 밖에 니르바나를 하나의 사물로 구하는 것은 니르바나를 등지는 길이다.

『중론』은 다시 말한다.

> 온갖 모든 법이 공하다고 하면
> 무엇이 끝 있음이고 끝 없음이며
> 또한 끝 있기도 하고 없기도 함이고
> 끝 있음도 아니고 없음도 아님인가.
>
> 一切法空故　何有邊無邊
> 亦邊亦無邊　非有非無邊

무엇이 같음이고 다름이며
무엇이 항상함이고 덧없음이며
항상하기도 하고 덧없기도 함이고
항상함도 아니고 덧없음도 아님인가.

何者爲一異　何有常無常

亦常亦無常　非常非無常

모든 법은 얻을 수가 없으니
온갖 허튼 논란 없애버리면
사람도 없고 또한 곳도 없으며
붇다 또한 말씀하신 바 없네.

諸法不可得　滅一切戱論

無人亦無處　佛亦無所說

온갖 법[一切法] 온갖 때[一切時] 온갖 여러 가지 것은 뭇 조건[衆緣]을 따라 나기 때문에 마쳐 다함마저 공해[畢竟空] 자기성품이 없다.

이와 같은 법 가운데 어떤 것이 끝 있음이고 누가 끝 있음이겠는가. 어떤 것이 끝 없음이고, 어떤 것이 끝 있기도 하고 끝 없기도 함이며, 끝 있음도 아니고 끝 없음도 아님이겠는가. 또 누가 끝 있음도 아니고 끝 없음도 아님이겠는가.

어떤 것이 항상함이고 누가 항상함이겠는가. 어떤 것이 덧없음이고, 항상하기도 하고 덧없기도 함이고, 항상함도 아니고 덧없음도 아님이겠는가. 또 누가 항상함도 아니고 덧없음도 아님이겠는가.

어떤 것이 '몸이 곧 신묘하게 아는 자[神]와 같음'이고, 어떤 것이 '몸이 신묘하게 아는 자와 다름'인가.

이와 같은 예순둘의 삿된 견해[六十二見]가, 마쳐 다함마저 공함[畢竟空]가운데서는 다 얻을 수 없는 것이다. 모든 얻을 바 있는 것들이 다 쉬면 허튼 논란들도 다 사라진다. 허튼 논란이 사라지므로 모든 법의 실상을 통달해 안온한 도를 얻게 된다.

있되 있지 않은 존재의 진실을 깨달아 보되 실로 볼 바 없음을 밝게 사무칠 때, 여래의 참모습을 보고 견해 다한 니르바나의 땅에 돌아갈 수 있으니,『화엄경』(「수미정상게찬품」)은 말한다.

> 모습 없음 가운데는 둘이 없고
> 둘 없음 또한 다시 없도다.
> 삼계의 온갖 것이 공하니
> 이것이 모든 붇다의 견해이네.
>
> 無中無有二 無二亦復無
> 三界一切空 是則諸佛見

3. 닦음 없는 닦음과 니르바나의 실현

중생의 번뇌와 고통이 공하여 중생이 중생이 아니므로 중생의 삶이 니르바나의 진실한 진리의 땅[實際理地]을 떠나지 않지만, 중생의 고통과 번뇌가 없지 않으므로 고통과 번뇌를 돌이키는 해탈의 행이 아니면 니르바나를 실현할 수 없다.

사제법으로 보면 도제의 행으로 인해 니르바나의 멸제가 이루어지는 것이다. 그러나 끊을바 고통과 번뇌가 원래 공하다면, 번뇌 끊는 도제의 행도 실로 닦음이 없는 것이고, 니르바나의 멸제 또한 얻음이 없는 것이다.

연기법에서 해탈의 구현인 니르바나는 초월자의 품에도, 자아의 깊은 내면에도 어떤 실체적 처소가 없다. 그 뜻을 경론은 '니르바나는 얻음이 아니고 이르러 가는 곳이 아니다'라고 말한다.

비록 '나고 죽음의 이 언덕[此岸]에서 니르바나의 저 언덕[彼岸]에 이르른다'고 말하지만, 떠나야 할 이 언덕의 나고 죽음 속에 실로 나고 죽음이 본래 없는 줄 아는 것이 니르바나이므로 실로 저 언덕에 가서 이르름이 아니다.

또한 중생의 번뇌를 돌이켜 보디를 이룬다고 말하지만, 중생의 실상을 바로 보면[觀衆生實相] 중생의 진실이 보디이므로 중생 밖에 얻어야 할 보디가 없다.

분명 연기된 중생의 고통과 번뇌가 없지 않기 때문에 중생은 고통이 다한 해탈을 말하고 니르바나의 고요한 즐거움을 구하는 것이니, 중생의 고통을 돌이키는 치열한 실천이 없이는 니르바나가 구현되지 못한다.

그러나 끊을 번뇌를 두고 얻을 니르바나가 있는 실천, 함이 있고 구함이 있는 실천은 연기론적 해탈의 실천이 되지 못하고 니르바나의 문을 열지 못한다.

오직 연기이므로 공한 삶의 진실에 서서, 끊되 실로 끊음 없고 닦되 닦음 없는 실천의 길로만 니르바나의 땅에 드는 해탈의 문을 열 수 있다.

번뇌 끊고서 해탈 구하는 것은 구함의 행이고 지음 있는 지음이라 해탈의 문에 이르지 못한다.

오직 모습에 모습 떠나고 온갖 지음에서 지음 떠나는 공함의 사마디[空三昧, śūnyatā-samādhi]와 모습 없음의 사마디[無相三昧, animitta-samādhi], 지음 없음의 사마디[無作三昧, akarmaka-samādhi]만이 니르바나에 이르는 해탈의 문이 되니,『법계차제초문』은 '세 가지 해탈문'[三解脫門, trīṇi vimokṣa-mukhāni]을 다음과 같이 말한다.

서른일곱 실천법[三十七道品] 다음에 세 가지 해탈문을 밝히는 것은 다음과 같다.『대지도론』은 이렇게 말한다.

"이 서른일곱 실천법은 니르바나의 길에 나아가는 실천이다. 이 도로써 니르바나에 이르게 되면 니르바나의 성에는 세 가지 문이 있으니, 공(空)과 모습 없음[無相]과 지음 없음[無作]이다. 이미 도를 설했으므로 다음에 반드시 이르는 곳의 문을 말하는 것이다.

이 세 가지를 통틀어 모두 '해탈문'이라고 한 것은 다음과 같다.

해탈은 곧 니르바나의 문이니 이 세 법을 통할 수 있고 함께 행할 수 있는 자가 니르바나에 들 수 있으므로 해탈문이라 한다.

또한 '세 가지 사마디'[三三昧]라고도 하니 사마디의 뜻은 앞에 이미 말한 것과 같다. 다만 '사마디'는 선정의 바탕으로 이름을 얻은 것이고, '해탈'은 통할 수 있는 작용으로 이름을 받은 것이다. 그러나 이것은 서로 다른 법이 아니니, 어떤 법사는 다음과 같이 풀이한다.

'인행의 때에는 〈사마디〉라고 이름하고, 과덕을 증득하면 〈해탈〉이라고 한다.'

이렇게 말하는 것은 인행의 측면에서 '몸 살핌을 닦는 여덟 가지 버리고 나감의 선정'[八背捨]이라 말하고, 과덕의 측면에서

'여덟 가지 해탈'[八解脫]이라 하는 경우와 같다.

세 가지 해탈문의 첫째는 공의 해탈문[空解脫門]이니, 어떤 것을 공의 해탈문이라 하는가? 모든 법에 나와 내 것이 없음을 살피므로 공한 것이다.

왜 그런가? 모든 법은 인연으로 어울려 나서 (법을) 지은 자도 없고 받은 자도 없으니, 이와 같이 통달할 수 있으면 공의 해탈문이라 한다.

이 공의 해탈문은 두 가지 행을 말미암으니, 공함의 행[空行]과 나 없음의 행[無我行]을 말한다.

둘째는 모습 없음의 해탈문[無相解脫門]이니, 무엇을 모습 없음의 해탈문이라 하는가? 남녀의 모습이나 같거나 다른 모습 등을 살피면 이런 모습 가운데 실체를 구해 얻을 수 없으므로 모습 없음이다.

왜 그런가? 모든 법에 나와 내 것이 없으므로 공하고, 공하므로 남자라는 실체도 여자라는 실체도 없으며, 같은 모습[一相]도 다른 모습[異相]도 없기 때문이다.

같고 다른 법들이란 다만 나와 나의 것 가운데 붙여진 이름이 다를 뿐이다. 이 때문에 남자와 여인, 같음과 다름의 모습은 실로 얻을 수 없다. 이와 같이 통달할 수 있으면 이것이 모습 없음의 해탈문이다. 이 해탈은 네 가지 행을 말미암으니 다함[盡]의 행, 사라짐[滅]의 행, 묘함[妙]의 행, 벗어남[出]의 행을 말한다.

셋째는 지음 없음의 해탈문[無作解脫門]이니, 무엇을 지음 없음의 해탈문이라 하는가? 만약 온갖 법이 모습 없다고 알면 도무지 짓는 바가 없으니, 이것을 지음 없음이라 한다.

왜 그런가? 만약 법에 얻을 바가 있으면 삼계(三界) 가운데 바라고 구함이 있는 것이니, 이 때문에 삼계의 업을 짓는 것이다.

지금 온갖 모습[一切相]은 다 얻을 수 없으므로 곧 삼계에 바라고 구함이 없어 온갖 삼계의 나고 죽음을 짓지 않는다.

업이 없으므로 과보가 없으니, 이것이 지음 없음의 해탈문이다.

이 지음 없음의 해탈문은 열 가지 행을 말미암으니, 덧없음[無常]의 행·괴로움[苦]의 행·괴로움 모아냄[集]의 행·원인[因]의 행·조건[緣]의 행·나는[生] 행·도(道)의 행·바른[正] 행·번뇌 끊는 자취[跡]의 행·도의 수레 타는[乘] 행이다.

중생의 다섯 쌓임이 본래 공하므로 중생은 이미 니르바나의 땅에 있지만, 모습을 모습이라 집착하면 해탈의 문이 닫히어 니르바나의 성에 들어가지 못한다.

그러므로 여래는 공함과 모습 없음과 지음 없음의 세 가지 해탈의 문을 가르치신다.

니르바나가 세간법의 진실이고 다섯 쌓임의 공한 실상이며, 중생의 무명은 본래 있되 공하다. 그러나 지금 불꽃처럼 타오르는 중생의 번뇌와 무명이 없지 않으므로 번뇌와 고통의 삶을 돌이키는 치열한 실천이 아니면 니르바나의 공덕이 이루어질 수 없다.

니르바나는 인연의 닫혀진 모습이 아니지만 인연 아님도 아니니, 갖가지 실천법의 인연이 아니면 니르바나의 공덕을 쓸 수 없다.

그러나 세간 인연의 모습이 공하여 실로 버리고 얻음이 없음을 니르바나라 이름하였으므로, 닦음 있는 닦음, 구함이 있는 지혜는 니르바나의 공덕을 내는 진리의 뿌리가 될 수 없다.

『법계차제초문』은 니르바나의 성 그 문을 여는 세 가지 해탈의 문을 말하고서, 니르바나의 공덕을 일으키는 세 가지 닦음 없이 닦는 실천의 뿌리, 곧 '세 가지 샘이 없는 진리의 뿌리'[三無漏根, trīny anāsravendriyāṇi]를 다음과 같이 말한다.

> 세 가지 해탈의 문 다음에 '세 가지 샘이 없는 진리의 뿌리'를 말하는 것은 다음과 같다.
>
> 해탈은 니르바나의 문이니, 만약 세 가지 해탈을 잘 닦으면 반드시 참된 샘이 없는 지혜를 일으켜 남음 있는 니르바나[有餘涅槃]을 얻게 된다.
>
> 남음 있는 니르바나를 얻으면 스스로 세 가지 도의 같지 않음[三道不同]이 있으니, 도를 봄[見道]·도를 닦음[修道]·도 배울 것 없음[無學道]이다.
>
> 이 세 가지 도를 증득할 때 반드시 '세 가지 샘이 없는 진리의 뿌리'을 일으키므로 세 가지 해탈의 문 다음에 밝혔다.
>
> 통틀어 모두 '뿌리'라 한 것은, 뿌리는 굳게 머물러 낼 수 있다는 뜻이니, 이 세 법을 얻으면 굳게 머물러 서서 물러섬이 없이 '참된 지혜의 비춤'[眞智照]을 내므로 뿌리라 이름한다.
>
> '세 가지 샘이 없는 진리의 뿌리' 가운데 첫째는 '알지 못한 것을 알려고 하는 진리의 뿌리'[未知欲知根]이다.
>
> 이는 샘이 없는 아홉 진리의 뿌리가 화합한 것으로, 믿음을 행하는 사람[信行人]과 법을 행하는 사람[法行人]이 '도를 보아 견

해의 미혹[見惑]을 끊는 수행[見諦道]' 가운데서 행하는 것을 '알지 못한 것을 알려고 하는 진리의 뿌리'라 한다.

아홉 진리의 뿌리라고 함은 믿음의 뿌리·정진의 뿌리·생각의 뿌리·선정의 뿌리·지혜의 뿌리·기쁨의 뿌리·즐거움의 뿌리·버림의 뿌리·바른 뜻의 뿌리이다.

둘째는 알고서 행하는 진리의 뿌리이니, 바른 믿음과 바른 견해로 도를 보아 얻은 사람[見得人]이 '감성적 미혹[思惑]을 끊는 수행[思惟道]' 가운데서 이 아홉 진리의 뿌리를 자재히 굴리는 것을 '알고서 행하는 진리의 뿌리'라 한다.

아홉 진리의 뿌리는 '알지 못한 것을 알고자 하는 진리의 뿌리'에서 분별한 것과 같다.

셋째는 이미 아는 진리의 뿌리[知已根]이니, 만약 도 배울 것 없음[無學道] 가운데 이르러 이 아홉 진리의 뿌리를 온전히 굴리면 '이미 아는 진리의 뿌리'[知已根]라 한다.

아홉 가지 뿌리는 또한 '알지 못한 것을 알고자 하는 진리의 뿌리' 가운데서 분별한 것과 같다.

위 '세 가지 해탈문'과 '세 가지 샘이 없는 진리의 뿌리'의 뜻으로 보면 서른일곱 실천법의 실천행에 실로 닦음이 있어도 니르바나에 이르는 해탈의 문이 될 수 없고, 닦음이 없어도 해탈의 문이 될 수 없다.

오직 해탈의 방편에 정진하여 그 닦음이 닦음 없는 닦음이 될 때 갖가지 실천법이 니르바나에 이르는 해탈의 문이 되고, 보디의 법을 내는 진리의 뿌리가 되는 것이다.

이를 다시 객관의 진리[理]와 주체의 지혜[智]와 행(行)의 문제로 돌려 생각해보자.

법성에서 일어난 지혜가 실상을 바로 비추어 지혜가 실상인 지혜가 되면, 거기에는 지혜와 지혜로 얻을 것이 없으므로[無智無得] 실상인 지혜가 비추되 비춤 없는 작용·해탈의 행이 되는 것이다.

비추는바 존재의 모습이 있음도 아니고 없음도 아님을 바로 알아, 주체의 견해와 온갖 지음이 사유 아닌 사유가 되고 지음 없는 지음이 되는 때가 여덟 가지 바른 길[八正道]의 바른 사유·바른 행이다.

또 바른 사유일 때 다시 모습에 모습 없음을 통달하여 해탈의 문이 열리는 것이다.

이렇게 보더라도 구할 바 니르바나가 있는 서른일곱 실천법은 해탈의 문이 되지 못한다. 오직 니르바나의 땅에서 일어난 닦음 없는 닦음의 실천행만이 그 실천법 자체가 니르바나의 문을 여는 지혜의 뿌리가 되고, 다시 그 행이 니르바나의 작용이 되고 해탈의 활동이 되는 것이다.

실천이 아니면 니르바나에 이르지 못하지만, 실천의 철저한 자기 지양이 없으면 니르바나인 해탈행이 현전할 수 없다.

그 뜻을 '닦음에 닦음 없으면 온전한 닦음이 성품이 되고[全修卽性], 닦음 없이 닦으면 온전한 성품이 닦음을 일으키는 것[全性起修]이다'라고 말하니, 천태선사가 『법화현의』(法華玄義)에서 밝힌 '니르바나의 성품과 해탈을 위한 닦음의 행이 둘이 아닌 뜻'[性修不二]을 깊이 사유해야 할 것이다.

이처럼 본래 니르바나되어 있는 해탈의 땅에서 닦되 닦음 없이 닦아 니르바나의 문을 다시 여는 지음 없는 실천의 길을 『화엄경』은 어떻게 말하고 있는가. 「십행품」(十行品)은 닦되 닦음 없는 보디사트바의 행을 다음과 같이 보인다.

법계에 있는 것 다 밝게 깨달아
으뜸가는 뜻에서 가장 청정해져서
길이 성냄 교만 어리석음 깨뜨리니
저 공덕 있는 이가 이 도를 행하네.

法界所有皆明了 於第一義最淸淨
永破瞋慢及愚癡 彼功德者行斯道

모든 중생에 대해 잘 분별하면
다 법계의 진실한 성품에 들어가네.
스스로 깨달아 남을 말미암지 않으니
저 허공과 평등한 이가 이 도를 행하네.

於諸衆生善分別 悉入法界眞實性
自然覺悟不由他 彼等空者行斯道

제1장

삶의 실상 자체인 니르바나
[本覺]

브라마나가 다시 여쭈었다.
"고타마시여, 니르바나는 어디에 의지하여 머뭅니까?"
세존께서 대답하셨다.
"브라마나의 뜻의 하고자 함은 '끝이 없는 일'에
의지하고 있소. 그러므로 그대가 이제 나에게 받는
물음도 끝이 없을 것이오.
그러나 니르바나는 의지하는 곳이 없소.
다만 니르바나는 사라져 다한 곳이니, 니르바나가
가장 높아 으뜸이오. 브라마나여, 이런 뜻이 있으므로
나를 좇아 범행을 행하시오."

· 이끄는 글 ·

무명과 고통, 해탈행과 니르바나의 인과를 밝힌 여래의 사제(四諦) 교설은 곧 중생의 못 깨침[不覺]과 본디 깨침[本覺] 새로 깨침[始覺]이 모두 자기성품 없는 삶의 진실을 보이고 있다.

고제인 중생의 못 깨친 모습은 미혹과 물든 업[惑, 業]으로 인해 일어난 괴로움인 것이니, 중생의 못 깨친 모습이 공함이다.

중생의 못 깨침이 공한 곳에 본디 깨침의 이름을 세웠으니, 본디 깨침도 공하므로 중생의 못 깨친 모습이 연기하는 것이다.

중생의 못 깨친 모습인 괴로움과 괴로움 모아내는 무명의 원인이 공하므로, 도제의 실천을 통해 못 깨친 미망의 삶을 해탈의 삶으로 돌이키고 괴로움이 사라진 니르바나의 새로운 삶을 구현하는 것이다.

그렇지만 니르바나가 세간법의 진실 밖에 따로 없으므로 새로 깨친 니르바나도 공한 것이니, 니르바나는 중생의 세간을 버리고 새로 얻는 신비의 세계가 아니고 세간법을 버리고 이르러 가는 곳이 아니다.

니르바나에도 머물 니르바나의 고요함이 따로 없으므로 니르바나의 해탈을 구현한 아라한, 보디사트바는 니르바나의 고요함에 머묾 없이 중생의 나고 죽음의 현장 안에서, 나되 남이 없고 죽되 죽음 없는 해탈의 삶을 살며 중생을 니르바나의 성에 이끄는 것이다.

아라한, 지극히 참된 이[至眞]는, 중생의 나고 죽음에 머물지 않고 중생의 나고 죽음 밖에 따로 니르바나의 새로운 세계를 구하지 않으니, 그는 세간 속에 세간의 복밭이 되는 자이며 중생[sattva]이되 크나큰 마음의 중생[mahāsattva]으로서 해탈의 삶을 사는 자이다.

이를 화엄의 가르침으로 다시 보자.

제1장 삶의 실상 자체인 니르바나 537

삼세의 온갖 것 온갖 곳이 얻을 바 없음을 살펴 모습에서 모습 떠나면 이것이 니르바나를 따름이다. 그러므로 니르바나에 잘 따르는 이는 머물 공함도 보지 않아 세간과 중생을 위한 빼어난 행에서 물러섬이 없으니, 『화엄경』(「범행품」梵行品)은 이렇게 말한다.

현재의 온갖 곳에 잘 들어가
있는 바 없음 늘 부지런히 살피면
니르바나의 고요한 법을 따라
다툼 없고 의지할 바 없음에 머무네.

能入現在一切處　常勤觀察無所有
隨順涅槃寂滅法　住於無諍無所依

마음이 니르바나의 바탕과 같아
그 무엇과도 같이 견줄 수 없이
오롯이 앞을 향하는 보디사트바
길이 뒤로 물러서 구름이 없이
모든 빼어난 행을 닦아 행하여
닦는 행 물리거나 겁냄 없으니
니르바나에 편히 머무는 보디사트바
흔들려 움직이지 아니하도다.

心如實際無與等　專向菩薩永不退
修諸勝行無退怯　安住菩薩不動搖

1 인연으로 나는 법, 그 적멸한 실상

• 이끄는 글 •

연기법에서는 인연으로 나는 존재의 실상 밖에 그 어떤 신비한 것, 영원하고 무한한 것을 말해도 그 모든 것은 환상의 관념일 뿐이다. 진실이 아닌 것은 그 모두가 언어의 놀음놀이일 뿐이니, 설사 '니르바나보다 더 큰 것, 절대의 것'을 말한다 해도 연기의 진실 밖에는 모두 거짓된 관념일 뿐이다.

온갖 번뇌와 환상이 다한 니르바나도 나고 사라지는 세간법의 실상이 구현된 곳일 뿐 그 어떤 세간법 밖에 초월성으로 주어지지 않는다.

상대로 주어지고 모순으로 주어지는 세간법의 모순이 공한 곳에 그 공함 또한 공해, 세간법의 서로 마주함이 마주함 없는 마주함이 되는 곳에 니르바나의 거짓 이름을 붙인 것이다. 그러므로 니르바나를 상대가 끊어진 법·모습이 없는 법·나고 사라짐이 없는 법이라고 말한다 해도 그것은 나고 사라지는 세간법 너머 초월성을 말하는 것이 아니다.

니르바나의 마쳐 다함은 세간법의 실로 있음이 마쳐 다함이니, 니르바나 안에서 세간법의 있음은 있음 아닌 있음으로 살아나고 세간법의 없음은 없음 아닌 없음으로 살아난다.

세간법도 공하고 니르바나의 고요함도 함께 공한 줄 아는 자가 참으로 세간법의 실상을 알아 니르바나의 고요함을 떠나지 않고 세간법에서 자재와 해탈을 구현할 수 있는 자인 것이다.

세간의 온갖 법이 공해 머물되 머묾 없는 곳이 여래의 머무는 곳이고 니르바나의 처소이니, 『화엄경』(「수미정상게찬품」)은 이렇게 말한다.

> 온갖 법은 머묾 없어서
> 정해진 곳 얻을 수 없어라.
> 모든 붇다는 이곳에 머물러
> 마쳐 다해 움직임 없도다.
>
> 一切法無住 定處不可得
> 諸佛住於此 究竟不動搖

이처럼 여래의 머무는 곳이 존재의 진실이고 니르바나의 처소이니, 존재의 연기적 진실을 등진 헛된 관념과 환상에 사로잡힌 자는 여래를 볼 수 없다.

「수미정상게찬품」은 다시 말한다.

> 범부는 망령되게 살피어서
> 모습 취해 진리와 같지 못하네.
> 붇다께선 온갖 모습 떠났으니

범부가 볼 수 있는 것 아니네.
凡夫妄觀察　取相不如理
佛離一切相　非彼所能見

또 아무리 밝고 깨끗한 해라도
눈 먼 자가 볼 수 없듯이
지혜의 마음이 있지 않다면
끝내 모든 붇다 보지 못하네.
又如明淨日　瞽者莫能見
無有智慧心　終不見諸佛

만약 눈의 가림을 없애어
물질이라는 생각 버려 떠나
모든 법의 모습 보지 않으면
곧 여래를 볼 수 있으리.
若能除眼翳　捨離於色想
不見於諸法　則得見如來

번뇌의 부림 따르지 않으면
모든 수의 세계가 곧 니르바나이니

이와 같이 내가 들었다.

한때 붓다께서는 슈라바스티 국 제타 숲 '외로운 이 돕는 장자의 동산'에 계셨다.

그때 어떤 비구가 붓다께 나와 머리를 대 절하고 물러나 한쪽에 서서 말씀드렸다.

"거룩하십니다, 세존이시여. 이제 저를 위해 간략히 법의 요점을 말씀해주시길 바랍니다. 저는 그 법을 들은 뒤에는 홀로 고요한 곳에 있으면서 방일하지 않은 행을 닦고, 방일하지 않은 행을 닦은 뒤에 다음과 같이 사유하겠습니다.

'잘 행하는 이가 수염과 머리를 깎고 가사를 입고 지극한 믿음으로 집이 없이 도를 배우는 것은 빼어난 범행을 온전히 이루고 현재의 법 가운데 스스로 증득하여 성취해 노니는 것입니다.

그리하여 태어남은 이미 다하고 범행은 이미 서고, 지을 바를 이미 지어 다시는 뒤의 있음을 받지 않는 줄을 아는 데 있습니다.'"

세존께서는 그 비구에게 말씀하셨다.

"잘 말하고 잘 말했다. 비구여, 너는 즐거운 마음으로 이렇게 말하였느냐.

'저를 위해 간략히 법의 요점을 말씀해주시길 바랍니다. 저는 그 법을 들은 뒤에는 홀로 고요한 곳에 있으면서 방일하지 않은 행을 닦고, 방일하지 않은 행을 닦은 뒤에 다음과 같이 사유하겠습니다.

〈잘 행하는 이가 수염과 머리를 깎고 가사를 입고 지극한 믿음으로 집이 없이 도를 배우는 것은 빼어난 범행을 온전히 이루고 현재의 법 가운데 스스로 증득하여 성취해 노니는 것입니다.

그리하여 태어남은 이미 다하고 범행은 이미 서고, 지을 바를 이미 지어 다시는 뒤의 있음을 받지 않는 줄을 아는 데 있습니다.〉'"

"그렇습니다, 세존이시여."

번뇌를 따르면 모든 수 늘리게 됨을 보이심

붇다께서는 말씀하셨다.

"자세히 듣고 잘 사유하라. 너를 위해 말해주겠다.

만약 번뇌의 부림[使]을 따르면 그는 곧 그 부림을 따라 죽을 것이요, 만약 부림을 따라 죽으면 모든 수를 늘리게 될 것이다.

비구여, 만약 번뇌의 부림을 따르지 않으면 그는 번뇌의 부림을 따라 죽지 않을 것이요, 번뇌의 부림을 따라 죽지 않으면 모든 수를 늘리지 않을 것이다."

그 비구가 말씀드렸다.

"세존이시여, 이미 알았습니다. 잘 가신 이여, 이미 알았습니다."

(중략)

붇다께서는 그 비구에게 말씀하셨다.

"너는 어떻게 내가 간략히 법을 말함 가운데서 그 뜻을 널리 알았느냐."

알아들은 뜻을 세존께 말씀드림

그 비구는 말씀드렸다.

"세존이시여, 만약 물질이 번뇌의 부림을 따르면 그는 그 번뇌의 부림을 따라 죽을 것이요, 번뇌의 부림을 따르고 그 번뇌의 부림을 따라 죽으면 그는 곧 모든 수를 더할 것입니다.

이와 같이 느낌·모습 취함·지어감·앎이 번뇌의 부림을 따르면 그는 그 번뇌의 부림을 따라 죽을 것이요, 번뇌의 부림을 따르고 그 번뇌의 부림을 따라 죽으면 그는 곧 모든 수를 더할 것입니다.

세존이시여, 만약 물질이 번뇌의 부림을 따르지 않으면 그는 그 번뇌의 부림을 따라 죽지 않을 것이요, 번뇌의 부림을 따르지 않고 그 번뇌의 부림을 따라 죽지 않으면 그는 모든 수를 더하지 않을 것입니다.

이와 같이 느낌·모습 취함·지어감·앎이 번뇌의 부림을 따르지 않으면 그는 그 번뇌의 부림을 따라 죽지 않을 것이요, 번뇌의 부림을 따르지 않고 그 번뇌의 부림을 따라 죽지 않으면 그는 모든 수를 더하지 않을 것입니다.

이와 같이 세존이시여, 저는 세존께서 간략히 법을 말씀하심 가운데서 이렇게 그 뜻을 널리 알았습니다."

이렇게 하여 그는 아라한이 되고 마음의 해탈을 얻었다.

• 잡아함 16 증제수경(增諸數經)

• **해설** •

존재의 수가 늘고 주는 것은 인연으로 나는 온갖 법의 생겨남과 사라짐이 실로 생겨남이라 집착하고 실로 사라짐이라 집착하기 때문이다.

존재가 공해 있되 있음 아닌 줄 깨달으면 늘되 늘어남이 없고 줄되 줄어 듦이 없으므로 모든 법의 수가 늘지 않는다.

다섯 쌓임의 공적한 집[五蘊空寂舍]이 법계의 집[法界家]이고 니르바나의 땅이니, 세간법의 나고 사라짐 가운데 모습에 대한 헤아림과 공에 대한 집착을 모두 떠나면, 늘어나고 줄어드는 존재의 수에 실로 늘어나고 줄어듦이 없는 것이다.

『화엄경』(「보현행품」普賢行品)은 이렇게 가르친다.

헤아릴 수 있음과 없음
모두다 허망한 생각이네.
모습이 공함 아는 보디사트바
온갖 길을 밝게 깨달으니
헤아릴 수 있음과 없음
두 치우친 법 집착 않도다.

有量及無量　皆悉是妄想
了達一切趣　不著量無量

모든 붇다의 깊고 깊은 법은
넓고 크고 깊어 고요하나니
깊고 깊어 한량없는 지혜만이
깊고 깊은 모든 길을 알리라.

諸佛甚深法　廣大深寂滅
甚深無量智　知甚深諸趣

다섯 쌓임이 움직임 없으면
파피야스의 묶음에서 해탈하리라

이와 같이 내가 들었다.

한때 붇다께서는 슈라바스티 국 제타 숲 '외로운 이 돕는 장자의 동산'에 계셨다.

그때 어떤 비구가 자리에서 일어나 붇다께 절하고 붇다께 말씀드렸다.

"세존이시여, 저를 위하여 간략히 법의 요점을 말씀하여주십시오. 저는 그 법을 들은 뒤에는 홀로 고요한 곳에 있으면서 사유에 오롯이 정진하여 방일하지 않음에 머무르며, 방일하지 않음에 머무른 뒤에는 이렇게 사유하겠습니다.

'잘 행하는 이가 수염과 머리를 깎고 가사를 입고 지극한 믿음으로 집이 없이 도를 배우는 것은 빼어난 범행을 온전히 이루고 현재의 법 가운데 스스로 증득하여 성취해 노님에 있다.

그리하여 태어남은 이미 다하고 범행은 이미 서고, 지을 바를 이미 지어 다시는 뒤의 있음을 받지 않음을 아는 데 있다.'"

그때에 세존께서는 그 비구에게 말씀하셨다.

"잘 말하고 잘 말했다. 너는 이제 이렇게 말하였느냐.

'거룩하십니다. 세존이시여, 저를 위하여 간략히 법의 요점을 말씀하여주십시오. 저는 그 법을 들은 뒤에는 홀로 고요한 곳에 있으면서 사유에 오롯이 정진하여 방일하지 않음에 머무르며, 방일하지 않음에 머무른 뒤에는 이렇게 사유하겠습니다.

〈잘 행하는 이가 수염과 머리를 깎고 가사를 입고 지극한 믿음으로 집이 없이 도를 배우는 것은 빼어난 범행을 온전히 이루고 현재의 법 가운데 스스로 증득하여 성취해 노님에 있다.

그리하여 태어남은 이미 다하고 범행은 이미 서고, 지을 바를 이미 지어 다시는 뒤의 있음을 받지 않음을 아는 데 있다.〉'"

"그렇습니다, 세존이시여."

파피야스의 묶음에서 해탈하는 길을 말씀하시니
비구가 곧바로 알아들음

붇다께서는 그 비구에게 말씀하셨다.

"자세히 듣고 자세히 들어 잘 사유해 생각하라. 너를 위하여 말해주겠다. 비구여, 움직여 흔들릴 때에는 곧 마라에게 묶이고, 만약 움직여 흔들리지 않으면 파피야스에게서 해탈하리라."

그 비구가 붇다께 말씀드렸다.

"이미 알았습니다, 세존이시여. 이미 알았습니다, 잘 가신 이여."

붇다께서 그 비구에게 말씀하셨다.

"너는 어떻게 내가 간략히 법을 말함 가운데서 그 뜻을 널리 알았느냐."

비구가 붇다께 말씀드렸다.

"세존이시여, 물질이 움직여 흔들릴 때에는 곧 마라에게 묶이고, 만약 움직여 흔들리지 않으면 파피야스에게서 해탈할 것입니다.

이와 같이 느낌·모습 취함·지어감·앎이 움직여 흔들릴 때에는 곧 마라에게 묶이고, 만약 움직여 흔들리지 않으면 파피야스에게서 해탈할 것입니다.

이렇게 저는 세존께서 간략히 법을 말씀하심 가운데서 그 뜻을 널리 알았습니다."

붇다께서 비구에게 말씀하셨다.

"잘 말하고 잘 말했다. 너는 내가 간략히 법을 말함 가운데서 그 뜻을 널리 알았다. 왜냐하면 너는 이렇게 말했기 때문이다.

'만약 물질이 움직여 흔들릴 때에는 곧 마라에게 묶이고, 만약 움직여 흔들리지 않으면 파피야스에게서 해탈할 것입니다.

이와 같이 느낌 · 모습 취함 · 지어감 · 앎이 움직여 흔들릴 때에는 곧 마라에게 묶이고, 만약 움직여 흔들리지 않으면 파피야스에게서 해탈할 것입니다.'"

그 비구는 범행을 닦고 나아가 스스로 뒤의 있음을 받지 않는 줄을 알고 마음이 해탈하여 아라한을 이루었다.

• 잡아함 21 동요경(動搖經)

• 해설 •

중생의 번뇌가 번뇌가 아니고 마라가 곧 마라가 아니다. 실로 남[生]이 없는 곳에서 남을 보면 그것을 번뇌라 하고, 본래 막힘없고 걸림 없는 법계[無障礙法界]에서 막힘을 보고 걸림을 보면 그것을 마라라 하고 마라의 밧줄이라 한다.

다섯 쌓임의 모든 법은 인연으로 난 것이라 나되 남이 없다. 그러므로 온갖 법은 흐르되 흐름 없고[流而不流] 움직이되 고요한 것[動而靜]이니, 실로 흐름 없는 데서 흐름을 보고 움직이되 고요한 곳에서 움직여 흔들림을 보면, 그것이 마라를 보는 것이고 마라의 밧줄에 묶임이다.

다섯 쌓임이 흐르되 흐름 없음을 보면 그가 마라의 밧줄에서 벗어나 다함없고 막힘없는 법계에 사는 자이다.

마라의 세계[魔界]가 법계를 떠나지 않으니, 마라의 묶음 마라의 밧줄이 공한 줄 아는 자가 마라의 밧줄에서 벗어나 법계의 땅에서 안락하게 사는 자이다.

중생 번뇌의 땅 마라의 밧줄 안에 여래의 지혜광명이 함께함을 『화엄경』(「여래현상품」)은 이렇게 말한다.

> 온갖 중생의 세계 가운데
> 몸을 나투어 바른 깨침 이루고
> 각각 신통의 변화를 나타내
> 법계에 모두 가득하도다.
>
> 一切世界中　現身成正覺
> 各各起神變　法界悉充滿

> 여래는 널리 몸을 나투어
> 세계에 두루 들어가시어
> 중생의 좋아함을 따라서
> 신통의 힘을 나타내시네.
>
> 如來普現身　遍入於世間
> 隨衆生樂欲　顯示神通力

다섯 쌓임에 애착 다하면
법을 따라 니르바나에 향함이다

이와 같이 내가 들었다.

한때 붇다께서는 슈라바스티 국 제타 숲 '외로운 이 돕는 장자의 동산'에 계셨다.

그때 어떤 비구가 붇다 계신 곳에 와서 붇다의 발에 머리 숙여 절하고 물러나 한쪽에 서서 붇다께 여쭈었다.

"세존께서는 법을 따르고 법에 향하는 것[法次法向]을 말씀하시는데, 어떻게 법을 따르고 법에 향합니까."

붇다께서는 그 비구에게 말씀하셨다.

"잘 묻고 잘 물었다. 너는 지금 법을 따르고 법에 향하는 것을 알고자 하느냐."

비구가 붇다께 말씀드렸다.

"그렇습니다, 세존이시여."

붇다께서 비구에게 말씀하셨다.

"비구여, 자세히 듣고 잘 사유하라. 너를 위해 말해주겠다.

비구여, 물질에 대해서 즐겨하지 않고 탐욕 떠나 사라져 다함에 향하면, 이것을 법을 따르고 법에 향하는 것이라 한다.

이와 같이 느낌·모습 취함·지어감·앎에 대해서 즐겨하지 않고 탐욕 떠나 사라져 다함에 향하면, 이것을 법을 따르고 법에 향하는 것이라 한다."

때에 그 비구는 붓다의 말씀을 듣고 기뻐 뛰면서 절하고 물러갔다.

• 잡아함 27 향법경(向法經)

• 해설 •

다섯 쌓임의 실로 있음을 집착하고 실로 있음에 가리우면 깨달음의 법을 등지고 티끌에 합함[背覺合塵]이고, 다섯 쌓임이 실로 있음이 아니므로 즐거하지 않고 실로 없음이 아니므로 다섯 쌓임을 버리지 않으면 티끌을 등지고 법에 향하고 보디에 향함[背塵合覺]이다.

다섯 쌓임의 실로 있음을 떠나고 실로 없음을 떠남은 아는 마음의 빛과 경계를 함께 없애되[光境俱亡] 마음과 경계를 함께 살리는 것[光境俱現]이니, 마음과 경계를 함께 막고 함께 비추는 자[心境同時 雙遮雙照], 그가 법에 향하고 법을 따르는 자이다.

마음과 경계가 모두 공한 줄 알면 지혜와 경계 함께 버릴 것 없는 이 자리가 니르바나의 땅인데, 그 누가 고향 찾는 두견새의 울음을 말하는가.

옛 조사[佛眼遠]는 말한다.

푸른 산이 한없이 좋고 좋은데
아직 고향 찾는 두견새 울음 말하는가.

靑山無限好 猶道不如歸

일곱 곳의 좋음과 세 가지 뜻
살필 줄 알아야 니르바나이니

이와 같이 내가 들었다.

한때 붇다께서는 슈라바스티 국 제타 숲 '외로운 이 돕는 장자의 동산에 계셨다.

그때 세존께서는 비구들에게 말씀하셨다.

"일곱 곳의 좋음[七處善]과 세 가지 뜻 살핌[觀義]이 있다.

만약 이 법을 다하면 번뇌 흐름 다하여 샘이 없음[無漏]을 얻어 마음이 해탈하고 지혜가 해탈하여, 현재법에서 스스로 알고 몸으로 증득하여 갖추어 머무를 것이다.

그래서 '태어남은 이미 다하고 범행은 이미 서고, 지을 바를 지어 다시는 뒤의 있음 받지 않을 줄'을 스스로 알게 된다."

일곱 곳의 좋음을 보이심

"비구들이여, 어떤 것이 일곱 곳의 좋음인가.

비구들이여, 진실 그대로 물질[色]을 알고, 물질의 모아냄[色集]·물질의 사라짐[色滅]·물질을 없애는 길[色滅道跡]·물질의 맛들임[色味]·물질의 걱정거리[色患]·물질을 떠남[色離]을 진실 그대로 아는 것이다. 이와 같이 느낌·모습 취함·지어감·앎과 앎 등의 모아냄, 앎 등의 사라짐, 앎 등의 없애는 길, 앎 등의 맛들임, 앎 등의 걱정거리, 앎 등의 떠남을 진실 그대로 아는 것이다."

물질에서 일곱 곳의 좋음을 보이심

"어떻게 물질[色, rūpa]을 진실 그대로 아는가. 모든 있는바 물질은 온갖 것이 네 가지 큰 요소[四大]와 네 가지 큰 요소로 된 물질로서 이것을 물질이라 하니, 이와 같이 물질을 진실 그대로 안다.

어떻게 물질의 모아냄을 진실 그대로 아는가. 애착과 기뻐함으로서, 이것을 물질의 모아냄이라 하니, 이와 같이 물질의 모아냄을 진실 그대로 안다.

어떻게 물질의 사라짐을 진실 그대로 아는가. 애착과 기뻐함이 사라지는 것으로서, 이것을 물질의 사라짐이라 하니, 이와 같이 물질의 사라짐을 진실 그대로 안다.

어떻게 물질을 없애는 길을 진실 그대로 아는가. 여덟 가지 거룩한 길[八聖道]로서, 바른 견해·바른 뜻·바른 말·바른 행위·바른 생활·바른 방편·바른 생각·바른 선정이다. 이것을 물질을 없애는 길이라 하니, 이와 같이 물질을 없애는 길을 진실 그대로 안다.

어떻게 물질의 맛들임을 진실 그대로 아는가. 곧 물질의 인연으로 기뻐함과 즐거워함을 내는 것으로서, 이것을 물질의 맛들임이라 하니, 이와 같이 물질의 맛들임을 진실 그대로 안다.

어떻게 물질의 걱정거리를 진실 그대로 아는가. 만약 물질이 덧없고 괴로우며 변하고 바뀌는 법이라면 이것을 물질의 걱정거리라 하니, 이와 같이 물질의 걱정거리를 진실 그대로 안다.

어떻게 물질 떠남을 진실 그대로 아는가. 곧 물질에 대해서 탐욕을 항복하고 탐욕을 끊으며 탐욕을 뛰어나면 이것을 물질을 떠남이라 하니, 이와 같이 물질 떠남을 진실 그대로 안다."

느낌에서 일곱 곳의 좋음을 보이심

"어떻게 느낌을 진실 그대로 아는가. 여섯 가지 느낌[六受, ṣaḍ-vedanā]으로 눈의 닿음이 느낌을 내고 귀·코·혀·몸·뜻의 닿음[觸, sparśa]이 느낌을 내는 것이다. 이것을 느낌이라 하니, 이와 같이 느낌을 진실 그대로 안다.

어떻게 느낌의 모아냄을 진실 그대로 아는가. 닿음의 모임이 곧 느낌의 모아냄이니, 이와 같이 느낌의 모아냄을 진실 그대로 안다.

어떻게 느낌의 사라짐을 진실 그대로 아는가. 닿음의 사라짐이 곧 느낌의 사라짐이니, 이와 같이 느낌의 사라짐을 진실 그대로 안다.

어떻게 느낌 없애는 길을 진실 그대로 아는가. 여덟 가지 거룩한 길로서 바른 견해와 나아가 바른 선정이다.

이것을 느낌 없애는 길이라 하니, 이와 같이 느낌 없애는 길을 진실 그대로 안다.

어떻게 느낌의 맛들임을 진실 그대로 아는가. 느낌의 인연으로 기뻐함과 즐거워함 내는 것으로서 이것을 느낌의 맛들임이라 하니, 이와 같이 느낌의 맛들임을 진실 그대로 안다.

어떻게 느낌의 걱정거리를 진실 그대로 아는가. 만약 느낌이 덧없고 괴로우며 변하고 바뀌는 법이라면 이것을 느낌의 걱정거리라 하니, 이와 같이 느낌의 걱정거리를 진실 그대로 안다.

어떻게 느낌 떠남을 진실 그대로 아는가. 만약 느낌에 대해서 탐욕을 항복받고 탐욕을 끊으며 탐욕을 뛰어나면 이것을 느낌 떠남이라 하니, 이와 같이 느낌 떠남을 진실 그대로 안다."

모습 취함에서 일곱 곳의 좋음을 보이심

"어떻게 모습 취함을 진실 그대로 아는가. 여섯 가지 모습 취함[六想, ṣaḍ-saṃjñā]으로 눈의 닿음이 모습 취함을 내고, 귀·코·혀·몸·뜻의 닿음이 모습 취함을 내는 것이다. 이것을 모습 취함이라 하니, 이와 같이 모습 취함을 진실 그대로 안다.

어떻게 모습 취함의 모아냄을 진실 그대로 아는가. 닿음의 모임이 곧 모습 취함의 모아냄이니, 이와 같이 모습 취함의 모아냄을 진실 그대로 안다.

어떻게 모습 취함의 사라짐을 진실 그대로 아는가. 닿음의 사라짐이 곧 모습 취함의 사라짐이니, 이와 같이 모습 취함의 사라짐을 진실 그대로 안다.

어떻게 모습 취함 없애는 길을 진실 그대로 아는가. 여덟 가지 거룩한 길인 바른 견해와 나아가 바른 선정으로서 이것을 모습 취함 없애는 길이라 하니, 이와 같이 모습 취함 없애는 길을 진실 그대로 안다.

어떻게 모습 취함의 맛들임을 진실 그대로 아는가. 모습 취함의 인연으로 기뻐함과 즐거워함 내는 것으로서 이것을 모습 취함의 맛들임이라 하니, 이와 같이 모습 취함의 맛들임을 진실 그대로 안다.

어떻게 모습 취함의 걱정거리를 진실 그대로 아는가. 만약 모습 취함이 덧없고 괴로우며 변하고 바뀌는 법이라면 이것을 모습 취함의 걱정거리라 하니, 이와 같이 모습 취함의 걱정거리를 진실 그대로 안다.

어떻게 모습 취함 떠남을 진실 그대로 아는가. 만약 모습 취함에 대해서 탐욕을 항복받고 탐욕을 끊으며 탐욕을 뛰어나면 이것을 모습 취함 떠남이라 하니, 이와 같이 모습 취함 떠남을 진실 그대로 안다."

지어감에서 일곱 곳의 좋음을 보이심

"어떻게 지어감[行, saṃskāra]을 진실 그대로 아는가. 여섯 가지 하고자 함의 몸[六思身, ṣaḍ-cetanā-kāya]으로 눈의 닿음이 하고자 함을 내고, 귀·코·혀·몸·뜻의 닿음이 하고자 함을 내는 것이다. 이것을 지어감이라 하니, 이와 같이 지어감을 진실 그대로 안다.

어떻게 지어감의 모아냄을 진실 그대로 아는가. 닿음의 모임이 곧 지어감의 모아냄이니, 이와 같이 지어감의 모아냄을 진실 그대로 안다.

어떻게 지어감의 사라짐을 진실 그대로 아는가. 닿음의 사라짐이 곧 지어감의 사라짐이니, 이와 같이 지어감의 사라짐을 진실 그대로 안다.

어떻게 지어감 없애는 길을 진실 그대로 아는가. 여덟 가지 거룩한 길로서 바른 견해와 나아가 바른 선정이다.

이것을 지어감 없애는 길이라 하니, 이와 같이 지어감을 없애는 길을 진실 그대로 안다.

어떻게 지어감의 맛들임을 진실 그대로 아는가. 지어감의 인연으로 기뻐함과 즐거워함 내는 것으로서 이것을 지어감의 맛들임이라 하니, 이와 같이 지어감의 맛들임을 진실 그대로 안다.

어떻게 지어감의 걱정거리를 진실 그대로 아는가. 만약 지어감이 덧없고 괴로우며 변하고 바뀌는 법이라면 이것을 지어감의 걱정거리라 하니, 이와 같이 지어감의 걱정거리를 진실 그대로 안다.

어떻게 지어감 떠남을 진실 그대로 아는가. 만약 지어감에 대해서 탐욕을 항복받고 탐욕을 끊으며 탐욕을 뛰어나면 이것을 지어감 떠남이라 하니, 이와 같이 지어감 떠남을 진실 그대로 안다."

앎에서 일곱 곳의 좋음을 보이심

"어떻게 앎[識, vijñāna]을 진실 그대로 아는가. 여섯 가지 앎의 몸[六識身, ṣaḍ-vijñāna-kāya]으로 눈의 앎과 귀·코·혀·몸·뜻의 앎의 몸이다. 이것을 앎이라 하니, 이와 같이 앎을 진실 그대로 안다.

어떻게 앎의 모아냄을 진실 그대로 아는가. 마음과 물질[名色, nāma-rūpa]의 모임이 곧 앎의 모아냄이니, 이와 같이 앎의 모아냄을 진실 그대로 안다.

어떻게 앎의 사라짐을 진실 그대로 아는가. 마음과 물질의 사라짐이 곧 앎의 사라짐이니, 이와 같이 앎의 사라짐을 진실 그대로 안다.

어떻게 앎 없애는 길을 진실 그대로 아는가. 여덟 가지 거룩한 길로서 바른 견해와 나아가 바른 선정이다.

이것을 앎 없애는 길이라 하니, 이와 같이 앎 없애는 길을 진실 그대로 안다.

어떻게 앎의 맛들임을 진실 그대로 아는가. 앎의 인연으로 기뻐함과 즐거워함 내는 것으로서 이것을 앎의 맛들임이라 하니, 이와 같이 앎의 맛들임을 진실 그대로 안다.

어떻게 앎의 걱정거리를 진실 그대로 아는가. 만약 앎이 덧없고 괴로우며 변하고 바뀌는 법이라면 이것을 앎의 걱정거리라 하니, 이와 같이 앎의 걱정거리를 진실 그대로 안다.

어떻게 앎 떠남을 진실 그대로 아는가. 만약 앎에 대해서 탐욕을 항복하고 탐욕을 끊으며 탐욕을 뛰어나면 이것을 앎 떠남을 진실 그대로 아는 것이라 한다.

비구들이여, 이것을 일곱 곳의 좋음이라 한다."

세 가지 뜻 살핌을 보이심

"어떤 것이 세 가지 뜻 살핌인가.

비구가 만약 비어 한가한 곳[空閑]이나 나무 밑 한데에서 '쌓임' [蘊, skandha]과 '법의 영역'[界, dhātu]과 '들이는 곳'[入, āyatana]을 살피고 바른 방편으로 그 뜻을 사유하면, 이것을 비구가 세 가지 뜻 살핌이라 한다."

일곱 곳의 좋음과 세 가지 뜻 살핌에 의지하면
해탈의 도 이룸을 보이심

"비구들이여, 이것을 비구의 일곱 곳의 좋음, 세 가지 뜻 살핌이라 한다. 만약 이 법을 다하여 번뇌의 흐름이 다해 샘 없음을 얻으면, 마음이 해탈하고 지혜가 해탈하여 현재법에서 스스로 알고 몸으로 증득하여 갖추어 머무를 것이다.

그래서 '태어남은 이미 다하고 범행은 이미 서고, 지을 바를 이미 지어 다시는 뒤의 있음을 받지 않을 줄'을 스스로 알게 될 것이다."

붇다께서 이 경을 말씀하시자 여러 비구들은 붇다의 말씀을 듣고 기뻐하며 받들어 행하였다.

• 잡아함 42 칠처경(七處經)

• **해설** •

일곱 곳의 좋음이란 다섯 쌓임의 일곱 곳에 번뇌가 나고 번뇌가 사라짐을 진실대로 살핌을 나타내고, 세 가지 뜻은 다섯 쌓임과 열두 들임, 열여덟 법의 영역의 연기의 뜻[緣起義]을 말한다.

일곱 곳은 다섯 쌓임의 영역이 나는 곳, 다섯 쌓임의 있음을 있음으로 모아내는 곳[集], 그 집착의 사라짐[滅], 그 집착을 없애는 길[道], 다섯 쌓임에 맞들여 즐김[味], 다섯 쌓임이 집착으로 걱정거리가 됨[患], 다섯 쌓임에 집착 떠남[離]이다.

왜 일곱 곳이 좋은 곳이 되는가. 일곱 곳의 모든 법이 스스로 있지 않고 다른 조건을 통해서 있어지는 법이라, 그 법은 있되 공하고 나되 남이 없어서 일곱 곳이 고요한 곳이고 일곱 곳이 남이 없는 곳이다.

그러므로 일곱 곳의 법들이 나되 남이 없음을 밝게 살펴보면 존재를 모아내고 집착을 늘리는 번뇌에도 끊을 것이 없고 걱정거리가 걱정거리가 아니며, 장애가 곧 해탈의 경계가 되기 때문이다.

다섯 쌓임의 일곱 곳이 모두 공해 있되 있음 아님을 알고, 이와 같은 연기의 뜻[緣起義] 공의 뜻[空義]을 다섯 쌓임·열두 들임·열여덟 법의 영역에서 살피면, 온갖 번뇌의 흐름이 다해 마음이 해탈하고 지혜가 해탈하여 나고 사라짐 속에서 나지 않고 사라지지 않음이 현전하여 다시 존재의 실체성에 떨어지지 않고 존재의 감옥에 갇히지 않는 것이다.

우주의 만 가지 존재 그 어느 하나라도 덧없음의 불이 태우지 않는 것은 그 무엇이며, 나고 사라져 흘러가지 않는 것은 그 어떤 것인가.

나고 사라짐 가운데서 남이 없음[無生]을 깨닫고 흐름 가운데 흐르지 않음[不流]을 바로 깨닫지 못하면 나고 사라짐의 강물을 건널 수 없고, 덧없음의 바람을 멈추고 저 활활 타오르는 지옥불의 불길을 끌 수 없다.

마라의 궁 안에 여래 해탈의 빛이 이미 함께하고 있으므로 크신 스승의 가르침 따라 존재의 강물 속에서 세 가지 영역이 있되 공한 법의 뜻을 잘 살피면, 활활 타는 불속에 해탈의 길이 있으니,『화엄경』(「입법계품」)은 말한다.

비유하면 마치 세간의 해가
지혜의 밝은 빛 널리 놓아

모든 티끌의 때 멀리 여의고
온갖 장애를 없애버리듯
세 존재의 곳 널리 깨끗이 해
길이 나고 죽음의 흐름 끊으면
보디사트바의 도를 이루고
위없는 보디 내게 되리라.

譬如世間日　普放慧光明
遠離諸塵垢　滅除一切障
普淨三有處　永絶生死流
成就菩薩道　出生無上覺

옛 조사[竹庵珪]는 또한 이렇게 말한다.

숲에 들어가도 풀을 움직이지 않고
물에 들어가도 물결 움직이지 않네.
펄펄 끓는 가마솥에 찬 곳 없으니
눈을 감고 황하의 물 뛰어넘으라.

入林不動草　入水不動波
鑊湯無冷處　合眼跳黃河

마음이 나면 막힘없는 다섯 쌓임에서
얽매어 집착이 나니

이와 같이 내가 들었다.

한때 붇다께서는 슈라바스티 국 제타 숲 '외로운 이 돕는 장자의 동산'에 계셨다.

그때 세존께서는 비구들에게 말씀하셨다.

"만약 물든 마음이 나면 얽매어 집착하고, 물든 마음이 나지 않으면 얽매어 집착하지 않나니, 자세히 듣고 잘 사유하라. 너희들을 위해 말해주겠다.

어떻게 물든 마음이 나면 얽매어 집착하는가.

어리석고 들음 없는 범부들[愚癡無聞凡夫]은 물질의 모임·물질의 사라짐·물질의 맛들임·물질의 걱정거리·물질 떠남을 진실 그대로 알지 못하기 때문에 물질에 대해서 사랑하고 기뻐하며 찬탄하고 집착한다.

그리하여 물질에 대해서 '이것은 〈나〉요, 이것은 〈내 것〉이다'라고 생각하여 그것을 취한다.

그것을 취한 뒤에는 그 물질이 만약 변하거나 달라지면 마음도 따라 변하고 달라진다.

마음이 물질을 따라 변하고 달라지기 때문에 거두어 받으려는 마음에 머무르며, 거두어 받으려는 마음에 머무르기 때문에 곧 두려움과 장애와 돌아보는 생각[顧念]이 생기니, 이것은 물든 마음이 나서 얽매이고 집착하기 때문이다.

느낌·모습 취함·지어감·앎 또한 이와 같으니, 이것을 마음이 나면 얽매이고 집착하는 것이라 한다."

마음이 나지 않으면 집착할 것 없음을 보이심

"어떻게 마음이 나지 않으면 얽매이고 집착하지 않는가.

많이 들은 거룩한 제자들[多聞聖弟子]은 물질의 모임·물질의 사라짐·물질의 맛들임·물질의 걱정거리·물질 떠남을 진실 그대로 안다.

그것을 진실 그대로 알기 때문에 물질에 대해서 사랑하고 기뻐하거나 찬탄하거나 집착하지 않으며 나와 내 것에 얽매어 취하지 않는다.

취하지 않기 때문에 그 물질이 변하거나 달라지더라도 마음이 따라 변하거나 달라지지 않으며, 마음이 따라 변하거나 달라지지 않기 때문에 마음이 얽매이고 집착해 거두어 받으려는 마음에 머무르지 않으며, 거두어 받으려는 마음에 머무르지 않기 때문에 두려움과 장애와 돌아보는 생각이 생기지 않는다. 이것은 마음이 나지 않아 집착하지 않기 때문이다.

느낌·모습 취함·지어감·앎 또한 이와 같으니, 이것을 마음이 나지 않으면 집착하지 않는 것이라 한다."

붇다께서 이 경을 말씀하시자 여러 비구들은 붇다의 말씀을 듣고 기뻐하며 받들어 행하였다.

• 잡아함 44 계착경(繫著經)

• 해설 •

다섯 쌓임은 있되 있음 아닌 모습인데, 그 가운데 있음을 취하는 마음이 나면 알되 앎 없는 마음은 앎 있는 마음이 되고, 알려지는 경계의 모습 없는 모습도 닫힌 모습이 된다.

마음에 마음이 없고 경계에 경계 없으면 보되 본 것을 취해 거두어 받지 않고, 거두어 받지 않고 붙들어 매지 않으므로 두려움이 없고 걸림이 없다.

아는 자와 알려지는 것의 실체를 둠으로써 보고 듣고 느껴 앎[見聞覺知] 가운데 다툼 없는 사마디를 얻지 못하고, 낮과 밤이 엇바뀌어 굴러감 가운데 자고 깸의 두 가에서 한결같음을 얻지 못해[寤寐兩邊得一如] 늘 고요하고 늘 밝은[常寂常照] 사마디를 이루지 못하는 것이다.

아는 마음과 알려지는 세계, 눈에 보이는 온갖 사물이 다 허깨비 같은 줄 밝게 깨달으면 세간법의 흐름과 온갖 뒤바뀌어 굴러감 속에서 움직이지 않게 되는 것이니, 『화엄경』(「십인품」)은 말한다.

세간의 갖가지 모든 법들은
그 온갖 것이 다 허깨비 같으니
이와 같이 알 수 있으면
그 마음이 움직이지 않으리.

世間種種法 一切皆如幻
若能如是知 其心無所動

다섯 쌓임에 맛들여 즐기지 않으면
다섯 쌓임이 해탈의 땅이니

이와 같이 내가 들었다.

한때 붇다께서는 슈라바스티 국 제타 숲 '외로운 이 돕는 장자의 동산'에 계셨다.

그때에 세존께서는 존자 아난다에게 말씀하셨다.

"만약 여러 집을 나온 바깥길 배움 다른 이들이 너에게 와서 이렇게 묻는다 하자.

'아난다여, 세존께서는 무슨 까닭으로 사람들에게 여러 범행을 닦게 하시는가.'

이렇게 물으면 너는 어떻게 대답하겠느냐."

아난다가 붇다께 말씀드렸다.

"세존이시여, 만약 집을 나온 바깥길 배움 다른 이들이 제게 와서 '아난다여, 세존께서는 무슨 까닭으로 사람들에게 여러 범행을 닦게 하시는가'라고 묻는다면, 저는 이렇게 대답하겠습니다.

'물질에 대해 즐겨하지 않는 마음[厭]을 닦아 탐욕 떠나 사라져 다하면, 다시 나지 않기 때문에 세존께서는 사람들에게 여러 범행을 닦게 하시는 것이요.

느낌·모습 취함·지어감·앎에 대해서 즐겨하지 않는 마음을 닦아 탐욕 떠나 사라져 다하면, 다시 나지 않기 때문에 세존께서는 사람들에게 여러 범행을 닦게 하시는 것입니다.'

세존이시여, 만약 집을 나온 바깥길 배움 다른 이가 이와 같이 묻는다면 저는 이와 같이 대답하겠습니다."

아난다가 세존 밑에서 범행 닦는 뜻을 답하니
붇다께서 인정하심

붇다께서는 아난다에게 말씀하셨다.

"잘 말하고 잘 말했다. 이와 같이 대답하여야 한다.

왜냐하면 나는 실로 물질에 대해 즐겨하지 않는 마음을 닦아 탐욕 떠나 사라져 다하면, 다시 나지 않기 때문에 사람들에게 여러 범행을 닦게 한다.

느낌·모습 취함·지어감·앎에 대해 탐욕 떠나 사라져 다하면, 다시 나지 않기 때문에 사람들에게 여러 범행을 닦게 하는 것이다."

붇다께서 이 경을 말씀하시자, 여러 비구들은 붇다의 말씀을 듣고 기뻐하며 받들어 행하였다.

• 잡아함 50 아난경(阿難經) ②

• 해설 •

다섯 쌓임이 본래 있되 공한 진리의 집에서 탐착의 마음을 내면 진리의 집이 마라의 집이 된다. 잘 여래를 따라 집이 아닌 데로 집을 나온 이는 세존 계신 곳에서 범행을 닦아 다섯 쌓임에 탐착하는 마음을 떠나 '공적한 진리의 집'[法性空寂舍]에서 자재하게 노니는 것이다.

탐착의 마음이란 본래 있지 않는 것을 있음으로 집착하는 마음이라 그 마음도 허깨비 같으니, 허깨비를 허깨비인 줄 알면 이곳 허깨비의 땅이 두렷이 깨친[圓覺] 법왕(法王, dharma-rāja)의 집이 되고 시방에 두루한 상가라마(saṃghārāma)가 되는 것이다.

다섯 쌓임 받아들임 없으면
샘이 없는 니르바나의 법이다

이와 같이 내가 들었다.

한때 붇다께서는 바라나시 국의 선인이 살던 사슴동산에 계셨다.

그때 세존께서는 여러 비구들에게 말씀하셨다.

"나는 지금 샘이 있음[有漏]과 샘이 없음[無漏]의 법을 말하겠다.

물질에 샘이 있어서 이것을 취하면 그 물질에 사랑하고 성냄을 내게 한다.

이와 같이 느낌 · 모습 취함 · 지어감 · 앎에 샘이 있어서 이것을 취하면, 저 앎 등에 사랑하고 성냄을 내게 하니, 이것을 샘이 있음의 법이라 한다.

어떤 것을 샘이 없음의 법이라 하는가. 모든 물질에 샘이 없어서 그것을 받지 않으면 그 물질이 과거든 미래든 현재든 그 물질에 사랑하고 성내지 않는다.

이와 같이 느낌 · 모습 취함 · 지어감 · 앎에 샘이 없어서 그것을 받지 않으면 과거든 미래든 현재든 앎 등에 사랑하고 성내지 않는다.

이것을 샘이 없음의 법이라 한다."

붇다께서 이 경을 말씀하시자 여러 비구들은 붇다의 말씀을 듣고 기뻐하며 받들어 행하였다.

• 잡아함 56 누무루법경(漏無漏法經)

• 해설 •

다섯 쌓임은 있음 아닌 있음이다. 그러므로 다섯 쌓임의 있음을 취해 받아들이면 앎은 모습에 물든 마음이 되고 모습은 앎에 갇힌 마음이 되니, 샘이 있고 닫혀짐이 있는 법이다.

다섯 쌓임을 취하지 않고 받아들이지 않으면 다섯 쌓임이 해탈의 법이 된다.

다섯 쌓임에 취함 없는 자가 곧 여래의 집에 들고, 다섯 쌓임 끊고 니르바나를 구하는 자가 여래의 집을 떠나 기나긴 밤에 집을 잃은 나그네가 된다.

네 가지 큰 요소와 다섯 쌓임 밖에 나고 사라짐 없는 니르바나의 진리가 없으니, 다음 조주선사(趙州禪師)와 배우는 이[學人]의 문답을 살펴보자.

조주선사가 대중에게 보여 말했다.
"세계가 아직 있지 않을 때에도 일찍 이 성품[此性]이 있었고, 세계가 무너질 때에도 이 성품은 무너지지 않는다."
어떤 승려가 물었다.
"어떤 것이 이 성품입니까."
선사가 말했다.
"네 가지 큰 요소와 다섯 쌓임이다."
그 승려가 말했다.
"이것은 오히려 무너지는 것입니다. 어떤 것이 이 성품입니까."
선사가 말했다.
"다섯 쌓임과 네 가지 큰 요소이다."

조주선사의 위 답에 대해 옛 사람[法眼]은 다음과 같이 집어 말했다.

"이것은 하나인가 두 개인가
이것은 무너짐인가 무너지지 않음인가.

또 어떻게 아는가, 판단해보라."

是一介兩介　是壞不壞
且作麽生會　試斷看

법안선사의 위 말은 무엇을 보이기 위함인가.

네 가지 큰 요소와 다섯 쌓임에 번뇌의 샘 있는 세간법은 무너지나 한 물건은 무너지지 않는다 말하는 자는, 조주의 뜻을 모르는 자이니, '천 자의 찬 못 바닥까지 맑은 뜻'[千尺寒潭徹底淸]을 아는 자가 조주의 뜻을 알고 여래의 은혜를 갚으리라.

2 연기의 진실과 진실의 깨달음

• 이끄는 글 •

중생의 고통과 번뇌가 공해 본래 니르바나되어 있으므로 고통과 번뇌를 끊고 니르바나의 해탈이 있는 것이 아니지만, 번뇌의 샘이 있으면 고통이 다하지 않고 나고 죽음의 장애가 다하지 않으므로 번뇌 끊지 않음도 아니다.

곧 번뇌가 나되 남이 없으므로 번뇌를 실로 끊지 않지만, 번뇌가 남이 없이 나므로 번뇌 끊지 않음도 없다.

그러므로 번뇌를 끊음 없이 끊은 곳이 니르바나의 해탈처이고, 연기의 진실을 깨달아 현재법에서 범행을 세워 다함이고, 중생의 나고 죽음을 해탈의 묘용으로 온전히 발현해 쓰는 곳이다.

니르바나는 온갖 법의 본래 고요한 곳이므로 온갖 법은 니르바나를 떠나지 않고, 니르바나는 온갖 법의 있되 공한 진실을 온전히 발현해 쓰는 곳이므로 온갖 곳의 마지막 처소이고 모든 있음이 마쳐 다한 곳이다.

온갖 법이 마쳐 다한 곳이 니르바나이지만, 온갖 법의 참모습이 본래 공해 실로 다함도 없고 다하지 않음도 없으니, 『화엄경』(「수미정상게찬품」)은 말한다.

> 온갖 범부들의 갖가지 행은
> 빨리 다함에 돌아가지 않음 없네.
> 그 성품은 허공과 같나니
> 그러므로 다함이 없다 말하네.
>
> 一切凡夫行 莫不速歸盡
> 其性如虛空 故說無有盡
>
> 지혜로운 이는 다함없음 말하나
> 이것 또한 말할 것이 없도다.
> 자기성품이 다함이 없으므로
> 사유할 수 없는 다함이 있네.
>
> 智者說無盡 此亦無所說
> 自性無盡故 得有難思盡
>
> 말한바 다함없음 그 가운데
> 얻을바 중생의 모습이 없나니
> 중생의 성품이 그러한 줄 알면
> 큰 이름 울리신 여래 볼 수 있으리.
>
> 所說無盡中 無衆生可得
> 知衆生性爾 則見大名稱

『화엄경』의 가르침처럼, 모습 있는 온갖 법과 중생의 성품이 본래 스스로 공적해 다하되 실로 다함없어서 온갖 법은 니르바나의 바다에서 일어나 니르바나에 돌아간다. 그러나 중생의 번뇌와 중생의 모습이 본래 공한 줄 돌이켜보지 못하면 니르바나의 법바다에 돌아갈 수 없으니, 본래 공해 다함이 없음 가운데 사유할 수 없는 다함이 있는 것이다.

실로 다함이 있다 하거나 다함이 없다고 하면 본래 공적한 니르바나의 뜻이 아니다. 그러므로 그 어떤 이가 니르바나의 묘한 마음을 깨달아 그 법을 남에게 전해준다고 말하면, 그는 번뇌가 다한 니르바나의 묘한 마음[涅槃妙心]을 참으로 아는 자가 아니니, 옛 선사[淨嚴邃]의 다음 한 구절 노래를 들어보자.

수메루 산 솟구쳐 바다를 벗어나
하늘 밖에 아득히 비껴 있으니
동서남북에서 그 끝을 볼 수 없도다.
한 폭의 흰 비단에 그릴 수 없어서
끝내 천하를 가져다 사람께 전하네.

彌盧出海橫天外　南北東西不見邊
一幅素縑描不得　竟將天下與人傳

이름 있는 것은 나고 죽음의 법이고
이름 없는 것이 곧 니르바나의 법이니

이와 같이 들었다.

한때 붇다께서는 마가다 국 파사산(波沙山)에서 큰 비구대중 오백 명과 함께 계셨다.

그때 세존께서 맑은 아침 고요한 방에서 나와 밖에서 거닐고 계셨다. 그때 수다(Sudhā)라고 하는 사미가 세존의 뒤를 따라 거닐고 있었다.

그때 세존께서 돌아보시며 사미에게 말씀하셨다.

"내가 지금 너에게 어떤 뜻을 묻겠으니, 자세히 듣고 잘 생각해보아라."

수다 사미가 대답하였다.

"그렇게 하겠습니다, 세존이시여."

세존을 따라 걷는 수다 사미에게 덧없음과
항상함의 법이 같되 다른 뜻을 물으심

그때 세존께서 말씀하셨다.

"항상한 물질과 덧없는 물질은 하나의 뜻인가, 여러 모습이 있는가?"

수다 사미가 붇다께 말씀드렸다.

"항상한 물질과 덧없는 물질은 그 뜻이 여러 가지이고, 한뜻이 아닙니다. 왜냐하면 항상한 물질은 곧 안[內]이고, 덧없는 물질은 바깥[外]입니다. 이런 까닭에 그 뜻에 여러 가지가 있고, 하나가 있는 것이 아닙니다."

세존께서 말씀하셨다.

"잘 말하고 잘 말했다. 수다야, 네가 한 말과 같다. 이 뜻을 잘 말하였다. 항상한 물질과 덧없는 물질은 그 뜻이 여러 가지이고 한뜻이 아니다.

어떠냐? 수다야. 샘 있음의 뜻과 샘 없음의 뜻은 한뜻인가 여러 가지 뜻인가?"

수다 사미가 대답하였다.

"샘 있음의 뜻과 샘 없음의 뜻은 그 뜻이 여러 가지이고, 한뜻이 아닙니다. 왜냐하면, 샘 있음의 뜻은 곧 나고 죽음의 묶음[結使]이고, 샘 없음의 뜻은 니르바나의 법입니다.

이런 까닭에 뜻에는 여러 가지가 있고 한뜻이 아닙니다."

세존께서 말씀하셨다.

"잘 말하고 잘 말했다. 수다야, 네가 한 말과 같다. 샘 있음은 곧 나고 죽음이요, 샘 없음이 곧 니르바나이다."

세존께서 다시 물으셨다.

"모이는 법[聚法]과 흩어지는 법[散法]은 한뜻인가, 여러 가지 뜻인가?"

수다 사미가 붇다께 말씀드렸다.

"모이는 법의 물질과 흩어지는 법의 물질은 이 뜻이 여럿이요, 한뜻이 아닙니다. 왜냐하면 모이는 법의 물질은 네 가지 큰 요소의 물질이요, 사라지는 법의 물질은 괴로움이 다한 진리[苦盡諦]입니다.

이런 까닭에 이 뜻이 여럿이요 한뜻이 아니라고 말한 것입니다."

세존께서 말씀하셨다.

"잘 말하고 잘 말했다. 수다야, 네가 한 말과 같다. 모이는 법의 물질과 흩어지는 법의 물질은 그 뜻이 여럿이요, 한뜻이 아니다.

어떠냐? 수다야, 느낌의 뜻[受義]과 쌓임의 뜻[陰義]은 한뜻인가, 아니면 여럿이 있는가?"

수다 사미가 붇다께 말씀드렸다.

"느낌과 쌓임의 뜻에는 여럿이 있고 한뜻이 아닙니다. 왜냐하면, 느낌이란 볼 수 있는 물질이 없고, 쌓임이란 볼 수 있는 물질이기 때문입니다. 이런 까닭에 그 뜻에는 여럿이 있고 한뜻이 아닙니다."

세존께서 말씀하셨다.

"잘 말하고 잘 말했다. 수다야, 네가 한 말과 같다. 느낌의 뜻과 쌓임의 뜻에는 여럿이 있어서 한뜻이 아니다."

**이름 있는 나고 죽음의 법과 이름할 것 없는
니르바나의 뜻을 물으시고, 수다 사미를 큰 비구라 찬탄하심**

세존께서 말씀하셨다.

"이름이 있는 것과 이름이 없는 것은 뜻에 여럿이 있는가, 한뜻인가?"

사미가 붇다께 말씀드렸다.

"이름이 있는 것과 이름이 없는 것은 뜻에 여럿이 있고, 한뜻이 아닙니다. 왜냐하면, 이름이 있는 것은 곧 나고 죽음의 묶음[結]이요, 이름이 없는 것은 바로 니르바나이기 때문입니다.

이런 까닭에 뜻에 여럿이 있고, 한뜻이 아니라고 말한 것입니다."

세존께서 말씀하셨다.

"잘 말하고 잘 말했다. 수다야, 네가 한 말과 같다. 이름이 있는 것은 곧 나고 죽음이요, 이름이 없는 것은 곧 니르바나이다."

세존께서 말씀하셨다.

"어떠냐? 수다야, 무슨 까닭에 이름이 있는 것은 곧 나고 죽음이요, 이름이 없는 것은 곧 니르바나라고 말하느냐?"

사미가 붇다께 말씀드렸다.

"이름이 있는 것은 태어남이 있고 죽음이 있으며, 마침이 있고 비롯함이 있으며, 이름이 없는 것은 태어남도 없고 죽음도 없으며, 마침이 없고 비롯함이 없기 때문입니다."

세존께서 말씀하셨다.

"잘 말하고 잘 말했다. 수다야, 네가 한 말과 같다. 이름이 있는 것은 곧 나고 죽음의 법이고, 이름이 없는 것은 곧 니르바나의 법이다."

그때 세존께서 사미에게 말씀하셨다.

"이런 말을 시원스럽게 말하는구나. 지금 바로 네가 큰 비구[大比丘]가 되는 것을 들어주겠다."

여러 비구대중 앞에서 수다 사미를 큰 비구로 인정하시고, 수다 사미처럼 배우기를 당부하심

그때 세존께서는 널리 모이는 강당[普集講堂]으로 돌아가시어 여러 비구들에게 말씀하셨다.

"이 마가다 국 국토는 시원스럽게 좋은 이익을 얻었다.

수다 사미로 하여금 이 구역을 노닐게 하였기 때문이다. 그에게 입을 옷·먹을거리·자리끼·의약품을 가지고 공양한 이도 좋은 이익을 얻을 것이요, 그를 낳은 부모 또한 좋은 이익을 얻을 것이니, 곧 이 수다 비구를 낳았기 때문이다.

만약 수다 비구가 태어난 집이라고 하면 그 집도 곧 큰 행복을 얻을 것이다.

나는 지금 너희 여러 비구들에게 말한다. 너희들은 반드시 수다 비구처럼 되기를 배워야 한다.

왜 그런가. 이 수다 비구는 아주 밝고 지혜로워 설법을 하는데 막혀 걸림이 없고 또 겁내 약함이 없기 때문이다.

그러므로 여러 비구들이여, 수다 비구처럼 되기를 배워야 한다.

이처럼 여러 비구들이여, 반드시 이렇게 배워야 한다."

그때 여러 비구들은 붓다의 말씀을 듣고 기뻐하며 받들어 행하였다.

• 증일아함 30 수타품(須陀品) —

• 해설 •

새벽녘 고요히 세존을 따라 걷는 수다 사미에게 세존께서 법의 뜻을 묻고, 잘 법을 깨달아 법의 뜻을 답하자 세존께서 그를 큰 비구라 인정해주시고 있다.

비록 나이 어린 사미지만 그는 이미 지혜가 윗자리 비구의 지혜를 갖추었으므로 세존께서 어린 사미를 큰 비구라 인정하신 것이다.

온갖 세간법은 덧없지만, 그 덧없음이 나되 남이 없되 남이 없되 남 없음도 없는 덧없음인 줄 알면, 안의 지혜인 물질은 덧없되 항상함이라 그 뜻을 안의 물질은 항상하고 밖의 물질은 덧없다고 한 것이다.

나고 죽음 속에서 남이 남이 아님을 알면, 번뇌의 샘이 없이 니르바나에 나아가지만, 남이 실로 남인 줄 알면 나고 죽음에 갇혀 늘 번뇌의 샘이 있게 되니, 나고 죽음의 묶음이 된다.

물질에 물질이라는 생각을 떠나지 못하면 늘 모임이 있고 흩어짐이 있으나, 물질이 공하므로 물질에서 물질이라는 생각을 떠나면 법에 집착이 다하니, 이를 모이는 법에 대해 사라짐의 법이라 한 것이다.

느낌에는 실로 받아들일 사물의 모습이 없으나 중생의 물든 마음은 실로 받아들일 물질의 모습을 보므로, 느낌에는 볼 수 있는 물질이 없으나 쌓임에는 물질이 있다 한 것이다.

지금 이름하는 마음[名]과 이름 지어지는 사물[色]에는 실로 이름함과 이름지어지는 바가 없는데, 실로 이름 지을 법이 있다고 생각하면 마음은 사물에 물들고 사물은 마음에 갇히게 되니, 이는 이름 있는 세간법[有名世間]이다.

그러나 비록 이름하되 이름함과 이름할 것이 없는 줄 알아, 마음이 사물에 물들지 않으면 마음은 늘 해탈하니 이것이 이름 없는 니르바나[無名涅槃]이다. 이름 있음과 이름 없음, 샘 있음과 샘이 없음은 실로 같음도 아니고 다름도 아니니, 이름 있음에서 실로 이름 지을 것이 없음을 알면 나고 죽음의 이름 있는 세계에서 니르바나의 이름 없는 해탈의 세계를 살 수 있기 때문이다.

수다 사미는 비록 나이 어리나 이미 장로의 지혜가 있고 아라한의 해탈이 있으니, 그가 노니는 나라와 밟는 땅도 복된 이익을 얻을 것이며, 그와 더불어 말하는 이, 그를 나아준 부모, 그가 난 곳 또한 거룩한 법의 이익을 함께 받을 것이다. 어찌 그때의 사람과 곳뿐일 것인가. 천 년 만 년의 뒤라도 그와 같은 현성의 이름 듣는 이 또한 복된 사람이니, 그 이름 듣는 우리도 복되고 복된 사람이다.

니르바나는 의지하는 곳이 없어서
사라져 다한 곳이요 으뜸가는 곳이니

나는 들었다, 이와 같이.

한때 붇다께서는 슈라바스티 국을 노니시면서 제타 숲 '외로운 이 돕는 장자의 동산'에 계셨다.

그때 '아가라하나 브라마나'는 오후에 천천히 걸어서 붇다 계신 곳에 가 서로 같이 문안 인사 나누고 물러나 한쪽에 앉아 말씀드렸다.

"고타마시여, 여쭙고 싶은 것이 있는데 들어주신다면 말씀드리겠습니다."

세존께서 말씀하셨다.

"그대 묻고 싶은 대로 하시오."

사람과 자연, 하늘이 모두 니르바나에 의지함을 보이심

브라마나가 곧 여쭈었다.

"고타마시여, 브라마나의 경전은 어디에 의지하여 머뭅니까?"

세존께서 대답하셨다.

"브라마나의 경전은 사람을 의지하여 머무오."

"고타마시여, 사람은 어디에 의지하여 머뭅니까?"

"사람은 벼나 보리를 의지하여 머무오."

"고타마시여, 벼나 보리는 어디에 의지하여 머뭅니까?"

"벼나 보리는 땅을 의지하여 머무오."

"고타마시여, 땅은 어디에 의지하여 머뭅니까?"
"땅은 물을 의지하여 머무오."
"고타마시여, 물은 어디에 의지하여 머뭅니까?"
"물은 바람을 의지하여 머무오."
"고타마시여, 바람은 어디에 의지하여 머뭅니까?"
"바람은 허공을 의지하여 머무오."
"고타마시여, 허공은 어디에 의지하여 머뭅니까?"
"허공은 의지하는 곳이 없소. 다만 해와 달 때문에 허공이 있소."
브라마나가 다시 여쭈었다.
"고타마시여, 해와 달은 어디에 의지하여 머뭅니까?"
세존께서는 대답하셨다.
"해와 달은 네 왕의 하늘[四王天]을 의지하여 머무오."
"고타마시여, 네 왕의 하늘은 어디에 의지하여 머뭅니까?"
"네 왕의 하늘은 서른세하늘을 의지하여 머무오."
"서른세하늘은 어디에 의지하여 머뭅니까?"
"서른세하늘은 야마하늘을 의지하여 머무오."
"고타마시여, 야마하늘은 어디에 의지하여 머뭅니까?"
"야마하늘은 투시타하늘을 의지하여 머무오."
"고타마시여, 투시타하늘은 어디에 의지하여 머뭅니까?"
"투시타하늘은 화락하늘을 의지하여 머무오."
"고타마시여, 화락하늘은 어디에 의지하여 머뭅니까?"
"화락하늘은 타화락하늘을 의지하여 머무오."
브라마나가 다시 말씀드렸다.
"고타마시여, 타화락하늘은 어디에 의지하여 머뭅니까?"

세존께서 대답하셨다.

"타화락하늘은 브라흐마하늘을 의지하여 머무오."

"고타마시여, 브라흐마하늘은 어디에 의지하여 머뭅니까?"

"브라흐마하늘은 큰 브라흐마하늘을 의지하여 머무오."

브라마나가 다시 여쭈었다.

"고타마시여, 큰 브라흐마하늘은 어디에 의지하여 머뭅니까?"

"큰 브라흐마하늘은 욕됨을 참음[忍辱]과 따뜻하고 착함[溫良]을 의지하여 머무오."

브라마나가 다시 여쭈었다.

"고타마시여, 욕됨을 참음과 따뜻하고 착함은 어디에 의지하여 머뭅니까?"

세존께서 대답하셨다.

"욕됨을 참음과 따뜻하고 착함은 니르바나를 의지하여 머무오."

니르바나는 의지하는 곳이 없다는 가르침에
브라마나가 깨달아 삼보에 귀의함

브라마나가 다시 여쭈었다.

"고타마시여, 니르바나는 어디에 의지하여 머뭅니까?"

세존께서 대답하셨다.

"브라마나의 뜻의 하고자 함은 '끝이 없는 일'[無窮事]에 의지하고 있소. 그러므로 그대가 이제 나에게 받는 물음도 끝이 없을 것이오.

그러나 니르바나는 의지하는 곳이 없소. 다만 니르바나는 사라져 다한 곳이니, 니르바나가 가장 높아 으뜸이오.

브라마나여, 이런 뜻이 있으므로 나를 좇아 범행을 행하시오."

브라마나가 말씀드렸다.

"세존이시여, 저는 이미 알았습니다. 잘 가신 이시여, 저는 이미 풀렸습니다.

세존이시여, 저는 지금 스스로 붇다와 법과 비구상가에 귀의하겠습니다. 세존께서는 제가 우파사카가 되도록 받아주시길 바랍니다. 저는 오늘부터 이 몸을 마치도록 스스로 귀의하여, 목숨이 다하도록 그렇게 하겠습니다."

붇다께서 이렇게 말씀하시자, 아가라하나 브라마나는 붇다의 말씀을 듣고 기뻐하며 받들어 행하였다.

• 중아함 159 아가라하나경(阿伽羅訶那經)

• 해설 •

온갖 것은 원인과 조건이 서로 의지해 일어난 결과이다. 원인과 조건과 결과가 있되 공한 줄 알면 서로 의지하고 마주함 가운데서 의지할 것 없는 해탈의 삶을 살 수 있다.

하지만 중생은 미혹으로 인해 의지함이 있는 세계 마주함이 있는 세간 속에서, 구함이 있으므로 얻지 못함이 있고 구함이 있으므로 잃음이 있으며 가지려 하므로 못 가짐이 있는 닫힌 삶을 산다.

베다는 베다를 신성시하는 사람으로 인해 베다의 권위가 인정되고, 사람은 먹을거리로 인해 살아가고, 먹을거리는 땅을 의지한다.

이와 같이 미루어 보면 땅은 열기와 습기가 없으면 땅이 아니니, 땅은 물과 불을 의지하고 물과 불은 바람이 실어주고 바람이 받쳐주는 것이다. 바람을 떠나 물과 불이 없으므로 물과 불은 바람을 의지하고 바람은 허공을 의지하며 허공은 의지함이 없으나 허공은 해와 달의 밝음으로 인해 허공이 분별된다.

해와 달이 의지하는 하늘은 더 큰 하늘을 의지하니, 큰 하늘에게는 그보다 더 큰 하늘이 있어서 아무리 큰 하늘이라도 하늘 가운데 하늘일 뿐이다.

또한 저 높은 하늘이라도 그 하늘은 인연으로 있는 하늘이라 하늘이되 하늘 아닌 하늘이다. 그러므로 하늘은 중생의 마음 밖에 실로 있는 하늘이 아니라 그에 상응한 주체의 실천의 덕에 의해 성취되는 하늘이니, 저 큰 브라흐마하늘[大梵天]은 인욕과 따뜻한 마음이 성취한 하늘이다.

그러나 니르바나는 중생의 갖가지 분별, 갖가지 하늘, 갖가지 모습이 모두 공하되 그 공함마저 공한 존재의 진실이 니르바나이고, 존재의 진실 그대로의 지혜가 니르바나이므로, 니르바나는 취할 것이 없고 버릴 것이 없으며 의지할 것이 없다.

니르바나가 온갖 것의 의지할 것 없는 진실이므로 니르바나를 떠난 법은 실로 한 법도 없다. 니르바나는 여래가 이미 성취한 삶의 진실이고 중생과 세계의 본래 그러한 진실이니, 이 법을 듣고 어찌 큰 하늘 섬기는 브라마나인들 귀의치 않을 것인가.

세계의 진실인 니르바나가 곧 중생의 진실이고 여래의 보디라, 누구나 세계의 진실대로 의지함 없고 분별없으면 여래의 보디에 들어갈 수 있으니 『화엄경』(「광명각품」)은 이렇게 말한다.

> 중생과 중생이 사는 국토는
> 온갖 것이 다 적멸하도다.
> 의지함 없고 분별없으면
> 붇다의 보디에 들어가리라.
>
> 衆生及國土　一切皆寂滅
> 無依無分別　能入佛菩提

> 중생과 중생이 사는 국토는
> 같음과 다름 얻을 수 없네.

이와 같이 잘 살피는 것을
붓다의 법 그 뜻을 안다고 하네.

衆生及國土　一異不可得
如是善觀察　名知佛法義

경의 가르침처럼 세간의 진실과 니르바나 붓다의 보디에 두 모습이 없으니, 니르바나의 진실대로 사시는 여래의 경계를「광명각품」은 다시 이렇게 말한다.

여래의 깊고 깊은 경계는
그 크기 허공과 평등하네.
온갖 중생이 들어가지만
실로 들어간 바가 없네.

如來深境界　其量等虛空
一切衆生入　而實無所入

모든 붓다의 지혜는 자재하여
삼세에 걸리는 바가 없어라.
이와 같은 지혜의 경계는
평등하기 허공과 같아라.

諸佛智自在　三世無所礙
如是慧境界　平等如虛空

모든 법은 니르바나를 따라 나아가고 모이며, 니르바나에 머뭅니다

이와 같이 내가 들었다.

한때 붇다께서는 슈라바스티 국 제타 숲 '외로운 이 돕는 장자의 동산'에 계셨다.

그때 존자 라훌라는 붇다 계신 곳에 나아가 붇다의 발에 머리를 대 절하고 한쪽에 물러앉아 붇다께 말씀드렸다.

"거룩하신 세존이시여, 저를 위해 설법하여주십시오. 저는 그 법을 듣고는 홀로 한 고요한 곳에서 오롯이 정진하고 사유하여 방일하지 않고 머물겠습니다. 저는 홀로 한 고요한 곳에서 오롯이 정진해 사유하여 방일하지 않고 머물고서는 이와 같이 생각하겠습니다.

'좋은 종족의 사람들이 수염과 머리를 깎고 바른 믿음으로 집 아닌 데로 집을 나와 도를 배우는 것은, 범행을 닦아 지니며 법을 보아 <u>스스로 알고 스스로 증득하는 것이다.</u>

그리하여 나의 태어남은 이미 다하고 범행은 이미 서며, 지을 바를 이미 지어 뒤의 있음 받지 않음을 <u>스스로 아는 것이다.</u>'"

라훌라에게 다섯 쌓임의 법 연설하도록 당부하심

그때 세존께서는 라훌라의 마음의 해탈과 지혜가 아직 익지 않아 더욱 위로 오르는 법[增上法]을 받아갈 수 없음을 살피시고 라훌라에게 물으셨다.

"너는 다른 사람에게 다섯 받는 쌓임[五受陰, pañca upādāna-skandhāḥ]을 가르친 적이 있느냐?"

라훌라가 붓다께 말씀드렸다.

"아직 없습니다, 세존이시여."

"너는 반드시 다른 사람에게 다섯 받는 쌓임을 연설해주어야 한다."

그때 라훌라는 붓다의 분부를 받고 다른 날 사람들에게 다섯 가지 받는 쌓임을 연설하였다.

말하고 나서 다시 붓다 계신 곳에 돌아와 붓다의 발에 머리를 대 절하고 한쪽에 물러서서 붓다께 말씀드렸다.

"세존이시여, 저는 이미 다른 사람에게 다섯 받는 쌓임을 말해주었습니다. 세존께서는 저를 위해 설법하여주시길 바랍니다.

저는 그 법을 들은 뒤에 홀로 한 고요한 곳에서 오롯이 정진해 사유하여 방일하지 않고 머물 것이며, 나아가 '좋은 종족의 사람이 집을 나와 범행 닦음은 스스로 깨달아 아는 데 있다'고 사유하겠습니다."

여섯 들이는 곳 연설하도록 당부하심

그때 세존께서는 라훌라의 마음의 해탈과 지혜가 아직 익지 않아 더욱 위로 오르는 법을 받을 수 없음을 살피시고 라훌라에게 물으셨다.

"너는 다른 사람에게 여섯 들이는 곳[六入處, ṣaḍ-āyatana]을 말해준 적이 있는가?"

라훌라는 붓다께 말씀드렸다.

"아직 없습니다, 세존이시여."

"너는 반드시 다른 사람에게 여섯 들이는 곳을 연설하여주어야 한다."

라훌라는 다른 날 사람들을 위해 '여섯 들이는 곳'을 연설하였다. 말하고 나서 붇다 계신 곳에 와서 머리를 대 붇다의 발에 절하고 한쪽에 물러서서 붇다께 말씀드렸다.

"세존이시여, 저는 이미 사람들에게 여섯 들이는 곳을 연설하였습니다. 세존께서 저를 위해 설법하여주시길 바랍니다.

저는 그 법을 들은 뒤에 홀로 한 고요한 곳에서 오롯이 정진해 사유하여 방일하지 않고 머물 것이며, 나아가 좋은 종족의 사람이 집을 나와 범행을 닦는 것은 '뒤의 있음 받지 않음을 스스로 깨달아 아는 데 있다'고 사유하겠습니다."

니다나의 법 연설하도록 당부하심

그때 세존께서는 라훌라의 마음의 해탈과 지혜가 아직 익지 않아 더욱 위로 오르는 법을 받아갈 수 없음을 살피시고 라훌라에게 물으셨다.

"너는 일찍이 다른 사람에게 니다나(Nidāna, 因緣) 법을 연설한 적이 있느냐?"

라훌라는 붇다께 말씀드렸다.

"아직 없습니다, 세존이시여."

붇다께서 라훌라에게 말씀하셨다.

"너는 반드시 사람들에게 니다나 법을 연설하여주어야 한다."

그때 라훌라는 다른 날 사람들에게 니다나 법을 널리 연설하였다. 그리고서는 붇다 계신 곳에 와서 머리를 대 붇다의 발에 절하고 한쪽에 물러서서 말씀드렸다.

"세존이시여, 저를 위해 설법하여주십시오.

저는 그 법을 들은 뒤에 홀로 한 고요한 곳에서 오롯이 정진해 사유하여 방일하지 않고 머물 것이며, 나아가 좋은 종족의 사람이 집을 나와 범행을 닦는 것은 '뒤의 있음 받지 않음을 스스로 깨달아 아는 데 있다'고 사유하겠습니다."

법의 뜻을 살펴 듣고 온갖 법이 니르바나에 흘러가고 니르바나에 머묾을 깨달음

그때 세존께서는 다시 라훌라의 마음의 해탈과 지혜가 아직 익지 않은 것을 살피시고 널리 법을 설하여주시며, 나아가 다시 라훌라에게 말씀하셨다.

"너는 반드시 위에서 말한 모든 법에 대해 홀로 고요한 곳에서 오롯이 정진해 사유하고 그 뜻을 살펴야 한다."

그때 라훌라는 붓다의 분부를 받고 위에서 들은 법과 말씀한 법을 사유하고 헤아리며 그 뜻을 살피고, 이렇게 생각했다.

'이 모든 법의 온갖 것은 다 니르바나를 따라 나아가고, 니르바나에 흘러 모이고, 끝내 니르바나에 머무는 것이다.'

그때 라훌라는 붓다 계신 곳에 나아가 머리를 대 붓다의 발에 절하고 한쪽에 물러서서 말씀드렸다.

"세존이시여, 저는 이미 위에서 들은 법과 말씀하신 법에 대해, 홀로 한 고요한 곳에서 사유하고 헤아리며 그 뜻을 살펴 '이 모든 법의 온갖 것은 다 니르바나를 따라 나아가고, 니르바나에 흘러 모이고, 끝내 니르바나에 머무는 것이다'라고 알았습니다."

온갖 법의 덧없음을 설하여주시자 홀로 사유하여 아라한을 이룸

그때 세존께서는 라훌라의 마음의 해탈과 지혜가 무르익어 더욱 위로 오르는 법을 받아갈 수 있음을 살피시고 라훌라에게 말씀하셨다.

"라훌라야, 온갖 것은 덧없다. 어떤 법이 덧없는가? 곧 눈[眼]이 덧없고, 빛깔[色]과 눈의 앎[眼識] 눈의 닿음[眼觸]이 덧없으며, 나아가 뜻[意]이 덧없고, 법(法)과 뜻의 앎[意識] 뜻의 닿음[意觸]이 덧없다."

그때 라훌라는 붇다의 말씀을 듣고 기뻐하면서 절하고 물러갔다.

그때 라훌라는 붇다의 가르침을 받고, 홀로 한 고요한 곳에서 오롯이 정진해 사유하며 방일하지 않고 머물렀다.

좋은 종족의 사람들이 수염과 머리를 깎고 가사를 걸치고서 바른 믿음으로 집 아닌 데로 집을 나와 도를 배우는 것은 범행을 순일하게 닦아서 나아가 법을 보아 스스로 알고 스스로 증득하는 데 있다.

그리하여 라훌라는 '나의 태어남은 이미 다하고 범행은 이미 서고, 지을 바를 이미 지어 다시는 뒤의 있음을 받지 않는다'고 스스로 알고서, 아라한이 되어 마음이 잘 해탈하였다.

붇다께서 이 경을 말씀하시자, 라훌라는 붇다의 말씀을 듣고 기뻐하며 받들어 행하였다.

• 잡아함 200 나후라경(羅睺羅經) ③

• **해설** •

니르바나는 법신인 지혜이고 지혜인 해탈이다. 그러므로 바른 지혜로 다섯 쌓임 여섯 들이는 곳[六入處]의 온갖 법이 인연이므로 공한 줄을 살피지 못하면, 지혜인 법신의 세계 지혜인 니르바나의 저 언덕에 이르지 못한다.

여래의 깨우침을 받고 라훌라 존자가 다섯 쌓임이 있되 공하며 여섯 아는 뿌리가 나도 아니고[非我] 나와 다름도 아님[非異我]을 바로 살피고, '온갖 것은 니르바나를 따라 나아가고 니르바나에 흘러 모이고 끝내 니르바나에 머무는 것이다'라고 말씀드리니, 이는 온갖 법이 니르바나 떠나지 않음을 알아들은 것이다.

온갖 법이 나되 실로 남이 아님을 니르바나라 이름하였으므로 나고 사라지는 세간법의 흐름은 니르바나를 따라 나아가 니르바나에 돌아가는 것이며, 온갖 법이 공하되 그 마져 다함마저 공하므로 온갖 법은 니르바나에 머무는 것이다.

온갖 법이 니르바나에 머묾을 보이시고 다시 온갖 법의 덧없음을 설하신 까닭은 무엇일까. 그것은 니르바나의 항상함이 나고 사라지는 세간법[生滅法]의 나되 남이 없고 사라지되 사라짐 없는 진실인데, 니르바나의 항상함을 '죽어 있는 항상함'으로 집착할까 걱정해서이다.

여래는 니르바나의 항상함이 덧없는 세간법 그대로의 항상함임을 보이기 위해 다시 눈과 눈의 앎·빛깔 나아가 뜻과 뜻의 앎·법이 덧없다고 가르치시니, '모든 행이 덧없어 온갖 것이 공함이 여래의 크고 두렷한 깨달음이다'[諸行無常一切空 卽是如來大圓覺]라는 옛 선사의 말을 깊이 되새겨 보아야 할 것이다.

항상한 것은 오직 니르바나이니

이와 같이 내가 들었다.

한때 붇다께서는 슈라바스티 국 제타 숲 '외로운 이 돕는 장자의 동산'에 계셨다.

때에 어떤 비구는 코살라 국 사람들 사이에 있으면서 한 숲 가운데 머물렀다.

때에 어떤 사미가 게송으로 말하였다.

무엇을 항상하다 이름하는가.
밥 비는 것이 곧 항상함이네.
무엇을 덧없는 것이라 말하는가.
상가의 밥은 덧없는 것이네.

무엇을 곧은 것이라 이름하는가.
오직 인드라의 깃발이 곧네.
무엇을 굽은 것이라 이름하는가.
굽은 것이란 갈고리일 뿐이네.

때에 그 비구는 이렇게 생각하였다.

'이 사미도 게송을 외우는데 내 어찌 게송을 말해 대답하지 않으랴.'

사미의 계송을 듣고 그 계송에 다시 노래로 응답함

곧 게송으로 말하였다.

> 무엇을 항상하다 이름하는가.
> 항상한 것은 오직 니르바나이네.
> 무엇을 덧없는 것이라 말하는가.
> 모든 함이 있는 법 덧없다 하네.

> 무엇을 곧은 것이라 이름하는가.
> 거룩한 여덟 가지 바른 길 곧다고 하네.
> 무엇을 굽은 것이라 이름하는가.
> 굽은 것이란 오직 나쁜 길이네.

때에 그 비구는 이 게송을 외우고는 잠자코 머물렀다.

• 잡아함 1356 사미경(沙彌經)

• **해설** •

어린 사미의 눈에 '상가의 밥 비는 비나야'[乞食法]는 늘 지켜야 하는 법이고 빌어서 얻은 밥은 먹고서 또 얻어야 하니 덧없는 법이다.

그 사미가 늘 밥을 빌어야 하루하루 그 밥 의지해 살아감을 덧없음과 항상함으로 노래하니, 비구는 니르바나가 항상함이고 세간의 '함이 있는 법'이 덧없음이라 노래로 응답했다.

그러나 함이 있는 법[有爲法]이 나되 남이 없음을 바로 보면 함이 있는 법이 니르바나 떠나지 않으니, 연기의 뜻 옳게 보아야 굽은 뜻 나쁜 길을 버리고 바르고 곧게 나아가리라.

이 몸의 덧없음 슬퍼 말고
오직 니르바나의 길 구하라

이와 같이 들었다.

한때 붇다께서는 슈라바스티 국 제타 숲 '외로운 이 돕는 장자의 동산'에 계셨다.

그때 존자 아난다가 세존 계신 곳에 와 머리를 대 그 발에 절하고 한쪽에 서 있었다. 잠깐 뒤에 다시 두 손으로 여래의 발을 어루만지면서 발등에 입을 맞추고 이렇게 말씀드렸다.

"하늘 가운데 높으신 이[天尊]의 몸이 왜 이렇게 되었습니까? 몸이 아주 느슨해지셨습니다. 여래의 몸이 이전과 같지 않으십니다."

세존께서 말씀하셨다.

"그렇다. 아난다여, 네 말과 같다. 지금 여래의 몸은 살갗과 살이 이미 느슨해졌다. 오늘의 이 몸은 옛날과 같지 않다. 왜냐하면, 몸을 받게 되면 병에 몰리게 되기 때문이다.

만약 병이 든 중생은 병에 시달림 받고, 죽음을 맞는 중생은 죽음에 몰림을 받기 때문이다. 오늘 여래는 나이가 이미 들어 약해졌다. 나이가 이미 여든을 넘었다."

이때 아난다가 그 말을 듣고 슬피 흐느껴 울면서 스스로 슬픔을 이기지 못했다. 그리고 이렇게 중얼거렸다.

"아, 아! 늙음이 이르러 이렇게 되셨구나."

부서진 왕의 수레를 비유하여 아난다를 깨우치심

그때 세존께서는 때가 되어 가사를 입으시고 발우를 가지시고 슈라바스티 성에 가서 차츰 밥을 비시다가 프라세나짓 왕의 궁 가까이에 이르게 되셨다.

마침 그때 프라세나짓 왕의 문 앞에는 낡아 부서진 수레 수십 대가 한쪽에 버려진 채 있었다.

존자 아난다가 한쪽에 버려진 수레를 보고 세존께 말씀드렸다.

"이 수레들은 프라세나짓 왕의 수레입니다. 옛날에 새로 만들 때에는 아주 아름답더니, 오늘 보니 기와나 돌[瓦石]과 같은 모습입니다."

세존께서 말씀하셨다.

"그렇다. 아난다여, 네가 말한 것과 같다. 지금 보고 있는 저 수레들도 옛날에는 아주 정교하고 아름다웠다. 금과 은으로 만들어진 것이었는데, 오늘은 부서져 다시는 쓸 수가 없게 되었다.

이와 같이 바깥 물건도 오히려 부서져 없어지는데, 하물며 안의 몸이겠는가?"

그때 세존께서 곧 이런 게송을 말씀하셨다.

> 안타깝다, 이 늙음과 병과 죽음이
> 사람의 젊었던 몸 무너뜨리네.
> 처음에는 마음이 즐거웠는데
> 지금 죽음의 몰림 받고 있도다.
>
> 비록 그 목숨이 백 년을 산다 해도
> 모두 죽음에 반드시 돌아가리니

이 걱정과 괴로움 면치 못하고
다 이 죽음의 길에 돌아가도다.

안의 몸에 있는 모든 것들이
죽음에 내쫓김을 받는 것처럼
밖의 여러 네 가지 큰 요소들도
다 본디 없음에 돌아가도다.

그러므로 죽음 없음 구하려 하면
오직 이 니르바나만 있을 뿐이니
니르바나엔 죽음과 남이 없어서
이 모든 죽음의 행 전혀 없도다.

금강 같은 진리의 몸 깨친 여래께도
받은 몸에는 덧없음의 과보 있음을 보이심

그때 세존께서는 곧 프라세나짓 왕의 자리에 앉으셨다. 프라세나짓 왕은 세존을 위해 갖가지 음식을 준비하여 공양하였다.

왕은 세존께서 공양을 마치신 것을 보고 다시 작은 자리를 가지고 와서 세존 앞에 앉아서 세존께 말씀드렸다.

"어떠하십니까? 세존이시여. 모든 붇다의 몸은 다 금강(金剛)의 수에 드는데, 그런 몸도 늙음·병듦·죽음이 있습니까?"

세존께서 말씀하셨다.

"그렇소, 대왕이여. 대왕의 말과 같이 여래에게도 이런 태어남·늙음·병듦·죽음이 있소. 나도 지금 사람의 수에 들기 때문이오.

아버지의 이름은 숫도다나이시고, 어머니의 이름은 마야로서 전륜왕의 종족으로 태어났소."

그때 세존께서 곧 이런 게송을 말씀하셨다.

모든 붇다도 사람에게서 나시니
아버지의 이름은 숫도다나
어머니의 이름은 마야이시며
종족은 크샤트리아 종족이시네.

죽음의 길이란 아주 고달파서
높고 낮음을 전혀 살피지 않네.
모든 붇다도 오히려 면치 못하는데
하물며 다른 범부들이겠는가.

세존께서 다시 프라세나짓 왕을 위해 이 게송을 말씀하셨다.

제사 가운데는 불이 가장 높음 되고
시와 글 가운데 게송이 높네.
사람 가운데는 왕이 가장 귀하고
뭇 흐름에는 바다가 우두머리네.

뭇 별에서는 달이 가장 위가 되고
밝은 빛엔 해가 가장 앞선 빛이네.
여덟 방위 위아래와 가운데는

이 세계가 싣고 있는 것이네.

하늘과 세간의 사람들 가운데
저 여래가 가장 높은 분이니
만약 참다운 복됨을 구하려 하면
바르게 깨친 분께 공양하여라.

세간에서 사랑하는 네 법과 기뻐하지 않는 네 법을 보이심

그때 세존께서 이 게송을 마치시고 곧 자리에서 일어나, '외로운 이 돕는 장자'의 동산으로 돌아가시어 자리에 앉으셨다.

그때 세존께서 여러 비구들에게 말씀하셨다.

"네 가지 법이 있어서, 세간에 있는 사람들의 사랑과 공경을 받는다. 어떤 것이 그 네 가지인가?

젊은 나이가 세간 사람들의 사랑과 공경을 받는다.

병들어 아프지 않는 것이 사람들의 사랑과 공경을 받는다.

오래 사는 목숨이 사람들의 사랑과 공경을 받는다.

은혜와 사랑이 모여 쌓이면 사람들의 사랑과 공경을 받는다.

이것을 비구들이여, 네 가지 법이 있어서 세간 사람들의 사랑과 공경을 받음이라 한다.

비구들이여, 다시 네 가지 법이 있는데, 그것은 세간 사람들의 사랑과 공경을 받지 못한다. 어떤 것이 그 네 가지인가?

비구들이여, 알아야 한다. 젊은 나이가 늙고 병들면 세간 사람들이 기뻐하지 않는다.

또 병이 없는 이가 뒤에 병을 얻으면 세간 사람들이 기뻐하지 않는다.

목숨을 얻었다가 뒤에 곧 죽게 되면 세간 사람들은 기뻐하지 않는다.

은혜와 사랑이 모였다가 뒤에 헤어지게 되면 세간 사람들이 기뻐하지 않는다.

이것을 비구들이여, '네 가지 법이 세간과 함께 돌고 돈다'고 하는 것이다.

저 여러 하늘이나 세간 사람들, 그리고 전륜왕이나 모든 붇다 세존에 이르기까지도 다 이 법을 함께 가졌다.

이것을 비구들이여, '세간에 네 가지 법이 있어 세간과 함께 돌고 돈다'고 하는 것이다."

사마디와 지혜로 길이 나고 죽음 없는
니르바나 깨닫도록 당부하심

"또 만약 네 가지 법을 깨닫지 못하면, 그때는 곧 나고 죽음에 흘러 구르면서 다섯 갈래 세계를 두루 돌아다닐 것이다.

어떤 것이 그 네 가지인가? 현성(賢聖)의 계와 현성의 사마디, 현성의 지혜와 현성의 해탈이다.

비구들이여, 이 네 가지 법을 깨닫지 못하면 위의 네 가지 법[四法, 生·老·病·死]을 받을 것이다.

나와 너희들은 이 현성의 네 가지 법을 깨달았기 때문에 나고 죽음의 뿌리를 끊고 다시는 뒤의 있음을 받지 않게 된 것이다.

지금 여래의 몸은 시들고 늙었다. 그리고 반드시 시들어 닳아지는 갚음을 받아야 한다.

그러므로 여러 비구들이여, 반드시 길이 이 고요한 니르바나의 나지도 않고 늙지도 않으며, 병들지도 않고 죽지도 않음을 구해야 한다.

은혜와 사랑은 헤어지는 것이니 늘 덧없음의 변화를 생각해야 한다.

이와 같이 비구들이여, 반드시 이렇게 배워야 한다."

그때 여러 비구들은 붓다의 말씀을 듣고 기뻐하며 받들어 행하였다.

• 증일아함 26 사의단품(四意斷品) 六

• 해설 •

온갖 법은 인연으로 나고 인연으로 사라지며, 온갖 법은 인연으로 나기 때문에 남이 없고, 온갖 법은 인연으로 사라지기 때문에 사라짐이 없다.

나되 남이 없는 인연의 뜻을 바로 알아야 덧없음 가운데서 니르바나의 항상한 길에 나아가 현성의 계와 사마디, 지혜와 해탈을 깨달아 나고 늙고 병들어 죽는 네 법 받지 않으리라는 여래의 뜻을 알 수 있을 것이다.

'덧없이 흘러가버린다'고 말하거나 '덧없음 너머에 변치 않는 항상함이 있다'고 말하는 자가 모두 '금강같이 무너짐 없는 여래의 참된 몸'[金剛不壞身] 참된 지혜를 볼 수 없으리라.

흐르고 흘러 밤낮으로 그치지 않는 저 강물에서 옮겨가지 않는 뜻[不遷義]을 보는 자, 그가 덧없고 덧없음 가운데서 니르바나의 항상함을 볼 수 있으니, 여래의 몸이 덧없음의 바람 따라 늙어가는 모습을 보고 금강같이 무너짐 없는 여래의 참된 몸을 의심하지 말아야 할 것이다.

조주선사는 승조법사(僧肇法師)가 사물이 옮겨가지 않는다[物不遷]고 한 뜻을, 흐르고 흘러 쉬이 없는 강물의 흐름으로 보이고 있으니, 승조법사와 조주선사의 뜻을 바로 아는 자 그가 여래가 보이신 나고 죽음 없는 니르바나의 뜻을 바로 알아듣는다고 할 것이다.

조주선사와 배우는 이의 문답을 살펴보자.

조주선사에게 어떤 승려가 물었다.

"어떤 것이 옮겨가지 않는 뜻[不遷義]입니까."

선사가 두 손으로 흐르는 물의 형세[流水勢]를 지으니, 그 승려가 깨우침이 있었다.

어떤 사람이 또 법안(法眼)에게 물었다.

"모습을 취하지 않으면 한결같아 움직이지 않는다[不取於相 如如不動]고 하니, 어떻게 모습을 취하지 않고 움직이지 않음을 보아갈 수 있습니까."

법안선사가 말했다.

"해가 동쪽에서 뜨나 밤에는 서쪽으로 진다."

그 승려 또한 깨달음이 있었다.

위 문답의 뜻을 불감근선사(佛鑑勤禪師)는 이렇게 말한다.

> 하늘은 왼쪽으로 돌고 땅은 오른쪽으로 돌며
> 옛은 가고 지금이 오길 그 몇 번이나 거쳤던가.
> 쇠까마귀 해는 날아가고 옥토끼 달은 달아나
> 겨우 바다에서 솟구치자 또 푸른 산 뒤에 떨어지네.
> 강물의 물결은 아득하고 회의 물결은 넘실대며
> 곧장 푸른 바다에 들어가 밤새 흐름을 다하네.

天左旋地右轉 古往今來經幾徧

金烏飛玉免走 才方出海門 又落靑山後

江河波渺渺 淮濟浪悠悠 直入滄溟盡夜流

여러 선덕들이여, 한결같아 움직이지 않음[如如不動]을 보았는가.

니르바나로써 맨 마지막 마침의 법을 삼나니

나는 들었다, 이와 같이.

한때 붇다께서는 슈라바스티 국에 노니시면서 제타 숲 '외로운 이 돕는 장자의 동산'에 계셨다.

그때에 세존께서는 비구들에게 말씀하셨다.

"만약 여러 배움 다른 이들이 너희들에게 와서 '온갖 모든 법은 무엇이 근본[本]이 되느냐'고 물으면, 너희들은 그들에게 '온갖 모든 법은 탐욕이 근본이 된다'고 대답해야 한다.

그들이 만약 다시 '무엇으로써 어울리는가[和]'라고 물으면, '닿음[更樂]으로써 어울린다'고 대답해야 한다.

그들이 만약 다시 '무엇으로써 오는가'라고 물으면, '느낌으로써 온다'고 대답해야 한다.

그들이 만약 다시 '무엇이 있음[有]이 되느냐'고 물으면, '하고자 함[思]과 모습 취함[想]이 있음이 된다'고 대답해야 한다.

그들이 만약 다시 '무엇이 높은 주인[上主]이 되느냐'고 물으면, '생각[念]이 높은 주인이 된다'고 대답해야 한다.

그들이 만약 다시 '무엇이 앞[前]이 되느냐'고 물으면, '선정이 앞이 된다'고 대답해야 한다.

그들이 만약 다시 '무엇이 위[上]가 되느냐'고 물으면, '지혜[慧]가 위가 된다'고 대답해야 한다.

그들이 만약 다시 '무엇으로써 참됨[眞]을 삼느냐'고 물으면, '해탈로써 참됨을 삼는다'고 대답해야 한다.

그들이 만약 다시 '무엇으로써 마침[訖]을 삼느냐'고 물으면, '니르바나로써 마침을 삼는다'고 대답해야 한다.

이것이 비구가 탐욕을 모든 법의 근본으로 삼고, 닿음을 모든 법의 어울림으로 삼으며, 느낌을 모든 법의 옴으로 삼고, 하고자 함과 모습 취함을 모든 법의 있음[諸法有]으로 삼는다는 것이다.

또 생각을 모든 법의 높은 주인으로 삼고, 선정을 모든 법의 앞으로 삼으며, 지혜를 모든 법의 위로 삼고, 해탈을 모든 법의 참됨으로 삼으며, 니르바나를 모든 법의 마침으로 삼는다는 것이다.

그러므로 비구는 이와 같이 배워야 한다."

바깥길의 따짐에 대해 대답해야 할 것을 말씀하시고, 괴로움의 끝 얻는 길을 보이심

"집을 나와 도 배우려는 마음을 익히려면, '덧없다는 생각'[無常想]을 익히고, '덧없음은 괴로움이라는 생각'[無常苦想]을 익히며, '괴로움은 〈나〉가 없다는 생각'[苦無我想]을 익혀야 한다.

또 '깨끗하지 않다는 생각'[不淨想]을 익히며, '나쁜 것을 먹는다는 생각'[惡食想]을 익히고, '온갖 세간은 즐거워할 것이 못 된다는 생각'[一切世間不可樂想]을 익히며, '죽는다는 생각'[死想]을 익혀야 한다.

세간의 좋고 나쁜 것을 알아 이와 같이 생각하는 마음을 익히며, 세간의 익힘[世間習]이 있는 것을 알아 이와 같이 생각하는 마음을 익히고, 세간의 익힘과 사라짐, 맛들임과 걱정거리와 벗어남[出要]

을 진실대로 알아, 이와 같이 생각하는 마음을 익혀야 한다.

만약 비구가 집을 나와 도 배우려는 마음을 익히게 되면, '덧없다는 생각'을 익히게 되고, '덧없음은 괴로움이라는 생각'을 익히게 되며, '괴로움은 〈나〉가 없다는 생각'을 익히게 된다.

또 '깨끗하지 않다는 생각'을 익히게 되며, '나쁜 것을 먹는다는 생각'을 익히게 되고, '온갖 세간은 즐거워할 것이 못 된다는 생각'을 익히게 되며, '죽는다는 생각'을 익히게 된다.

세간의 좋고 나쁜 것을 알아 이와 같이 생각하는 마음을 익히게 되며, 세간의 익힘이 있는 것을 알아 이와 같이 생각하는 마음을 익히게 되고, 세간의 익힘과 사라짐, 맛들임과 걱정거리와 벗어남을 진실대로 알아 이와 같이 생각하는 마음을 익힌다 하자.

이것을 비구가 애욕을 끊고 맺음을 없애어[斷愛除結], 모든 법을 바르게 알고[正知] 바르게 살핀[正觀] 뒤에는 곧 괴로움의 끝을 얻는 것이라 한다."

붓다께서 이렇게 말씀하시자, 여러 비구들은 붓다의 말씀을 듣고 기뻐하며 받들어 행하였다.

• 중아함 113 제법본경(諸法本經)

• 해설 •

모든 법의 있음이 실로 있음으로 굳어지는 것은 있음을 있음으로 탐욕하기 때문이니, 그 탐욕의 근본을 알고 탐욕 다해 존재의 진실이 온전히 실현되는 니르바나의 길을 알지 못하면 스스로 건너지 못하고 세간을 건네 교화하지 못한다.

붓다는 먼저 상가의 제자들로 하여금 바깥길 걷는 이들의 물음에 다음과 같이 바르게 답하도록 가르치신다.

탐욕이 있음[有]의 뿌리가 되어, 느낌[受]으로 대상을 감각적으로 받아들이고, 모습을 취함[想]으로 대상을 나의 인식 내용으로 구성하며, 대상을 주체의 하고자 함의 뜻 따라 지어가므로 존재가 나의 앎의 실체적 대상으로서의 존재가 된다. 그리고 앎의 실체적 대상이 된 존재가 다시 탐욕으로 취함이 되고, 하고자 함과 모습 취함의 닫힌 대상이 되는 것이다.

그러므로 저 존재가 있음 아닌 있음이라 모습 취하는 대상에 실로 취할 모습이 없음을 알아야 해탈의 길이 열리니, 바른 생각이 높은 주인되고 선정으로 인해 지혜가 나므로 선정이 앞이 되고 지혜가 위가 되는 것이다.

탐욕의 흐름·존재의 흐름·무명의 흐름에서 해탈하지 못하면 존재의 진실이 실현되지 못하므로 해탈이 참됨이라 말하고, 니르바나는 온갖 존재의 본래의 참모습이자 번뇌의 해탈로 인해 다시 구현되는 본래 공한 존재의 실상이므로 니르바나가 마지막이 된다.

니르바나가 온갖 존재의 자기바탕이며 니르바나가 끝이 되니, 여래의 보디와 니르바나의 법 밖에 한 법도 없는 것이다.

중생이 본래 니르바나되어 있지만, 지금 중생의 닫힌 현실은 그 번뇌의 병이 깊고 깊으며 집착의 산이 높고 높다.

번뇌의 산과 병이 높고 깊으므로 번뇌 다스리는 대치의 법약이 아니면 니르바나가 다시 구현되지 못한다.

그러므로 붇다께서는 중생이 존재가 항상하다고 생각하므로 '덧없다는 생각' 닦게 하시고, '덧없는 것은 곧 괴로움이라는 생각' 닦게 하시며, '덧없고 괴로운 것에는 나라고 할 것이 없다는 생각' 닦게 하신다.

또 이 몸과 집착하는바 대상이 깨끗하고 즐겁다고 생각하므로 '깨끗하지 않다는 생각'과 '세간은 즐거워할 것이 없다는 생각' 닦게 하시며, 먹음을 탐착하므로 지금 '나쁜 것을 먹는다는 생각' 닦게 하시고, 이 몸을 몸으로 붙잡고 죽음을 두려워하므로 '죽는다는 생각' 닦게 하신다.

법의 약으로 번뇌의 병이 다하면 '약과 병이 함께 사라지니'[藥病相治] 약과 병이 함께 사라지는 곳이 니르바나의 땅이다.

이 니르바나의 땅은 괴로움이 연기하는 곳이자 괴로움이 마쳐 다한 곳이며, 중생과 여래의 모습이 일어나는 곳이자 중생에 중생의 모습[衆生相]이 다하고 여래에 여래의 모습[如來相]이 다한 곳이다.

모습 다한 니르바나의 땅이 여래의 경계이니,『화엄경』(「보살문명품」)은 이렇게 말한다.

> 법계와 중생의 세계는
> 마쳐 다해 차별이 없도다.
> 온갖 것을 다 깨달아 아시니
> 이것이 여래의 경계이네.
>
> 法界衆生界　究竟無差別
> 一切悉了知　此是如來境

「광명각품」 또한 이렇게 말한다.

> 모든 붇다는 허공과 같아
> 마쳐 다해 늘 청정하도다.
> 여래를 기억해 생각하고
> 여래께 기쁜 마음을 내면
> 그의 모든 바람 갖춰지리라.
>
> 諸佛如虛空　究竟常淸淨
> 憶念生歡喜　彼諸願具足

니르바나는 마주하는 법이 없나니

나는 들었다, 이와 같이.

한때 붇다께서는 슈라바스티 국에 노니시면서 제타 숲 '외로운 이 돕는 장자의 동산'에 계셨다.

그때에 비사카(Viśākhā) 우파시카는 '법을 즐기는 비구니'[法樂比丘尼]가 있는 곳으로 가서 머리를 대 발에 절하고 물러나 한쪽에 앉아 법을 즐기는 비구니에게 말하였다.

"어질고 거룩한 이여, 묻고 싶은 일이 있는데 저의 물음을 들어주겠습니까."

법을 즐기는 비구니는 대답하였다.

"비사카여, 묻고 싶으면 곧 물으시오. 나는 듣고서 사유해보겠소."

자기 몸에 대해 물으니 다섯 쌓임이 몸임을 보임

비사카 우파시카는 곧 물었다.

"어질고 거룩한 이여, 자기 몸을 자기 몸이라고 말하는데 어떤 것이 자기 몸입니까."

법을 즐기는 비구니가 대답했다.

"세존께서는 다섯 가지 치성한 쌓임[五盛陰]을 말씀하셨소.

곧 자기 몸의 물질의 치성한 쌓임[色盛陰]·느낌의 치성한 쌓임[覺盛陰]·모습 취함의 치성한 쌓임[想盛陰]·지어감의 치성한 쌓임[行盛陰]·앎의 치성한 쌓임[識盛陰]이니, 이것이 세존께서 말씀하신 다섯 가지 치성한 쌓임이오."

비사카 우파시카는 찬탄해 말하였다.

"잘 말씀하시고 잘 말씀하셨습니다, 어질고 거룩한 이여."

비사카 우파시카는 이렇게 찬탄한 뒤에 기뻐하며 받들어 행하였다.

몸이 있다는 견해를 물으니
다섯 쌓임에 신묘함이 있음으로 답함

비사카 우파시카는 다시 물었다.

"어질고 거룩한 이여, 어떤 것이 자기 몸이 있다는 견해[自身見]입니까."

법을 즐기는 비구니가 말했다.

"많이 듣지 못한 어리석은 범부는 좋은 벗[善知識]을 만나지 못하고, 거룩한 법을 알지 못하며, 거룩한 법을 이끌지 못하오.

그래서 그는 물질이 곧 신묘함[神, jīva]이라고 보고, 신묘함은 물질이 있다고 보며, 신묘함 가운데 물질이 있다고 보고, 물질 가운데 신묘함이 있다고 보오.

이와 같이 느낌·모습 취함·지어감·앎이 신묘함이라 보고, 신묘함은 앎 등이 있다고 보며, 신묘함 가운데 앎 등이 있다고 보고, 앎 등 가운데 신묘함이 있다고 보오.

이것을 자기 몸이 있다는 견해라 하오."

비사카 우파시카가 듣고서는 찬탄해 말했다.

"잘 말씀하시고 잘 말씀하셨습니다, 어질고 거룩한 이여."

비사카 우파시카는 찬탄한 뒤에 기뻐하며 받들어 행하였다.

**몸이 없다는 견해를 물으니
다섯 쌓임에 신묘함이 없음으로 답함**

그리고 그는 다시 물었다.

"어질고 거룩한 이여, 어떤 것이 자기 몸이 있다는 견해 없음입니까."

법을 즐기는 비구니가 답했다.

"많이 들은 거룩한 제자는 좋은 벗을 만나고 거룩한 법을 알며 거룩한 법을 모시오. 그래서 그는 물질이 신묘함이라고 보지 않고, 신묘함은 물질이 있다고 보지 않으며, 신묘함[神] 가운데 물질이 있다고 보지 않고, 물질 가운데 신묘함이 있다고 보지 않소.

이와 같이 느낌 · 모습 취함 · 지어감 · 앎도 신묘함이라고 보지 않고, 신묘함이 앎 등이라고 보지 않으며, 신묘함 가운데 앎 등이 있다고 보지 않고, 앎 등 가운데도 신묘함이 있다고 보지 않소.

이것을 자기 몸이 있다는 견해 없음이라 하오."

비사카 우파시카가 듣고서 찬탄해 말했다.

"잘 말씀하시고 잘 말씀하셨습니다, 어질고 거룩한 이여."

비사카 우파시카는 이렇게 찬탄한 뒤에 기뻐하며 받들어 행하였다.

**몸의 견해 없앰을 물으니
다섯 쌓임의 공성(空性)을 통달해 샘 없음으로 답함**

그리고 그는 다시 물었다.

"어질고 거룩한 이여, 어떤 것이 자기 몸이 있다는 견해 없애는 것입니까."

법을 즐기는 비구니가 답했다.

"물질의 치성한 쌓임을 끊어 남음이 없이 그것을 버리고, 뱉어 다하여 거기에 물들지 않고, 없애고 쉬어 사라짐이니, 이것을 자기 몸이 있다는 견해 없앰이라 하오.

느낌·모습 취함·지어감·앎의 치성한 쌓임을 끊어 남음이 없이 그것들을 버리고, 뱉어 다하여 거기에 물들지 않고, 없애고 쉬어 사라짐이니, 이것을 자기 몸이 있다는 견해 없앰이라 하오."

비사카 우파시카가 듣고서는 찬탄해 말했다.

"잘 말씀하시고 잘 말씀하셨습니다, 어질고 거룩한 이여."

비사카 우파시카는 이렇게 찬탄한 뒤에 기뻐하며 받들어 행하였다.

받음이 없고[無受] 샘이 없으면[無漏] 치성한 쌓임이 아님으로 답함

그리고 그는 다시 물었다.

"어질고 거룩한 이여, 쌓임[陰, skandha]을 쌓임이라 말하고, 치성한 쌓임[盛陰, upādāna-skandha]을 치성한 쌓임이라 말하니, 쌓임이 곧 치성한 쌓임이요 치성한 쌓임이 곧 쌓임입니까. 쌓임이 다르고 치성한 쌓임이 다릅니까."

법을 즐기는 비구니가 대답했다.

"어떤 쌓임은 치성한 쌓임이요, 어떤 쌓임은 치성한 쌓임이 아니오. 어떤 쌓임이 곧 치성한 쌓임인가요. 만약 물질에 샘이 있고 받음이 있으며, 느낌·모습 취함·지어감·앎에 샘이 있고 받음이 있으면 이 쌓임은 곧 치성한 쌓임이오.

어떤 쌓임이 치성한 쌓임이 아닌가요. 만약 물질에 샘이 없고 받음이 없으며, 느낌·모습 취함·지어감·앎에 샘이 없고 받음이 없으면 이 쌓임은 치성한 쌓임이 아니오."

비사카 우파시카가 듣고서는 찬탄해 말했다.

"잘 말씀하시고 잘 말씀하셨습니다, 어질고 거룩한 이여."

비사카 우파시카는 이렇게 찬탄한 뒤에 기뻐하며 받들어 행하였다.

**여덟 가지 바른 길을 물으니
계·정·혜 세 가지 배움[三學]이 여덟 길 거둠으로 답함**

그리고 그는 다시 물었다.

"어질고 거룩한 이여, 어떤 것이 여덟 가지 바른 길[八支聖道]입니까"

법을 즐기는 비구니가 대답했다.

"여덟 가지 바른 길이란 바른 견해·바른 뜻·바른 말·바른 행위·바른 생활·바른 방편·바른 생각·바른 선정이오.

이것을 여덟이라 하고, 이것을 여덟 가지 바른 길이라 하오."

비사카 우파시카가 듣고서는 찬탄해 말했다.

"잘 말씀하시고 잘 말씀하셨습니다, 어질고 거룩한 이여."

비사카 우파시카는 이렇게 찬탄한 뒤에 기뻐하며 받들어 행하였다.

그리고 그는 다시 물었다.

"어질고 거룩한 이여, 여덟 가지 바른 길은 함이 있습니까[有爲耶]."

법을 즐기는 비구니가 대답했다.

"그렇소. 여덟 가지 바른 길은 함이 있소."

비사카 우파시카가 듣고서는 찬탄해 말했다.

"잘 말씀하시고 잘 말씀하셨습니다, 어질고 거룩한 이여."

비사카 우파시카는 이렇게 찬탄한 뒤에 기뻐하며 받들어 행하였다.

그리고 그는 다시 물었다.

"어질고 거룩한 이여, 몇 무더기가 있습니까."

법을 즐기는 비구니가 대답했다.

"세 실천의 무더기[三聚]가 있으니 곧 계율[戒]의 무더기·선정[定]의 무더기·지혜[慧]의 무더기이오."

비사카 우파시카가 듣고서는 찬탄해 말했다.

"잘 말씀하시고 잘 말씀하셨습니다, 어질고 거룩한 이여."

비사카 우파시카는 이렇게 찬탄한 뒤에 기뻐하며 받들어 행하였다.

그리고 그는 다시 물었다.

"어질고 거룩한 이여, 여덟 가지 바른 길이 이 세 무더기를 거둡니까."

법을 즐기는 비구니가 대답했다.

"여덟 가지 바른 길이 세 무더기를 거두는 것이 아니라, 세 무더기가 여덟 가지 바른 길을 거두는 것이오.

곧 바른 말·바른 행위·바른 생활의 이 세 가지 바른 길[三道支]은 거룩한 계율의 무더기가 거두고, 바른 생각·바른 선정의 이 두 가지 바른 길[二道支]은 거룩한 선정의 무더기가 거두며, 바른 견해·바른 뜻·바른 방편의 이 세 가지 바른 길은 거룩한 지혜의 무더기가 거두는 것이오.

이것을 여덟 가지 바른 길이 세 무더기를 거두는 것이 아니라, 세 무더기가 여덟 가지 바른 길을 거두는 것이라 하오.'

비사카 우파시카가 듣고서는 찬탄해 말했다.

"잘 말씀하시고 잘 말씀하셨습니다, 어질고 거룩한 이여."

비사카 우파시카는 이렇게 찬탄한 뒤에 기뻐하며 받들어 행하였다.

**니르바나의 사라져 다함에 마주함이 있는가 물으니
마주함 없음으로 답함**

그리고 그는 다시 물었다.

"어질고 거룩한 이여, 사라짐[滅]은 마주함이 있습니까[有對]."

법을 즐기는 비구니가 대답했다.

"사라짐은 마주함이 없소[滅無對也]."

비사카 우파시카가 듣고서는 찬탄해 말했다.

"잘 말씀하시고 잘 말씀하셨습니다, 어질고 거룩한 이여"

비사카 우파시카는 이렇게 찬탄한 뒤에 기뻐하며 받들어 행하였다.

**선정의 모습과 힘 공덕을 네 곳 살핌과
바른 끊음 자재한 선정으로 답함**

그리고 그는 다시 물었다.

"어질고 거룩한 이여, 첫째 선정[初禪]에는 몇 가지 내용[幾支]이 있습니까."

법을 즐기는 비구니가 대답했다.

"첫째 선정에는 다섯 가지 내용[五支]이 있으니, 곧 느낌[覺]·살핌[觀]·기쁨[喜]·즐거움[樂]·한 마음[一心]이오.

이것을 첫째 선정에 다섯 가지 내용이 있다고 하는 것이오."

비사카 우파시카가 듣고서는 찬탄해 말했다.

"잘 말씀하시고 잘 말씀하셨습니다, 어질고 거룩한 이여."

비사카 우파시카는 이렇게 찬탄한 뒤에 기뻐하며 받들어 행하였다.

그리고 그는 다시 물었다.

"어질고 거룩한 이여, 어떤 것이 끊음[斷]이며, 어떤 것이 선정의 모습[定相]이며, 어떤 것이 선정의 힘[定力]이며, 어떤 것이 선정의 공[定功]이며, 어떻게 선정을 닦습니까[修定].”

법을 즐기는 비구니가 대답했다.

“만약 마음이 잘 하나가 되면[心得一] 이것을 선정[定]이라 하고, 네 곳 살핌[四念處]을 선정의 모습[定相]이라 하며, 네 가지 바른 끊음[四正斷]을 선정의 힘[定力]이라 하고, 네 가지 자재한 선정[四如意足]을 선정의 공[定功]이라 하오.

만약 이런 여러 착한 법들을 익혀 꾸준히 힘쓰고 자주자주 오롯이 닦아 정진하면 이것을 선정을 닦는 것이라 하오.”

비사카 우파시카가 듣고서는 찬탄해 말했다.

“잘 말씀하시고 잘 말씀하셨습니다. 어질고 거룩한 이여.”

비사카 우파시카는 이렇게 찬탄한 뒤에 기뻐하며 받들어 행하였다.

숨 쉬는 목숨과 따뜻한 기운 앎이 목숨 이룸을 보임

그리고 그는 다시 물었다.

“어질고 거룩한 이여, 몇 가지 법이 있어서 산 몸이 죽은 뒤 무덤 사이에 버려져 나무처럼 뜻이 없게 됩니까.”

법을 즐기는 비구니가 대답했다.

“세 법이 있어서 살아 있던 몸이 죽은 뒤 무덤 사이에 버려져 나무처럼 뜻이 없게 되오.

어떤 것이 셋인가요. 첫째는 숨 쉬는 목숨[壽]이요, 둘째는 따뜻한 기운[暖]이며, 셋째는 앎[識]이오.

이것을 세 법이 있어서 살아 있던 몸이 죽은 뒤 무덤 사이에 버려져 나무처럼 뜻이 없게 된다고 하오.”

비사카 우파시카가 듣고서는 찬탄해 말했다.

"잘 말씀하시고 잘 말씀하셨습니다, 어질고 거룩한 이여."

비사카 우파시카는 이렇게 찬탄한 뒤에 기뻐하며 받들어 행하였다.

사라져 다한 사마디는 죽음과 생각 없음과 같지 않음을 답함

그리고 그는 다시 물었다.

"어질고 거룩한 이여, 죽음[死]과 사라져 다한 사마디[nirodha-samādhi, 滅盡定]에 듦과는 어떤 차별이 있습니까."

법을 즐기는 비구니가 대답했다.

"죽음은 숨 쉬는 목숨이 사라져 다하고, 따뜻한 기운이 끊어지며, 모든 아는 뿌리가 무너지는 것이오.

비구가 사라져 다한 사마디에 드는 것은 목숨이 사라져 다하는 것이 아니요, 따뜻한 기운이 끊어지는 것도 아니며, 모든 아는 뿌리가 무너지는 것도 아니오.

죽음과 사라져 다한 사마디에 듦과는 이런 차별이 있소."

비사카 우파시카가 듣고서는 찬탄해 말했다.

"잘 말씀하시고 잘 말씀하셨습니다, 어질고 거룩한 이여."

비사카 우파시카는 이렇게 찬탄한 뒤에 기뻐하며 받들어 행하였다.

그리고 그는 다시 물었다.

"어질고 거룩한 이여, 사라져 다한 사마디에 드는 것과 생각없는 선정[無想定]에 드는 것과는 어떤 차별이 있습니까."

법을 즐기는 비구니가 대답했다.

"비구가 사라져 다한 사마디에 들면 모습 취함[想]과 앎[知]이 사라지고, 생각없는 선정에 들면 모습 취함과 앎이 사라지지 않소. 사라져 다한 사마디에 드는 것과 생각없는 선정에 드는 것과는 이런 차별이 있소."

비사카 우파시카가 듣고서는 찬탄해 말했다.

"잘 말씀하시고 잘 말씀하셨습니다, 어질고 거룩한 이여."

비사카 우파시카는 이렇게 찬탄한 뒤에 기뻐하며 받들어 행하였다.

사마파티는 들고 나옴에 집착 없어 해탈의 작용이 자재함을 보임

그리고 그는 다시 물었다.

"어질고 거룩한 이여, 사라져 다한 사마디[滅盡定]에서 일어나는 자와 생각없는 선정[無想定]에서 일어나는 자에는 어떤 차별이 있습니까."

법을 즐기는 비구니가 대답했다.

"비구가 사라져 다한 사마디에서 일어날 때에는 이렇게 생각하지 않소.

'나는 사라져 다한 사마디에서 일어난다.'

그러나 비구가 생각없는 선정에서 일어날 때에는 이렇게 생각하오.

'나는 생각이 있는가, 나는 생각이 없는가.'

사라져 다한 사마디에서 일어나는 사람과 생각없는 선정에서 일어나는 사람과는 이런 차별이 있소."

비사카 우파시카가 듣고서는 찬탄해 말했다.

"잘 말씀하시고 잘 말씀하셨습니다, 어질고 거룩한 이여."

비사카 우파시카는 이렇게 찬탄한 뒤에 기뻐하며 받들어 행하였다. 그리고 그는 다시 물었다.

"어질고 거룩한 이여, 비구가 사라져 다한 사마디에 들어갈 때에

'나는 사라져 다한 사마디에 들어간다'고 생각합니까."

법을 즐기는 비구니가 대답했다.

"비구가 사라져 다한 사마디에 들어갈 때에 '나는 사라져 다한 사마디에 들어간다'고 생각하지 않소. 그러나 본래부터 이와 같이 닦아 익힌 마음, 이 때문에 이와 같이 나아가 향하는 것[如是趣向]이오."

비사카 우파시카가 듣고서는 찬탄해 말했다.

"잘 말씀하시고 잘 말씀하셨습니다, 어질고 거룩한 이여."

비사카 우파시카는 이렇게 찬탄한 뒤에 기뻐하며 받들어 행하였다.

그리고 그는 다시 물었다.

"어질고 거룩한 이여, 비구가 사라져 다한 사마디에서 일어날 때에 '나는 사라져 다한 사마디에서 일어난다'고 생각하지 않습니까."

법을 즐기는 비구니가 대답했다.

"비구가 사라져 다한 사마디에서 일어날 때 '나는 사라져 다한 사마디에서 일어난다'고 생각하지 않소. 그러나 이 몸과 여섯 아는 곳[六處]과 목숨뿌리[命根]로 인하여 이 때문에 선정에서 일어나는 것이오."

비사카 우파시카가 듣고서는 찬탄해 말했다.

"잘 말씀하시고 잘 말씀하셨습니다, 어질고 거룩한 이여."

비사카 우파시카는 이렇게 찬탄한 뒤에 기뻐하며 받들어 행하였다.

그리고 그는 다시 물었다.

"어질고 거룩한 이여, 비구가 사라져 다한 사마디에서 일어난 뒤에는 그 마음은 어떤 곳을 즐거워하고, 어디로 나아가며, 무엇을 따릅니까."

법을 즐기는 비구니가 대답했다.

"비구가 사라져 다한 사마디에서 일어난 뒤에는 그 마음은 떠남을 즐거워하고, 떠남으로 나아가며, 떠남을 따르오."

비사카 우파시카가 듣고서는 찬탄해 말했다.

"잘 말씀하시고 잘 말씀하셨습니다, 어질고 거룩한 이여."

비사카 우파시카는 이렇게 찬탄한 뒤에 기뻐하며 받들어 행하였다.

느낌과 닿음을 물으니 느낌과 닿음의 덧없음으로 답함

그리고 그는 다시 물었다.

"어질고 거룩한 이여, 몇 가지 느낌이 있습니까."

법을 즐기는 비구니가 대답했다.

"세 가지 느낌[三覺]이 있으니 곧 즐거운 느낌[樂覺]·괴로운 느낌[苦覺]·괴롭지도 않고 즐겁지도 않은 느낌[不苦不樂覺]이오. 이것은 무엇을 인연하여 있는 것이오? 닿음[更樂]을 인연하여 있소."

비사카 우파시카가 듣고서는 찬탄해 말했다.

"잘 말씀하시고 잘 말씀하셨습니다, 어질고 거룩한 이여."

비사카 우파시카는 이렇게 찬탄한 뒤에 기뻐하며 받들어 행하였다. 그리고 그는 다시 물었다.

"어질고 거룩한 이여, 어떤 것이 즐거운 느낌이며, 어떤 것이 괴로운 느낌이며, 어떤 것이 괴롭지도 않고 즐겁지도 않은 느낌입니까."

법을 즐기는 비구니가 대답했다.

"만약 즐거운 닿음이 닿아 내면 몸과 마음은 즐겁고 좋음을 느끼니, 이 느낌을 즐거운 느낌이라 하오.

만약 괴로운 닿음이 닿아 내면 몸과 마음은 괴롭고 좋지 않음을 느끼니, 이 느낌을 괴로운 느낌이라 하오.

만약 괴롭지도 않고 즐겁지도 않은 닿음이 닿아 내면 몸과 마음은 괴롭지도 않고 즐겁지도 않으며, 좋지도 않고 좋지 않은 것도 아님을 느끼니, 이 느낌을 괴롭지도 않고 즐겁지도 않은 느낌이라 하오."

  비사카 우파시카가 듣고서는 찬탄해 말했다.

  "잘 말씀하시고 잘 말씀하셨습니다. 어질고 거룩한 이여."

  비사카 우파시카는 이렇게 찬탄한 뒤에 기뻐하며 받들어 행하였다. 그리고 그는 다시 물었다.

  "어질고 거룩한 이여, 즐거운 느낌에 있어서는 어떤 것이 즐겁고 어떤 것이 괴로우며, 어떤 것이 덧없고 어떤 것이 재앙이며, 어떤 것이 번뇌입니까.

  괴로운 느낌에 있어서는 어떤 것이 즐겁고 어떤 것이 괴로우며, 어떤 것이 덧없고 어떤 것이 재앙이며, 어떤 것이 번뇌입니까.

  또 괴롭지도 않고 즐겁지도 않은 느낌에 있어서는 어떤 것이 즐겁고, 어떤 것이 덧없고 어떤 것이 재앙이며, 어떤 것이 번뇌입니까."

  법을 즐기는 비구니가 대답했다.

  "즐거운 느낌에 있어서는 나는 것이 즐겁고 머무는 것도 즐거우나, 변해 바뀜은 괴롭고 덧없는 것은 재앙이며, 탐욕이 그 번뇌[貪使]이오.

  괴로운 느낌에 있어서는 나는 것이 괴롭고 머무는 것도 괴로우나, 변해 바뀜은 즐겁고 덧없는 것은 재앙이며, 성냄이 그 번뇌[恚使]이오. 괴롭지도 않고 즐겁지도 않은 느낌에 있어서는 괴로운 것도 알지 못하고 즐거운 것도 알지 못하나, 덧없는 것은 곧 변해 바뀌는 것으로 무명이 그 번뇌[無明使]요."

  비사카 우파시카가 듣고서는 찬탄해 말했다.

"잘 말씀하시고 잘 말씀하셨습니다, 어질고 거룩한 이여."

비사카 우파시카는 이렇게 찬탄한 뒤에 기뻐하며 받들어 행하였다.

세 느낌의 번뇌를 물으니 느낌에서 느낌 떠난 해탈을 말함

그리고 그는 다시 물었다.

"어질고 거룩한 이여, 온갖 즐거운 느낌은 탐욕이 그 번뇌가 되고, 온갖 괴로운 느낌은 성냄이 그 번뇌가 되며, 온갖 괴롭지도 않고 즐겁지도 않은 느낌은 무명이 그 번뇌가 됩니까."

법을 즐기는 비구니가 대답했다.

"온갖 즐거운 느낌이 탐욕의 번뇌인 것은 아니고, 온갖 괴로운 느낌이 성냄의 번뇌인 것은 아니며, 괴롭지도 않고 즐겁지도 않은 느낌이 다 무명의 번뇌인 것은 아니오.

어떤 즐거운 느낌이 탐욕의 번뇌 아닌 것이오?

만약 비구가 탐욕을 떠나고 악하여 착하지 않은 법을 떠나, 느낌이 있고 살핌이 있어 욕계의 악을 떠나는 데서 생기는 기쁨과 즐거움이 있는 첫째 선정을 얻어 성취하여 노닐면, 이것을 즐거운 느낌이라 하니, 탐욕의 번뇌가 아닌 것이오. 왜냐하면 그는 탐욕을 끊었기 때문이오.

어떤 괴로운 느낌이 성냄의 번뇌가 아닌 것이오?

만약 높은 해탈의 즐거움을 구하여 바라고 애를 써서 근심하고 괴로워하면, 이것을 괴로운 느낌이라 하니, 성냄의 번뇌가 아닌 것이오. 왜냐하면 그는 성냄을 끊었기 때문이오.

어떤 괴롭지도 않고 즐겁지도 않은 느낌이 무명의 번뇌가 아니오?

즐거움도 사라지고 괴로움도 사라지고 기쁨과 걱정은 본래 이미 사라져 괴롭지도 않고 즐겁지도 않아서, 버림의 평등함[捨] 바른 생각[念] 청정함[淸淨]으로 넷째 선정을 얻어 성취하여 노닐면, 이것을 괴롭지도 않고 즐겁지도 않은 느낌이라 하니, 무명의 번뇌가 아닌 것이오. 왜냐하면 그는 무명을 끊었기 때문이오."

비사카 우파시카가 듣고서는 찬탄해 말했다.

"잘 말씀하시고 잘 말씀하셨습니다, 어질고 거룩한 이여."

비사카 우파시카는 이렇게 찬탄한 뒤에 기뻐하며 받아들여 행하였다.

상대하여 나는 법을 물으니 갖가지 상대법을 보임

그리고 그는 다시 물었다.

"어질고 거룩한 이여, 즐거운 느낌은 어떤 마주함이 있습니까."

법을 즐기는 비구니가 대답했다.

"즐거운 느낌은 괴로운 느낌으로 마주함을 삼소."

비사카 우파시카가 듣고서는 찬탄해 말했다.

"잘 말씀하시고 잘 말씀하셨습니다. 어질고 거룩한 이여."

비사카 우파시카는 이렇게 찬탄한 뒤에 기뻐하며 받아들여 행하였다.

그리고 그는 다시 물었다.

"어질고 거룩한 이여, 괴로운 느낌은 어떤 마주함이 있습니까."

법을 즐기는 비구니가 대답했다.

"괴로운 느낌은 즐거운 느낌으로 마주함을 삼소."

비사카 우파시카가 듣고서는 찬탄해 말했다.

"잘 말씀하시고 잘 말씀하셨습니다, 어질고 거룩한 이여."

비사카 우파시카는 이렇게 찬탄한 뒤에 기뻐하며 받아들여 행하였다.

그리고 그는 다시 물었다.

"어질고 거룩한 이여, 즐거운 느낌과 괴로운 느낌은 어떤 마주함이 있습니까."

법을 즐기는 비구니가 대답했다.

"즐거운 느낌과 괴로운 느낌은 괴롭지도 않고 즐겁지도 않은 느낌으로 마주함을 삼소."

비사카 우파시카가 듣고서는 찬탄해 말했다.

"잘 말씀하시고 잘 말씀하셨습니다, 어질고 거룩한 이여."

비사카 우파시카는 이렇게 찬탄한 뒤에 기뻐하며 받들어 행하였다. 그리고 그는 다시 물었다.

"어질고 거룩한 이여, 괴롭지도 않고 즐겁지도 않은 느낌은 어떤 마주함이 있습니까."

법을 즐기는 비구니가 대답했다.

"괴롭지도 않고 즐겁지도 않은 느낌은 무명으로 마주함을 삼소."

비사카 우파시카가 듣고서는 찬탄해 말했다.

"잘 말씀하시고 잘 말씀하셨습니다, 어질고 거룩한 이여."

비사카 우파시카는 이렇게 찬탄한 뒤에 기뻐하며 받들어 행하였다. 그리고 그는 다시 물었다.

"어질고 거룩한 이여, 무명은 어떤 마주함이 있습니까."

법을 즐기는 비구니가 대답했다.

"무명(無明, avidyā)은 밝음[明, vidyā]으로 마주함을 삼소."

비사카 우파시카가 듣고서는 찬탄해 말했다.

"잘 말씀하시고 잘 말씀하셨습니다, 어질고 거룩한 이여."

비사카 우파시카는 이렇게 찬탄한 뒤에 기뻐하며 받들어 행하였다. 그리고 그는 다시 물었다.

"어질고 거룩한 이여, 밝음은 어떤 마주함이 있습니까."

법을 즐기는 비구니가 대답했다.

"밝음은 니르바나로 마주함을 삼소."

비사카 우파시카가 듣고서는 찬탄해 말했다.

"잘 말씀하시고 잘 말씀하셨습니다, 어질고 거룩한 이여."

비사카 우파시카는 이렇게 대답한 뒤에 기뻐하며 받들어 행하였다.

니르바나는 그물이 없고 마주함이 없는 법임을 보임

그리고 그는 다시 물었다.

"어질고 거룩한 이여, 니르바나는 어떤 마주함이 있습니까."

법을 즐기는 비구니가 대답했다.

"그대는 끝이 없는 일[無窮事]을 묻고자 하는구려. 그러나 그대는 아무리 물어도 내 대답의 끝을 다하지 못할 것이오. 왜냐하면 니르바나는 마주함이 없기[涅槃無對] 때문이오.

니르바나는 그물이 없고 그물을 벗어나 그물이 없어져 다했소. 이런 뜻 때문에 나는 세존을 따라 범행을 행하오."

이때에 비사카 우파시카는 법을 즐기는 비구니의 설법을 들어 잘 받아 가지고 잘 외워 익힌 뒤에, 곧 자리에서 일어나 머리를 대 법을 즐기는 비구니의 발에 절하고 세 번 돌고 떠나갔다.

법을 즐기는 비구니의 설법을 세존께서 인증하심

이에 법을 즐기는 비구니는 비사카 우파시카가 떠난 지 오래지 않아 붇다 계신 곳으로 나아가 붇다의 발에 머리를 대 절하고 물러나 한 쪽에 앉았다.

그러고는 비사카 우파시카와 이야기한 것을 붓다께 모두 말씀드린 뒤에 두 손 맞잡고 붓다를 향해 여쭈었다.

"세존이시여, 저는 이와 같이 말하고 이와 같이 대답하였습니다. 이 말이 세존을 비방한 것이 되지 않겠습니까. 진실을 말하고 법과 같이 말하고 법을 따라 법을 말한 것입니까.

법다운 법 가운데서 서로 어긋남이 있고 다툼이 있고 허물이 있지 않겠습니까."

세존께서는 말씀하셨다.

"비구니여, 네가 이와 같이 말하고 이와 같이 대답한 것은 나를 비방한 것이 아니다. 너는 진실을 말하고, 법과 같이 말하였으며, 법을 따라 법을 말하였다. 너의 말은 법다운 법 가운데 서로 어긋남이 없고 다툼과 허물이 없다.

비구니여, 만약 비사카 우파시카가 이런 뜻과 이런 말로 내게 와서 묻는다 해도, 나 또한 비사카 우파시카를 위하여 이런 뜻과 이런 말로써 대답하였을 것이다. 비구니여, 이 뜻[此義]은 네가 말한 것과 같다. 너는 반드시 이와 같이 지녀야 한다.

왜 그런가. 이 말이 곧 옳은 뜻[是義]이기 때문이다."

붓다께서는 이와 같이 말씀하시자, 법을 즐기는 비구니와 여러 비구니들은 붓다의 말씀을 듣고 받들어 행하였다.

• 중아함 210 법락비구니경(法樂比丘尼經)

• 해설 •

법을 즐기는 비구니가 여래의 가르침의 말씀을 듣고 말씀대로 행하여[如說而行] 스스로 연기의 진리를 깨닫고 아라한의 과덕을 얻었다면, 잘 듣고 깨달은 제자의 법이 크신 스승의 법이고 크신 스승의 법이 미혹의 중생이 향해 나아갈 법이다.

저 마하카샤파 존자만 여래의 반 자리에 앉을 수 있을 뿐 아니라, 여래의 법을 이와 같이 잘 체득한 '법을 즐기는 비구니' 또한 여래와 자리를 나눠 그 반 자리에서 법을 듣고 법을 설할 수 있는 현성이다.

이제 비사카 우파시카의 물음을 따라 세존의 크신 제자 '법을 즐기는 비구니'의 답을 사유해보자.

중생은 다섯 쌓임으로 이루어진 나의 몸 나의 존재에 나의 몸이 있다는 견해[身見], 나라는 견해[我見]를 일으켜 윤회의 삶을 벗어나지 못한다.

나가 나가 아니라 다섯 쌓임이 나이지만, 다섯 쌓임의 모든 법도 공하여 마음에 마음이 없고 물질에 물질이 없다.

다섯 쌓임 안에 신묘하게 아는 자가 있다고 하거나 신묘하게 아는 자 안에 다섯 쌓임이 있다 함이 장애의 법이고 샘이 있는 법이다. 다섯 쌓임으로 나가 있으므로 나가 공하고, 다섯 쌓임의 모든 법도 공한 줄 알아야 몸이 있다는 견해, 나라는 견해가 사라질 것이다.

치성한 다섯 쌓임의 법에서 있는 모습을 두고 마음과 물질을 없애면, 물질과 마음을 남음 없이 다할 수 없다. 마음이 물질로 인한 마음이라 공한 줄 알고, 물질이 마음인 물질이라 공한 줄 알아야, 마음에서 마음이 없고 물질에 물질이 없되 공에도 집착하지 않을 것이다.

끊을 마음과 물질이 없고 머물 공이 없을 때, 마음·물질의 다섯 쌓임에서 다섯 쌓임을 마쳐 다할 수 있다.

마음이 마음 아닌 마음이고 물질이 물질 아닌 물질이므로 마음이 경계를 알되 아는 바에 실로 알 것이 없음을 깨달으면, 마음에 앎이 없고 아는 바에 모습이 없다. 다섯 쌓임에 받음이 없고 샘이 없으면 다섯 쌓임은 모습에 모습 없는 실상의 다섯 쌓임이 된다.

그러나 받음이 있고 샘이 있으면 다섯 쌓임은 불꽃 일듯 일어나는 쌓임[受陰, 熾盛陰]이 되고 그 수가 늘고 줆이 있고 나고 사라짐이 있는 법이 된다.

존재의 진실 밖에 삶의 진실과 바른 실천의 길은 없다. 다섯 쌓임이 있되 공하므로 다섯 쌓임의 있음에 물들지 않는 선정의 고요함이 있는 것이고, 다섯 쌓임이 공하되 있으므로 다섯 쌓임의 공에 머물지 않는 지혜가 현전하는 것이다.

선정인 지혜가 자아와 세계의 실체성을 함께 넘어서되 함께 살리는 행이 되므로 그 행을 계행이라 하고 파라미타의 실천이라 한다.

그러므로 계·정·혜 밖에 여덟 가지 바른 길이 없으니, 바른 말·바른 행·바른 생활이 계행에 거두어지고, 바른 생각·바른 선정이 선정에 거두어지며, 바른 견해·바른 뜻·바른 방편이 지혜에 거두어지는 것이다.

바른 말과 행위의 계행이 선정과 지혜의 바탕이 되지만, 선정인 지혜와 지혜인 선정이 바른 행위의 계행으로 현전하는 것이다.

선정은 온갖 법이 있되 공한 실상에 부합된 행이므로 선정에는 선정의 모습이 공하고 선정에는 머무는 곳이 없어서 선정은 지혜인 선정이 되고 번뇌 끊는 방편의 선정이 되는 것이다.

중생에 번뇌의 장애가 없지 않으므로 선정에는 아는 마음과 알려지는 법의 실상을 살펴 드러내는 네 곳 살핌의 모습[定相]이 있으니, 선정이 곧 번뇌를 끊음 없이 끊어 니르바나에 향하는 바른 끊음의 힘[定力]이 되고, 네 가지 자재한 신통과 해탈의 작용[定功]이 된다.

유정(有情)의 목숨이 무정물과 다른 것은 들고 나는 숨[息]으로 이어지는 목숨줄[壽]이 있고 따뜻한 기운[煖]이 있고 앎[識]이 함께하기 때문이니, 유정(有情)의 뜻 있음이 공한 줄 알아야[雖情無情], 육체적 생명의 목숨줄을 넘어 지혜의 목숨[慧命]을 얻을 것이다.

'사라져 다한 사마디'[nirodha-samādhi]가 선정의 최고 형태로 표현되니, 사라져 다함은 있음을 깨고 없음에 돌아감이 아니고, 느낌과 모습 취함을 버리고 고요함에 들어감이 아니다.

사라져 다한 사마디는 모습에 모습이 없고 느끼되 느낌이 없으며 모습 취함에 모습 취함이 없음이다.

그러므로 사라져 다한 선정은 생각 끊고 생각 없음에 들어가는 생각 없는 선정과 다르고, 육체적 생명의 따뜻한 기운과 앎을 떠나서 들어가는 죽어 있는 고요함이 아니다.

생각에 생각 없고 생각 없음에도 생각 없음이 없는 선정이 사라져 다한 선정이다.

사라져 다한 선정은 들어감에 들어감이 없고 나옴에 나옴이 없으며, 빛깔과 소리 있을 때 빛깔과 소리에 걸리지 않으며, 빛깔과 소리 없을 때 고요함에 빠지지 않는다.

사라져 다한 선정일 때 연기의 실상이 현전하고 여래의 니르바나의 공덕이 실현된다.

괴로운 느낌에서 괴로움을 떠나고 즐거운 느낌에서 즐거움을 떠나고 괴롭지도 않고 즐겁지도 않은 느낌에서 공한 모습도 떠나므로, 사라져 다한 선정은 참된 기쁨과 안락의 선정이며, 한량없는 마음의 선정이고 크나큰 보시와 파라미타의 선정이다.

인연으로 온갖 법이 나는 측면에서 보면 온갖 법은 상대가 있는 법이고 나고 사라짐이 있는 법이다. 이것은 저것으로 있고 저것도 이것으로 있으며, 있음은 공과 마주하고 밝음은 밝지 못함과 마주한다.

지혜의 밝음도 연기하는 측면에서 보면 무명의 번뇌를 깨뜨리고 밝음이 난 것이므로 무명과 밝음은 서로 마주한다.

지혜의 밝음은 니르바나에서 연기한 것이고 지혜의 밝음으로 니르바나가 구현되므로 밝음도 니르바나와 서로 마주한다. 어두움과 밝음이 모두 공해 어두움이 어두움 아니고 밝음이 밝음 아니며, 니르바나의 고요함도 고요함이 아니므로, 니르바나의 진실처는 마주함도 없고 이름도 없고 봄도 없고 얻음도 없는 것이다.

이 니르바나가 모든 중생과 온갖 존재의 모습에 모습 없는 참모습이고, 이 니르바나가 온갖 여래가 위없는 보디의 밝음으로 구현한 존재의 진실이니, 니르바나에는 실로 그렇다 할 니르바나의 이름과 모습도 없는 것[涅槃

無名]이다.

이와 같이 크신 스승의 가르침을 따라 잘 니르바나의 뜻을 문답하였으니, '법을 즐기는 비구니'야말로 법왕의 높은 자손이며 중생 세간의 빼어난 인도자이다.

우리 중생 또한 현성이신 '법을 즐기는 비구니'가 보인 니르바나의 뜻에 돌아가야 할 것이니, 돌아가야 할 니르바나는 그 어느 곳인가.

생각 있음에서 생각 떠나고 생각 없음에서 생각 없음을 떠날 때 법을 즐기는 현성이신 비구니를 따라 여래의 법자리에 함께 나아가는 것인가.

이 세간에 받아 나온 범부의 업의 몸과 아는 마음과 아는바 세계가 곧 있되 실로 있음 아닌 줄 알면, 보고 듣고 아는 이 자리가 여래의 니르바나의 땅인 것이니, 『화엄경』(「십회향품」)은 이렇게 말한다.

저 붇다의 제자들이 이와 같이
온갖 법의 성품 늘 공적한 줄 알면
한 법도 지어 만들 것이 없이
모든 붇다 이루신 보디와 같이
온갖 법에 나 없음 깨닫게 되리.

彼諸佛子如是知　一切法性常空寂
無有一法能造作　同於諸佛悟無我

온갖 법의 참모습 깨친 보디사트바
중생을 분별해 취하지 않으며
또한 망상으로 모든 법 생각하지 않네.
비록 세간에 물들어 집착 않지만
또한 다시 모든 중생 버리지 않네.

未曾分別取衆生　亦不妄想念諸法
雖於世間無染著　亦復不捨諸含識

경의 뜻으로 보면 지금 눈앞에 어지러이 일고 지는 모습에서 실로 있음을 보지 않아 세간에 물듦 없으나, 없음에서 없음을 떠나 세간 버리지 않는 자가 니르바나의 공덕 보리라.

그렇다면 자고 있던 봄꿈에서 깨어나자 눈앞에 펼쳐지는 꽃비 날리는 봄 풍경 밖에 니르바나의 소식이 없을 것이니, 옛 조사[石門昜]의 다음 노래가 친절하다.

> 앉아서 흰구름 덮인 뭇 봉오리 품으니
> 꾀꼬리 울음 깊은 골에 봄 오는 줄 모르네.
> 바위 앞 꽃비는 펄펄 날려 떨어지는데
> 지금 막 봄꿈 깨자 옛 사람 알아보네.
> 坐擁群峯覆白雲 鸎啼深谷不知春
> 岩前花雨紛紛落 夢覺初人識故人

아라한의 니르바나는 처음과 끝이 없고
위도 없고 아래도 없는 것이다

이와 같이 들었다.

한때 붇다께서는 라자그리하 성 그리드라쿠타 산에서 오백 명의 큰 비구대중과 함께 계셨다.

그때 세존께서는 고요한 방에서 나와 그리드라쿠타 산으로 내려가시어 '사슴머리 브라마나'를 데리고 차츰 노닐어 걸어 '아주 두려운 무덤 사이'로 가셨다. 그때에 세존께서는 죽은 사람의 해골을 집어 브라마나에게 주면서 말씀하셨다.

"브라마나야, 그대는 지금 별자리[星宿]에 밝고 또 의술까지 잘 알아 온갖 병을 고치고 죽은 이가 난 모든 길[諸趣]을 알고 또 사람의 죽은 인연[死因緣]을 알 수 있다.

나는 지금 너에게 묻는다. 이것은 어떤 사람의 해골인가. 남자인가 여인인가. 또 무슨 병으로 목숨을 마쳤는가."

세존께서 브라마나에게 죽은 사람의 인연을 물으니
브라마나가 잘 답함

브라마나는 곧 해골을 들고 되짚어 살피다가 손으로 치면서 세존께 말씀드렸다.

"이것은 남자의 해골이오, 여인이 아닙니다."

세존께서 말씀하셨다.

"그렇다 브라마나야, 네 말과 같다. 이것은 남자요 여인이 아니다."
세존께서는 다시 물으셨다.
"어째서 목숨 마쳤는가."
브라마나는 다시 손으로 잡아 치면서 세존께 말씀드렸다.
"이 사람은 뭇 병이 함께 몰려와 뼈마디가 쓰리고 아파 목숨 마쳤습니다."
"어떤 처방이면 나았겠는가."
사슴머리 브라마나가 붇다께 말씀드렸다.
"하리타키 열매에 꿀을 섞은 뒤 먹었으면 이 병은 나았을 것입니다."
"잘 말했다, 네 말과 같다. 만약 이 사람이 이 약을 얻었으면 목숨 마치지 않았을 것이다. 그러면 이 사람은 오늘 여기서 목숨 마치고 어느 곳에 태어났겠는가."

그때 브라마나는 듣고서는 다시 해골을 잡아 치면서 세존께 말씀드렸다.
"이 사람은 목숨을 마치고 세 갈래 나쁜 길에 났습니다. 좋은 곳에 나지 않았습니다."

세존께서 말씀하셨다.
"그렇다 브라마나야, 네 말과 같다. 그는 세 갈래 나쁜 길에 났다. 좋은 곳에 나지 않았다."

이때에 세존께서는 다시 해골 하나를 집어 브라마나에게 주면서 물으셨다.
"이것은 어떤 사람인가. 남자인가, 여인인가."
브라마나는 다시 손으로 치면서 세존께 말씀드렸다.
"이 해골은 여인의 몸입니다."

제1장 삶의 실상 자체인 니르바나

세존께서 말씀하셨다.

"어떤 병으로 목숨을 마쳤는가."

이때 사슴머리 브라마나는 다시 손으로 치면서 세존께 말씀드렸다.

"이 여인은 아기를 배었다가 목숨을 마쳤습니다."

"왜 아기를 배었다가 목숨 마쳤는가."

"이 여인은 낳을 달이 아직 차지 않았는데 아기를 낳다가 목숨 마쳤습니다."

세존께서는 말씀하셨다.

"잘 말하고 잘 말했다. 브라마나야, 네 말과 같다. 그러면 그는 그때에 무슨 처방이면 나았겠는가."

브라마나가 붇다께 말씀드렸다.

"이런 병자는 좋은 버터[酥]나 제호(醍醐)를 먹었으면 곧 나았을 것입니다."

"그렇다, 그렇다. 네 말과 같다. 그러면 지금 이 여인은 여기서 목숨 마치고 어느 곳에 태어났겠는가."

"이 여인은 목숨 마치고 축생 가운데 태어났습니다."

세존께서 말씀하셨다.

"잘 말하고 잘 말했다. 브라마나야, 네 말과 같다."

그때에 세존께서는 다시 해골 하나를 집어 브라마나에게 주면서 물으셨다.

"이것은 남자냐, 여인이냐."

이때 브라마나는 다시 손으로 치면서 세존께 말씀드렸다.

"이 해골은 남자의 몸입니다."

"잘 말하고 잘 말했다. 네 말과 같다. 그러면 어떤 병으로 목숨 마쳤는가."

브라마나는 다시 손으로 치면서 세존께 말씀드렸다.

"이 사람은 음식을 너무 많이 먹고 설사를 만나 목숨 마쳤습니다."

세존께서 말씀하셨다.

"이런 병은 무슨 처방으로 고치는가."

"사흘 동안 양식을 끊고 먹지 않으면 곧 나을 것입니다."

"잘 말하고 잘 말했다. 네 말과 같다. 그러면 이 사람은 목숨 마치고 어느 곳에 태어났겠느냐."

그때에 브라마나는 다시 손으로 치면서 세존께 말씀드렸다.

"이 사람은 여기서 목숨 마치고 아귀 가운데 태어났습니다. 왜냐하면 그는 뜻이 물에 집착하였기 때문입니다."

"잘 말하고 잘 말했다. 네 말과 같다."

세존께서는 다시 해골 하나를 집어 브라마나에게 주면서 물으셨다.

"이것은 남자냐, 여인이냐."

브라마나는 다시 손으로 치면서 세존께 말씀드렸다.

"이 해골은 여인의 몸입니다."

"잘 말하고 잘 말했다. 네 말과 같다. 그러면 이 사람은 무슨 병으로 목숨 마쳤는가."

브라마나는 다시 손으로 치면서 세존께 말씀드렸다.

"아기를 낳다가 목숨 마쳤습니다."

세존께서 말씀하셨다.

"왜 아기를 낳다가 목숨 마쳤는가."

브라마나는 다시 손으로 치면서 세존께 말씀드렸다.

"이 여인의 몸은 기력이 없고 마르며 또 다시 굶주려 목숨 마쳤습니다."

"그러면 이 사람은 목숨 마치고 어느 곳에 태어났겠는가."

브라마나는 다시 손으로 치면서 세존께 말씀드렸다.

"이 사람은 목숨을 마치고 사람의 길[人道]에 태어났습니다."

세존께서는 말씀하셨다.

"대개 굶주려 죽은 사람은 좋은 곳에 나려 하여도 그럴 수 없다. 그리고 세 갈래 나쁜 길에 난다는 것은 그럴 수가 있는 것이다."

이때 브라마나는 다시 손으로 치면서 세존께 말씀드렸다.

"이 사람은 계 지님을 온전히 갖추고 목숨 마쳤습니다."

세존께서 말씀하셨다.

"잘 말하고 잘 말했다. 네 말과 같다. 이 여인은 계율을 온전히 가지고 목숨을 마쳤다. 왜냐하면, 대개 남자나 여인으로 금한 계를 온전히 갖춘 이는 목숨을 마칠 때에는 반드시 하늘위나 사람 가운데 이 두 길에 나는 것이다."

하늘에 난 사람의 해골을 브라마나에게 물어 답하게 하심

그때에 세존께서는 다시 해골 하나를 잡아 브라마나에게 주면서 물으셨다.

"이 해골의 몸은 남자냐, 여인이냐."

브라마나는 다시 손으로 치면서 세존께 말씀드렸다.

"이 해골은 남자의 몸입니다."

"잘 말하고 잘 말했다. 네 말과 같다. 그러면 이 사람은 무슨 병으로 목숨 마쳤는가."

브라마나는 다시 손으로 치면서 세존께 말씀드렸다.

"이 사람은 병은 없었고 남의 해침을 받아 목숨 마쳤습니다."

세존께서 말씀하셨다.

"잘 말하고 잘 말했다. 네 말과 같다. 그는 남의 해침을 입어 목숨 마쳤다."

세존께서는 다시 말씀하셨다.

"이 사람은 목숨 마치고 어느 곳에 태어났겠는가."

이때 브라마나는 다시 손으로 치면서 세존께 말씀드렸다.

"이 사람은 목숨 마치고 하늘위의 좋은 곳에 났습니다."

세존께서는 말씀하셨다.

"네 말대로 하면 앞뒤가 서로 맞지 않는구나."

브라마나가 여쭈었다.

"어찌하여 앞뒤가 서로 맞지 않습니까."

세존께서 말씀하셨다.

"어떤 남녀의 무리거나 남의 해침을 입어 목숨을 마친 사람은 다 세 갈래 나쁜 길에 나는데, 너는 어째서 하늘위의 좋은 곳에 났다고 하는가."

브라마나는 다시 손으로 치면서 세존께 말씀드렸다.

"이 사람은 다섯 가지 계율을 받들어 지니고 겸하여 열 가지 착한 행을 행했으므로 목숨을 마치고는 하늘위의 좋은 곳에 난 것입니다."

"잘 말하고 잘 말했다. 네 말과 같다. 계율을 가지는 사람으로서 범하는 일이 없으면 하늘위의 좋은 곳에 난다."

세존께서는 거듭 말씀하셨다.

"이 사람은 몇 가지 계율을 지니고 목숨을 마쳤는가."

이때 브라마나는 한마음을 오롯이 해 다른 생각이 없이 손으로 치면서 세존께 말씀드렸다.

"한 가지 계율을 가졌던가, 그것이 아닙니다. 둘·셋·넷·다섯의 계율인가, 그것도 아닙니다. 이 사람은 여덟 가지 재법[八關齋法]을 가지고 목숨을 마쳤습니다."

세존께서 말씀하셨다.

"잘 말하고 잘 말했다. 네 말과 같다. 그는 여덟 가지 법을 가지고 목숨을 마쳤다."

**니르바나에 든 아라한의 해골을 물으니
그가 누구인지 어느 곳에 났는지를 알지 못함**

그때에 동쪽에 있는 '널리 향기로운 산'[普香山]의 남쪽에 살던 우다야나라는 비구는 남음 없는 니르바나의 세계에서 파리니르바나하였다.

그때 세존께서는 팔을 굽혔다 펴는 동안에 거기 가서 그 해골을 가져다 브라마나에게 주면서 물으셨다.

"이것은 남자냐, 여인이냐."

브라마나는 다시 손으로 치면서 세존께 말씀드렸다.

"제가 이 해골을 살펴보니 원래 남자도 아니요 여인도 아니옵니다[非男非女]. 왜냐하면 제가 이 해골을 살피니 산 것도 볼 수 없고 끊어진 것도 볼 수 없으며, 또한 돌아다녀 가고 오는 것도 볼 수 없기 때문입니다.

그 까닭은 네 방위와 네 모서리, 위아래를 두루 살펴보아도 전혀 소리의 울림이 없기 때문입니다.

저는 지금 세존이시여, 이것이 해골인 줄 알 수 없습니다."

세존께서는 말씀하셨다.

"그만두라, 그만두라, 브라마나야. 너는 끝내 이것이 누구의 해골인지 알 수 없다. 너는 알아야 한다. 그 해골은 마침도 없고 비롯함도 없으며, 또 나고 죽음도 없고 네 방위와 네 모서리, 위아래의 갈 곳도 없다. 이것은 동쪽에 있는 널리 향기로운 산 남쪽의 우다야나 비구가 남음없는 니르바나의 세계에서 파리니르바나한 것으로, 이것은 아라한의 해골이다."

그때에 브라마나는 이 말을 듣고 일찍 없던 일이라 찬탄하면서 붇다께 말씀드렸다.

"저는 지금 개미 새끼의 벌레를 보고도 온 곳을 다 알고, 새나 짐승 소리를 들으면 곧 그것이 수컷인가 암컷인가를 가려 압니다.

그러나 저는 이제 이 아라한을 보고는 길이 보는 바가 없고[永無所見] 오는 곳도 볼 수 없고 가는 곳도 볼 수 없습니다[不見來處不見去處]. 여래의 바른 법은 참으로 기이하고 빼어납니다.

왜냐하면 모든 법의 근본은 여래의 신묘한 입에서 나오고, 이 아라한은 수트라의 법[經法]의 근본에서 나오기 때문입니다."

세존께서는 말씀하셨다.

"그렇다, 브라마나야. 네 말과 같다. 모든 법의 근본은 여래의 입에서 나온다. 그리하여 어떤 하늘이나 세간 사람이나 마라나 마라의 하늘이나 누구라도 끝내 아라한이 가는 곳은 알지 못하게 한다."

여래의 법을 듣고 브라마나가 범행을 닦아 아라한이 됨

그때에 브라마나는 머리를 대 세존의 발에 절하고 세존께 말씀드렸다.

"저는 아흔여섯 가지 도의 나아가는 곳[所趣向]은 다 알지만, 여래의 법이 나아가는 곳은 분별할 수 없습니다. 세존께서는 저도 그 도를 따라 살게 해주시길 바랍니다."

세존께서 말씀하셨다.

"잘 생각했다, 브라마나야. 시원스럽게 범행을 잘 닦으라.

아무도 너의 나아가는 곳을 알지 못할 것이다."

그때에 브라마나는 곧 집을 나와 도를 배워 한가하고 고요한 곳에서 도법을 이렇게 사유하였다.

'빼어난 종족의 사람으로서 머리와 수염을 깎고 세 가지 가사를 입는 것은 나고 죽음은 이미 다하고 범행은 이미 서고, 지을 바를 이미 지어 다시는 태의 몸을 받지 않을 줄을 진실 그대로 아는 데 있다.'

그리하여 그는 곧 아라한이 되었다.

그때에 존자 사슴머리 비구는 세존께 말씀드렸다.

"저는 지금 아라한의 행으로 닦아야 할 법을 알았습니다."

세존께서는 말씀하셨다.

"너는 어떻게 아라한의 행을 알았는가."

사슴머리 비구가 붇다께 말씀드렸다.

"네 가지 영역이 있습니다. 어떤 것이 네 가지냐 하면, 땅의 영역·물의 영역·불의 영역·바람의 영역이니, 이것을 여래시여, 네 가지 영역이 있다고 하는 것입니다. 저 사람이 목숨 마치면 땅의 영역은 스스로 땅으로 돌아가고, 물의 영역은 물로 돌아가며, 불의 영역은 불로 돌아가고, 바람의 영역은 바람으로 돌아갑니다."

세존께서는 말씀하셨다.

"어떤가, 비구야. 지금 몇 가지 영역이 있는가."

사슴머리 비구가 말씀드렸다.

"실제로는 네 가지 영역이 있지만 뜻으로는 여덟 가지 영역이 있습니다."

세존께서 말씀하셨다.

"어떻게 네 가지 영역과 뜻에 여덟 가지 영역이 있는가."

사슴머리 존자가 붇다께 말씀드렸다.

"지금 네 영역이 있다 함에서 어떤 것이 네 가지냐 하면, 땅·물·불·바람을 네 가지 영역이라 합니다.

그 어떤 것의 뜻에 여덟 가지 영역이 있다는 것이냐 하면, 다음과 같습니다. 땅의 영역에 두 가지가 있어 안의 땅과 바깥의 땅의 영역입니다.

어떤 것이 안의 땅[內地種]이냐 하면, 곧 털·손톱·발톱·이·몸뚱이·살갗·힘줄·뼈·골·뇌수·창자·위·간·쓸개·지라·콩팥이니, 이것을 안의 땅이라 합니다.

어떤 것이 바깥의 땅[外地種]이냐 하면, 곧 모든 굳어 단단한 것이니 이것을 바깥 땅이라 합니다.

이것을 두 가지 땅의 영역이라 합니다.

어떤 것이 물의 영역이냐 하면, 물의 영역에도 두 가지가 있으니 안의 물의 영역과 바깥의 물의 영역입니다.

안의 물이란 가래·침·눈물·오줌·피·골수이니 이것이 안의 물입니다.

여러 바깥의 모든 부드럽게 흐르고 젖는 것은 바깥의 물이라 합니다.

이것을 두 가지 물이라 합니다.

어떤 것이 불의 영역이냐 하면, 불의 영역에도 두 가지가 있으니 안의 불과 바깥의 불입니다.

어떤 것이 안의 불이냐 하면, 먹은 것을 다 녹여서 다 소화시켜 남음이 없게 하는 것이니 이것을 안의 불이라 합니다.

어떤 것이 바깥의 불이냐 하면, 모든 바깥 물건의 뜨거운 것이니 이것을 바깥의 불이라 합니다.

어떤 것이 바람의 영역이냐 하면, 바람의 영역에도 두 가지가 있으니 안의 바람과 바깥의 바람입니다.

콩팥 안의 바람·눈의 바람·머리 바람·내쉬는 숨바람·들이쉬는 숨바람과 온갖 뼈마디 사이의 바람이니 이것을 안의 바람이라 합니다.

어떤 것이 바깥의 바람의 영역이냐 하면, 가볍게 날리고 움직여 흔들리며 빨리 달리는 물건이니 이것을 바깥의 바람이라 합니다.

이것을 세존이시여, '두 가지 영역에 실제로는 넷이 있지만 숫자로 여덟이 있다'는 것입니다.

이와 같이 세존이시여. 저는 이 뜻을 살피고, 사람이 만약 목숨 마치면 네 가지 영역은 각기 그 바탕으로 돌아간다[各歸其本]고 합니다."

**세존께서 사슴머리 비구에게 안의 네 영역을
밖의 영역에 거두어보도록 설법하심**

세존께서는 말씀하셨다.

"덧없는 법은 항상한 법과 나란히 있지 못한다. 왜 그런가. 땅의 영역에 안과 바깥의 두 가지가 있다. 이때 안의 땅의 영역은 덧없어 변하고 바뀌는 법이지만, 바깥의 땅의 영역은 그에 비해 상대적으로 늘 머물러 변해 바뀌지 않는다. 이것을 '땅에는 두 가지 영역이 있어 덧없음과 항상됨이 서로 맞지 않는다'는 것이다.

다른 세 가지 영역도 그와 같아서 항상된 것과 덧없는 것은 서로 맞지 않는다. 그러므로 사슴머리 비구여, 비록 여덟 가지가 있지만 실제로는 네 가지가 있다.

이와 같이 사슴머리 비구여, 반드시 이렇게 배워야 한다."

그때에 사슴머리 비구는 붇다의 말씀을 듣고 기뻐하며 받들어 행하였다.

• 증일아함 28 성문품(聲聞品) 四

• **해설** •

그 마음을 밝게 하고 고요하게 하여 대상을 받아들이는 감각의 능력을 키우고 대상을 파악하는 이성의 능력을 넓히면, 남이 보지 못한 것을 볼 수 있고 남이 듣지 못한 것을 들을 수 있으며, 남이 알지 못한 것을 알 수 있다.

그러나 마음에서 마음이 다하고 모습에서 모습이 다하지 않으면 존재의 질곡을 깨뜨려 해탈할 수 없으며, 온갖 존재가 있되 공해 붙잡을 것이 없고 볼 것이 없는 줄 알지 못하면 마음의 해탈을 구현할 수 없다.

브라마나가 하늘을 통하고 땅에 밝아 별자리를 알고 죽은 뒤의 가는 곳을 알아도, 아는 것이 있으면 알지 못함이 있고 보는 것이 있으면 보지 못함이 있으므로 그는 여래의 해탈의 도에 가기 멀다.

죽은 자의 해골을 보고 그가 앓던 병을 알고 병의 처방을 알며 죽은 뒤에 간 곳을 알므로 그는 참으로 앎에 밝은 자이다.

여래의 보디의 길은 앎에 앎이 없으므로 알지 못함이 없고, 모습에 모습 없으므로 온갖 모습의 진실 통달치 못함이 없다.

마음에서 마음 떠나고 모습에서 모습 떠난 아라한의 해골을 브라마나가 살피고도 아라한 비구의 간 곳을 알지 못하니, 앎이 있는 마음으로 앎에 앎도 없는 현성의 길을 헤아릴 수 없기 때문이다.

아라한의 니르바나는 나되 남이 없고 모습에 모습 없되 모습 없음도 없는 온갖 존재의 진실 그 자체이므로 그 니르바나에는 위도 없고 아래도 없으며 끝도 없고 비롯도 없다.

아라한의 간 곳을 묻는 그 자리에서 브라마나가 말길이 끊어지고 생각이 끊어져 여래 앞에서 여래의 도에 귀의하니, 그름이 그름인 줄 알면 지금 그름 밖에 달리 바름을 세울 수 없는 것이다.

다시 세존께서 비구가 된 브라마나에게 물질의 법으로 연기의 도를 물으니, 물질법으로 나고 사라짐과 오고 감을 익혀온 그 생각과 버릇을 따라 법을 가르치기 위함이다.

안의 몸과 바깥 세계의 물질이란 땅·물·불·바람의 네 영역이 어울려 몸을 이루고 세계를 이룸이다. 저 새로 도를 얻은 비구가 안의 물질과 밖의 물질을 나누어 여덟 영역을 말하니, 세존께서 안의 물질의 덧없음과 바깥 물질의 항상함이 나란히 하지 못한다고 한 뜻이 무엇인가.

하나인 물질법 가운데 덧없음과 항상함의 두 뜻이 있는 것으로 보아서는 안 되니, 세존은 세계실단(世界悉檀)의 가르침으로 몸의 물질이 작고 세계의 물질이 큼을 들어, 안의 몸의 덧없음을 몸보다 더 지속적인 세계의 물질에 거두어서 물질법의 진실을 보이신 것이다.

곧 안의 덧없는 물질은 밖의 세계의 물질 따라 일어났다 세계의 물질에 돌아감을 보이신 뒤, 저 세계의 물질 또한 나되 남이 없고 사라지되 사라짐 없음을 보이신 것이라 할 것이다.

여래의 뜻은 몸은 덧없되 세계가 항상하다는 것도 아니고, 물질이 나고 사라지되 물질의 성품이 항상하다는 뜻도 아닌 것이다.

온갖 법의 나고 사라짐 가운데서 나되 남이 없음을 보고 사라지되 사라짐 없음을 보아야 여래의 뜻을 알아 마음에서 마음을 넘어서고 물질에서 물질을 넘어서 니르바나의 땅에 돌아갈 수 있으리라.

또 차별로 주어지는 만 가지 존재 온갖 물질의 모습이 끝내 마쳐 다해 차별의 모습 얻을 수 없음을 알 때, 모습도 없고 모습 없음도 없는 여래의 지혜에 나아가고 니르바나에 돌아가는 것이니, 『화엄경』(「야마궁중게찬품」)은 이렇게 말한다.

> 모든 법은 차별이 없으니
> 알 수 있는 자가 없도다.
> 오직 붓다와 붓다라야
> 차별 없는 진실 알 수 있으니
> 지혜가 마쳐 다했기 때문이네.
>
> 諸法無差別 無有能知者
> 唯佛與佛知 智慧究竟故
>
> 비유하면 미래의 세상에
> 과거의 모습이 있지 않듯이
> 모든 법 또한 다시 그러해
> 자기성품 있는 바 없네.
>
> 譬如未來世 無有過去相
> 諸法亦如是 無有一切相

「도솔궁중게찬품」 또한 이렇게 말한다.

> 모든 붓다의 진실한 경계
> 적은 지혜는 알 수가 없네.
> 오래 깨끗한 업을 닦아야
> 비로소 그 경계 알 수 있으리.
>
> 少智不能知 諸佛實境界
> 久修淸淨業 於此乃能了

경의 가르침과 같이 물질의 진실을 바로 보면 물질이 진여의 성품이라, 붉은 꽃은 붉은 꽃을 무너뜨리지 않고 붉은 꽃이 시방에 두루하고, 저 출렁이는 바닷물은 바다의 짠맛을 버리지 않고 낱낱 물방울이 법계에 두루하여 다함 없음을 보게 되리라.

옛 선사[保寧勇]는 이렇게 노래한다.

온갖 법이 끝이 없고 바탕 없으니
모습에 대해 따져 헤아림을 쉬면
바닷물결이 가고 또 바닷물결이 오되
본래 스스로 태평해 고요하리라.
맑고 흐리고 얕고 깊으며 쓰고 싱거움
다름 속 한 가지의 맛 아주 분명하도다.

無邊無際休斟酌　潮去潮來本自平
淸濁淺深幷苦淡　一般滋味逈分明

제2장

바른 살핌 바른 실천으로 구현되는 니르바나
[觀行]

"거룩한 제자로서 하늘의 일을 생각하는 사람은
탐욕·성냄·어리석음을 일으키지 않고, 그 마음은
바르고 곧아 저 여러 하늘을 좇게 된다.
저 거룩한 제자가 이와 같이 곧은 마음이 되면
깊은 법의 이익을 얻고 깊은 뜻의 이익을 얻으며,
저 여러 하늘들이 이익 줌을 얻어 따라 기뻐하고,
따라 기뻐하고서는 즐거움을 내고, 즐거워지고서는 몸이 쉬며,
몸이 쉬고서는 느낌이 즐거워짐을 알고,
느낌이 즐거워짐을 알고서는 마음이 고요해진다.
마음이 고요해지면 그 거룩한 제자는 험악한 중생 가운데
여러 걸림이 없이 '법의 흐르는 물'에 들어가,
하늘을 생각하는 힘에 배이어
니르바나에 올라 나아가게 된다."

• 이끄는 글 •

해탈의 과정은 고통이 발생하는 과정[流轉緣起]을 거스르는 과정[還滅緣起]이다. 고통이 연기된 것이라 공하기 때문에 고통이 사라진 니르바나가 구현될 수 있는 것이다.

고통이 공하되 공덕이 공하지 않은 중생의 진실을 『열반경』은 불성(佛性)이라 말하고, 불성이 곧 니르바나가 이루어질 바른 원인[正因]이라 한다.

원인은 조건을 통해 결과를 내니, 바른 원인을 드러내는 갖가지 실천법들은 깨달음을 돕는 조건[緣因]이고, 본래 갖춘 불성을 다시 밝게 깨달아 쓰는 지혜가 깨쳐 아는 원인[了因]이 되어 현실의 니르바나가 구현된다.

불성을 현실적으로 발현시키는 지혜에 실천의 조건[緣因]이 함께 하니, 실천의 조건 없는 니르바나의 과덕 또한 없는 것이다.

『열반경』에서는 세 가지 원인이 불성을 발현시키는 원인이자 불성에서 일어나는 원인이라는 뜻으로, 세 가지 원인의 불성[三因佛性]이라 한다. 이 불성의 세 가지 원인의 뜻을 화엄의 교설로 보면, 믿음[信]과 바른 이해[解] 실천행[行]을 통해 니르바나가 성취[證]되는 인과적 과정으로 말할 수 있다.

화엄에서 믿음은 중생과 세계의 실상이 온전히 법계이며 번뇌의 참모습이 본래의 니르바나임을 믿는 것이니, 화엄에서 실천의 원인과 결과는 서로 원융하게 사무치는 것[因果交徹]이다.

그러나 중생의 편에서 보면 지금 미망과 고통 속에 있는 중생이 니르바나의 해탈에 나아가기 위해서는 먼저 여래와 이미 깨친 선지식으로부터 법을 듣고 그 뜻을 사유해 말씀대로 실천함으로써[如說

而行] 해탈의 저 언덕[解脫岸] 니르바나의 성에 들어갈 수 있다.

곧 『열반경』의 네 가지 선근의 법[四善法]으로 보면 첫째 선지식을 가까이하는 인연[近善知識], 둘째 스승으로부터 바른 법을 듣고 믿어서 보디의 선근을 기르는 인연[能聽受法], 셋째 법의 뜻을 사유하는 인연[能思惟義], 넷째 말씀대로 닦아 행하는 인연[如說修行]으로 니르바나의 과덕이 성취되는 것이다.

이 뜻을 『법화경』은 '붇다의 씨앗은 인연을 따라 일어난다'[佛種從緣起]고 말하니, 거룩한 가르침을 듣고 믿어 받아 행하지 않고서는 스스로 니르바나 진리의 성에 들어가 단이슬의 법맛으로 영겁의 굶주림을 면할 수 없는 것이다.

이를 『화엄경』의 가르침으로 다시 살펴보자.

경은 먼저 여래의 위없는 보디와 공덕의 몸이 중생 밖에 따로 있는 것이 아님을 바로 보임으로 교설의 문을 연다.

경은 여래의 보디가 중생의 진실인 법계진리의 온전한 발현임을 바로 보여 미망 속에 있는 중생에게 첫 믿음의 마음을 일으켜준다.

여래의 깨친 눈으로 보면 중생은 법계 진리의 땅에 이미 서있는 중생이다. 그러므로 미망의 중생도 여래의 보디 속에서 검증된 법계진리 그대로의 바른 앎과 갖가지 실천행을 통해 중생 스스로 자기진실인 법계진리의 몸을 구현하게 되는 것이다. 이것이 곧 미망의 중생이 해탈법계에 다시 들어감[入法界]이다.

경은 여래가 성취한 지혜의 경계가 중생의 자기진실이며 법계진리의 온전한 실현임을 보여 중생을 바른 믿음의 땅에 세워준다.

이런 뜻에서 『화엄경』(「세주묘엄품」世主妙嚴品)은 지금 법계진리를 온전히 쓰시는 여래께서, 다시 중생의 미망을 깨뜨려 지혜의 길 열어보임에 대해 이렇게 말한다.

> 붓다는 온 세간에 밝은 빛 놓아
> 시방의 모든 국토 밝게 비추며
> 이루 사유할 수 없고 말할 수 없는
> 넓고 커 끝없는 법을 연설하시어
> 중생의 어리석음과 미혹의 어두움
> 길이 깨뜨려 모두 없애주시네.
>
> 佛放光明遍世間　照耀十方諸國土
> 演不思議廣大法　永破衆生癡惑暗
>
> 모든 붓다의 경계 한량없는 문은
> 온갖 중생이 들어갈 수 없지만
> 잘 가신 이 허공같이 성품 깨끗해
> 널리 세간의 뭇 삶들 위하시어
> 보디의 바른 길을 열어주시네.
>
> 諸佛境界無量門　一切衆生莫能入
> 善逝如空性淸淨　普爲世間開正道

지금 미망의 중생이 미망을 붙들어쥐고 있는 한 법계의 진리는 깨달아 들 수 없다. 그러나 법계의 진리가 실은 이미 중생이 쓰고 있는 존재의 진실인 것이니, 자기진실이 여래의 보디임을 믿는 자가 여래를 따라 보디의 길을 가는 자이다.

그러므로 니르바나의 과덕을 향해가는 중생의 실천의 발걸음 또한 여래의 과덕 안에 드러난 세계의 실상에서 일어난 진리 그대로의 원인이 되어야 한다.

「세주묘엄품」은 여래 과덕의 땅에서 일어난 중생의 믿음과 이해가 다시 중생을 여래의 지혜의 경계에 들어가게 함을 다음과 같이 가르친다.

> 한량없는 중생의 모임 가운데서
> 갖가지 믿음과 바른 앎으로
> 그 마음이 언제나 깨끗해지면
> 여래 지혜 모두다 깨쳐 들어서
> 온갖 장엄된 경계 통달하리라.
> 無量衆生處會中　種種信解心淸淨
> 悉能悟入如來智　了達一切莊嚴境

> 누구라도 깨끗한 원 각기 일으켜
> 갖가지 바른 행을 닦아 나가면
> 한량없는 붇다께 이미 공양함이니
> 여래의 모습 없는 진실한 몸과
> 온갖 신묘한 작용을 볼 수 있으리.
> 各起淨願修諸行　悉曾供養無量佛
> 能見如來眞實體　及以一切諸神變

중생의 입장에서 중생은 본래 여래와 똑같은 지혜와 공덕의 모습[智慧德相]을 갖춘 보디인 중생이나, 집착과 망상으로 그 공덕을 온전히 쓰지 못한다. 그러므로 다시 그 법계진리의 빗장을 여는 여래의 가르침을 듣고 받아 지녀 행할 때 다시 위없는 보디의 세계에 돌아가 자재공덕을 쓸 수 있다.

『비말라키르티수트라』에서도, 인드라하늘왕이 가르침 듣는 중생을 대변해서 듣고 이해하여 말씀대로 행하는 공덕을 말씀드리자 붇다께서 다시 법공양의 공덕을 보이신다. 경은 이렇게 말한다.

"세존이시여, 제가 붇다의 말씀하신 뜻[義趣]을 이해하기로서는 다음과 같습니다.

만약 중생이 이 수트라의 법[經法]을 듣고서 믿고 이해하고 받아지니어 읽고 외우는 자는 반드시 이 법을 얻는 데 의심할 것이 없습니다. 그런데 어찌 하물며 말씀대로 닦아 행함[如說修行]이겠습니까.

이 사람은 곧 뭇 악의 길을 닫고 여러 착함의 문을 열며, 늘 모든 붇다의 보살펴 생각해주심이 되고, 바깥 배움[外學]을 항복받고 마라의 원한을 꺾어 없앨 것입니다. 그리하여 보디를 닦아 도량에 편히 머물며 여래께서 행하신 자취를 밟아 걸을 것입니다.

세존이시여, 만약 가르침을 받아 지니어 읽고 외우며 말씀대로 닦아 행하면, 저는 반드시 여러 따르는 붙이들과 같이 법을 들어 받으므로 같이 그곳에 이르러, 아직 믿지 못한 이는 믿음을 내게 하고 이미 믿는 자는 반드시 잘 보살펴주겠습니다."

붇다께서 말씀하셨다.

"참 좋은 말이고 좋은 말이다. 하늘왕이여, 그대 말대로 나도 그대의 기쁨을 돕겠다.

이 경은 과거·미래·현재 모든 붇다의 이루 사유할 수 없고 말할 수 없는 아누타라삼약삼보디이다. 그러므로 하늘왕이여, 만약 잘 행하는 남자나 여인이 받아 지니어 읽고 외우며 이 경법에 공양하는 자는 과거·미래·현재의 붇다께 공양함이다.

(중략)

반드시 알아야 한다. 이 잘 행하는 남자와 여인이 이 이루 사유할 수 없고 말할 수 없는 해탈의 경전[不可思議解脫經典]을 믿고 이해하여 받아 지니며 읽고 외우며 닦아 행하면, 앞의 몸으로 공양한 한량없는 복보다 더 공덕이 크다.

왜 그런가. 모든 붇다의 보디[諸佛菩提]가 이 경을 따라 생겨나 보디의 모습[菩提相]은 한량할 수 없는 것이기 때문이다. 이런 인연으로 그 법공양의 복은 헤아릴 수 없는 것이다."

1 믿음

• 이끄는 글 •

좋은 텃밭에 씨앗을 뿌리고 잘 물 대어주며 햇볕이 고르게 비치고 바람이 알맞으면 싹이 터서 꽃과 열매가 맺히듯 보디의 씨앗도 마찬가지다. 다섯 쌓임이 본래 공한 실상이 본래 갖춘 니르바나의 땅이고 여래장의 밭이지만, 보디에 나아갈 뜻과 믿음의 마음이 씨앗이 되어 갖가지 실천법으로 물을 주고 북돋워 키우지 않으면 해탈의 꽃이 피어나 열매가 맺힐 수 없다.

믿음에 관해서는 아함경의 여러 곳에서 붇다와 다르마와 상가 그리고 거룩한 계, 이 네 가지에 대한 무너짐이 없는 깨끗한 믿음[四不壞淨信]을 말하고 있다.

대승불교의 『기신론』(起信論)은 이를 다시 삼보에 대한 믿음과 근본(根本)에 대한 믿음으로 다시 말하고 있다.

'근본에 대한 믿음'이란 진여의 법[眞如之法]이 모든 붇다가 스승 삼을 것[諸佛所師]이고 뭇 실천의 원천[衆行之源]임을 믿는 것이니, 이는 바로 온갖 존재가 연기이므로 공한 실상을 믿는 것이고 중생의 참모습이 본래 니르바나임을 믿는 것이다.

믿음의 첫 걸음이 구현해야 할 니르바나가 이미 중생의 진실임을 믿는 것이므로, 믿음은 첫 걸음과 마지막 이르름이 둘이 아님을 믿는 것이고, 이미 이루어진 붇다와 미망 속의 중생이 두 모습이 아님을 믿는 것이다.

이 뜻을 승찬선사의 『신심명』(信心銘)에서는 '믿는 마음은 둘이 아니고 둘 아님이 믿음이다'[信心不二 不二信心]라고 노래한다. 붇다의 보디와 니르바나가 중생의 자기진실이고 근본이지만, 지금 환상과 관념에 갇힌 마음과 몸으로 자신을 삼고 살고 있는 중생은 네 가지 방편을 의지해야 나와 붇다, 나와 중생에 두 모습 없는 실상 그대로의 니르바나의 삶을 살 수 있다.

『기신론』은 이를 믿음의 네 가지 방편이라 하니, 연기의 진리를 믿어 행함[行根本方便]이 첫 번째 방편이 된다고 말한다.

지금 중생을 중생이게 하는 갖가지 번뇌와 악을 그치는 것[能止方便]은 두 번째 방편이 된다.

붇다와 선지식들이 보디를 먼저 이루어 이 세간에 진리의 나침반과 기단으로 세워놓은 삼보께 공양하여 스스로 선근을 일으켜 늘려 키움[發起善根增長方便]이 세 번째 방편이 된다.

크나큰 원 세워[大願平等方便] 나와 중생이 함께 보디와 니르바나에 나아가도록 하는 것이 바른 믿음 이루는 네 번째 방편이 된다.

『기신론』본문을 살펴보면 다음과 같다.

> 간략히 방편에 네 가지가 있음을 말하니 어떤 것인가.
> 첫째, 근본을 믿어 행하는 방편[行根本方便]이다.
> 이는 곧 온갖 법의 자기성품에 남이 없음을 살펴 허망한 견해를

떠나 나고 죽음에 머물지 않음이다[不住生死]. 다시 온갖 법이 인연이 어울려 합해 업의 과보 잃지 않음을 살펴 크나큰 자비를 일으키며, 여러 복덕을 닦아 중생을 거두어 교화하여 니르바나의 고요함에 머물지 않음[不住涅槃]이니, '법의 성품이 머묾 없음'[法性無住]을 따르기 때문이다.

둘째, 그치게 하는 방편[能止方便]이다.

이는 곧 잘못을 부끄러워하고 허물을 뉘우쳐 온갖 악한 법을 그쳐 자라나 늘지 않도록 함이니, '법의 성품이 여러 허물 떠났음'[法性離諸過]을 따르기 때문이다.

셋째, 선근을 일으켜 늘려 키우는 방편[發起善根增長方便]이다.

이는 곧 삼보께 부지런히 공양하고 절하며 여러 붇다의 공덕을 찬탄하고 따라 기뻐하며 머물러 계시기를 청함이다. 삼보를 우러러 공경하는 맑고 두터운 마음 때문에 믿음이 잘 늘어나게 되면 위없는 도를 구하게 될 수 있다.

또 붇다와 법보와 승보의 거룩한 힘이 보살피신 바로 인해 업의 장애를 녹이고 선근이 물러나지 않는다. 이는 '법의 성품이 어리석음의 장애 떠났음'[法性離癡障]을 따르기 때문이다.

넷째, 크나큰 원이 평등한 방편[大願平等方便]이다.

이는 곧 원을 일으켜 미래가 다하도록 온갖 중생을 교화해 건져 나머지가 없게 하여 모두 나머지 없는 니르바나를 끝내 이루도록 함이니, '법의 성품이 끊어짐이 없음'[法性無斷絶]을 따르기 때문이다. 또한 법의 성품이 넓고 커[法性廣大] 온갖 중생에게 두루하여 평등해 둘이 없어서 저것과 이것을 따로 생각하지 않으면 끝내 고요하기 때문이다.

위 『기신론』의 네 가지 방편은 모두 연기중도의 진실을 따른다. 첫째 근본을 믿어 행하는 방편은 온갖 법이 인연으로 나므로 공하고 공하기 때문에 인연으로 나는 실상을 바로 믿고 따름이다.

둘째 그치게 하는 방편은 중생의 고제가 본래 공함을 따라 번뇌를 돌이켜 니르바나에 다시 나아감이다.

셋째 선근을 늘려 키우는 방편이란 중생의 고제가 공하되 고제가 없지 않으므로 도제의 여러 실천법을 닦음 없이 닦아 보디에 나아감이다.

넷째 크나큰 원이 평등한 방편은 나와 내 것, 나와 중생이 본래 공한 줄 믿어 보디와 니르바나의 공덕을 널리 온갖 중생과 법계에 회향함이다.

니르바나에는 니르바나를 익히어내는
실천의 원인이 있나니

나는 들었다, 이와 같이.

한때 붇다께서는 슈라바스티 국에 노니시면서 제타 숲 '외로운 이 돕는 장자의 동산'에 계셨다.

그때 세존께서는 여러 비구들에게 말씀하셨다.

"니르바나에는 익히어냄[習]이 있고 익히어냄이 없는 것이 아니다. 어떤 것을 니르바나의 익히어냄이라 하는가. 해탈이 니르바나의 익히어냄이다.

해탈에도 또한 익히어냄이 있고 익히어냄이 없는 것이 아니다. 어떤 것을 해탈의 익히어냄이라 하는가. 탐욕 없음이 해탈의 익히어냄이다.

탐욕 없음에도 또한 익히어냄이 있고 익히어냄이 없는 것이 아니다. 어떤 것을 탐욕 없음의 익히어냄이라 하는가. 즐기지 않음이 그 익히어냄이다.

즐기지 않음에도 또한 익히어냄이 있고 익히어냄이 없는 것이 아니다. 어떤 것을 즐기지 않음의 익히어냄이라 하는가. 진실 그대로 봄과 참됨 그대로 아는 것이 그 익히어냄이다.

진실 그대로 봄과 참됨 그대로 아는 것에도 또한 익히어냄이 있고 익히어냄이 없는 것이 아니다. 어떤 것을 진실 그대로 봄과 참됨 그대로 아는 것의 익히어냄이라 하는가. 선정이 그 익히어냄이다.

선정에도 또한 익히어냄이 있고 익히어냄이 없는 것이 아니다. 어떤 것을 선정의 익히어냄이라 하는가. 안락함[樂]이 그 익히어냄이다.

안락함에도 또한 익히어냄이 있고 익히어냄이 없는 것이 아니다. 어떤 것을 안락함의 익히어냄이라 하는가. 그침이 그 익히어냄이다.

그침에도 또한 익히어냄이 있고 익히어냄이 없는 것이 아니다. 어떤 것을 그침의 익히어냄이라 하는가. 기뻐함[喜]이 그 익히어냄이다.

기뻐함에도 또한 익히어냄이 있고 익히어냄이 없는 것이 아니다. 어떤 것을 기뻐함의 익히어냄이라 하는가. 즐거워함[歡悅]이 그 익히어냄이다.

즐거워함에도 또한 익히어냄이 있고 익히어냄이 없는 것이 아니다. 어떤 것을 즐거워함의 익히어냄이라 하는가. 뉘우치지 않는 것[不悔]이 그 익히어냄이다.

뉘우치지 않는 것에도 또한 익히어냄이 있고 익히어냄이 없는 것이 아니다."

니르바나가 갖가지 실천의 원인으로 성취되며
믿음이 행의 밑바탕 됨을 보이심

"어떤 것을 뉘우치지 않는 것의 익히어냄이라 하는가. 계를 보살핌[護戒]이 그 익히어냄이다.

계를 보살핌에도 또한 익히어냄이 있고 익히어냄이 없는 것이 아니다. 어떤 것을 계 보살핌의 익히어냄이라 하는가. 모든 아는 뿌리를 보살핌[護諸根]이 그 익히어냄이다.

모든 아는 뿌리를 보살핌에도 또한 익히어냄이 있고 익히어냄이 없는 것이 아니다. 어떤 것을 모든 아는 뿌리 보살핌의 익히어냄이라 하는가. 바른 생각[正念]과 바른 지혜[正智]가 그 익히어냄이다.

바른 생각과 바른 지혜에도 또한 익히어냄이 있고 익히어냄이 없는 것이 아니다. 어떤 것을 바른 생각과 바른 지혜의 익히어냄이라 하는가. 바른 사유[正思惟]가 그 익히어냄이다.

바른 사유에도 또한 익히어냄이 있고 익히어냄이 없는 것이 아니다. 어떤 것을 바른 사유의 익히어냄이라 하는가. 믿음[信]이 그 익히어냄이다."

믿음이 괴로움의 현실에서 일어남을 보이심

"믿음에도 또한 익히어냄이 있고 익히어냄이 없는 것이 아니다. 어떤 것을 믿음의 익히어냄이라 하는가. 괴로움[苦]이 그 익히어냄이다.

괴로움에도 또한 익히어냄이 있고 익히어냄이 없는 것이 아니다. 어떤 것을 괴로움의 익히어냄이라 하는가. 늙음과 죽음이 그 익히어냄이다.

늙음과 죽음에도 또한 익히어냄이 있고 익히어냄이 없는 것이 아니다. 어떤 것을 늙음과 죽음의 익히어냄이라 하는가. 남[生]이 그 익히어냄이다.

남에도 또한 익히어냄이 있고 익히어냄이 없는 것이 아니다. 어떤 것을 남의 익히어냄이라 하는가. 존재[有]가 그 익히어냄이다.

존재에도 또한 익히어냄이 있고 익히어냄이 없는 것이 아니다. 어떤 것을 존재의 익히어냄이라 하는가. 취함[受]이 그 익히어냄이다.

취함에도 또한 익히어냄이 있고 익히어냄이 없는 것이 아니다. 어떤 것을 취함의 익히어냄이라 하는가. 애착[愛]이 그 익히어냄이다.

애착에도 또한 익히어냄이 있고 익히어냄이 없는 것이 아니다. 어떤 것을 애착의 익히어냄이라 하는가. 느낌[覺]이 그 익히어냄이다.

느낌에도 또한 익히어냄이 있고 익히어냄이 없는 것이 아니다. 어떤 것을 느낌의 익히어냄이라 하는가. 닿음[更樂]이 그 익히어냄이다.

닿음에도 또한 익히어냄이 있고 익히어냄이 없는 것이 아니다. 어떤 것을 닿음의 익히어냄이라 하는가. 여섯 들이는 곳[六入處]이 그 익히어냄이다.

여섯 들이는 곳에도 또한 익히어냄이 있고 익히어냄이 없는 것이 아니다. 어떤 것을 여섯 들이는 곳[六入處]의 익히어냄이라 하는가. 마음·물질[名色]이 그 익히어냄이다.

마음·물질에도 또한 익히어냄이 있고 익히어냄이 없는 것이 아니다. 어떤 것을 마음·물질의 익히어냄이라 하는가. 앎[識]이 그 익히어냄이다.

앎에도 또한 익히어냄이 있고 익히어냄이 없는 것이 아니다. 어떤 것을 앎의 익히어냄이라 하는가. 지어감[行]이 그 익히어냄이다.

지어감에도 또한 익히어냄이 있고 익히어냄이 없는 것이 아니다. 어떤 것을 지어감의 익히어냄이라 하는가. 무명(無明)이 그 익히어냄이다."

다시 괴로움의 연기에 대한 믿음과 이해가 바탕이 되어 갖가지 실천과 해탈과 니르바나가 있게 됨을 보이심

"이것이 곧 다음과 같음이다.

'무명 때문에 지어감이 있고, 지어감 때문에 앎이 있으며, 앎 때문에 마음·물질이 있고, 마음·물질 때문에 여섯 들이는 곳이 있다.

여섯 들이는 곳 때문에 닿음이 있고, 닿음 때문에 느낌이 있으며, 느낌 때문에 애착이 있고, 애착 때문에 취함이 있으며, 취함 때문에 존재가 있고, 존재 때문에 남이 있으며, 남 때문에 늙음과 죽음이 있고, 늙음과 죽음 때문에 괴로움이 있다.'

그리고 이것이 또한 다음과 같음이다.

'괴로움 때문에 믿음이 있고, 믿음 때문에 바른 사유가 있으며, 바른 사유 때문에 바른 생각과 바른 지혜가 있고, 바른 생각과 바른 지혜 때문에 모든 아는 뿌리 보살핌[護諸根]이 있다.

모든 아는 뿌리 보살핌 때문에 계 보살핌[護戒]이 있고, 계 보살핌 때문에 뉘우치지 않음[不悔]·즐거워함[歡悅]·기쁨[喜]·그침[止]·안락[樂]·선정[定]·진실 그대로 봄[見如實]·참됨 그대로 아는 것[知如真]·즐거워하지 않음[厭]·탐욕 없음[無欲]·해탈(解脫)이 있다.'

그리고 해탈을 익히면 바로 니르바나를 얻게 된다."

붇다께서 이와 같이 말씀하시니, 여러 비구들은 기뻐하며 받들어 행하였다.

• 중아함 55 열반경(涅槃經)

• 해설 •

니르바나가 중생과 세계의 본래 적멸한 실상이지만 그 진리의 땅[實際理地]은 방편의 수레[方便乘]를 타지 않고는 이를 수 없다.

그러나 니르바나는 온갖 닦아 행함의 자취가 공한 곳이고 온갖 인과법의 자취가 사라진 곳이므로 방편의 수레를 타되 끝내 그 수레를 버리지 않으면 니르바나의 공덕의 땅에 이를 수 없다.

니르바나는 닦아 행함이 있다고 해도 옳지 않고 닦아 행함이 없다고 해도 옳지 않다.

'세 가지 샘이 없는 진리의 뿌리'[三無漏根]로 공함[空]·모습 없음[無相]·바람 없음[無願]의 해탈을 일으키지 않으면 니르바나의 문을 열지 못하니, 이를 경은 해탈의 행이 니르바나의 닦아 익힘이 된다고 말한다.

'세 가지 샘이 없는 진리의 뿌리'는 연기의 진리를 아직 알지 못했으면 반드시 알아야 함이고, 이미 알았으면 번뇌를 끊어 다함이며, 끝내 더 배울 것 없는 지혜를 모두 갖춤이니, 이는 곧 계·정·혜의 세 가지 배움으로 탐냄·성냄·어리석음을 다해 선정과 지혜 갖춤이다.

이 뜻을 다시 말하면 '진실 그대로 존재를 보아야 탐욕을 버리고 해탈을 이루며, 진실 그대로 보는 지혜는 선정이 익히어낸다'고 말할 수 있다.

또한 디야나(dhyāna)의 선정은 번뇌를 쉬어 그치어 안락함으로써 일으켜내며, 그치어 안락함은 번뇌를 버리고 법의 기쁨에 나아가 법의 기쁨 즐거워함으로써 이루어내는 것이며, 법을 즐거워함은 바른 몸가짐을 보살펴 지킴으로써 이루어낸다.

또 바른 몸가짐 보살펴 지킴은 여섯 아는 뿌리[六根]가 여섯 티끌경계[六境]에 물들지 않게 함으로 이루어내며, 여섯 아는 뿌리 잘 보살핌은 다시 바른 생각 바른 사유로 저 티끌경계에 취할 것 없음을 보아야 이루어진다.

바른 지혜 바른 사유로 니르바나에 나아감은 사제교설에서 도제와 멸제의 연기관계를 보인 것이다.

그렇다면 다시 바른 견해 바른 사유에 나아감은 무엇으로 인해 일어나는

가. 그것은 고통에 대한 인식과 고통을 일으키는 번뇌와 애착에 대한 이해와 믿음으로 이루어지니, 병을 병인 줄 알아야 병을 다스리는 치유의 행위로 나아가는 것과 같다. 그 뜻을 경은 '바른 사유는 믿음으로 익히어내며 믿음은 괴로움과 애착 무명이 익히어낸다'고 말한 것이다.

무명 때문에 나고 죽음과 괴로움이 있다고 말함은 고제의 연기이고 고통바다에 흘러 구름의 연기[流轉緣起]이다.

믿음 때문에 바른 사유와 계·정·혜의 세 가지 배움을 일으키고 해탈을 일으켜서 니르바나에 돌아간다고 말함은 실상인 진리의 세계 '니르바나에 다시 돌아오는 연기'[還滅緣起]를 말하고 있다.

니르바나에 돌아옴은 이처럼 중생 고통의 현실인 고제에 대한 자각과 중생 고통의 진실이 니르바나임을 믿는 것[信]이 그 첫걸음이 되니, 믿음이 바로 보디의 근원[信爲道源]이 되고 온갖 해탈의 공덕 그 산실[功德母]이 되는 것이다.

또한 믿음이 해탈의 첫걸음이 되지만, 뉘우침과 망설임이 끊어진 참된 믿음의 땅이 바로 보디의 완성처가 되는 것이다.

니르바나의 땅에서 니르바나에 이르는 보디의 길에서 믿음이 출발이 되고 마지막 완성의 언약이 됨을, 『화엄경』(「범행품」)은 이렇게 말한다.

> 온갖 모든 붓다의 법을 알려고 하면
> 반드시 빨리 보디의 마음 일으켜야 한다.
> 이 마음이 공덕 가운데 가장 빼어나니
> 반드시 여래의 걸림 없는 지혜 얻게 되리.
>
> 欲知一切諸佛法　宜應速發菩提心
> 此心功德中最勝　必得如來無礙智

공경하는 마음이 있어야
계와 해탈의 몸을 갖추어 니르바나 이룰 수 있나니

나는 들었다, 이와 같이.

한때 붇다께서는 슈라바스티 국에 노니시면서 제타 숲 '외로운 이 돕는 장자의 동산'에 계셨다. 그때에 세존께서는 여러 비구들에게 말씀하셨다.

"비구는 공경을 행하여 잘 살피고 여러 범행 닦는 사람[梵行人]들을 공경하고 존중해야 한다. 만약 비구가 공경하지 아니하고 잘 살피지 않으며, 여러 범행 닦는 사람들을 공경하고 존중하지 않고서, 바른 몸가짐 법[威儀法]을 갖추려 하더라도 반드시 그럴 수 없다.

바른 몸가짐 법을 갖추지 못하고는, 배움의 법[學法]을 갖추려 하더라도 반드시 그럴 수 없다.

배움의 법을 갖추지 못하고는, 계의 몸[戒身]을 갖추려 하더라도 반드시 그럴 수 없다.

계의 몸을 갖추지 못하고는, 선정의 몸[定身]을 갖추려 하더라도 반드시 그럴 수 없다.

선정의 몸을 갖추지 못하고는, 지혜의 몸[慧身]을 갖추려 하더라도 반드시 그럴 수 없다.

지혜의 몸을 갖추지 못하고는, 해탈의 몸[解脫身]을 갖추려 하더라도 반드시 그럴 수 없다.

해탈의 몸을 갖추지 못하고는, 해탈지견의 몸[解脫知見身]을 갖추려 하더라도 반드시 그럴 수 없다.

해탈지견의 몸을 갖추지 못하고는, 니르바나를 갖추려 하더라도 반드시 그럴 수 없다."

공경의 마음으로 다섯 법의 몸 이루게 됨을 보이심

"만약 비구가 공경을 행하여 잘 살피고 여러 범행 닦는 사람들을 공경하고 존중하고서 바른 몸가짐 법을 갖추려 한다면, 그것은 반드시 그럴 수 있는 것이다.

바른 몸가짐 법을 갖추고서 배움의 법을 갖추려 한다면, 그것은 반드시 그럴 수 있는 것이다.

배움의 법을 갖추고서 계의 몸을 갖추려 한다면, 그것은 반드시 그럴 수 있는 것이다.

계의 몸을 갖추고서 선정의 몸을 갖추려 한다면, 그것은 반드시 그럴 수 있는 것이다.

선정의 몸을 갖추고서 지혜의 몸을 갖추려 한다면, 그것은 반드시 그럴 수 있는 것이다.

지혜의 몸을 갖추고서 해탈의 몸을 갖추려 한다면, 그것은 반드시 그럴 수 있는 것이다.

해탈의 몸을 갖추고서 해탈지견의 몸을 갖추려 한다면, 그것은 반드시 그럴 수 있는 것이다.

해탈지견의 몸을 갖추고서 니르바나를 갖추려 한다면, 그것은 반드시 그럴 수 있는 것이다."

붓다께서 이와 같이 말씀하시니, 여러 비구들은 붓다의 말씀을 듣고 기뻐하며 받들어 행하였다.

• 중아함 49 공경경(恭敬經)

• 해설 •

깨달음의 길 해탈의 길은, 지금 미망과 번뇌의 울에 갇힌 '나'의 현실이 벗어나야 할 질곡의 삶이며, 존재의 실상에 맞는 길이 아니라는 자기 자각으로부터 출발한다. 그리고 새로운 삶의 길은 이미 그것을 깨달아 해탈의 길을 나타내 보이는 크신 인도자의 가르침에 대한 망설임 없는 믿음과 동의로부터 그 여정이 시작된다.

그렇다면 보디의 법과 그 법을 성취한 사람을 우러러 공경하지 않으면 어떻게 그 법을 따라 배우고 성취할 수 있을 것인가. 공경하는 마음이 바탕이 되어 바른 몸가짐과 갖가지 배워야 할 법을 갖추게 되고, 믿음과 공경으로 계와 선정과 지혜, 해탈·해탈지견의 몸을 갖추게 되고, 해탈지견을 갖춤으로 니르바나에 이르게 된다.

니르바나의 진리와 니르바나의 성취자에 대한 믿음이 다시 중생을 니르바나의 땅에 이끄는 것이니, 『화엄경』(「십주품」十住品) 또한 법의 실상을 성취한 분의 지혜와 공덕의 몸에 공경의 마음을 냄으로부터 보디사트바의 발심(發心)이 시작됨을, 이렇게 가르친다.

여래께서 가장 빼어난 지혜와
미묘한 몸 단엄한 상호 갖추심 보고
이와 같이 존중해야 할 거룩한 분은
만나 뵙기 참으로 어려운 것이므로
보디사트바는 그 모습 뵙고 용맹하게
처음 보디의 마음을 일으키도다.

見最勝智微妙身　相好端嚴皆具足
如是尊重甚難遇　菩薩勇猛初發心

여래와 비구들을 보거나 보지 않거나
여섯 가지 법 여섯 가지 따르는 생각 닦아 익히라

이와 같이 내가 들었다.

한때 붇다께서는 카필라바스투 니그로다 동산에 계셨다. 때에 많은 비구들은 식당에 모여 세존을 위해 가사를 짓고 있었다.

그때에 사카족 마하나마는 여러 비구들이 식당에 모여 세존을 위해 가사를 짓는데, 다음과 같은 말을 듣게 되었다.

"세존께서는 오래지 않아 안거(安居)를 마치고 가사를 다 짓게 되면, 가사와 발우를 가지고 사람 사이에 노닐어 다니시리라."

그는 그 말을 듣고 붇다 계신 곳에 나아가 머리를 대 발에 절하고 한쪽에 물러앉아 말씀드렸다.

"세존이시여, 저는 온몸을 거둘 수 없고 사방에 헤매어 앞에 들었던 법마저 지금 다 잊게 되었습니다. 그것은 많은 비구들이 식당에 모여 세존을 위해 가사를 지으며 다음과 같이 말하는 것을 들었기 때문입니다.

'세존께서는 오래지 않아 사람 사이에 노닐어 다니실 것이다.'

저는 이렇게 생각했습니다.

'어느 때나 다시 세존과 여러 알고 지내던 비구들을 뵈올 수 있을까.'"

니르바나 이룰 여섯 가지 법과 여섯 가지 따르는 생각 닦도록 하심

붓다께서는 마하나마에게 말씀하셨다.

"너는 여래를 보거나 여래를 보지 않거나, 또 여러 비구들을 보거나 여러 비구들을 보지 않거나, 너는 반드시 여섯 가지 법[六法]을 부지런히 닦아 익혀야 한다.

어떤 것이 여섯인가. 바른 믿음[信]을 바탕으로 하고, 계율[戒]·보시[施]·들음[聞]·공함[空]·지혜[慧]를 근본으로 하여, 지혜롭지 않은 것들을 근본으로 해서는 안 된다.

그러므로 마하나마여, 이 여섯 가지 법을 의지한 위에 다시 여섯 가지 따르는 생각[六隨念]을 더욱 높이 닦아야 한다.

그것은 여래(如來)의 일, 법(法)의 일, 상가[僧]의 일, 계(戒)와 보시[施], 하늘[天]의 일을 생각하는 것이다.

이와 같이 열두 가지 생각[十二種念]을 성취하면 그 거룩한 제자는 여러 악이 줄어들어 늘거나 자라지 않고, 사라져 일어나지 않는다.

티끌과 때를 떠나 티끌과 때를 늘리지 않고, 버리고 떠나 취하지 않는다. 취하지 않으므로 집착하지 않고, 집착하지 않으므로 그 인연으로 스스로 니르바나를 이루게 된다.

그리하여 '나의 태어남은 이미 다하고 범행은 이미 서고, 지을 바를 이미 지어 다시는 뒤의 있음을 받지 않음'을 스스로 안다."

붓다께서 이 경을 말씀하시자, 사카족 마하나마는 그 말씀을 듣고 기뻐하면서 자리에서 일어나 절하고 물러갔다.

• 잡아함 933 십이경(十二經)

• 해설 •

참으로 여래 안에 성취된 공덕의 세계를 믿는 이는, 나와 붇다에 두 모습이 없음을 믿는 자이고, 모여 만남이 실로 모임이 아니고[不聚] 나뉘어 흩어짐이 실로 흩어짐이 아님[不散]을 바로 아는 자이다.

그리고 지혜의 눈으로 온갖 존재가 가고 오되 실로 가고 옴이 없음을 알면 진여의 바탕 가운데 길이 만나고 헤어짐의 자취가 없는 것이다.

그러므로 붇다는 붇다와 헤어져 다시 못 볼 것을 걱정하는 마하나마에게 바른 믿음을 바탕으로 계율·보시·법을 들음·공한 마음·지혜를 의지해서 늘 삼보를 생각하고 계·보시 하늘의 일을 생각하면 잠깐이라도 여래를 떠남 없이 니르바나에 이르게 됨을 가르치신다.

믿음과 공경이 있는 자, 그는 늘 붇다와 상가를 떠나지 않는 자이다.

『화엄경』(「세주묘엄품」)은 붇다의 진리의 몸이 늘 중생과 함께 있어 떠나지 않는 모습을 다음과 같이 말한다.

> 붇다의 참된 몸은 두루하시사
> 법계와 더불어서 평등하시니
> 널리 중생 응해 눈앞에 나타나네.
> 갖가지 가르침의 문을 세우시어
> 언제나 중생 이끌어 교화하시되
> 갖가지 법에 모두 자재하시어
> 중생의 미혹 열어 깨우쳐주네.
>
> 佛身周遍等法界 普應衆生悉現前
> 種種教門常化誘 於法自在能開悟

삼보의 일과 계와 보시, 하늘의 일 생각해야
니르바나에서 안온하리니

이와 같이 내가 들었다.

한때 붇다께서는 카필라바스투 니그로다 동산에 계셨다.

그때에 사카족 마하나마는 붇다 계신 곳에 와 그 발에 머리를 대 절하고 한쪽에 물러앉아 말씀드렸다.

"세존이시여, 만약 비구로서 '배움의 자리[學地]에 있으면서 아직 얻지 못한 곳을 구해 위로 올라가서 도에 나아가 니르바나에서 안온하려면, 세존이시여 그는 어떻게 닦아 익히고, 많이 닦아 익혀 머물러야 합니까.

어떻게 머물러야 이 법과 율[法律]에서 모든 샘이 다함[諸漏盡]을 얻어 샘이 없이 마음이 해탈하고 지혜가 해탈하여, 현재의 법에서 스스로 알아 증득할 수 있습니까.

그리하여 '나의 태어남은 이미 다하고 범행은 이미 서고, 지을 바를 이미 지어 다시는 뒤의 있음을 받지 않음'을 스스로 알게 됩니까?"

여섯 가지 생각 닦아야 니르바나에 나아감을 보이심

붇다께서는 마하나마에게 말씀하셨다.

"만약 비구로서 배움의 자리에 있으면서 아직 얻지 못한 곳을 구해 위로 올라가서 도에 나아가 니르바나에서 안온하려면, 그때에 그는 반드시 여섯 가지 생각[六念]을 닦아야 한다. 그리하면 마음이 해탈하고 지혜가 해탈하여 니르바나를 얻게 된다.

비유하면 굶주린 사람이 몸이 여위었을 때 맛있는 음식을 먹으면 몸이 살찌고 윤택해지는 것과 같다. 그처럼 비구가 배움의 자리에 있으면서, 아직 얻지 못한 곳을 구해 위로 올라가서 도에 나아가 니르바나에서 안온하려면, 여섯 가지 생각을 닦아야 니르바나에 안온함을 빨리 얻을 것이다."

여섯 생각 가운데 붇다·다르마·상가의 일 생각함을 보이심

"어떤 것이 여섯인가.

거룩한 제자는 다음과 같이 여래의 일[如來事]을 생각한다.

'여래는 공양해야 할 분·바르게 깨친 분·지혜와 행 갖추신 이·잘 가신 이·세간을 잘 아시는 분·위없는 스승·잘 다루는 장부·하늘과 사람의 스승으로 붇다 세존이시다.'

거룩한 제자가 이렇게 생각할 때 탐욕의 얽매임을 일으키지 않고 성냄과 어리석은 마음을 일으키지 않는다. 그래서 그 마음은 바르고 곧아 여래의 뜻을 얻고 여래의 바른 법을 얻어, 여래의 바른 법과 여래 계신 곳에서 따라 기뻐하는 마음을 얻는다.

따라 기뻐하고는 즐거워지고, 즐거워지고는 몸이 쉬게 되고, 몸이 쉬고서는 느낌이 즐거워짐을 알고, 느낌이 즐거워짐을 알고서는 그 마음이 고요해진다.

마음이 고요하게 되면 그 거룩한 제자는 험악한 중생 속에서 모든 걸림이 없이 '법의 흐르는 물'[法流水]에 들어가 마침내 니르바나에 이르게 된다.

다음에 거룩한 제자는 법의 일[法事]을 이렇게 생각한다.

'세존의 법과 율은 현재의 법에서 불꽃처럼 타오르는 나고 죽음을 떠나 때를 기다리지 않고, 현재의 법에서 통달하여, 그 인연으로 스스로 깨달아 안다.'

거룩한 제자는 이렇게 법을 생각하고는 탐욕과 성냄과 어리석음을 일으키지 않고, 나아가 법 생각하는 힘이 끼쳐주어[念法所熏] 니르바나에 올라 나아가게 된다.

다음에 거룩한 제자는 상가의 일[僧事]을 생각한다.

'세존의 제자는 잘 향하고 바르게 향하며 곧게 향하고 정성으로 향하여 진리 따르는 법을 행한다.

어떤 이는 스로타판나(srotāpanna, 入流)를 향하여 스로타판나를 얻고, 사크리다가민(sakṛdāgāmin, 一往來)을 향하여 사크리다가민을 얻으며, 아나가민(anāgāmin, 不來)을 향하여 아나가민을 얻고, 아라한(arhat, 應供)을 향하여 아라한을 얻는다.

이들이 네 짝 여덟 무리[四雙八輩]의 현성(賢聖)이다.'

이것을 '세존의 제자인 상가는 깨끗한 계율을 갖추고, 사마디와 지혜와 해탈과 해탈지견을 갖추어서, 받들어 맞아야 하고 받들어 섬기며 공양해야 할 좋은 복밭이 된다'고 하는 것이다.

거룩한 제자는 이와 같이 상가의 일을 생각할 때 탐욕·성냄·어리석음을 일으키지 않고, 나아가 상가 생각하는 힘이 끼쳐주어[念僧所熏] 니르바나에 올라 나아가게 된다."

계와 보시와 하늘의 일 생각함을 보이심

"다시 거룩한 제자는 다음과 같이 스스로 깨끗한 계[淨戒]를 생각한다.

'계를 깨뜨리지 말고 계를 빠뜨리거나 더럽히지 말고, 다른 계를 섞지 말고, 남이 계를 취하지 않게 하고 계를 잘 보살피자.

밝은 사람은 계를 칭찬하고 지혜로운 사람은 계를 싫어하지 않는다.'

거룩한 제자는 이렇게 계를 생각할 때 탐욕·성냄·어리석음을 일으키지 않고, 나아가 계를 생각하는 힘이 끼쳐주어[念戒所熏] 니르바나에 올라 나아가게 된다.

다시 거룩한 제자는 다음과 같이 보시의 일[施事]을 생각한다.

'나는 좋은 이익을 얻었다. 아낌의 때 낀 중생들 가운데 아낌의 때 떠난 곳을 얻었다. 집이 아닌 데서 해탈의 보시를 행하여 늘 손수 보시하고, 버리는 법[捨法]을 즐거이 행하여 평등한 보시[等施]를 갖춘다.'

거룩한 제자는 이렇게 보시를 생각할 때 탐욕·성냄·어리석음을 일으키지 않고, 나아가 보시를 생각하는 힘이 끼쳐주어[念施所熏] 니르바나에 올라 나아가게 된다.

다시 거룩한 제자는 여러 하늘의 일[諸天事]을 생각한다.

'네 큰 하늘왕과 서른세하늘·야마하늘·투시타하늘·화락하늘·타화자재하늘이 있다.

만약 바른 믿음의 마음이 있는 사람이면 여기서 목숨을 마친 뒤에는 저 여러 하늘에 난다고 한다. 나 또한 바른 믿음을 행해야 한다.

깨끗한 계와 보시·들음·버림·지혜를 얻은 사람은 여기서 목숨을 마친 뒤에는 저 여러 하늘에 난다. 나 또한 지금 계·보시·들음·버림·지혜를 행하자.'

거룩한 제자로서 이렇게 하늘의 일을 생각하는 사람은 탐욕·성냄·어리석음을 일으키지 않고, 그 마음은 바르고 곧아 저 여러 하늘을 좇게 된다.

저 거룩한 제자가 이와 같이 곧은 마음이 되면 깊은 법의 이익을 얻고 깊은 뜻의 이익을 얻으며, 저 여러 하늘들이 이익줌을 얻어 따라 기뻐하고, 따라 기뻐하고서는 즐거움을 내고, 즐거워지고서는 몸이 쉬며, 몸이 쉬고서는 느낌이 즐거워짐을 알고, 느낌이 즐거워짐을 알고서는 마음이 고요해진다.

마음이 고요해지면 그 거룩한 제자는 험악한 중생 가운데 여러 걸림이 없이 '법의 흐르는 물'에 들어가, 하늘을 생각하는 힘이 끼쳐주어[念天所熏] 니르바나에 올라 나아가게 된다."

여섯 가지 생각 닦아 익히기를 당부하심

"마하나마여, 만약 비구가 배움의 자리에 있으면서 위로 올라가 안락한 니르바나 구하려 하면, 이와 같이 많이 닦아 익혀야 한다.

빨리 니르바나를 얻은 사람은 바른 법과 율 안에서 모든 흐름[諸漏]을 빨리 다하고 샘이 없이 마음이 해탈하고 지혜가 해탈하여 현재의 법에서 스스로 알아 증득하게 된다.

그래서 '나의 태어남은 이미 다하고 범행은 이미 서고, 지을 바를 이미 지어 다시는 뒤의 있음을 받지 않음'을 스스로 안다."

때에 마하나마는 붓다의 말씀을 듣고, 기뻐하면서 자리에서 일어나 절하고 물러갔다.

• 잡아함 931 수습주경(修習住經)

• 해설 •

붇다와 다르마와 상가 생각하는 법[念佛 念法 念僧]과 계와 보시와 하늘 생각하는 법[念戒 念施 念天]을 사마디의 구체적인 실천법으로 제시하고 있는 가르침이다. 이 여섯 가지 생각함이 삼보에 대한 믿음과 공경[信], 지혜에 돌아감[慧], 보시[施]와 바른 계 지님[戒], 하늘의 복덕 지음을 모두 거두고 있다.

여섯 가지 생각할 법에서 붇다는 계와 선정과 지혜, 해탈과 해탈지견의 다섯 가지 법의 몸[五分法身]을 이미 이루신 분이고, 다르마는 이 다섯 가지 진리의 몸이며, 상가는 이 다섯 가지 진리의 몸을 구해 닦아 나아가는 현성의 모임이다. 보시와 지계와 하늘의 복은 수행자가 닦아가야 할 공덕의 업이다.

생각해야 할 바 여섯 가지는 이미 이루어져 있고 지금 갖추어 있고 앞으로 이룰 진리의 몸을 말한다.

마음으로 지극히 여섯 가지 곳[六處]을 생각하면, 마음 밖에 여섯 가지 곳이 없어서, 붇다 등 여섯 가지 법은 마음인 붇다[是心是佛]이며 마음인 여섯 가지 법[是心是六法]이 된다.

또한 마음이 여섯 곳 생각해 생각이 지극해지면 마음이 여섯 곳인 마음이 되어 이 마음이 붇다의 지혜가 되고 붇다의 법이 되며 보시·지계가 된다. 그리하여 이 마음으로 붇다를 짓고[是心作佛] 이 마음으로 삼보의 진리를 행하게 되며 보시와 계행을 행하게 된다.

곧 여섯 곳 생각함[念六處]이 지극해져 생각이 생각 없는 생각[無念之念]이 되면, 지금 생각하는 마음 밖에 여섯 곳이 없어 이 마음이 늘 삼보의 진리를 행하게 되는 것이다. 이 뜻을 경은 붇다와 다르마 생각하는 힘이 끼쳐주어 모든 걸림을 떠나 '법의 흐르는 물'에 들어가고 니르바나의 저 언덕에 올라가게 된다고 말한다.

중생이 이미 본래 적멸한 진리의 바다에 있으며 중생의 다섯 쌓임이 본래 공해 중생이 이미 해탈되어 있으니, 이와 같이 지극히 닦아 익히면 현재의 법 가운데서 어찌 다시 마음과 지혜가 해탈하여 니르바나를 이루지 못할 것인가.

세존의 법과 율은 현재의 법에서 불꽃처럼 타오르는 나고 죽음을 떠나 때를 기다리지 않고 스스로 통달하게 되는 것이다.

『화엄경』(「수미정상게찬품」) 또한 붇다와 붇다의 법을 사유해 마음속에 봄[能見]과 보여짐[所見]의 대립이 끊어지면 스스로 붇다와 보디의 법에 돌아감을 다음과 같이 말한다.

> 볼 수 있는 주체와 보여지는 바
> 봄 자체를 모두 없애 보내면
> 참된 법을 무너뜨리지 않으니
> 이 사람은 붇다를 밝게 알리라.
>
> 能見及所見 見者悉除遣
> 不壞於眞法 此人了知佛

> 만약 사람이 붇다를 깨달아 알고
> 붇다께서 설하신 법을 알면
> 세간을 환히 비출 수 있음이
> 바이로차나 붇다와 같게 되리라.
>
> 若人了知佛 及佛所說法
> 則能照世間 如佛盧舍那

2 바른 이해

· 이끄는 글 ·

『기신론』은 바른 믿음의 성취를 통해 보디의 마음이 생겨남[信成就發心]을 말하고, 보디의 마음을 내는 네 가지 방편을 말하면서 맨 먼저 '근본을 믿어 행하는 방편'을 말하고 있다. 그것은 왜인가.

『기신론』에서 근본은 존재의 실체적 뿌리가 아니라 온갖 법이 있되 공한 진여를 말하고, 다섯 쌓임이 실로 있음도 아니고 없음도 아닌 진실을 말한다. 이 진여의 근본을 믿고 따라 행함이 모든 실천 방편의 바탕이 되므로 근본 방편이라 말한 것이다.

이 뜻은 진여 그대로 살피고 진실 그대로 아는 바른 이해가 함께하지 않으면, 바른 믿음이 되지 못하고 바른 실천이 되지 못함을 나타낸다.

바른 이해가 없는 믿음은 무명만을 늘릴 것이고, 믿음이 없는 이해는 삿된 견해[邪見]만을 늘릴 뿐 주체적 실천과 해탈에 이끄는 바른 지혜가 되지 못한다.

그래서 붇다는 먼저 늘 삼보와 계에 대한 무너짐 없는 깨끗한 믿음[四不壞淨信]을 말하고 방일함이 없는 정진을 강조하신다.

다시 믿음은 많이 듣고[多聞] 바른 사유(思惟)를 성취해야, 그 믿음이 니르바나에 이끄는 바른 믿음이 되고 그 행함이 해탈에 이끄는 바른 행이 된다고 가르친다.

법신(法身)에서 일어난 법신인 지혜만이 사마디의 고요함이 되고 해탈의 행이 되는 것이니, 서른일곱 실천법의 처음이 네 곳 살핌이 되고 프라즈냐파라미타가 온갖 파라미타를 이끄는 첫머리가 됨을 바로 보아야 할 것이다.

『화엄경』(「범행품」) 또한, 보디사트바의 의혹이 없는 믿음과 지혜가 둘일 수 없음을 이렇게 말한다.

>믿음의 마음 낸 보디사트바는
>그 마음이 넓고 커 허공과 같아서
>삼세의 일을 다 밝게 통달하여
>온갖 의혹 모두 다 없애버리고
>붇다의 법에 취할 것 없음을
>바로 살펴 밝게 깨달아 아네.
>
>其心廣大如虛空 於三世事悉明達
>一切疑惑皆除滅 正觀佛法無所取

잊음이 많고 바른 지혜가 없으면
끝내 해탈과 니르바나 해치리

나는 들었다, 이와 같이.

한때 붓다께서는 슈라바스티 국에 노니시면서 제타 숲 '외로운 이 돕는 장자의 동산'에 계셨다.

그때 세존께서는 여러 비구들에게 말씀하셨다.

"만약 비구가 잊음이 많고 바른 지혜가 없으면, 곧 바른 생각과 바른 지혜를 해치게 된다.

만약 바른 생각과 바른 지혜가 없으면 모든 아는 뿌리 보살핌[護諸根]과 계 보살핌[護戒]·헛되이 뉘우치지 않음[不悔]·즐거워함[歡悅]·기쁨[喜]·그침[止]·안락[樂]·선정[定]을 해치게 되고, 진실 그대로 보는 것[見如實]과 참됨 그대로 앎[知如眞], 집착하지 않음[厭]·탐욕 없음[無欲]·해탈(解脫)을 해치게 된다.

그리고 해탈이 없으면 곧 니르바나를 해치게 된다.

만약 비구가 많이 잊지 않고 바른 지혜가 있으면, 곧 바른 생각과 바른 지혜를 익히게 된다.

바른 생각과 바른 지혜가 있으면, 모든 아는 뿌리 보살핌과 계 보살핌·헛되이 뉘우치지 않음·즐거워함·기쁨·그침·안락·선정을 익히게 되고, 진실 그대로 보는 것과 참됨 그대로 앎, 집착하지 않음·탐욕 없음·해탈을 익히게 된다.

그리고 해탈이 있으면 곧 니르바나를 익히게 된다."

붇다께서 이와 같이 말씀하시자, 여러 비구들은 붇다의 말씀을 기뻐하며 받들어 행하였다.

• 중아함 44 염경(念經)

• **해설** •

해탈의 꽃과 니르바나의 열매는 바른 지혜의 뿌리가 없으면 이루어지지 않는다. 또 바른 지혜는 이미 보디를 성취한 현성의 가르침을 많이 듣고[多聞] 그 뜻을 이해함으로써 이루어진다.

들은 법을 잊지 않고 늘 받아 지니어 읽고 외우며 그 뜻을 깊이 사유해야 가르침대로 닦아 행할 수 있으며, 진실 그대로 보고[見如實] 참됨 그대로 알아야[知如實] 마음의 해탈을 이루어 니르바나에 나아갈 수 있다.

들은 법을 잊고 사유하지 않으면 진리의 밭에 씨앗을 내리지 못한 것이니, 어찌 해탈의 꽃이 피며 니르바나의 열매가 맺힐 것인가.

여래장 마음 땅의 보디의 씨앗도 널리 비 내리지 못하면 싹트지 못하니, 선지식 가르침의 비와 주체의 바른 뜻이 없이 어떻게 보디의 열매가 이루어질 것인가.

꽃이 피어야 열매가 맺지만 꽃이 져야 열매가 이루어지니, 대감혜능(大鑑慧能)선사의 다음 게송이 친절하게 가르쳐준다.

마음 땅이 모든 씨앗 머금으니
널리 비 내리면 다 싹이 트리라.
꽃의 뜻을 단박 깨쳐 다하면
보디의 열매 저절로 이루어지리.

心地含諸種　普雨悉皆萌
頓悟花情已　菩提果自成

바른 사유 바른 지혜가 있어야
해탈과 니르바나 익히게 되니

나는 들었다, 이와 같이.

한때 붇다께서는 슈라바스티 국에 노니시면서 제타 숲 '외로운 이 돕는 장자의 동산'에 계셨다.

그때 세존께서는 여러 비구들에게 말씀하셨다.

"만약 비구가 스스로 부끄러워함과 남에 대한 부끄러움이 없으면 곧 사랑과 공경을 해치게 된다. 사랑과 공경이 없으면 그 믿음을 해치고, 믿음이 없으면 바른 사유를 해치고, 바른 사유가 없으면 바른 생각과 바른 지혜를 해친다. 만약 바른 생각과 바른 지혜가 없으면 모든 아는 뿌리 보살핌과 계 보살핌·헛되이 뉘우치지 않음·즐거워함·기쁨·그침·안락·선정 즐김을 해치게 되고, 진실 그대로 보는 것과 참됨 그대로 앎, 집착하지 않음·탐욕 없음·해탈을 해치게 된다.

만약 해탈이 없으면 니르바나를 해치게 된다."

믿음과 공경 바른 사유가 있으면 끝내
해탈 니르바나 이루게 됨을 보이심

"만약 비구가 스스로 부끄러워함과 남에 대한 부끄러움이 있으면 곧 사랑과 공경을 익히게 되고, 사랑과 공경이 있으면 믿음을 익히게 되며, 믿음이 있으면 바른 사유를 익히게 된다. 만약 바른 사유가 있으면 바른 생각과 바른 지혜를 익히게 되며, 바른 생각과 바른 지혜가 있으면 모든 아는 뿌리 보살핌과 계 보살핌·헛되이 뉘우치지 않음·즐거워함·기쁨·그침·안락·선정 즐김을 익히게 되고, 진실 그대로 보는 것과 참됨 그대로 앎, 집착하지 않음·탐욕 없음·해탈을 익히게 된다.

만약 해탈이 있으면 니르바나를 익히게 된다."

붓다께서 이와 같이 말씀하시자, 여러 비구들은 붓다의 말씀을 듣고 기뻐하며 받들어 행하였다.

• 중아함 45 참괴경(慚愧經) ①

• 해설 •

스스로 짓는 행위를 돌이켜 몸과 입과 뜻에 그릇됨이 있으면, 자신과 남에 부끄러워할 줄 알아야 바른 법 행하는 이에 대한 사랑과 공경이 있게 되고, 사랑과 공경이 있게 되면 법에 대한 믿음이 굳건해진다.

연기의 진실에 대한 믿음으로 바른 사유 바른 생각 바른 지혜가 갖춰지고, 지혜가 있어야 앎에 앎이 없이 여러 아는 뿌리[諸根] 잘 보살펴 계를 지키고, 티끌경계에 물들지 않는 사마디가 이루어진다.

그리고 지혜와 사마디가 함께할 때[定慧等持] 해탈의 문을 열어 니르바나의 성에 들어간다.

바른 지혜 바른 사유가 없는 자, 그의 믿음은 진실을 등진 삿된 믿음과 눈 어두운 신앙이 되고, 바른 지혜 바른 사유가 없는 자, 그의 행은 행하면 행할수록 진리를 등지는 미망의 길이 될 뿐이다.

오직 바른 믿음과 법에 대한 이해, 지혜의 눈[智目]과 실천의 발[行足]이 함께하는 이, 그가 물러섬이 없이 앞으로 나아가 니르바나의 저 언덕에 이르를 것이다.

사랑·공경·믿음으로 바른 사유를 갖추면
끝내 니르바나를 이루게 되오

나는 들었다, 이와 같이.

한때 붇다께서는 슈라바스티 국에 노니시면서 제타 숲 '외로운 이 돕는 장자의 동산'에 계셨다.

그때 존자 사리푸트라 여러 비구들에게 말하였다.

"여러 어진 이들이여, 만약 비구가 스스로 부끄러워함과 남에 대한 부끄러움이 없으면 곧 사랑과 공경을 해치게 되오. 사랑과 공경이 없으면 믿음을 해치고, 믿음이 없으면 바른 사유를 해치게 되오. 만약 바른 사유가 없으면 바른 생각과 바른 지혜를 해치게 되고, 바른 생각과 바른 지혜가 없으면 모든 아는 뿌리 보살핌과 계 보살핌·헛되이 뉘우치지 않음·즐거워함·기쁨·그침·안락·선정 즐김을 해치게 되고, 진실 그대로 보는 것과 참됨 그대로 앎, 집착하지 않음·탐욕 없음·해탈을 해치게 되오.

만약 해탈이 없으면 니르바나를 해치게 되오."

바른 사유가 없으면 해탈과 니르바나 해치게 됨을 비유로 보임

"여러 어진 이들이여, 마치 나무가 있어 만약 겉껍질을 해치면 속껍질이 이루어지지 않고, 속껍질이 이루어지지 않으면 줄기와 심(心)·마디·가지·잎·꽃·열매가 다 이루어지지 못하는 것과 같소.

여러 어진 이들이여, 반드시 알아야 하오. 비구 또한 이와 같소. 만약 스스로 부끄러워함과 남에 부끄러움이 없으면 곧 사랑과 공경을 해치게 되오. 사랑과 공경이 없으면 믿음을 해치고, 믿음이 없으면 바른 사유를 해치게 되오. 만약 바른 사유가 없으면 바른 생각과 바른 지혜를 해치게 되고, 바른 생각과 바른 지혜가 없으면 모든 아는 뿌리 보살핌과 계 보살핌·헛되이 뉘우치지 않음·즐거워함·기쁨·그침·안락·선정 즐김을 해치게 되고, 진실 그대로 보는 것과 참됨 그대로 앎, 집착하지 않음·탐욕 없음·해탈을 해치게 되오.

만약 해탈이 없으면 니르바나를 해치게 되오."

바른 사유 바른 생각이 있으면 끝내
해탈 니르바나가 이루어짐을 비유로 보임

"여러 어진 이들이여, 비구에게 스스로 부끄러워함과 남에 부끄러움이 있으면, 곧 사랑과 공경을 익히게 되고, 사랑과 공경이 있으면 믿음을 익히게 되며, 믿음이 있으면 바른 사유를 익히게 되오. 만약 바른 사유가 있으면 바른 생각과 바른 지혜를 익히게 되며, 바른 생각과 바른 지혜가 있으면 모든 아는 뿌리 보살핌과 계 보살핌·헛되이 뉘우치지 않음·즐거워함·기쁨·그침·안락·선정 즐김을 익히게 되고, 진실 그대로 보는 것과 참됨 그대로 앎, 집착하지 않음·탐욕 없음·해탈을 익히게 되오.

만약 해탈이 있으면 니르바나를 익히게 되오.

여러 어진 이들이여, 마치 나무가 있어 만약 겉껍질을 해치지 않으면 속껍질이 이루어지고, 속껍질이 이루어지면 줄기와 심·마디·가지·잎·꽃·열매가 다 이루어지는 것과 같소.

여러 어진 이들이여, 반드시 알아야 하오. 비구 또한 이와 같소. 만약 스스로 부끄러워함과 남에 부끄러움이 있으면 곧 사랑과 공경을 익히게 되고, 사랑과 공경이 있으면 믿음을 익히게 되며, 믿음이 있으면 바른 사유를 익히게 되오. 만약 바른 사유가 있으면 바른 생각과 바른 지혜를 익히게 되며, 바른 생각과 바른 지혜가 있으면 모든 아는 뿌리 보살핌과 계 보살핌·헛되이 뉘우치지 않음·즐거워함·기쁨·그침·안락·선정 즐김을 익히게 되고, 진실 그대로 보는 것과 참됨 그대로 앎, 집착하지 않음·탐욕 없음·해탈을 익히게 되오.

만약 해탈이 있으면 곧 니르바나를 익히게 되오."

존자 사리푸트라가 이와 같이 말하니, 여러 비구들은 존자 사리푸트라의 말을 듣고 기뻐하며 받들어 행하였다.

• 중아함 46 참괴경 ②

• **해설** •

여래가 가르치신 이 법은 중생과 세계의 실상이므로 바르게 깨친 이들은 모두 그 말이 한 말이 되고 그 뜻이 한뜻이 되며 그 맛이 한맛이 된다.

사리푸트라는 여래의 제자 가운데 그 지혜가 으뜸이고 그 변재가 으뜸인 제자이니, 그의 말이 곧 여래의 말이고 그의 법이 곧 여래의 법이고 그가 보인 맛이 해탈의 법맛이다.

한 그루 나무가 꽃이 피고 열매가 열리려면 그 나무가 온전히 자라야 하니, 꽃과 열매는 나무의 겉껍질·속껍질·줄기·마디·가지·잎이 아니지만, 그것이 없으면 꽃과 열매가 열리지 못한다.

그렇듯 해탈의 꽃과 니르바나의 열매도 사랑·공경·믿음·바른 사유·계·선정이 아니면 꽃이 피어나지 못하고 열매를 맺지 못한다.

그 가운데 바른 사유가 온갖 실천의 뿌리가 되니, 그것 없이는 해탈행이 나지 못하고 해탈의 행이 없으면 해탈의 꽃 니르바나의 열매가 끝내 맺지 못한다.

『화엄경』(「도솔궁중게찬품」) 또한 바른 법에 대한 의혹이 사라질 때 실천의 첫걸음이 시작되어 끝내 보디의 땅에 이르게 됨을 이렇게 보인다.

> 만약 지혜 있는 사람이 있어
> 한 생각에 도의 마음을 내면
> 반드시 위없는 보디 이루니
> 삼가 의혹을 내지 말아라.
>
> 若有智慧人　一念發道心
> 必成無上尊　愼莫生疑惑
>
> 모든 붇다가 들어가신 법인
> 크나큰 지혜를 한 번 들으면
> 널리 다함없는 법계 가운데서
> 삼세의 큰 인도자 이루리.
>
> 一聞大智慧　諸佛所入法
> 普於法界中　成三世導師

3 바른 살핌과 바른 행

• 이끄는 글 •

사유와 행은 서로 의지해서 바른 사유와 바른 행을 이룬다. 바른 사유의 눈[智目]이 없으면 바른 실천의 발걸음[行足]이 나올 수 없고, 바른 실천이 함께하지 않으면 사유는 대상을 밖에서 들여다보는 메마른 지혜가 되거나 관념의 사유에 머물게 될 것이다.

그렇다면 그릇된 사유와 바른 지혜는 어떻게 분별되는가.

연기법에서는 사유활동 밖에 대상이 없고 아는 것밖에 앎이 없다. 그러므로 존재의 있는 모습에 물든 사유를 쉬지 못하면 연기의 진실이 드러나지 않으니, 방편의 지혜를 닦아 모습에 모습 없는 줄 살펴야만 연기의 진실 그대로 봄이 없이 보아 존재에 물듦 없는 지혜가 현전한다.

동아시아권 의례문 가운데 하나인 「자비수참문」(慈悲水懺文)은 중생의 죄업의 인연을 살펴 죄업을 참회하고 여래의 보디에 나아가는 다음 네 가지 관행[四種觀行]을 말하고 있다.

첫째, 중생 죄업의 인연을 살핌[觀因緣]이다.

둘째, 과보를 살핌[觀果報]이다.

셋째, 자기 몸을 살핌[觀自身]이다.

넷째, 여래의 몸을 살핌[觀如來身]이다.

이 네 가지 살핌 또한 죄업의 원인과 과보 살핌을 통해 온갖 법이 일어나는 원인·조건·결과[因緣果]를 살펴 원인·조건·결과가 공함을 알게 하고 있다.

인연과 과보를 살핌이 죄업이 일어나는 원인과 결과를 살핌이라면, 자기 몸과 여래의 몸을 살핌은 번뇌와 보디의 인과를 살핌이다.

자기 몸은 번뇌로 이루어진 과보의 몸이고 여래의 몸은 보디로 성취된 공덕의 몸이다.

자기 몸이 번뇌의 업으로 일어난 과보의 몸이고 여래의 몸이 해탈의 행으로 성취된 공덕의 몸인 줄 살펴 두 몸이 공한 줄 알면, 지금 범부의 몸 살핌에서 여래의 과덕에 나아갈 수 있다.

아함에서 가르친 서른일곱 실천법의 행도 위 네 가지 살피는 행에 다름 아니니, 여러 실천법으로 중생 고제가 공한 줄 살펴 번뇌를 보디로 돌이키는 행이 진실 그대로의 앎이고 행이다.

화엄의 표현대로 하면 보현의 모습 없는 진리[普賢理]를 살피는 문수의 지혜[文殊智]는 앎 없는 앎이고, 앎 없는 앎은 하되 함이 없는 해탈의 행이 된다. 그러므로 보현의 진리를 살피는 문수의 지혜는 다시 곧 보현의 넓고 큰 행[普賢廣大行]이 되는 것이다.

보현의 모습 없는 진리를 비추는 문수의 지혜가, 아는 지혜와 알려지는 경계의 모습을 모두 넘어서므로[境智俱亡], 문수의 지혜는 아는 자와 알려지는 것을 함께 살리는[雙照境智] 보현행으로 드러나고, 보현행의 하되 함이 없는 행의 고요함이 다시 법계의 진리가 되는 것이다.

화엄의 법계 그대로의 보현행과 아함의 여덟 가지 바른 길[八正道]이 다름없으니, 여덟 가지 바른 길의 지음 없는 행 밖에 진리의 처소가 없다.

보디사트바의 진리인 지혜가 곧 공덕의 행이 됨을,『화엄경』(「십회향품」)은 다음과 같이 가르친다.

> 보디사트바의 뜻은 늘 즐거워서
> 언제나 바른 지혜에 편히 머무니
> 바른 생각 굳세고 단단하여서
> 어리석음과 미혹을 멀리 떠나네.
> 그 마음은 착하고 부드러우며
> 언제나 맑고 맑아 깨끗하여서
> 끝없는 공덕의 행 쌓아 모으네.
>
> 菩薩志樂常安住　正念堅固離癡惑
> 其心善軟恒淸涼　積集無邊功德行

니르바나의 세계로 나아가는 갖가지 법이 있나니

이와 같이 내가 들었다.

한때 붓다께서는 슈라바스티 국 제타 숲 '외로운 이 돕는 장자의 동산'에서 큰 비구대중 천이백오십 사람과 함께 계셨다.

그때 세존은 여러 비구들에게 말씀하셨다.

"너희들에게 미묘한 법[微妙法]을 말해주겠다. 뜻과 맛이 청정하여 범행을 갖추었으니, 세 무더기 법[三聚法]을 말한다.

너희들은 자세히 듣고 깊이 사유하여 기억하라. 너희들을 위해 말해주겠다."

착함과 악함의 세계 니르바나의 세계로 나아가게 하는 세 무더기 법을 보이심

때에 여러 비구들이 가르침을 받아들으니, 붓다께서 말씀하셨다.

"세 무더기 법이란, 한 법은 악한 세계로 나아감이고, 한 법은 착한 세계로 나아감이며, 한 법은 니르바나에 나아감이다."

한 법으로 세 무더기 법을 보이심

"어떤 한 법이 악한 세계로 나아가는 것인가. 어질고 사랑함이 없이 독하게 해칠 마음을 품는 것이다. 이것을 악한 세계로 나아가는 한 법이라고 한다.

어떤 한 법이 착한 세계로 나아가는 것인가. 악한 마음으로써 중생을 해치지 않는 것이다. 이것을 착한 세계로 나아가는 한 법이라 한다.

어떤 한 법이 니르바나로 나아가는 것인가. 부지런히 정진하여 몸 살핌[身念處] 닦는 것을 말한다. 이것을 니르바나로 나아가는 한 법이라고 한다."

두 법으로 세 무더기 법을 보이심

"다시 두 법이 있어 악한 세계로 나아가고, 다시 두 법이 있어 착한 세계로 나아가며, 다시 두 법이 있어 니르바나로 나아간다.

어떤 두 법이 악한 세계로 나아가는 것인가. 하나는 계를 허는 것이요, 둘은 바른 견해를 깨뜨리는 것이다.

어떤 두 법이 착한 세계로 나아가는 것인가. 하나는 계를 갖추는 것이요, 둘은 바른 견해를 갖추는 것이다.

어떤 두 법이 니르바나로 나아가는 것인가. 하나는 그침을 말하고, 둘은 살핌을 말한다."

세 법으로 세 무더기 법을 보이심

"다시 세 법이 있어 악한 세계로 나아가고, 세 법이 있어 착한 세계로 나아가며, 세 법이 있어 니르바나로 나아간다.

어떤 세 법이 악한 세계로 나아가는 것인가. 세 가지 착하지 않은 뿌리이니, 곧 탐욕의 착하지 않은 뿌리와 성냄의 착하지 않은 뿌리와 어리석음의 착하지 않은 뿌리이다.

어떤 세 법이 착한 세계로 나아가는 것인가. 세 가지 착함의 뿌리이니, 곧 탐욕이 없는 착함의 뿌리와 성냄이 없는 착함의 뿌리와 어리석음이 없는 착함의 뿌리이다.

어떤 세 법이 니르바나로 나아가는 것인가. 세 가지 사마디를 말하니, 공한 사마디와 모습 없는 사마디와 지음 없는 사마디이다."

네 법으로 세 무더기 법을 보이심

"다시 네 법이 있어 악한 세계로 나아가고, 네 법이 있어 착한 세계로 나아가며, 네 법이 있어 니르바나로 나아간다.

어떤 네 법이 악한 세계로 나아가는 것인가. 애착의 말과 성내는 말과 두려운 말과 어리석은 말이다.

어떤 네 법이 착한 세계로 나아가는 것인가. 애착하지 않는 말과 성내지 않는 말과 두렵지 않은 말과 어리석지 않은 말이다.

어떤 네 법이 니르바나로 나아가는 것인가. 네 곳 살핌을 말하니, 몸 살핌·느낌 살핌·마음 살핌·법 살핌이다."

다섯 법으로 세 무더기 법을 보이심

"다시 다섯 법이 있어 악한 세계로 나아가고, 다섯 법이 있어 착한 세계로 나아가며, 다섯 법이 있어 니르바나로 나아간다.

어떤 다섯 법이 악한 세계로 나아가는 것인가. 다섯 계[五戒]를 깨뜨리는 것을 말하니, 산목숨 죽임과 도둑질과 음탕함과 거짓말과 술을 마시는 것이다.

어떤 다섯 법이 착한 세계로 나아가는 것인가. 다섯 계를 지니는 것을 말하니, 산목숨 죽이지 않음과 도둑질하지 않음과 음탕하지 않음과 속이지 않음과 술을 마시지 않음이다.

어떤 다섯 법이 니르바나로 나아가는 것인가. 다섯 가지 진리의 뿌리를 말하니, 믿음의 뿌리 · 정진의 뿌리 · 생각의 뿌리 · 선정의 뿌리 · 지혜의 뿌리이다."

여섯 법으로 세 무더기 법을 보이심

"다시 여섯 법이 있어 악한 세계로 나아가고, 여섯 법이 있어 착한 세계로 나아가며, 여섯 법이 있어 니르바나로 나아간다.

어떤 여섯 법이 악한 세계로 나아가는 것인가. 여섯 가지 공경하지 않음을 말하니, 붇다를 공경하지 않고 다르마를 공경하지 않고 상가를 공경하지 않고 계를 공경하지 않으며 선정을 공경하지 않고 어버이를 공경하지 않는 것이다.

어떤 여섯 법이 착한 세계로 나아가는 것인가. 여섯 가지 공경의 법을 말하니, 붇다를 공경하고 다르마를 공경하며 상가를 공경하고 계를 공경하며 선정을 공경하고 어버이를 공경하는 것이다.

어떤 여섯 법이 니르바나로 나아가는 것인가. 여섯 가지 바르게 지어 생각함[六思念]을 말하니, 붇다를 생각하고 다르마를 생각하며 상가를 생각하고 계를 생각하며 보시를 생각하고 하늘을 생각함이다."

일곱 법으로 세 무더기 법을 보이심

"다시 일곱 법이 있어 악한 세계로 나아가고, 일곱 법이 있어 착한 세계로 나아가며, 일곱 법이 있어 니르바나로 나아간다.

어떤 일곱 법이 악한 세계로 나아가는 것인가. 산목숨 죽임과 주지 않는 것을 가짐과 음탕한 것과 거짓말과 두말과 욕설과 꾸밈말이다.

어떤 일곱 법이 착한 세계로 나아가는 것인가. 산목숨 죽이지 않음과 도둑질하지 않음과 음탕하지 않음과 속이지 않음과 두말하지 않음과 욕설하지 않음과 꾸밈말하지 않음이다.

어떤 일곱 법이 니르바나로 나아가는 것인가. 일곱 갈래 깨달음 법[七覺支]을 말하니, 생각의 깨달음 법·법 가림의 깨달음 법·정진의 깨달음 법·쉼의 깨달음 법·선정의 깨달음법·기쁨의 깨달음 법·버림의 깨달음 법이다."

여덟 법으로 세 무더기 법을 보이심

"다시 여덟 법이 있어 악한 세계로 나아가고, 여덟 법이 있어 착한 세계로 나아가며, 여덟 법이 있어 니르바나로 나아간다.

어떤 여덟 법이 악한 세계로 나아가는 것인가. 여덟 가지 삿된 행을 말하니, 삿된 견해·삿된 뜻·삿된 말·삿된 행동·삿된 생활·삿된 방편·삿된 생각·삿된 선정이다.

어떤 여덟 법이 착한 세계로 나아가는 것인가. 세상의 바른 견해·바른 뜻·바른 말·바른 행동·바른 생활·바른 방편·바른 생각·바른 선정을 말한다.

어떤 여덟 법이 니르바나로 나아가는 것인가. 여덟 가지 현성의 도[八賢聖道]를 말하니, 바른 견해·바른 뜻·바른 말·바른 행동·바른 생활·바른 방편·바른 생각·바른 선정을 말한다."

아홉 법으로 세 무더기 법을 보이심

"다시 아홉 법이 있어 악한 세계로 나아가고, 아홉 법이 있어 착한 세계로 나아가며, 아홉 법이 있어 니르바나로 나아간다.

어떤 아홉 법이 악한 세계로 나아가는 것인가. 다음처럼 생각하는 아홉 번뇌를 말한다.

'사람이 있어 이미 나를 침범해 괴롭혔다. 지금 침범해 괴롭힌다. 앞으로도 침범해 괴롭힐 것이다.

내가 사랑하는 것을 그가 이미 침범해 괴롭혔다. 지금 침범해 괴롭힌다. 앞으로도 침범해 괴롭힐 것이다.

내가 미워하는 것을 그가 이미 사랑하고 공경했다. 지금 사랑하고 공경한다. 앞으로도 사랑하고 공경할 것이다.'

어떤 아홉 법이 착한 세계로 나아가는 것인가. 다음처럼 아홉 번뇌의 생각 없음을 말한다.

'그가 이미 나를 침범했는데 내가 번민한들 무슨 이익이 있으랴. 이미 번민을 내지 않았고 지금 번민을 내지 않으며 앞으로도 번민을 내지 않을 것이다.

내가 사랑하는 것을 그가 이미 침범했는데 내가 번민한들 무슨 이익이 있으랴. 이미 번민을 내지 않았고 지금 번민을 내지 않으며 앞으로도 번민을 내지 않을 것이다.

내가 미워하는 것을 그가 이미 사랑하고 공경했는데 내가 번민한들 무슨 이익이 있으랴. 이미 번민을 내지 않았고 앞으로도 번민을 내지 않을 것이요 지금 번민하지 않는다.'

어떤 아홉 법이 니르바나로 나아가는 것인가. 아홉 가지 좋은 법[九善法]을 말하니, 첫째 기쁨, 둘째 사랑, 셋째 기뻐함, 넷째 즐거움, 다섯째 선정, 여섯째 진실하게 아는 것, 일곱째 버림, 여덟째 욕심 없음, 아홉째 해탈이다."

열 법으로 세 무더기 법을 보이심

"다시 열 법이 있어 악한 세계로 나아가고, 열 법이 있어 착한 세계로 나아가며, 열 법이 있어 니르바나로 나아간다.

어떤 열 법이 악한 세계로 나아가는 것인가. 열 가지 착하지 않음을 말하니, 몸의 산목숨 죽임·도둑질·음탕함, 입의 두말·모진 말·거짓말·꾸밈말, 뜻의 탐냄·미워함·삿된 견해이다.

어떤 열 법이 착한 세계로 나아가는 것인가. 열 가지 착한 행을 말하니, 몸으로 산목숨 죽이지 않음·도둑질하지 않음·음탕하지 않음과, 입으로 두말하지 않음·모진 말하지 않음·거짓말하지 않음·꾸밈말하지 않음이며, 뜻으로 탐내지 않음·미워하지 않음·삿된 견해 갖지 않음이다.

어떤 열 법이 니르바나로 나아가는 것인가. 열 가지 곧은 길[十直道]을 말하니, 바른 견해·바른 뜻·바른 말·바른 행동·바른 생활·바른 방편·바른 생각·바른 선정·바른 해탈·바른 지혜다.

여러 비구들이여, 이와 같은 열 법은 니르바나에 이를 수 있다.

이것을 '세 무더기 미묘하고 바른 법'[三聚微妙正法]이라 한다."

니르바나에 나아가는 갖가지 법을 널리 분별해 보이신 뒤 부지런히 행하기를 당부하심

"나는 여래가 되어 뭇 제자들을 위하여 반드시 해주어야 할 일을 두루 갖추지 않음이 없다.

너희들을 걱정하기 때문에 경의 길[經道]을 연설해주는 것이다.

너희들 또한 그 몸을 스스로 걱정해야 한다. 그리하여 반드시 한가로운 곳에 살고 나무 밑에서 사유하여 게으르지 말라.

지금 힘쓰지 않고 뒤에 뉘우친들 쓸데없다."

여러 비구들은 붇다의 말씀을 듣고 기뻐하면서 받들어 행했다.

• 장아함 12 삼취경(三聚經)

• 해설 •

니르바나는 악함을 끊고 얻는 착함의 세계가 아니고, 착한 일을 지어 복을 받는 함이 있고 지음 있는 복업[有爲福 有作業]의 세계가 아니다.

경은 이 뜻을 보이기 위해 악함과 착함을 말씀하고, 다시 니르바나의 길을 보이지만 니르바나의 길이 세간 착함을 떠나지 않는다. 곧 니르바나는 선과 악이 모두 공함을 알되 그 공함에도 머묾 없이, 악을 끊음 없이 끊고 선을 지음 없이 짓는 해탈의 세계이다.

선과 악에 모두 머묾 없는 니르바나가 미묘한 법의 세계이니, 선악의 대립을 떠나되 선악의 이 세간을 버리지 않는다.

니르바나는 바른 살핌 바른 행으로 구현되는 세계이니, 붇다는 니르바나를 이루는 방편의 행을 열 가지 법으로 분별해 보이신다.

곧 몸 살핌의 한 법[身念處一法]이 첫걸음이 되어 사마타와 비파사나의 두 법[止觀二法], 세 가지 사마디[三三昧], 네 곳 살핌[四念處], 다섯 가지 진리의 뿌리[五根], 여섯 가지 생각함[六思念], 일곱 갈래 깨달음의 법[七覺支], 여덟 가지 바른 길[八賢聖道], 아홉 가지 분별없는 법[九善法], 열 가지 곧은 길[十直道] 이런 갖가지 실천의 수레가 중생을 니르바나의 땅에 이르게 할 것이다.

니르바나에 이르는 실천의 길은 이미 니르바나되어 있는 진리의 땅에서 다시 감이 없이 가는 길이며 이름 없이 저 언덕에 이르름이다.

그러므로 지금 수행자의 길 가는 일[途中事]이 니르바나의 집안일[家裏事] 떠나지 않는 줄 아는 자만이 '다섯 쌓임이 본래 공적한 진리의 집'[五蘊空寂舍]에 앉아 여래 해탈의 땅에 이르름 없이 이르를 것이다.

니르바나의 땅에 앉아 니르바나에 돌아가는 자가 이 세간의 보디사트바이다. 그러므로 보디사트바는 늘 본래 고요한 법을 즐겨 그 법 따라 니르바나에 이르지만 머물 고요함이 없으므로 갖가지 방편행으로 중생의 길을 버리지 않으니, 『화엄경』(「십회향품」)은 다음과 같이 보인다.

> 보디사트바는 늘 고요함 즐겨서
> 그 법을 따라 니르바나의 땅에 이르지만
> 또한 중생의 길 버려 떠나지 않고
> 이와 같은 미묘한 지혜 얻도다.
>
> 菩薩常樂寂滅法　隨順得至涅槃境
> 亦不捨離衆生道　獲如是等微妙智

곧 보디사트바는 착함과 악함이 공한 고요한 법으로 온갖 모습의 얽매임을 벗어나 니르바나에 이른다. 그러나 세간법 밖에 니르바나의 고요함이 없으므로 세간법을 무너뜨림이 없이, 갖가지 방편의 행과 방편의 지혜로 중생을 거두어 세간의 인도자가 되고 진리의 해[法日]가 되는 것이니,「십회향품」은 다시 이렇게 말한다.

> 보디사트바는 법의 큰 인도자 되어
> 깊고 깊어 얻기 어려운 법 열어 보여
> 시방의 한량없는 중생 이끌어
> 바른 법에 편안히 머물게 하네.
>
> 菩薩爲法大導師　開示甚深難得法
> 引導十方無量衆　悉令安住正法中

> 보디사트바는 붇다의 법의 바다
> 해탈의 그 물을 이미 마시고서
> 시방세계에 법의 구름 널리 펼쳐서

중생에게 널리 법의 비를 내리니
법의 해는 세간에 널리 나타나
묘한 법 드날려 중생 이롭게 하네.

菩薩已飮佛法海 法雲普雨十方界
法日出現於世間 闡揚妙法利群生

보디사트바는 으뜸가는 보시 닦아
온갖 여래께서 기뻐 찬탄하시네.
짓는 일은 다 붇다의 인정해줌 받아
이로써 사람 가운데 높은 이 되네.

菩薩修行第一施 一切如來所讚喜
所作皆蒙佛認可 以此成就人中尊

덧없음의 생각을 닦아 행해야
니르바나의 길 그 좋은 곳에 나게 되리니

이와 같이 들었다.

한때 붇다께서는 슈라바스티 국 제타 숲 '외로운 이 돕는 장자의 동산'에 계셨다.

그때 세존께서 여러 비구들에게 말씀하셨다.

"너희들은 반드시 덧없다는 생각[無常想]을 사유하고 덧없다는 생각을 널리 펴라.

덧없다는 생각을 이미 사유하고 덧없다는 생각을 널리 펴면, 욕계의 애착[欲界愛]과 색계의 애착[色界愛]과 무색계의 애착을[無色界愛] 다 끊고 또한 무명과 교만을 끊게 될 것이다.

마치 불로 풀과 나무를 태워 길이 다해 남음이 없고 또한 남은 자취마저 없어지는 것처럼, 만약 덧없다는 생각을 닦으면 욕계의 애착, 색계의 애착, 무색계의 애착과 무명과 교만을 다 끊어 길이 남음이 없을 것이다."

덧없음의 생각 닦으면 세 가지 좋은 길에 나가게 됨을 보이심

"왜 그런가. 비구가 덧없다는 생각을 닦을 때 탐욕의 마음이 없어지기 때문이다.

그가 탐욕의 마음이 없으면 곧 법을 잘 분별하고 그 뜻을 사유하여 근심·걱정·괴로움·번민이 없게 되고, 그가 법의 뜻을 사유하면[思惟法義] 곧 어리석음과 그릇된 닦아 행함[錯誤修行]이 없어질 것이다.

만약 싸우고 다투는 사람을 보게 되면 그는 곧 이렇게 생각한다.

'저 여러 사람들은 덧없다는 생각을 닦지 않고 덧없다는 생각을 널리 펴지 않기 때문에 저렇게 싸워 다툰다.'

그들은 싸워 다투기 때문에 그 뜻을 보지 못하고, 그 뜻을 보지 못하기 때문에 곧 미혹한 마음이 있게 된다.

그는 이 어리석고 미혹함을 가진 채 목숨을 마치므로 곧 아귀·축생·지옥의 세 가지 나쁜 곳에 들어간다.

그러므로 여러 비구들이여, 반드시 덧없다는 생각을 닦고 덧없다는 생각을 널리 펴야 한다. 그러면 곧 성냄과 어리석은 생각이 없어져 법을 살필 수 있게 되고 또한 그 뜻을 살필 수 있게 된다.

만약 목숨을 마친 뒤에는 하늘위와 사람과 니르바나의 길, 이 세 가지 좋은 곳에 나게 될 것이다.

이와 같이 여러 비구들이여, 반드시 이렇게 배워야 한다."

그때에 여러 비구들은 붓다의 말씀을 듣고 기뻐하며 받들어 행하였다.

• 증일아함 38 역품(力品) 二

• 해설 •

지금 있는 것이 찰나찰나 덧없는 것을 보면 지금 있는 것이 실로 있지 않음[有而非有]을 보게 된다.

있는 것이 실로 있지 않으므로 덧없는 줄 알면, 덧없음은 흘러가버리는 덧없음이 아니라 남이 없이 나고 사라짐 없이 사라지는 덧없음인 줄 알게 된다.

있음이 있음 아닌 줄[有卽非有] 알면 모습에 물든 욕계의 애착을 끊고, 온갖 모습이 모습 아닌 모습인 줄 알아 모습에서 모습 떠나면[於相離相] 존재의 애착[有愛]과 모습 없음을 집착하는 무색계의 애착을 끊게 된다.

이처럼 모습에서 모습을 넘어서되 모습 없음에서 모습 없음마저 넘어서고, 항상함의 집착과 흘러가 사라짐의 집착을 모두 버리면, 중도의 진실[中道實相]을 보게 되고 니르바나의 참된 즐거움[眞樂] 참된 항상함[眞常]을 누리게 될 것이다.

덧없는 법을 살피고[觀無常法] 덧없는 뜻을 사유하면[思惟其義] 붙잡을 존재의 모습이 없고 타오르는 번뇌의 불길이 이미 없으니, 그에게는 오직 진실에 맞는 행이 있고 사람과 하늘의 길 니르바나의 길이 있게 될 뿐이다.

『화엄경』(「십주품」) 또한 붓다가 가르치신 덧없음과 공함의 뜻을 깨달아 법답게 행하는 자가 참된 붓다의 자식이 됨을 다음과 같이 가르친다.

> 바른 뜻을 깨달아 법답게 행하여
> 어리석음과 미혹을 멀리 떠나서
> 그 마음이 모습에 움직이지 않으면
> 이것이 첫 배우는 이의 보디행이니
> 이런 법다운 행 행할 수 있으면
> 참된 붓다의 자식이라 하리.
>
> 了達於義如法行 遠離愚迷心不動
> 此是初學菩提行 能行此行眞佛子

탐욕의 경계 바로 살펴 끊고
온갖 머묾 없어야 남음 없는 니르바나 이루리

나는 들었다, 이와 같이.

한때 붇다께서는 쿠루 국에 노니시면서 '소 치는 마을'이라는 쿠루 국의 도읍 칼마슈담야에 계셨다.

그때 세존께서는 여러 비구들에게 말씀하셨다.

"탐욕이란 덧없음이요 거짓이고 거짓말이다. 이 거짓말의 법은 곧 허깨비의 변화고 속임이며 어리석음이다. 현세의 탐욕이거나 뒷세상의 탐욕이거나, 현세의 물질이거나 뒷세상의 물질이거나 그 온갖 것은 곧 마라의 경계로서 곧 마라의 미끼이다.

이로 인해 마음이 한량없이 악하여 착하지 않은 법과 탐욕과 성냄과 또 싸움 등을 내니, 곧 거룩한 제자들이 배울 때의 장애가 된다.

많이 들은 거룩한 제자들은 이와 같이 살핀다.

'세존께서 말씀하신바 탐욕이란 덧없음이요 거짓이고 거짓말이다. 이 거짓말의 법은 곧 허깨비의 변화고 속임이며 어리석음이다. 현세의 탐욕이거나 뒷세상의 탐욕이거나, 현세의 물질이거나 뒷세상의 물질이거나 그 온갖 것은 곧 마라의 경계로서 곧 마라의 미끼이다.

이로 인해 마음이 한량없이 악하여 착하지 않은 법과 탐욕과 성냄과 또 싸움 등을 내니, 곧 거룩한 제자들이 배울 때의 장애가 된다.'"

탐욕이 거짓임을 보이시고, 움직이지 않는
도에 들어가는 세 모습을 보이심

"그는 또 이렇게 생각한다.

'나는 큰 마음을 성취하여 노닐고, 세간을 항복하고 그 마음을 거두어 지녀야 한다. 만약 내가 큰 마음을 성취하여 노닐고, 세간을 항복받아 그 마음을 거두어 지니게 되면, 이렇게 마음은 곧 한량없이 악하여 착하지 않은 법과 탐욕과 성냄과 싸움 등을 내지 않게 된다. 그리하여 곧 거룩한 제자가 배울 때 장애가 되지 않는다.'

그는 이런 행과 이런 배움으로 이와 같이 닦아 익히어 널리 편다. 그는 곧 그 자리에서 마음이 깨끗하게 되고, 그 자리에서 마음이 깨끗하게 된 비구는 그곳에서 움직이지 않음[不動]에 들어가게 되고, 지혜로써 알게 된다.

그는 뒤때 몸이 무너지고 목숨을 마치더라도 본뜻[本意]으로 인하여 반드시 움직이지 않음에 이른다.

이것을 첫째 깨끗하여 움직이지 않는 도를 말함[說淨不動道]이라 한다.

다시 많이 들은 거룩한 제자는 이와 같이 살핀다.

'만약 물질이 있으면 그 온갖 것은 네 가지 큰 요소[四大]이며 네 가지 큰 요소가 만든 것[四大造]인데, 네 가지 큰 요소는 덧없는 법이요 괴로움이요 사라지는 것이다.'

그는 이런 행과 이런 배움으로 이와 같이 닦아 익히어 널리 편다. 그는 곧 그 자리에서 마음이 깨끗하게 되고, 그 자리에서 마음이 깨끗하게 된 비구는 그곳에서 움직이지 않음에 들어가게 되고, 지혜로써 알게 된다.

그는 뒷때 몸이 무너지고 목숨을 마치더라도 본뜻으로 인하여 반드시 움직이지 않음에 이른다.

이것을 둘째 깨끗하여 움직이지 않는 도를 말함이라 한다.

다시 많이 들은 거룩한 제자는 이와 같이 살핀다.

'만약 현세의 탐욕이거나 뒷세상의 탐욕, 현세의 물질이거나 뒷세상의 물질, 만약 현세의 탐욕이라는 생각과 뒷세상의 탐욕이라는 생각, 만약 현세의 물질이라는 생각과 뒷세상의 물질이라는 생각, 저 온갖 모습 취하는 생각은 덧없는 법이고 괴로움이요 사라지는 법이다.'

그는 그때에는 반드시 움직이지 않는 생각을 얻을 것이다.

그는 이런 행과 이런 배움으로 이와 같이 닦아 익히어 널리 편다. 그는 곧 그 자리에서 마음이 깨끗하게 되고, 그 자리에서 마음이 깨끗하게 된 비구는 그곳에서 움직이지 않음에 들어가게 되고, 지혜로써 알게 된다.

그는 뒷때 몸이 무너지고 목숨을 마치더라도 본뜻으로 인하여 반드시 움직이지 않음에 이른다.

이것을 셋째 깨끗하여 움직이지 않는 도를 말함이라고 한다."

세 가지 있는 바 없는 곳의 도를 보이심

"또 많이 들은 거룩한 제자는 이와 같이 살핀다.

'만약 현세의 탐욕이란 생각이나 뒷세상의 탐욕이란 생각이나, 현세의 물질이란 생각이나 뒷세상의 물질이란 생각, 움직이지 않는

다는 생각이나, 그 온갖 생각은 곧 덧없는 법이요 괴로움이요 사라지는 것이다.'

그는 그때에는 '있는 바 없는 곳'이란 생각을 얻는다.

그는 이런 행, 이런 배움으로 이와 같이 닦아 익히어 널리 편다.

그는 곧 그 자리에서 마음이 깨끗하게 되고, 그 자리에서 마음이 깨끗하게 된 비구는 그곳에서 움직이지 않음에 들어가게 되고, 지혜로써 알게 된다.

그는 뒤때 몸이 무너지고 목숨을 마치더라도 본뜻으로 인하여 반드시 움직이지 않음에 이른다.

이것을 첫째 깨끗하여 있는 바 없는 곳의 도[淨無所有處道]를 말함이라 한다.

또 많이 들은 거룩한 제자는 이와 같이 살핀다.

'이 세간은 공(空)하여, 신묘함[神]과 신묘함이 갖는 것도 공하게 하여, 공에는 항상함이 있고, 공은 길이 머물고, 공은 변해 바뀌지 않는다.'

그는 이런 행, 이런 배움으로 이와 같이 닦아 익히어 널리 편다.

그는 곧 그 자리에서 마음이 깨끗하게 되고, 그 자리에서 마음이 깨끗하게 된 비구는 그곳에서 있는 바 없는 곳에 들어가게 되고, 지혜로써 알게 된다.

그는 뒤때 몸이 무너지고 목숨을 마치더라도 본뜻으로 인하여 반드시 움직이지 않음에 이른다.

이것을 둘째 깨끗하여 있는 바 없는 곳의 도를 말함이라 한다.

또 많이 들은 거룩한 제자는 이와 같이 살핀다.

'나는 남 때문에 하는 것이 있음이 아니오, 또한 스스로 때문에 하는 것이 있음 아니다.'

그는 이런 행, 이런 배움으로 이와 같이 닦아 익히어 널리 편다.

그는 곧 그 자리에서 마음이 깨끗하게 되고, 그 자리에서 마음이 깨끗하게 된 비구는 그곳에서 있는 바 없는 곳에 들어가게 되고, 지혜로써 알게 된다.

그는 뒤때 몸이 무너지고 목숨을 마치더라도 본뜻으로 인하여 반드시 있는 바 없는 곳에 이른다.

이것을 셋째 깨끗하여 있는 바 없는 곳의 도를 말함이라 한다."

있는 바 없는 곳의 도를 보이신 뒤 모습 취함 없는 도를 말씀하심

또 많이 들은 거룩한 제자는 이와 같이 살핀다.

'현세의 탐욕이거나 뒷세상의 탐욕, 현세의 물질이거나 뒷세상의 물질, 현세의 탐욕이란 생각이거나 뒷세상의 탐욕이란 생각, 현세의 물질이란 생각이거나 뒷세상의 물질이란 생각, 움직이지 않는다는 생각이나 있는 바 없는 곳의 생각이거나, 그 온갖 생각은 곧 덧없는 법이요 괴로움이요 사라지는 것이다.'

그는 그때에는 모습 취함 없음을 얻게 된다.

그는 이런 행, 이런 배움으로 이와 같이 닦아 익히어 널리 편다. 그는 곧 그 자리에서 마음이 깨끗하게 되고, 그 자리에서 마음이 깨끗하게 된 비구는 그곳에서 모습 취함 없음에 들어가게 되고, 지혜로써 알게 된다.

그는 뒤때 몸이 무너지고 목숨을 마치더라도 본뜻으로 인하여 반드시 모습 취함 없는 곳에 이른다.

이것을 깨끗하여 모습 취함 없는 도[淨無想道]를 말함이라 한다."

받음 없고 모습 취함 없음으로 니르바나 얻게 됨을 보이심

이때에 존자 아난다는 털이를 잡고 붇다를 모시고 있었다. 이에 아난다는 두 손 맞잡고 세존께 여쭈었다.

"세존이시여, 만약 어떤 비구가 이와 같이 행한다면 그는 나도 없고 내 것도 없으며, 나도 있지 않게 될 것이요, 내 것도 있지 않게 될 것이며, 또한 본래 있던 것[本有者]도 곧 다 버리게 될 것입니다.

세존이시여, 비구의 행이 이와 같으면 그들은 다 니르바나를 얻게 됩니까."

세존께서는 말씀하셨다.

"아난다여, 이 일은 정해지지 않아 얻는 자도 있고, 얻지 못하는 자도 있다."

존자 아난다는 여쭈었다.

"세존이시여, 비구가 어떻게 행해서 니르바나를 얻지 못합니까."

세존께서 말씀하셨다.

"아난다여, 만약 비구가 이와 같이 행하면 나도 없고, 내 것도 없으며, 나도 있지 않게 될 것이요, 내 것도 있지 않게 될 것이며, 또한 본래 있던 것도 곧 다 버리게 될 것이다.

아난다여, 그러나 만약 비구가 그 버림을 즐기고 그 버림에 집착하며 그 버림에 머물러서 아난다여, 비구의 행이 이와 같다면 반드시 파리니르바나를 얻지 못할 것이다."

존자 아난다가 여쭈었다.

"세존이시여, 비구가 만약 받는 바가 있으면 파리니르바나를 얻지 못합니까."

"아난다여, 만약 비구가 받는 바가 있으면 그는 반드시 파리니르바나를 얻지 못한다."

존자 아난다가 여쭈었다.

"그 비구는 무엇을 받습니까."

세존께서 말씀하셨다.

"아난다여, 지어감 가운데 남음이 있는 것이니, 곧 생각이 있기도 하고 생각이 없기도 한 곳을 있음 가운데 으뜸이라 하면 그 비구는 그 있음을 받는다."

존자 아난다가 여쭈었다.

"세존이시여, 그 비구는 다시 다른 지어감을 받습니까."

세존께서 말씀하셨다.

"아난다여, 이와 같이 하면 그 비구는 다른 지어감을 받는다."

존자 아난다가 여쭈었다.

"세존이시여, 비구가 어떻게 행하면 반드시 파리니르바나를 얻습니까."

세존께서 말씀하셨다.

"아난다여, 만약 비구가 이와 같이 행하여 나도 없고 내 것도 없으며, 나도 있지 않을 것이요 내 것도 있지 않을 것이며, 또한 본래 있던 것도 곧 다 버린다 하자.

아난다여, 만약 비구가 그 버림을 즐겨하지 않고 그 버림에 집착하지 않으며 그 버림에 머무르지 않으면 아난다여, 이와 같이 행하는 비구는 반드시 파리니르바나를 얻을 것이다."

존자 아난다가 여쭈었다.

"세존이시여, 비구가 만약 받는 바가 없으면 반드시 파리니르바나를 얻습니까."

세존께서 말씀하셨다.

"아난다여, 만약 비구가 받는 바가 없으면 반드시 파리니르바나를 얻을 것이다."

거룩한 해탈을 보이심

그때에 존자 아난다는 두 손 맞잡고 붇다를 향하여 여쭈었다.

"세존께서는 '깨끗하여 움직이지 않는 도'를 이미 말씀하시고, '깨끗하여 있는 바 없는 곳의 도'를 이미 말씀하시고, '깨끗하여 모습 취함 없는 도'를 이미 말씀하시고, '남음이 없는 니르바나'를 이미 말씀하셨습니다.

세존이시여, 어떤 것이 거룩한 해탈입니까."

세존께서 말씀하셨다.

"아난다여, 많이 들은 거룩한 제자는 이와 같이 살핀다.

'현세의 탐욕이거나 뒷세상의 탐욕, 현세의 물질이거나 뒷세상의 물질, 현세의 탐욕이란 생각이거나 뒷세상의 탐욕이란 생각, 현세의 물질이란 생각이나 뒷세상의 물질이란 생각, 움직이지 않는다는 생각, 있는바 없는 곳이란 생각, 생각이 없다는 생각이거나, 그 온갖 생각은 곧 덧없는 법이요 괴로움이요 사라지는 것이다.

이것을 자기가 있음[自己有]이라 한다. 만약 자기가 있으면 이것은 남[生]이요 이것은 늙음[老]이며 이것은 병(病)이요 이것은 죽음[死]이다.'

아난다여, 만약 이 법이 있으면 그 온갖 것을 다 없애야 하니, 남음이 없이 해 다시 있지 아니하면, 그는 곧 남이 없고 늙음과 병과 죽음이 없을 것이다.

거룩한 제자는 이와 같이 살핀다.

'그리하여 만약 있다면 반드시 이것은 해탈의 법이요, 만약 남음이 없는 니르바나가 있다면 이것을 단이슬이라 할 것이다.'

그가 이와 같이 살피고 이와 같이 보면 반드시 탐욕의 흐름에서 마음이 해탈하고, 존재의 흐름·무명의 흐름에서 마음이 해탈하고, 해탈한 뒤에는 곧 해탈한 줄을 알아 '태어남은 이미 다하고 범행은 이미 서고, 지을 바를 이미 지어 다시는 뒤의 있음을 받지 않음'을 진실 그대로 알 것이다.

아난다여, 나는 지금 너를 위하여 이미 '깨끗하여 움직이지 않는 도'를 말하였고, 이미 '깨끗하여 있는 바 없는 곳의 도'를 말하였으며, 이미 '깨끗하여 모습 취함이 없는 도'를 말하였고, 이미 '남음이 없는 니르바나'를 말하였으며, 이미 '거룩한 해탈'을 말하였다.

높은 스승이 제자를 위하여 해야 하는 것과 같이 큰 사랑과 슬피 여김을 일으켜 가엾이 생각하고 슬피 여기어, 뜻과 요익됨을 구하고 안온한 즐거움 구하는 것을 나는 지금 이미 다하였다.

너희들은 다시 스스로 잘 지어가라.

일없는 곳이나 나무 밑에 가서, 비어 고요한 곳에서 좌선하여 사유해 방일하지 말고 더욱 부지런히 정진을 더하여 뒤에 뉘우치지 말라.

이것이 나의 가르침이요 이것이 나의 깨우침이다."

붇다께서 이와 같이 말씀하시자, 존자 아난다와 여러 비구들은 붇다의 말씀을 듣고 기뻐하며 받들어 행하였다.

• 중아함 75 정부동도경(淨不動道經)

• 해설 •

탐욕의 경계가 왜 거짓이고 마라의 미끼인가.

탐욕은 존재가 실로 있다는 사고가 그 뿌리인데, 탐내는바 경계도 지금 덧없이 움직이고 탐내는 마음도 흘러가므로 탐욕의 경계는 거짓이고 마라의 미끼이다.

탐욕이 마라의 미끼인 줄 알아 세간의 탐욕을 항복받으면 탐내지 않고 다투지 않는 큰 마음을 성취하여 그 마음이 움직이지 않게 된다.

또 탐내는 경계는 물질의 네 가지 큰 요소가 이루어낸 모습이니, 짓는 사대[能造四大]가 공하고 사대로 지은 것[所造四大]이 공한 줄 알면 곧 경계를 따라 움직이지 않음에 들어가게 된다.

다시 현세의 몸을 몸으로 집착하므로 뒷세상의 몸을 애착하고 뒷세상 몸의 사라짐을 두려워하니, 몸에서 몸을 떠나 현세나 뒷세상 몸과 물질의 걸림 뛰어넘어 움직이지 않으면, 이것이 '세 가지 깨끗하여 움직이지 않는 도'[淨不動道]를 말함이다.

현세의 거친 물질의 애착 뛰어넘어 깨끗하여 움직이지 않음을 얻으면, 그 마음이 거친 물질에 애착과 걸림 넘어 깨끗하고 묘한 물질을 얻고 색계의 미묘한 선정을 얻는다.

이 선정의 즐거움과 온갖 물질의 장애 넘어서면 물질이 끊어진 공한 곳의 선정을 얻고, 공한 곳에서 그 앎이 끝없는 선정을 얻는다. 그 선정 가운데서 공한 것을 늘 있다 집착하고 그 앎을 끝없다 집착하지만 저 허공의 공함도 또한 공하고 주체의 신묘한 앎[神]도 공하니, 공함과 앎을 모두 넘어서면 있는 바 없는 곳[無所有處]의 움직이지 않음을 얻는다.

있는 바 없는 곳도 앎과 허공, 앎과 물질의 있음이 있음 아닌 곳이므로 있는 바 없는 곳 또한 집착할 바 정해진 모습이 아니니, 있는 바 없는 곳도 덧없는 법이요 사라지는 법이다.

이와 같이 버리고 버리어 생각 없음에 이른다면 이것이 니르바나인가.

버릴 바 법이 본래 공하다면 버리되 실로 버림이 없고, 버려서 얻는 고요함도 실로 얻을 것이 없는 것이다.

그러므로 버리되 버림 없이 버리는 자가 니르바나의 땅에 이를 것이요, 버리되 실로 버림이 있고 얻음이 있다고 하면 그는 버림과 얻음이 다하지 않으니 니르바나의 참된 즐거움을 알 수 없다.

이런 뜻으로 세존께서는 버림을 집착해 버림을 즐기면 그는 니르바나에 이르지 못할 것이고, 버림을 집착하지 않을 때 니르바나를 얻게 된다고 가르치신다.

니르바나의 행은 본래 니르바나되어 있는 곳에서 공한 집착을 끊음없이 끊어 보되 해탈을 구현하는 행이므로 지금 현재의 법에서 받되 받음 없고 모습 취하되 모습 취함 없는 이가 현재법의 보고 듣고 느끼어 앎 가운데서 니르바나의 고요함과 즐거움을 구현할 것이다.

현재법이 나되 남이 없고 사라지되 사라짐 없음을 아는 자가 해탈의 법 남음 없는 니르바나를 구현하는 것이다. 이것이 거룩한 해탈의 도이고 거룩한 해탈의 도에 안으로 붙들어 쥘 법이 없으므로 해탈의 도에 잘 나아가는 자는 세간을 큰 사랑과 슬피 여김으로 거두는 자비의 법을 지니게 된다.

세간의 있음을 버려 선정의 고요함을 취하고 생각 있음도 아니고 생각 없음도 아닌 관념의 처소에 머물면 이 또한 또 다른 있음이니, 그는 참으로 있음을 버린 사람이 아니다.

있음이 있음 아니므로 있음을 버리되 실로 버림 없는 줄 아는 자가 해탈의 행으로 니르바나의 문을 열 것이다.

주어진 것의 자기진실밖에 해탈의 길이 없으니, 숲속 나무 아래서 비구가 머물고 사유해야 할 것도 이 법이고, 집에 머물며 살림살이하는 흰옷의 우파사카·우파시카가 행할 것도 이 법이다.

이 단이슬의 거룩한 해탈의 법이 중생의 본래 진실이니,『화엄경』(「십회향품」)은 이렇게 말한다.

> 법왕의 진실한 법을 깨달아도
> 그 가운데 집착 없고 묶임도 없네.
> 이같이 자재한 마음 걸림 없으니
> 일찍이 한 법도 일어남 보지 않네.
>
> 覺悟法王眞實法 於中無著亦無縛
> 如是自在心無礙 未曾見有一法起

> 저 모든 붇다의 법의 자식들은
> 온갖 법의 성품 늘 공적하여
> 한 법도 지어 만들 수 없음을
> 이와 같이 분명히 알아서
> 모든 붇다와 같이 나 없음 깨치네.
>
> 彼諸佛子如是知 一切法性常空寂
> 無有一法能造作 同於諸佛悟無我

「십지품」(十地品) 또한 이렇게 말한다.

> 법의 성품 본래 고요해 모습 없어서
> 마치 허공이 분별하지 않음과 같네.
> 모든 집착 벗어나 말길을 끊으면
> 진실하게 평등해 늘 청정하도다.
>
> 法性本寂無諸相 猶如虛空不分別
> 超諸取著絕言道 眞實平等常清淨

아란야에서도 바른 사유로 정진해야
니르바나 얻게 되리

나는 들었다, 이와 같이.

한때 붇다께서는 슈라바스티 국에 노니시면서 제타 숲 '외로운 이 돕는 장자의 동산'에 계셨다.

그때에 세존께서 여러 비구들에게 말씀하셨다.

"비구는 한 숲을 의지하여 머무르면서 이렇게 생각한다.

'내가 이 숲을 의지하여 머무른다 하자. 바른 생각이 없으면 바른 생각을 얻게 되고, 마음이 안정되지 못하면 안정된 마음을 얻게 된다. 해탈을 얻지 못했으면 해탈을 얻게 되고, 모든 번뇌의 샘이 다하지 못했으면 샘이 다하게 되며, 위없이 안온한 니르바나를 얻지 못했으면 곧 니르바나를 얻게 된다.

도를 배우는 사람이 필요로 하는 입을 옷·먹을거리·자리끼·의약품과 모든 생활도구 그 온갖 것을 구해서 어렵지 않게 얻으리라.'"

숲에 머물러도 법의 이익이 없으면 그 숲 떠나야 함을 보이심

"비구가 이 숲을 의지하여 머물러서 이 숲을 의지하여 머무른 뒤에 만약 바른 생각이 없는데도 바른 생각을 얻지 못하고, 그 마음이 안정되지 못했는데도 안정된 마음을 얻지 못한다 하자.

또한 만약 해탈을 얻지 못했는데도 해탈을 얻지 못하고, 모든 번뇌의 샘이 다하지 못했는데도 샘을 다하게 되지 못하며, 위없이 안온한 니르바나를 얻지 못했는데도 니르바나를 얻지 못한다 하자.

그런데도 도를 배우는 사람이 필요로 하는 입을 옷·먹을거리·자리끼·의약품과 모든 생활도구 그 온갖 것을 그가 구해서 어렵지 않게 얻어진다면 그 비구는 반드시 이렇게 살펴야 한다.

'내가 집을 나와 도를 배우는 것은 입을 옷을 위해서가 아니요, 먹을거리·자리끼·의약품을 위해서도 아니며, 또한 모든 생활도구를 위해서도 아니다.

그런데 나는 이 숲을 의지하여 머물러서 바른 생각이 없는데 바른 생각을 얻지 못하고, 그 마음이 안정되지 못한데도 안정된 마음을 얻지 못하며, 해탈을 얻지 못했는데 해탈을 얻지 못하고, 모든 번뇌의 샘이 다하지 못했는데 모든 샘을 다하게 되지 못하며, 위없이 안온한 니르바나를 얻지 못했는데 니르바나를 얻지 못한다.

그런데도 도를 배우는 사람이 필요로 하는 입을 옷·먹을거리·자리끼·의약품과 모든 생활도구 그 온갖 것을 구해서 어렵지 않게 얻는구나.'

그 비구는 이와 같이 살핀 뒤에는 이 숲을 버리고 떠나야 한다."

법의 이익이 있으나 공양 얻지 못하면
그 숲을 버리지 말도록 하심

"비구는 한 숲을 의지하여 머무르며 이렇게 생각한다.

'내가 이 숲을 의지하여 머무른다 하자. 바른 생각이 없으면 바른 생각을 얻게 되고, 그 마음이 안정되지 못하면 안정된 마음을 얻게 된다. 해탈하지 못했으면 해탈을 얻게 되고, 모든 번뇌의 샘이 다하지 못했으면 샘이 다하게 되며, 위없이 안온한 니르바나를 얻지 못했으면 니르바나를 얻게 된다.

도를 배우는 사람이 필요로 하는 입을 옷·먹을거리·자리끼·의약품과 모든 생활도구 그 온갖 것을 구해서 어렵지 않게 얻으리라.'

그 비구가 이 숲을 의지하여 머물러서 이 숲을 의지하여 머무른 뒤에 바른 생각이 없는데 바른 생각을 얻고, 그 마음이 안정되지 못했는데 안정된 마음을 얻는다 하자. 해탈을 얻지 못했는데 곧 해탈을 얻고, 모든 번뇌의 샘이 다하지 못했는데 모든 샘이 다하게 되며, 위없이 안온한 니르바나를 얻지 못했는데 곧 니르바나를 얻는다 하자.

그런데도 도를 배우는 사람이 필요로 하는 입을 옷·먹을거리·자리끼·의약품과 모든 생활도구 그 온갖 것을 구해도 얻기가 매우 어렵거든 그 비구는 반드시 이렇게 살펴야 한다.

'내가 집을 나와 도를 배우는 것은 입을 옷을 위해서가 아니요, 먹을거리·자리끼·의약품을 위해서도 아니며, 또한 모든 생활도구를 위해서도 아니다.

그런데, 내가 이 숲을 의지하여 머물러서 바른 생각이 없는데 바른 생각을 얻고, 그 마음이 안정되지 못했는데 안정된 마음을 얻는다. 해탈을 얻지 못했는데 곧 해탈을 얻고, 모든 번뇌의 샘이 다하지 못했는데 샘이 다하게 되며, 위없이 안온한 니르바나를 얻지 못했는데 곧 니르바나를 얻게 된다.

그런데도 도를 배우는 사람이 필요로 하는 입을 옷·먹을거리·자리끼·의약품과 모든 생활도구 그 온갖 것을 나는 구해도 얻기가 매우 어렵구나.'

그 비구는 이렇게 살핀 뒤에 이 숲에 머물러야 한다."

해탈의 뜻도 갖춰지지 않고 공양도 얻지 못하면
그 숲을 떠나되 한밤에 떠나서는 안 됨을 보이심

"비구는 한 숲을 의지하여 머무르며 이렇게 생각한다.

'내가 이 숲을 의지하여 머무른다 하자. 바른 생각이 없으면 바른 생각을 얻게 되고, 그 마음이 안정되지 못하면 안정된 마음을 얻게 된다. 해탈을 얻지 못했으면 해탈을 얻게 되고, 모든 번뇌의 샘이 다하지 못했으면 샘이 다하게 되며, 위없이 안온한 니르바나를 얻지 못했으면 니르바나를 얻게 된다.

도를 배우는 사람이 필요로 하는 입을 옷·먹을거리·자리끼·의약품과 모든 생활도구 그 온갖 것을 구해서 어렵지 않게 얻으리라.'

그 비구가 이 숲에 머물러서 이 숲에서 머무른 뒤에 바른 생각이 없는데도 바른 생각을 얻지 못하고, 그 마음이 안정되지 못했는데도 안정된 마음을 얻지 못한다 하자. 해탈을 얻지 못했는데도 해탈을 얻지 못하고, 모든 번뇌의 샘이 다하지 못했는데도 샘이 다하게 되지 못하였으며, 위없이 안온한 니르바나를 얻지 못했는데도 니르바나를 얻지 못한다 하자.

또한 도를 배우는 사람이 필요로 하는 입을 옷·먹을거리·자리끼·의약품과 모든 생활도구 그 온갖 것을 구해도 얻기가 매우 어렵거든 그 비구는 반드시 이렇게 살펴야 한다.

'나는 이 숲에 머물러서 바른 생각이 없는데도 바른 생각을 얻지 못하고, 그 마음이 안정되지 못했는데도 안정된 마음을 얻지 못한다. 해탈을 얻지 못했는데도 해탈을 얻지 못하고, 모든 번뇌의 샘이 다하지 못했는데도 샘이 다하게 되지 못하였으며, 위없이 안온한 니르바나를 얻지 못하였는데도 니르바나를 얻지 못한다.

또 도를 배우는 사람이 필요로 하는 입을 옷·먹을거리·자리끼·의약품과 모든 생활도구 그 온갖 것을 나는 구해도 얻기가 매우 어렵다.'

그 비구는 이렇게 살핀 뒤에는 곧 이 숲을 버리되 한밤에 떠나서는 안 된다."

**해탈의 뜻도 갖춰지고 수행자가 필요한 공양도
쉽게 얻을 수 있으면 그 숲에서 목숨 다하도록 머물도록 하심**

"비구는 한 숲을 의지하여 머무르며 이렇게 생각한다.

'내가 이 숲을 의지하여 머무른다 하자. 바른 생각이 없으면 바른 생각을 얻게 되고, 그 마음이 안정되지 못하면 안정된 마음을 얻게 된다. 해탈을 얻지 못했으면 해탈을 얻게 되고, 모든 번뇌의 샘이 다하지 못했으면 샘이 다하게 되며, 위없이 안온한 니르바나를 얻지 못했으면 니르바나를 얻게 된다.

도를 배우는 사람이 필요로 하는 입을 옷·먹을거리·자리끼·의약품과 모든 생활도구 그 온갖 것을 구해서 어렵지 않게 얻으리라.'

저 비구는 이 숲을 의지하여 머물러서 이 숲을 의지하여 머무른 뒤에 바른 생각이 없으면 곧 바른 생각을 얻고, 그 마음이 안정되지 못하면 안정된 마음을 얻는다. 해탈을 얻지 못했으면 곧 해탈을 얻고, 모든 번뇌의 샘이 다하지 못했으면 샘이 다하게 되며, 위없이 안온한 니르바나를 얻지 못했으면 곧 니르바나를 얻는다.

또 도를 배우는 사람이 필요로 하는 입을 옷·먹을거리·자리끼·의약품과 모든 생활도구 그 온갖 것을 그는 구해서 얻기가 어렵지 않거든 그 비구는 반드시 이렇게 살펴야 한다.

'나는 이 숲을 의지하여 머무르는데 바른 생각이 없으면 곧 바른 생각을 얻고, 그 마음이 안정되지 못했으면 안정된 마음을 얻는다. 해탈을 얻지 못했으면 곧 해탈을 얻고, 모든 번뇌의 샘이 다하지 못했으면 샘이 다하게 되며, 위없이 안온한 니르바나를 얻지 못했으면 곧 니르바나를 얻게 된다.

또 도를 배우는 사람이 필요로 하는 입을 옷·먹을거리·자리끼·의약품과 모든 생활도구 그 온갖 것을 나는 구해서 어렵지 않게 얻는다.'

그 비구는 이렇게 살핀 뒤에는, 이 숲에서 몸을 마치고 목숨이 다하도록 머물러야 한다.

숲을 의지하여 머무르는 것처럼 무덤 사이나 마을과 성읍 사람을 의지하여 머무르는 것 또한 이와 같다."

붇다께서 이와 같이 말씀하시자, 저 여러 비구들은 붇다의 말씀을 듣고 기뻐하며 받들어 행하였다.

• 중아함 107 임경(林經) 上

• 해설 •

숲속 아란야에서 어떻게 머물러야 니르바나의 길에 나아갈 수 있는가.

해탈의 뜻을 위해 그 숲에 살았지만 해탈의 뜻은 갖추어지지 않고 도를 배우는 데 필요한 온갖 공양거리는 넘치면, 그 숲은 니르바나의 길에 도움이 되지 않으니 그는 그 숲을 떠나야 한다.

해탈의 뜻을 위해 그 숲에 사는데 그 숲에서 잘 번뇌를 쉬고 해탈의 뜻이 갖추어지지만 생활에 필요한 공양거리가 오지 않으면 그는 그 숲을 떠나서는 안 된다.

해탈의 뜻을 위해 그 숲에 살지만 번뇌 쉼도 얻지 못해 해탈의 뜻이 갖추어지지 않고 생활에 필요한 공양거리도 오지 않으면 그는 그 숲을 떠나야 한다. 그러나 그 아란야와 흰옷의 대중들에 원망하는 마음을 품고 한밤에 그곳을 떠나서는 안 된다.

수행자가 해탈의 뜻을 위해 숲에 살면서 번뇌 쉬어 마음이 해탈하고 갖가지 생활도구도 잘 갖추어지면 그는 그곳에서 몸과 목숨을 마쳐야 한다.

숲에서만 그런 것이 아니라 그가 무덤 사이에 살든 마을과 사람 사이에 살든, 머물고 떠남은 늘 해탈의 뜻을 따라 감이 없이 가고 머묾 없이 머물러야 한다.

사람[人]과 경계[境]가 모두 있되 공한 곳[俱空處]에서 의지해 사는 터가 사람에게 법의 이익이 없으면 떠남 없이 떠나고, 머무는 터가 사람에게 법의 이익이 있으면 머묾 없이 머물라 가르치시니, 여래의 뜻을 다시 어떻게 받아들여야 하는가.

터를 의지해 사는 사람과 사람이 의지하는 터가 모두 공하되 서로 의지해 세간의 살림살이를 이루니, 이루어지는 살림살이가 법의 이익에 맞지 않으면 때로 사람을 살리고 때로 터를 살리며 때로 터를 버리고 때로 사람을 버리라는 뜻인가. 여래의 뜻은 무엇인가.

여래께서는 터와 사람이 모두 공한 곳에서 법의 재물과 해탈이 없으면 사람을 취해 그 터를 버리게 하시고, 해탈의 이익이 있으면 터를 취해 사람이 그 터에 머물게 하신다. 그런 뜻을 옛 조사는 다시 '사람과 경계 모두 빼앗을 것 없는 가운데 때로 사람을 빼앗고 경계 빼앗지 않으며 때로 경계를 빼앗고 사람 빼앗지 않는다'고 보인 것인가.

그렇다면 사람이 터에 의지해 살며 사람에게 법의 이익이 있고 터가 사람으로 인해 복된 땅으로 장엄돼, 사람과 경계 모두 빼앗지 않는 것은 어느 때인가.

아란야에 머물되 시끄러움을 버리지도 않고 고요함을 취하지도 않는 수행자에게 한 빛깔 한 냄새가 모두 중도실상 아님이 없어 노란 꽃[黃花], 푸른 대[翠竹]가 묘한 법 밝혀주는[宣明妙法] 그때인가.

사람과 경계 모두 살리려면[人境俱不奪] 사람과 경계를 모두 빼앗아야[人境兩俱奪] 하는가.

천동정각선사(天童正覺禪師)의 다음 글귀를 살펴보자.

> 어떤 때 사람과 경계를 모두 빼앗지 않음이여
> 평평하고 툭 트이어 법과 법이 드러나 이루어져 있다.
> 사람이 평온하면 말하지 않고
> 물이 평온하면 흐르지 않으니,
> 동쪽에서 오는 이는 동쪽에 앉는다.
>
> 有時人境俱不奪 平平坦坦 法法見成
> 人平不語 水平不流 東方來者 東方坐
>
> 어떤 때 사람과 경계를 모두 빼앗음이여
> 소식이 다하고 모서리가 없어졌네.
> 이마를 꿰뚫고 바닥을 뚫었으니
> 구슬이 빛을 내는 것과 같아서
> 빛이 도리어 스스로를 비추네.
>
> 有時人境兩俱奪 消息盡 稜角沒
> 透頂透底如珠發光 光還自照

일곱 갈래 깨달음 법으로
니르바나의 평정함에 나아가나니

이와 같이 내가 들었다.

한때 붇다께서는 슈라바스티 국 제타 숲 '외로운 이 돕는 장자의 동산'에 계셨다. 그때 세존께서 여러 비구들에게 말씀하셨다.

"일곱 갈래 깨달음 법[七覺分]을 닦아야 한다.

어떤 것이 일곱인가. 곧 생각의 깨달음 법[念覺分]과 법 가림의 깨달음 법[擇法覺分]·정진의 깨달음 법[精進覺分]·기쁨의 깨달음 법[喜覺分]·쉼의 깨달음 법[猗覺分]·선정의 깨달음 법[定覺分]·버림의 깨달음 법[捨覺分]이다.

만약 비구가 생각의 깨달음 법을 닦으면, 멀리 떠남을 의지하고 탐욕 없음을 의지하며 사라짐을 의지해 평정에 나아간다.

이와 같이 법 가림·정진·기쁨·쉼·선정·버림의 깨달음 법을 닦으면, 멀리 떠남을 의지하고 탐욕 없음을 의지하며 사라짐에 의지하여 평정에 나아간다."

붇다께서 이 경을 말씀하시자, 여러 비구들은 그 말씀을 듣고 기뻐하며 받들어 행하였다.

• 잡아함 729 멸경(滅經)

아나파나의 생각과 함께해 일곱 갈래 깨달음 법을 닦도록 하심

이와 같이 내가 들었다.

한때 붇다께서는 슈라바스티 국 제타 숲 '외로운 이 돕는 장자의 동산'에 계시면서 여러 비구들에게 말씀하셨다.

"만약 비구가 아나파나의 생각을 닦아 익히고 많이 닦아 익히면 큰 과덕과 크게 복된 이익을 얻을 것이다.

어떻게 아나파나의 생각을 닦아 익히고 많이 닦아 익히면 큰 과덕과 크게 복된 이익을 얻는가.

이 비구의 마음이 아나파나의 생각과 함께하여 생각의 깨달음 법을 닦으면, 멀리 떠남에 의지하고 탐욕 없음에 의지하며 사라짐에 의지하여 평정에 향한다.

나아가 아나파나의 생각과 함께해 법 가림·정진·기쁨·쉼·선정·버림의 깨달음 법을 닦으면, 멀리 떠남을 의지하고 탐욕 없음을 의지하며 사라짐에 의지하여 평정에 향한다."

붇다께서 이 경을 말씀하시자, 여러 비구들은 붇다의 말씀을 듣고 기뻐하며 받들어 행하였다.

• 잡아함 746 안나반나념경(安那般那念經)

• **해설** •

일곱 갈래 깨달음 법에서 법 가림·정진·기쁨이 비파사나의 수행이라면, 쉼·선정·버림은 사마타의 수행이고, 생각의 깨달음 법은 살핌과 그침을 고루어 평등히 함[定慧均等]의 수행이다.

생각의 깨달음 법의 구체적 실천의 방편이 들고 나는 숨 살핌이니, 숨을 살펴 숨이 오되 옴이 없고 가되 감이 없음을 요달하면 숨인 생각이 고요해지고 고요함마저 고요해[寂之又寂] 고요한 생각이 늘 현전할 것이다.

그러면 애착을 멀리 떠나 탐욕이 없어지고 사라져, 괴로움과 즐거움이 다한 평등한 선정으로 니르바나의 고요함에 나아갈 것이다.

새로이 성취하는 니르바나는 탐욕과 애착 번뇌가 본래 고요함에 의지해 다시 번뇌를 보디로 돌이켜 이루는 니르바나이므로 그 뜻을 경은 멀리 떠남을 의지하고 사라짐을 의지해 다시 버림과 평정에 나아간다고 한 것이다.

본래 모습에 모습 없는 진여의 바다에 의지해서 일곱 깨달음 법, 네 곳 살핌의 수행 방편이 세워지는 것이니, 『화엄경』(「십행품」) 또한 잘 닦아 행하는 이의 길을 이렇게 가르친다.

깊고 깊은 큰 법바다에 편히 머물러
온갖 법을 지혜로 잘 살펴 정하여
법에 모습 없는 진실의 문을 밝게 아니
이는 진실을 본 이가 행하는 도이네.

安住甚深大法海 善能印定一切法
了法無相眞實門 此見實者所行道

지혜의 눈은 청정해 같이할 것 없어
온갖 법의 참모습 모두 밝게 보도다.
이와 같은 지혜로 교묘히 분별하니
이는 같이함 없는 이의 행하는 도네.

智眼淸淨無與等 於一切法悉明見
如是智慧巧分別 此無等者所行道

단이슬의 세계는 현재 바른 행위 속에서 구현되나니

이와 같이 내가 들었다.

한때 붇다께서는 슈라바스티 국 제타 숲 '외로운 이 돕는 장자의 동산'에 계셨다. 그때에 비구가 있었는데 아리슬타라 이름하였다.

그는 붇다 계신 곳에 가서 머리를 대 붇다의 발에 절하고, 한쪽에 물러앉아 붇다께 말씀드렸다.

"세존이시여, 단이슬이란 어떤 것을 단이슬이라 합니까."

붇다께서는 아리슬타에게 말씀하셨다.

"단이슬이란 진리의 세계[界]를 말한 것이다. 그러나 나는 샘 있음이 다한 사람[有漏盡者]을 위해 현재에 이 이름을 말한다."

아리슬타 비구가 붇다께 말씀드렸다.

"세존이시여, 어떤 길 어떤 자취가 있어, 닦아 익히고 많이 닦아 익히면 단이슬의 법을 얻을 수 있습니까."

붇다께서는 비구에게 말씀하셨다.

"그런 길이 있다. 곧 여덟 가지 거룩한 길[八聖道]이니, 바른 견해·바른 뜻·바른 말·바른 행위·바른 생활·바른 방편·바른 생각·바른 선정이다."

붇다께서 이 경을 말씀하시자, 여러 비구들은 붇다의 말씀을 듣고 기뻐하며 받들어 행하였다.

• 잡아함 753 아리슬타경(阿梨瑟咤經)

• 해설 •

단이슬은 니르바나의 법맛이다. 그 맛은 맛이 없되 한량없는 맛[無量味]을 갖추어 목마름과 굶주림에 시달림 받는 중생에게 영겁의 생명의 양식[資糧]이 된다.

한량없는 법맛을 갖춘 니르바나의 세계는 어떻게 갈 수 있는가.

간다고 하면 이미 그르치니 지금 보고 듣고 아는 경험활동의 앎에서 앎을 떠나고 앎 없음에서 앎 없음을 떠나며, 있음에서 있음을 벗어나고 없음에서 없음을 벗어나, 치우친 행과 뜻을 바른 견해 바른 뜻으로 돌이키는 곳이 니르바나의 길이다.

지금 보고 있는 행위 너머에 니르바나가 없지만, 현재의 행위 가운데 샘이 있음을 다한 곳에 단이슬의 이름을 붙이는 것이니, 『화엄경』(「광명각품」)은 이렇게 보인다.

> 세간과 세간 벗어남의 견해
> 그 온갖 것 다 벗어 뛰어나
> 법의 진실 잘 알 수 있으면
> 큰 빛의 지혜 이루게 되리.
>
> 世及出世見　一切皆超越
> 而能善知法　當成大光耀

> 만약 온갖 것 통달한 지혜로
> 돌이켜 향하는 마음을 내되
> 마음에 나는 바 없음을 보면
> 큰 이름의 울림 얻게 되리.
>
> 若於一切智　發生迴向心
> 見心無所生　當獲大名稱

진리에 맞는 보시행은 니르바나에 나아가
단이슬의 보배 얻나니

이와 같이 들었다.

한때 붇다께서는 슈라바스티 국 제타 숲 '외로운 이 돕는 장자의 동산'에 계셨다. 그때 세존께서는 비구들에게 말씀하셨다.

"만약 옳게 행하는 남자와 여인은 재물을 은혜롭게 베풀어서 여덟 가지 공덕을 얻는다. 어떤 것이 공덕 얻는 여덟 가지 보시인가.

첫째는 때를 따라 은혜롭게 보시하고 때가 아닌 때에는 하지 않는 것이다.

둘째는 깨끗한 것을 보시하고 더럽고 흐린 것으로 보시하지 않는 것이다.

셋째는 손수 헤아려 보시하고 다른 사람을 시켜 하지 않는 것이다.

넷째는 큰 바람을 세워 보시하고 거만하거나 함부로 제멋대로 하는 마음이 없는 것이다.

다섯째는 해탈의 마음으로 보시하고 그 갚음을 바라지 않는 것이다.

여섯째는 은혜롭게 보시하여 니르바나를 구하고 하늘에 나기를 구하지 않는 것이다.

일곱째는 보시함에 좋은 밭을 구하고 거친 땅에 보시하지 않는 것이다.

여덟째는 이 공덕을 지니어 중생에게 은혜로이 보시하고 자기를 위하지 않는 것이다.

비구들이여, 이와 같이 옳게 행하는 남자와 여인은 재물을 은혜롭게 보시하여 여덟 가지 공덕을 얻는다."

여덟 가지 은혜롭고 법다운 보시 공덕을 노래로 보이심
그때에 세존께서는 곧 다음 게송으로 말씀하셨다.

지혜로운 이때 따라 보시하여서
아끼거나 탐내는 마음이 없고
스스로 지은 온갖 공덕이 있으면
다 남들에게 은혜로이 베푸네.

이와 같은 보시 가장 빼어나므로
모든 붇다들 더욱 찬탄해주시니
현재 몸으로 그 과보를 얻고
떠나서는 하늘의 복을 받는다.

"그러므로 비구들이여, 그 과보를 받으려 하는 이는 반드시 이 여덟 가지 일을 행해야 한다. 그 갚음은 한량이 없어 이루다 헤아릴 수 없고 단이슬의 보배를 얻어 차츰 니르바나에 이르게 될 것이다.
이와 같이 여러 비구들이여, 반드시 이렇게 배워야 한다."
그때에 비구들은 붇다의 말씀을 듣고 기뻐하며 받들어 행하였다.

• 증일아함 42 팔난품(八難品) 九

• 해설 •

보시행이 어떻게 니르바나의 길이 되는가. 탐욕과 아낌의 때[垢]는 있는 것을 꼭 있는 것으로 집착하는 마음의 병이다. 있는 것을 실로 있는 것으로 집착하므로 있는 것을 버리지 못하고, 있는 것을 더욱 늘리기 위해 발버둥치며, 다시 지금 쥐고 있는 것이 상실되면 허무의 절망 속에서 괴로워한다. 법다운 보시, 지혜의 보시는 있음이 있음 아닌 줄 알므로 있음에 탐착하지 않을 뿐 아니라 없음에서 없음의 절망에 빠지지 않는다.

이처럼 보시가 지혜가 되고 지혜가 보시를 이끌면, 그 보시는 큰 바람[大願]의 보시가 되고 해탈의 보시가 되며, 공덕을 온갖 중생에게 널리 돌이키고[廻向] 자신에게 돌이키지 않는 진리의 보시[法施]가 된다.

보시하되 온갖 공덕을 니르바나에 회향하므로 하늘에 나는 함이 있는 복을 구하지 않으니, 그는 보시하는 한 행으로 선정과 지혜를 갖추고 니르바나의 다함없는 공덕의 바다로 나아간다.

해탈은 억지로 짓는 행이 아니니, 지혜로 나와 내 것이 실로 없는 연기의 진실을 살피면 그 지혜가 보시행으로 발현된다.

연기법의 진실 그대로 지혜의 보시를 행하면 보시행이 해탈행이 되고 니르바나의 공덕의 곳간이 되는 것이니, 『화엄경』(「십회향품」)은 다음과 같이 말한다.

> 보디사트바는 온갖 공덕 회향하여
> 저 언덕 해탈의 땅에 이르러서
> 여래 따라 배움을 다 이루게 되네.
> 그는 늘 묘한 지혜로 잘 사유하여
> 사람 가운데 빼어난 법 갖추도다.
>
> 菩薩迴向到彼岸 隨如來學悉成就
> 恒以妙智善思惟 其足人中最勝法

> 청정한 선근공덕 널리 회향해
> 미혹의 무리 이익줌 늘 버리지 않고
> 세간 온갖 어리석은 중생들이
> 어두운 세간 비출 위없는 등불
> 모두다 이루도록 하여주네.
>
> 淸淨善根普迴向 利益群迷恒不捨
> 悉令一切諸衆生 得成無上照世燈

「십회향품」은 다시, 줌이 없이 주는 물질의 보시 지혜의 보시를 통해 중생으로 하여금 넓고 큰 마음 한량없는 보디의 마음 내도록 하는 보디사트바의 행을 다음과 같이 가르친다.

> 보디사트바는 큰 이익 주기 위해
> 온갖 중생에게 널리 보시를 행해
> 그들이 넓고 큰 마음 열도록 하고
> 높고 빼어난 곳과 그 밖의 곳에
> 뜻이 다 깨끗해 기쁨 내도록 하네.
>
> 爲利益故而行施 令其開發廣大心
> 於尊勝處及所餘 意皆淸淨生歡喜

> 보디사트바는 온갖 것 두루 베풀고
> 안과 밖의 있는 것 다 버릴 수 있어
> 반드시 그 마음을 길이 청정케 해
> 잠깐이라도 비좁고 못난 마음을
> 중생이 내지 못하도록 하여주네.
>
> 菩薩一切皆周給 內外所有悉能捨
> 必使其心永淸淨 不令暫爾生狹劣

일곱 가지 세간과 출세간
지혜의 복 니르바나의 바다에 이르리라

나는 들었다. 이와 같이.

한때 붇다께서는 카우삼비 국에 노니시면서 고실라라마 동산에 계셨다.

그때 존자 마하춘다는 해질녘 좌선에서 일어나 붇다 계신 곳에 가 절하고 물러나 한쪽에 앉아 여쭈었다.

"세존이시여, 세간의 복을 펼쳐 베풀어주실 수 있습니까."

세존께서는 말씀하셨다.

"그럴 수 있다, 춘다여. 일곱 가지 세간 복이 있으니, 그것은 큰 복을 얻고 큰 과보를 얻으며 큰 명예를 얻고 큰 공덕을 얻는다."

큰 과보 얻는 세간 복을 일곱 가지로 펼쳐 보이심

"어떤 것이 일곱인가.

춘다여, 믿음이 있는 좋은 종족의 남자와 여인이 비구대중에게 방과 집을 보시한다 하자. 춘다여, 이것을 으뜸가는 세간 복이라 하니, 그것은 큰 복을 얻고 큰 과보를 얻으며 큰 명예를 얻고 큰 공덕을 얻는다.

다시 춘다여, 믿음이 있는 좋은 종족의 남자와 여인이 방 안에서 쓰는 평상과 여러 가지 털로 만든 깔자리와 또 잠자리 덮을거리를 보시한다 하자.

춘다여, 이것을 두 번째 세간 복이라 하니, 그것은 큰 복을 얻고 큰 과보를 얻으며 큰 명예를 얻고 큰 공덕을 얻는다.

다시 춘다여, 믿음이 있는 좋은 종족의 남자와 여인이 방 안에서 쓰는 새로 만든 깨끗하고 잘 다듬어진 옷을 보시한다 하자.

춘다여, 이것을 세 번째 세간 복이라 하니, 그것은 큰 복을 얻고 큰 과보를 얻으며 큰 명예를 얻고 큰 공덕을 얻는다.

다시 춘다여, 믿음이 있는 좋은 종족의 남자와 여인이 방 안에서 늘 비구대중에게 아침 죽과 점심을 베푼다 하자.

또 동산지기를 보내어 심부름하게 한다 하자.

다시 바람이 불고 비가 오거나 추울 때나 눈이 올 때에는 몸소 동산으로 나아가 보시를 더해 공양한다 하자.

그리고 여러 비구들이 공양을 마친 뒤에는 바람이나 비 추위나 눈에 옷이 젖는 것을 걱정하지 않게 하고, 밤낮으로 선정의 고요한 사유를 편안히 즐기도록 해준다 하자.

춘다여, 이와 같은 복들을 일곱 가지 세간 복이라 하니, 그것은 큰 복을 얻고 큰 과보를 얻으며 큰 명예를 얻고 큰 공덕을 얻는다.

춘다여, 믿음이 있는 좋은 종족의 남자와 여인으로서 이미 이 일곱 가지 세간 복을 얻은 자는, 가거나 오거나 서거나 앉거나 자거나 깨거나 낮이나 밤이나 그 복은 생겨나고 더욱 늘어나고 넓어진다.

비유하면, 강가아 강물이 근원에서 흘러나와 큰 바다에 들어가면 그 가운데로 갈수록 더욱 깊어지고 더욱 넓어지는 것과 같다.

춘다여, 이와 같이 믿음이 있는 좋은 종족의 남자와 여인으로서 이미 이 일곱 가지 세간 복을 얻은 자는, 가거나 오거나 서거나 앉거나 자거나 깨거나 낮이나 밤이나 그 복은 생겨나고 더욱 늘어나고 넓어진다."

세간 벗어난 일곱 가지 복을 보이심

이에 존자 마하춘다는 곧 자리에서 일어나 오른 어깨를 드러내고 오른 무릎을 땅에 붙이고 길게 꿇어 두 손 맞잡고 여쭈었다.

"세존이시여, 세간 벗어난 복을 펼쳐 베풀어주실 수 있습니까."

세존께서는 말씀하셨다.

"그럴 수 있다, 춘다여. 다시 세간을 벗어난 일곱 가지 복이 있으니, 그것은 큰 복을 얻고 큰 과보를 얻으며 큰 명예를 얻고 큰 공덕을 얻는다. 어떤 것이 일곱인가.

춘다여, 믿음이 있는 좋은 종족의 남자와 여인은 여래나 여래의 제자들이 어느 곳에서 노니신다는 말을 들으면 듣고서는 아주 기뻐하여 뛸듯이 좋아한다.

춘다여, 이것을 으뜸가는 세간을 벗어난 복이라 하니, 그것은 큰 복을 얻고 큰 과보를 얻으며 큰 명예를 얻고 큰 공덕을 얻는다.

춘다여, 믿음이 있는 좋은 종족의 남자와 여인은 여래나 여래의 제자가 저곳에서 이리로 오시려고 한다는 말을 들으면, 기뻐하여 뛸듯이 좋아한다.

춘다여, 이것을 두 번째 세간을 벗어난 복이라 하니, 그것은 큰 복을 얻고 큰 과보를 얻으며 큰 명예를 얻고 큰 공덕을 얻는다.

춘다여, 믿음이 있는 좋은 종족의 남자나 여인은 여래나 여래의 제자가 저곳에서 여기에 오셨다는 말을 들으면 듣고서는 아주 기뻐하여 뛸듯이 좋아한다.

그리하여 청정한 마음으로 몸소 가서 뵈옵고, 예경하고 공양한다.

공양을 마치고는 붇다와 다르마와 비구상가, 이 세 가지에 스스로 귀의하는 법[三自歸法]을 받고, 금한 계[禁戒]를 받는다.

춘다여, 이것들을 일곱 가지 세간을 벗어난 복이라 하니, 그것은 큰 복을 얻고 큰 과보를 얻으며 큰 명예를 얻고 큰 공덕을 얻는다."

깨끗한 믿음으로 행하는 세간 복과 출세간 복이
한량없고 끝없음을 보이심

"춘다여, 믿음이 있는 좋은 종족의 남자와 여인이 만약 이 일곱 가지 세간 복을 얻고 다시 이 일곱 가지 세간을 벗어난 복이 있으면 그 복은 셀 수 없는 것이다.

그 복됨과 그 복됨의 결과와 그 복됨의 갚음은 아주 한정할 수도 없고 헤아릴 수도 없으며 큰 복의 수를 알 수도 없는 것이다.

춘다여, 비유하면 잠부드비파로부터 흘러나오는 다섯 강의 흐름과 같다. 첫째를 강가아(Gaṅgā)라 하고, 둘째를 야무나(Yamunā)라 하며, 셋째를 사라부(Sarabhu)라 하고, 넷째를 아치라바티(Aciravatī)라 하며, 다섯째를 마히(Mahī)라 한다.

그것들이 큰 바다로 흘러 들어갈 때 그 가운데 물을 셀 수가 없다. 그것을 말이나 섬으로 된다면 그 큰 물의 수는 한정할 수도 없고 헤아릴 수도 없으며 큰 물의 수를 알 수도 없는 것과 같다.

춘다여, 이와 같이 믿음이 있는 좋은 종족의 남자와 여인이 만약 이 일곱 가지 세간 복을 얻고, 다시 이 일곱 가지 세간을 벗어난 복이 있으면 그 복은 셀 수 없는 것이다.

그 복됨과 그 복됨의 결과와 그 복됨의 갚음은 한정할 수 없고 헤아릴 수 없으며 큰 복의 수는 알 수 없는 것이다."

깨끗한 믿음의 복이 끝내 니르바나에 이르게 됨을 보이심

그때에 세존께서는 게송으로써 말씀하셨다.

> 강가아 강 흐르는 물은
> 청정하여 건너기 쉽고
> 바다에는 보배가 많아
> 뭇 물 가운데 왕이네.
>
> 마치 저 큰 강물을
> 세간 사람 공경히 받들고
> 강이 모든 냇물 거두어
> 큰 바다로 이끌어들이듯
> 이와 같이 보시하는 사람들
> 옷과 먹을 것, 온갖 잠자리
> 여러 앉을 자리 베풀면
> 한량없는 복의 갚음이
> 그 사람들을 이끌어서
> 묘한 곳에 이르게 되니
> 마치 강가아 큰 강물이
> 모든 냇물을 받아 거두어서
> 큰 바다에 이끌어들임 같으리.

붇다께서 이렇게 말씀하시니, 존자 마하춘다와 여러 비구들은 붇다의 말씀을 듣고 기뻐하며 받들어 행하였다.

• 중아함 7 세간복경(世間福經)

• 해설 •

 모습이 곧 공하므로 모습 밖에 모습 없는 법이 없고 세간법 밖에 세간 벗어난 니르바나가 없다. 함이 있음이 곧 하되 함이 없으므로[爲而無爲] 함이 있음[有爲]을 끊어 다해야 '함이 없는 법'[無爲法]이 되는 것이 아니고, 세간의 함이 있는 복[有爲福] 밖에 세간 벗어난 복[出世間福]이 있는 것이 아니다.

 그러므로 내가 가진 것을 나누어 세간의 복을 잘 짓되 지은 복을 집착하지 않으면 복 지음의 행을 통해 해탈의 도에 나아갈 수 있다.

 세간 복 지음 가운데 가장 높은 복은 범행 닦는 상가대중, 세간 위해 옳은 일을 행하는 사람이나 모임에 먹을 것, 입을 것, 잘 것을 대주고 생활상의 어려움을 잘 풀어준다면 그보다 큰 복이 없고 명예로운 일이 없다.

 다시 잘 보디의 길 행하는 상가대중과 보디의 길 가르치는 크신 스승에 대해 늘 기뻐하는 마음을 내고 기꺼이 모셔 그 법을 듣고 스스로 그 법에 귀의하면, 이 복은 세간의 모습 있는 복을 뛰어넘고 세간의 함이 있는 복을 뛰어넘는다.

 세간의 복된 일과 세간 벗어난 복된 일을 행하면서 그 마음에 그 과보를 탐착하지 않고 스스로 기뻐서 행하고 그 복된 업의 과보를 세간과 중생에 회향하면, 그는 복된 일을 통해 끝내 니르바나의 땅에 이르고 진여의 바다에 이른다.

 비유하면 저 세간의 다섯 큰 강들이 작은 냇물을 모두 거두고 모두 모아 큰 바다로 들어가면 바다의 큰 물에 하나되어 한량없는 보배를 얻게 되듯, 지혜의 보시 모습 없는 복의 보시 행하는 이도 모두 니르바나의 묘한 곳에 이르러 다함없는 공덕장을 쓰게 될 것이다.

참으로 일 없음을 배워 니르바나에 이르려 하면

나는 들었다. 이와 같이.

한때 붇다께서는 라자그리하 성에 노니시면서 칼란다카 대나무 동산에 계셨다.

그때 굴릿사니 비구 또한 라자그리하 성에 노닐으며 일 없는 방[無事室]에 있으면서, 들떠 웃어대고 교만스러우며 들썩대 시끄럽고 잊기를 잘하여 마음이 원숭이와 같았다.

굴릿사니 비구는 적은 일 때문에 라자그리하 성에 왔었다.

이때에 존자 사리푸트라는 비구들과 함께 점심을 마친 뒤에 적은 일 때문에 강당에 모여 있었다. 굴릿사니 비구도 라자그리하 성에서 볼일을 마치고 강당으로 갔다.

사리푸트라는 멀리서 굴릿사니가 오는 것을 보고 굴릿사니로 인해 여러 비구들에게 말하였다.

사리푸트라 존자가 일 없는 행을 위해 해서는 안 될 여러 일을 보임
서로 공경하며 따라 살피도록 함

"여러 어진 이들이여, 일 없는[無事] 비구로서 일 없음을 행하려면, 공경하고 존중하며 따라 살피는 것을 배워야 하오.

만약 일 없는 비구로서 일 없음을 행할 때에 공경하고 존중하지 않거나 따라 살피지 않으면 곧 비구들의 다음 같은 나무람과 꾸짖음을 받을 것이오.

'이 사람은 일 없다 하지만 어떻게 일 없음을 행한다 하겠는가. 왜냐하면 이 사람은 일 없는 비구로서 일 없음을 행한다면서, 공경하고 존중하지 않으며 따라 살피지 않기 때문이다.'

그래서 그는 대중 가운데 가서도 비구들의 나무람과 꾸짖음을 받소. 그러므로 여러 어진 이들이여, 일 없는 비구로서 일 없음을 행하려면, 공경하고 존중하기를 배우고 따라 살펴야 하오."

시시대어 웃으며 들뜨지 않도록 함

"여러 어진 이들이여, 일 없는 비구로서 일 없음을 행하려면, 시시대어 웃지 않고 들떠 시끄럽지 않기를 배워야 하오.

만약 일 없는 비구로서 일 없음을 행하면서, 많이 시시대어 웃으며 들떠 시끄러우면 곧 비구들의 다음 같은 나무람과 꾸짖음을 받을 것이오.

'이 사람은 일 없다지만 어떻게 일 없음을 행한다 하겠는가. 왜냐하면 이 사람은 일 없는 비구로서 일 없음을 행한다면서 많이 시시대어 웃으며 들떠 시끄럽다.'

그래서 그는 대중 가운데 가서도 비구들의 나무람과 꾸짖음을 받소. 그러므로 여러 어진 이들이여, 일 없는 비구로서 일 없음을 행하려면, 시시대고 웃지 않기를 배우고 들떠 시끄럽지 않아야 하오."

축생에 대해 말하지 않도록 함

"여러 어진 이들이여, 일 없는 비구로서 일 없음을 행하려면, 축생에 대한 이야기를 하지 않기를 배워야 하오. 만약 일 없는 비구로서 일 없음을 행하면서, 축생에 대한 이야기가 많으면 곧 비구들의 다음 같은 나무람과 꾸짖음을 받을 것이오.

'이 사람은 일 없다지만 어떻게 일 없음을 행한다 하겠는가. 왜냐하면 이 사람은 일 없는 비구로서 일 없음을 행한다면서 축생에 대한 이야기가 많다.'

그래서 그는 대중 가운데 가서도 비구들의 나무람과 꾸짖음을 받소. 그러므로 여러 어진 이들이여, 일 없는 비구로서 일 없음을 행하려면, 축생에 대한 이야기를 하지 않기를 배워야 하오."

거만하지 않고 말 많이 하지 않도록 함

"여러 어진 이들이여, 일 없는 비구로서 일 없음을 행하려면, 거만하지 않고 또 말 적게 하기를 배워야 하오. 만약 일 없는 비구로서 일 없음을 행한다면서, 거만을 부리고 말이 많으면 곧 비구들의 다음 같은 나무람과 꾸짖음을 받을 것이오.

'이 사람은 일 없다지만 어떻게 일 없음을 행한다 하겠는가. 왜냐하면 이 사람은 일 없는 비구로서 일 없음을 행한다면서, 거만을 부리고 말이 많다.'

그래서 그는 대중 가운데 가서도 비구들의 나무람과 꾸짖음을 받소. 그러므로 여러 어진 이들이여, 일 없는 비구로서 일 없음을 행하려면, 거만하지 않고 또 말 적게 하기를 배워야 하오."

여러 아는 뿌리를 보살피도록 함

"여러 어진 이들이여, 일 없는 비구로서 일 없음을 행하려면, 여러 아는 뿌리를 보살피기를 배워야 하오. 만약 일 없는 비구로서 일 없음을 행한다면서, 여러 아는 뿌리를 보살피지 않으면 곧 비구들의 다음 같은 나무람과 꾸짖음을 받을 것이오.

'이 사람은 일 없다지만 어떻게 일 없음을 행한다 하겠는가. 왜냐하면 이 사람은 일 없는 비구로서 일 없음을 행한다면서, 여러 아는 뿌리를 보살피지 않는다.'

그래서 그는 대중 가운데 가서도 비구들의 나무람과 꾸짖음을 받소. 그러므로 여러 어진 이들이여, 일 없는 비구로서 일 없음을 행하려면, 여러 아는 뿌리를 보살피기를 배워야 하오."

먹음에 만족할 줄 앎을 배우도록 함

"여러 어진 이들이여, 일 없는 비구로서 일 없음을 행하려면, 먹음에 만족할 줄 앎[知足]을 배워야 하오. 만약 일 없는 비구로서 일 없음을 행한다면서, 더 많은 먹을 것을 탐하여 만족할 줄 모르면 곧 비구들의 다음 같은 나무람과 꾸짖음을 받을 것이오.

'이 사람은 일 없다지만 어떻게 일 없음을 행한다 하겠는가. 왜냐하면 이 사람은 일 없는 비구로서 일 없음을 행한다면서 더 많은 먹을 것을 탐하여 만족할 줄을 모른다.'

그래서 그는 대중 가운데 가서도 비구들의 나무람과 꾸짖음을 받소. 그러므로 여러 어진 이들이여, 일 없는 비구로서 일 없음을 행하려면, 먹을 것에 만족할 줄 앎을 배워야 하오."

정진하여 게으르지 않도록 함

"여러 어진 이들이여, 일 없는 비구로서 일 없음을 행하려면, 정진하여 게으르지 않기를 배워야 하오. 만약 일 없는 비구로서 일 없음을 행한다면서, 정진하지 않고 도리어 게으르면 다음과 같이 나무람과 꾸짖음을 받을 것이오.

'이 사람은 일 없다지만 어떻게 일 없음을 행한다 하겠는가. 왜냐하면 이 사람은 일 없는 비구로서 일 없음을 행한다면서, 정진하지 않고 도리어 게으르다.'

그래서 그는 대중 가운데 가서도 비구들의 나무람과 꾸짖음을 받소. 그러므로 여러 어진 이들이여, 일 없는 비구로서 일 없음을 행하려면, 정진하여 게으르지 않기를 배워야 하오."

바른 생각 바른 지혜 배우도록 함

"여러 어진 이들이여, 일 없는 비구로서 일 없음을 행하려면, 바른 생각과 또 바른 지혜를 배워야 하오. 만약 일 없는 비구로서 일 없음을 행한다면서, 바른 생각이 없고 바른 지혜가 없으면 곧 다음과 같이 비구들의 나무람과 꾸짖음을 받을 것이오.

'이 사람은 일 없다지만 어떻게 일 없음을 행한다 하겠는가. 왜냐하면 이 사람은 일 없는 비구로서 일 없음을 행한다면서 바른 생각이 없고 또 바른 지혜가 없다.'

그래서 그는 대중 가운데 가서도 비구들의 나무람과 꾸짖음을 받소. 그러므로 여러 어진 이들이여, 일 없는 비구로서 일 없음을 행하려면 바른 생각과 또 바른 지혜를 배워야 하오."

맞는 때와 좋은 때 알도록 함

"여러 어진 이들이여, 일 없는 비구로서 일 없음을 행하려면, 맞는 때와 좋은 때를 알기를 배워, 일찍 마을에 들어가 밥을 빌지도 않고 또한 늦게 나오지도 않아야 하오. 만약 일 없는 비구로서 일 없음을 행한다면서, 일찍 마을에 들어가 밥을 빌고 또 늦게 나오면 곧 비구들의 다음 같은 나무람과 꾸짖음을 받을 것이오.

'이 사람은 일 없다지만 어떻게 일 없음을 행한다 하겠는가. 왜냐하면 이 사람은 일 없는 비구로서 일 없음을 행한다면서 일찍 마을에 들어가 밥을 빌고 또 늦게야 나온다.'

그래서 그는 대중 가운데 가서도 비구들의 나무람과 꾸짖음을 받소. 그러므로 여러 어진 이들이여, 일 없는 비구로서 일 없음을 행하려면, 좋은 때 알기를 배워야 하오."

자리를 알아 잘 앉도록 함

"여러 어진 이들이여, 일 없는 비구로서 일 없음을 행하려면, 자리를 알아 잘 앉음을 배워서 장로의 자리를 내몰고 작은 비구를 꾸짖지 않기를 배워야 하오. 만약 일 없는 비구로서 일 없음을 행한다면서, 장로의 자리를 내몰고 작은 비구를 꾸짖으면 곧 비구들의 다음 같은 나무람과 꾸짖음을 받을 것이오.

'이 사람은 일 없다지만 어떻게 일 없음을 행한다 하겠는가. 왜냐하면 이 사람은 일 없는 비구로서 일 없음을 행한다면서, 장로의 자리를 내몰고 작은 비구를 꾸짖는다.'

그래서 그는 대중 가운데 가서도 비구들의 나무람과 꾸짖음을 받소. 그러므로 여러 어진 이들이여, 일 없는 비구로서 일 없음을 행하려면, 자리를 알아 자리에 잘 앉음을 알아야 하오."

같이 법과 율 배우도록 함

"여러 어진 이들이여, 일 없는 비구로서 일 없음을 행하려면, 여럿이 함께 비나야[律, vinaya]와 아비다르마[法, abhidharma]를 의논하기를 배워야 하오. 왜냐하면 여러 어진 이들이여, 일 없는 비구로서 일 없음을 행할 때 어떤 사람이 와서 비나야와 아비다르를 물어도, 일 없는 비구로서 일 없음을 행한다면서 비나야와 아비다르마를 대답할 줄 알지 못한다면 곧 비구들의 다음 같은 나무람과 꾸짖음을 받을 것이오.

'이 사람은 일 없다지만 어떻게 일 없음을 행한다 하겠는가. 왜냐하면 비나야와 아비다르마를 대답할 줄 알지 못한다.'

그래서 그는 대중 가운데 가서도 또한 비구들의 나무람과 꾸짖음을 받소. 그러므로 여러 어진 이들이여, 일 없는 비구로서 일 없음을 행하려면, 여럿이 함께 비나야와 아비다르마 의논하기를 배워야 하오."

쉼의 해탈을 논하고 무색계의 선정 논하도록 함

"여러 어진 이들이여, 일 없는 비구로서 일 없음을 행하려면, 여럿이 함께 쉼의 해탈 의논하기를 배우고, 색계를 떠나 무색계의 선정[無色定]에 이르는 것 의논하기를 배우지 않으면 안 되오. 왜냐하면 일 없는 비구로서 일 없음을 행할 때, 어떤 사람이 와서 쉼의 해탈과 색계의 선정을 떠나 무색계의 선정에 이르는 것을 물어도, 일 없는 비구로서 일 없음을 행한다면서 쉼의 해탈과 색계의 선정을 떠나 무색계의 선정에 이르는 것을 대답할 줄을 알지 못하면 곧 비구들의 다음 같은 나무람과 꾸짖음을 받을 것이오.

'이 사람은 일 없다지만 어떻게 일 없음을 행한다 하겠는가. 왜냐하면 이 사람은 일 없는 비구로서 일 없음을 행하면서, 쉼의 해탈과

색계의 선정을 떠나 무색계의 선정에 이르는 것을 대답할 줄을 알지 못한다.'

그래서 그는 대중 가운데 가서도 비구들의 나무람과 꾸짖음을 받소. 그러므로 여러 어진 이들이여, 일 없는 비구로서 일 없음을 행하려면, 여럿이 함께 쉼의 해탈과 색계의 선정을 떠나 무색계의 선정에 이르는 것 의논하기를 배워야 하오."

흐름 다한 지혜의 신통 논하도록 함

"여러 어진 이들이여, 일 없는 비구로서 일 없음을 행하려면, 여럿이 함께 흐름 다한 지혜의 신통[漏盡智通] 의논하기를 배워야 하오. 왜냐하면 어떤 사람이 와서 흐름 다한 지혜의 신통을 물어도, 일 없는 비구로서 일 없음을 행한다면서 흐름 다한 지혜의 신통을 대답할 줄을 알지 못하면 곧 비구들의 다음 같은 나무람과 꾸짖음을 받을 것이오.

'이 사람은 일 없다지만 어떻게 일 없음을 행한다 하겠는가. 왜냐하면 이 사람은 일 없는 비구로서 일 없음을 행한다면서, 흐름 다한 지혜의 신통을 대답할 줄 모른다.'

그래서 그는 대중 가운데 가서도 비구들의 나무람과 꾸짖음을 받소. 그러므로 여러 어진 이들이여, 일 없는 비구로서 일 없음을 행하려면, 여럿이 함께 흐름 다한 지혜의 신통 의논하기를 배워야 하오."

일 없는 비구뿐 아니라 사람 사이의 비구들이 이와 같이 행해야 함을 보임

이때에 존자 마하목갈라야나 또한 대중 가운데 있었다.

그는 말했다.

"존자 사리푸트라시여, 다만 일 없는 비구만이 일 없음을 행하려면 이와 같은 법을 배워야 하고, 사람 사이에 살고 있는 다른 비구에게는 말씀하시는 것이 아니오?"

존자 사리푸트라는 대답하였다.

"존자 마하목갈라야나여, 일 없는 비구로서 일 없음을 행하는 데도 오히려 이와 같은 법을 배워야 하는데 하물며 사람 사이에 살고 있는 비구이겠소."

이와 같이 두 존자는 다시 서로 일컬어 '참 옳은 말씀이다'라고 찬탄하고 말씀을 서로 들은 뒤에 자리에서 일어나 떠나갔다.

> 일 없는 비구가 일 없음 행하려면
> 공경하고 존중해 들떠 웃지 않으며
> 축생을 논하지 않고 거만치 않고
> 여러 아는 뿌리를 잘 보살피고
> 먹음에 만족할 줄 알아야 하며
> 정진해 바른 생각 바른 지혜 지니고
> 때를 알고 잘 앉음을 알아야 하며
> 비나야와 아비다르마를 논의하고
> 쉼의 해탈 선정의 법 말하고
> 흐름 다한 지혜의 신통 말해야 하네.

• 중아함 26 구니사경(瞿尼師經)

• 해설 •

일 없는 사람[無事人]의 일 없는 행[無事行]은 다만 그 머무는 곳이 한가한 곳이거나 그 지냄이 이익된 일 구하지 않고 편안히 놓아 지냄을 말한 것이 아니다.

일 없는 행은 일하되 일함이 없고 일 없되 일 없음에 빠지지 않는 행이니, 일 없는 사람은 나 없되 나 없음도 없으므로 그는 늘 공경하고 존중하며, 늘 대중을 따라 화합한다.

그는 늘 고요하되 활발하며, 늘 활발하되 들떠 가볍지 않고, 늘 밝되 고요하고 고요하되 밝은 사람이다.

그러므로 일 없다 하면서 들뜬 마음으로 실없이 웃고 노닥거리며 거만을 피운다면 그는 일 없는 사람이 아니다. 바른 가르침의 뜻을 사유하지 않고 축생의 일을 의논하고 세간의 일만을 따른다면 그는 일 없는 사람이 아니다.

일 없는 사람은 고요히 선정의 사유로 말하고 선정의 사유로 머물러야 하는데, 교만 피우고 말이 많으면 일 없는 사람이 아니다. 일 없는 사람은 경계를 보고 알되 경계로부터 아는 뿌리를 보살펴 보되 봄이 없고 듣되 들음 없어야 하는데, 아는 뿌리를 보살피지 않고 경계에 물들고 때문으면 일 없는 사람이 아니다.

일 없는 사람은 탐욕을 줄이고 먹음에 만족할 줄 알아야 하는데, 먹을 것에 탐냄을 쉬지 못하고 만족을 모르면 일 없는 사람이 아니다.

일 없는 사람은 아무 일 없이 놓아 지내는 자가 아니라 늘 온갖 법의 있되 고요함을 사유하여 게으르지 않은 자이니, 바르게 정진하지 않고 게으름에 빠지고 잠과 졸음을 탐하면 일 없는 사람이 아니다.

일 없는 사람은 알되 앎이 없고 앎 없되 앎 없음도 없으므로 늘 바른 생각 바른 지혜로 앎 없이 아는 자이다. 바른 지혜 바른 생각이 없이 삿된 지혜 그릇된 생각으로 밖으로 생각이 내달려가면 그는 일 없는 사람이 아니다.

일 없는 사람은 고요하되 알고 앎 없되 앎 없음도 없어서 때를 알고 곳을 알며, 잘 앉고 잘 누울 줄 아는 자이니, 때를 알지 못하고 곳을 알지 못하며 앉고 누움에 차례를 몰라 윗자리 어른을 공경치 않으면 그는 일 없는 사람이 아니다.

일 없는 비구는 일 없되 일 없음도 없이 늘 아비다르마와 비나야를 배워 같이 의논하고 잘 들어 남을 위해 설하는 자이니, 잘 듣고 잘 설할 줄 모르는 이는 일 없는 사람이 아니다.

일 없는 사람은 욕계의 물든 모습 거친 모습의 집착과 걸림을 떠나 색계의 깨끗하고 맑은 모습에 나아가고, 다시 온갖 모습이 공한 줄 알아 모습 없는 세계 마음의 고요함에 나아가는 차제의 선정을 행하는 자이다. 지금 세간의 물든 모습을 버리고 떠나 앞으로 나아가지 못하면 일 없는 사람이 아니다.

그러나 선정의 완성은 탐욕과 탐욕의 경계, 앎과 세계가 모두 공한 줄 알되 그 공함에도 머묾 없어 흐름 다한 지혜의 신통에 있는 것이니, 차제의 선정을 넘어 지금 현재법에서 온전히 해탈과 니르바나를 드러내 쓰는 지혜의 신통에 나아가지 못하면 일 없는 자가 아니다.

그렇다면 숲속 아란야(araṇya)의 일 없는 곳에 사는 일 없는 수행자만 이와 같이 행해야 하는가.

끝없이 살림살이를 위해 일하고 움직여야 하는 세간의 사람들은 어찌해야 하는가.

그는 더욱 일 없음을 배워야 하니, 일하되 일 없음을 배우고 함이 있음 속에서 함 없음을 배울 때, 그는 흰옷으로 세간에 살되 참으로 사방상가 고요한 아란야에 사는 자이다.

그렇다면 어떻게 번뇌의 불꽃이 타오르고, 해야 할 일감이 파도처럼 밀려드는 세간의 바다에서 일 없음을 행할 수 있는가.

일함 없이 부지런히 일하는 자가 일 속에 고요함을 아는 자이니,『화엄경』(「십행품」)은 말한다.

그 마음 바르게 안정되어서

경계에 흔들려 움직이지 않고
그 지혜 넓고 크며 끝이 없어서
주어진 모든 경계 밝게 통달하니
온갖 것 바로 보는 이가 행하는 도네.

其心正定不搖動　其智廣大無邊際
所有境界皆明達　一切見者所行道

이미 온갖 공덕의 언덕에 이르러
차제를 따라 중생 건넬 수 있되
그 마음 마쳐 다해 싫증 없으니
이는 늘 부지런한 이가 행하는 도네.

已到一切功德岸　能隨次第度衆生
其心畢竟無厭足　此常勤者所行道

옛 선사[寒岩가] 또한 해야 할 일에 실로 붙잡아 줄 것이 없음을 알아 참으로 모습 없는 고요함 속에서 일함 없이 일하는 이의 자재함을, 다음과 같이 노래한다.

본래부터 있지 않은데
없음에 무엇을 세우랴.
밝고 밝게 늘 알지만
밝게 앎이 미치지 않는다.
날로 쓰는 장작과 물이요
집에서는 늘 밥을 먹는다.
이렇게 일하는 가운데
눈동자를 굴려 움직이면
우거진 풀 가시더미에

반쯤 몸이 빠지게 되리.
소양의 운문 같은 이라도
이 법을 알지 못하고
법 전한 달마 같은 늙은이도
이 법을 가려알지 못하네.
마침내 그 어떤 사람이
믿음을 따라 문에 드는가.

從本非有　於無何立
了了常知　了知不及
日用柴水　家常飯食
貶動眼睛　半身草棘
昭陽不會　老胡不識
畢竟何人　從信門入

4 현재의 법에서 구현되는 니르바나[證]

• 이끄는 글 •

 니르바나를 닦아서 얻는다 하는가. 실로 얻을 것이 있으면 니르바나가 사물이 되는 것이니 실로 얻는다고 해서는 안 된다.

 니르바나의 처소에 가서 이르른다고 하는가. 가서 이르를 곳이 있으면 니르바나는 살아 움직이는 해탈의 활동이 아니게 되니, 니르바나에 이르를 곳이 있다고 해서는 안 된다.

 그러나 니르바나는 실로 얻을 것이 없지만[無所得] 얻지 못할 것도 없으니[無所不得], 니르바나가 지금 쓰고 있는 온갖 법의 본래 고요한 진실이기 때문이다.

 니르바나는 가서 이르는 곳이 아니지만 이르지 못함도 없으니, 니르바나는 번뇌 속에 있는 중생의 본래 적멸한 자기진실에 붙인 다른 이름이기 때문이다.

 중생의 번뇌와 니르바나에 다름이 없지만 그대로 같음도 아니니, 중생의 번뇌의 땅을 떠나 니르바나가 없으나 번뇌의 불꽃이 사라져야 니르바나라고 이름하기 때문이다. 그러므로 니르바나는 수행의 인연이 아니지만 수행의 인연이 아니면 니르바나의 현실적 구현도 있을 수 없으며, 니르바나는 아는 것이 아니지만 지금 앎을 떠나서도 니르바나가 없다.

지금 수행자의 닦아 행함이 행함 없는 행함이 되면 중생의 행함이 곧 온전히 니르바나의 행이 되고, 지금 중생의 앎이 알되 앎 없는[知而無知] 앎이 되면 중생의 앎이 온전히 앎이 없이 아는[無知而知] 니르바나의 앎이 된다.

아는 마음에 마음이 없고 알려지는 세계에 모습 없음을 니르바나라고 거짓 이름하였으니, 니르바나는 실로 니르바나라고 이름할 것도 없다[涅槃無名].

아는 마음에 실로 앎이 없고 알려지는바 세계에 알 바 모습이 없는 삶의 진실이 니르바나인데, 니르바나에 구할 이름이 무엇이며, 니르바나에 취할 모습이 무엇이겠는가.

이런 뜻을 승조법사는「열반무명론」(涅槃無名論)을 지어, 이름에 실로 이름할 것 없고 모습에 이루 모습할 것 없는 니르바나의 뜻을 밝히고 있다.

니르바나에는 비록 꼭 그렇다 할 이름이 없지만 중생을 해탈에 이끌기 위한 뜻으로 중생의 집착 따라 여러 이름이 분별된다. 타오르는 번뇌의 불을 끄고 니르바나 성취한 이를 우리는 '여래, 잘 가신 이'라 부르며, 중생의 어리석음을 돌이켜 삶의 실상 온전히 회복함을 '여래의 보디'라 하니, 니르바나와 여래와 보디는 하나인 법의 다른 이름이다.

그렇다면 여래를 살핌이 니르바나를 살핌이고 중생과 세계의 진실을 살핌이니, 승조법사는「열반무명론」에서 비말라키르티 보디사트바[淨名菩薩, 淨名居士]의 여래의 몸 살핌을 다음과 같이 재해석해서 니르바나의 뜻을 밝히고 있다.

> 제가 여래를 살피니 비롯도 없고 마침도 없습니다. 여섯 들이는 곳[六入]을 이미 지났고 삼계를 이미 벗어나, 곳[方]에 있지도 않고 곳을 떠나지도 않으며 함이 있음[有爲]도 아니고 함 없음[無爲]도 아닙니다.
> 앎[識]으로써 알 수 없고 따지는 지혜[智]로 알지 못하고, 말[言]이 없고 말함[說]이 없으며 마음가는 곳[心行處]이 사라졌습니다.
> 이처럼 여래를 살피면 바른 살핌[正觀]이라 하고 다르게 살피면 붇다를 보는 것이 아닙니다.

> 我觀如來無始無終 六入已過 三界已出 不在方 不離方 非有爲 非無爲 不可以識識 不可以智知 無言無說 心行處滅
> 以此觀者 乃名正觀 以他觀者 非見佛也

곳[方]과 때[時], 아는 자와 알려지는 것의 있음이 있음 아닌 실상을 깨친 분이 여래이고, 그 실상 자체가 여래의 니르바나이다.

그렇다면 지금 이 중생 몸의 공한 실상이 여래의 몸이고 여래의 몸이 니르바나이니, 『화엄경』(「도솔궁중게찬품」)은 이렇게 말한다.

> 붇다의 몸은 처소가 없어서
> 온갖 곳에 두루해 가득하도다.
> 허공처럼 그 끝과 바탕 없나니
> 이 같음은 사유하고 말할 수 없네.

佛身無處所　充滿一切處
如空無邊際　如是難思議

「야마궁중게찬품」 또한 곧 온갖 세간법의 공한 진실과 여래의 보디와 니르바나가 다른 법이 아님을 이렇게 말한다.

만약 붇다의 몸이 청정해
법의 성품과 같은 줄 보면
이 사람은 붇다의 법
온갖 것에 의혹이 없도다.
若能見佛身　淸淨如法性
此人於佛法　一切無疑惑

만약 온갖 법의 본 성품이
니르바나와 같은 줄 바로 보면
이 사람이 여래를 본 것이니
마쳐 다해 머무는 바가 없도다.
若見一切法　本性如涅槃
是則見如來　究竟無所住

앎을 의지해 묶이지 않으면 곧
현재법이 니르바나가 된다

이와 같이 내가 들었다.

한때 붇다께서는 바이살리 국의 원숭이 못가에 있는 이층강당[重閣講堂]에 계셨다. 때에 장자가 있었는데 우그라(Ugra)라고 하였다. 그는 붇다 계신 곳에 나아가 붇다의 발에 머리를 대 절하고, 물러나 한쪽에 앉아 붇다께 여쭈었다.

"세존이시여, 어찌하여 어떤 비구는 법을 보아 온전한 니르바나[parinirvāṇa]에 이르지 못합니까?"

붇다께서는 장자에게 말씀하셨다.

"만약 어떤 비구가 눈의 앎이 빛깔에 대해서 애착의 생각으로 물들어 집착하면, 그는 애착의 생각으로 물들어 집착하기 때문에, 늘 앎을 의지해 그것에 얽매이게 된다.

얽매이므로 만약 취하게 되면 법을 보아 온전한 니르바나에 이르지 못하게 된다.

귀·코·혀·몸·뜻의 앎이 법 등에 대해서도 또한 이와 같다.

만약 눈의 앎이 빛깔에 대해서 사랑해 즐겨 물들어 집착하지 않고, 사랑해 즐겨 물들어 집착하지 않으면 앎을 의지하지 않고 닿지 않고 집착하지 않고 취하지 않는다. 그러므로 이 여러 비구들은 법을 보아 온전한 니르바나에 이르게 된다.

귀·코·혀·몸·뜻의 앎이 법 등에 대해서도 또한 이와 같다.

그러므로 장자여, 어떤 비구는 법을 보아 온전한 니르바나에 이르게 되고, 어떤 비구는 법을 보아 온전한 니르바나에 이르지 못하게 된다."

장자의 물음과 같이, 이처럼 아난다의 물음과 붇다께서 스스로 여러 비구들을 위하여 말씀하신 경도 위에서 말씀하신 것과 같다.

• 잡아함 237 장자소문경(長者所問經)

• 해설 •

니르바나는 지금 현전의 삶을 떠나 가서 이르는 어떤 곳인가. 그렇지 않으니 니르바나는 지금 보고 듣고 아는 경험활동에서 지금 앎과 알려지는 경계의 실상을 온전히 통달해 쓰면 지금 보고 듣고 아는 경험활동이 파리니르바나의 활동이 된다.

눈이 빛깔을 볼 때 눈의 앎이 여기 있고 보여지는 빛깔이 저기 있는가. 저 빛깔은 빛깔 아니되 빛깔 아님도 아니므로 눈의 앎이 일어날 때 보여지는 빛깔은 눈의 앎인 빛깔로 주어지니, 보여지는 모습에서 모습을 떠나면 보는 앎이 앎 없는 앎이 된다.

그렇게 되면 지금 이 알되 앎 없는 앎이 온전한 니르바나의 고요한 행이 되고 파리니르바나의 해탈의 활동이 된다.

그 뜻을 경은 '눈의 앎이 빛깔에 대해 집착하지 않아 앎을 의지하지 않고 닿지 않고 취하지 않으면 온전한 니르바나에 이르른다'고 가르치신다.

곧 아는 자[根]와 알려지는 빛깔[境]이 공하므로 취하지 않고, 앎 없이 아는 자[能知]와 빛깔 아닌 빛깔[所知]이 실로 없지 않으므로 버릴 것도 없으면, 날이 다하도록 알되 앎이 없고 앎 없되 앎 없음도 없으니, 이것을 경은 '법을 보아 니르바나에 이르름'이라 말하는 것이다.

바르게 참모습 살피면 때를 기다리지 않고 곧 니르바나이니

이와 같이 내가 들었다.

한때 붇다께서는 슈라바스티 국 제타 숲 '외로운 이 돕는 장자의 동산'에 계셨다. 그때 존자 푸르나(Pūrṇa) 비구가 붇다 계신 곳에 나아가 붇다의 발에 머리를 대 절하고 한쪽에 물러서서 붇다께 여쭈었다.

"세존께서는 현재의 법[現法]을 말씀하시고, 불꽃 같은 번뇌 없앰[滅熾然]을 말씀하시며, 때를 기다리지 않음[不待時]을 말씀하시고, 바르게 향함[正向]을 말씀하십니다. 그리하여 곧 여기에서 봄[卽此見]을 말씀하시고, 인연으로 스스로 깨달음[緣自覺]을 말씀하십니다.

세존이시여, 어떤 것이 현재의 법이며 나아가 어떤 것이 인연으로 스스로 깨달음입니까?"

눈이 빛깔 볼 때 현재에 바로 법을 보는 뜻을 보이심

붇다께서 푸르나에게 말씀하셨다.

"잘 물었다, 푸르나야. 이렇게 바로 물을 줄 알다니.

푸르나야, 자세히 듣고 잘 사유해 생각하라. 너를 위하여 말해주겠다.

푸르나 비구여, 눈으로 빛깔을 보고서는 빛깔을 깨달아 알고, 빛깔의 탐욕을 깨달아 알라. 그리고 나의 이 안에는 눈의 앎[眼識]의 빛깔에 대한 탐욕이 있으니, '나의 이 안에는 눈의 앎의 빛깔에 대한 탐욕이 있다'고 진실 그대로 알라.

푸르냐야, 만약 눈으로 빛깔을 보고서는 빛깔을 깨달아 알고, 빛깔에 대한 탐욕을 깨달아 알며, '나의 이 안에는 눈의 앎의 빛깔에 대한 탐욕이 있다'고 진실 그대로 안다 하자.

그러면 이것을 현재의 법을 봄[現見法]이라고 한다."

때를 기다리지 않는 니르바나와 깨달음의 뜻을 보이심

"어떤 것이 불꽃 같은 번뇌 없앰이고, 어떤 것이 때를 기다리지 않음이며, 어떤 것이 바르게 향함이고, 어떤 것이 곧 여기에서 봄이며, 어떤 것이 인연으로 스스로 깨달음인가?

푸르나 비구여, 눈으로 빛깔을 보고서는 빛깔을 깨달아 알더라도, 빛깔에 대한 탐욕의 느낌을 일으키지 말고 '나에게는 안의 눈의 앎의 빛깔에 대한 탐욕이 있지만, 빛깔에 대한 탐욕의 느낌을 일으키지 않는다'고 진실 그대로 알라.

푸르나 비구여, 만약 눈으로 빛깔을 보고서는 빛깔을 깨달아 알더라도 빛깔에 대한 탐욕의 느낌을 일으키지 않고, 빛깔을 진실 그대로 알며, '빛깔에 대한 탐욕의 느낌 일으키지 않는다'고 진실 그대로 안다[如實知] 하자.

그러면 이것을 '불꽃 같은 번뇌 없앰', '때를 기다리지 않음', '바르게 향함', '곧 여기에서 봄', '인연으로 스스로 깨달음'이라 한다.

귀·코·혀·몸·뜻이 법 등을 마주할 때 또한 이와 같다."

붇다께서 이 경을 말씀하시자, 푸르나 비구는 붇다의 말씀을 듣고 기뻐하며 받들어 행하였다.

• 잡아함 215 부루나경(富留那經)

• **해설** •

눈이 빛깔을 볼 때 보여지는 빛깔이 빛깔 아닌 빛깔임을 알아, 보되 봄이 없고[見而無見] 듣되 들음 없이 들으면[不聞而聞] 경계를 향해 치달리는 탐욕의 불길 번뇌의 느낌이 없다.

경계를 알되 알 바가 없음을 알아 밖으로 치달리는 마음의 불길이 사라지면, 이를 '불꽃 같은 번뇌를 없앰'이라고 하고 '탐욕의 느낌 일으키지 않음'이라 한다.

또 이렇게 빛깔을 보고 소리를 들으면 지금 보고 듣는 앎 속에서 그대로 알되 앎 없고 움직이되 늘 고요하니, 이를 '니르바나의 고요함을 체달함'이라 하고, '바르게 향함' '여기에서 진실 그대로 봄'이라 하고, '인연으로 스스로 깨달음'이라 한다.

여섯 아는 뿌리와 여섯 경계가 본래 있되 공한 줄 바로 보면 지금 여섯 앎[六識]이 바로 앎 없는 앎이 되니, 여섯 앎이 알고 있는 지금 이때[現前一念時]를 떠나 다른 어떤 때를 기다려 파리니르바나를 따로 구할 것인가.

온갖 법이 나되 남 없음을 알면 때를 기다리지 않고 여기 현재법의 나고 사라지는 여섯 앎의 법 가운데, 나지 않고 사라지지 않는 니르바나의 고요함이 늘 현전할 것이다.

사마디와 해탈과 니르바나에
앞과 뒤의 분별 내지 말라

이와 같이 내가 들었다.

한때 붇다께서는 카필라바스투 니그로다 동산 가운데 계셨다.

그때 사카족 마하나마는 붇다 계신 곳에 와 붇다의 발에 머리를 대 절하고 한쪽에 물러앉아 여쭈었다.

"세존이시여, 제가 붇다의 말씀을 이해하기로는 바르게 받기[正受] 때문에 해탈하는 것이요, 바르게 받지 않는 것이 아닙니다.

어떻습니까, 세존이시여. 먼저 바르게 받고서 뒤에 해탈합니까, 먼저 해탈한 뒤에 바르게 받습니까. 바르게 받음과 해탈은 앞도 뒤도 아니어서 한때에 함께 생기는 것입니까."

그때에 세존께서는 잠자코 계셨다. 마하나마가 두 번 세 번 여쭈었으나 붇다 또한 두 번 세 번 잠자코 계셨다.

세존께 사마디와 해탈의 앞뒤를 묻는 사카족을 아난다가 이끌어줌

때에 존자 아난다는 붇다 뒤에서 부채를 들고 붇다를 부쳐드리고 있다가 이렇게 생각하였다.

'사카족 마하나마는 이런 깊은 뜻으로 세존께 여쭙는구나. 그러나 세존께서는 병이 나으신 지 오래지 않다. 내가 지금 다른 일을 말해 저 말을 이끌어주어야겠다.'

그래서 말하였다.

"마하나마여, 배우는 이에게도 또한 계가 있고 배움 없는 이[無學]에게도 계가 있으며, 배우는 이에게도 사마디가 있고 배움 없는 이에게도 사마디가 있소.

배우는 이에게 지혜가 있고 배움 없는 이에게도 지혜가 있으며, 배우는 이에게 해탈이 있고 배움 없는 이에게도 해탈이 있소."

마하나마는 존자 아난다에게 물었다.

"어떤 것이 배우는 이의 계고 어떤 것이 배움 없는 이의 계이며, 어떤 것이 배우는 이의 사마디이고 어떤 것이 배움 없는 이의 사마디입까.

어떤 것이 배우는 이의 지혜이고 어떤 것이 배움 없는 이의 지혜이며, 어떤 것이 배우는 이의 해탈이고 어떤 것이 배움 없는 이의 해탈입니까."

배움 있고 배움 없는 이의 계·정·혜와
해탈 니르바나를 갖추어 보임

존자 아난다는 말하였다.

"거룩한 제자는 계와 프라티목샤와 계의 몸가짐, 바른 몸가짐의 행하는 곳에 머물러 '배우는 이의 계'[學戒]를 받아 지니오.

'배우는 이의 계'를 갖추고 나면, 탐욕과 악하여 착하지 않은 법을 떠나고, 첫째 선정 나아가 넷째 선정을 갖추어 머무오.

이와 같이 사마디를 갖추고 나면 '이것은 괴로움의 거룩한 진리'라고 진실 그대로 알고, '이것은 괴로움의 모아냄·이것은 괴로움의 사라짐·이것은 괴로움 없애는 길'이라고 진실 그대로 아오.

이와 같이 알고 이와 같이 보고 나면, '다섯 가지 낮은 곳의 묶음'

[五下分結], 곧 몸의 삿된 견해 · 삿된 계의 집착 · 의심 · 탐욕 · 성냄을 이미 끊고 이미 아오.

이 다섯 가지 낮은 곳의 묶음을 끊으면 그는 거기서 태어남을 받아 온전한 니르바나의 아나가민을 얻어, 다시는 이 세상에 도로 나지 않소.

그는 그때에는 '배우는 이의 계'와 '배우는 이의 사마디'와 '배우는 이의 지혜'와 '배우는 이의 해탈'을 성취하오.

그는 다시 다른 때에 모든 흐름을 다하여, 샘이 없이 해탈하고 지혜가 해탈하여 스스로 알아 증득하여, '나의 태어남은 이미 다하고 범행은 이미 서고, 지을 바를 이미 지어 뒤의 있음 받지 않음'을 스스로 아오.

그는 그때에는 '배움 없는 이의 계'와 '배움 없는 이의 사마디'와 '배움 없는 이의 지혜'와 '배움 없는 이의 해탈'을 성취하오.

이와 같이 마하나마여, 이것을 세존께서 말씀하신 배우는 이의 계율 · 배우는 이의 사마디 · 배우는 이의 지혜 · 배우는 이의 해탈이라 하고, 또 배움 없는 이의 계율 · 배움 없는 이의 사마디 · 배움 없는 이의 지혜 · 배움 없는 이의 해탈이라 하오"

그때에 사카족 마하나마는 존자 아난다의 말을 듣고 기뻐하고 따라 기뻐하면서 자리에서 일어나 붇다께 절하고 물러갔다.

세존께서 카필라바스투 사카족을 찬탄하심

그때에 세존께서는 마하나마가 떠난 지 오래지 않아 존자 아난다에게 말씀하셨다.

"카필라바스투의 사카족은 여러 비구들과 함께 깊은 뜻을 이야기할 만하다."

아난다가 말씀드렸다.

"그렇습니다, 세존이시여. 카필라바스투의 사카족은 비구들과 함께 깊은 뜻을 이야기할 수 있습니다."

붇다께서 아난다에게 말씀하셨다.

"저 카필라바스투의 여러 사카족들은 시원스럽게 좋은 이익을 얻었다. 그리고 깊고 깊은 붇다의 법과 현성의 지혜의 눈[慧眼]에 깊이 들어가게 되었다."

붇다께서 이 경을 말씀하시자, 존자 아난다는 그 말씀을 듣고 기뻐하며 받들어 행하였다.

• 잡아함 934 해탈경(解脫經)

• 해설 •

주체의 아는 뿌리[六根]가 경계를 받아들이되 실로 받음 없음이 사마디(samādhi)이고 받음 없이 받음이 사마파티(samāpatti)이다.

받음 없는 바른 받음이 되어야 해탈이고, 마음이 해탈하고 지혜가 해탈해야 니르바나이니, 사마디와 해탈과 니르바나는 셋이되 한 바탕이며 한 바탕에 세 이름이 세워진 것이다.

그러므로 사마디와 해탈과 니르바나는 앞과 뒤가 없다.

그러나 배워가는 이에게는 먼저 금한 계와 프라티목샤를 받아 지녀야 선정을 갖추고, 선정이 갖춰져야 연기의 진리를 진실 그대로 알게 되며, 연기의 진리를 진실 그대로 알아야 해탈한다.

배움 있는 계·정·혜는 아직 지음이 있고 함이 있다. 그러나 배움 있는 계·정·혜로 끝내 해탈하여 더 이상 배울 것 없이 니르바나의 마쳐 다함에 이르면, 계·정·혜의 행에 지어감의 모습이 없으니 이것이 '배울 것 없는 이'[無學]의 해탈이다.

아직 배울 것 있는 이의 닦아 행함에는 실천행에 인과의 차제가 세워지지만, 배울 것 없는 이의 해탈에는 계·정·혜가 본래 적멸한 니르바나의 땅을 떠나지 않으니, 계와 선정과 지혜에 앞과 뒤가 없다.

곧 닦음 있고 배움 있는 이에게는 사마디와 해탈과 니르바나에 비록 세 이름이 있지만, 배움 없는 이에게는 사마디와 해탈과 니르바나에 앞뒤가 없는 것이다.

모든 법의 이름은 중생을 니르바나의 땅에 세워주기 위한 해탈의 뜻으로 인해 세워진 것이니, 『화엄경』(「야마궁중게찬품」)은 말한다.

> 보디에는 오고 감이 없어서
> 온갖 분별을 멀리 떠났네.
> 어떻게 분별없는 가운데서
> 볼 수 있다 스스로 말할 것인가.

菩提無來去 離一切分別
云何於是中 自言能得見

> 모든 붓다께는 법이 있지 않으니
> 붓다께서 무엇에 대해 말함 있는가.
> 다만 그 스스로의 마음을 따라
> 이와 같은 법 말한다고 하네.

諸佛無有法 佛於何有說
但隨其自心 謂說如是法

지혜로운 이는 니르바나라는 생각 내지 않고
니르바나에 집착 않는다

이와 같이 들었다.

한때 붇다께서는 우가라의 대숲 가운데서 큰 비구대중 오백 사람과 함께 계셨다.

그때 세존께서 여러 비구들에게 말씀하셨다.

"나는 지금 너희들에게 묘한 법[妙法]을 말해주겠다.

이 법은 처음도 좋고 가운데도 좋고 마침도 좋아 뜻과 이치가 깊고 그윽해 청정하게 범행을 닦아 행하는 것이다.

이 경은 '온갖 모든 법의 근본'[一切諸法之本]이라 이름하니 너희들은 잘 사유해 생각하라."

여러 비구들이 대답했다.

"그렇게 하겠습니다, 세존이시여."

이때 여러 비구들이 붇다의 분부를 받아들이니 붇다께서 말씀하셨다.

범부들이 물질법과 알고 봄에 아는 뿌리 집착함을 보이심

"저 경을 왜 모든 법의 근본이라 하는가.

이에 대해서 이렇게 말할 수 있다, 비구들이여.

범부의 사람은 현성의 가르침을 보지 않고, 또한 여래의 말씀의 가르침[如來言敎]을 보살피지도 않으며, 선지식을 가까이하지도 않고, 선지식의 가르침을 받아들이지 않는다.

그래서 저들은 이 땅을 진실이라 살피어 이렇게 안다.

'이것은 땅으로서 참으로 땅이다. 또한 다시 이것은 물이다.

또한 다시 이것은 불이다. 또한 다시 이것은 바람이다.'

네 가지 일[四事]이 합해 사람[人, pudgala]이 된 것인데, 어리석은 이들은 이를 즐기는 것이다.

하늘은 스스로 하늘인 줄 알아 하늘 가운데서 하늘을 즐긴다.

브라흐마하늘은 브라흐마하늘인 줄 알고 큰 브라흐마하늘은 스스로 큰 브라흐마하늘이라 그보다 나은 이가 없다고 안다.

'빛과 소리의 하늘'[光音天]은 스스로 서로 '빛과 소리의 하늘'을 말미암아 온 줄 안다.

'두루 깨끗한 하늘'은 스스로 서로 '두루 깨끗한 하늘'인 줄 안다.

'과덕이 진실한 하늘'은 스스로 서로 '과덕이 진실한 하늘'인 줄 안다.

그렇게 해서 어지럽게 여기지 않는다.

아비야타하늘은 스스로 아비야타하늘인 줄 안다.

'빈 곳의 하늘'은 스스로 '빈 곳의 하늘'인 줄 안다.

'앎의 곳의 하늘'은 스스로 '앎의 곳의 하늘'인 줄 안다.

'있는 바 없는 곳의 하늘'은 스스로 '있는 바 없는 곳의 하늘'인 줄 안다.

'생각 있기도 하고 생각 없기도 한 곳의 하늘'은 스스로 '생각 있기도 하고 생각 없기도 한 곳의 하늘'인 줄 안다.

보는 자[見者]는 스스로 본다[自見]고 안다.

듣는 자[聞者]는 스스로 듣는다[自聞]고 안다.

하고자 하는 자[欲者]는 스스로 하고자 한다[自欲]고 안다.

지혜로운 이[智者]는 스스로 지혜롭다[自智]고 안다.

'하나의 무리'는 스스로 '하나의 무리'라고 안다.

'몇 가지 무리'는 스스로 '몇 가지 무리'라고 안다.

'다 갖춘 이'는 스스로 '다 갖춘 이'라고 안다.

니르바나는 스스로 니르바나라고 안다.

그래서 그 가운데서 스스로 즐긴다.

이런 것들은 옳지 않으니, 그런 까닭은 지혜로운 이가 말함이 아니기 때문이다."

세간 법의 모습과 알고 보는 자
니르바나의 법에 집착할 것이 없음을 보이심

"만약 거룩한 제자라면 성인을 가서 뵙고 그 법을 받들어 받으며 선지식을 따라 모시고 선지식을 가까이한다.

그래서 이 땅의 요인[地種, pṛthivī]에 대해 그 온 곳을 분명히 알아 땅에 집착하지 않아서 물든 마음이 없다.

물·불·바람의 요인[水火風種, ap-tejo-vāyu]에 대해서 그 온 곳을 분명히 알아 집착 없음 또한 이와 같다.

사람과 하늘, 브라흐마하늘, 빛과 소리의 하늘, 두루 깨끗한 하늘, 과덕이 진실한 하늘, 아비야타하늘, 빈 곳의 하늘, 앎의 곳의 하늘, 있는 바 없는 곳의 하늘, 생각 있기도 하고 없기도 한 곳의 하늘과 보고 들음과 생각해 아는 것[見聞念知]에 대해서 그 온 곳[所來處]을 분명히 알아 집착 없음 또한 이와 같다.

한 가지와 여러 가지 나아가서 니르바나에 대해서 그 온 곳을 분명히 알아 집착하지 않아서 니르바나라는 생각[涅槃之想, nirvāṇa-saṃjñā]을 일으키지 않는다. 그런 까닭은 다 진실하게 잘 분별하고 잘 살펴봄을 말미암기 때문이다.

만약 저 비구로서 흐름 다한 아라한이라면 지을 바를 이미 이루고 무거운 짐을 버리고 나고 죽음의 근원을 다해 평등하게 해탈하여, 그는 땅의 요인을 잘 분별해 땅이란 생각[地想, pṛthivī-saṃjñā]을 일으켜 땅을 집착하지 않는다.

사람과 하늘, 브라흐마하늘, 나아가 '생각 있기도 하고 없기도 한 곳의 하늘'에 대해서 또한 이와 같다.

왜 그런가. 이는 다 탐욕과 성냄과 어리석음을 무너뜨렸기 때문이다."

존재의 진실을 알아 애욕의 그물 없애기를 당부하심

"비구들이여, 알아야 한다.

여래·지극히 참된 이·바르게 깨치신 분은 땅에 대해서 잘 분별하고 또한 땅의 요인에 집착하지 않고, 땅의 요인이라는 생각[地種之想]을 일으키지 않는다. 왜 그런가. 다 애욕의 그물을 깨뜨렸기 때문이다.

존재[有]로 인해 남[生]이 있고 남으로 인해 늙고 죽음이 있는데, 여래는 모두 없애 다했기 때문이다.

그러므로 여래는 가장 바른 깨달음을 이루신 것이다."

붓다께서 이 법을 말씀하실 때, 이때 여러 비구들은 그 가르침을 받아들이지 않았으니 그것은 파피야스가 그 마음의 뜻을 막았기 때문이다.

붓다께서 말씀하셨다.

"이 경을 온갖 모든 법의 근본이라 이름하니, 나는 지금 갖추어 설했다. 이 경은 모든 붓다 세존께서 반드시 닦아 행하는 것이고 나도 지금 이미 갖추어 베풀어 행했다.

너희들도 나무 밑에 한가히 머물기를 생각하고 뜻을 바로해 좌선해[端意坐禪] 묘한 뜻을 사유해야 한다[思惟妙義].

지금 하지 않는 자는 뒤에 뉘우쳐도 이익이 없다.

이것이 나의 가르쳐 깨우침이다."

이때 여러 비구들은 붓다의 말씀을 듣고 기뻐하며 받들어 행했다.

• 증일아함 44 구중생거품(九衆生居品) 六

• 해설 •

인연으로 나는 세간 모든 법의 진실 밖에 니르바나가 없다.

범부 중생은 연기의 진실을 모르므로 물질을 보면 물질을 집착하고, 보고 듣고 알면 아는 주체에 보고 듣고 아는 뿌리가 있다고 생각한다.

저 공덕을 갖추고 신통을 갖춘 여러 하늘이라 해도 해탈의 아라한이 되지 못한 것은 하늘의 몸에 몸이 있고 하늘의 보고 듣고 앎에 아는 뿌리가 있다고 생각하기 때문이다.

여래의 거룩한 제자는 연기의 진실을 알아 물질을 이루는 땅·물·불·바람의 있되 있지 않고 오되 옴이 없음을 안다.

또한 저 브라흐마하늘이나 두루 깨끗한 하늘의 신묘한 몸이라도 업의 과보로 성취된 몸이라 몸에 몸이 없어서 하늘이 스스로 있는 하늘이 아님을 안다.

여래의 제자는 중생이 저 사물의 빛깔과 소리를 보고 듣고 알되 여기 내면에 보는 자·듣는 자·아는 자가 실로 있다는 생각을 깨뜨린다. 아는 자와 알려지는 것이 있되 공하므로 아는 자[根]·알려지는 것[境]이 어울려 앎[識]이 나는 것이니, 아는 자에 실로 아는 자가 없고 알려지는 것에 실로 아는 바가 없으며 안팎이 어울려 나는 앎[六識]에 앎이 없다.

앎이 연기하므로 앎에 앎이 없되, 앎 없음도 없는 줄 알아 앎과 앎 없음을 모두 떠난 자, 그가 세간법의 진실을 알고 모든 법의 진실을 알아 니르바나의 땅에 들어간다.

니르바나는 세간법의 진실에 붙인 거짓 이름이므로 지혜로운 이는 니르바나에도 니르바나라는 생각이 없고 집착을 일으키지 않는다.

니르바나에 구할 니르바나의 모습을 보는 자가 니르바나를 등지는 자이니, 세간법과 니르바나에 모두 구할 것 없고 머물 것이 없음을 아는 자, 그가 늘 고요한 법신의 땅[法身] 니르바나의 땅을 떠남 없이 인연으로 나는 세간법을 봄이 없이 보아[般若] 해탈의 기쁨[解脫]을 늘 누리는 것이다.

연기하는 세간의 모습밖에 여래의 법신과 니르바나가 없으니, 여래의 니르바나에 니르바나라는 모습 취함[nirvāṇa-saṃjñā]을 일으키면 곧 여래의 법을 어기는 것이다. 『화엄경』(「십회향품」)은 말한다.

> 여래의 법신이 지은바 업이란
> 온갖 세간법 밖에 따로 있음 아니라
> 온갖 세간이 저 법신의 모습과 같네.
> 여래께서 모든 법의 모습을 말해도
> 그 법의 모습에 다 모습 없으니
> 이와 같은 모습 없는 모습을 아는 것이
> 여래의 법을 바르게 아는 것이네.
>
> 如來法身所作業 一切世間如彼相
> 說諸法相皆無相 知如是相是知法

제3장

계·정·혜 닦아 행함과 니르바나

"바로 알고 바로 봄으로써
모든 번뇌의 흐름이 다할 수 있는 것이지,
알지 못하는 것이 아니요, 보지 못하는 것이 아니다.
어떻게 알고 봄으로써 모든 번뇌의 흐름이 다할 수 있는가.
바른 사유와 바르지 않은 사유가 있다.
만약 바르게 사유하면 아직 나지 않은 탐욕의 흐름은
생기지 않고, 이미 생긴 것은 곧 사라진다.
아직 나지 않은 존재의 흐름과 무명의 흐름은 생기지 않고,
이미 생긴 것은 곧 사라진다.
그런데 범부의 어리석은 사람들은
바른 법[을 얻어 듣지 못하고, 참된 스승을
만나지 못하여, 거룩한 법을 알지 못하고,
거룩한 법을 모시지 못하고,
진실 그대로의 법을 알지 못한다."

• 이끄는 글 •

 니르바나의 성취[證]를 믿음[信]과 바른 이해[解]와 번뇌 끊는 갖가지 실천행[行]으로 이루어진다고 읽으면, 이는 원인이 되는 실천[因行]으로 결과[果德]가 성취됨을 실체적 인과론으로 보인 것이다.

 그러나 결과를 내는 원인은 해탈의 결과가 성취됨으로써 해탈의 원인으로 확인되는 것이니, 이때 검증된 니르바나 과덕의 땅에서 일어난 원인이 아니면 니르바나의 결과에 이를 수 없는 것이고, 결과 또한 원인 너머에 있는 결과가 아니라 원인의 자기지양으로 결과가 이루어질 때 원인과 결과의 인과관계가 이루어진다.

 결과에서 일어난 원인[果中因]과 원인이 내는 결과[因中果]가 서로 통하고 서로 사무치지 않으면 니르바나의 원인과 결과가 해명되지 않는다.

 믿음을 통해 니르바나에 나아가지만 바른 믿음의 첫 자리가 실은 온갖 존재가 본래 니르바나되어 있음을 믿는 것이고 중생의 번뇌가 본래 공한 줄 믿는 것이다. 그러므로 확실히 믿어 다시 여우 같은 의심이 나지 않으면 그 자리가 지혜의 흐름에 들어간 곳이며, 믿을 때 이미 니르바나의 땅에 발을 딛고 서 있음이다.

 그리고 그 믿음의 첫 자리가 바른 실천이 현전하는 곳이고 의혹이 사라질 때 삶의 진실이 온통 니르바나로 현전하는 때이므로, 믿음 너머에 이해가 있고 이해한 다음에 행이 있다고 말해서는 안 된다.

 닦아 행함과 니르바나의 과덕에 대해 경전의 가르침과 조사의 언구에서는 때로 중생의 근기와 병통에 따라 번뇌를 끊어서 보디와 니르바나를 얻는다[修]고 말하기도 하고, 실로 번뇌를 끊을 것이 없다

[無修]고 말하기도 한다. 때로 끊을 것 없음을 단박 깨치되[頓悟] 끊음 없이 차츰 끊어가야 한다[漸修]고 말하기도 한다.

그러나 원인과 결과가 서로 통하는 연기법의 해탈관을 바로 들어서 조사교에서도 중생이 니르바나되어 있음을 단박 깨치면 온통 닦음이 깨달음의 발현이 된다[頓修]고 가르친다.

이때 단박 닦음[頓修]은 닦아 마침이 아니라 닦음도 없고 닦지 않음도 없는 닦음의 길을 보인 것이라, 닦음이 온통 보디 성품의 발현임[性修不二]을 보인 것이다. 그러므로 조사교의 단박 닦음이 절대의 경지를 깨달아 닦을 것 없는 세계로 들어간다고 아는 이들은 그릇 알지 말아야 할 것이다.

번뇌가 본래 니르바나되어 있으므로 닦아서 니르바나 얻는다 해도 연기론적 닦음이 아니고, 번뇌가 없지 않으므로 닦지 않고 니르바나의 땅에 나아간다고 해도 연기론적 닦음이 아니다.

계·정·혜를 닦되 실로 닦음 없음이 곧 닦음이 온전히 니르바나의 성품이 되는 곳[全修卽性]이고, 계·정·혜를 닦음 없이 닦는 것이 니르바나의 성품이 온전히 닦음 일으킴이 되는 것[全性起修]이다.

한 법도 취함이 없을 때 한 법도 버림이 없이 나날의 삶이 온전히 계·정·혜의 닦음 없는 닦음이 되는 길을 옛 선사[藥山嚴]의 공안을 통해 살펴보자.

> 약산선사(藥山禪師)에게 이고(李翺)가 이렇게 물었다.
> "어떤 것이 계·정·혜입니까."
> 그로 인해 선사가 말했다.
> "빈도(貧道)의 이 속에는 이런 한가한 것들이 없소."

이고가 깊은 뜻을 헤아리지 못하니 선사가 말했다.

"태수가 이 일을 맡아 지니고 싶거든 곧장 반드시 높고 높은 산꼭대기에 앉고, 깊고 깊은 바닷속에 걸어가되, 안방 가운데 일을 버리지 마시오.

그렇지 않으면 곧바로 흘러 빠질 것이오[滲漏]."

높은 산꼭대기에 앉고 바다 밑을 걸으며 안방의 일 버리지 않는다는 언구에 대해 지비자(知非子)는 노래했다.

> 높고 높은 산꼭대기에 걸음걸음 나아가니
> 범과 이리 온갖 짐승 뉘라 가까이 오며
> 깊고 깊은 바다 밑에 천천히 걸어가니
> 높은 물결은 모진 용을 돌아보지 않네.
> 열두 때 가운데 지극한 뜻 밝혀내면
> 모든 붇다 한가로이 얻지 못함 없으리.

高高山頂步步進　虎狼百獸誰敢近
深深海底徐徐行　波濤不顧蛟龍獰
十二時中明極則　諸佛無非等閑得

지금 안방의 앉아 있는 곳에서 머묾 없으면, 그가 앉은 자리를 떠나지 않고 바다 밑을 걷고 산꼭대기를 걷는 것인가.

그리고 끊음 없고 닦음의 공을 세우지 않으면 그 자리가 번뇌가 보디로 발현되는 곳인가.

운거간(雲居簡)은 이렇게 노래했다.

높고 높은 산꼭대기에 서고
깊고 깊은 바다 밑을 걷는다.
참된 사람 가고 서는 곳
티끌세상 누가 다툴 수 있으리.
사이 없어 공을 세우지 않으면
저 사람은 존귀하게 난 사람이네.
그대에게 뒤바뀐 욕망 되돌려주니
마른 나무에 한 가지가 우거지리.

高高山頂立　深深海底行
道人行立處　塵世有誰爭
無間功不立　渠儂尊貴生
酬君顚倒欲　枯木一枝榮

1 닦음 없이 닦는 바른 행 그대로의 니르바나

• 이끄는 글 •

아함경에서는 사제(四諦)의 진리 살피는 지혜를 사이 없는 평등한 지혜[無間等]라고 한다.

사제법은 인과적으로 괴로움의 결과와 원인, 니르바나의 결과와 원인을 보이고 있다. 그에 비해 사제법을 사이 없는 평등한 지혜로 보라고 가르치는 것은 괴로움을 살필 때 그 괴로움의 한복판에 니르바나의 과덕이 함께 있어 괴로움과 니르바나에 사이 없음을 바로 보라고 가르치는 것이다.

사제의 인과가 모두 나되 남이 없음을 보지 못하면 사제의 사이 없는 평등함[無間等]을 알 수 없다.

지금 번뇌와 그릇된 업으로 고통의 삶이 일어났을 때를 살피면, 고제는 본래 공해 있지 않지만 번뇌에 의해서 일어난 것이다.

번뇌 또한 본래 실로 있지 않은 것을 실로 있는 것으로 보아 일어나는 그릇된 사유와 행이므로 번뇌 또한 진실이 아닌 것, 실로 있는 것이 아니다. 그러므로 고제의 진실을 보면 고통과 번뇌가 본래 공한 니르바나의 진실을 보는 것이다.

집제인 번뇌가 공하되 연기해 있으므로 번뇌 끊는 갖가지 실천행 또한 실로 있음도 아니고 실로 없음도 아니다. 그러므로 번뇌를 돌이켜 니르바나에 나아가는 행은 실로 닦을 것이 있다 해도 안 되고 닦을 것이 없다 해도 안 된다.

지금 닦는 자가 닦을 것이 없다고만 주장하면 끊을 바 번뇌가 본래 공한 것에 집착한 자이므로 존재의 진실을 보지 못한 것이고, 닦을 것이 있다고 주장하면 끊을 바가 실로 있다고 주장하는 셈이 되므로 그 또한 진실과 멀어진 자이다.

닦되 닦을 것 없고 번뇌가 공하되 닦지 않을 것 없는 것이니, 닦되 닦을 것 없는 곳에 니르바나의 고요한 법신의 덕[法身德]이 표시되고, 닦을 것 없되 닦지 않을 것 없이 해탈을 성취하는 곳에 니르바나의 반야의 덕[般若德]과 해탈의 덕[解脫德]이 표시된다.

달리 말하면 지금 주체의 창조적 행위의 공한 터전이 니르바나 법신의 덕이고, 법신이 고요하되 밝은 곳이 보디사트바의 반야의 눈이 되고, 닦음 없이 닦고 지음 없이 짓는 보디사트바의 일상의 행위가 니르바나의 땅에서 발현되는 보디사트바의 해탈의 행이 된다.

고통이 무명과 번뇌 너머에 있는 것이 아니듯, 해탈과 니르바나가 해탈의 행 너머에 있는 것이 아니고 중생의 번뇌와 고통 너머에 있는 것이 아니다.

어리석음의 어두움으로 인해 끊을바 세간이 있게 되지만 세간의 나고 사라짐이 공한 줄 알면 어두움이 밝음이 되고, 어리석음의 어두움이 사라지면 끊을바 세간이 없는 것이니『화엄경』(「십지품」十地品)은 이렇게 가르친다.

> 밝고 밝게 법인 따라 지혜를 갖추어
> 세간의 나고 사라지는 모습 살피니
> 어리석음의 어두운 힘으로 세간 나지만
> 어리석음의 어두움을 없애버리면
> 나고 사라지는 세간 있지 않도다.
>
> 明利順忍智具足　觀察世間生滅相
> 以癡闇力世間生　若滅癡闇世無有

　세간이 세간 아니고 고통이 고통 아닌 고통인 줄 참으로 아는 자, 그가 중생 고통의 땅에서 니르바나의 땅을 떠남이 없이 니르바나의 길을 가는 자이다.

　닦음 없되 닦지 않음도 없는 닦음의 뜻이 어떤 것인가.

　약산선사(藥山禪師)에게 '어떤 것이 도인가'[如何是道]를 물어 '구름은 푸른 하늘에 있고 물은 병에 있다'는 한마디에 깨친 낭주자사(朗州刺史) 이고(李翶)가 다음의 노래를 지어 바치니, 그 노래의 뜻을 자세히 살펴보아야 할 것이다.

> 몸을 연마해 그 모습 학과 같은데
> 천 그루 소나무 밑 두 상자 경전이네.
> 내가 와 도 물으니 다른 말씀 없이
> 구름은 푸른 하늘에 있고
> 물은 병 속에 있다고 하네.
>
> 鍊得身形似鶴形　千株松下兩函經
> 我來問道無餘說　雲在青天水在瓶

어떻게 해야 무너짐 없는 믿음으로
바른 법 가운데 들어가게 되오

나는 들었다. 이와 같이.

한때 붇다께서는 라자그리하 성에 노니시면서 칼란다카 대나무 동산에 계셨다.

그때 존자 사리푸트라는 해질녘 좌선에서 일어나 존자 마하카우스틸라가 있는 곳에 가서 서로 같이 문안하고 물러나 한쪽에 앉았다.

존자 사리푸트라는 존자 마하카우스틸라에게 말했다.

"내가 묻고 싶은 것이 있는데 내 물음을 들어주겠소?"

존자 마하카우스틸라가 대답했다.

"존자 사리푸트라여, 묻고 싶은 일이 있거든 곧 물으십시오. 저는 듣고 사유해보겠습니다."

존자 사리푸트라가 물었다.

"어진 이 마하카우스틸라여, 어떤 일이 있어 그 일로 인해 비구가 견해를 성취하여 바른 견해를 얻고, 법에 무너지지 않는 깨끗한 믿음을 얻어 바른 법에 들어갈 수 있겠소?"

착함과 착하지 않음의 뿌리를 알아 바른 법에 들어감을 답함

존자 마하카우스틸라가 대답했다.

"그럴 수 있습니다. 존자 사리푸트라여, 곧 어떤 비구가 착하지 않음[不善]을 알고 착하지 않음의 뿌리[不善根]를 아는 것입니다. 어떻게 착하지 않음을 아느냐 하면 다음과 같습니다. 몸의 악한 행은 착하지 않고, 입과 뜻의 악한 행은 착하지 않으니, 이것을 착하지 않음을 안다고 합니다.

어떻게 착하지 않음의 뿌리를 아느냐 하면 다음과 같습니다. 탐욕이 착하지 않음의 뿌리요, 성냄과 어리석음이 착하지 않음의 뿌리이니, 이것을 착하지 않음의 뿌리를 안다고 합니다.

존자 사리푸트라여, 만약 어떤 비구가 이렇게 착하지 않음과 착하지 않음의 뿌리를 알면, 이것을 비구가 견해를 성취하여 바른 견해를 얻고, 법에 무너지지 않는 깨끗한 믿음을 얻어 바른 법 가운데 들어간다고 하는 것입니다."

존자 사리푸트라는 이 말을 듣고 찬탄해 말하였다.

"잘 말하고, 잘 말했소. 마하카우스틸라여."

존자 사리푸트라는 찬탄한 뒤에 함께 기뻐하며 받들어 행하였다.

몸과 입과 뜻의 묘한 행을 알아 바른 법에 들어감을 답함

존자 사리푸트라는 다시 물었다.

"어진 이 마하카우스틸라여, 어떤 일이 있어 그 일로 인해 비구가 견해를 성취하여 바른 견해를 얻고, 법에 무너지지 않는 깨끗한 믿음을 얻어 바른 법에 들어갈 수 있겠소?"

존자 마하카우스틸라가 대답했다.

"있습니다. 존자 사리푸트라여, 어떤 비구가 착함을 알고 착한 뿌리를 아는 것입니다. 어떻게 착함을 아느냐 하면 다음과 같습니다. 몸의 묘한 행[身妙行]은 착함이요, 입과 뜻의 묘한 행은 착함이니 이것을 착함을 아는 것이라 합니다.

어떻게 착한 뿌리를 아느냐 하면 다음과 같습니다. 탐욕이 없는 것은 착한 뿌리요 성냄과 어리석음이 없는 것은 착한 뿌리이니, 이것을 착한 뿌리를 아는 것이라 합니다. 존자 사리푸트라여, 만약 어떤 비구가 이렇게 착함을 알고 착한 뿌리를 알면, 이것을 비구가 견해를 성취하여 바른 견해를 얻고, 법에 무너지지 않는 깨끗한 믿음을 얻어 바른 법 가운데 들어간다고 하는 것입니다."

"잘 말하고, 잘 말했소. 어진 이 마하카우스틸라여."

존자 사리푸트라는 찬탄한 뒤에 함께 기뻐하며 받들어 행하였다.

네 가지 먹음에서 먹음의 진실을 알아 바른 법에 들어감을 답함

그리고 다시 물었다.

"어진 이 마하카우스틸라여, 어떤 일이 있어 그 일로 인해 비구가 견해를 성취하여 바른 견해를 얻고, 법에 무너지지 않는 깨끗한 믿음을 얻어 바른 법에 들어갈 수 있겠소?"

존자 마하카우스틸라가 대답했다.

"있습니다. 존자 사리푸트라여, 어떤 비구가 먹음을 진실 그대로 알아 먹음의 익힘[食習]을 알고, 먹음의 사라짐[食滅]을 알고 먹음 없애는 길[食滅道]을 진실 그대로 아는 것입니다. 어떻게 먹음을 진실 그대로 아느냐[食如眞] 하면 다음과 같습니다.

네 가지 먹음[四食]이 있는데, 첫째는 덩이로 먹음의 거칠고 부드러움이요, 둘째는 닿아 먹음[更樂食]이며, 셋째는 하고자 하는 뜻의 먹음[意思食]이요, 넷째는 앎의 먹음[識食]이라고 합니다. 이것을 먹음을 진실 그대로 안다는 것입니다.

어떻게 먹음의 익힘을 진실 그대로 아느냐 하면 다음과 같습니다.

애착 때문에 먹음이 있다고 아는 것이니, 이것을 먹음의 익힘을 진실 그대로 안다는 것입니다.

어떻게 먹음의 사라짐을 진실 그대로 아느냐 하면 다음과 같습니다. 애착이 사라지면 먹음이 곧 사라진다고 아는 것이니, 이것을 먹음의 사라짐을 진실 그대로 안다는 것입니다.

어떻게 먹음 없애는 길을 진실 그대로 아느냐 하면 다음과 같습니다. 여덟 가지 바른 길[八正道]로서, 바른 견해·바른 뜻·바른 말·바른 행위·바른 생활·바른 방편·바른 생각·바른 선정을 여덟이라 하는 것이니, 이것을 먹음 없애는 길을 진실 그대로 안다는 것입니다. 존자 사리푸트라여, 만약 어떤 비구가 이와 같이 먹음을 진실 그대로 알고 먹음의 익힘과 먹음의 사라짐과 먹음 없애는 길을 진실 그대로 안다면, 이것을 비구가 견해를 성취하여 바른 견해를 얻고, 법에 무너지지 않는 깨끗한 믿음을 얻어 바른 법 가운데 들어간다고 하는 것입니다."

"잘 말하고, 잘 말했소. 어진 이 마하카우스틸라여."

존자 사리푸트라는 찬탄한 뒤에 함께 기뻐하며 받들어 행하였다.

번뇌의 흐름을 없애 바른 법에 들어감을 답함

그리고 다시 물었다.

"어진 이 마하카우스틸라여, 어떤 일이 있어 그 일로 인해 비구가 견해를 성취하여 바른 견해를 얻고, 법에 무너지지 않는 깨끗한 믿음을 얻어 바른 법에 들어갈 수 있겠소?"

존자 마하카우스틸라가 대답했다.

"있습니다. 존자 사리푸트라여, 어떤 비구가 샘[漏]의 참뜻을 알고 샘의 익힘을 알며, 샘의 사라짐을 알고 샘 없애는 길을 진실 그대로 아는 것입니다. 어떻게 샘을 진실 그대로 아느냐 하면 다음과 같습니다. 세 가지가 있으니, 탐욕의 흐름과 존재의 흐름과 무명의 흐름이니, 이것을 샘을 진실 그대로 안다는 것입니다.

어떻게 샘의 익힘을 진실 그대로 아느냐 하면 다음과 같습니다. 무명 때문에 곧 샘이 있다고 아는 것이니, 이것을 샘의 익힘을 진실 그대로 안다는 것입니다. 어떻게 샘의 사라짐을 진실 그대로 아느냐 하면 다음과 같습니다. 무명이 사라지면 샘이 곧 사라진다고 아는 것이니, 이것을 샘의 사라짐을 진실 그대로 안다는 것입니다.

어떻게 샘 없애는 길을 진실 그대로 아느냐 하면 다음과 같습니다. 여덟 가지 거룩한 바른 길이니, 바른 견해·바른 뜻·바른 말·바른 행위·바른 생활·바른 방편·바른 생각·바른 선정을 여덟이라 합니다. 이것을 샘 없애는 길을 진실 그대로 안다는 것입니다.

존자 사리푸트라여, 만약 어떤 비구가 이렇게 샘을 진실 그대로 알고 샘의 익힘과 샘의 사라짐과 샘 없애는 길을 진실 그대로 안다면, 이것을 비구가 견해를 성취하여 바른 견해를 얻고, 법에 무너지지 않는 깨끗한 믿음을 얻어 바른 법 가운데 들어간다고 하는 것입니다."

"잘 말하고, 잘 말했소. 어진 이 마하카우스틸라여."

존자 사리푸트라는 찬탄한 뒤에 함께 기뻐하며 받들어 행하였다.

사제(四諦)의 뜻을 진실 그대로 알아 바른 법에 들어감을 답함

그리고 다시 물었다.

"어진 이 마하카우스틸라여, 어떤 일이 있어 그 일로 인해 비구가 견해를 성취하여 바른 견해를 얻고, 법에 무너지지 않는 깨끗한 믿음을 얻어 바른 법에 들어갈 수 있겠소?"

존자 마하카우스틸라가 대답했다.

"있습니다. 존자 사리푸트라여, 어떤 비구가 괴로움을 진실 그대로 알고 괴로움의 익힘을 진실 그대로 알며, 괴로움의 사라짐을 알고 괴로움 없애는 길을 진실 그대로 아는 것입니다.

어떻게 괴로움을 진실 그대로 아느냐 하면 다음과 같습니다. 태어남은 괴로움이요, 늙음은 괴로움이며, 병듦은 괴로움이요, 죽음은 괴로움이다. 원수와 만남이 괴로움이요, 사랑하는 이를 떠남이 괴로움이며, 구하여 얻지 못함이 괴로움이다. 요약해 말하면 다섯 가지 치성한 쌓임[五盛陰]은 괴로움이다. 이렇게 아는 것이니, 이것을 괴로움을 진실 그대로 아는 것이라 합니다.

어떻게 괴로움의 익힘을 진실 그대로 아느냐 하면 다음과 같습니다. 늙음과 죽음 때문에 곧 괴로움이 있다고 아는 것이니, 이것을 괴로움의 익힘을 진실 그대로 아는 것이라 합니다.

어떻게 괴로움의 사라짐을 진실 그대로 아느냐 하면 다음과 같습니다. 늙음과 죽음이 사라지면 괴로움이 곧 사라진다고 아는 것이니, 이것을 괴로움의 사라짐을 진실 그대로 아는 것이라 합니다.

어떻게 괴로움 없애는 길을 진실 그대로 아느냐 하면 다음과 같습니다. 여덟 가지 바른 길이니, 바른 견해·바른 뜻·바른 말·바른 행위·바른 생활·바른 방편·바른 생각·바른 선정을 여덟이라 합니다. 이것을 괴로움 없애는 길을 진실 그대로 아는 것이라 합니다.

존자 사리푸트라여, 만약 어떤 비구가 이렇게 괴로움을 진실 그대로 알고 괴로움의 익힘과 괴로움의 사라짐과 괴로움을 없애는 길을 진실 그대로 알면, 이것을 비구가 견해를 성취하여 바른 견해를 얻고, 법에 무너지지 않는 깨끗한 믿음을 얻어 바른 법 가운데 들어간다고 하는 것입니다."

"잘 말하고, 잘 말했소. 어진 이 마하카우스틸라여."

존자 사리푸트라는 찬탄한 뒤에 함께 기뻐하며 받들어 행하였다.

늙음과 죽음의 진실 알아 바른 법에 들어감을 답함

그리고 다시 물었다.

"어진 이 마하카우스틸라여, 어떤 일이 있어 그 일로 인해 비구가 견해를 성취하여 바른 견해를 얻고, 법에 무너지지 않는 깨끗한 믿음을 얻어 바른 법에 들어갈 수 있겠소?"

존자 마하카우스틸라가 대답했다.

"있습니다. 존자 사리푸트라여, 어떤 비구가 늙음과 죽음을 진실 그대로 알고, 늙음과 죽음의 익힘을 알며, 늙음과 죽음의 사라짐을 알고, 늙음과 죽음 없애는 길을 진실 그대로 아는 것입니다.

어떻게 늙음을 아느냐 하면 다음과 같습니다. 저 사람이 늙으면 머리는 희고 이는 빠지고 젊음은 날로 시들어갑니다. 몸은 굽고 다리는 휘어지며, 몸은 무겁고 기운은 머리로 오르고 지팡이를 짚고 다니며, 살은 쭈그러들고 살갗은 늘어나 주름살은 얽은 것 같으며, 모든 아는 뿌리는 헐고 삭아 얼굴빛은 추악하니, 이것을 늙음이라 합니다.

어떻게 죽음을 아느냐 하면 다음과 같습니다. 저 모든 중생의 무리들은 목숨 마치면 덧없어서 죽으면 없어지고 흩어져 사라지며, 몸의 목숨[壽]이 다하여 부서지면 목숨뿌리[命根]가 막혀 닫히니, 이것을 죽음이라 합니다.

　여기서는 죽음을 말했고, 앞에서는 늙음을 말했으니, 이것을 늙음과 죽음이라 하고, 이것을 늙음과 죽음을 진실 그대로 안다고 하는 것입니다.

　어떻게 늙음과 죽음의 익힘을 진실 그대로 아느냐 하면 다음과 같습니다. 태어남 때문에 곧 늙음과 죽음이 있는 것이니, 이것을 늙음과 죽음의 익힘을 진실 그대로 안다고 하는 것입니다.

　어떻게 늙음과 죽음의 사라짐을 진실 그대로 아느냐 하면 다음과 같습니다. 태어남이 사라지면 늙음과 죽음이 곧 사라지니, 이것을 늙음과 죽음의 사라짐을 진실 그대로 안다고 하는 것입니다.

　어떻게 늙음과 죽음 없애는 길을 진실 그대로 아느냐 하면 다음과 같습니다. 여덟 가지 바른 길이니, 바른 견해·바른 뜻·바른 말·바른 행위·바른 생활·바른 방편·바른 생각·바른 선정을 여덟이라 합니다. 이것을 늙음과 죽음 없애는 길을 진실 그대로 안다고 하는 것입니다.

　존자 사리푸트라여, 만약 어떤 비구가 이렇게 늙음과 죽음을 진실 그대로 알고 늙음과 죽음의 익힘을 알며, 늙음과 죽음의 사라짐을 알고 늙음과 죽음 없애는 길을 진실 그대로 알면, 이것을 비구가 견해를 성취하여 바른 견해를 얻고, 법에 무너지지 않는 깨끗한 믿음을 얻어 바른 법 가운데 들어간다고 하는 것입니다."

　"잘 말하고, 잘 말했소. 어진 이 마하카우스틸라여."

　존자 사리푸트라는 찬탄한 뒤에 함께 기뻐하며 받들어 행하였다.

태어남을 진실 그대로 알고 바른 법에 들어감을 답함

존자 사리푸트라는 다시 물었다.

"어진 이 마하카우스틸라여, 어떤 일이 있어 그 일로 인해 비구가 견해를 성취하여 바른 견해를 얻고, 법에 무너지지 않는 깨끗한 믿음을 얻어 바른 법에 들어갈 수 있겠소?"

존자 마하카우스틸라가 대답했다.

"있습니다. 존자 사리푸트라여, 어떤 비구가 태어남을 진실 그대로 알고 태어남의 익힘을 알며, 태어남의 사라짐을 알고 태어남을 없애는 길을 진실 그대로 아는 것입니다.

어떻게 태어남을 진실 그대로 아느냐 하면 다음과 같습니다. 그 중생과 저 모든 중생의 무리들은 배게 되어 배고, 나게 되어 나고, 자라게 되어 자라고, 다섯 쌓임[五陰]을 일으킨 뒤에는 목숨뿌리를 얻는다고 아니, 이것을 태어남을 진실 그대로 아는 것이라 합니다.

어떻게 태어남의 익힘을 진실 그대로 아느냐 하면 다음과 같습니다. 존재[有] 때문에 곧 태어남이 있다고 아는 것이니, 이것을 태어남의 익힘을 진실 그대로 아는 것이라 합니다.

어떻게 태어남의 사라짐을 진실 그대로 아느냐 하면 다음과 같습니다. 존재가 사라지면 태어남이 곧 사라진다고 아는 것이니, 이것을 태어남의 사라짐을 아는 것이라 합니다.

어떻게 태어남 없애는 길을 진실 그대로 아느냐 하면 다음과 같습니다. 여덟 가지 거룩한 길이니, 바른 견해·바른 뜻·바른 말·바른 행위·바른 생활·바른 방편·바른 생각·바른 선정을 여덟이라 한다고 아는 것이니, 이것을 태어남을 없애는 길을 진실 그대로 아는 것이라 합니다.

존자 사리푸트라여, 만약 어떤 비구가 이렇게 태어남을 진실 그대로 알고 태어남의 익힘을 진실 그대로 알며, 태어남의 사라짐을 진실 그대로 알고 태어남을 없애는 길을 진실 그대로 알면, 이것을 비구가 견해를 성취하여 바른 견해를 얻고, 법에 무너지지 않는 깨끗한 믿음을 얻어 바른 법 가운데 들어간다고 하는 것입니다."

"잘 말하고, 잘 말했소. 어진 이 마하카우스틸라여."

존자 사리푸트라는 찬탄한 뒤에 함께 기뻐하며 받들어 행하였다.

존재의 진실을 알아 바른 법에 들어감을 답함

그리고 다시 물었다.

"어진 이 마하카우스틸라여, 어떤 일이 있어 그 일로 인해 비구가 견해를 성취하여 바른 견해를 얻고, 법에 무너지지 않는 깨끗한 믿음을 얻어 바른 법에 들어갈 수 있겠소?"

존자 마하카우스틸라가 대답했다.

"있습니다. 존자 사리푸트라여, 어떤 비구가 존재[有]를 진실 그대로 알고 존재의 익힘[有習]을 알며, 존재의 사라짐[有滅]을 알고 존재 없애는 길[有滅道]을 진실 그대로 아는 것입니다.

어떻게 존재를 진실 그대로 아느냐 하면 다음과 같습니다. 세 가지 존재[三有]가 있으니, 욕계의 존재·색계의 존재·무색계의 존재입니다. 이것을 존재를 진실 그대로 아는 것이라 합니다.

어떻게 존재의 익힘을 진실 그대로 아느냐 하면 다음과 같습니다. 취함[受] 때문에 곧 존재가 있다는 것이니, 이것을 존재의 익힘을 진실 그대로 아는 것이라 합니다.

어떻게 존재의 사라짐을 진실 그대로 아느냐 하면 다음과 같습니다. 취함이 사라지면 존재가 곧 사라지는 것이니, 이것을 존재의 사라짐을 진실 그대로 아는 것이라 합니다.

어떻게 존재 없애는 길을 진실 그대로 아느냐 하면 다음과 같습니다. 여덟 가지 바른 길이니, 바른 견해 · 바른 뜻 · 바른 말 · 바른 행위 · 바른 생활 · 바른 방편 · 바른 생각 · 바른 선정을 여덟이라 합니다. 이것을 존재를 없애는 길을 진실 그대로 아는 것이라 합니다.

존자 사리푸트라여, 만약 어떤 비구가 이렇게 존재를 진실 그대로 알고 존재의 익힘을 알면, 이것을 비구가 견해를 성취하여 바른 견해를 얻고, 법에 무너지지 않는 깨끗한 믿음을 얻어 바른 법 가운데 들어간다고 하는 것입니다."

"잘 말하고, 잘 말했소. 어진 이 마하카우스틸라여."

존자 사리푸트라는 찬탄한 뒤에 함께 기뻐하며 받들어 행하였다.

취함을 진실 그대로 알아 바른 법에 들어감을 답함

존자 사리푸트라는 다시 물었다.

"어진 이 마하카우스틸라여, 어떤 일이 있어 그 일로 인해 비구가 견해를 성취하여 바른 견해를 얻고, 법에 무너지지 않는 깨끗한 믿음을 얻어 바른 법에 들어갈 수 있겠소?"

존자 마하카우스틸라가 대답했다.

"있습니다. 존자 사리푸트라여, 어떤 비구가 취함을 알고 취함의 익힘을 알며, 취함의 사라짐을 알고 취함을 없애는 길을 진실 그대로 아는 것입니다.

어떻게 취함을 진실 그대로 아느냐 하면 다음과 같습니다. 네 가지 취함[四受]이 있으니, 탐욕의 취함[欲受] · 계를 취함[戒受] · 견해를 취함[見受]·나를 취함[我受]입니다. 이것을 취함을 진실 그대로 아는 것이라 합니다.

어떻게 취함의 익힘을 진실 그대로 아느냐 하면 다음과 같습니다. 애착[愛] 때문에 곧 취함이 있는 것이니, 이것을 취함의 익힘을 아는 것이라 합니다.

어떻게 취함의 사라짐을 진실 그대로 아느냐 하면 다음과 같습니다. 애착이 사라지면 취함이 곧 사라진다는 것이니, 이것을 취함의 사라짐을 진실 그대로 아는 것이라 합니다.

어떻게 취함 없애는 길을 진실 그대로 아느냐 하면 다음과 같습니다. 여덟 가지 거룩한 길이니, 바른 견해·바른 뜻·바른 말·바른 행위·바른 생활·바른 방편·바른 생각·바른 선정을 여덟이라 합니다. 이것을 취함 없애는 길을 진실 그대로 아는 것이라 합니다.

존자 사리푸트라여, 만약 어떤 비구가 이렇게 취함을 진실 그대로 알고 취함의 익힘을 알며, 취함의 사라짐을 알고 취함 없애는 길을 진실 그대로 알면, 이것을 비구가 견해를 성취하여 바른 견해를 얻고, 법에 무너지지 않는 깨끗한 믿음을 얻어 바른 법 가운데 들어간다고 하는 것입니다."

"잘 말하고, 잘 말했소. 어진 이 마하카우스틸라여."

존자 사리푸트라는 찬탄한 뒤에 함께 기뻐하며 받들어 행하였다.

애착을 진실 그대로 알아 바른 법에 들어감을 답함

그리고 다시 물었다.

"어진 이 마하카우스틸라여, 어떤 일이 있어 그 일로 인해 비구가 견해를 성취하여 바른 견해를 얻고, 법에 무너지지 않는 깨끗한 믿음을 얻어 바른 법에 들어갈 수 있겠소?"

존자 마하카우스틸라가 대답했다.

"있습니다. 존자 사리푸트라여, 어떤 비구가 애착을 진실 그대로 알고 애착의 익힘을 알며, 애착의 사라짐을 알고 애착 없애는 길을 진실 그대로 아는 것입니다.

어떻게 애착을 진실 그대로 아느냐 하면 다음과 같습니다. 세 가지 애착[三愛]이 있으니, 욕계의 애착[欲愛]·색계의 애착[色愛]·무색계의 애착[無色愛]입니다. 이것을 애착을 진실 그대로 아는 것이라 합니다.

어떻게 애착의 익힘을 진실 그대로 아느냐 하면 다음과 같습니다. 느낌[覺, vedanā] 때문에 곧 애착이 있으니, 이것을 애착의 익힘을 진실 그대로 아는 것이라 합니다.

어떻게 애착의 사라짐을 진실 그대로 아느냐 하면 다음과 같습니다. 느낌[覺]이 사라지면 애착이 곧 사라지는 것이니, 이것을 애착의 사라짐을 진실 그대로 아는 것이라 합니다.

어떻게 애착 없애는 길을 진실 그대로 아느냐 하면 다음과 같습니다. 여덟 가지 바른 길이니, 바른 견해·바른 뜻·바른 말·바른 행위·바른 생활·바른 방편·바른 생각·바른 선정을 여덟이라 합니다. 이것을 애착 없애는 길을 진실 그대로 아는 것이라 합니다.

존자 사리푸트라여, 만약 어떤 비구가 이렇게 애착을 진실 그대로 알고 애착의 익힘을 알며, 애착의 사라짐을 알고 애착을 없애는 길을 진실 그대로 알면, 이것을 비구가 견해를 성취하여 바른 견해를 얻고, 법에 무너지지 않는 깨끗한 믿음을 얻어 바른 법 가운데 들어간다고 하는 것입니다."

"잘 말하고, 잘 말했소. 어진 이 마하카우스틸라여."

존자 사리푸트라는 찬탄한 뒤에 함께 기뻐하며 받들어 행하였다.

느낌을 진실 그대로 알아 바른 법에 들어감을 답함

그리고 다시 물었다.

"어진 이 마하카우스틸라여, 어떤 일이 있어 그 일로 인해 비구가 견해를 성취하여 바른 견해를 얻고, 법에 무너지지 않는 깨끗한 믿음을 얻어 바른 법에 들어갈 수 있겠소?"

존자 마하카우스틸라가 대답했다.

"있습니다. 존자 사리푸트라여, 어떤 비구가 느낌을 진실 그대로 알고 느낌의 익힘을 알며, 느낌의 사라짐을 알고 느낌 없애는 길을 진실 그대로 아는 것입니다.

어떻게 느낌을 진실 그대로 아느냐 하면 다음과 같습니다. 세 가지 느낌[三覺]이 있으니, 즐거운 느낌[樂覺]·괴로운 느낌[苦覺]·괴롭지도 않고 즐겁지도 않은 느낌[不苦不樂覺]입니다. 이것을 느낌을 진실 그대로 아는 것이라 합니다.

어떻게 느낌의 익힘을 진실 그대로 아느냐 하면 다음과 같습니다. 닿음[更樂] 때문에 곧 느낌이 있는 것이니, 이것을 느낌의 익힘을 진실 그대로 아는 것이라 합니다. 어떻게 느낌의 사라짐을 진실 그대로 아느냐 하면 다음과 같습니다. 닿음이 사라지면 느낌이 곧 사라지는 것이니, 이것을 느낌의 사라짐을 아는 것이라 합니다.

어떻게 느낌 없애는 길을 진실 그대로 아느냐 하면 다음과 같습니다. 여덟 가지 거룩한 길이니, 바른 견해·바른 뜻·바른 말·바른 행위·바른 생활·바른 방편·바른 생각·바른 선정을 여덟이라 합니다. 이것을 느낌을 없애는 길을 진실 그대로 아는 것이라 합니다.

존자 사리푸트라여, 만약 어떤 비구가 이렇게 느낌을 진실 그대로 알고 느낌의 익힘을 알며, 느낌의 사라짐을 알고 느낌 없애는 길을 진실 그대로 알면, 이것을 비구가 견해를 성취하여 바른 견해를 얻고, 법에 무너지지 않는 깨끗한 믿음을 얻어 바른 법 가운데 들어간다고 하는 것입니다."

"잘 말하고, 잘 말했소. 어진 이 마하카우스틸라여."

존자 사리푸트라는 찬탄한 뒤에 함께 기뻐하며 받들어 행하였다.

닿음을 진실 그대로 알아 바른 법에 들어감을 답함

존자 사리푸트라는 다시 물었다.

"어진 이 마하카우스틸라여, 어떤 일이 있어 그 일로 인해 비구가 견해를 성취하여 바른 견해를 얻고, 법에 무너지지 않는 깨끗한 믿음을 얻어 바른 법에 들어갈 수 있겠소?"

존자 마하카우스틸라가 대답했다.

"있습니다. 존자 사리푸트라여, 어떤 비구가 닿음[觸, sparśa]을 진실 그대로 알고 닿음의 익힘을 알며, 닿음의 사라짐을 알고 닿음 없애는 길을 진실 그대로 아는 것입니다.

어떻게 닿음을 진실 그대로 아느냐 하면 다음과 같습니다. 세 가지 닿음이 있으니, 즐거운 닿음[樂更樂]·괴로운 닿음[苦更樂]·괴롭지도 않고 즐겁지도 않은 닿음[不苦不樂更樂]입니다. 이것을 닿음을 진실 그대로 아는 것이라 합니다.

어떻게 닿음의 익힘을 진실 그대로 아느냐 하면 다음과 같습니다. 여섯 들임[六處] 때문에 곧 닿음이 있는 것이니, 이것을 닿음의 익힘을 아는 것이라 합니다. 어떻게 닿음의 사라짐을 진실 그대로 아느냐 하면 다음과 같습니다. 여섯 들임이 사라지면 닿음이 곧 사라지는 것이니, 이것을 닿음의 사라짐을 아는 것이라 합니다.

어떻게 닿음 없애는 길을 진실 그대로 아느냐 하면 다음과 같습니다. 여덟 가지 바른 길이니, 바른 견해·바른 뜻·바른 말·바른 행위·바른 생활·바른 방편·바른 생각·바른 선정을 여덟이라 합니다. 이것을 닿음 없애는 길을 진실 그대로 아는 것이라 합니다.

존자 사리푸트라여, 만약 어떤 비구가 이렇게 닿음을 진실 그대로 알고 닿음의 익힘을 알며, 닿음의 사라짐을 알고 닿음 없애는 길을 진실 그대로 알면, 이것을 비구가 견해를 성취하여 바른 견해를 얻고, 법에 무너지지 않는 깨끗한 믿음을 얻어 바른 법 가운데 들어간다고 하는 것입니다."

"잘 말하고, 잘 말했소. 어진 이 마하카우스틸라여."

존자 사리푸트라는 찬탄한 뒤에 함께 기뻐하며 받들어 행하였다.

여섯 들임을 진실 그대로 알아 바른 법에 들어감을 답함

그리고 다시 물었다.

"어진 이 마하카우스틸라여, 어떤 일이 있어 그 일로 인해 비구가 견해를 성취하여 바른 견해를 얻고, 법에 무너지지 않는 깨끗한 믿음을 얻어 바른 법에 들어갈 수 있겠소?"

존자 마하카우스틸라가 대답했다.

"있습니다. 존자 사리푸트라여, 비구가 여섯 들임[六入]을 진실 그대로 알고 여섯 들임의 익힘을 알며, 여섯 들임의 사라짐을 알고 여섯 들임 없애는 길을 진실 그대로 아는 것입니다.

어떻게 여섯 들임을 진실 그대로 아느냐 하면 다음과 같습니다. 눈의 들임[眼處]과 귀의 들임[耳處]·코의 들임[鼻處]·혀의 들임[舌處]·몸의 들임[身處]·뜻의 들임[意處]이니, 이것을 여섯 들임을 아는 것이라 합니다.

어떻게 여섯 들임의 익힘을 진실 그대로 아느냐 하면 다음과 같습니다. 마음·물질[名色, nāma-rūpa] 때문에 곧 여섯 들임이 있는 것이니, 이것을 여섯 들임의 익힘을 아는 것이라 합니다.

어떻게 여섯 들임의 사라짐을 진실 그대로 아느냐 하면 다음과 같습니다. 마음·물질이 사라지면 여섯 들임이 곧 사라지는 것이니, 이것을 여섯 들임의 사라짐을 아는 것이라 합니다.

어떻게 여섯 들임 없애는 길을 진실 그대로 아느냐 하면 다음과 같습니다. 여덟 가지 바른 길이니, 바른 견해·바른 뜻·바른 말·바른 행위·바른 생활·바른 방편·바른 생각·바른 선정을 여덟이라 합니다. 이것을 여섯 들임을 없애는 길을 아는 것이라 합니다.

존자 사리푸트라여, 만약 어떤 비구가 이렇게 여섯 들임을 진실 그대로 알고 여섯 들임의 익힘을 알며, 여섯 들임의 사라짐을 알고 여섯 들임 없애는 길을 진실 그대로 알면, 이것을 비구가 견해를 성취하여 바른 견해를 얻고, 법에 무너지지 않는 깨끗한 믿음을 얻어 바른 법 가운데 들어간다고 하는 것입니다."

"잘 말하고, 잘 말했소. 어진 이 마하카우스틸라여."

존자 사리푸트라는 찬탄한 뒤에 함께 기뻐하며 받들어 행하였다.

마음·물질을 진실 그대로 알아 바른 법에 들어감을 답함

그리고 다시 물었다.

"어진 이 마하카우스틸라여, 어떤 일이 있어 그 일로 인해 비구가 견해를 성취하여 바른 견해를 얻고, 법에 무너지지 않는 깨끗한 믿음을 얻어 바른 법에 들어갈 수 있겠소?"

존자 마하카우스틸라가 대답했다.

"있습니다. 존자 사리푸트라여, 어떤 비구가 마음·물질을 진실 그대로 알고 마음·물질의 익힘을 알며, 마음·물질의 사라짐을 알고 마음·물질 없애는 길을 진실 그대로 아는 것입니다.

어떻게 마음[名]을 아느냐 하면 다음과 같습니다. 물질[色]이 아닌 네 쌓임[四陰]을 마음이라 합니다.

어떻게 물질을 아느냐 하면 다음과 같습니다. 네 가지 큰 요소 및 네 가지 큰 요소로 된 것을 물질이라 합니다. 여기서 물질을 말하고 앞에서 마음을 말했으니, 이것을 마음·물질을 진실 그대로 아는 것이라 합니다.

어떻게 마음·물질의 익힘을 진실 그대로 아느냐 하면 다음과 같습니다. 앎[識, vijñāna] 때문에 마음·물질이 있으니, 이것을 마음·물질의 익힘을 진실 그대로 아는 것이라 합니다.

어떻게 마음·물질의 사라짐을 진실 그대로 아느냐 하면 다음과 같습니다. 앎이 사라지면 마음·물질이 곧 사라지는 것이니, 이것을 마음·물질의 사라짐을 진실 그대로 아는 것이라 합니다.

어떻게 마음·물질 없애는 길을 진실 그대로 아느냐 하면 다음과 같습니다. 여덟 가지 바른 길이니, 바른 견해·바른 뜻·바른 말·바른 행위·바른 생활·바른 방편·바른 생각·바른 선정을 여덟이라 합니다. 이것을 마음·물질을 없애는 길을 진실 그대로 아는 것이라 합니다.

존자 사리푸트라여, 만약 어떤 비구가 이렇게 마음·물질을 진실 그대로 알고 마음·물질의 익힘을 알며, 마음·물질의 사라짐을 알고 마음·물질 없애는 길을 진실 그대로 알면, 이것을 비구가 견해를 성취하여 바른 견해를 얻고, 법에 무너지지 않는 깨끗한 믿음을 얻어 바른 법 가운데 들어간다고 하는 것입니다."

"잘 말하고, 잘 말했소. 어진 이 마하카우스틸라여."

　존자 사리푸트라는 찬탄한 뒤에 함께 기뻐하며 받들어 행하였다.

앎을 진실 그대로 알아 바른 법에 들어감을 답함

　존자 사리푸트라는 다시 물었다.

"어진 이 마하카우스틸라여, 어떤 일이 있어 그 일로 인해 비구가 견해를 성취하여 바른 견해를 얻고, 법에 무너지지 않는 깨끗한 믿음을 얻어 바른 법에 들어갈 수 있겠소?"

　존자 마하카우스틸라가 대답했다.

"있습니다. 존자 사리푸트라여, 어떤 비구가 앎을 진실 그대로 알고 앎의 익힘을 알며, 앎의 사라짐을 알고 앎 없애는 길을 진실 그대로 아는 것입니다.

　어떻게 앎을 진실 그대로 아느냐 하면 다음과 같습니다. 여섯 앎[六識]이 있으니, 눈의 앎[眼識]·귀의 앎[耳識]·코의 앎[鼻識]·혀의 앎[舌識]·몸의 앎[身識]·뜻의 앎[意識]입니다. 이것을 앎을 진실 그대로 아는 것이라 합니다.

　어떻게 앎의 익힘을 진실 그대로 아느냐 하면 다음과 같습니다. 지어감[行, saṃskāra] 때문에 앎이 있는 것이니, 이것을 앎의 익힘을 진실 그대로 아는 것이라 합니다.

어떻게 앎의 사라짐을 진실 그대로 아느냐 하면 다음과 같습니다. 지어감이 사라지면 앎이 곧 사라지는 것이니, 이것을 앎의 사라짐을 진실 그대로 아는 것이라 합니다.

어떻게 앎 없애는 길을 진실 그대로 아느냐 하면 다음과 같습니다. 여덟 가지 바른 길이니, 바른 견해 · 바른 뜻 · 바른 말 · 바른 행위 · 바른 생활 · 바른 방편 · 바른 생각 · 바른 선정을 여덟이라 합니다. 이것을 앎을 없애는 길을 진실 그대로 아는 것이라 합니다.

존자 사리푸트라여, 만약 어떤 비구가 이렇게 앎을 진실 그대로 알고 앎의 익힘을 알며, 앎의 사라짐을 알고 앎 없애는 길을 진실 그대로 알면, 이것을 비구가 견해를 성취하여 바른 견해를 얻고, 법에 무너지지 않는 깨끗한 믿음을 얻어 바른 법 가운데 들어간다고 하는 것입니다."

"잘 말하고, 잘 말했소. 어진 이 마하카우스틸라여."

존자 사리푸트라는 찬탄한 뒤에 함께 기뻐하며 받들어 행하였다.

지어감을 진실 그대로 알아 바른 법에 들어감을 답함

존자 사리푸트라는 다시 물었다.

"어진 이 마하카우스틸라여, 어떤 일이 있어 그 일로 인해 비구가 견해를 성취하여 바른 견해를 얻고, 법에 무너지지 않는 깨끗한 믿음을 얻어 바른 법에 들어갈 수 있겠소?"

존자 마하카우스틸라가 대답했다.

"있습니다. 존자 사리푸트라여, 어떤 비구가 지어감을 진실 그대로 알고 지어감의 익힘을 알며, 지어감의 사라짐을 알고 지어감 없애는 길을 진실 그대로 아는 것입니다.

어떻게 지어감을 진실 그대로 아느냐 하면 다음과 같습니다. 세 가지 지어감[三行]이 있으니, 몸의 지어감·입의 지어감·뜻의 지어감입니다. 이것을 지어감을 진실 그대로 아는 것이라 합니다.

어떻게 지어감의 익힘을 진실 그대로 아느냐 하면 다음과 같습니다. 무명(無明, avidyā) 때문에 곧 지어감이 있는 것이니, 이것을 지어감의 익힘을 진실 그대로 아는 것이라 합니다.

어떻게 지어감의 사라짐을 진실 그대로 아느냐 하면 다음과 같습니다. 무명이 사라지면 지어감이 곧 사라지는 것이니, 이것을 지어감의 사라짐을 진실 그대로 아는 것이라 합니다.

어떻게 지어감 없애는 길을 진실 그대로 아느냐 하면 다음과 같습니다. 여덟 가지 바른 길이니, 바른 견해·바른 뜻·바른 말·바른 행위·바른 생활·바른 방편·바른 생각·바른 선정을 여덟이라 합니다. 이것을 지어감을 없애는 길을 진실 그대로 아는 것이라 합니다.

존자 사리푸트라여, 만약 어떤 비구가 이렇게 지어감을 진실 그대로 알고 지어감의 익힘을 알며, 지어감의 사라짐을 알고 지어감을 없애는 길을 진실 그대로 알면, 이것을 비구가 견해를 성취하여 바른 견해를 얻고, 법에 무너지지 않는 깨끗한 믿음을 얻어 바른 법 가운데 들어간다고 하는 것입니다."

"잘 말하고, 잘 말했소. 어진 이 마하카우스틸라여."

존자 사리푸트라는 찬탄한 뒤에 함께 기뻐하며 받들어 행하였다.

무명이 다해 보디의 밝음이 되면 다시 지을 것이 없음을 답함

그리고 다시 물었다.

"어진 이 마하카우스틸라여, 만약 어떤 비구가 무명이 이미 다해 밝음[明, vidyā]이 생기면 다시 어떤 것을 지어야 하오."

존자 마하카우스틸라가 대답했다.

"존자 사리푸트라여, 만약 어떤 비구가 무명이 이미 다해 밝음이 생기면, 다시 지을 것이 없습니다."

존자 사리푸트라는 이 말을 듣고 찬탄해 말하였다.

"잘 말하고 잘 말했소. 어진 이 마하카우스틸라여."

이와 같이 두 존자는 다시 서로 법의 뜻[法義]을 말하고서 각기 기뻐하며 받들어 행하고 자리에서 일어나 떠나갔다.

• 중아함 29 대구치라경(大拘絺羅經)

• **해설** •

상가의 가장 높은 제자 사리푸트라가 마하카우스틸라에게 법을 물어보아 그 법이 여래의 뜻과 다름없으므로 높은 제자가 아래 제자의 법을 크게 인정하고서 그 법을 같이 받들어 행한다. 이와 같을 수 있음은 여래의 법은 평등하여 높고 낮음이 없기 때문[是法平等無有高下]이고, 크신 스승의 법이 온전히 제자의 법이기 때문이다.

위의 문답에서 사리푸트라 존자가 늘 법에 대한 무너지지 않는 믿음을 묻는 것은, 바른 믿음이 법에 대한 이해의 문을 열어주어서 실천의 수레를 이끌어 니르바나의 성에 들어가기 때문이다. 그러나 믿음이 꼭 앞이고 해탈이 뒤가 아니라 존재의 진실에 대한 바른 깨달음이 회의와 갈등의 삶을 무너짐 없는 믿음으로 세워주고, 무너짐 없는 믿음이 바로 니르바나의 해탈을 나의 삶 속에 확증시켜주는 것이다.

마하카우스틸라 존자는 지혜가 으뜸인 사리푸트라 존자의 물음에 이와 같이 잘 답할 수 있으니, 그 또한 사리푸트라 존자와 어깨를 나란히하는 상가의 으뜸 제자라 할 것이다.

무엇이 바른 지혜 바른 견해를 얻게 하고 무너짐 없는 믿음을 세워 바른 법의 바다에 들어가게 하는가. 연기하는 존재의 실상을 잘 알고 여래가 가르치신 법의 뜻[法義]을 통달해야 바른 지혜 바른 견해로 법의 바다에 들어갈 수 있는 것이다.

마하카우스틸라 존자는 바른 법에 드는 실천행을 먼저 중생의 업행(業行)을 반성함으로부터 출발한다.

중생은 중생이 아니지만 탐냄·성냄·어리석음으로 중생이 중생되는 것이니, 이 세 가지 독이 중생을 중생이게 하는 착하지 못한 뿌리인 줄 아는 것이 진리문의 첫걸음이 되는 것이다.

세 가지 독으로 인해 중생이 되므로 중생의 모습이 공하니, 중생의 진실이 여래와 다름없는 공덕의 곳간[如來藏]임을 알아야 비로소 진리의 길을 잘 가는 자라 할 것이다.

중생은 먹음으로 인해 자기존재를 유지한다. 먹는 중생과 중생이 입으로 먹는 덩이밥, 주체의 앎과 하고자 함, 그리고 그 앎과 하고자 함의 대상인 네 가지 먹을거리가 모두 공한 줄 알면 먹음에서 먹음을 없애게 되니, 여덟 바른 삶의 길이 중생의 먹음을 먹음 없는 먹음으로 돌이켜주고 먹음에서 먹음을 사라지게 한다.

그러므로 먹음에 먹음 없음을 알아 진실 그대로 먹는 자, 그는 먹음으로 인해 나는 중생의 남[生]이 남 없음[無生]을 아는 자이니, 그는 먹어야 살아갈 수 있는 중생의 삶의 현장에서 해탈의 법맛을 맛볼 수 있다.

먹음에서 먹음을 떠나고 존재가 공한 줄 알아 존재에서 존재를 떠나면, 중생은 탐욕의 흐름·존재의 흐름·무명의 흐름을 떠나 샘 없음을 구현하여 법바다에 자재하게 노닐 수 있다.

중생이 먹음과 존재에 대한 탐착[欲漏]으로 인해 중생이 되지만, 중생을 중생이게 하는 먹음과 탐욕이 공한 줄 알면 사제법에서 고제와 집제가 공한 줄 아는 것이다.

고통을 일으키는 무명과 탐욕이 공하고 중생의 고통이 공한 줄 알면 비로소 번뇌를 끊되 끊음 없이 끊어 중생의 현실을 해탈의 현실로 전변시킬 수 있는 것이다. 그리고 중생의 번뇌를 끊되 끊음 없이 끊고, 닦되 닦음 없이 여덟 바른 삶의 길을 닦는 자는 지금 현재법의 고통 속에서 니르바나의 진리를 온전히 발현할 수 있을 것이다.

늙고 죽음은 중생의 태어남과 존재[有]를 실로 있는 것으로 집착함으로 늙고 죽음이 실체화되는 것이다. 남에 남 없음을 알면 늙고 죽음은 흐름 없는 삶의 흐름[不流而流]이 되고 죽음 없는 죽음[不死而死]이 되는 것이니, 이와 같이 늙고 죽음의 진실을 알면 그가 덧없음 속에서 참된 항상함을 아는 자이고 세간법의 흐름 속에서 니르바나의 고요함과 항상함을 떠나지 않는 자이다.

또한 지금 있는 존재를 실로 있는 존재[實有]라 집착하므로 현존재의 상실과 망각에 대한 두려움이 있는 것이니, 존재가 있되 공한 진실을 알면 그는 죽음의 두려움과 소유의 탐욕과 망각의 절망을 넘어서서 대립과 갈등의 세간바다에서 다툼 없는 사마디로 자재하게 살게 될 것이다.

그렇다면 왜 존재가 실로 있는 존재로 굳어지는가. 아는 자와 알려지는 것, 보는 자와 보여지는 것이 공한 곳에서 알려지는 것, 보여지는 것을 내 것으로 취하고 애착하므로 나의 존재가 실로 있는 닫혀진 존재로 굳어지는 것이다. 그러므로 아는 바에 실로 알 것이 없고 보는 바에 실로 볼 것이 없음을 알아 애착과 취함을 버리면 존재의 실체와 질곡을 깨뜨릴 수 있다.

그렇다면 중생은 내 것이 공한 곳에서 왜 내 것을 취하고 애착하는가. 대상을 받아들이는 느낌[受, vedanā]에서 받음 없는 받음이 실로 받아들임이 되어 그 느낌에 버리고 애착함이 있기 때문이다. 그리하여 중생은 탐욕으로 대상을 취하고[欲取] 그릇된 계를 취하며[戒取] 견해를 취하고[見取] 대상을 보는 나를 나로서 취하는 것[我取]이다.

그러므로 괴로운 느낌·즐거운 느낌·괴롭지도 않고 즐겁지도 않은 느낌이 날 때 괴로움에 괴로운 바가 공하고 즐거움에 즐거운 바가 공한 줄 알며, 그 가운데 느낌에도 느끼는 바가 공한 줄 알면, 느낌에서 느낌을 떠나 괴로움과 즐거움의 끝없는 악순환의 바다를 건너게 될 것이다.

그렇다면 왜 중생은 느낌에 집착하는가. 저 느낌이 닿음으로 인해 나는 느낌인데 닿음을 실로 닿음이라 알기 때문이니, 닿음에서 닿음을 떠나면 느낌에서 느낌을 떠날 수 있다.

그렇다면 닿음의 모습은 어떤 것인가. 아는 자[根]와 알려지는 것[境], 앎 자체[識]가 서로 어울리는 것[三事和合]을 닿음이라 한다. 닿음은 스스로 닿음이 아니라 셋이 합함을 닿음이라 하므로 닿음이 공하니, 닿되 실로 닿음 없음을 알면 닿음을 없애고 느낌을 없앨 수 있다.

그렇다면 왜 중생은 공한 닿음에서 닿음을 실체화하는가. 아는 자[內入]를 실로 아는 자로 집착하기 때문이다. 여섯 아는 뿌리[六根]가 있되 공하여, 아는 자는 알려지는 것으로 인해 아는 자가 되고 앎활동으로 아는 자가 되는 것이니, 바른 살핌 바른 견해로 아는 자가 실로 아는 자 아닌 줄 알면 여섯 들임[六入]이 사라져 진여의 법바다에 들어갈 수 있다.

그렇다면 왜 중생은 여섯 아는 뿌리에 집착하는가. 중생의 삶에서 마음은 물질로 인해 나는 마음이라 물질인 마음이고, 물질은 마음 따라 드러나는 물질이라 마음인 물질인데, 마음의 실체적 뿌리가 있다고 생각하기 때문이다. 그러므로 마음과 물질이 공한 줄 알아야 실로 아는 뿌리를 세우지 않게 된다.

그렇다면 다시 왜 중생은 마음·물질의 실체성을 벗어나지 못하는가. 마음이 물질인 마음이고 물질이 마음인 물질이지만, 마음으로 보면 아는 뿌리는 안의 마음[內心]이고 밖의 경계는 밖의 마음[外心]이고 가운데 앎활동은 안과 밖이 어울리는 마음[內外心]인데, 안에 마음이 있고 밖에 마음으로 붙잡을 경계가 있다고 여기는 왜곡된 삶활동 때문이다.

그 모든 물듦의 뿌리는 안에 마음이 있고 마음 밖에 경계가 있다는 무명이 그 뿌리가 되니, 무명이 다하면 안의 마음과 밖의 경계가 모두 공하여 안의 마음에 마음 없고 밖의 경계에 취할 모습이 없음을 알아 주체·객체의 대립을 넘어서고 존재의 질곡을 깨뜨리는 것이다.

그러나 저 무명 또한 스스로 있는 것이 아니라 마음을 마음으로 보고 알려지는 경계를 경계로 보는 그릇된 행위의 지어감[行]이 무명을 일으키는 것이니, 원인이 결과를 내고 결과가 원인을 내서 앞과 뒤가 없는 것이다.

이와 같이 온갖 번뇌와 애착을 내는 무명도 공한 줄 알아, 무명을 온통 보디의 밝음으로 돌이키면 끊을 무명이 본래 없는 것이고, 새로 얻는 밝음이 새로 얻는 것이 아닌 것이다. 무명이 온전히 밝음으로 현전하는 그 자리에서는 지을 것도 없고 얻을 것도 없으니, 그 밝음은 온전히 본래 니르바나되어 있는 삶의 진실이 진실 그대로 발현됨이기 때문이다.

갖가지 실천행으로 집착을 끊고 존재를 깨뜨려 무명을 보디의 밝음으로 돌이키면, 그 밝음에는 갖가지 행의 자취가 또한 원래 없는 것이니, 끊을 바 번뇌가 공하므로 그 닦음 또한 닦음 없는 닦음이기 때문이다.

화엄회상(華嚴會上)에서 선재동자(善財童子)가 여러 선지식의 가르침으로 법계의 진리바다에 노닐었으나, 마이트레야(Maitreya, 彌勒)의 누각 앞에서 마이트레야를 만나 지금까지 배워온 온갖 실천의 자취까지 버리고서 비로소 활짝 열린 누각문을 통해 진리의 궁전에 들어서게 되었으니, 『화엄경』의 이 뜻이 그대로 마하카우스틸라와 사리푸트라의 문답 가운데 들어 있다.

화엄회상에서 선재동자는 마이트레야의 손가락 튕기는 소리[彈指聲]에 아는 바[所知]와 닦는 바[所修]를 단박 잊고서야[頓忘] 바이로차나 붇다의 진리의 누각문에 들어서게 되었다.

지금 뒷세상 우리 미혹의 중생이 사리푸트라와 마하카우스틸라의 문답을 듣고 중생의 나고 죽음의 땅이 니르바나의 성이고, 타오르는 번뇌의 불꽃을 떠나 보디의 밝음이 없는 줄 바로 알아들으면, 우리 또한 저 선재동자와 함께 손 맞잡고 마이트레야 보디사트바로부터 해탈의 언약을 받을 수 있으리라.

갖가지 법과 법이 서로 의지해서
이익되게 해 해탈에 이르게 한다

나는 들었다, 이와 같이.

한때 붇다께서는 슈라바스티 국에 노니시면서 제타 숲 '외로운 이 돕는 장자의 동산'에 계셨다.

그때에 존자 아난다는 해질녘 좌선에서 일어나, 붇다 계신 곳에 나아가 머리를 대 발에 절하고 물러나 한쪽에 앉아 여쭈었다.

"세존이시여, 계를 지니는 것[持戒]은 무슨 뜻을 위해서입니까."

세존께서는 말씀하셨다.

"아난다여, 계를 지니는 것은 뉘우치지 않게 하는 데[不悔] 뜻이 있다. 만약 계를 지니면 곧 뉘우치지 않게 된다."

"세존이시여, 뉘우치지 않는 것은 무슨 뜻을 위해서입니까."

"아난다여, 뉘우치지 않는 것은 즐거워하게 하는 데 뜻이 있다. 만약 뉘우치지 않으면 곧 즐거워하게 된다."

"세존이시여, 즐거워하는 것[歡悅]은 무슨 뜻을 위해서입니까."

"아난다여, 즐거워하는 것은 기뻐하게 하는 데 뜻이 있다. 만약 즐거워하면 곧 기뻐하게 된다."

"세존이시여, 기뻐하는 것[喜]은 무슨 뜻을 위해서입니까."

"아난다여, 기뻐하는 것은 그치게 하는 데 뜻이 있다. 만약 기뻐하면 곧 몸을 그치게 된다."

"세존이시여, 그친다는 것[止]은 무슨 뜻을 위해서입니까."

"아난다여, 그친다는 것은 즐거움을 느끼게 하는 데 뜻이 있다. 만약 몸이 그치면 곧 즐거움을 느끼게 된다[覺樂]."

"세존이시여, 즐거움을 느낌은 무슨 뜻을 위해서입니까."

"아난다여, 즐거움을 느낌은 안정하게 하는 데 뜻이 있다. 만약 즐거움을 느끼면 곧 안정된 마음[定心]을 얻는다."

"세존이시여, 안정하는 것은 무슨 뜻을 위해서입니까."

"아난다여, 안정되는 것[定]은 진실 그대로 보고[見如實] 진실 그대로 아는 데[知如實] 뜻이 있다. 만약 안정되면 곧 진실 그대로 보고 진실 그대로 알게 된다."

"세존이시여, 진실 그대로 보고 진실 그대로 아는 것은 무슨 뜻을 위해서입니까."

"아난다여, 진실 그대로 보고 진실 그대로 아는 것은 즐겨하지 않게 하는 데 뜻이 있다.

만약 진실 그대로 보고 진실 그대로 알면 곧 즐겨하지 않게 된다."

"세존이시여, 즐겨하지 않는 것[厭]은 무슨 뜻을 위해서입니까."

"아난다여, 즐겨하지 않는 것은 탐욕을 없게 하는 데 뜻이 있다.

만약 즐겨하지 않으면 곧 탐욕이 없게 된다."

"세존이시여, 탐냄이 없는 것[無欲]은 무슨 뜻을 위해서입니까."

"아난다여, 탐냄이 없는 것은 해탈하게 하는 데 뜻이 있다.

만약 탐냄이 없으면 곧 온갖 음욕과 성냄과 어리석음에서 해탈하게 된다."

**갖가지 행이 해탈에 그 뜻이 있음을 보이시고
다시 계행이 출발이 됨을 깨우치심**

"이것이 아난다여, '계 지님으로 인해 뉘우치지 않게 되고, 뉘우치지 않기 때문에 마음으로 즐거워하게 되며, 마음으로 즐거워하기 때문에 기뻐하게 되고, 기뻐하기 때문에 그치게 되며, 그치기 때문에 즐거움을 느끼게 되고, 즐거움을 느끼기 때문에 선정을 얻는다는 것이다.

많이 들은 거룩한 제자는 선정 때문에 진실 그대로 보고 진실 그대로 알게 되고, 진실 그대로 보고 진실 그대로 알기 때문에 즐거하지 않게 되며[厭], 즐기지 않기 때문에 곧 탐욕이 없게 되고, 탐욕이 없기 때문에 해탈하게 된다.

해탈하기 때문에 곧 해탈한 줄 알게 되어, 태어남은 이미 다하고 범행은 이미 서고, 지을 바를 이미 지어 다시는 뒤의 있음 받지 않는다는 것을 진실 그대로 안다.

아난다여, 이것이 법과 법은 서로 이익되게 하고[法法相益], 법과 법이 서로 원인이 된다[法法相因]고 하는 것이다.

이와 같은 법들 가운데 계가 첫째가 되니, 곧 이 언덕을 건너[度此岸] 저쪽 언덕에 이르게 된다[至彼岸]."

붇다께서 이와 같이 말씀하시니, 존자 아난다와 여러 비구들은 기뻐하며 받들어 행하였다.

• 중아함 42 하의경(何義經)

• **해설** •

중생은 세계의 실상을 진실 그대로 알지 못하는 무명이 뿌리가 되어 갖가지 번뇌의 병을 일으키니, 병을 다스리기 위한 법의 이름도 많다.

모든 법의 약들은 무명이 본래 공한 해탈의 땅에서 연기해 해탈에 이끄는 법이므로 '법과 법이 서로 이익되게 하고', '법과 법이 서로 원인이 되어' 중생을 다시 괴로움의 이 언덕에서 해탈의 저 언덕에 이끈다.

해탈의 저 언덕은 괴로움이 괴로움이 아닌 진제(眞諦)의 땅이므로 여기 이곳 나고 죽음과 온갖 번뇌의 땅을 떠나 따로 있지 않으니, 나고 죽음과 번뇌의 진실을 돌이켜보고 바른 계행 거두는 것이 파라미타의 첫걸음이 된다.

계로 인해 선정이 이루어지고 선정으로 인해 지혜가 나서 나고 죽음의 진실을 바로 보아 해탈하게 되는 것이니,『화엄경』(「십회향품」) 또한 계·정·혜로 붇다의 법바다에 들어가는 보디사트바의 서원을 이렇게 가르친다.

> 바른 법에 믿음 낸 보디사트바
> 깨끗한 계 굳게 지녀 어기지 않고
> 분명한 뜻으로 잘 견디어 참아
> 세간 법의 흐름에 움직임 없네.
> 분하고 성내는 마음 아주 없애어
> 모든 붇다의 법을 늘 즐거워하며
> 그 법 닦아 행하기를 길이 바라네.

堅持淨戒無違犯　決志堪忍不動搖
永願鐲除忿恚心　常樂修行諸佛法

갖가지 법이 스스로 그러하여
서로 원인이 되어 법의 이익 일으키나니

나는 들었다. 이와 같이.

한때 붇다께서는 슈라바스티 국에 노니시면서 제타 숲 '외로운 이 돕는 장자의 동산'에 계셨다.

그때 세존께서는 말씀하셨다.

"아난다여, 계를 지님이 나로 하여금 뉘우치지 않게 하리라고 생각하지 말라. 다만 법이 스스로 그러하여[但法自然], 계를 지니면 곧 뉘우치지 않게 된다.

아난다여, 뉘우치지 않는 것이 나로 하여금 즐거워하게 하리라고 생각하지 말라. 다만 법이 스스로 그러하여, 뉘우치지 않으면 곧 즐거워하게 된다.

아난다여, 즐거워하는 것이 나로 하여금 기뻐하게 하리라고 생각하지 말라. 다만 법이 스스로 그러하여, 즐거워하면 곧 기뻐하게 된다.

아난다여, 기뻐하는 것이 나로 하여금 그치게 하리라고 생각하지 말라. 다만 법이 스스로 그러하여, 기뻐하면 곧 마음이 그치게 된다.

아난다여, 그치는 것이 나로 하여금 즐거움을 느끼게 하리라고 생각하지 말라. 다만 법이 스스로 그러하여, 그치면 곧 즐거움을 느끼게 된다.

아난다여, 즐거움을 느끼게 되는 것이 나로 하여금 선정의 마음을 얻게 하리라고 생각하지 말라. 다만 법이 스스로 그러하여, 즐거움을 느끼면 곧 선정의 마음을 얻게 된다.

아난다여, 선정의 마음 얻는 것이 나로 하여금 진실 그대로 보고 진실 그대로 알게 하리라고 생각하지 말라. 다만 법이 스스로 그러하여, 선정의 마음을 얻으면 곧 진실 그대로 보고 진실 그대로 알게 된다.

아난다여, 진실 그대로 보고 진실 그대로 아는 것이 나로 하여금 즐겨하지 않게 하리라고 생각하지 말라. 다만 법이 스스로 그러하여, 진실 그대로 보고 진실 그대로 알면 곧 즐겨하지 않게 된다.

아난다여, 즐겨하지 않는 것이 나로 하여금 탐욕이 없게 하리라고 생각하지 말라. 다만 법이 스스로 그러하여, 즐겨하지 않으면 곧 탐욕이 없게 된다.

아난다여, 탐욕이 없는 것이 나로 하여금 해탈하게 하리라고 생각하지 말라. 다만 법이 스스로 그러하여, 탐욕이 없으면 온갖 음욕과 성냄과 어리석음에서 해탈하게 된다."

해탈의 방편 행하되 지음 없어야 니르바나에 이르름을 보이심

"이것이 아난다여, '계를 지니기 때문에 곧 뉘우치지 않게 되고, 뉘우치지 않기 때문에 즐거워하게 되며, 즐거워하기 때문에 기뻐하게 되고, 기뻐하기 때문에 그치게 되며, 그치기 때문에 즐거움을 느끼게 되고, 즐거움을 느끼기 때문에 선정의 마음을 얻게 된다는 것이다.

아난다여, 많이 들은 거룩한 제자는 선정의 마음을 얻기 때문에 진실 그대로 보고 진실 그대로 알며, 진실 그대로 보고 진실 그대로 알기 때문에 즐겨하지 않게 되고, 즐겨하지 않기 때문에 탐욕이 없게 되며, 탐욕이 없기 때문에 해탈하게 된다.

해탈하기 때문에 해탈한 줄 알게 되어, 나의 태어남은 이미 다하고 범행은 이미 서고, 지을 바를 이미 지어 다시는 뒤의 있음을 받지 않는다고 진실 그대로 안다.

아난다여, 이것이 법과 법은 서로 이익되게 하며, 법과 법은 서로 원인이 된다는 것이다. 이와 같은 법들 가운데 계가 으뜸이 되니, 곧 이 언덕을 건너 저 언덕에 이르게 된다."

붇다께서 이렇게 말씀하시자, 존자 아난다와 여러 비구들은 기뻐하며 받들어 행하였다.

• 중아함 43 불사경(不思經)

• 해설 •

수행자가 닦는 갖가지 방편의 법과 실천행은 다 해탈에 그 목표[義]가 있으니, 화두법(話頭法)이든 염불법(念佛法)이든 갖가지 방편의 법 자체를 절대시해서는 안 된다. 그러므로 방편법을 닦되 닦음 없어야 한다.

그러나 중생의 병통을 다스리는 갖가지 방편법이 없으면 해탈의 저 언덕에 이를 수 없으니, 갖가지 방편법을 버려서는 안 된다. 그러므로 방편법을 닦음 없이 닦아가야 한다.

계 지녀야 뉘우치지 않게 되고, 잘못됨 뉘우치지 않아야 즐겁고 기쁘게 정진할 수 있고, 즐겁고 기쁘게 정진해야 몸의 괴롭고 거친 느낌을 그쳐 즐거운 느낌을 얻게 되고, 느낌과 살핌으로 즐거움이 생겨야 선정이 된다. 그리고 선정이 되어야 진실 그대로 아는 지혜가 일어나 거친 물질 미묘한 물질 등을 탐착하지 않고 해탈에 나아간다. 그러나 낱낱 법 그 실천의 방편을 집착하면 걸림이 되고 막힘이 되어 마음이 해탈하지 못한다.

계 지님과 많이 들음, 선정의 행, 진실대로 살핌 등 갖가지 법은 서로서로 원인이 되므로 그 법 자체가 공하다. 이처럼 갖가지 법들이 서로를 의지해 이익됨을 일으키므로 그 법의 이익됨을 취하지 않아야 저 언덕에 이를 수 있다.

법의 이익을 일으키는 여러 법 가운데 계 지님이 첫걸음이 되니, 첫걸음 떠나 끝의 마지막 걸음이 없다.

법의 이익 주는 갖가지 실천행이 있되 공하니, 의지하되 떠나고 떠나되 의지해야 본래의 니르바나의 고요한 집[空寂舍] 여의지 않고 이 언덕을 잘 건너 해탈의 저 언덕에 이르를 것이다.

『화엄경』(「십회향품」)은 이렇게 말한다.

> 보디사트바는 교묘한 지혜에 회향하고
> 보디사트바는 방편의 법에 회향하며
> 보디사트바는 진실한 뜻에 회향하지만
> 그 법 가운데 집착하는 바 없네.
>
> 菩薩迴向善巧智　菩薩迴向方便法
> 菩薩迴向眞實義　於其法中無所著

니르바나에는 니르바나를 이루는
실천의 원인이 있으니

나는 들었다, 이와 같이.

한때 붇다께서는 쿠루(Kuru) 국에 노니시면서 쿠루 국의 도읍인 칼마슈담야에 계셨다.

그때 세존께서는 여러 비구들에게 말씀하셨다.

"바르게 아는 것이 있고 보는 것이 있으면 곧 샘 다함[漏盡]을 얻게 되니, 알지 않음이 아니요 보지 않음이 아니다.

어떤 것을 알고 보면 곧 샘이 다하게 되는가.

괴로움을 진실 그대로 알면 샘이 다하게 되고, 괴로움의 익힘을 보아 알며, 괴로움의 사라짐을 보아 알며, 괴로움 없애는 길을 진실 그대로 보아 알면, 곧 샘이 다하게 된다."

니르바나와 해탈에 익히어내는 실천의 원인이 있음을 보이심

"사라져 다한 지혜[盡智]에도 익히어냄[習]이 있고 익히어냄이 없는 것이 아니다. 어떤 것을 사라져 다한 지혜 익히어냄이라 하는가. 해탈이 익히어냄이다. 해탈에도 또한 익히어냄이 있고 익히어냄이 없는 것이 아니다.

어떤 것을 해탈의 익히어냄이라 하는가. 탐욕 없는 것이 그 익히어냄이 된다. 탐욕 없는 것에도 또한 익히어냄이 있고 익히어냄이 없는 것이 아니다.

어떤 것을 탐욕 없는 것의 익히어냄이라 하는가. 즐겨하지 않음[厭]이 그 익히어냄이 된다. 즐겨하지 않음에도 또한 익히어냄이 있고 익히어냄이 없는 것이 아니다.

어떤 것을 즐겨하지 않음의 익히어냄이라 하는가. 진실 그대로 봄[見如實]과 진실 그대로 아는 것[知如實]이 그 익히어냄이 된다. 진실 그대로 봄과 진실 그대로 아는 것에도 또한 익히어냄이 있고, 익히어냄이 없는 것이 아니다.

어떤 것을 진실 그대로 봄과 진실 그대로 아는 것의 익히어냄이라 하는가. 선정이 그 익히어냄이 된다. 선정에도 또한 익히어냄이 있고 익히어냄이 없는 것이 아니다.

어떤 것을 선정의 익히어냄이라 하는가. 법의 즐거움[樂]이 그 익히어냄이 된다. 법의 즐거움에도 또한 익히어냄이 있고 익히어냄이 없는 것이 아니다.

어떤 것을 즐거워함의 익히어냄이라 하는가. 그침이 그 익히어냄이 된다. 그침에도 또한 익히어냄이 있고 익히어냄이 없는 것이 아니다.

어떤 것을 그침의 익히어냄이라 하는가. 기쁨[喜]이 그 익히어냄이 된다. 기쁨에도 또한 익히어냄이 있고 익히어냄이 없는 것이 아니다.

어떤 것을 기쁨의 익히어냄이라 하는가. 즐거워함[歡悅]이 그 익히어냄이 된다. 즐거워함에도 또한 익히어냄이 있고 익히어냄이 없는 것이 아니다.

어떤 것을 즐거워함의 익히어냄이라 하는가. 뉘우치지 않는 것[不悔]이 그 익히어냄이 된다. 뉘우치지 않는 것에도 또한 익히어냄이 있고 익히어냄이 없는 것이 아니다.

어떤 것을 뉘우치지 않는 것의 익히어냄이라 하는가. 계를 보살피는 것[護戒]이 그 익히어냄이 된다. 계를 보살피는 것에도 또한 익히어냄이 있고 익히어냄이 없는 것이 아니다.

어떤 것을 계를 보살피는 것의 익히어냄이라 하는가. 여러 아는 뿌리 보살피는 것이 그 익히어냄이 된다. 여러 아는 뿌리 보살피는 것에도 또한 익히어냄이 있고 익히어냄이 없는 것이 아니다.

어떤 것을 여러 아는 뿌리 보살피는 것의 익히어냄이라 하는가. 바른 생각과 바른 지혜가 그 익히어냄이 된다. 바른 생각과 바른 지혜에도 또한 익히어냄이 있고 익히어냄이 없는 것이 아니다.

어떤 것을 바른 생각과 바른 지혜의 익히어냄이라 하는가. 바른 사유가 그 익히어냄이 된다. 바른 사유에도 또한 익히어냄이 있고 익히어냄이 없는 것이 아니다.

어떤 것을 바른 사유의 익히어냄이라 하는가. 믿음이 그 익히어냄이 된다. 믿음에도 또한 익히어냄이 있고 익히어냄이 없는 것이 아니다.

어떤 것을 믿음의 익히어냄이라 하는가. 법인(法忍, dharma-kṣānti)을 살핌[觀法忍]이 그 익히어냄이 된다. 법인을 살핌 또한 익히어냄이 있고 익히어냄이 없는 것이 아니다.

어떤 것을 법인을 살핌의 익히어냄이라 하는가. 수트라의 법을 즐겨 외우는 것[翫誦法]이 그 익히어냄이 된다. 수트라의 법을 즐겨 외우는 것에도 또한 익히어냄이 있고 익히어냄이 없는 것이 아니다.

어떤 것을 수트라의 법을 즐겨 외우는 것의 익히어냄이라 하는가. 법을 받아 지니는 것[受持法]이 그 익히어냄이 된다. 법을 받아 지니는 것에도 또한 익히어냄이 있고 익히어냄이 없는 것이 아니다.

어떤 것을 법을 받아 지니는 것의 익히어냄이라 하는가. 법의 뜻을 살피는 것[觀法義]이 그 익히어냄이 된다. 법의 뜻을 살피는 것에도 또한 익히어냄이 있고 익히어냄이 없는 것이 아니다.

어떤 것을 법의 뜻을 살피는 것의 익히어냄이라 하는가. 귀의 영역[耳界]이 그 익히어냄이 된다. 귀의 영역에도 또한 익히어냄이 있고 익히어냄이 없는 것이 아니다.

어떤 것을 귀의 영역의 익히어냄이라 하는가. 좋은 법을 듣는 것[聞善法]이 그 익히어냄이 된다. 좋은 법을 듣는 것에도 또한 익히어냄이 있고 익히어냄이 없는 것이 아니다.

어떤 것을 좋은 법을 듣는 것의 익히어냄이라 하는가. 좋은 스승에게 나아가는 것[往詣]이 그 익히어냄이 된다. 좋은 스승에게 나아가는 것에도 또한 익히어냄이 있고 익히어냄이 없는 것이 아니다.

어떤 것을 좋은 스승에게 나아가는 것의 익히어냄이라 하는가. 받들어 섬기는 것[奉事]이 그 익히어냄이 된다."

좋은 스승 섬기고 법을 듣고 즐겨 외우지 않으면
바른 지혜 해치게 됨을 보이심

"만약 좋은 스승을 받들어 섬기면[奉事善知識] 아직 듣지 못한 것을 듣게 되고, 들은 뒤에는 곧 이익이 된다.

만약 이렇게 좋은 스승을 받들어 섬기지 않으면 받들어 섬기는 익히어냄[奉事習]을 해치고, 만약 받들어 섬기는 일이 없으면 스승께 나아가는 익히어냄을 해치며, 만약 나아가는 익히어냄이 없으면 좋은 법을 듣는 익히어냄을 해친다.

좋은 법을 듣지 않으면 귀의 영역의 익히어냄을 해치며, 귀의 영역이 없으면 법의 뜻 살피는 익히어냄을 해치고, 법의 뜻 살핌이 없으면 법을 받아 지니는 익히어냄을 해치며, 법을 받아 지니는 일이 없으면 법을 즐겨 외우는 익히어냄을 해친다.

법을 즐겨 외우는 일이 없으면 법인 살피는 익히어냄을 해치며, 법인 살핌[觀法忍]이 없으면 믿음의 익히어냄을 해치고, 믿음이 없으면 바른 사유를 해치며, 바른 사유가 없으면 바른 생각과 바른 지혜를 해친다.

바른 생각과 바른 지혜가 없으면 여러 아는 뿌리 보살핌과 계 보살핌, 뉘우치지 않음·즐거워함·기쁨·그침·즐거움·선정·진실 그대로 봄과 진실 그대로 앎·즐거하지 않음·탐욕 없음과 해탈의 익히어냄을 해치게 된다.

만약 해탈이 없으면 곧 사라져 다한 지혜의 익히어냄을 해치게 된다."

좋은 스승을 모심으로 법을 들어 선정과 지혜에 나아가 해탈과 니르바나가 구현됨을 보이심

"만약 좋은 스승을 받들어 섬기면 아직 듣지 못한 것을 듣게 되고, 들은 뒤에는 곧 이익이 된다.

이렇게 좋은 스승을 받들어 섬기면 받들어 섬김을 익히게 되고, 만약 받들어 섬김이 있으면 곧 스승께 나아감을 익히어내고, 스승께 나아감이 있으면 곧 좋은 법 들음을 익히어내고, 만약 좋은 법 들음이 있으면 곧 귀의 영역을 익히어내고, 만약 귀의 영역이 있으면 곧 법의 뜻 살핌을 익히어낸다.

만약 법의 뜻 살핌을 익히어내면 법을 받아 지님을 익히어내고, 법을 받아 지니면 법을 즐겨 외움을 익히어내고, 만약 법을 즐겨 외우면 법인 살핌을 익히어낸다.

만약 법인 살핌이 있으면 믿음이 있게 되고, 믿음이 있으면 바른 사유를 익히어내고, 만약 바른 사유가 있으면 바른 생각 바른 지혜를 익히어낸다.

만약 바른 생각 바른 지혜가 있으면 여러 아는 뿌리 보살핌을 익히어내게 되고, 나아가 계 보살핌·뉘우치지 않음·즐거워함·기쁨·그침·즐거움·선정·진실 그대로 봄과 진실 그대로 앎·즐겨하지 않음·탐욕 없음과 해탈을 익히어낸다.

만약 해탈이 있으면 사라져 다한 지혜[盡智]를 익히어낸다."

붇다께서 이와 같이 말씀하시자, 여러 비구들은 붇다의 말씀을 듣고 기뻐하며 받들어 행하였다.

• 중아함 54 진지경(盡智經)

• 해설 •

니르바나의 사라져 다함[滅盡]과 밝음[明]과 해탈(解脫)은 서로 인과를 이룬다.

중생의 존재의 애착과 번뇌의 불꽃이 본래 공하고 니르바나되어 있지 않으면 존재의 애착을 다하고 무명을 다해 밝음과 해탈을 일으킬 수 없다. 다시 보디의 밝음이 니르바나의 진실을 드러내는 것이니, 애착하는바 존재의 모습에 모습 없음을 보아 탐욕의 흐름·존재의 흐름에서 해탈한 밝은 지혜가 아니면 본래 니르바나되어 있는 삶의 진실이 온전히 실현될 수 없다.

존재의 애착이 본래 있는 것이 아니지만 애착과 무명을 돌이키는 실천행이 없이 보디의 밝음과 해탈이 현전할 수 없다.

니르바나의 다한 지혜는 존재의 있음[有]과 모습[相]에서 해탈하고, 모습 취함과 탐욕의 구함에서 해탈한 해탈의 사마디 곧 공한 사마디·모습 없는 사마디·바람 없는 사마디가 아니면 실현될 수 없으니, 해탈이 니르바나를 익히어내는 것이다.

해탈의 사마디는 존재의 있음에서 존재를 떠나고 탐욕을 떠날 때 구현되고, 탐욕 떠남은 존재가 연기이므로 공한 줄 알아 존재의 있음을 즐겨하고 애착하지 않을 때 갖춰진다.

존재의 진실을 보는 바른 견해는 다시 모습에서 모습 떠난 모습 없는 사마디에서 나오고, 모습 없는 사마디는 모습 취함 그침에서 나온다.

모습 취함 그치는 것은 몸가짐을 늘 바르게 하고 바른 법 듣기를 즐겨하며 여섯 아는 뿌리가 경계 취하지 않음으로 갖춰진다.

여섯 아는 뿌리가 경계를 취하지 않는 것이, 보이는 바 빛깔과 들리는 바 소리로부터 눈과 귀를 보살핌이다.

듣되 들음 없이 소리를 듣고 보되 봄이 없이 빛깔을 본다는 것은 온갖 법이 나되 남이 없는 법을 보아 참음[法忍, dharma-kṣānti]이 이루어져야 나고 사라지는 경계의 움직임 속에서 고요할 수 있는 것이다.

나고 사라지는 경계의 움직임 속에서 고요할 수 있으려면 늘 바른 법을 사유하고 바른 법 듣기를 좋아하고 바른 법 설하는 좋은 스승 좋은 벗을 가까이해야 한다.

좋은 스승 좋은 벗을 가까이함은 니르바나의 해탈에 작은 씨앗처럼 보이지만, 좋은 스승 좋은 벗을 가까이함으로 바른 법을 듣고, 바른 법을 들음으로 남이 없는 법인[無生法忍]이 이루어져 해탈의 땅에 나아가게 되니, 좋은 스승 받들어 섬기지 않으면 니르바나의 공덕이 날 수 없다.

보디는 인연의 있는 모습이 아니지만 인연을 떠나지 않으며 니르바나는 닦음이 아니지만 닦음을 떠나지 않으니, 방편행을 닦음 없이 닦을 때 방편이 그대로 실상이 되고 닦음이 온전히 니르바나의 다한 지혜가 된다.

존재의 애착에도 그 익히어냄이 있고
밝음과 해탈에도 그 익히어냄이 있다

나는 들었다. 이와 같이.

한때 붇다께서는 슈라바스티 국에 노니시면서 제타 숲 '외로운 이 돕는 장자의 동산'에 계셨다.

그때 세존께서는 여러 비구들에게 말씀하셨다.

"존재의 애착[有愛]은 그 본바탕을 알 수 없다. 본래 존재의 애착이 없었지만 지금 존재의 애착을 내는 것이니, 곧 존재의 애착에 원인되는 바를 알 수 있는 것이다.

존재의 애착에는 익히어냄이 있고 익히어냄이 없는 것이 아니다."

존재의 애착이 그릇된 업행에 의해 일어남을 보이심

"어떤 것을 존재의 애착을 익히어냄이라 하는가. 무명이 그 익히어냄이 된다. 무명에도 또한 익히어냄이 있고 익히어냄이 없는 것이 아니다.

어떤 것을 무명의 익히어냄이라 하는가. 다섯 덮음[五蓋]이 그 익히어냄이 된다. 다섯 덮음에도 또한 익히어냄이 있고 익히어냄이 없는 것이 아니다.

어떤 것을 다섯 덮음의 익히어냄이라 하는가. 세 가지 악한 행[三惡行]이 그 익히어냄이 된다. 세 가지 악한 행에도 또한 익히어냄이 있고 익히어냄이 없는 것이 아니다.

어떤 것을 세 가지 악한 행의 익히어냄이라 하는가. 여러 아는 뿌리[根, indriya]를 보살피지 않음이 그 익히어냄이 된다. 여러 아는 뿌리 보살피지 않음에도 또한 익히어냄이 있고 익히어냄이 없는 것이 아니다.

어떤 것을 여러 아는 뿌리 보살피지 않음의 익히어냄이라 하는가. 바르지 않은 생각[不正念]과 바르지 않은 지혜[不正智]가 그 익히어냄이 된다. 바르지 않은 생각과 바르지 않은 지혜에도 또한 그 익히어냄이 있고 익히어냄이 없는 것이 아니다.

어떤 것을 바르지 않은 생각과 바르지 않은 지혜의 익히어냄이라 하는가. 바르지 않은 사유[不正思惟]가 익히어냄이 된다. 바르지 않은 사유에도 또한 익히어냄이 있고 익히어냄이 없는 것이 아니다.

어떤 것을 바르지 않은 사유의 익히어냄이라 하는가. 믿지 않는 것[不信]이 그 익히어냄이 된다. 믿지 않는 것에도 또한 익히어냄이 있고 익히어냄이 없는 것이 아니다.

어떤 것을 믿지 않는 것의 익히어냄이라 하는가. 나쁜 법을 듣는 것[聞惡法]이 그 익히어냄이 된다. 나쁜 법을 듣는 것에도 또한 익히어냄이 있고 익히어냄이 없는 것이 아니다.

어떤 것을 나쁜 법 듣는 것의 익히어냄이라 하는가. 나쁜 스승 가까이함을 갖추는 것이 그 익히어냄이 된다. 나쁜 스승 가까이함을 갖추는 것에도 또한 익히어냄이 있고 익히어냄이 없는 것이 아니다.

어떤 것을 나쁜 스승 가까이함을 갖추는 것의 익히어냄이라 하는가. 나쁜 사람이 그 익히어냄이 된다."

나쁜 스승 가까이함으로 애착과 무명이 더욱 펼쳐짐을 보이심

"이것이 나쁜 사람이 있은 뒤에 곧 나쁜 스승 가까이함을 갖추게 되고, 나쁜 스승 가까이함을 갖춘 뒤에 곧 나쁜 법을 듣게 되며, 나쁜 법을 들은 뒤에 곧 믿지 않게 되고, 믿지 않게 된 뒤에 곧 바르지 않은 사유를 갖추게 된다.

바르지 않은 사유를 갖춘 뒤에 곧 바르지 않은 생각과 바르지 않은 지혜를 갖추게 되고, 바르지 않은 생각과 바르지 않은 지혜를 갖춘 뒤에 곧 여러 아는 뿌리 보살피지 않음을 갖춤이 되며, 여러 아는 뿌리 보살피지 않음을 갖춘 뒤에 곧 세 가지 악한 행을 갖추게 된다.

세 가지 악한 행을 갖춘 뒤에 곧 다섯 덮음을 갖추게 되고, 다섯 덮음을 갖춘 뒤에 곧 무명을 갖추게 되고, 무명을 갖춘 뒤에 곧 존재의 애착을 갖추게 된다는 것이다.

이와 같이 이 존재의 애착은 펼칠수록 더욱 갖추어 이루어지는 것이다."

밝음과 해탈에 바른 실천의 인행이 있음을 보이심

"밝음과 해탈에도 또한 익히어냄이 있고 익히어냄이 없는 것이 아니다.

어떤 것을 밝음과 해탈의 익히어냄이라 하는가. 일곱 갈래 깨달음 법[七覺支]이 그 익히어냄이 된다. 일곱 갈래 깨달음 법에도 또한 익히어냄이 있고 익히어냄이 없는 것이 아니다.

어떤 것을 일곱 갈래 깨달음 법의 익히어냄이라 하는가. 네 곳 살핌이 그 익히어냄이 된다. 네 곳 살핌에도 또한 익히어냄이 있고 익히어냄이 없는 것이 아니다.

어떤 것을 네 곳 살핌의 익히어냄이라 하는가. 세 가지 묘한 행[三妙行]이 그 익히어냄이 된다. 세 가지 묘한 행에도 또한 익히어냄이 있고 익히어냄이 없는 것이 아니다.

어떤 것을 세 가지 묘한 행의 익히어냄이라 하는가. 여러 아는 뿌리를 보살피는 것이 그 익히어냄이 된다. 여러 아는 뿌리 보살피는 것에도 또한 익히어냄이 있고 익히어냄이 없는 것이 아니다.

어떤 것을 여러 아는 뿌리 보살피는 것의 익히어냄이라 하는가. 바른 생각과 바른 지혜가 그 익히어냄이 된다. 바른 생각과 바른 지혜에도 또한 익히어냄이 있고 익히어냄 없는 것이 아니다.

어떤 것을 바른 생각과 바른 지혜의 익히어냄이라 하는가. 바른 사유가 그 익히어냄이 된다. 바른 사유에도 또한 익히어냄이 있고 익히어냄이 없는 것이 아니다.

어떤 것을 바른 사유의 익히어냄이라 하는가. 믿음이 그 익히어냄이 된다. 믿음에도 또한 익히어냄이 있고 익히어냄이 없는 것이 아니다.

어떤 것을 믿음의 익히어냄이라 하는가. 좋은 법을 듣는 것[聞善法]이 그 익히어냄이 된다. 좋은 법을 듣는 것에도 또한 익히어냄이 있고 익히어냄 없는 것이 아니다.

어떤 것을 좋은 법을 듣는 것의 익히어냄이라 하는가. 좋은 스승을 가까이하는 것이 그 익히어냄이 된다. 좋은 스승을 가까이하는 것에도 또한 익히어냄이 있고 익히어냄 없는 것이 아니다.

어떤 것을 좋은 스승을 가까이함을 익히어냄이라 하는가. 좋은 사람[善人]이 그 익히어냄이 된다."

좋은 스승으로 인해 믿음과 선정과 지혜가 나고 해탈이 남을 보이심

"이것이 이른바 좋은 사람을 갖춘 뒤에 곧 좋은 벗 가까이함을 갖추게 되고, 좋은 스승 가까이함을 갖춘 뒤에 곧 좋은 법을 듣게 되며, 좋은 법 들음을 갖춘 뒤에 곧 믿음을 내게 되고, 믿음 냄을 갖춘 뒤에 곧 바른 사유를 갖추게 되며, 바른 사유를 갖춘 뒤에 곧 바른 생각과 바른 지혜를 갖추게 된다.

바른 생각과 바른 지혜를 갖춘 뒤에 곧 여러 아는 뿌리를 보살피게 되며, 여러 아는 뿌리 보살핌을 갖춘 뒤에 곧 세 가지 묘한 행을 갖추게 되고, 세 가지 묘한 행을 갖춘 뒤에 곧 네 곳 살핌을 갖추게 된다.

네 곳 살핌을 갖춘 뒤에 곧 일곱 갈래 깨달음 법을 갖추게 되고, 일곱 갈래 깨달음 법을 갖춘 뒤에 곧 밝음과 해탈을 갖추게 된다는 것이다. 이와 같이 밝음과 해탈은 펼칠수록 더욱 갖추어 이루어지는 것이다."

붇다께서 이렇게 말씀하시자, 여러 비구들은 붇다의 말씀을 듣고 기뻐하며 받들어 행하였다.

• 중아함 51 본제경(本際經)

• 해설 •

중생을 중생이게 하는 존재의 애착이 원래 있는 것이라면 중생은 결코 니르바나의 땅에 돌아갈 수 없고 밝음과 해탈을 일으킬 수 없다.

본래 없던 애착이 지금 존재를 실로 있는 존재로 보게 하는 무명의 미혹으로 인해 나는 것이다.

무명 또한 실로 있는 것이 아니라 존재의 실체성에 가린 다섯 덮음[五蓋]

이 무명을 길러 온갖 악한 행을 내는 것이다.

　무명의 익힘과 애착의 익힘이 서로 길러 쉬지 못하면 바르지 못한 사유와 바른 법 믿지 못하는 삿된 견해가 그치지 못하고, 그 삿된 견해로 인해 나쁜 스승을 가까이하고, 나쁜 스승을 가까이함으로 삿된 견해가 더욱 펼쳐 늘어나는 것이다.

　그러나 무명과 애착이 모두 있되 공하므로 무명이 공한 줄 살피는 바른 사유로 바른 스승을 가까이하고, 바른 스승을 가까이해 가르침을 듣고 다시 바른 법의 뜻을 사유해 네 곳 살핌과 일곱 갈래 깨달음 법을 닦음 없이 닦으면 번뇌의 불꽃이 다한 곳에서 밝음과 해탈이 현전한다.

　니르바나의 사라져 다한 고요함과 밝음과 해탈은 그것을 일으켜내고 익히어내는 원인의 행이 아니지만 원인의 행을 떠남이 아니니, 닦음 없이 네 곳 살핌을 닦고 부름 없이 붇다와 다르마와 상가의 이름을 부를 수 있는 자[念佛念法念僧者]가 본래 고요한 니르바나의 땅에서 밝음과 해탈을 일으킬 것이다.

　밝음과 해탈이 모든 존재가 본래 고요한 니르바나의 땅에서 일어나는 행이라, 그 해탈의 행이 다시 고요하여 본래의 니르바나를 떠나지 않으니 밝음과 해탈이 실로 있다고 해서는 안 된다.

　그러므로 스스로 해탈하고 해탈한 줄 아는 이는 나고 사라짐 속에서 고요하되, 고요함에도 머묾 없이 세간의 흐름 가운데 방편으로 남이 없이 나서[以方便生] 세간에 밝은 해탈의 법을 전하는 것이다.

　그가 곧 좋은 스승 좋은 벗을 섬겨 바른 법을 듣고, 스스로 세간 중생의 좋은 벗이 되어 바른 법을 설함 없이 설하는 것이다.

　스스로 좋은 스승 섬겨 갖가지 해탈의 행을 닦되 닦음을 집착하지 않고 바른 법을 설해 나와 중생이 모두 저 언덕에 이르게 하는 이가 보디사트바이니,『화엄경』(「십회향품」)은 가르친다.

　　보디사트바는 지은 공덕 회향하여

해탈의 저 언덕에 이르름으로
청정하고 묘한 법문 널리 열도다.
지혜는 지혜복덕 갖춘 세존과 같아
연기의 진실한 뜻 잘 분별하여
마쳐 다한 니르바나 얻게 되도다.

菩薩迴向到彼岸　普開淸淨妙法門
智慧同於兩足尊　分別實義得究竟

방편의 행으로 보디에 이르지만 방편은 보디의 땅에 이르기 위한 방편이므로 보디사트바는 그 방편에 마음이 걸림 없이 보디의 저 언덕 이르름에 모든 행을 회향하니,「십회향품」은 다시 말한다.

여래의 법 잘 행하는 보디사트바는
저가 지은 선근을 회향할 때에
이와 같은 방편의 법에 머물러서
이와 같이 보디의 행 닦아 익히지만
그 마음 마쳐 다해 싫증내 게으름 없네.

以彼善根迴向時　住於如是方便法
如是修習菩提行　其心畢竟無厭怠

여래에게 있는 크나큰 신통과
끝이 없고 빼어난 높은 공덕과
중생 세간의 여러 지혜와 행까지
온갖 것 다 알아 다하지 않음 없네.

如來所有大神通　及以無邊勝功德
乃至世間諸智行　一切悉知無不盡

이와 같이 온갖 사람들 가운데 주인은
자기에게 있는 모든 경계를 따라서
한 생각에 모든 법 다 깨달아 알지만
또한 보리의 행을 버리지 않네.

如是一切人中主　隨其所有諸境界
於一念中皆了悟　而亦不捨菩提行

모든 붓다께 있는 미세한 행과
온갖 세계의 갖가지 법에 대해
모두 다 따라서 그 법을 알지만
그 온갖 것들 모두 다 마쳐 다하여
저 언덕 이르름에 회향하도다.

諸佛所有微細行　及一切刹種種法
於彼悉能隨順知　究竟迴向到彼岸

2 바른 행을 나누어 보임

• 이끄는 글 •

 중생의 괴로움과 장애도 스스로 있는 것이 아니라 존재에 대한 집착으로 인해 나는 것이고, 해탈의 밝음도 실천의 원인으로 현전한다.

 사제의 진리를 잘 살피어 중생의 괴로움을 진실 그대로 바로 알면 괴로움이란 익히어내는 원인으로 난 것이므로 괴로움에 실로 끊을 것이 없지만, 괴로움이 그릇된 업행으로 나고 있으므로 괴로움을 끊지 않으면 니르바나의 해탈이 실현될 수 없는 것이다.

 실로 끊을 괴로움이 없지만 연기된 괴로움의 현실이 없지 않으므로 바르게 니르바나로 나아가는 자는 번뇌와 무명을 다하는 갖가지 실천법을 닦음 없이 닦아 괴로움을 끊음 없이 끊는 것이다.

 경에서 무명과 번뇌를 다하는 실천법이 서른일곱 실천법으로 벌여지기도 하지만, 다시 그 법들은 계·정·혜 세 가지 배움[三學]으로 거두어지기도 하고 '오직 하나뿐인 실천의 수레[eka-yāna-mārga, 一乘道]로 다시 모아지기도 한다.

 잘 일승의 길을 가는 자, 그는 괴로움에 끊을 것이 없음을 알므로 괴로움과 번뇌에 물듦이 없지만, 무명과 번뇌 끊지 않을 것이 없음을 알므로 부지런히 닦아 행함을 버리지 않는다.

물듦이 없지만 닦아 행함이 없지 않은 해탈의 길을 옛 선사[雲居元]는 이렇게 말한다.

> 옥은 진흙 속에 있고 연꽃은 물 위에 있어
> 더럽혀 물들일 수 없고 견줄 길이 없네.
> 큰 수행자가 만약 이와 같이 깨달아 행하면
> 동정호의 한밤중 가을바람 부는 것이리.
>
> 玉在泥中蓮出水 汚染不能絶方比
> 大家如是若承當 洞庭一夜秋風起

1) 계로 인해 나는 니르바나

공경하는 법이 니르바나 갖추게 한다

나는 들었다, 이와 같이.

한때 붇다께서는 슈라바스티 국에 노니시면서 제타 숲 '외로운 이 돕는 장자의 동산'에 계셨다.

그때 세존께서는 여러 비구들에게 말씀하셨다.

"비구는 여러 범행 닦는 이들을 공경하고 잘 살피며 존중해야 한다.

만약 비구가 여러 범행 행하는 이들을 공경하지 않고 잘 살피지 않으며 또 존중하지 않고서 바른 몸가짐의 법[威儀法] 갖춘다는 것은 반드시 그럴 수 없다. 바른 몸가짐의 법을 갖추지 않고 배움의 법[學法]을 갖춘다는 것은 반드시 그럴 수 없다.

배우는 법을 갖추지 않고 여러 아는 뿌리의 보살핌과 계를 보살핌·뉘우치지 않음·즐거워함·기쁨·그침·즐거움을 느낌·선정·진실 그대로 보고 진실 그대로 앎·즐기지 않음[厭]·탐욕 없음과 해탈을 갖추려 하면 반드시 그럴 수 없다.

해탈을 갖추지 않고 니르바나를 갖춘다는 것은 반드시 그럴 수 없다.

만약 비구가 여러 범행 닦는 이들을 공경하고 잘 살피며 존중하고서 바른 몸가짐의 법을 갖춘다는 것은 반드시 그럴 수 있다.

바른 몸가짐의 법을 갖추고서 배움의 법을 갖춘다는 것은 반드시 그럴 수 있다.

배움의 법을 갖추고서 여러 아는 뿌리 보살핌과 계 보살핌·뉘우치지 않음·즐거워함·기쁨·그침·즐거움을 느낌·선정·진실 그대로 보고 진실 그대로 앎·즐기지 않음·탐욕 없음과 해탈을 갖춘다는 것은 반드시 그럴 수 있다.

해탈을 갖추고서 니르바나를 갖춘다는 것은 반드시 그럴 수 있다."

붇다께서 이렇게 말씀하시자, 여러 비구들은 기뻐하며 받들어 행하였다.

• 중아함 50 공경경(恭敬經) 下

• **해설** •

땅에 떨어진 작은 씨앗이 싹을 내고 가지를 내고 무성한 잎과 꽃을 내고 열매를 맺듯, 보디의 작은 씨앗이 해탈과 니르바나의 과덕을 이룬다.

처음 닦아가는 이가 먼저 범행 닦는 이를 공경하지 않는 것은 범행을 공경하지 않는 것이며, 범행 닦아 깨닫는 보디의 법을 존중하지 않는 것이니, 범행 닦는 이와 선지식을 공경하지 않는 이는 스스로 바른 몸가짐을 갖출 수 없다.

스스로의 바른 몸가짐과 마음가짐을 지니지 않고 그 행동이 흐트러져 바른 살핌이 없으면 아는 뿌리를 보살피지 못하고 선정과 지혜의 뿌리를 보살피지 못하므로 끝내 해탈을 갖출 수 없다.

모습에 물든 번뇌에서 해탈하지 못하고는 니르바나의 공덕이 이루어질 수 없으니, 니르바나의 길에 나서는 자는 그 첫걸음을 올바르게 하고 그 첫걸음이 바른 마음이 되어야 한다. 바른 마음은 니르바나의 땅에서 일어난 마음이라야 하니, 첫마음 바르게 낸 그 자리가 바로 처음 배우는 이가 배움의 법을 갖추고 선정과 지혜의 법을 갖추는 자리이다.

뿌리가 굳세면 열매 맺듯
계를 범하지 않으면 니르바나 이루게 되오

나는 들었다, 이와 같이.

한때 붇다께서는 슈라바스티 국에 노니시면서 제타 숲 '외로운 이 돕는 장자의 동산'에 계셨다.

그때에 존자 사리푸트라는 여러 비구들에게 말하였다.

"여러 어진 이들이여, 만약 비구가 계를 범하면 곧 뉘우치지 않음·즐거워함[歡悅]·기쁨·그침·즐거움을 느낌·선정·진실 그대로 보고 진실 그대로 앎·즐기지 않음·탐욕 없음과 해탈을 해치게 되오.

만약 해탈이 없으면 곧 니르바나를 해치게 되오.

여러 어진 이들이여, 마치 나무와 같으니, 그 뿌리를 해치면 줄기·나무심·마디·가지·잎·꽃·열매가 모두 이루어지지 않소.

여러 어진 이들이여, 비구 또한 이와 같음을 알아야 하오. 만약 비구가 계를 범하면 곧 뉘우치지 않음·즐거워함·기쁨·그침·즐거움을 느낌·선정·진실 그대로 보고 진실 그대로 앎·즐기지 않음·탐욕 없음과 해탈을 해치게 되오.

만약 해탈이 없으면 곧 니르바나를 해치게 되오."

계 지킴으로 인해 여러 법이 차제로 일어남을 보임

"여러 어진 이들이여, 만약 비구가 계를 지니면 뉘우치지 않음과 즐거워함·기쁨·그침·즐거움을 느낌·선정·진실 그대로 보고 진실 그대로 앎·즐기지 않음·탐욕 없음과 해탈을 익히게 되오.

만약 해탈이 있으면 니르바나를 익히게 되오.

여러 어진 이들이여, 마치 나무와 같으니, 그 뿌리를 해치지 않으면 줄기와 심·마디·가지·잎·꽃·열매가 모두 이루어지게 되오.

여러 어진 이들이여, 비구 또한 이와 같음을 알아야 하오. 계를 지니면 뉘우치지 않음과 즐거워함·기쁨·그침·즐거움을 느낌·선정·진실 그대로 보고 진실 그대로 앎·탐욕 없음과 해탈을 익히게 되오.

만약 해탈이 있으면 니르바나를 익히게 되오."

존자 사리푸트라가 이렇게 말하자, 여러 비구들은 기뻐하며 받들어 행하였다.

• 중아함 48 계경(戒經) 下

• **해설** •

계(戒, śīla)는 바른 몸가짐과 마음가짐으로 선정과 지혜의 바탕이 된다. 그러나 계는 곧 구체적 상황 속에서 때에 맞고 곳에 맞으며 법에 맞는 행으로서, 선정과 지혜가 하나된[定慧一體] 해탈의 행이 된다.

법과 법이 서로 원인이 되고 서로 이익을 주어 해탈의 과보를 이루므로 계가 선정과 지혜를 내고 선정과 지혜가 다시 법과 뜻에 맞는 지음 없는 계[無作戒]를 내고 위없는 범행[無上梵行]을 세워주는 것이다.

나무뿌리가 튼튼해야 줄기와 가지, 잎이 잘 자라 꽃을 피우고 큰 열매를 맺듯, 계의 바탕이 튼튼해야 그릇된 행을 지어 뉘우치지 않고 법을 즐거워해서, 진실대로 살핌과 그침에 의해 기쁨과 즐거움을 이룬다.

그리하여 끝내 해탈의 문을 열고 공한 사마디와 모습 없는 사마디로 니르바나의 성에 들어가는 것이다.

니르바나는 실체적 인과가 아니지만 인과를 떠나지 않으니, 인과의 닫힌 틀에 떨어지지 않되[不落因果] 공한 인과를 씀이 없이 쓰는 자[善用因果]가 지금 세간 인과의 땅에서 샘이 없고 다함없이 니르바나의 공덕을 쓰리라.

해탈의 문을 열기 위해 짓는 인과의 행에 취함이 없으면 인과의 행을 법신인 해탈의 행으로 굴릴 수 있으니, 『화엄경』(「십회향품」)은 말한다.

> 한량없고 끝없는 붇다께 공양하고
> 보시하고 깨끗한 계를 지키어
> 여러 아는 뿌리를 잘 조복하지만
> 모든 중생 이익되게 하기 위하여
> 널리 온갖 행 다 청정하게 하도다.
>
> 供養無量無邊佛　布施持戒伏諸根
> 爲欲利益諸衆生　普使一切皆淸淨
>
> 보디사트바의 몸과 마음과 말의 업
> 이와 같이 짓는 것이 다 청정하나니
> 온갖 닦아 행함 다 나머지 없이
> 그 행이 넓고 크신 사만타바드라
> 보디사트바와 더불어 평등하네.
>
> 菩薩身心及語業　如是所作皆淸淨
> 一切修行無有餘　悉與普賢菩薩等

몸과 입과 뜻의 행을 보고
일으키는 번뇌를 없앰에 다섯 가지 법이 있소

나는 들었다, 이와 같이.

한때 붇다께서는 슈라바스티 국에 노니시면서 제타 숲 '외로운 이 돕는 장자의 동산'에 계셨다.

그때 존자 사리푸트라는 여러 비구들에게 말했다.

"여러 어진 이들이여, 나는 지금 그대들을 위하여 다섯 가지 번뇌를 없애는 법[五除惱法]을 말하겠소. 자세히 듣고 자세히 들어 그것을 잘 사유해 생각하시오."

비구들이 분부를 받아들이니 존자 사리푸트라가 말하였다.

갖가지 업의 깨끗하고 깨끗하지 않음을 보고
성내는 번뇌가 날 때 없애야 함을 보임

"어떤 것이 다섯인가요. 여러 어진 이들이여, 어떤 사람은 몸의 행은 깨끗하지 않은데, 입의 행은 깨끗하오. 만약 지혜로운 사람은 그것을 보고 비록 성내는 번뇌가 나더라도 그것을 없애야 하오.

다시 여러 어진 이들이여, 어떤 사람은 입의 행은 깨끗하지 않은데, 몸의 행은 깨끗하오. 만약 지혜로운 사람은 그것을 보고 비록 성내는 번뇌가 나더라도 그것을 없애야 하오.

다시 여러 어진 이들이여, 어떤 사람은 몸의 행도 깨끗하지 않고 입의 행도 깨끗하지 않은데, 마음에 깨끗함이 적게 있소. 만약 지혜로운 사람은 그것을 보고 비록 성내는 번뇌가 나더라도 그것을 없애야 하오.

다시 어떤 사람은 몸의 행도 깨끗하지 않고 입과 뜻의 행도 깨끗하지 않소. 만약 지혜로운 사람은 그것을 보고 비록 성내는 번뇌가 나더라도 그것을 없애야 하오.

여러 어진 이들이여, 또 어떤 사람은 몸의 행도 깨끗하고 입과 뜻의 행도 깨끗하오. 만약 지혜로운 사람은 그것을 보고 비록 성내는 번뇌가 나더라도 그것을 없애야 하오.

여러 어진 이들이여, 또 어떤 사람은 몸의 행은 깨끗하지 않고 입의 행은 깨끗하오. 만약 지혜로운 사람이 그것을 보고 성내는 번뇌가 나면 어떻게 그것을 없애야 하겠소.

여러 어진 이들이여, 그것은 마치 아란야카(Aranyaka) 비구가 누더기 옷[糞掃衣]을 지니는 것과 같소.

똥무더기 가운데 버려진 해진 옷을 볼 때 똥에 더럽혀졌거나, 오줌·눈물·침과 그밖에 더러운 것에 더럽혀져 있다 합시다. 그는 그것을 본 뒤에는 왼손으로 잡고 오른손으로 펴보아 만약 똥이나 오줌·눈물·침이나 그밖에 더러운 것에 더럽혀져 있지 않은 곳이나, 또 뚫어지지 않은 곳이 있으면 곧 그것을 찢어 가지오.

이와 같이 여러 어진 이들이여, 어떤 사람이 몸의 행은 깨끗하지 않으나 입의 행이 깨끗하거든, 그 몸의 깨끗하지 않은 행은 생각하지 말고, 다만 그 입의 깨끗한 행만을 생각하시오.

만약 지혜로운 사람은 그것을 보고 비록 성내는 번뇌가 나더라도 이와 같이 그것을 없애야 하오."

남의 입의 행이 깨끗하지 않음을 보고
성냄 없음을 깊은 못에 목욕함으로 비유함

"여러 어진 이들이여, 어떤 사람은 입의 행은 깨끗하지 않은데, 몸의 행은 깨끗하오. 만약 지혜로운 사람이 그것을 보고 성내는 번뇌가 나면 어떻게 그것을 없애야 하겠소.

여러 어진 이들이여, 그것은 마치 마을 바깥 멀지 않은 곳에 깊은 못이 있어 잡초에 덮여 있는 것과 같소.

만약 어떤 사람이 와서 더위가 아주 심해 몹시 괴로워하고, 갑자기 굶주리고 목말라 시달리며, 뜨거운 바람에 내몰린다 합시다. 그는 못에 나가 옷을 벗어 언덕에 두고 곧 못에 들어가 두 손으로 잡초를 헤치고 마음껏 시원하게 목욕하여 더위의 괴로움과 굶주림과 목마름의 괴로움을 가시게 할 것이오.

이와 같이 여러 어진 이들이여, 어떤 사람이 입의 행은 깨끗하지 않으나 몸의 깨끗한 행이 있거든, 그 입의 깨끗하지 않은 행은 생각하지 말고, 다만 그 몸의 깨끗한 행을 생각하시오.

만약 지혜로운 사람은 그것을 보고 비록 성내는 번뇌가 나더라도 이와 같이 그것을 없애야 하오."

뜻만 조금 깨끗한 행을 보고 성냄 없음을
소 발자국 물 마심으로 비유함

"여러 어진 이들이여, 또 어떤 사람은 몸의 행도 깨끗하지 않고 입의 행도 깨끗하지 않은데, 마음에 깨끗함이 적게 있소.

만약 지혜로운 사람이 그것을 보고 성내는 번뇌가 나면 어떻게 그것을 없애야 하겠소.

여러 어진 이들이여, 그것은 마치 길 네거리에 소 발자국의 물[牛跡水]이 있는 것과 같소. 만약 어떤 사람이 와서 더위가 아주 심해 몹시 괴로워하고, 갑자기 굶주리고 목말라 시달리며, 뜨거운 바람에 내몰린다면 그는 이렇게 생각할 것이오.

'이 길 네거리에 소 발자국의 적은 물을, 내가 만약 손으로나 나뭇잎으로 뜬다면, 곧 물은 흔들리고 흐려져 나의 이 몹시 더워 번민하고 갑자기 굶주리고 목말라 시달리는 것을 없앨 수 없을 것이다. 나는 차라리 꿇어 앉아 손과 무릎으로 땅을 짚고 입으로 물을 마시자.'

그는 곧 길게 꿇어 앉아 손과 무릎으로 땅을 짚고 입으로 물을 마셨소. 그래서 그는 곧 몹시 더워 번민하고 갑자기 굶주리고 목말라 시달림을 가시게 할 수 있었소.

이와 같이 여러 어진 이들이여, 어떤 사람이 몸의 행도 깨끗하지 않고 입의 행도 깨끗하지 않으나, 마음에 깨끗함이 적게 있거든, 그 몸의 깨끗하지 않은 행과 입의 깨끗하지 않은 행은 생각하지 말고, 다만 그 마음에 있는 적은 깨끗함만을 생각하시오.

여러 어진 이들이여, 만약 지혜로운 사람은 그것을 보고 비록 성내는 번뇌가 나더라도 이렇게 그것을 없애야 하오."

세 업이 모두 깨끗지 않음을 보고 성냄 없음을
병든 자에 대한 자비의 마음으로 비유해 보임

"여러 어진 이들이여, 어떤 사람은 몸의 행도 깨끗하지 않고, 입과 뜻의 행도 깨끗하지 않소. 만약 지혜로운 사람이 그것을 보고 성내는 번뇌가 나면 어떻게 그것을 없애야 하겠소.

여러 어진 이들이여, 그것은 마치 어떤 사람이 먼 길을 가다가 길 가운데서 병을 얻어 아주 힘들고 몹시 시달렸지만, 홀로 함께 할 벗도 없고 뒷 마을로 돌아가기는 더욱 먼데, 앞 마을에는 아직 이르지 못한 것과 같소. 만약 어떤 사람이 와 한쪽에 서서, 이 사람이 먼 길을 가다가 길 가운데서 병을 얻어 아주 힘들고 몹시 시달렸지만, 그가 홀로 벗도 없고 뒷 마을은 더욱 먼데, 앞 마을에는 아직 이르지 못한 것을 보고 이렇게 말한다 합시다.

'이 사람도 만약 모셔주는 이를 얻으면, 먼 들 복판에서 마을로 데리고 가서 좋은 탕약과 맛있는 먹을 것을 먹여주고, 간호하는 사람을 줄 것이다. 이렇게 하면 이 사람의 병은 반드시 나을 것이다.'

이렇게 말하는 것은 그 사람이 이 병자에 대해서 아주 가엾이 여기고 사랑하는 마음이 있는 것이오.

이와 같이 여러 어진 이들이여, 어떤 사람은 몸의 행도 깨끗하지 않고, 입과 뜻의 행도 깨끗하지 않소. 만약 지혜로운 사람이 보면 곧 이렇게 생각할 것이오.

'이 사람은 몸의 행도 깨끗하지 않고 입과 뜻의 행도 깨끗하지 않다. 그러나 이 사람으로 하여금 몸의 행도 깨끗하지 않고, 입과 뜻의 행도 깨끗하지 않음으로 몸이 무너지고 목숨을 마친 뒤에 악한 곳으로 가서 지옥 가운데 나게 하지 말자. 만약 이 사람도 선지식을 만나면 몸의 깨끗하지 않은 행을 버려 몸의 깨끗한 행을 닦고, 입과 뜻의 깨끗하지 않은 행을 버려 입과 뜻의 깨끗한 행과 입과 뜻의 깨끗한 행을 닦을 것이다. 이렇게 하면 이 사람은 온몸의 깨끗한 행으로 말미암아 몸이 무너지고 목숨이 마친 뒤에는 반드시 좋은 곳으로 가서 하늘위에 날 것이다.'

이렇게 생각하는 것은 그 사람이 이 사람에 대해 아주 가엾이 여기고 사랑하게 생각하는 마음이 있는 것이오. 만약 지혜로운 사람은 그것을 보고 비록 성내는 번뇌가 나더라도 이렇게 그것을 없애야 하오."

세 업행이 깨끗함을 보고 성냄 없음을 못에
시원하게 목욕함으로 비유해 보임

"여러 어진 이들이여, 어떤 사람은 몸의 행이 깨끗하고 입과 뜻의 행도 깨끗하오. 만약 지혜로운 사람이 그것을 보고 성내는 번뇌가 나면 어떻게 그것을 없애야 하겠소.

여러 어진 이들이여, 그것은 마치 마을 바깥 멀지 않은 곳에 좋은 못물[好池水]이 있어 맑고 아름다우며, 그 못은 가득 차 편편하고 푸른 풀은 언덕을 덮었으며, 꽃나무는 사방을 두른 것과 같소.

어떤 사람이 와서 몹시 더워 괴로워하고 갑자기 굶주리고 목말라 시달리며 뜨거운 바람에 내몰린다 합시다. 그는 못에 나가 옷을 벗어 언덕에 두고, 곧 못에 들어가 마음껏 시원하게 목욕하여, 더위의 괴로움과 갑자기 굶주리고 목말라 시달림을 풀 것이오.

이와 같이 여러 어진 이들이여, 어떤 사람이 몸의 행도 깨끗하고 입과 뜻의 행도 깨끗하거든, 늘 그 몸의 깨끗한 행과 입과 뜻의 깨끗한 행을 생각하시오. 만약 지혜로운 사람이라면 그것을 보고서 비록 성내는 번뇌가 나더라도 이렇게 그것을 없애야 하오.

여러 어진 이들이여, 내가 아까 말한 다섯 가지 번뇌를 없애는 방법은 이 때문에 말한 것이오."

존자 사리푸트라가 이렇게 말하자, 여러 비구들은 말을 듣고 기뻐하며 받들어 행하였다.

• 중아함 25 수유경(水喩經)

• 해설 •

 남의 몸과 입과 뜻의 업을 살피고 세간의 움직임을 살피는 나의 행위 밖에 나의 존재가 없다.

 남의 깨끗하거나 깨끗하지 못한 업을 보고 성냄의 번뇌를 일으키는 것은 깨끗함과 깨끗하지 못함, 착함과 착하지 못함을 실체화하는 나의 사고 때문이니, 남의 깨끗하지 못한 업, 남의 그름과 옳음을 보고 그것에 집착하여 성내는 마음을 쉬어야 나의 행위의 진실과 존재의 진실에 나아갈 수 있다.

 또한 남의 그릇된 행위를 보고도 그것의 공성(空性)을 통달하여 그른 행위 물든 행위 속에서 새로운 올바름과 청정한 행위의 가능성을 찾아내고 그것을 북돋아주어야 내 스스로 삶의 행위의 물듦, 행위의 장애를 넘어 해탈에 나아갈 수 있다.

 사리푸트라 존자는 다섯 가지 번뇌 없애는 법을 다섯 가지 비유로 보인다. 다섯 비유는 물들어 청정하지 못한 행위 속에서 물든 행위의 실체성을 넘어서며 나와 남의 물든 행위 안에서 깨끗한 범행의 가능성을 찾아내게 한다.

 다시 비유는 더러움과 깨끗함이 공한 곳에서 더러운 업을 깨끗한 업으로 돌려 쓰도록 해 지금 세간의 물든 흐름 속에 사는 이들에게 희망을 주고 용기를 주는 가르침이다.

 비구는 똥무더기에 버려진 누더기 옷을 보더라도 더러워진 옷감이라고 내팽개치지 않고 왼손으로 옷감을 쥐어 조금이라도 더럽혀지지 않은 곳을 잘라내 상가의 가사를 만들어 입는다.

 그와 같이 지혜로운 이는 똥무더기의 옷처럼 더럽고 냄새나는 업을 지은 자를 보아도 그 물든 업으로 그를 온전히 성토해서 내팽개쳐서는 안 된다. 그 사람의 업 가운데 깨끗한 업을 살려내고 물든 업 가운데 한 가지 쓸모있는 것이라도 키워 그의 업을 깨끗하고 맑은 범행으로 이끌어야 한다.

 또 마을 옆 깊은 못이 잡초에 덮여 있어도 잡초를 헤치고 목마른 이가 물을 마시고 못에 뛰어들어 더위의 고통을 잊듯, 물든 업의 잡초를 헤치고 그 안에 넘치는 깨끗하고 시원한 범행의 못물에 물든 업을 깨끗이 씻게 해야 한다.

또 길 가운데 소 발자국의 적은 물도 함부로 마시려 달려들면 물이 흐려져 목말라 죽어가는 생명을 건질 수 없으므로 조심스레 꿇어 앉아 입으로 물을 마셔야 한다. 그와 같이 악업을 짓는 자의 흐린 행위의 물결 가운데 조금 남은 깨끗한 물줄기라도 잘 간수하고 보살펴 작은 물줄기가 점점 커지고 늘어나 마르지 않는 생명의 물줄기가 되게 해야 한다.

또 먼 길을 가는 이가 길 가운데서 병을 얻었는데 곁에서 도와줄 벗이 없으면 길 가운데서 죽고 말지만, 도와주고 이끌어주는 이가 있으면 병을 이기고 목적지에 도달할 수 있다. 그렇듯 온통 그 업이 흐리고 그릇된 업을 짓는 자도 바른 스승이 잘 이끌어 그를 깨우치면 그도 악도에 떨어지지 않고 좋은 곳을 향해 나아갈 것이다.

그러므로 깨끗하지 못한 업을 짓는 자도 그냥 미워하고 비판만 하지 말고, 자비의 마음으로 이끌고 연민의 마음으로 보살펴 그를 선업으로 이끌고 니르바나에 인도해야 한다.

마을 가까이 시원한 못에 꽃과 풀이 우거져 아름답고 못물이 시원하게 넘치면, 모든 목마른 이들이 그 물을 마시고 갈증을 풀고 배고픈 이들이 허기를 채우고 더위에 시달린 이들이 몸을 씻어 더위를 이긴다. 그렇듯 남의 좋은 업을 보면 함께 기뻐하고 찬탄해 깨끗한 업 좋은 업을 지은 이도 그 업이 공한 곳에 넘쳐나는 해탈의 못에 같이 목욕하도록 이끌어야 한다.

여래의 자비의 마음은 악을 다만 비판하고 성토하는 선이 아니라 악까지 저 언덕에 건네주는 착함 없는 착함이다. 그리고 여래의 바른 마음은 그름을 미워하고 깨뜨려서 부정하는 바름이 아니라 그름까지 니르바나에 이끄는 바름 없는 바름이다.

여래를 따라 그와 같이 넓고 큰 마음[廣大心] 자비의 마음[慈悲心]을 쓰는 이는 어떤 사람인가.

그는 깨끗하고 깨끗하지 못함의 밧줄이 묶지 못하고 선악의 올가미가 그를 옥죄이지 못하니, 옛 조사[丹霞淳]는 이렇게 말한다.

> 별 뜨기 전 나선 사람
> 천 봉우리에 누워 있으니
> 붇다와 여러 조사들도
> 그 사람을 알길 없도다.
>
> 星前人臥千峯室　佛祖無因識得渠

또 지혜로운 이가 선악의 올가미에서 벗어나 선악을 바로 쓰는 그때를 옛 선사[佛眼遠]는 이렇게 노래한다.

> 바로 이와 같은 때에는
> 긴 겁에도 일찍이 미혹이 없다.
> 걸음걸음 삼계를 벗어나고
> 집에 돌아가 단박 의심 끊는다.
>
> 正當伊麼時　歷劫不曾迷
> 步步超三界　歸家頓絶疑

집을 나와 배우는 것은 헛것이 아니라
반드시 해탈의 과보가 있다

나는 들었다, 이와 같이.

한때 붇다께서는 코살라 국에 노니시면서 사람 사이에서 큰 비구 대중을 옆과 뒤로 이끌고 걸어가셨다[翼從而行].

그때 세존께서는 길 가운데서 갑자기 한 곳에 큰 나뭇더미가 있는데, 불이 붙어 활활 타오르는 것을 보셨다. 세존께서는 보시고 곧 길 곁으로 내려가 다른 나무로 가시어, 니시다나를 깔고 두 발을 맺고 앉으셨다.

세존께서는 앉으신 뒤에 여러 비구들에게 말씀하셨다.

"너희들은 저기에 큰 나뭇더미가 있고 거기에 불이 붙어 활활 타오르는 것을 보는가."

때에 여러 비구들은 대답했다.

"봅니다, 세존이시여."

세존께서 다시 여러 비구들에게 말씀하셨다.

"다음과 같은 것을 너희들은 어떻게 생각하느냐. 저 큰 나뭇더미에 활활 타오르는 불꽃을 끌어안거나 앉으며 눕는다 하자. 그리고 나이 한창인 크샤트리아의 여인과 브라마나·거사·기술자 계급의 여인들이 목욕하고 향을 풍기며 밝고 깨끗한 옷을 입고 꽃다발과 구슬목걸이로 몸을 잘 꾸미며 그 잘 꾸민 몸을 끌어안거나 앉거나 같이 눕는다 하자. 그 가운데 어느 것이 즐거운가."

때에 여러 비구들이 말씀드렸다.

"세존이시여, 큰 나뭇더미에 활활 타오르는 불꽃을 끌어안고 거기에 앉으며 눕는 것은 매우 괴로운 일입니다.

세존이시여, 그러나 나이 한창인 크샤트리아의 여인이나, 브라마나·거사·기술자 계급의 여인들이 목욕하고 향을 풍기며 밝고 깨끗한 옷을 입고 꽃다발과 구슬목걸이로 몸을 잘 꾸며 그 잘 꾸민 몸을 끌어안거나 앉으며 같이 눕는 것은 매우 즐거운 일입니다, 세존이시여."

괴로움의 씨앗이 되는 행을 그릇 이해하는
비구들을 비유로 깨우치심

"내가 너희들을 위하여 말하는 것은 너희들 사문의 길 배우는 이들로 하여금 사문의 길을 잃지 않게 하기 위해서다.

너희들 위없는 범행을 성취하고자 하는 자는 차라리 나뭇더미에 활활 타오르는 불꽃을 끌어안고 거기에 앉으며 거기에 누워라.

그는 이것으로 인해 괴로움을 받고 죽더라도 이로써 몸이 무너지고 목숨을 마친 뒤에 나쁜 곳에 가 지옥 가운데 나지 않을 것이다.

만약 어리석은 사람이 계를 범해 정진하지 않고, 악하여 착하지 않은 법을 내어 범행이 아닌 것을 범행이라 일컫고, 사문이 아니면서 사문이라 일컫는다 하자. 그리고 만약 나이 한창인 크샤트리아의 여인이나, 브라마나·거사·기술자 계급의 여인이 목욕하고 향을 풍기며 밝고 깨끗한 옷을 입고 꽃다발과 구슬목걸이로 몸을 잘 꾸며 그 잘 꾸민 몸을 끌어안거나 앉으며 같이 눕는다 하자.

그러면 그 어리석은 사람은 이것으로 인해 기나긴 밤에 칙하지 않음과 바른 뜻 아님으로 악한 법의 갚음을 받아, 몸이 무너지고 목숨이 마치면 나쁜 곳에 가서 지옥 가운데 태어날 것이다.

그러므로 너희들은 스스로의 뜻[自義]을 살피고 저쪽 뜻[彼義]을 살피어 두 뜻[兩義]을 다 살피고서 이렇게 생각하라.

'내가 집을 나와 배우는 것은 헛것이 아니요 빈 것이 아니다. 이것은 결과가 있고 갚음이 있으며 지극한 안락이 있다. 모든 좋은 곳에 태어나 오랜 목숨을 얻고, 사람들의 믿음 어린 보시인 의복·음식·잠자리·탕약을 받으면 그 시주로 하여금 큰 복의 과보를 얻고 크게 밝은 빛을 얻게 한다.'

반드시 이렇게 배워야 한다."

덕이 없이 보시 받아 즐김이 오랜 겁의
고통의 씨앗임을 비유로 깨우침

세존은 다시 여러 비구들에게 말씀하셨다.

"다음과 같은 것을 너희들은 어떻게 생각하느냐.

어떤 힘센 장사가 잘 꼬은 새끼줄과 털노끈으로 그 장딴지를 잔뜩 졸라매어 살갗을 끊고, 살갗을 끊은 뒤에는 살을 끊고, 살을 끊은 뒤에는 힘줄을 끊고, 힘줄을 끊은 뒤에는 뼈를 끊고, 뼈를 끊은 뒤에는 뼈심에까지 이르러 그친다 하자.

또 크샤트리아·브라마나·거사·기술자로부터 보시를 받고, 몸과 몸의 마디, 손과 발을 어루만지게 한다 하자.

그러면 그 가운데 어느 것이 즐거우냐."

때에 여러 비구들이 말씀드렸다.

"세존이시여, 만약 어떤 힘센 장사가 잘 꼬은 새끼줄과 털노끈을 가지고 그 장딴지를 잔뜩 졸라매어 살갗을 끊고, 살갗을 끊은 뒤에는 살을 끊고, 살을 끊은 뒤에는 힘줄을 끊고, 힘줄을 끊은 뒤에는 뼈를 끊고, 뼈를 끊은 뒤에는 뼈심에까지 이르러 그친다면, 그것은 매우 괴로운 일입니다.

그러나 세존이시여, 만약 크샤트리아·브라마나·거사·기술자로부터 보시를 받고 또 몸과 몸의 마디, 손과 발을 어루만지게 한다면 그것은 매우 즐겁습니다, 세존이시여."

세존께서 말씀하셨다.

"내가 너희들을 위하여 말하는 것은 너희들 사문의 길 배우는 이들로 하여금 사문의 길을 잃지 않게 하기 위해서다.

너희들 위없는 범행을 성취하고자 하는 자가 힘센 장사로 하여금 잘 꼬은 새끼줄과 털노끈으로 그 장딴지를 잔뜩 졸라매어 살갗을 끊고, 살갗을 끊은 뒤에는 살을 끊고, 살을 끊은 뒤에는 힘줄을 끊고, 힘줄을 끊은 뒤에는 뼈를 끊고, 뼈를 끊은 뒤에는 뼈심에까지 이르러 그치게 한다 하자.

그는 이로 인해 괴로움을 받고 죽는다 하더라도 이로써 몸이 무너지고 목숨 마친 뒤에는 악한 곳으로 가 지옥 가운데 나지는 않을 것이다.

그러나 만약 어리석은 사람이 계를 범하여 정진하지 않고, 악하고 착하지 않은 법을 내어 범행이 아닌 것을 범행이라 일컫고, 사문이 아니면서 사문이라 일컬으며, 크샤트리아·브라마나·거사·기술자로부터 그 보시를 받고, 또 몸과 몸의 마디, 손과 발을 어루만지게 한다 하자.

그러면 그 어리석은 사람은 이것으로 인해 기나긴 밤에 착하지 않음과 바른 뜻 아님으로 악한 법의 갚음을 받아, 몸이 무너지고 목숨이 마치면 나쁜 곳에 가서 지옥 가운데 태어날 것이다.

그러므로 너희들은 스스로의 뜻을 살피고 저쪽 뜻을 살피어 두 뜻을 다 살피고서 이렇게 생각하라.

'내가 집을 나와 배우는 것은 헛것이 아니요 빈 것이 아니다. 이것은 결과가 있고 갚음이 있으며 지극한 안락이 있다. 모든 좋은 곳에 태어나 오랜 목숨을 얻고, 사람들의 믿음 어린 보시인 의복·음식·잠자리·탕약을 받으면 그 시주로 하여금 큰 복의 과보를 얻고 크게 밝은 빛을 얻게 한다.'

반드시 이렇게 배워야 한다."

(중략)

붇다의 뜻을 받아들이지 못한 비구들이 상가를 떠남

붇다께서 이 법을 설하셨을 때 예순 명의 비구는 번뇌의 흐름 다하고 맺음이 풀리고[漏盡結解] 의심이 풀렸지만, 다른 예순 명의 비구는 계를 버리고[捨戒] 집으로 돌아갔다[還家].

왜냐하면, 세존의 가르쳐 깨우치심이 깊고 깊어 매우 어려웠으며, 도를 배움 또한 깊고 깊어 매우 어려웠기 때문이다.

붇다께서 이와 같이 말씀하시자, 여러 비구들은 붇다의 말씀을 듣고 기뻐하며 받들어 행하였다.

• 중아함 5 목적유경(木積喩經)

• **해설** •

이 경은 출가수행자를 경책하는 법문이다. 경에서 붇다는 출가의 목적을 잊고 살거나 그릇된 뜻으로 출가상가에 몸담고 있는 이들에게, 니르바나와 해탈의 뜻이 사문이 사문된 뜻임을 강조하기 위해 쉽게 감당하기 어려운 강한 비유로 꾸짖고 나무라시고 있다.

타오르는 불에 앉아 불에 타 죽는 것은 그 고통으로 뒷세상에 목숨 마친 뒤 지옥에 떨어지지 않으나, 해탈의 뜻을 잊고 아름다운 여인에 취해 사는 것은 뒷세상 긴 겁의 고통의 씨앗이다. 또 힘센 장사가 조이는 단단한 새끼줄로 온몸의 힘줄과 뼈가 끊어져 죽는 것은 목숨 마친 뒤 지옥에 떨어지지는 않으나, 세간 힘 있고 가진 것 많은 이들의 시주를 받고 쾌락을 즐기는 것은 기나긴 밤 해탈의 장애가 되고 윤회의 씨앗이 된다.

비유로 가르친 뜻을 뒤집어 읽으면, '지금 비록 행하기 어려운 일이나 잘 행하고, 지금 비록 견디기 어려운 일이나 잘 견디며, 사문의 뜻과 법 그대로의 행을 지어가면 반드시 니르바나의 즐거움이 그 결과로 주어짐'을 가르친 것이다. 위 경은 매우 길다.

그 가운데 생략된 비유를 다시 들어보이면 다음과 같다.

장사가 날카로운 칼로 몸의 내장을 끊는 고통과 세간 힘 있는 이들의 공양 받고 대접 받는 일, 장사가 불에 단 구리쇠판으로 내 몸을 감는 고통과 덕이 없이 세간 많이 가진 이들의 의복과 좋은 보시 받는 일, 장사가 뜨거운 구리가마에 몸을 처박는 고통과 세간 힘 있고 가진 것 많은 이들에게 집을 보시 받아 안락하게 사는 일이다.

여래께서는 이 두 가지 것을 비교해서 앞의 고통은 비록 괴롭지만 그 일로 뒷세상 긴 겁의 고통의 씨앗이 되지는 않으나, 출가 사문이 되어 사문의 뜻[沙門義]과 사문의 법[沙門法]을 잃어버리고 범행 아닌 것을 범행이라 일컬으며 거짓으로 상가에 머무는 짓은 긴 겁에 윤회의 씨앗이 됨을 가르치고 계신다.

지금 비록 괴로우나 긴 겁의 안락과 해탈의 길을 가느냐, 지금 즐거우나 긴 겁에 괴로움의 씨앗이 되고 중생에게 짐을 지우는 행위가 옳으냐 사문들에게 물어, 상가 안에 사문의 뜻 저버리고 거짓으로 꾸미는 모습을 지어 범행 닦는 것처럼 살아가는 이들을 크게 꾸짖는 법문이다.

그러므로 그 뜻을 받아들여 자기 뜻을 바로 돌이킨 이들은 번뇌의 흐름이 다하고 온갖 집착의 맺힘이 풀렸고, 그렇지 못해 가르침과 배움의 뜻을 감당하지 못한 이들은 계를 버리고 세간의 집으로 돌아간 것이다.

계를 버리고 나간 비구들의 모습을 보고 무엇을 생각해야 하는가.

『법화경』「서품」에서 오백 비구가 여래의 설법을 듣고 자리를 박차고 나가자, 여래께서 오히려 남은 대중에게 '이 자리는 오직 곧은 열매만 있고 가지와 잎이 없다'[唯有貞實 無有枝葉]고 말씀한 뜻을 사유해야 할 것이다.

법화회상에서 법의 자리 떠나지 않고 남은 이들을 격려하시는 여래의 뜻과 다름없이, 화엄회상(「입법계품」) 선지식 마이트레야는 법을 위해 몸과 목숨을 잊고 찾아온 구도자 선재를 다음과 같이 격려한다.

> 잘 왔구나 청정한 뜻 갖춘이여
> 잘 왔구나 넓고 큰 마음의 사람이여
> 잘 왔구나 착한 뿌리 물리지 않는 이여
> 그대는 닦아 행함에 게으름이 없도다.
>
> 善來淸淨意 善來廣大心
> 善來不退根 修行無懈倦
>
> 잘 왔구나 묘한 도 행하는 이여
> 잘 왔구나 공덕에 머무는 이여
> 잘 왔구나 붇다의 과덕에 나아가는 이여
> 그대는 일찍이 지쳐 물림이 없도다.
>
> 善來行妙道 善來住功德
> 善來趣佛果 未曾有疲倦

2) 선정으로 인해 나는 니르바나

번뇌의 흐름 다한 아라한의 모임은
저 서른세하늘 대중의 즐거운 모임과 같다

나는 들었다, 이와 같이.

한때 붇다께서는 슈라바스티 국에 노니시면서 제타 숲 '외로운 이 돕는 장자의 동산'에 계셨다.

그때 세존께서는 여러 비구들에게 말씀하셨다.

"만약 서른세하늘에 있는 파릿찻타카 나뭇잎이 시들어 누래지면, 이때 서른세하늘 대중들은 오래지 않아 그 나뭇잎은 반드시 떨어지리라고 기뻐하고 즐거워한다.

다시 서른세하늘에 있는 파릿찻타카 나뭇잎이 떨어지면, 이때 서른세하늘 대중들은 그 나뭇잎은 오래지 않아 반드시 다시 나리라고 기뻐하고 즐거워한다.

다시 서른세하늘에 있는 파릿찻타카 나뭇잎이 나면, 이때 서른세하늘 대중들은 그 나무는 오래지 않아 반드시 망울을 내리라고 기뻐하고 즐거워한다.

다시 서른세하늘에 있는 파릿찻타카 나무가 망울을 내면, 이때 서른세하늘 대중들은 그 나무는 오래지 않아 '새부리 같은 봉오리'[鳥啄]를 내리라고 기뻐하고 즐거워한다.

다시 서른세하늘에 있는 파릿찻타카 나무가 새부리 같은 봉오리를 내면, 이때 서른세하늘 대중들은 그 나무는 오래지 않아 반드시 피어나 발우[鉢]처럼 되리라고 기뻐하고 즐거워한다.

다시 서른세하늘에 있는 파릿찻타카 나무가 이미 피어나 발우처럼 되면, 이때 서른세하늘 대중들은 그 나무는 오래지 않아 반드시 모두 활짝 필 것이라고 기뻐하고 즐거워한다.

만약 파릿찻타카 나무가 모두 활짝 피면, 그 빛이 비치는 곳, 그 빛깔이 배이는 곳, 그 향기가 풍기는 곳은 백 요자나에 두루한다.

이때 서른세하늘 대중들은 여름 넉 달 동안 다섯 욕망의 공덕[五欲功德]을 갖추어 스스로 즐긴다.

이것을 서른세하늘 대중들이 파릿찻타카 나무 밑에 모여 즐기는 것이라 한다."

서른세하늘 대중의 넉 달 하늘의 즐김으로 출가제자들의 선정을 비유하심

"이 뜻과 같이 거룩한 제자들 또한 그러하다.

그가 세속의 집 나옴[出家]을 사유하면, 이때 거룩한 제자들은 '잎이 누렇게 됨'[葉黃]이라 말한다. 마치 서른세하늘에 있는 파릿찻타카 나뭇잎이 시들어 누렇게 되는 것과 같다.

다시 거룩한 제자들은 수염과 머리를 깎고 가사를 입고 지극한 믿음으로 집을 버리고, 집이 없이 도를 배운다. 이때 거룩한 제자들은 잎 떨어짐이라 부른다. 마치 서른세하늘에 있는 파릿찻타카 나뭇잎이 떨어지는 것과 같다.

다시 거룩한 제자들은 탐욕을 떠나며 악하여 착하지 않은 법을 여의며, 느낌[覺]이 있고 살핌[觀]이 있어 욕계의 악을 떠나는 데서 생기는 기쁨과 즐거움으로 첫째 선정을 얻어 성취하여 노닌다.

이때 거룩한 제자들은 잎이 도로 남[葉還生]이라 부른다. 마치 서른세하늘에 있는 파릿찻타카 나뭇잎이 다시 나는 것과 같다.

다시 거룩한 제자들은 느낌과 살핌이 이미 쉬고 안으로 고요한 한 마음이 되고 느낌 없고 살핌 없어서 선정에서 생기는 기쁨과 즐거움으로 둘째 선정을 얻어 성취하여 노닌다. 이때 거룩한 제자들은 망울 냄[生網]이라 부른다. 마치 서른세하늘에 있는 파릿찻타카 나무가 망울을 내는 것과 같다.

다시 거룩한 제자들은 선정의 기쁨에 대한 탐욕을 떠나 버림의 평정함으로 구함이 없이 노닐며, 바른 생각과 바른 지혜에서 몸에 즐거움을 느낀다. 이것은 저 성인의 말한 바이고 성인이 버리는 바로서 바른 생각[念]으로 즐거이 머묾[樂住]과 공함으로 셋째 선정을 얻어 성취하여 노니는 것이다.

이때 거룩한 제자들은 새부리 같은 봉오리 냄[生如鳥啄]이라 부른다. 마치 서른세하늘에 있는 파릿찻타카 나무가 새부리 같은 봉오리를 내는 것과 같다.

다시 거룩한 제자들은 즐거움도 사라지고 괴로움도 사라지고 기쁨과 근심은 본래 이미 사라져 괴롭지도 않고 즐겁지도 않으며, 모두 버려 평정함[捨]과 바른 생각의 청정함[念淸淨]으로 넷째 선정을 얻어 성취하여 노닌다.

이때 거룩한 제자들은 발우 같이 피어남[生如鉢]이라 부른다. 마치 서른세하늘에 있는 파릿찻타카 나무가 발우처럼 되는 것과 같다.

다시 거룩한 제자들은 모든 번뇌의 흐름이 다하고, 마음이 해탈하고 지혜가 해탈하여 현재법에서 스스로 알고 스스로 깨닫고 스스로 증득하며 성취하여 노닌다.

그래서 '태어남은 이미 다하고 범행은 이미 서고, 지을 바를 이미 지어 다시는 뒤의 있음을 받지 않는다는 것'을 진실 그대로 안다.

이때 거룩한 제자들은 활짝 핌[敎開]이라 부른다. 마치 서른세하늘에 있는 파릿찻타카 나무가 활짝 핀 것과 같다."

번뇌 다해 아라한이 되면 서른세하늘 대중이 찬탄함을 보이심

"그들이 번뇌의 흐름 다한 아라한 비구가 되면 서른세하늘 대중들은 '좋은 법 설하는 법당'[善法正殿]에 모여 있으면서 이렇게 감탄해 기리어 말한다.

'저 아무개 높은 제자는 어느 마을과 성읍에서 수염과 머리를 깎고 가사를 입고 지극한 믿음으로 집을 버리어 집이 없이 도를 배웠다.

그리하여 모든 번뇌의 흐름이 이미 다하고 마음이 해탈하고 지혜가 해탈하여, 현재의 법 가운데 스스로 알고 스스로 깨치며, 스스로 증득하여 성취해 노닐며, 태어남은 이미 다하고 범행은 이미 서고 지을 바를 이미 지어 다시는 뒤의 있음을 받지 않는다는 것을 진실 그대로 알았다.'

이것을 번뇌의 흐름 다한 아라한의 모임이라 하니, 마치 서른세하늘 대중들이 파릿찻타카 나무 밑에 함께 모이는 것과 같다."

붇다께서 이와 같이 말씀하시자, 저 여러 비구들은 붇다의 말씀을 듣고 기뻐하며 받들어 행하였다.

• 중아함 2 주도수경(晝度樹經)

• 해설 •

　경은 선정으로 번뇌 흐름 다하는 비구제자들의 실천을 서른세하늘 대중이 파릿찻타카 나무와 함께 누리는 하늘 즐거움으로 비유한다.

　그리하여 그 비구가 번뇌의 흐름 다해 범행을 완성하면, 다시 저 밝은 빛과 온갖 모습의 공덕 갖춘 하늘대중이 번뇌 다한 아라한 비구를 받들어 공경하고 찬탄함을 가르치신다.

　출가의 뜻을 일으키고 선정에 마음을 내는 것은 번뇌 흐름을 버리고 번뇌 다한 해탈의 땅에 이르기 위함이다. 그것은 하늘 나무의 잎이 지는 것이 다만 사라짐의 징표가 아니라, 낡은 잎을 버리고 새잎이 돋아나 밝은 빛을 널리 비추는 나무가 되기 위함인 것과 같다.

　잎이 지지 않고 어찌 새잎이 나며 기성의 낡은 삶을 부정하지 않고 새로운 삶의 길이 열릴 것인가. 사람의 길도 그러하고 하늘의 길도 그러하며 출가사문의 보디의 길도 그러하다.

　탐욕의 집을 나와 탐욕을 버리고 밝은 느낌을 얻고 고요함을 얻되 선정의 경계도 취하면 마라의 굴이 되니, 선정의 즐거움과 고요함까지 버려 버림의 평정함 이루되 그에 빠지지 않음이 넷째 선정의 청정함이다.

　괴로움과 즐거움, 온갖 번뇌가 본래 공한 곳[不苦不樂]에서, 괴로움과 즐거움도 없고[捨, upekṣā] 그 없음도 없는 사유의 청정함을 이루면[念淸淨] 그것이 해탈의 문이 되어 니르바나의 성에 들어가니, 선정의 차제는 차제 아닌 차제이다.

　번뇌 다한 아라한은 사람[人, manuṣya]을 깨뜨리되 사람 아닌 사람이 되고, 하늘[天, deva]을 깨뜨리되 하늘 아닌 하늘이 되는 자재한 해탈의 사람이다. 아라한은 사람이 아니되 응공의 사람이 되고 하늘이 아니되 해탈의 하늘이 되므로, 저 하늘대중 또한 아라한을 이마에 이어 받들고 하늘의 스승으로 모시는 것이다.

성의 방비가 굳세고 물자가 풍부하면
바깥 도적이 침범하지 못하듯

나는 들었다, 이와 같이.

한때 붇다께서는 슈라바스티 국에 노니시면서 제타 숲 '외로운 이 돕는 장자의 동산'에 계셨다.

그때 세존께서는 여러 비구들에게 말씀하셨다.

"왕의 성에는 일곱 가지 일[七事]이 갖춰져 있고, 네 가지 먹음[四食]이 풍요하여 얻기가 어렵지 않다.

그러므로 왕의 성은 바깥 적 때문에 부서지지는 않을 것이다. 다만 안으로 스스로 무너지는 것은 내놓는다."

왕성의 일곱 가지 일의 갖춰짐과 네 가지 먹음의 풍요를 비유로 보이심

일곱 가지 일의 갖춰짐

"어떻게 왕의 성은 일곱 가지 일을 갖추는가. 그것은 다음과 같다.

왕의 성에는 망루를 만들어 세우고 땅을 다져 쌓아 굳게 해 무너지지 않게 하니, 안은 안온하고 바깥의 원수와 도적[怨敵]을 누른다. 이것을 왕성의 첫째 일을 갖춤이라 한다.

다시 왕의 성은 성 밖으로 못을 둘러 파기를 아주 깊고 넓게 하여 잘 막아 지킬 만하여, 안은 안온하고 바깥의 원수와 도적을 누른다. 이것을 왕성의 둘째 일을 갖춤이라 한다.

다시 왕의 성은 성을 둘러 길을 내어 평평하고 넓게 길을 열어, 안은 안온하고 바깥의 원수와 도적을 누른다. 이것을 왕성의 셋째 일을 갖춤이라 한다.

다시 왕의 성은 네 가지 종류의 군사의 힘, 곧 코끼리군사·말군사·수레군사·걷는 군사를 모아, 안은 안온하고 바깥의 원수와 도적을 누른다. 이것을 왕성의 넷째 일을 갖춤이라 한다.

다시 왕의 성에는 여러 무기들 곧 활과 화살과 도끼와 창을 미리 갖추어, 안은 안온하고 바깥의 원수와 도적을 누른다. 이것을 왕성의 다섯째 일을 갖춤이라 한다.

다시 왕의 성에는 문을 지키는 대장이 서 있는데, 그는 밝은 계략과 지혜로운 말솜씨가 있고, 굳세고 용맹스러우며 기이한 꾀가 있다. 그래서 착한 사람은 들어오도록 해주고 착하지 않은 사람은 들어오는 것을 금해, 안은 안온하고 바깥의 원수와 도적을 누른다. 이것을 왕성의 여섯째 일을 갖춤이라 한다.

다시 왕의 성은 높은 담을 쌓아 아주 튼튼하게 해서 진흙을 바르고 흰 흙을 박아, 안은 안온하고 바깥의 원수와 도적을 누른다. 이것을 왕성의 일곱째 일을 갖춤이라 한다."

네 가지 먹음의 풍요

"어떻게 왕의 성은 네 가지 먹음이 풍요하여 얻기에 어렵지 않은가. 그것은 다음과 같다.

왕의 성은 물과 풀과 섶나무 등 여러 재료들이 미리 갖추어져, 안은 안온하고 바깥의 원수와 도적을 누른다. 이것을 왕성의 첫째 먹을거리[一食]가 풍요히어 얻기에 이렵지 않다 하는 깃이다.

다시 왕의 성은 많은 벼를 거두고 보리를 쌓아두어, 안은 안온하고 바깥의 원수와 도적을 누른다. 이것을 왕성의 둘째 먹을거리[二食]가 풍요하여 얻기에 어렵지 않다 하는 것이다.

다시 왕의 성에는 콩과 팥을 저장하여, 안은 안온하고 바깥의 원수와 도적을 누른다. 이것을 왕성의 셋째 먹을거리[三食]가 풍요하여 얻기에 어렵지 않다 하는 것이다.

다시 왕의 성에는 버터기름과 꿀과 감자와 생선과 소금과 고기를 저장하여, 안은 안온하고 바깥의 원수와 도적을 누른다. 이것을 왕성의 넷째 먹을거리[四食] 풍요하여 얻기에 어렵지 않다 하는 것이다.

이렇게 왕의 성은 일곱 가지 일이 갖춰져 있고 네 가지 먹음이 풍요하여 얻기에 어렵지 않다. 다만 안으로 스스로 무너지는 것밖에는 바깥 적 때문에 부서지지 않는다."

수행자의 일곱 가지 착한 법과
네 가지 더욱 위로 오르는 마음을 보이심

"이와 같이 만약 거룩한 제자가 또한 일곱 가지 착한 법[七善法]을 얻으면 네 가지 더욱 위로 오르는 마음[四曾上心]에 이르러 얻기에 어렵지 않다.

그러므로 거룩한 제자들은 마라의 왕에게 틈을 주지 않으며, 또 악하여 착하지 않은 법을 따르지 않으며, 더러운 때에 물들지 않고 다시는 뒤의 태어남을 받지 않는다."

일곱 가지 착한 법 얻음을 보이심

"어떻게 하여 거룩한 제자들은 일곱 가지 착한 법을 얻는가. 다음과 같다.

거룩한 제자는 굳센 믿음[堅固信]을 얻어 여래에게 깊이 의지하고, 믿음의 뿌리가 이미 서서 끝내 다른 사문이나 브라마나 하늘이나 악한 마라나 브라흐만이나 다른 세간을 따르지 않는다.

이것을 거룩한 제자들이 첫째 착한 법을 얻은 것이라 한다.

다시 거룩한 제자는 늘 스스로 부끄러워함[慚恥]을 행하여 악하여 착하지 않은 법은 더러운 번뇌라 모든 악의 갚음을 받고 나고 죽음의 근본을 짓는 것이므로 부끄러워해야 할 것인 줄을 안다.

이것을 거룩한 제자들이 둘째 착한 법을 얻은 것이라 한다.

다시 거룩한 제자는 늘 남에 대한 부끄러워함[羞愧]을 행하여 악하여 착하지 않은 법은 더러운 번뇌라 모든 악의 갚음을 받고 나고 죽음의 근본을 짓는 것이므로 부끄러워해야 할 것인 줄을 안다.

이것을 거룩한 제자들이 셋째 착한 법을 얻은 것이라 한다.

다시 거룩한 제자는 늘 정진(精進)을 행하여, 악하여 착하지 않은 법을 끊고 모든 착한 법을 닦으며, 늘 스스로 뜻을 일으켜 하나에 오롯이 함이 굳세어 모든 선의 근본을 위해서 방편을 버리지 않는다.

이것을 거룩한 제자들이 넷째 착한 법을 얻은 것이라 한다.

다시 거룩한 제자는 법을 널리 배우고 많이 들어[廣學多聞], 지키고 지니어 잊지 않으며 쌓아 모으며 널리 듣는다. 그 법이란 처음도 좋고 가운데도 좋으며 마지막 또한 좋아 뜻도 있고 무늬도 있으며 모두 갖춰 청정하여 범행을 나타내는 것이다.

이러한 모든 법을 널리 배우고 많이 들어 익히기를 천 번에 이르도록 뜻으로 사유해 살펴서 밝게 보고 깊게 사무치니, 이것을 거룩한 제자들이 다섯째 착한 법을 얻은 것이라 한다.

다시 거룩한 제자는 늘 바른 생각을 행해 바른 생각[正念]을 성취하고, 오래 전부터 익힌 바와 오래 전부터 들은 바를 늘 기억하여 잊지 않는다.

이것을 거룩한 제자들이 여섯째 착한 법을 얻은 것이라 한다.

다시 거룩한 제자들은 지혜(智慧)를 닦아 행하여 일어나고 시드는 법을 살피고, 이와 같은 지혜를 얻어서는 거룩한 지혜가 밝게 통달하여 분별함이 밝고 밝아 그로써 바르게 괴로움을 없앤다.

이것을 거룩한 제자들이 일곱째 착한 법을 얻은 것이라 한다."

네 가지 위로 오르는 마음 얻음을 보이심

"어떻게 거룩한 제자들이 네 가지 더욱 위로 오르는 마음에 이르기에 어렵지 않은 것인가. 다음과 같다.

거룩한 제자는 탐욕을 떠나고 악하여 착하지 않은 법을 여의며, 느낌[覺]도 있고 살핌[觀]도 있어, 욕계의 악을 떠나는 데서 생기는 기쁨과 즐거움으로 첫째 선정[初禪]에 이르러 성취하여 노닌다. 이것을 거룩한 제자들이 첫 번째 더욱 위로 오르는 마음에 이르기에 어렵지 않다는 것이라 한다.

다시 거룩한 제자는 느낌과 살핌은 이미 쉬고 안으로 고요한 한마음이 되어, 느낌도 없고 살핌도 없이 선정에서 생기는 기쁨과 즐거움이 있는 둘째 선정[第二禪]에 이르러 성취하여 노닌다. 이것을 거룩한 제자들이 두 번째 더욱 위로 오르는 마음에 이르기에 어렵지 않다는 것이라 한다.

다시 거룩한 제자는 선정의 기쁨에 대한 탐욕을 떠나 버림으로 구함이 없이 노닐며, 바른 생각과 바른 지혜로 몸의 즐거움을 깨닫는다. 이것이 성현이 말한 바이고 버리는 바로서 바른 생각과 즐거이 머묾과 그 공함으로 셋째 선정[第三禪]에 이르러 성취하여 노님이다. 이것을 거룩한 제자들이 세 번째 더욱 위로 오르는 마음에 이르기에 어렵지 않다는 것이라 한다.

다시 거룩한 제자는 즐거움도 사라지고 괴로움도 사라지고, 기쁨과 걱정의 뿌리가 이미 없어져서 괴롭지도 않고 즐겁지도 않으며, 버림의 평정함[捨]으로 생각이 청정한 넷째 선정[第四禪]에 이르러 성취하여 노닌다. 이것을 거룩한 제자들이 네 번째 더욱 위로 오르는 마음에 이르기에 어렵지 않다는 것이라 한다.

이와 같이 거룩한 제자는 일곱 가지 착한 법을 얻고 네 가지 더욱 위로 오르는 마음에 이르기에 어렵지 않아, 마라의 왕이 틈을 타지 못하고 또 악하여 착하지 않은 법을 따르지 않으며, 더러운 때에 물들지 않고 또 다시는 뒤의 태어남을 받지 않는다."

다시 왕성의 일곱 일로 수행자의 공덕을 비유하고 네 가지 풍요로 수행자의 선정을 비유하심

거룩한 제자의 일곱 가지 공덕의 성취를 보이심

"왕의 성에는 망루를 만들어 세우고 땅을 다져 쌓아 굳게 해 무너지지 않게 하니, 안은 안온하고 바깥의 원수와 도적[怨敵]을 누른다. 이와 같이 거룩한 제자는 굳센 믿음을 얻어 깊이 여래에 의지하고 믿음의 뿌리가 이미 서서 끝내 다른 사문이나 브라마나나 하늘·악한 마라·브라흐만이나 다른 세간을 따르지 않는다. 이것을 거룩한 제자가 '믿음의 망루'를 얻어 악하여 착하지 않음을 없애고 모든 착한 법을 닦는 것이라 한다.

왕의 성은 성 밖으로 못을 둘러 파기를 아주 깊고 넓게 하여 잘 막아 지킬 만하여, 안은 안온하고 바깥의 원수와 도적을 누른다. 이와 같이 거룩한 제자는 늘 스스로 부끄러워함을 행해 악하여 착하지 않은 법은 더러운 번뇌라 모든 악의 갚음을 받고 나고 죽음의 근본을 짓는 것이므로 부끄러워해야 할 것인 줄을 안다. 이것을 거룩한 제자가 '부끄러워함의 못'을 얻어, 악하여 착하지 않음을 없애고 모든 착한 법을 닦는 것이라 한다.

왕의 성은 성을 둘러 길을 내어 평평하고 넓게 길을 열어, 안은 안온하고 바깥의 원수와 도적을 누른다. 이와 같이 거룩한 제자는 늘 남에 대한 부끄러움을 행하여 악하여 착하지 않은 법은 더러운 번뇌라 모든 악의 갚음을 받고 나고 죽음의 근본을 짓는 것이므로 그것은 부끄러워해야 할 것인 줄을 안다. 이것을 거룩한 제자가 '부끄러움의 편편한 길'을 얻어 악하여 착하지 않음을 없애고 모든 착한 법을 닦는 것이라 한다.

왕의 성은 네 가지 종류의 군사의 힘, 곧 코끼리군사·말군사·수레군사·걷는 군사를 모아, 안은 안온하고 바깥의 원수와 도적을 누른다. 이와 같이 거룩한 제자도 늘 정진을 행하여 악하여 착하지 않음을 끊고 모든 착한 법을 닦으며, 늘 스스로 뜻을 일으켜 하나에 오롯이 함이 굳세어 모든 착함을 위해서는 방편을 버리지 않는다. 이것을 거룩한 제자가 '정진의 군사의 힘'을 얻어 악하여 착하지 않음을 없애고 모든 착한 법을 닦는 것이라 한다.

왕의 성에는 무기들 곧 활과 화살과 도끼와 창을 미리 갖추어, 안은 안온하고 바깥의 원수와 도적을 누른다. 이와 같이 거룩한 제자는 법을 널리 배우고 많이 들어 지키고 지니어 잊지 않으며 쌓아 모아 널리 듣는다. 그 법이란 곧 처음도 좋고 가운데도 좋으며 마지막 또한 좋아, 뜻도 있고 무늬도 있으며 모든 것이 갖추어져 청정하여 범행을 나타낸다. 이와 같이 모든 법을 널리 배우고 많이 들어 익히기를 천 번에 이르러 뜻으로 사유해 살펴서 밝게 보고 깊게 사무치나니, 이것을 거룩한 제자가 '많이 들음의 무기'[多聞軍器] 얻어 악하여 착하지 않음을 없애고 모든 착한 법을 닦는 것이라 한다.

왕의 성에는 문을 지키는 대장이 서 있는데, 그는 밝은 계략과 지혜로운 말솜씨가 있고, 굳세고 용맹스러우며 기이한 꾀가 있다. 그래서 착한 사람은 들어오도록 해주고 착하지 않은 사람은 들어오는 것을 금해, 안은 안온하고 바깥의 원수와 도적을 누른다. 이와 같이 거룩한 제자도 늘 바른 생각을 행하여 바른 생각을 성취하여, 오래 전부터 일찍 익힌 바와 오래 전부터 일찍 들은 바를 늘 기억해 잊지 않는다. 이것을 거룩한 제자가 '바른 생각의 문지기 대장'[念守門大將]을 얻어 악하여 착하지 않음을 없애고 모든 착한 법을 닦는 것이라 한다.

왕의 성은 높은 담을 쌓아 아주 튼튼하게 해서 진흙을 바르고 흰 흙을 박아, 안은 안온하고 바깥의 원수와 도적을 누른다. 이와 같이 거룩한 제자도 지혜를 닦아 행해 일어나고 시드는 법을 살피고, 이와 같은 지혜를 얻어서는 거룩한 지혜가 밝게 통달하여 분별함이 밝고 밝아 그로써 바르게 괴로움을 없앤다. 이것을 거룩한 제자가 '지혜의 담'[智慧牆]을 얻어 악하여 착하지 않음을 없애고 모든 착한 법을 닦는다고 한다."

거룩한 제자의 선정을 보이심

"왕의 성은 물과 풀과 섶나무 등 여러 재료들이 미리 갖추어져, 안은 안온하고 바깥의 원수와 도적을 누른다. 이와 같이 거룩한 제자도 탐욕을 떠나고 악하여 착하지 않은 법을 여의며, 느낌도 있고 살핌도 있어, 욕계의 악을 떠나는 데서 생기는 기쁨과 즐거움으로 첫째 선정에 이르러 성취하여 노닌다. 그리하여 즐겁게 머묾이 모자람이 없고 안온하고 즐거워 스스로 니르바나를 이룬다.

왕의 성은 많은 벼를 거두고 보리를 쌓아두어, 안은 안온하고 바깥의 원수와 도적을 누른다. 이와 같이 거룩한 제자도 느낌과 살핌은 이미 쉬고 안으로 고요한 한마음이 되어, 느낌도 없고 살핌도 없이 선정에서 생기는 기쁨과 즐거움이 있는 둘째 선정에 이르러 성취하여 노닌다. 그리하여 즐겁게 머묾이 모자람이 없고 안온하고 즐거워 스스로 니르바나를 이룬다.

왕의 성에는 콩과 팥을 저장하여, 안은 안온하고 바깥의 원수와 도적을 누른다. 이와 같이 거룩한 제자도 선정의 기쁨에 대한 탐욕을 떠나 버림으로 구함이 없이 노닐며, 바른 생각과 바른 지혜로 몸의 즐거움을 깨닫는다.

이것이 성현의 말한 바이고 버리는 바로서 바른 생각과 즐거이 머묾과 그 공함으로 셋째 선정에 이르러 성취하여 노님이다. 그리하여 즐겁게 머묾은 모자람이 없고 안온하고 즐거워 스스로 니르바나를 이룬다.

왕의 성에는 버터기름과 꿀과 감자와 생선과 소금과 고기를 저장하여, 안은 안온하고 바깥의 원수와 도적을 누른다. 이와 같이 거룩한 제자도 다시 거룩한 제자는 즐거움도 사라지고 피로움도 사라지고, 기쁨과 걱정의 뿌리가 이미 없어져서 괴롭지도 않고 즐겁지도 않으며, 버림의 평정함으로 생각이 청정한[念淸淨] 넷째 선정에 이르러 성취하여 노닌다. 그리하여 즐겁게 머묾은 모자람이 없고 안온하고 즐거워 스스로 니르바나를 이룬다."

붓다께서 이렇게 말씀하시자, 여러 비구들은 붓다의 말씀을 듣고 기뻐하며 받들어 행하였다.

• 중아함 3 성유경(城喩經)

• 해설 •

성의 담장이 높고 튼튼하며 성 밖의 못이 깊고 넓으며 성을 지키는 군사와 무기가 갖춰져 있고 성문을 지키는 장수가 용맹스러우면 그 성은 바깥 도적과 원수의 침입으로부터 스스로를 잘 막을 수 있다.

그러나 밖의 도적으로부터 자신을 잘 보호해온 성이라도 성안에 먹을 것, 입을 것, 갖가지 물자가 부족하면 성은 스스로 무너지게 될 것이다.

성이 튼튼하고 군사가 갖추어져 밖의 도적을 막고 안으로 물자가 넉넉하면 그 성은 결코 무너짐이 없이 번영할 것이다.

이와 같이 수행자가 무명과 번뇌의 도적으로부터 자신을 보호할 갖가지 방편법을 잘 갖추고 안으로 살피는 마음이 밝아 선정의 물이 넘치게 되면, 끝내 선정 그대로 지혜가 발현되고 지혜 그대로의 프라티목샤의 행이 현전할 것이다.

그러므로 여래는 밖의 도적으로부터 성을 지키어 백성이 번성하는 왕성에 비유하여 수행자의 니르바나의 길을 보이신다.

일곱 가지 일이 갖춰지면 왕성은 무너지지 않는다.

그렇듯 수행자에게도 믿음의 망루와 스스로 부끄러워함의 못, 남에 대한 부끄러움의 넓고 편편한 길, 정진의 군대, 많이 들음의 무기, 바른 생각의 문지기대장, 지혜의 담장이 잘 갖춰지면, 수행자는 끝내 무명 번뇌의 도적의 침범을 받아 무너지지 않고 하늘마라에게 빈틈을 주지 않을 것이다.

또한 밖의 도적을 잘 막고 안으로 네 가지 선정의 물이 차고 넘치면, 그는 늘 즐거움에 머물러 늘어나고 줄어듦이 없이 늘 즐겁고 편안하여 스스로를 니르바나에 이끌 것이다.

그러나 본래 고요한 니르바나에서 니르바나의 공덕이 남이 없이 나는 것이라 실로 도적을 막는다 말하고 닦아 공덕 얻는다 말하면 여래의 니르바나의 뜻을 모르는 자이니, 스스로 잘 사유하고 생각해 여래의 뜻을 등지지 않아야 할 것이다.

왕성의 일곱 가지 일과 네 가지 먹음은 새로 얻는 것이 아니라 니르바나에 본래 갖춰 있는 해탈의 덕을 드러내는 행과 선정의 공덕을 비유함이다.

그러므로 실로 닦음의 자취가 있어도 여래의 뜻에 이르지 못하고, 닦지 않음에 떨어져도 여래의 뜻에 이르지 못할 것이니, 다음 남전선사(南泉禪師)와 황벽선사(黃蘗禪師)의 문답을 깊이 살펴보자.

황벽이 남전선사의 회상에 있으면서 수좌(首座)로 지냈는데, 하루는 발우를 들고[捧鉢] 남전의 자리 가운데 앉았다[南泉位中坐].
남전이 당에 들어와 보고서는 물었다.
"장로는 어느 해 가운데 도를 행했소?"
황벽이 말했다.
"위음왕 붇다 이전입니다[威音王已前]."
남전이 말했다.
"오히려 왕노사(王老師, 南泉)의 손자뻘이오. 내려가시오."
황벽이 두 번째 자리로 내려앉으니 남전이 쉬었다.

도 행함을 물음에 위음왕 붇다 이전이라 하면 닦음 없고 행함 없음을 말하니, 위음왕 붇다 이전이면 주인도 없고 손님도 없으며 앞도 없고 뒤도 없음을 말한 것이다. 위음왕 붇다 이전부터 도를 행했다고 하면 늘 닦는다는 뜻이다. 이렇게 보면 황벽의 대답은 닦음의 자취와 닦지 않음의 자취, 바른 지위[正位]와 치우친 지위[偏位]의 자취를 모두 짊어진 것이라 할 것이다. 그러므로 남전은 왕노사의 손자뻘이라고 경책해 아랫자리로 내려보낸 것인가.

운문고(雲門杲, 大慧禪師)는 이 공안에 대해 다음과 같이 집어[拈] 보인다.

"저에게 어떤 해에 도 행했느냐 물을 것 어찌 기다릴 것인가.
식당 방에 들어서서 저 황벽이 왕노사의 주인 자리[王位]에 앉는 것을 보자마자 곧 발우를 들고 두 번째 자리에 앉을 것이다.
설사 황벽이 범을 잡는 기개가 있다고 해도 어느 곳을 향해 헤아림을 보일 수 있겠는가."

대혜가 보이는 이 말은, 주인이 도리어 손님 자리에 앉음으로 주인이 주인 아니되 주인과 손님을 자재히 씀을 보인 것인가. 『법화경』에 '이 법이 법 자리에 머물러 세간의 모습이 늘 머문다'[是法住法位 世間相常住]고 했으니, 대혜의 뜻이 법화의 뜻을 참으로 살리는 말인가, 어기는 말인가.

어떤 뜻인가.

묘한 법 들은 지혜로운 이만,
길이 시들거나 사라지지 않으리

나는 들었다, 이와 같이.

한때 붓다께서는 슈라바스티 국에 노니시면서 제타 숲 '외로운 이 돕는 장자의 동산'에 계셨다.

그때에 존자 사리푸트라는 비구대중과 함께 밤에 강당에 모여, 안의 묶음[內結]과 밖의 묶음[外結]으로 인해 여러 비구들을 위해 그 뜻을 이렇게 분별하였다.

"여러 어진 이들이여, 세간에는 실로 두 가지 사람이 있소.

어떤 것이 둘이냐 하면 다음과 같소. 첫째는 안의 묶음이 있는 사람이니, 그는 아나가민으로 이 세간에 돌아오지 않소.

둘째는 밖의 묶음이 있는 사람이니, 그는 아나가민이 아니어서 이 세간에 돌아오오."

안의 묶음이 있는 아나가민을 분별함

"여러 어진 이들이여, 어떤 것을 안의 묶음이 있는 사람인 아나가민으로 이 세간에 돌아오지 않는다고 하오?"

탐욕의 흐름 다한 아나가민을 보이심

"만약 어떤 사람이 금한 계[禁戒, śīla]를 닦아 익히어, 뚫어짐도 없고 이지러짐도 없으며, 더러움도 없고 흐림도 없고, 아무런 어려움도 전혀 없이 성인의 칭찬을 받고 잘 닦고 잘 갖추었다 합시다.

그는 금한 계를 닦아 익히어, 뚫어짐도 없고 이지러짐도 없으며, 더러움도 없고 흐림도 없고, 아무런 어려움도 전혀 없이 성인의 칭찬을 받고 잘 닦고 잘 갖춤으로 말미암아, 탐욕을 싫어해 탐욕을 없앰과 탐욕 끊기를 배우오.

탐욕을 싫어해 탐욕을 없앰과 탐욕 끊기를 배움으로 말미암아 마음을 쉰 해탈을 얻고, 해탈을 얻은 뒤에는 그 즐거움 가운데서 사랑하고 아끼어 그것을 떠나지 못하오.

그래서 현재법 가운데서 마쳐 다한 지혜[究竟智]를 얻지 못하고, 몸이 무너지고 목숨 마치면 덩이밥 먹는 하늘[搏食天]을 지나 뜻대로 나는 하늘[如意生天] 가운데 나게 되오.

거기서 난 뒤에는 곧 이렇게 생각하오.

'나는 본래 사람으로 있을 때에는 금한 계를 닦아 익히어, 뚫어짐도 없고 이지러짐도 없으며, 더러움도 없고 흐림도 없고, 아무런 어려움도 전혀 없이 성인의 칭찬을 받고 잘 닦고 잘 갖추었다.

나는 금한 계를 닦아 익히어 뚫어짐도 없고 이지러짐도 없으며, 더러움도 없고 흐림도 없고, 아무런 어려움도 전혀 없이 성인의 칭찬을 받고 잘 닦고 잘 갖춤으로 말미암아, 탐욕을 싫어해 탐욕을 없앰과 탐욕 끊기를 배웠다.

탐욕을 싫어해 탐욕을 없앰과 탐욕 끊기를 배움으로 말미암아 마음을 쉰 해탈을 얻고, 해탈을 얻은 뒤에는 그 즐거움 가운데서 사랑하고 아끼어 그것을 떠나지 못했다.

그래서 현재법 가운데서 마쳐 다한 지혜[究竟智]를 얻지 못하고, 몸이 무너지고 목숨 마치지 덩이밥 먹는 하늘[搏食天]을 지나 뜻내로 나는 하늘[如意生天] 가운데 나서 지금 여기 있다.' "

색계의 존재의 흐름 다한 아나가민을 보이심

"여러 어진 이들이여, 또 어떤 사람은 금한 계를 닦아 익히어, 뚫어짐도 없고 이지러짐도 없으며, 더러움도 없고 흐림도 없고, 아무런 어려움도 전혀 없이 성인의 칭찬을 받고 잘 닦고 잘 갖추었소.

그는 금한 계를 닦고 익히어, 뚫어짐도 없고 이지러짐도 없으며, 더러움도 없고 흐림도 없고, 아무런 어려움도 전혀 없이 성인의 칭찬을 받고 잘 닦고 잘 갖춤으로 말미암아 색계의 존재를 끊고 탐욕을 끊는 법을 배우며, 탐욕을 버려 떠남을 배우오.

그는 색계의 존재를 끊고 탐욕을 끊는 법을 배우며, 탐욕을 버려 떠남을 배움으로 말미암아 마음을 쉰 해탈을 얻었소. 그것을 얻은 뒤에는 그 즐거움 속에서 그것을 사랑하고 아끼어 그것을 떠나지 못하오. 그래서 현재의 법에서 마쳐 다한 지혜를 얻지 못하고, 몸이 무너지고 목숨 마치면 덩이밥 먹는 하늘을 지나 뜻대로 나는 하늘에 태어나오.

거기에 난 뒤에는 그는 곧 이렇게 생각합니다.

'나는 본래 사람으로 있을 때 금한 계를 닦아 익히어, 뚫어짐도 없고 이지러짐도 없으며, 더러움도 없고 흐림도 없고, 아무런 어려움도 전혀 없이 성인의 칭찬을 받고 잘 닦고 잘 갖추었다.

나는 금한 계를 닦아 익히어, 뚫어짐도 없고 이지러짐도 없으며, 더러움도 없고 흐림도 없고, 아무런 어려움도 전혀 없이 성인의 칭찬을 받고 잘 닦고 잘 갖춤으로 말미암아 다시 색계의 존재를 끊고 탐욕을 끊는 법을 배우며, 탐욕을 버려 떠남을 배웠다.

색계의 존재를 끊고 탐욕을 끊는 법을 배우며, 탐욕을 버려 떠남을 배움으로 말미암아 마음을 쉰 해탈을 얻었다. 그것을 얻은 뒤에는 그 즐거움 속에서 그것을 사랑하고 아끼어 떠나지 못했다.

그래서 현재의 법에서 마쳐 다한 지혜를 얻지 못하고, 몸이 무너지고 목숨 마치자 덩이밥 먹는 하늘을 지나 뜻대로 나는 하늘에 태어나 지금 여기 있다.'

여러 어진 이들이여, 이것이 안의 묶음이 있는 사람인 아나가민으로 이 세간에 돌아오지 않는다는 것이오."

밖의 묶음이 있어 다시 돌아옴이 있는
아나가민이 아닌 사람을 분별함

"여러 어진 이들이여, 어떤 것을 밖의 묶음이 있는 사람으로 아나가민이 아니어서 이 세간에 돌아오는 것이라 하오.

만약 어떤 사람이 금한 계를 닦아 익히고 프라티목샤를 지켜 보살피며, 다시 바른 몸가짐과 예절을 잘 거두고 아주 작은 죄를 보아도 늘 두려움을 품으며, 배움의 계를 받아 지닌다 합시다.

여러 어진 이들이여, 이것을 밖의 묶음이 있는 사람으로 아나가민이 아니어서 이 세간에 돌아온다는 것이오."

하늘대중이 세존께서 강당으로 가주시길 청함

이에 많은 '평등한 마음의 하늘들'[等心天]은 그 모습이 우뚝하고 그 빛이 환히 밝았다.

밤이 지나 날이 새려고 할 때 그들은 붇다 계신 곳에 가서 머리를 대 절하고 물러나 한쪽에 앉아 말씀드렸다.

"세존이시여, 존자 사리푸트라는 어젯밤 비구들과 강당에 모여 안의 묶음과 밖의 묶음으로 인해 비구들을 위하여 그 뜻을 분별하였습니다. 존자는 이렇게 말하였습니다.

'여러 어진 이들이여, 세간에는 실로 두 가지 사람이 있으니, 안의 묶음이 있는 사람과 밖의 묶음이 있는 사람이오.'

세존이시여, 대중은 다들 기뻐했습니다. 세존께서는 저들을 사랑하고 가엾이 여기시어 저 강당으로 가주시길 바랍니다."

그때에 세존께서는 여러 평등한 마음의 하늘들을 위하여 잠자코 들어주셨다.

평등한 마음의 하늘들은 세존의 잠자코 들어주심을 알고 붇다의 발에 머리를 대 절하고 세 번 두른 뒤에 거기서 사라졌다.

사리푸트라를 찬탄하시고 고요한 행 닦기를 당부하심

평등한 마음의 하늘들이 간 지 오래지 않아 세존께서는 강당으로 가시어 비구들 앞에서 자리를 펴고 앉으셨다.

세존께서 앉으시고는 곧 찬탄하셨다.

"잘 말하고 잘 말했다, 사리푸트라여. 그대는 아주 옳다.

왜냐하면 그대는 어젯밤에 비구들과 강당에 모여 안의 묶음과 밖의 묶음으로 인해 비구들을 위하여 그 뜻을 이렇게 잘 분별해주었기 때문이다. 곧 이렇게 말하였다.

'여러 어진 이들이여, 세간에는 실로 두 가지 사람이 있으니, 안의 묶음이 있는 사람과 밖의 묶음이 있는 사람이오.'

사리푸트라여, 어젯밤 동이 틀 때 여러 '평등한 마음의 하늘들'은 내게 와서 머리를 대 절한 뒤에 한쪽에 물러가 내게 말했다.

'세존이시여, 존자 사리푸트라는 어젯밤에 비구들과 강당에 모여 안의 묶음과 밖의 묶음으로 인해 비구들을 위하여 그 뜻을 분별해주었습니다.

세존이시여, 대중은 다들 기뻐했습니다. 세존께서는 저들을 사랑하고 가엾이 여기시어 저 강당으로 가주시길 바랍니다.'

사리푸트라여, 나는 곧 그 평등한 마음의 하늘들을 위해 잠자코 들어주었다. 평등한 마음의 하늘들은 내가 잠자코 들어주는 것을 알고, 내 발에 머리를 대 절하고 세 번 두른 뒤에 거기서 사라졌다.

사리푸트라여, 평등한 마음의 하늘들은 열이나 스물, 서른이나 마흔, 쉰이나 예순 명이 송곳 끝 같은 곳에 함께 살아도 서로 방해되지 않는다.

사리푸트라여, 여러 평등한 마음의 하늘들은 그 하늘 가운데 난 것이 아니니, 이미 착한 마음을 잘 닦아 아주 넓고 매우 컸었다. 그래서 저 모든 평등한 마음의 하늘들은 열이나 스물, 서른이나 마흔, 쉰이나 예순 명이 송곳 끝 같은 곳에서 함께 살아도 서로 방해되지 않게 하는 것이다.

사리푸트라여, 여러 평등한 마음의 하늘들은 사람이었을 때 이미 착한 마음을 닦아 아주 넓고 매우 컸었다. 이 때문에 여러 평등한 마음의 하늘들이 열이나 스물, 서른이나 마흔, 쉰이나 예순 명이 송곳 끝 같은 곳에서 함께 살아도 서로 방해되지 않게 하는 것이다.

그러므로 사리푸트라여, 반드시 고요함을 배워야 한다. 모든 아는 뿌리가 고요하고, 마음과 뜻이 고요하며, 몸과 입과 뜻의 업이 고요하여 세존과 여러 지혜로운 범행 닦는 이들을 향해야 한다.

사리푸트라여, 저 거짓된 배움 다른 이들은 길이 시들고 길이 사라질 것이다.

왜 그런가. 이와 같은 묘한 법을 듣지 못하기 때문이다."

붓다께서 이렇게 말씀하시자, 여러 비구들은 붓다의 말씀을 듣고 기뻐하며 받들어 행하였다.

• 중아함 21 등심경(等心經)

• 해설 •

안의 묶음과 밖의 묶음이 공한 줄 알아 그 묶음 다한 이가 아니면 안의 묶음과 밖의 묶음을 잘 분별해 말할 수 없다.

사리푸트라 존자는 스스로 온갖 묶음이 다한 현성이다. 그러므로 아나가민으로 다시 탐욕의 세계에 돌아오지 않으나 법의 애착[法愛]이 다하지 못하여 안의 묶음 남아 있는 이와, 지혜의 흐름에 들어섰으나 아직 존재의 집착이 다하지 못해 밖의 묶음이 있는 이를 잘 가려 분별해준다.

덩이밥 먹는 하늘은 아직 물질의 장애가 있는 하늘이므로 욕계의 하늘일 것이다. 그 하늘 지나 뜻대로 나는 하늘에 태어나는 것은 거친 물질의 장애를 떠나 미세하고 영묘한 물질을 마음대로 하는 하늘의 세계에 태어남이다.

설사 그 하늘에 나 욕계에 되돌아오지 않는다 해도 존재의 흐름이 남아 있으면 색계하늘을 벗어나지 못하고, 존재의 흐름이 다해도 탐욕 떠난 해탈의 기쁨, 탐욕 떠난 미세한 물질세계의 즐거움을 탐착하면 그 탐착의 장애로 마쳐 다한 지혜를 얻지 못한다.

마쳐 다한 지혜는 모습에서 모습을 떠나고 모습 없음에서 모습 없음을 떠나야 하고, 선정으로 탐욕의 흐름 존재의 흐름을 벗어나되 선정의 고요함과 즐거움마저 공한 줄 알아 탐착하지 않아야 한다.

사리푸트라 존자는 안의 묶음 밖의 묶음이 다한 현성이므로 저 '평등한 마음의 하늘대중'마저 존자를 공경하고 존자를 보살피며, 세존께 사리푸트라에게 설법 들은 비구대중 위해 크신 스승께서 다시 법의 뜻 밝혀주시길 청하는 것이다.

'평등한 마음의 하늘대중'은 어떤 정한 곳에 태어남을 받은 하늘신이 아니라 착한 업의 과보로 송곳 끝 같은 곳에서도 평등한 마음으로 여러 대중이 함께 살 수 있는 신들이다.

아주 작음이 큼과 같아[極小同大] 작은 티끌 속이 곧 허공이므로 하늘대중이 송곳 끝에 함께 모여 살 수 있는 것이니, 그 대중은 거친 물질세계의 장애를 벗어나 미세하고 영묘한 물질을 즐거이 쓰는 하늘신들이다.

그러나 그 하늘신들이 미세하고 영묘한 물질을 써도, 물질이 물질이 아니라 물질이 한량없는[色無量] 연기의 진실을 온전히 체현하지 못한 하늘신이므로, 마쳐 다한 지혜를 아직 얻지 못한 신들이다.

세존께서 다시 사리푸트라께 아는 지혜가 고요하고 알려지는 바 세계가 고요함을 배우도록 하시니, 아는 자와 알려지는 것이 있되 고요함을 바로 체달하면 삼계를 벗어난 장부가 되는 것이다.

연기의 묘한 법을 바로 알아듣는 자가 나고 사라지는 온갖 법 가운데서 남이 없고 사라짐 없음을 알아, 길이 시듦 없는 진여의 세계 니르바나의 삶을 사는 자이다.

설사 영묘한 하늘세계를 말한 자들이라 해도 끝내 그 하늘은 이루어짐이 있으므로 사라짐이 있는 세계이니, 길이 시듦 없는 세계는 아니다.

사리푸트라처럼 잘 가르침 듣고 잘 여래의 방에 들어가 두려움 없고 걸림없이 여러 대중을 위해 법을 설하는 자, 그가 바로 시듦 없고 사라짐 없는 여래의 집에서 길이 사는 분이다.

몸 살핌의 법이 해탈의 법을 갖추어
열여덟 공덕을 이루게 한다

나는 들었다, 이와 같이.

한때 붇다께서는 앙가(Aṅga) 국에 노니시면서 큰 비구들과 함께 아파남에 있는 니르그란타가 사는 곳으로 가셨다.

그때 세존께서는 밤을 지내고 이른 아침에, 가사를 입고 발우를 지니고 아파남으로 들어가 밥을 비셨다.

공양을 마치신 뒤에 오후가 되어 가사와 발우를 거두고 손발을 씻으신 뒤에, 니시다나를 어깨에 걸치고 한 숲속[一林]으로 들어가 한 나무 밑에 이르러 니시다나를 펴고 두 발을 맺고 앉으셨다.

그때에 많은 비구들은 점심 뒤에 강당에 모여 앉아 이런 일을 의논하고 있었다.

"여러 어진 이들이여, 세존께서는 매우 기이하시고 빼어나시오.

몸 살핌[念身]을 닦아 익혀 분별하고 널리 펴시며, 아주 잘 알아 살피시며, 아주 잘 닦아 익히고 보살펴 다스리시며, 잘 갖추고 잘 행하여 한마음 가운데 계시오. 붇다께서는 이렇게 말씀하시오.

'몸 살핌의 선정에는 큰 과보가 있어 눈[目]을 얻고, 눈이 있으면 으뜸가는 진리의 뜻[第一義]을 본다.'"

강당에서 비구들의 의논함을 들으시고 대중에게 나아가심

그때에 세존께서는 좌선에 계시면서 사람의 귀를 벗어난 깨끗한 하늘귀로써 여러 비구들이 점심 뒤에 강당에 모여 앉아 서로 이 일을 이렇게 의논하는 것을 들으셨다.

'여러 어진 이들이여, 세존께서는 매우 기이하시고 빼어나시오.

몸 살핌을 닦아 익혀 분별하고 널리 펴시며, 아주 잘 알아 살피시며, 아주 잘 닦아 익히고 보살펴 다스리시며, 잘 갖추고 잘 행하여 한마음 가운데 계시오. 붇다께서는 이렇게 말씀하시오.

〈몸 살핌의 선정에는 큰 과보가 있어 눈을 얻고, 눈이 있으면 으뜸가는 진리의 뜻을 본다.〉'

세존께서는 이 말을 들으신 뒤에 해질녘 좌선에서 일어나시어 강당으로 나아가 비구들 앞에 자리를 펴고 앉으셨다.

그때에 세존께서는 비구들에게 말씀하셨다.

"너희들은 아까 무슨 일을 같이 의논하였는가. 무슨 일로 강당에 모여 앉았는가."

때에 여러 비구들은 말씀드렸다.

"세존이시여, 저희 비구들은 점심 뒤에 강당에 모여 앉아 서로 이 일을 이렇게 의논하였습니다.

'여러 어진 이들이여, 세존께서는 매우 기이하시고 빼어나시오.

몸 살핌을 닦아 익혀 분별하고 널리 펴시며, 아주 잘 알아 살피시며, 아주 잘 닦아 익히고 보살펴 다스리시며, 잘 갖추고 잘 행하여 한마음 가운데 계시오. 붇다께서는 이렇게 말씀하시오.

〈몸 살핌의 선정에는 큰 과보가 있어 눈을 얻고, 눈이 있으면 으뜸가는 진리의 뜻을 본다.〉'

세존이시여, 저희들은 아까 서로 이 일을 의논하였고 이 일로 강당에 모여 앉았습니다."

세존께서는 다시 비구들에게 말씀하셨다.

"어떻게 내가 몸 살핌을 닦아 익히어 분별하고 널리 펴면 큰 과보를 얻는다고 말하던가."

때에 비구들은 세존께 여쭈었다.

"세존께서는 법의 근본이 되시고 법의 주인이 되시며, 법은 세존을 말미암습니다. 이것을 말씀하여주시길 바랍니다.

저희들은 듣고서는 널리 그 뜻을 알게 될 것입니다."

몸 살핌의 법을 널리 분별해 말씀하심
움직이고 머묾, 자고 깸을 돌이켜 살피게 하심

붇다께서는 곧 말씀하셨다.

"너희들은 자세히 듣고 이것을 잘 사유해 생각하라. 나는 너희들을 위하여 그 뜻을 분별해주겠다."

때에 비구들이 분부를 받아들이니, 세존께서 말씀하셨다.

"어떻게 비구는 몸 살핌을 닦아 익히는가.

비구는 다니면 곧 다니는 줄 알고, 서면 서는 줄 알며, 앉으면 앉는 줄 알고, 누우면 눕는 줄 알며, 잠자면 자는 줄 알고, 깨었으면 깬 줄 알며, 잠자다 깨면 잠자다 깬 줄을 안다.

이와 같이 비구는 그 몸의 행[身行]을 따라 곧 위와 같은 지어감을 진실 그대로 안다.

그가 만약 이와 같이 멀리 떠나 홀로 머물며 마음에 방일함이 없이 닦아 행해 부지런히 힘써서 마음의 모든 걱정거리를 끊으면 선정의 마음을 얻고, 선정의 마음을 얻은 뒤에는 위의 지어감을 진실 그대로 알게 된다.

이것을 비구가 몸 살핌을 닦아 익히는 것이라 한다."

들고 나옴과 온갖 몸가짐을 진실 그대로 알게 하심

"다시 비구는 바로 들고 나옴[出入]을 알고, 잘 살피고 분별한다. 그리하여 굽히고 폄, 구부리고 우러름, 몸가짐과 몸놀림, 상가티와 모든 가사 입음과 발우 드는 것, 가고 머묾, 앉고 누움, 자고 깸, 말하고 잠잠함을 모두다 바로 안다.

이와 같이 비구는 그 몸의 지어감을 따라 곧 위의 지어감을 진실 그대로 안다.

그가 만약 이와 같이 멀리 떠나 홀로 머물며 마음에 방일함이 없이 닦아 행해 부지런히 힘써서 마음의 모든 걱정거리를 끊으면 선정의 마음을 얻고, 선정의 마음을 얻은 뒤에는 위의 지어감을 진실 그대로 알게 된다.

이것을 비구가 몸 살핌을 닦아 익히는 것이라 한다."

몸 살핌을 통해 악한 생각 끊도록 하심

"또 비구는 몸 살핌을 닦아 익히되 비구가 악하여 착하지 않은 생각을 내면 착한 법의 생각으로써 다스려 끊고, 없애 그친다.

마치 목공이나 목공의 제자가 먹줄을 나무에 튕기고는 곧 날카로운 도끼로 깎아서 곧게 하는 것과 같이, 비구는 악하여 착하지 않은 생각을 내면 곧 착한 법의 생각으로써 다스려 끊고, 없애 그친다.

이와 같이 비구는 그 몸의 지어감을 따라 곧 위의 지어감을 진실 그대로 안다.

그가 만약 이와 같이 멀리 떠나 홀로 머물며 마음에 방일함이 없이 닦아 행해 부지런히 힘써서 마음의 모든 걱정거리를 끊으면 선정의 마음을 얻고, 선정의 마음을 얻은 뒤에는 위의 지어감을 진실 그대로 알게 된다.

이것을 비구가 몸 살핌을 닦아 익히는 것이라 한다."

혀를 입천장에 대어 마음 다스림을 보이심

"다시 비구는 몸 살핌을 닦아 익히되 그 비구는 이(齒)와 이를 서로 붙이고, 혀를 입천장에 대어 마음으로써 마음을 다스리고 끊으며, 없애 그친다.

마치 두 힘센 장사가 한 약한 사람을 붙잡고 곳곳으로 끌고 다니며 마음대로 때리는 것과 같다. 이와 같이 비구는 이와 이를 서로 붙이고 혀를 입천장에 대어 마음으로써 마음을 다스리고 다스려서 끊으며, 없애 그친다.

그가 만약 이와 같이 멀리 떠나 홀로 머물며 마음에 방일함이 없이 닦아 행해 부지런히 힘써서 마음의 모든 걱정거리를 끊으면 선정의 마음을 얻고, 선정의 마음을 얻은 뒤에는 위의 지어감을 진실 그대로 알게 된다.

이것을 비구가 몸 살핌을 닦아 익히는 것이라 한다."

들고 나는 숨 살핌을 닦도록 가르치심

"또 비구는 몸 살핌을 닦아 익히되 들숨을 생각하여 들숨을 생각하는 줄을 알고, 날숨을 생각하여 날숨을 생각하는 줄을 알며, 들숨이 길면 들숨이 긴 줄을 알고, 날숨이 길면 날숨이 긴 줄을 알며, 들숨이 짧으면 들숨이 짧은 줄을 알고, 날숨이 짧으면 날숨이 짧은 줄을 안다.

온몸에 숨이 드는 것을 배우고, 온몸에서 숨이 나는 것을 배우며, 몸에 움직이는 드는 숨[身行息入]의 그침을 배우고, 입에서 움직이는 나는 숨[口行息出]의 그침을 배운다.

이와 같이 비구는 그 몸의 지어감을 따라 곧 위의 여러 지어감을 진실 그대로 안다.

그가 만약 이와 같이 멀리 떠나 홀로 머물며 마음에 방일함이 없이 닦아 행해 부지런히 힘써서 마음의 모든 걱정거리를 끊으면 선정의 마음을 얻고, 선정의 마음을 얻은 뒤에는 위의 지어감을 진실 그대로 알게 된다.

이것을 비구가 몸 살핌을 닦아 익히는 것이라 한다."

몸을 살펴 탐욕 떠난 선정의 즐거움을 얻게 하심

"또 비구는 몸 살핌을 닦아 익히되 그 비구는 탐욕 떠남에서 생기는 기쁨과 즐거움이 몸을 적셔 윤택케 하여 두루 이 몸 가운데 충만케 하여, 탐욕 떠남에서 생기는 기쁨과 즐거움이 두루하지 않은 곳이 없다.

마치 어떤 목욕하는 사람이 그릇에 콩가루를 담고 물을 타서 둥근 덩이를 만들고 물에 불려 윤택해지면 두루 충만하여 두루하지 않은 곳이 없는 것과 같다.

이와 같이 비구는 탐욕 떠남에서 생기는 기쁨과 즐거움이 몸을 적셔 윤택케 하여 두루 이 몸 가운데 충만케 하여, 악을 떠남에서 기쁨과 즐거움이 생겨 두루하지 않은 곳이 없다.

이와 같이 비구는 그 몸의 지어감을 따라 곧 위의 지어감을 진실 그대로 안다.

그가 만약 이와 같이 멀리 떠나 홀로 머물며 마음에 방일함이 없이 닦아 행해 부지런히 힘써서 마음의 모든 걱정거리를 끊으면 선정의 마음을 얻고, 선정의 마음을 얻은 뒤에는 위의 지어감을 진실 그대로 알게 된다.

이것을 비구가 몸 살핌을 닦아 익히는 것이라 한다."

몸을 살펴 선정의 기쁨과 즐거움이 두루하게 하심

"또 비구는 몸 살핌을 닦아 익히되 그 비구는 선정에서 생기는 기쁨과 즐거움이 몸을 적셔 윤택케 하여 두루 이 몸 가운데 충만케 하여, 선정에서 생기는 기쁨과 즐거움이 두루하지 않은 곳이 없다.

마치 산의 샘물이 아주 깨끗하고 맑아 가득 차서 넘쳐 흘러, 사방에서 물이 오더라도 들어올 수 없는 것과 같다. 곧 그 샘물은 밑에서 스스로 솟구쳐 밖으로 넘쳐 흘러 산을 적셔 윤택케 하여 두루 충만하여 두루하지 않은 곳이 없는 것이다.

이와 같이 비구는 선정에서 생기는 기쁨과 즐거움이 몸을 적셔 윤택케 하여 두루 이 몸 가운데 충만케 하여, 선정에서 생기는 기쁨과 즐거움이 두루하지 않은 곳이 없다.

이와 같이 비구는 그 몸의 지어감을 따라 곧 위의 지어감을 진실 그대로 안다.

그가 만약 이와 같이 멀리 떠나 홀로 머물며 마음에 방일함이 없이 닦아 행해 부지런히 힘써서 마음의 모든 걱정거리를 끊으면 선정의 마음을 얻고, 선정의 마음을 얻은 뒤에는 위의 지어감을 진실 그대로 알게 된다.

이것을 비구가 몸 살핌을 닦아 익히는 것이라 한다."

선정의 기쁨마저 여읜 큰 즐거움에 나아가게 하심
"또 비구는 몸 살핌을 닦아 익히되 그 비구는 기쁨을 여읨으로 생기는 즐거움이 몸을 적셔 윤택케 하여 두루 이 몸 가운데 충만케 하여, 기쁨을 여읨으로 생기는 즐거움이 두루하지 않은 곳이 없다.

마치 푸른 연꽃과 붉고 빨갛고 흰 연꽃이 물에서 나고 물에서 자라 물 밑에 있으면서 뿌리와 줄기와 꽃과 잎이 물에 젖어 윤택하여 두루 충만하여 두루하지 않은 곳이 없는 것과 같다.

이와 같이 비구는 기쁨을 여읨으로 생기는 즐거움이 몸을 적셔 윤택케 하여 두루 이 몸 가운데 충만케 하여, 기쁨을 여읨으로 생기는 즐거움이 두루하지 않은 곳이 없다.

이와 같이 비구는 그 몸의 지어감을 따라 곧 위의 지어감을 진실 그대로 안다.

그가 만약 이와 같이 멀리 떠나 홀로 머물며 마음에 방일함이 없이 닦아 행해 부지런히 힘써서 마음의 모든 걱정거리를 끊으면 선정의 마음을 얻고, 선정의 마음을 얻은 뒤에는 위의 지어감을 진실 그대로 알게 된다.

이것을 비구가 몸 살핌을 닦아 익히는 것이라 한다."

청정한 마음이 온몸에 두루함을 알게 하심
또 비구는 몸 살핌을 닦아 익히되 그 비구는 이 몸속을 청정한 마음으로 알고 두루 차서 성취하여 노닐며, 이 몸 가운데 청정한 마음이 두루하지 않은 곳이 없다.

마치 어떤 사람이 일곱 팔꿈치 길이의 옷이나 여덟 팔꿈치 길이의 옷을 입어 머리에서 발까지 이 몸을 덮지 않은 곳이 없는 것과 같다. 이와 같이 비구는 이 몸속을 청정한 마음으로써 알고 성취하여 노닐며, 이 몸 가운데 청정한 마음이 두루하지 않은 곳이 없다.
　이와 같이 비구는 그 몸의 지어감을 따라 곧 위의 지어감을 진실 그대로 안다.
　그가 만약 이와 같이 멀리 떠나 홀로 머물며 마음에 방일함이 없이 닦아 행해 부지런히 힘써서 마음의 모든 걱정거리를 끊으면 선정의 마음을 얻고, 선정의 마음을 얻은 뒤에는 위의 지어감을 진실 그대로 알게 된다.
　이것을 비구가 몸 살핌을 닦아 익히는 것이라 한다."

몸 살핌으로 온몸과 마음이 밝은 빛임을 사유해 닦게 하심

　"또 비구는 몸 살핌을 닦아 익히되 그 비구는 밝은 빛의 모습[光明想]을 생각하여 잘 받아 잘 지닌다. 좋은 뜻으로 잘 생각하는 것[善意所念]이 앞과 같이 뒤도 그렇고, 뒤와 같이 앞 또한 그러하며, 낮과 같이 밤도 그렇고, 밤과 같이 낮도 그러하며, 아래와 같이 위도 그렇고, 위와 같이 아래 또한 그러하다.
　이렇게 뒤바뀌지 않고 마음은 묶임이 없어 빛나고 밝은 마음을 닦아, 마음이 끝내 어두움에 덮이지 않는다.
　이와 같이 비구는 그 몸의 지어감을 따라 곧 위의 지어감을 진실 그대로 안다.
　그가 만약 이와 같이 멀리 떠나 홀로 머물며 마음에 방일함이 없이 닦아 행해 부지런히 힘써서 마음의 모든 걱정거리를 끊으면 선정의 마음을 얻고, 선정의 마음을 얻은 뒤에는 위의 지어감을 진실 그대로 알게 된다.

이것을 비구가 몸 살핌을 닦아 익히는 것이라 한다."

모습이 서로 의지해 나는 것을 살피게 하심

"또 비구는 몸 살핌을 닦아 익히되 그 비구는 모습을 살펴 잘 받아 다음과 같이 좋은 뜻으로 생각하는 것을 잘 지닌다.

마치 어떤 사람이 앉아서 누운 사람을 살피고, 누워서 앉은 사람을 살피는 것과 같다. 이와 같이 비구는 모습을 살펴 잘 받아 좋은 뜻으로 생각하는 것을 잘 지닌다.

이와 같이 비구는 그 몸의 지어감을 따라 곧 위의 지어감을 진실 그대로 안다.

그가 만약 이와 같이 멀리 떠나 홀로 머물며 마음에 방일함이 없이 닦아 행해 부지런히 힘써서 마음의 모든 걱정거리를 끊으면 선정의 마음을 얻고, 선정의 마음을 얻은 뒤에는 위의 지어감을 진실 그대로 알게 된다.

이것을 비구가 몸 살핌을 닦아 익히는 것이라 한다."

몸 살핌을 통해 몸의 깨끗하지 않음을 사유케 하심

"또 비구는 몸 살핌을 닦아 익히되 그 비구는 이 몸의 머무름을 따라, 좋고 나쁨을 따라, 머리에서 발까지 온갖 깨끗하지 않은 것들이 가득차 있다고 살핀다.

곧 이 몸에는 머리털·몸의 털·손톱·이·거칠고 가늘고 엷은 살갗·껍질·살·힘줄·뼈·심장·콩팥·간장·허파·대장·소장·지라·밥통·똥·골·뇌수·눈물·땀·콧물·가래침·고름·피·기름·뼈속 기름·입의 침·쓸개·오줌이 있다고 살핀다.

마치 그릇에 몇 가지 씨앗을 담아 눈이 있는 사람이 보고 이것은 벼·조의 씨앗·보리·밀·크고 작은 참깨·갓·무·겨자라고 분별하는 것과 같다.

이와 같이 비구는 이 몸의 머무름을 따라 그 좋고 나쁨을 따라 머리에서 발까지 온갖 더러운 것이 가득 차 있다고 살핀다.

이와 같이 비구는 그 몸의 지어감을 따라 곧 위의 지어감을 진실 그대로 안다.

그가 만약 이와 같이 멀리 떠나 홀로 머물며 마음에 방일함이 없이 닦아 행해 부지런히 힘써서 마음의 모든 걱정거리를 끊으면 선정의 마음을 얻고, 선정의 마음을 얻은 뒤에는 위의 지어감을 진실 그대로 알게 된다.

이것을 비구가 몸 살핌을 닦아 익히는 것이라 한다."

몸 살핌으로 몸의 여섯 영역을 살피도록 하심

"또 비구는 몸 살핌을 닦아 익히되 그 비구는 몸의 모든 영역을 살핀다.

'나의 이 몸 가운데는 땅의 영역, 물의 영역, 불의 영역, 바람의 영역, 허공의 영역, 앎의 영역이 있다.'

마치 백정이 소를 죽여 가죽을 벗기고 땅에 펴놓고 여섯 부분으로 나누는 것과 같이, 비구는 몸의 모든 영역을 살핀다.

이와 같이 비구는 그 몸의 지어감을 따라 곧 위의 지어감을 진실 그대로 안다.

그가 만약 이와 같이 멀리 떠나 홀로 머물며 마음에 방일함이 없이 닦아 행해 부지런히 힘써서 마음의 모든 걱정거리를 끊으면 선정의 마음을 얻고, 선정의 마음을 얻은 뒤에는 위의 지어감을 진실 그대로 알게 된다.

이것을 비구가 몸 살핌을 닦아 익히는 것이라 한다."

송장이 썩어 문드러짐을 살피게 하심

"또 비구는 몸 살핌을 닦아 익히되 그 비구는 저 송장이 하루나 이틀 또는 엿새나 이레가 되어 까마귀나 솔개에게 쪼아 먹히고 승냥이나 개한테 먹히며, 불에 타 땅에 묻히어 다 썩어 허물어지는 것을 살피고, 살핀 뒤에는 이렇게 스스로에게 견주어본다.

'지금 내 이 몸 또한 이와 같아 모두 이런 법이 있어서 끝내 떠나지 못한다.'

이와 같이 비구는 그 몸의 지어감을 따라 곧 위의 지어감을 진실 그대로 안다.

그가 만약 이와 같이 멀리 떠나 홀로 머물며 마음에 방일함이 없이 닦아 행해 부지런히 힘써서 마음의 모든 걱정거리를 끊으면 선정의 마음을 얻고, 선정의 마음을 얻은 뒤에는 위의 지어감을 진실 그대로 알게 된다.

이것을 비구가 몸 살핌을 닦아 익히는 것이라 한다."

해골이 문드러짐을 살피게 하심

"또 비구는 몸 살핌을 닦아 익히되, 그 비구는 일찍 길에 버려진 몸의 해골이 푸른빛으로 썩어 허물어지고, 반이나 먹힌 뼈사슬이 땅에

뒹구는 것을 살피고, 살핀 뒤에는 이렇게 스스로에게 견주어본다.

'지금 내 이 몸 또한 이와 같아 모두 이런 법이 있어서 끝내 떠나지 못한다.'

이와 같이 비구는 그 몸의 지어감을 따라 곧 위의 지어감을 진실 그대로 안다.

그가 만약 이와 같이 멀리 떠나 홀로 머물며 마음에 방일함이 없이 닦아 행해 부지런히 힘써서 마음의 모든 걱정거리를 끊으면 선정의 마음을 얻고, 선정의 마음을 얻은 뒤에는 위의 지어감을 진실 그대로 알게 된다.

이것을 비구가 몸 살핌을 닦아 익히는 것이라 한다."

몸이 다 흩어지고 힘줄만 이어 있음을 살피게 하심

"또 비구는 몸 살핌을 닦아 익히되 그 비구는 일찍 길에 버려진 몸의 살갗과 살과 피가 흩어지고 오직 힘줄만 서로 이어 있음을 살피고, 살핀 뒤에는 이렇게 스스로에게 견주어본다.

'지금 내 이 몸 또한 이와 같아 모두 이 법을 가져 끝내 떠나지 못한다.'

이와 같이 비구는 그 몸의 지어감을 따라 곧 위의 지어감을 진실 그대로 안다.

그가 만약 이와 같이 멀리 떠나 홀로 머물며 마음에 방일함이 없이 닦아 행해 부지런히 힘써서 마음의 모든 걱정거리를 끊으면 선정의 마음을 얻고, 선정의 마음을 얻은 뒤에는 위의 지어감을 진실 그대로 알게 된다.

이것을 비구가 몸 살핌을 닦아 익히는 것이라 한다."

몸의 뼈가 뿔뿔이 흩어짐을 살피게 하심

"또 비구는 몸 살핌을 닦아 익히되 그 비구는 일찍 길에 버려진 몸의 뼈마디가 풀리어, 여러 곳에 흩어져 발뼈·허벅다리뼈·넓적다리뼈·엉치뼈·등뼈·어깨뼈·목뼈·정수리뼈가 각각 따로 흩어진 것을 살피고, 살핀 뒤에는 이렇게 스스로에게 견주어본다.

'지금 내 이 몸 또한 이와 같아 모두 이 법을 가져 끝내 떠나지 못한다.'

이와 같이 비구는 그 몸의 지어감을 따라 곧 위의 지어감을 진실 그대로 안다.

그가 만약 이와 같이 멀리 떠나 홀로 머물며 마음에 방일함이 없이 닦아 행해 부지런히 힘써서 마음의 모든 걱정거리를 끊으면 선정의 마음을 얻고, 선정의 마음을 얻은 뒤에는 위의 지어감을 진실 그대로 알게 된다.

이것을 비구가 몸 살핌을 닦아 익히는 것이라 한다."

뼈의 빛깔을 살피고 끝내 가루가 됨을 살피게 하심

"또 비구는 몸 살핌을 닦아 익히되 그 비구는 일찍 길에 버려진 몸의 뼈가 희기는 소라와 같고, 푸르기는 집비둘기 빛과 같으며, 붉기는 피칠한 것 같고, 썩어 허물어지고 부서져 가루가 되는 것을 살피고, 살핀 뒤에는 이렇게 스스로에게 견주어본다.

'지금 내 이 몸 또한 이와 같아 모두 이 법을 가져 끝내 떠나지 못한다.'

이와 같이 비구는 그 몸의 지어감을 따라 곧 위의 지어감을 진실 그대로 안다.

그가 만약 이와 같이 멀리 떠나 홀로 머물며 마음에 방일함이 없이 닦아 행해 부지런히 힘써서 마음의 모든 걱정거리를 끊으면 선정의 마음을 얻고, 선정의 마음을 얻은 뒤에는 위의 지어감을 진실 그대로 알게 된다.

이것을 비구가 몸 살핌을 닦아 익히는 것이라 한다."

몸 살핌을 바로 닦으면 온갖 실천법이 다 갖춰져
마라가 틈을 탈 수 없음을 보이심

"만약 이와 같이 몸 살핌을 닦아 익혀 이와 같이 널리 펴면 저 모든 착한 법들이 다 그 가운데 있게 되니 곧 여러 가지 실천법[道品法]을 말한다.

만약 그에게 마음과 뜻이 풀려 두루 가득하면 그것은 마치 저 모든 작은 강물이 다 큰 바다 가운데 있는 것과 같다. 만약 이와 같이 몸 살핌을 닦아 익혀 이와 같이 널리 펴면 저 모든 착한 법들이 다 그 가운데 있게 되니 곧 여러 가지 실천법을 말한다.

만약 어떤 사문이나 브라마나가 몸 살핌을 바로 세우지 않고 적은 마음[少心]에 노닐면, 악한 마라 파피야스가 그 틈을 타서 반드시 이기게 될 것이다.

왜 그런가. 저 사문이나 브라마나는 몸 살핌이 전혀 없기 때문이다.

마치 병 속이 비어 물이 없는 것을 바르게 땅에 둔 것과 같으니, 만약 어떤 사람이 물을 가지고 와서 병 가운데 쏟으면, 비구여, 어떻게 생각하느냐. 그 병은 이와 같이 하여 물을 받겠는가."

비구가 대답했다.

"받습니다, 세존이시여. 그것은 속이 비어 물이 없고 바르게 땅에 두었기 때문에 반드시 물을 받습니다."

"그와 같이 만약 사문이나 브라마나가 몸 살핌을 바로 세우지 않고, 적은 마음에 노닐면 악한 마라 파피야스가 그 틈을 타서 반드시 이기게 될 것이다. 왜 그런가. 저 사문이나 브라마나는 몸 살핌이 전혀 없기 때문이다.

만약 어떤 사문이나 브라마나가 몸에 살핌을 바로 세워 한량이 없는 마음에 노닐면, 악한 마라 파피야스가 그 틈을 타지 못하게 될 것이다.

왜 그런가. 그 사문이나 브라마나는 헛되지 않고 몸 살핌이 있기 때문이다.

마치 병에 물이 가득 차서 바르게 땅에 놓여 있는 것과 같다. 만약 어떤 사람이 물을 가지고 와서 병 안에 쏟으면, 비구여, 어떻게 생각하느냐. 그 병은 이와 같이 하여 다시 물을 받겠는가."

비구가 대답했다.

"아닙니다. 세존이시여, 왜냐하면 그 병은 물이 차서 바르게 땅에 놓여 있기 때문에 물을 받지 않습니다."

"이와 같이 만약 어떤 사문이나 브라마나가 몸 살핌을 바로 세워 한량이 없는 마음에 노닐면 저 악한 마라 파피야스는 그 틈을 타지 못하게 될 것이다. 왜 그런가. 그 사문이나 브라마나는 헛되지 않고 몸 살핌이 있기 때문이다.

만약 어떤 사문이나 브라마나가 몸 살핌을 바로 세우지 않고 적은 마음에 노닐면, 저 악한 마라 파피야스는 그 틈을 반드시 타게 될 것이다.

왜 그런가. 그 사문이나 브라마나는 헛되어 몸 살핌이 없기 때문이다.

마치 힘센 장사가 크고 무거운 돌을 진창 속에 던지는 것과 같으니, 비구여, 어떻게 생각하느냐. 진흙은 돌을 받겠느냐."

비구가 대답했다.

"받습니다. 세존이시여, 진흙은 묽고 돌은 무겁기 때문에 반드시 받습니다."

"이와 같이 만약 어떤 사문이나 브라마나가 몸 살핌을 바로 세우지 않고 적은 마음에 노닐면, 악한 마라 파피야스가 그 틈을 반드시 타게 될 것이다. 왜 그런가. 그 사문이나 브라마나는 헛되어 몸 살핌이 없기 때문이다.

만약 어떤 사문이나 브라마나가 몸 살핌을 바로 세워 한량 없는 마음에 노닐면, 그는 악한 마라 파피야스가 그 틈을 반드시 타지 못할 것이다.

왜 그런가. 그 사문이나 브라마나는 헛되지 않고 몸 살핌이 있기 때문이다.

마치 힘센 장사가 가벼운 털공으로 꽂꽂이 세워놓은 부채에 던지는 것과 같으니, 비구여, 어떻게 생각하느냐. 그것은 털공을 받겠는가."

비구가 대답했다.

"아닙니다. 세존이시여, 털공은 가볍고 세워놓은 부채는 꽂꽂하게 섰기 때문에 털공을 받지 않습니다."

"이와 같이 만약 어떤 사문이나 브라마나가 몸 살핌을 바로 세워 한량이 없는 마음에 노닐게 되면 그는 악한 마라 파피야스가 반드시 그 틈을 타지 못하게 될 것이다.

왜 그런가. 그 사문이나 브라마나는 헛되지 않고 몸 살핌이 있기 때문이다.

만약 어떤 사문이나 브라마나가 몸 살핌을 바로 세우지 않고 적은 마음에 노닐면 악한 마라 파피야스가 그 틈을 반드시 타게 될 것이다.

왜 그런가. 그 사문이나 브라마나는 헛되어 몸 살핌이 없기 때문이다.

마치 사람이 불을 구하여 마른 나무를 불바탕[母]으로 하고 뜨거운 송곳으로 문지르는 것과 같으니, 비구여 어떻게 생각하느냐. 그 사람은 이렇게 하여 불을 얻을 수 있겠는가."

비구가 대답했다.

"얻을 수 있습니다. 세존이시여, 왜냐하면 그는 뜨거운 송곳으로 마른 나무를 문지르기 때문에 반드시 불을 얻습니다."

"이와 같이 만약 어떤 사문이나 브라마나가 몸 살핌을 바로 세우지 않고 적은 마음에 노닐면, 악한 마라 파피야스가 반드시 그 틈을 타게 될 것이다.

왜 그런가. 그 사문이나 브라마나는 헛되어 몸 살핌이 전혀 없기 때문이다.

만약 어떤 사문이나 브라마나가 몸 살핌을 바로 세워 한량없는 마음에 노닐면, 그는 악한 마라 파피야스가 반드시 그 틈을 타지 못하게 될 것이다.

왜 그런가. 그 사문이나 브라마나는 헛되지 않고 몸 살핌이 있기 때문이다.

마치 사람이 불을 구하여 젖은 나무를 바탕으로 하고 젖은 송곳으로 문지르는 것과 같으니, 비구여 어떻게 생각하느냐. 그 사람은 이렇게 하여 불을 얻을 수 있겠는가."

비구가 대답했다.

"아닙니다. 세존이시여, 그는 젖은 송곳으로 젖은 나무를 문지르기 때문에 불을 얻지 못합니다."

"이와 같이 만약 어떤 사문이나 브라마나가 몸 살핌을 바로 세워 한량없는 마음에 노닐면, 악한 마라 파피야스가 반드시 그 틈을 타지 못하게 될 것이다.

왜 그런가. 그 사문이나 브라마나는 헛되지 않고 몸 살핌이 있기 때문이다."

열여덟 가지 몸 살핌의 공덕과 해탈의 작용을 보이심

"이렇게 몸 살핌을 닦아 익히고, 이와 같이 널리 펴면, 열여덟 가지 덕[十八德]이 있음을 알아야 한다.

어떤 것이 열여덟인가.

비구는 굶주림과 목마름과 추위와 더위, 모기와 등에, 파리와 이와 바람과 햇볕의 내몰림을 참고, 욕설과 매질을 하더라도 또한 참을 수 있다. 여러 병에 걸려 아주 괴로워하며 목숨이 끊어지려 해도 여러 즐겁지 않은 일을 다 견디어 참는다. 이와 같이 몸 살핌을 닦아 익히고 이와 같이 널리 펴면, 이것을 첫째 몸 살피는 덕이라 한다.

다시 비구는 즐겁지 않은 일을 견디어 참고, 만약 즐겁지 않은 생각을 내도 마음이 끝내 집착하지 않는다. 이와 같이 몸 살핌을 닦아 익히고 이와 같이 널리 펴면, 이것을 둘째 몸 살피는 덕이라 한다.

다시 비구는 두려움을 견디어 참고, 만약 두려움을 내도 마음이 끝내 집착하지 않는다. 이와 같이 몸 살핌을 닦아 익히고 이와 같이 널리 펴면, 이것을 셋째 몸 살피는 덕이라 한다.

다시 비구는 세 가지 나쁜 생각 곧 탐냄의 생각·성냄의 생각·해침의 생각을 내지 않는다. 만약 세 가지 나쁜 생각을 내도 끝내 집착하지 않는다. 이와 같이 몸 살핌을 닦아 익히고 이와 같이 널리 펴면, 이것을 넷째·다섯째·여섯째·일곱째 몸 살피는 덕이라 한다.

다시 비구는 탐욕을 떠나고 악하여 착하지 않은 법을 떠나, 넷째 선정을 성취하여 노닐게 된다. 이와 같이 몸 살핌을 닦아 익히고 이와 같이 널리 펴면, 이것을 여덟째 몸 살피는 덕이라 한다.

다시 비구는 세 가지 묶음[三結]이 이미 다하여 스로타판나를 얻어 악한 법에 떨어지지 않고, 반드시 바른 깨달음으로 나아가 끝내 일곱 존재[七有]를 받더라도 하늘위와 사람 사이에 한 번 가고 온 뒤에는 괴로움의 끝을 얻는다. 이와 같이 몸 살핌을 닦아 익히고 이와 같이 널리 펴면, 이것을 아홉째 몸 살피는 덕이라 한다.

다시 비구는 세 가지 묶음이 이미 다하여 음욕과 성냄과 어리석음이 엷어져 하늘위와 사람 사이에 한 번 가고 오며, 한 번 가고 온 뒤에는 괴로움의 끝을 얻는다. 이와 같이 몸 살핌을 닦아 익히고 이와 같이 널리 펴면, 이것을 열째 몸 살피는 덕이라 한다.

비구는 다섯 가지 낮은 곳의 묶음[五下分結]이 다하여 그 묶음 다한 곳 사이에서 나서 곧 다시 니르바나에 들어 물러나지 않는 법[不退法]을 얻어 이 세상에 돌아오지 않는다. 이와 같이 몸 살핌을 닦아 익히고 이와 같이 널리 펴면, 이것을 열한째의 몸 살피는 덕이라 한다.

다시 비구가 만약 쉼의 해탈[息解脫]이 있으면, 물질세계[色]를 떠나, 물질 없음[無色]을 얻고, 코끼리 같은 사마디[如其象定]를 몸으로 얻어 성취하여 노닐며, 지혜 살핌으로 번뇌의 흐름을 알아, 번뇌 흐름을 끊는다. 이와 같이 몸 살핌을 닦아 익히고 이와 같이 널리 펴면, 이것을 열둘째·열셋째·열넷째·열다섯째·열여섯째·열일곱째 몸 살피는 덕이라 한다.

다시 비구는 마음대로 다니는 신통, 하늘귀의 신통, 남의 마음 아는 지혜, 오랜 목숨 아는 지혜, 중생의 나고 죽음을 아는 지혜가 있고, 모든 흐름이 이미 다하여 샘이 없는 마음의 해탈[無漏心解脫]과 지혜의 해탈[慧解脫]을 얻어, 현재에서 스스로 알고 스스로 깨닫고 스스로 증득해 성취하여 노닌다. 그리하여 태어남은 이미 다하고 범행은 이미 서고, 지을 바를 이지 지어 다시는 뒤의 있음 받지 않는다는 것을 진실 그대로 안다. 이와 같이 몸 살핌을 닦아 익히고 이와 같이 널리 펴면, 이것을 열여덟째 몸 살피는 덕이라 한다.

이와 같이 몸 살핌을 닦아 익히고 이와 같이 널리 펴면, 이런 열여덟 가지 덕이 있음을 반드시 알아야 한다."

붇다께서 이렇게 말씀하시자, 저 여러 비구들은 붇다의 말씀을 듣고 기뻐하며 받들어 행하였다.

• 중아함 81 염신경(念身經)

• **해설** •

온갖 법은 인연으로 나지 않는 것이 없으니, 한 법을 바로 살피는 것이 온갖 법을 살피는 것이다. 몸 살핌에서 살피는바 몸을 떠나 살피는 마음이 없어서 몸이 몸 아님을 알면, 보는 마음이 마음 아닌 마음인 줄 아는 것이다.

그러므로 몸 살핌이 마음 살핌이 되고 몸을 살펴 그 진실을 알면 느낌[受]과 법(法)의 진실을 알아 온갖 번뇌의 법과 온갖 괴로움 속에서 안락을 얻게 되니 몸 살핌에 큰 과보가 있다고 한 것이다.

또 몸 살핌이 온갖 법 살피는 지혜를 드러내니 몸 살핌으로 눈을 얻는다고 한 것이며, 몸의 진실을 깨닫는 것이 온갖 법의 실상을 깨닫는 것이므로 눈이 있으면 으뜸가는 진리의 뜻[第一義]을 본다고 한 것이다.

비구들의 법에 대한 논의를 듣고 세존께서 몸 살핌을 다시 자세히 가르치시니, 몸 살핌의 한 법이 온갖 실천법을 갖추어 몸 살핌 속에 다섯 그치는 법[五停心觀]이 있다. 또한 몸 살핌 속에 탐욕 다한 선정이 있고, 탐욕 다한 선정의 기쁨마저 떠나 사유의 청정을 성취하는 네 가지 선정[四禪]의 길이 있고, 몸 살핌 가운데 숨을 보고 몸의 실상을 보며 느낌을 보아 해탈에 이르고 몸과 숨의 덧없는 실상을 보는 '열여섯 빼어난 살핌'[十六特勝觀]이 있다.

몸 살핌의 한 법이 갖가지 실천법 갖추므로 세존은 몸 살피는 한 법을 잡아 여러 방편법을 거두어 보이신다.

먼저 몸 살피는 수행자는 덩어리로서의 몸이 몸 아닌 몸이라 행위로 주어지는 것임을 살펴야 한다. 그렇게 몸의 갖가지 짓는 행위를 살펴 행위가 일어남이 없고 지음 없음을 바로 보아야 하니, 오고 가고 다니고 서며 앉고 누움, 자고 깸을 살펴 짓는 행에 일어남 없음을 알면 짓는 그 가운데 지음 없음을 알게 된다.

몸이 공함을 살핌이 바른 살핌이니, 몸 살피는 수행자는 온갖 나쁜 생각 나쁜 느낌이 일어날 때 몸 살피는 그 생각으로 그 온갖 생각이 남이 없음[無生]을 바로 본다.

들고 나는 숨을 살펴 숨이 들고 나옴을 알고 온몸에 두루함을 알되, 숨이 오되 온 곳이 없고[無來處] 나가되 이르는 곳이 없음[無到處]을 알면 숨을 보아 온갖 법을 볼 수 있다.

몸 살핌으로 탐욕 떠나 느낌과 살핌이 있는 첫째 선정의 기쁨을 얻지만, 느낌과 살핌 선정의 기쁨을 떠나 더 큰 즐거움에 나아간다. 선정의 기쁨이 온몸을 적시고 온 마음에 넘쳐나도 그 기쁨의 마음을 취하지 않고, 괴로움과 즐거움을 모두 떠나 평정한 마음을 얻되 평정한 마음의 고요함에도 머물지 않으면, 그 사유의 청정이 위도 없고 아래도 없으며 낮과 같이 밤도 그러해 온갖 때에 끊어지지 않고 온갖 곳에 두루하게 된다.

이것이 몸 살핌으로 첫째 선정을 얻고 둘째 선정, 셋째 선정을 얻되 선정의 기쁨과 고요함에 머묾없이 넷째 선정의 청정함에 나아가는 것이다.

몸 살피되 살피는바 몸이 갖가지 인연의 덩어리며 온갖 부분의 모임인 줄 살피어도 그 인연마저 공한 줄 알면, 몸 살핌이 인연 살핌[因緣觀]이 된다. 몸 살피되 살피는 몸이 몸이 아닌 몸이라 몸이 곧 땅·물·불·바람·허공·앎의 영역이 함께 어울림인 줄 살피면, 몸 살핌이 온갖 영역 분별하는 살핌[界分別觀]이 된다.

몸 살피되 살피는바 몸이 온갖 깨끗하지 않은 것들이 모인 것이라 죽어서 썩어 문드러지고 흩어져 사라짐인 줄 살펴 몸이 깨끗하다는 집착을 버리면, 몸 살핌이 깨끗하지 않음을 살핌[不淨觀]이 된다.

몸 살피되 살피는 몸이 숨[息]이 붙들어주고 숨이 이끌고 숨이 움직이는 줄 알아, 숨이 오고 감을 살펴 숨이 오되 옴이 없음을 바로 보면, 몸 살핌이 들이쉬고 내쉬는 숨 살핌[呼吸觀]이 된다.

몸 살피되 살피는바 몸이 공한 줄 알면 몸을 집착하는 적은 마음[少心]이 사라지고, 몸에 몸 없는 몸을 살피는 마음이 한량없으니, 몸 살핌이 자비의 살핌[慈悲觀]이 된다.

몸 살핌의 지혜가 높고 깊으며 자비의 마음이 넓고 끝없으면, 저 악한 마라 파피야스가 그 틈을 탈 수 없고 그를 이길 수 없다. 한량없는 자비의 마음에 맞설 파피야스가 본래 없기 때문이다.

몸을 집착하면 마음이 몸에 물든 마음이 되고, 나를 나로 집착하면 내 것을 세우므로 나의 삶은 나와 내 것에 갇힌 닫혀진 삶이 된다.

그러나 몸을 살펴 몸에 몸 없음을 보면 그것이 한량없는 마음이 되고 으뜸가는 진리의 뜻 그대로의 마음이 되니, 열여덟 공덕은 몸 살핌을 따라 나지만 본래 나의 삶이 갖춘 공덕이므로 새로 얻는 것이 아니다. 몸을 살펴 몸에 몸 없음을 보면 온갖 모든 법이 나되 남이 없음을 보니, 그가 모습에 막힘없는 신통과 오고 감에 흔들림 없는 선정과 번뇌 다한 지혜를 온전히 쓰는 자이다.

몸을 바로 살펴 열여덟 공덕을 잘 씀이 없이 쓰는 그가 아라한이니, 몸 살핌의 법을 스스로 닦아 익혀 이 법을 널리 펴는 것이 깊고 깊은 마음으로 티끌세계를 받들어 붇다의 은혜 갚는 자라 할 것이다.

집착의 대상인 '나'의 몸을 살펴 몸에 몸 없음을 바로 보면 이것이 여래의 법신을 보는 것이고 만 가지 법의 실상을 보는 것이니, 『화엄경』(「여래현상품」)은 이렇게 노래한다.

> 법신은 허공과 같아서
> 걸림 없고 차별이 없네.
> 물질의 모습 그림자와 같으니
> 갖가지 여러 모습 나타내네.
>
> 法身同虛空　無礙無差別
> 色形如影像　種種衆相現
>
> 그림자의 모습 머무는 곳 없어
> 허공처럼 바탕의 성품 없으니
> 지혜가 넓고 큰 사람은
> 그 평등함을 밝게 알도다.
>
> 影像無方所　如空無體性
> 智慧廣大人　了達其平等

3) 지혜로 인해 나는 니르바나

세간법에 헛된 헤아림 떠나면
스스로 니르바나 깨달으리

이와 같이 내가 들었다.

한때 붇다께서는 슈라바스티 국 '외로운 이 돕는 장자의 동산'에 계셨다.

그때 세존께서 여러 비구들에게 말씀하셨다.

"내가 이제 온갖 헤아림[一切計] 끊는 것을 말해주겠으니 자세히 듣고 잘 사유하라.

어떻게 헤아리지 않는가. 곧 '내가 빛깔을 본다'고 헤아리지 않고, '눈은 내 것이다'고 헤아리지 않으며, '눈과 빛깔이 서로 속해 있다'고 헤아리지 않는다.

만약 빛깔과 눈의 앎[眼識]과 눈의 닿음[眼觸]과 눈의 닿음의 인연으로 생기는 느낌[受], 그 안의 느낌이 괴롭거나 즐겁거나 괴롭지도 않고 즐겁지도 않거나 그 모든 것에서 또한 즐겁다거나 나와 내 것을 헤아리지 않으며 즐거움과 서로 즐거움을 헤아리지 않는다.

귀·코·혀·몸·뜻을 헤아리지 않음 또한 다시 이와 같다.

이와 같이 헤아리지 않으면 그는 모든 세간에 대해서 늘 취할 것이 없고 취할 것이 없기 때문에 집착할 것이 없으며, 집착할 것이 없기 때문에 스스로 니르바나를 깨닫는다.

그래서 '나의 태어남은 이미 다하고, 범행은 이미 서고, 지을 바를 이미 지어, 다시는 뒤의 있음을 받지 않음'을 스스로 알게 된다."

붇다께서 이 경을 말씀하시자 여러 비구들은 붇다의 말씀을 듣고 기뻐하며 받들어 행하였다.

• 잡아함 226 계경(計經)①

• 해설 •

여기 보는 내가 있고 저기 보여지는 빛깔이 있다 하는가. 그렇게 말하지 않아야 하니, 보는 눈과 보여지는 빛깔이 따로 있는데 어떻게 눈으로 저 빛깔을 볼 수 있겠는가.

보는 눈과 보여지는 빛깔이 어떤 하나의 장 속에 녹아 있다 말하는가. 그렇게 말하지 않아야 하니, 이미 하나인데 어찌 눈이 저 빛깔을 볼 수 있겠는가.

보는 나와 보여지는 대상은 모두 인연으로 있기 때문에 있되 공하다. 그러므로 서로 의지해 앎을 연기한다. 연기된 눈의 앎에는 눈도 없고 빛깔도 없지만 눈과 빛깔을 떠나 눈의 앎도 없다. 어디에도 나와 내 것이 실체로 있지 않다.

눈의 앎, 눈의 앎에서 일어나는 괴로움과 즐거움의 느낌[苦受·樂受], 괴롭지 않고 즐겁지도 않은 느낌[不苦不樂受] 또한 인연으로 나기 때문에 공하여 자체가 없다.

이와 같이 알면 보는 활동과 보여지는 대상, 온갖 법에서 나와 내 것을 떠나 니르바나를 깨닫는다.

왜 그런가. 니르바나는 세간법 밖에 따로 얻는 것이 아니라 지금 연기된 존재의 공한 진실이며 진실 그대로의 삶이기 때문이다.

다섯 쌓임의 무거운 짐 벗어나야 니르바나이니

이와 같이 내가 들었다.

한때 붇다께서는 슈라바스티 국 제타 숲 '외로운 이 돕는 장자의 동산'에 계셨다.

그때 세존께서 여러 비구들에게 말씀하셨다.

"내가 이제 무거운 짐[重擔]과 짐을 짊어짐과 짐을 버림[捨擔]과 짐 진 자[擔者]에 대해서 말하겠다. 자세히 듣고 잘 사유하라. 너희들을 위해 말해주겠다.

무엇이 무거운 짐인가? 곧 다섯 가지 받는 쌓임[五受陰]이다. 어떤 것이 다섯 가지인가? 물질의 받는 쌓임·느낌의 받는 쌓임·모습 취함의 받는 쌓임·지어감의 받는 쌓임·앎의 받는 쌓임이다.

무엇이 짐을 짊어짐인가? 미래의 있음에 대한 애착[當來有愛]에 기쁨[喜]과 탐욕[貪]이 함께하여 이것저것을 즐겨 집착하는 것이다.

무엇이 짐을 버림인가? 만약 미래의 있음에 대한 애착과 탐욕과 기쁨이 함께하여 이것저것을 즐겨 집착하면, 그것을 길이 끊어 남음이 없게 하고, 없애버리고 뱉어 다해, 탐욕 떠나 사라져 없어짐이다.

누가 짐 진 자인가? 곧 깨닫지 못한 장부[士夫]가 그들이니, 깨닫지 못한 장부는 이와 같은 이름, 이와 같은 태어남, 이와 같은 종족,

이와 같은 먹음으로, 이와 같이 괴로움과 즐거움 받고, 이와 같이 길이 살며, 이와 같이 오래 머물고, 이와 같이 그 목숨이 제한된 이들이다.

이것을 무거운 짐이라 하고, 짐을 짊어짐, 짐을 버림, 짐 진 자라 한다."

그때 세존께서는 게송으로 말씀하셨다.

이미 무거운 짐 버렸거든
다시는 그것 짊어지지 말라.
무거운 짐은 큰 괴로움이요
짐을 버림은 큰 즐거움이네.

반드시 온갖 애욕 끊어버리면
온갖 지어감 모두 다하게 되고
남음 있는 경계 밝게 깨달으면
다시 있음에 돌아오지 않으리.

붇다께서 이 경을 말씀하시자, 여러 비구들은 붇다의 말씀을 듣고 기뻐하며 받들어 행하였다.

• 잡아함 73 중담경(重擔經)

• **해설** •

다섯 쌓임은 인연으로 있으므로 공하고, 공하기 때문에 취할 것이 없다. 취할 것이 없는 곳에서 취함이 있으므로 받음이 있으면 다섯 쌓임[五蘊]은 받는 쌓임[受陰]이 된다. 마음이 경계를 마주해 받되 받음 없으면 삶의 무거운 짐이 없는 것이다. 실로 받아들임이 있어 마음과 경계가 어긋나면 마음은 경계에 물들고, 경계는 마음에 갇히니 무거운 짐을 짊어진 것이다.

애착과 취함이 허깨비에서 허깨비 취함인 줄 알면 무거운 짐을 버림이니, 버리되 버림 없이 무거운 짐을 버리면 깨닫지 못한 장부가 크나큰 장부 마하사트바가 된다.

스스로의 무거운 삶의 짐을 버려버린 자 마하사트바는 '나'와 저 중생의 모습에서 모습 떠나 크나큰 마음으로 중생을 위해 다함없는 파라미타를 행하는 장부이니,『화엄경』(「십회향품」)은 말한다.

> 세간 중생 잘 다루어 이끄시는
> 사람 가운데 높은 분의 지위에
> 이미 오른 큰 장부 마하사트바는
> 모든 뜨거운 번뇌의 마음을 떠나
> 마음에 아무런 걸림이 없이
> 바른 법과 뜻을 다 잘 알아서
> 뭇 삶들 이롭게 하기 위하여
> 더욱 부지런히 닦아 익히네.
>
> 已昇調御人尊地　離諸熱惱心無礙
> 於法於義悉善知　爲利群生轉勤習

'네 곳 살핌'으로 바른 지혜에 머물러 해탈하나니

이와 같이 내가 들었다.

한때 붇다께서는 바이샬리 국 큰 숲의 이층강당*에 계셨다.

그때 여러 비구들이 카레리굴(Kareri-kuṭikā) 강당에 모여 있었는데 많이들 병을 앓고 있었다.

그때 세존께서 해질 무렵에 선정에서 깨어나시어 카레리굴 강당으로 가셨고, 대중들 앞에 자리를 펴고 앉아 여러 비구들에게 말씀하셨다.

네 곳 살핌의 바른 생각으로 지혜에 머묾을 보이심

"바른 생각[正念]과 바른 지혜[正智]로 때를 기다리라. 그렇게 하면 나의 가르침을 따르는 것이다.

비구여, 어떤 것이 바른 생각인가?

곧 비구가 안의 몸[內身]에서 몸 살피는 생각[念處]으로 방편을 부지런히 하여 바른 생각과 바른 지혜로 세간의 탐욕과 근심을 항복하고, 바깥의 몸[外身]에서 몸 살피는 생각과 안팎의 몸[內外身]에서 몸 살피는 생각으로 정진하는 것이다.

---

* 이 장소가 팔리어본에는 바이샬리 국 큰 숲 이층강당[重閣講堂]으로 되어 있고, 아함에는 슈라바스티 제타 숲 '외로운 이 돕는 장자의 동산'으로 되어 있으나, 카레리 굴에서 설법하셨다는 내용상 바이샬리로 교정함.

또 안의 느낌[內受]·밖의 느낌[外受]·안팎의 느낌[內外受]과, 안의 마음[內心]·밖의 마음[外心]·안팎의 마음[內外心]과, 안의 법[內法]·밖의 법[外法]·안팎의 법[內外法]에서 법 등을 살피는 생각으로, 방편을 부지런히 하여 바른 생각 바른 지혜로 세상의 탐욕과 근심을 항복하는 것이다.

이렇게 하는 것을 비구의 바른 생각[憶念]이라고 한다.

어떤 것이 비구의 바른 지혜인가? 곧 비구가 오거나 가거나 바른 지혜로써 머물고, 바라보고 살피는 것과 굽히고 폄과 구부리고 우러러봄, 옷과 발우를 지니는 것과, 가고 서며 앉고 누우며 자고 깨는 것과, 나아가 이와 같이 쉰 가지 예순 가지 일에 이르도록, 말하고 침묵함에 바른 지혜를 의지해 행하는 것이다.

비구들이여, 이것을 바른 지혜라고 한다."

바른 지혜로 세 가지 느낌이 덧없음을 살펴 탐욕 떠남을 보이심

"이와 같이 비구들이여, 바른 생각과 바른 지혜로 머무는 이가 즐거운 느낌[樂受]을 일으키게 되면, 이것은 인연이 있는 것이지 인연이 없는 것이 아니다.

어떤 것이 즐거운 느낌의 인연인가? 곧 몸을 따르는 것[緣於身]이니 이렇게 사유하는 것이다.

'나의 이 몸은 덧없는 것이요, 함이 있는 것이며, 마음의 인연으로 생긴 것이다. 즐거운 느낌도 덧없고, 함이 있으며, 마음의 인연으로 생긴 것이다.

이와 같이 몸과 즐거운 느낌[身及樂受]에 대해 덧없는 것이라 살피고, 나고 사라지는 것이라고 살피며, 탐욕 떠남을 살피고, 사라져 다함이라 살피며, 버려야 할 것이라 살핀다 하자. 그는 이 몸과 즐거운 느낌은 다 덧없고 나고 사라짐이라고 살피고는 그것들을 버리게 된다.

그러면 몸과 즐거운 느낌에 대한 〈탐욕의 번뇌〉[貪欲使]가 길이 다시 괴롭게 부리지 않을 것이다.'

이와 같은 바른 생각과 바른 지혜로 머무는 이가 만약 괴로운 느낌[苦受]을 내게 되면, 인연이 있는 것이지 인연이 없는 것이 아니다.

어떤 것이 괴로운 느낌의 인연인가? 이와 같이 몸을 따르는 것이니 이렇게 사유하는 것이다.

'나의 이 몸은 덧없는 것이요, 함이 있는 것이며, 마음의 인연으로 생긴 것이다. 괴로운 느낌도 덧없고, 함이 있으며, 마음의 인연으로 생긴 것이다.

이와 같이 몸과 괴로운 느낌[身及苦受]에 대해 덧없는 것이라 살피고, 나고 사라지는 것이라고 살피며, 탐욕 떠남을 살피고, 사라져 다함이라 살피며, 버려야 할 것이라 살핀다 하자. 그는 이 몸과 괴로운 느낌은 다 덧없고 나고 사라짐이라고 살피고는 그것들을 버리게 된다.

그러면 괴로운 느낌에 대한 〈성냄의 번뇌〉[瞋恚使]가 길이 다시 괴롭게 부리지 않을 것이다.'

이와 같은 바른 생각과 바른 지혜로 머무는 이가 또 만약 괴롭지도 않고 즐겁지도 않은 느낌을 내게 되면, 인연이 있는 것이지 인연이 없는 것이 아니다.

어떤 것이 괴롭지도 않고 즐겁지도 않은 느낌의 인연인가? 곧 몸을 따르는 것이니 이렇게 사유하는 것이다.

'나의 이 몸은 덧없는 것이요, 함이 있는 것이며, 마음의 인연으로 생긴 것이다. 괴롭지도 않고 즐겁지도 않은 느낌도 덧없고, 함이 있으며, 마음의 인연으로 생긴 것이다.

이와 같이 몸과 괴롭지도 않고 즐겁지도 않은 느낌[身及不苦不樂受]에 대해 덧없는 것이라 살피고, 나고 사라지는 것이라고 살피며, 탐욕 떠남을 살피고, 사라져 다함이라 살피며, 버려야 할 것이라 살핀다 하자. 그는 이 몸과 괴롭지도 않고 즐겁지도 않은 느낌은 다 덧없고 나고 사라짐이라고 살피고는 그것들을 버리게 된다.

그러면 괴롭지도 않고 즐겁지도 않은 느낌에 대한 〈무명의 번뇌〉[無明使]가 길이 다시 괴롭게 부리지 않을 것이다.'"

바른 지혜로 다섯 쌓임의 집착 모두 떠남을 보이심

"많이 들은 거룩한 제자로서 이렇게 살피는 사람은 물질을 집착하지 않고 여의며, 느낌 · 모습 취함 · 지어감 · 앎을 집착하지 않고 모두 여읜다.

이런 것들을 다 집착하지 않고 여의고 나면 탐욕을 여의게 되고, 탐욕을 여의고 나면 해탈하고 또 해탈지견이 생긴다.

그리하여 '나의 태어남은 이미 다하고 범행은 이미 서고, 지을 바를 이미 지어 다시는 뒤의 있음을 받지 않는다'라고 스스로 안다."

게야로 다시 모든 번뇌 벗어난 니르바나를 보이심

그때 세존께서 곧 게송으로 말씀하셨다.

즐거운 느낌 느낄 때에도

즐거운 느낌이라 알지 말라.
탐욕의 번뇌 부림을 받아서
벗어나 떠남 볼 수 없으리.

괴로운 느낌 느낄 때에도
괴로운 느낌이라 알지 마라.
성냄의 번뇌 부림 받아서
벗어나 떠남 볼 수 없으리.

괴롭지도 즐겁지도 않은 느낌
그에 대해 바르게 깨친 분이
말씀하신 것 알지 못하면
끝내 저 언덕 건너지 못하리.

만약 비구가 정진하여서
바른 지혜로 움직이지 않으면
그 온갖 느낌들에 대해서
지혜로 모두 알게 되리라.

모든 느낌 바로 알게 되면
현재의 법에서 흐름을 다해
지혜 의지해 목숨 마쳐서
남음 없는 니르바나에 들어
세간 수에 떨어지지 않네.

붇다께서 이 경을 말씀하시자, 여러 비구들은 붇다의 말씀을 듣고 기뻐하며 받들어 행하였다.

• 잡아함 1028 질병경(疾病經) ①

• 해설 •

앞의 경에서 다섯 쌓임의 무거운 짐이란 뜻을 다시 살펴보자.

있되 공한 다섯 쌓임은 막힘없고 걸림 없는 법계의 집이고 해탈의 집이다. 있되 있음 아닌 실상의 땅에서 있음을 있음으로 취해 그 마음에 알고 봄이 세워지면 다섯 쌓임은 무거운 삶의 짐이 되고 얽매임이 되고 막혀 걸림이 된다.

곧 있되 공한 세계와 앎활동에서 현재와 미래의 있음에 대한 애착을 일으켜 그에 얽매이면 이것이 무거운 짐을 짊어진 것이다. 무거운 짐 짊어진 자의 사유는 늘 알려지는 사물에 물들고, 주체의 물든 관념에 의해 사물의 있되 공한 진실을 실현하지 못한다. 그리하여 사물의 실로 있는 모습 실로 있는 괴로움은 내려놓을 수 없는 짐이 되어 삶의 장애와 질곡으로 작용한다.

그러므로 있음이 있음 아님을 깨달아 실로 있음의 실체를 버려버리면 삶은 닫혀진 모습과 모습에 물든 관념에서 자유로워지니, 그 사람이 보디사트바이고 크나큰 장부이다.

이 경은 앞의 경에서 지적한 다섯 쌓임의 무거운 짐에 대해 그 짐 버리는 해탈의 법을 보이는 가르침으로서, 그 구체적인 방법으로 네 곳 살핌을 제시하고, 다시 게야로 네 곳 살핌의 과덕을 노래한다.

느낌[受]은 즐거운 느낌이든 괴로운 느낌이든 괴롭지도 않고 즐겁지도 않은 느낌이든 앎[識]을 따라 일어나고, 앎은 몸[身]과 저 세계[色]를 의지해 난다. 그러므로 몸을 잡아서 보면 저 앎도 몸인 앎이고, 앎을 잡아서 보면 몸과 세계도 앎인 몸과 세계이다.

그 뜻을 경은 주체[根]·앎[識]·객체[境]를 안의 몸[內身]·안팎의 몸[內外身]·바깥의 몸[外身]이라 기술하고, 때로 안의 마음[內心]·안팎의 마음[內外心]·바깥의 마음[外心]이라 말한다.

앎이 인연으로 난 것이면 느낌 또한 인연으로 난다. 바른 지혜의 사람이 괴로운 느낌 즐거운 느낌이 날 때, 그 느낌이 인연으로 난 것이라 공함을 바른 지혜로 살피면 그 사람은 괴로운 느낌 즐거운 느낌에서 번뇌의 부림을 받지 않고, 현재법 가운데서 니르바나의 고요함에 서 있을 수 있는 것이다.

느낌의 내적 조건인 몸과 외적 조건인 세계[器界]가 인연이라 공한 줄 살피면, 괴로운 느낌 즐거운 느낌에 취할 모습이 없고, 취하지 않으면 탐욕을 떠나 해탈하고 다섯 쌓임의 집착을 떠나고 다섯 쌓임이 공한 줄 알아 다섯 쌓임의 무거운 짐을 버리게 된다.

그러므로 다섯 쌓임의 무거운 짐이 실로 버릴 것 없음을 알아 그 짐에서 벗어난 자, 그가 곧 해탈의 장부이고 걸림 없는 자유인이니, 그를 세존께서 게야로 찬탄하고 '남음 없는 니르바나에 들어 세간의 수에 떨어지지 않는 자이다'라고 언약하시는 것이다.

옛 선사[眞淨文]는 억지로 삶의 짐을 내려놓으려 하고 끊을 것 있는 끊음으로 번뇌에서 벗어나려는 것도 니르바나의 길에 장애가 됨을 이렇게 노래한다.

> 높은 데로 옮기고 낮은 데로 나아가
> 온갖 위세 마음대로 부리지만
> 해탈의 문 열렸는데 실로 서글프다.
> 공왕의 참된 비결 얻지 못한다면
> 소리와 빛깔에 움직여 따라서
> 경계에 걸려 이끌리게 되리라.

移高就下縱威權　解脫門開信可憐
不得空王眞妙訣　動隨聲色被拘牽

물에 누워 있는 자가 있고, 저 언덕에 건너가 브라마나라 부르는 자가 있나니

나는 들었다, 이와 같이.

한때 붓다께서는 슈라바스티 국에 노니시면서 제타 숲 '외로운 이 돕는 장자의 동산'에 계셨다.

그때 세존께서 여러 비구들에게 말씀하셨다.

"나는 너희들을 위하여 일곱 가지 물사람[七水人]을 말해주겠다. 자세히 듣고 자세히 들어 잘 사유해 생각하라."

때에 여러 비구들이 그 분부를 받아들으니, 붓다께서 말씀하셨다.

"어떤 것이 일곱인가.

어떤 사람은 늘 물 가운데 누워 있다.

어떤 사람은 물에서 나왔다가 다시 빠진다.

어떤 사람은 물에서 나와 머물러 있다.

어떤 사람은 물에서 나와 머무르고, 머무른 뒤에는 살펴본다.

어떤 사람은 물에서 나와 머무르고, 머무른 뒤에는 살펴보며, 살펴본 뒤에는 건너간다.

또 어떤 사람은 물에서 나와 머무르고, 머무른 뒤에는 살펴보며, 살펴본 뒤에는 건너가고, 건너간 뒤에는 저쪽 언덕에 이르른다.

어떤 사람은 물에서 나와 머무르고, 머무른 뒤에는 살펴보며, 살펴본 뒤에는 건너가고, 건너간 뒤에는 저쪽 언덕에 이르고, 저쪽 언덕에 이르른 뒤에는 언덕에 머무르는 사람[住岸人]이라 말한다."

일곱 가지 물사람을 보이신 뒤 간략히 그 비유를 다시 보이심

"이와 같이 나는 다시 너희들을 위하여 일곱 가지 물로 비유한 사람[七水喩人]을 말해주겠으니, 자세히 듣고 자세히 들어 잘 사유해 생각하라."

때에 여러 비구들이 그 분부를 받아들으니 붇다께서 말씀하셨다.

"어떤 것이 일곱인가.

어떤 사람은 늘 누워 있다. 또 어떤 사람은 나왔다가는 다시 빠진다. 어떤 사람은 나온 뒤에는 머무른다. 어떤 사람은 나온 뒤에는 머무르고, 머무른 뒤에는 살펴본다. 또 어떤 사람은 나온 뒤에 머무르고, 머무른 뒤에는 살펴보며, 살펴본 뒤에는 건너간다. 어떤 사람은 나온 뒤에 머무르고, 머무른 뒤에는 살펴보며, 살펴본 뒤에는 건너가고, 건너간 뒤에 저쪽 언덕에 이르른다. 또 어떤 사람은 나온 뒤에 머무르고, 머무른 뒤에는 저쪽 언덕에 이르며, 저쪽 언덕에 이른 뒤에는 그를 언덕에 머무르는 브라마나라고 말한다.

이 일곱 가지 물에 비유한 사람을 내가 간략히 말했으니, 위에서 말한 것과 같고 위에서 베푼 것과 같다.

너희들은 어떤 뜻을 알고 어떤 것을 분별하며 거기 무슨 인연이 있는가."

때에 여러 비구들이 세존께 말씀드렸다.

"세존께서는 법의 근본이 되시고 세존께서는 법의 주인이 되시며 법은 세존을 말미암습니다. 그 뜻을 말씀해주시길 바랍니다. 저희들이 들은 뒤에는 널리 그 뜻을 알 수 있을 것입니다."

일곱 가지 물로 비유한 사람을 널리 분별하심

첫째, 늘 누운 사람

붇다께서는 곧 말씀하셨다.

"너희들은 자세히 듣고 잘 사유해 생각하라. 내가 너희들을 위하여 그 뜻을 분별해주겠다."

여러 비구들이 이 분부를 받아들으니, 붇다께서 말씀하셨다.

"어떤 것을 사람이 늘 물에 누워 있다고 하는가.

어떤 사람이 착하지 않은 법에 덮이어 더러움에 물들어 악의 갚음을 받고 나고 죽음의 근본[生死本]을 짓는다. 이것을 어떤 사람이 늘 누워 있다고 한다.

마치 사람이 물에 빠져 물속에 누운 것처럼 내가 그 사람을 말하는 것 또한 이와 같다.

이것을 첫째 물에 비유한 사람이라 하니, 세간법에 있는 그대로이다[世間諦如有]."

둘째, 나왔다가 다시 빠지는 사람

"어떤 것을 사람이 물에 나왔다가 다시 빠진다고 하는가.

그것은 사람이 이미 집을 나와 믿음[信]의 착한 법을 얻고, 실라(sīla, 持戒)·다나(dāna, 布施)·많이 들음[多聞]·지혜(智慧)의 착한 법을 닦아 익히다가, 뒷날에 믿음을 잃어 굳세지 못하고 실라·다나·많이 들음·지혜를 잃어 굳세지 못하게 된다.

이것을 어떤 사람이 물에서 나왔다가 다시 빠진다고 한다.

마치 사람이 물에 빠졌다가 이미 나왔으나 다시 빠지는 것처럼 내가 그 사람을 말하는 것 또한 이와 같다. 이것을 둘째 물에 비유한 사람이라 하니, 세간법에 있는 그대로이다."

셋째, 이미 나와 머무른 사람

"어떤 것을 사람이 이미 나와 머무른다고 하는가.

그것은 사람이 이미 집을 나와 믿음의 착한 법을 얻고, 실라·다나·많이 들음·지혜의 착한 법을 닦아 익히다가, 뒷날에 가서도 믿음이 굳세어 그것을 잃지 않고 실라·다나·많이 들음·지혜도 굳세어 잃지 않는다.

이것을 어떤 사람이 물에서 이미 나와 머무른다고 한다.

마치 어떤 사람이 물에 빠졌다가 이미 나와 머무르는 것처럼, 내가 그 사람을 말하는 것 또한 이와 같다. 이것을 셋째 물에 비유한 사람이라 하니, 세간법에 있는 그대로이다."

넷째, 나온 뒤에 머무르고 머무른 뒤에 살피는 사람

"어떤 것을 사람이 나온 뒤에는 머무르고 머무른 뒤에는 살펴본다고 하는가.

그것은 다음과 같다. 사람이 이미 집을 나와 믿음의 착한 법을 얻고, 실라·다나·많이 들음·지혜의 착한 법을 닦아 익히다가, 뒷날에 가서도 믿음이 굳세어 그것을 잃지 않고 실라·다나·많이 들음·지혜도 굳세어 잃지 않는다 하자. 그리고 착한 법 가운데 머무르면서 괴로움을 진실 그대로 알고 괴로움의 익히어냄을 알며, 괴로움의 사라짐을 알고 괴로움을 없애는 길을 진실 그대로 안다 하자.

그는 이와 같이 알고 이와 같이 보았으므로 세 가지 묶음[三結]이 곧 다하니, 세 가지 묶음은 몸을 있다고 보는 견해[身見]·삿된 계에 대한 집착[戒取]·의심[疑]이다.

세 가지 묶음이 이미 다하면 스로타판나를 얻어 나쁜 법에 떨어지지 않고 반드시 바른 깨달음으로 나아간다. 그래서 아주 많아야 일곱 존재[七有]를 받아 하늘위와 사람 사이에 가고 온 뒤에 곧 괴로움의 끝을 얻는다.

이것을 어떤 사람이 나온 뒤에는 머무르고 머무른 뒤에 살펴본다고 하는 것이다.

마치 어떤 사람이 물에 빠졌다가 나온 뒤에는 머무르고, 머무른 뒤에는 살펴보는 것처럼, 내가 그 사람을 말하는 것 또한 이와 같다.

이것을 넷째 물에 비유한 사람이라 하니, 세간법에 있는 그대로이다."

다섯째, 나온 뒤 머무르고 머무른 뒤 살피고 살핀 뒤 건너는 사람

"어떤 것을 사람이 물에서 나온 뒤에는 머무르고 머무른 뒤에는 살펴보며 살펴본 뒤에는 건넌다고 하는가.

그것은 다음과 같다. 사람이 이미 집을 나와 믿음의 착한 법을 얻고, 실라·다나·많이 들음·지혜의 착한 법을 닦아 익히다가, 뒷날에 가서도 믿음이 굳세어 그것을 잃지 않고 실라·다나·많이 들음·지혜도 굳세어 잃지 않는다 하자. 그리고 착한 법 가운데 머무르면서 괴로움을 진실 그대로 알고 괴로움의 익히어냄을 알며, 괴로움의 사라짐을 알고 괴로움을 없애는 길을 진실 그대로 안다 하자.

그는 이와 같이 알고 이와 같이 보았으므로 세 가지 묶음이 곧 다하니, 세 가지 묶음은 몸을 있다고 보는 견해·삿된 계에 대한 집착·의심이다.

세 가지 묶음이 이미 다한다면 탐욕과 성냄과 어리석음이 엷어지고 하늘위와 사람 사이에 한 번 오가게 된다[一往來]. 한 번 오가게 된 뒤에는 곧 괴로움의 끝을 얻는다.

이것을 어떤 사람이 나온 뒤에는 머무르고 머무른 뒤에는 살펴보며 살펴본 뒤에는 건너간다고 한다.

마치 사람이 물에 빠졌다가 나온 뒤에 머무르고, 머무른 뒤에는 살펴보며, 살펴본 뒤에는 건너가는 것처럼, 내가 그 사람을 말하는 것 또한 이와 같다.

이것을 다섯째 물에 비유한 사람이라 하니, 세간법에 있는 그대로이다."

여섯째, 나온 뒤 머무르고 머무른 뒤 살피고 살핀 뒤
건너가고 건넌 뒤 스스로 이르는 사람

"어떤 것을 사람이 나온 뒤에 머무르고, 머무른 뒤에는 살펴보며, 살펴본 뒤에는 건너가고, 건너간 뒤에는 저쪽 언덕에 이른다고 하는가.

그것은 다음과 같다. 사람이 이미 집을 나와 믿음의 착한 법을 얻고, 실라·다나·많이 들음·지혜의 착한 법을 닦아 익히다가, 그는 뒷날에 가서도 믿음이 굳세어 그것을 잃지 않고 실라·다나·많이 들음·지혜도 굳세어 잃지 않는다 하자. 그리고 착한 법 가운데 머무르면서 괴로움을 진실 그대로 알고 괴로움의 익히어냄을 알며, 괴로움의 사라짐을 알고 괴로움을 없애는 길을 진실 그대로 안다 하자.

그는 이와 같이 알고 이와 같이 보았으므로 다섯 가지 낮은 곳의 묶음[五下分結]이 다하니, 다섯 가지 낮은 곳의 묶음은 탐욕·성냄·

몸의 삿된 견해·삿된 계의 집착·의심이 그것이다.

다섯 가지 낮은 곳의 묶음이 이미 다하면 그는 하늘위에 난 뒤 곧 파리니르바나하여 물러나지 않는 법을 얻어 이 세상에 돌아오지 않는다[不來].

이것을 어떤 사람이 나온 뒤에는 머무르고, 머무른 뒤에는 살펴보며, 살펴본 뒤에는 건너가고, 건너간 뒤에는 저쪽 언덕에 이른다고 한다.

마치 어떤 사람이 물에 빠졌다가 나온 뒤에는 머무르고, 머무른 뒤에는 살펴보며, 살펴본 뒤에는 건너가고, 건너간 뒤에는 저쪽 언덕에 이르는 것처럼, 내가 저 사람을 말하는 것 또한 이와 같다.

이것을 여섯째 물에 비유한 사람이라 하니 세간법에 있는 그대로이다."

일곱째, 저 언덕에 건너가 이르른 뒤
언덕에 머무르는 브라마나라 부르는 사람

"어떤 것을 사람이 나온 뒤에는 머무르고, 머무른 뒤에는 살펴보며, 살펴본 뒤에는 건너가고, 건너간 뒤에는 저쪽 언덕에 이르며, 저쪽 언덕에 이른 뒤에는 그를 언덕에 머무르는 브라마나라고 부른다고 하는가.

그것은 다음과 같다. 사람이 이미 집을 나와 믿음의 착한 법을 얻고, 실라·다나·많이 들음·지혜의 착한 법을 닦아 익히다가, 뒷날에 가서도 믿음이 굳세어 그것을 잃지 않고 실라·다나·많이 들음·지혜도 굳세어 잃지 않는다 하자.

그리고 착한 법 가운데 머무르면서 괴로움을 진실 그대로 알고 괴로움의 익히어냄을 알며, 괴로움의 사라짐을 알고 괴로움을 없애는 길을 진실 그대로 안다 하자.

그는 이와 같이 알고 이와 같이 보았으므로 탐욕의 흐름[欲漏]에서 마음이 해탈하고, 존재의 흐름[有漏]과 무명의 흐름[無明漏]에서 마음이 해탈하며, 해탈한 뒤에는 곧 해탈한 줄을 안다.

그리하여 태어남은 이미 다하고 범행은 이미 서고, 지을 바를 이미 지어 다시는 뒤의 있음을 받지 않는다는 것을 진실 그대로 안다.

이것을 어떤 사람이 나온 뒤에는 머무르고, 머무른 뒤에는 살펴보며, 살펴본 뒤에는 건너가고, 건너간 뒤에는 저쪽 언덕에 이르며, 저쪽 언덕에 이른 뒤에는 그를 언덕에 머무르는 브라마나라 부른다고 한다.

마치 어떤 사람이 물속에 빠졌다가 나온 뒤에는 머무르고, 머무른 뒤에는 살펴보며, 살펴본 뒤에는 건너가고, 건너간 뒤에는 저쪽 언덕에 이르며, 저쪽 언덕에 이른 뒤에는 그를 언덕에 머무르는 사람이라 하는 것과 같다. 내가 그 사람을 말하는 것 또한 이와 같다.

이것을 일곱째 물에 비유한 사람이라 하니, 세간법에 있는 그대로이다. 내가 '너희들을 위하여 일곱 가지 물사람을 말하겠다'고 아까 말한 것은 이 때문에 말한 것이다."

붇다께서 이렇게 말씀하시자, 저 여러 비구들은 붇다의 말씀을 듣고 기뻐하며 받들어 행하였다.

• 중아함 4 수유경(水喩經)

• 해설 •

지혜로 온갖 모습에 모습 없음을 바로 보지 못하면 세간의 흐름에 따라 흘러가지 않는 선정이 이루어질 수 없다. 또한 지혜로 온갖 있음이 있음 아니고 있음 아님에도 있음 아님이 없는 줄 살피지 못하면, 있음과 없음을 넘어서서 있음 아니되 있음 아님도 아닌 해탈의 행이 나올 수 없으며 프라티목샤의 행의 구현될 수 없다.

지혜의 눈[智目]이 없으면 걸어가는 발걸음[行足]이 빠르면 빠를수록 그릇됨이 깊어지고, 가면 갈수록 그 이르름이 잘못될 수밖에 없다. 왜 그런가. 지혜 없는 선정도 없고 지혜 없는 실라의 행 프라티목샤의 행도 없기 때문이다.

수행자의 지혜를 붇다는 일곱 가지 물사람으로 비유해 가르치니, 나고 죽음의 강물에 빠져 있는 중생으로부터 저 언덕에 이르러 안락을 누리는 해탈의 사람까지 일곱 사람의 지혜를 분별해보이심이다.

첫째, 물 위에 누운 사람은 나고 죽음이 나고 죽음 아닌 진리를 보지 못해 나고 죽음의 강물에 빠져 사는 사람으로 온갖 번뇌의 때가 그의 삶을 물들이는 사람이다.

둘째, 물에서 나왔다가 다시 빠지는 사람은 갖가지 저 언덕에 건네주는 파라미타행을 닦다가 그것을 잃어버려 바른 계행과 베풂을 행하지 않고 많이 들어 지혜를 닦지 못하는 사람이다.

셋째, 물에서 나와 머무르는 사람은 파라미타의 행을 믿고 익혀 다시 물에 빠지지 않는 사람이다. 이들은 나고 죽음의 넓고 험한 들판에서 삼보를 삶의 깃대로 세우고 붇다와 다르마와 상가를 귀의처로 삼고 쉼터로 삼고 살아가는 사람들이다.

넷째, 물에서 나와 머무른 뒤 살피는 사람은 살핌의 지혜가 무르익어 지혜의 흐름에 들어가 괴로움이 본래 공한 줄 알고 파라미타의 행을 닦아가는 자이다. 이들이 법의 흐름[法流]에 들어선 스로타판나이다.

다섯째, 물에서 나와 머무르고 머무른 뒤 살펴서 저 언덕에 건너는 사람은 누구인가. 그 사람은 비록 일시적인 삶의 동요가 있더라도[一往來] 괴로움이 공한 줄 알고 닦음 없이 파라미타의 행을 닦아 다시 괴로움의 바다에 빠짐이 없이 선업의 세계를 오가며 끝내 니르바나의 저 언덕에 나아가는 자이다. 이들이 곧 사크리다가민이다.

여섯째, 저 언덕에 건너가 이르는 사람은 괴로움이 본래 공하고 니르바나의 공덕이 본래 갖춰진 줄 알고 온갖 경계와 번뇌의 묶음을 뛰어넘어 다시 뒤로 물러서거나 밑으로 떨어짐이 없이 저 언덕에 이르른 사람이다. 그 사람은 다시는 죽음의 바다 번뇌의 땅에 돌아오지 않으니 그들이 아나가민(anāgāmin, 不來)이다.

일곱째, 저 언덕에 이르러 브라마나라 부르는 사람은 누구인가. 그가 더이상 배울 것 없는 이 아라한이니, 그는 온갖 파라미타의 행을 닦음 없이 닦아 파라미타의 행이 일어나는 곳이 본래 니르바나의 처소인 줄 알고, 나고 죽음의 처소가 해탈의 땅인 줄 알아, 나고 죽음의 바다에서 나고 죽음 없는 니르바나를 온전히 쓰는 사람이다.

그는 나고 죽음의 이 언덕이 니르바나의 저 언덕 떠나지 않는 줄 마쳐 다한 지혜로 사무쳐 보므로 늘 니르바나에 사는 자이고, 늘 니르바나의 공덕의 곳간[功德藏]을 쓰는 자이다.

그가 곧 세간의 큰 장부이고 사문 가운데 사문, 브라마나 가운데 브라마나, 저 언덕에 머무르는 브라마나이다.

그러나 이미 저 언덕에 이르른 브라마나의 눈으로 보면 중생의 나고 죽음의 땅이 본래 니르바나되어 있는 곳이니, 법의 흐름에 들어감은 무엇이며 다시 돌아오지 않음은 무엇인가. 들어가되 실로 들어감이 없고 오지 않되 오지 않음이 없으니, 그와 같이 알아야 여래께서 '아란야행을 참으로 즐기는 자'라 인가하실 것이다.

사리푸트라처럼 법계를 통달해야
바른 지혜로 나의 뜻을 바르게 잘 말할 수 있다

나는 들었다, 이와 같이.

한때 붇다께서는 슈라바스티 국에 노니시면서 제타 숲 '외로운 이 돕는 장자의 동산'에 계셨다.

그때에 모올리야파구나 비구는 계를 버리고 도를 그만두었다[捨戒罷道]. 검은 이[黑齒] 비구는 모올리야파구나 비구가 계를 버리고 도를 그만두었다는 말을 듣고, 곧 존자 사리푸트라가 있는 곳에 가서 머리를 대 발에 절하고, 물러나 한쪽에 앉아 말했다.

"존자 사리푸트라시여, 모올리야파구나 비구가 계를 버리고 도를 그만두었다는 것을 아셔야 합니다."

존자 사리푸트라는 말했다.

"모올리야파구나 비구는 이 법 가운데서 사랑하고 즐거워했는가."

검은 이 비구는 도리어 물었다.

"존자 사리푸트라께서는 이 법 가운데서 사랑하고 즐거워했습니까."

사리푸트라가 대답했다.

"검은 이 비구여, 나는 이 법에 대해서 아무런 의혹도 없다."

검은 이 비구는 다시 물었다.

"존자 사리푸트라시여, 앞으로 올 일에 대해서는 다시 어떠합니까."

존자 사리푸트라가 대답했다.

"검은 이여, 나는 앞으로 올 일에 대해서도 또한 망설임[猶預]이 없다."

검은 이 비구는 이렇게 듣고는 곧 자리에서 일어나 붇다 계신 곳에 나아갔다. 그는 머리를 대 절하고 물러나 한쪽에 앉아 말씀드렸다.

"세존이시여, 존자 사리푸트라는 이제 스스로 일컬어 이렇게 말합니다.

'나는 지혜를 얻었고, 태어남은 이미 다하고 범행은 이미 서고, 지을 바를 이미 지어 다시는 뒤의 있음을 받지 않는다는 것을 진실 그대로 안다.'"

사리푸트라를 불러 지혜 얻음의 뜻을 물으심

세존은 들으시고 한 비구에게 말씀하셨다.

"너는 사리푸트라가 있는 곳에 가서 '세존이 그대를 부르신다'고 말하라."

그 비구는 분부를 받은 뒤 곧 자리에서 일어나 붇다께 절하고 떠났다. 그는 사리푸트라가 있는 곳에 가서 말씀드렸다.

"세존께서 존자 사리푸트라를 부르십니다."

사리푸트라는 그 말을 듣고 곧 붇다께 나아가 머리를 대 절하고 물러나 한쪽에 앉았다. 세존께서는 물으셨다.

"사리푸트라여, 그대는 지금 스스로 일컬어 이렇게 말했느냐.

'나는 지혜를 얻었고, 태어남은 이미 다하고 범행은 이미 서고, 지을 바를 이미 지어 다시는 뒤의 있음을 받지 않는다는 것을 진실 그대로 안다.'"

존자 사리푸트라는 말씀드렸다.

"세존이시여, 이런 글이 아니었고 이런 말귀가 아니었습니다. 저는 다만 뜻[義]을 말했을 뿐입니다."

세존께서는 말씀하셨다.

"사리푸트라여, 좋은 종족의 사람은 그 방편을 따라 일컬어 말하니, 지혜를 얻었으면 곧 지혜를 얻었다고 말한다."

존자 사리푸트라가 말씀드렸다.

"세존이시여, 저는 아까 이미 이렇게 말했습니다.

'이런 글이 아니었고 이런 말귀가 아니었습니다. 저는 다만 뜻을 말했을 뿐입니다.'"

세존께서 물으셨다.

"사리푸트라여, 만약 여러 범행자가 와서 그대에게 이렇게 묻는다 하자.

'존자 사리푸트라는 어떻게 알고 어떻게 보았기에, 스스로 일컬어 나는 지혜를 얻었고, 태어남은 이미 다하고 범행은 이미 서고, 지을 바를 이미 지어 다시는 뒤의 있음을 받지 않는다는 것을 진실 그대로 안다고 말합니까.'

그대는 이 말을 듣고 어떻게 대답하겠는가."

존자 사리푸트라가 말씀드렸다.

"세존이시여, 만약 여러 범행자가 와서 저에게 이렇게 묻는 경우를 생각해봅니다.

'존자 사리푸트라여, 그대는 어떻게 알고 어떻게 보았기에, 스스로 일컬어 나는 지혜를 얻었고, 태어남은 이미 다하고 범행은 이미 서고, 지을 바를 이미 지어 다시는 뒤의 있음을 받지 않는다는 것을 진실 그대로 안다고 말합니까.'

세존이시여, 저는 이 말을 듣고는 이렇게 대답하겠습니다.

'여러 어진 이들이여, 태어남은 원인[因]이 있는데 이 태어남의 원인이 다했소. 이 태어남의 원인이 다한 줄을 알았기에 나는 스스로 이렇게 일컬어 말하오. 나는 지혜를 얻었고, 태어남은 이미 다하고 범행은 이미 서고, 지을 바를 이미 지어 다시는 뒤의 있음을 받지 않는다는 것을 진실 그대로 안다.'

세존이시여, 만약 여러 범행자가 와서 저에게 묻는다면 저는 이렇게 대답하겠습니다."

세존은 찬탄하여 말씀하셨다.

"잘 말하고 잘 말했다. 사리푸트라여, 만약 여러 범행자가 와서 그렇게 묻거든 그대는 그렇게 대답해야 한다. 왜냐하면, 이렇게 말하면 그들은 그 뜻을 알 것이다."

태어남의 인연을 물으니 태어남이 존재와 취함과 애착을 따라 일어남으로 답함

세존께서는 물으셨다.

"사리푸트라여, 만약 여러 범행자들이 와서 그대에게 이렇게 묻는다 하자.

'존자 사리푸트라여, 태어남은 무엇이 원인[因]이고 무엇이 조건[緣]이며, 무엇을 따라 나고 무엇을 근본으로 합니까.'

그대는 이 말을 듣고 어떻게 대답하겠는가."

존자 사리푸트라가 말씀드렸다.

"세존이시여, 만약 여러 범행자가 와서 저에게 이렇게 묻는 경우를 생각해봅니다.

'존자 사리푸트라여, 태어남은 무엇이 원인이고 무엇이 조건이며, 무엇을 따라 나고 무엇을 근본으로 합니까.'

세존이시여, 저는 이 말을 듣고는 이렇게 대답하겠습니다.

'여러 어진 이들이여, 태어남은 존재[有]를 원인으로 하고 존재를 조건으로 하며, 존재를 따라 나고 존재를 근본으로 하오.'

세존이시여, 만약 여러 범행자가 와서 제게 이렇게 물으면 저는 이렇게 대답하겠습니다."

세존께서는 찬탄해 말씀하셨다.

"잘 말하고 잘 말했다. 사리푸트라여, 만약 모든 범행자가 와서 그렇게 묻거든 그대는 그렇게 대답해야 한다. 왜냐하면, 이렇게 말하면 그들은 그 뜻을 알 것이다."

세존께서는 물으셨다.

"사리푸트라여, 만약 여러 범행자가 와서 그대에게 이렇게 묻는다 하자.

'존자 사리푸트라여, 존재는 무엇이 원인이고 무엇 조건이며, 존재는 무엇을 따라 나고 무엇을 근본으로 합니까.'

그대는 이 말을 듣고 어떻게 대답하겠는가."

존자 사리푸트라가 말씀드렸다.

"세존이시여, 만약 여러 범행자가 와서 제게 이렇게 묻는 경우를 생각해봅니다.

'존자 사리푸트라여, 존재는 무엇이 원인이고 무엇이 조건이며, 존재는 무엇을 따라 나고 존재는 무엇을 근본으로 합니까.'

세존이시여, 저는 이 말을 듣고는 이렇게 대답하겠습니다.

'여러 어진 이들이여, 존재는 취함[受, 取]을 원인으로 하고 취함을 조건으로 하며, 취함을 따라 나고 취함을 근본으로 하오.'

세존이시여, 만약 여러 범행자가 와서 이렇게 물으면 저는 이렇게 대답하겠습니다."

세존께서는 찬탄해 말씀하셨다.

"잘 말하고 잘 말했다. 사리푸트라여, 만약 여러 범행자가 와서 이렇게 묻거든 그대는 이렇게 대답하라. 그렇게 말하면 그들은 이 뜻을 알 것이다."

세존께서는 물으셨다.

"사리푸트라여, 만약 여러 범행자가 와서 그대에게 이렇게 묻는다 하자.

'존자 사리푸트라여, 취함은 무엇이 원인이고 무엇이 조건이며, 무엇을 따라 나고 무엇을 근본으로 합니까.'

그대는 이 말을 듣고 어떻게 대답하겠는가."

"세존이시여, 저는 여러 범행자가 와서 제게 이렇게 묻는 경우를 생각해봅니다.

'존자 사리푸트라여, 취함은 무엇이 원인이고 무엇이 조건이며, 무엇을 따라 나고 무엇을 근본으로 합니까.'

세존이시여, 저는 이 말을 듣고는 이렇게 대답하겠습니다.

'여러 어진 이들이여, 취함은 애착[愛]를 원인으로 하고 애착을 조건으로 하며, 애착을 따라 나고 애착을 근본으로 하오.'

세존이시여, 만약 여러 범행자가 와서 이렇게 묻는다면 저는 이렇게 대답하겠습니다."

세존께서는 찬탄해 말씀하셨다.

"잘 말하고 잘 말했다. 사리푸트라여, 만약 여러 범행자가 와서 이렇게 묻거든 그대는 이렇게 대답하라. 이렇게 말하면 그들은 이 뜻을 알 것이다."

애착에 대해 물으시니 느낌 가운데 탐착함으로 답함

세존께서는 물으셨다.

"사리푸트라여, 만약 여러 범행자가 와서 그대에게 이렇게 묻는다 하자.

'존자 사리푸트라여, 어떤 것을 애착이라고 합니까.'

그대는 이 말을 듣고 어떻게 대답하겠는가."

존자 사리푸트라가 말씀드렸다.

"세존이시여, 여러 범행자가 와서 제게 이렇게 묻는 경우를 생각해봅니다.

'존자 사리푸트라여, 어떤 것을 애착이라고 합니까.'

세존이시여, 저는 이 말을 듣고는 이렇게 대답하겠습니다.

'여러 어진 이들이여, 세 가지 느낌[三覺, 三受]이 있으니, 즐거운 느낌·괴로운 느낌·괴롭지도 않고 즐겁지도 않은 느낌이오. 그 가운데서 즐기고 탐내 집착하는 것, 이것을 애착이라 하오.'

세존이시여, 만약 여러 범행자가 와서 이렇게 물으면 저는 이렇게 대답하겠습니다."

세존께서는 찬탄해 말씀하셨다.

"잘 말하고 잘 말했다. 만약 여러 범행자가 와서 이렇게 묻거든 그대는 이렇게 대답하라. 이렇게 말하면 그들은 이 뜻을 알 것이다."

느낌에서 탐착 없음을 물으시니, 느낌이 덧없고 공함으로 답함

세존께서는 물으셨다.

"사리푸트라여, 만약 여러 범행자가 와서 그대에게 이렇게 묻는다 하자.

'존자 사리푸트라여, 그대는 어떻게 알고 어떻게 보았기에, 그 세 가지 느낌 가운데서 즐기고 탐내 집착함이 없습니까.'

그대는 이 말을 듣고 어떻게 대답하겠는가."

"세존이시여, 만약 여러 범행자가 와서 제게 이렇게 묻는 경우를 생각해봅니다.

'존자 사리푸트라여, 그대는 어떻게 알고 어떻게 보았기에 그 세 가지 느낌 가운데서 즐기고 탐내 집착함이 없습니까.'

저는 이 말을 듣고는 이렇게 대답하겠습니다.

'여러 어진 이들이여, 이 세 가지 느낌은 덧없음[無常]의 법이요, 괴로움의 법이며, 사라짐의 법이오. 덧없음의 법은 곧 이 괴로움이니, 괴로움을 본 뒤에는 저 세 가지 느낌에 대해서 즐기고 탐내 집착함이 없소.'

세존이시여, 만약 여러 범행자가 와서 이렇게 물으면 저는 이렇게 대답하겠습니다."

세존께서 찬탄해 말씀하셨다.

"잘 말하고 잘 말했다. 사리푸트라여, 만약 여러 범행자가 와서 이렇게 묻거든 그대는 이렇게 대답하라. 이렇게 말하면 그들은 이 뜻을 알 것이다."

그때에 세존께서는 말씀하셨다.

"사리푸트라여, 이 말은 다시 뜻이 있어 간략히 답할 수가 있다.

사리푸트라여, 이 말은 다시 어떤 뜻이 있어 간략히 답할 수 있는가. 느끼는 것[所覺]과 하는 것[所爲]은 다 괴로움이다.

사리푸트라여, 이것을 다시 뜻이 있어 이 말을 간략히 답할 수 있다고 하는 것이다."

맺음 없음을 물으니, 아는 뿌리의 있음을 등져 맺음 없게 됨을 답함

세존께서 물으셨다.

"사리푸트라여, 만약 여러 범행자가 와서 그대에게 이렇게 묻는다 하자.

'존자 사리푸트라여, 어떻게 등져 향하지 않기에 스스로 일컬어 이렇게 말합니까.

〈나는 지혜를 얻었고, 태어남은 이미 다하고 범행은 이미 서고, 지을 바를 이미 지어 다시는 뒤의 있음을 받지 않는다는 것을 진실 그대로 안다〉'

그대는 이 말을 듣고 어떻게 대답하겠는가."

존자 사리푸트라가 말씀드렸다.

"세존이시여, 만약 여러 범행자가 와서 제게 이렇게 묻는 경우를 생각해봅니다.

'존자 사리푸트라여, 어떻게 등져 향하지 않기에 스스로 일컬어 이렇게 말합니까.

〈나는 지혜를 얻었고, 태어남은 이미 다하고 범행은 이미 서고, 지을 바를 이미 지어 다시는 뒤의 있음을 받지 않는다는 것을 진실 그대로 안다.〉'

세존이시여, 저는 이 말을 듣고 이렇게 대답하겠습니다.

'여러 어진 이들이여, 나는 스스로 안에 대해서 등져 향하지 않소[自於內背而不向]. 그래서 모든 애욕이 다하고, 놀람도 없고 두려움도 없으며, 의심도 없고 미혹도 없소. 이와 같이 지켜 보살핌[如是守護]을 행하고, 이와 같이 지켜 보살핀 뒤에는 착하지 않은 흐름[不善漏]을 내지 않소.'

세존이시여, 만약 여러 범행자가 와서 이렇게 물으면, 저는 이와 같이 대답하겠습니다."

세존께서는 찬탄해 말씀하셨다.

"잘 말하고 잘 말했다. 사리푸트라여, 만약 여러 범행자가 와서 이렇게 묻거든 그대는 이렇게 대답하라. 이렇게 말하면 그들은 이 뜻을 알 것이다."

세존께서는 말씀하셨다.

"사리푸트라여, 다시 뜻이 있어 이 말을 이렇게 간략히 답할 수 있다.

'만약 모든 맺음[諸結]이라면 사문이 말한 바다. 그러나 그 맺음은 나에게 있는 것이 아니다.'

이와 같이 지켜 보살핌을 행하고 그와 같이 지켜 보살핀 뒤에는 착하지 않은 번뇌 흐름[不善漏]을 내지 않는다.

사리푸트라여, 이것을 '다시 뜻이 있어 이 말을 간략히 답할 수 있다'고 하는 것이다."

세존께서는 이렇게 말씀해 마치고 자리에서 일어나, 방에 들어가 고요히 앉아 선정에 드셨다[入室燕坐].

세존이 묻는 뜻과 사리푸트라가 대답한 뜻이
서로 같음을 대중에게 널리 알림

세존께서 방에 들어가신 지 오래지 않아 존자 사리푸트라는 여러 비구들에게 말하였다.

"여러 어진 이들이여, 내가 처음 아직 뜻을 짓기 전에 세존께서는 갑자기 이 뜻을 물으셨소. 나는 이렇게 생각했소.

'아마 잘 대답하지 못할 것 같다.'

여러 어진 이들이여, 내가 처음 한뜻을 말했을 때 곧 세존께서는 옳다고 찬탄하셨소. 그래서 나는 다시 이렇게 생각하였소.

'만약 세존께서 하루 낮 하룻밤을 다른 글과 다른 말로써 내게 이 뜻을 물으신다면, 나는 세존을 위하여 하루 낮 하룻밤을 다른 글과 다른 말귀로써 이 뜻을 대답할 것이다.

만약 세존께서 이틀·사흘·나흘 나아가 이레 낮 이레 밤을 다른 글과 다른 말귀로써 이 뜻을 물으신다면, 나 또한 세존을 위하여 이틀·사흘·나흘 나아가 이레 낮 이레 밤을 다른 글과 다른 말귀로써 이 뜻을 대답할 것이다.'"

'검은 이' 비구에게 사리푸트라가
깊이 법계 통달했음을 말씀하심

검은 이 비구는 존자 사리푸트라가 이렇게 말하는 것을 들은 뒤에 곧 자리에서 일어나 빨리 붇다 계신 곳에 가서 말씀드렸다.

"세존께서 방에 들어가신 지 오래지 않아, 존자 사리푸트라가 말하는 것이 아주 높아[所說至高] 한결같이 사자처럼 이렇게 외치어 말했습니다.

'여러 어진 이들이여, 내가 처음 아직 뜻을 짓기 전에 세존께서는 갑자기 이 뜻을 물으셨소. 나는 이렇게 생각했소.

〈아마 잘 대답하지 못할 것 같다.〉

여러 어진 이들이여, 내가 처음 한뜻을 말했을 때 곧 세존께서는 옳다고 칭찬하셨소. 그래서 나는 다시 이렇게 생각하였소.

〈만약 세존께서 하루 낮 하룻밤을 다른 글과 다른 말로써 내게 이 뜻을 물으신다면, 나는 세존을 위하여 하루 낮 하룻밤을 다른 글과 다른 말귀로써 이 뜻을 대답할 것이다.

만약 세존께서 이틀·사흘·나흘 나아가 이레 낮 이레 밤을 다른 글과 다른 말귀로써 이 뜻을 물으신다면, 나 또한 세존을 위하여 이틀·사흘·나흘 나아가 이레 낮 이레 밤을 다른 글과 다른 말귀로써 이 뜻을 대답할 것이다.〉'"

세존께서는 말씀하셨다.

"검은 이 비구여, 그렇고 그렇다. 만약 내가 하루 낮 하룻밤을 다른 글과 다른 말귀로써 사리푸트라 비구에게 그 뜻을 묻더라도 사리푸트라 비구는 반드시 나를 위해 하루 낮 하룻밤을 다른 글과 다른 말귀로써 그 뜻을 답할 것이다.

검은 이 비구여, 만약 내가 이틀·사흘·나흘 나아가 이레 낮 이레 밤을 다른 글과 다른 말귀로써 사리푸트라 비구에게 그 뜻을 묻는다면, 그 비구 또한 나를 위해 이틀·사흘·나흘 나아가 이레 낮 이레 밤을 다른 글과 다른 말귀로써 그 뜻을 대답할 것이다.

검은 이 비구여, 사리푸트라 비구는 깊이 법계를 통달하였기[深達法界] 때문이다."

붇다께서 이렇게 말씀하시자, 존자 사리푸트라와 여러 비구들은 붇다의 말씀을 듣고 기뻐하며 받들어 행하였다.

• 중아함 23 지경(智經)

• 해설 •

세존의 가르침을 듣고 깨달은 사리푸트라의 말이 세존과 다르고 세존의 뜻과 다르다면 사리푸트라가 지혜로 으뜸가는 제자가 될 수 없다. 또한 세존의 말씀을 듣고 듣는 이가 그 뜻을 사유해서 스스로 법계를 통달해 해탈의 뜻을 얻지 못한다면 여래의 법은 보편적 진리의 법이 될 수 없다.

여래의 법은 여래의 법이자 제자의 법이며 온갖 중생의 법이다.

검은 이 비구는 상가에 몸담았지만 아직 믿음이 굳건하지 못해 현성의 법에 대해 늘 여우 같은 의심이 있고 망설임이 있다.

사리푸트라 존자가 여래의 집 맏아들이 되어 사자처럼 외치는 것을 보고 의심의 마음을 내니, 법왕의 아들[法王子]을 의심하는 것은 법의 왕[法王, dharmarāja]에 대한 의심이 끊어지지 않은 것이다.

다시 여래께서 사리푸트라 존자를 불러 사자처럼 외치는 변재와 지혜의 힘을 대중 앞에 확인해주니, 크신 스승의 법이 크신 제자의 법이기 때문이다.

왜 지혜가 있는 사람은 남[生]이 없고 태어남을 다하는가. 남을 남이게 하는 원인과 조건을 알아 남에서 남을 떠났기 때문이다. 온갖 법이 나는 것은 인연으로 나는 것이라 실로 남이 없는 것인데, 남을 남이라 집착하는 것은 존재[有]가 실로 있는 존재로 굳어지기 때문이다. 존재가 실로 있음[有]으로 굳어지는 것은 애착과 취함 때문인데, 여래를 따라 지혜의 흐름에 들어선 이는 남과 존재의 원인이 되고 조건이 되는 애착과 취함이 없으므로 남에 남이 없고[於生無生] 태어남을 마쳐 다한 것이다.

취함이 없는 자는 느낌[受]에서 실로 받아 느낌이 없고 모습 취함[想]에서 모습 취함이 없다.

그 모든 것을 모아 간략히 그 뜻을 말하면, 남에서 남을 벗어나는 것은 아는 뿌리[六根]와 알려지는 것[六境]에 취할 것이 없는 줄 알아 아는 뿌리의 실체[內]를 등져 그 있는 모습에 향하지 않고 알려지는 것[外]의 실로 있음을 등져 그 있는 모습에 향하지 않기 때문이다.

이때 등져 향하지 않음이란 실로 있음을 깨뜨릴 뿐, 있되 있음 아닌 법의 진실을 깨뜨리는 것이 아니니, 아는 자의 실로 있음을 등지므로 오히려 아는 자를 있음 아닌 있음으로 세워내고, 알려지는 것의 실로 있음을 등지므로 알려지는 것을 없되 없음 아님으로 살려내는 것이다.

헛것을 등져 진실을 드러내고 모습인 모습을 깨뜨려 모습을 모습 아닌 모습으로 살려내는 것이니, 잘 등지는 자[雙遮者]가 잘 살리는 자[雙照者]이며, 잘 살리는 자가 잘 등지는 자인 것이다.

이와 같이 깨뜨리되 살리고 살리되 깨뜨리면, 주체가 주체 아닌 주체가 되고 객체가 객체 아닌 객체가 되니, 그 가운데 애착과 두려움, 걸림과 막힘이 없다.

크신 스승이 이와 같이 법의 아들의 지혜를 인증하시고 방에 들어가 좌선하시니, 법의 아들은 다시 크신 스승의 법을 사자처럼 외쳐 세간 중생에 설해준다.

법의 아들은 스스로 된 것이 아니다. 사리푸트라 존자는 여래의 가르침을 받아 연기의 진실을 깨닫고 법계를 깊이 통달함으로써 여래의 법의 아들이 되고, 여래의 법계의 처소에서 말함 없는 말을 일으켜 사자처럼 법을 외칠 수 있게 된 것이다.

그러므로 먼 미래 미혹의 중생이라도 법계의 진리를 믿고 법계를 깊이 통달하면 그 또한 여래의 언약을 받고 여래의 말없는 보살펴주심을 입을 것이다.

세존께서는 지음 없는 청정한 행으로
니르바나의 법을 보이십니다

나는 들었다, 이와 같이.

한때 붇다께서는 라자그리하 성에 노니시다가 칼란다카 대나무동산에 계시면서 큰 비구대중과 함께 여름 안거를 받으셨다.

존자 푸르나 또한 그 태어난 곳[生地]에서 여름 안거를 받았다.

이때 태어난 곳에 있던 여러 비구들은 여름 안거 석 달을 마친 뒤 옷을 기워 마치고 옷을 거두고 발우를 지니고 태어난 곳을 떠나 라자그리하 성으로 향했다. 점점 더욱 앞으로 나아가 라자그리하 성에 이르러 그곳 칼란다카 대나무동산에 머물렀다.

이때에 태어난 곳의 여러 비구들은 붇다 계신 곳으로 가 머리를 발에 대 절하고 한쪽에 물러가 앉았다.

세존께서는 물으셨다.

"비구들이여, 어디서 오며 어디서 여름 안거를 지냈는가."

태어난 곳의 여러 비구들은 세존께 말씀드렸다.

"세존이시여, 태어난 곳에서 오며 태어난 곳에서 여름 안거를 지냈습니다."

세존께서 물으셨다.

"그 태어난 곳의 여러 비구 가운데 어떤 비구가 다음과 같이 여러 비구의 칭찬을 받았는가.

곧 스스로 욕심 줄여[少欲] 만족할 줄 알면서 욕심 줄여 만족할 줄 아는 것을 칭찬해 말하고, 스스로 한가히 머물면서 한가히 머무는 것을 칭찬해 말하며, 스스로 정진하면서 정진하는 것을 칭찬해 말하고, 스스로 바른 생각이면서 바른 생각을 칭찬해 말한 비구는 누구인가.

스스로 한마음이면서 한마음을 칭찬해 말하고, 스스로 지혜로우면서 지혜로운 것을 칭찬해 말하며, 스스로 번뇌의 흐름이 다했으면서 번뇌의 흐름이 다한 것을 칭찬해 말하는 비구는 누구인가.

스스로 목마르듯 우러르는 마음을 내도록 해 성취해 기뻐하면서, 목마르듯 우러르는 마음을 내도록 해 성취해 기뻐하는 것을 칭찬해 말하는 비구는 누구인가."

태어난 곳의 여러 비구들이 말씀드렸다.

"세존이시여, 존자 푸르나는 저 태어난 곳에서 여러 비구들의 칭찬을 받고 있습니다.

그는 스스로 욕심 줄여 만족할 줄 알면서 욕심 줄여 만족할 줄 아는 것을 칭찬해 말하고, 스스로 한가히 머물면서 한가히 머무는 것을 칭찬해 말하며, 스스로 정진하면서 정진하는 것을 칭찬해 말하고, 스스로 바른 생각이면서 바른 생각을 칭찬해 말합니다.

그는 스스로 한마음이면서 한마음을 칭찬해 말하고, 스스로 지혜로우면서 지혜로운 것을 칭찬해 말하며, 스스로 번뇌의 흐름이 다했으면서 번뇌의 흐름이 다한 것을 칭찬해 말합니다.

스스로 목마르듯 우러르는 마음을 내도록 해 성취해 기뻐하면서 목마르듯 우러르는 마음을 내도록 해 성취해 기뻐하는 것을 칭찬해 말합니다."

푸르나 존자에 대한 말을 듣고 사리푸트라 존자가 푸르나를 찾아감

이때에 존자 사리푸트라는 대중 가운데 앉아 있었다. 존자 사리푸트라는 이렇게 생각했다.

'세존은 하시던 대로 저 태어난 곳의 여러 비구들에게 물으시고, 태어난 곳의 여러 비구들은 아주 크게 어진 이 푸르나를 다음과 같이 칭찬한다.

곧 그는 스스로 욕심 줄여 만족할 줄 알면서 욕심 줄여 만족할 줄 아는 것을 칭찬해 말하고, 스스로 한가히 머물면서 한가히 머무는 것을 칭찬해 말하며, 스스로 정진하면서 정진하는 것을 칭찬해 말하고, 스스로 바른 생각이면서 바른 생각을 칭찬해 말한다.

그는 스스로 한마음이면서 한마음을 칭찬해 말하고, 스스로 지혜로우면서 지혜로운 것을 칭찬해 말하며, 스스로 번뇌의 흐름이 다했으면서 번뇌의 흐름이 다한 것을 칭찬해 말한다.

스스로 목마르듯 우러르는 마음을 내도록 해 성취해 기뻐하면서 목마르듯 우러르는 마음을 내도록 해 성취해 기뻐하는 것을 칭찬해 말한다.'

존자 사리푸트라는 다시 이렇게 생각했다.

'나는 언제나 저 어진 이 푸르나와 함께 모여 그 적은 뜻[少義]이나마 물어볼 수 있을까.

그는 어쩌면 나의 물음을 들어줄 수 있을 것이다.'

그때에 세존은 라자그리하 성에서 여름 안거를 받아 석 달을 지낸 뒤 옷을 기워 마치시고 가사를 거두고 발우를 지닌 채 라자그리하 성을 떠나 슈라바스티 국으로 향하였다.

점점 더욱 앞으로 나아가 그곳에 이르러 곧 제타 숲 '외로운 이 돕는 장자의 동산'에 머무르셨다.

존자 사리푸트라는 태어난 곳의 여러 비구들과 더불어 라자그리하 성에서 며칠을 머무르다가, 옷을 거두고 발우를 지닌 채 슈라바스티 국으로 향하였다. 점점 더욱 앞으로 나아가 거기에 이르러 제타 숲 '외로운 이 돕는 장자의 동산'에 함께 머물렀다.

때에 존자 푸르나도 태어난 곳에서 여름 안거를 받아 석 달을 지낸 뒤 옷을 기워 마치고 가사를 거두고 발우를 지닌 채 태어난 곳을 떠나 슈라바스티 국으로 향했다. 점점 더욱 앞으로 나아가 그곳에 이르러, 또한 제타 숲 '외로운 이 돕는 장자의 동산'에 머물렀다.

존자 푸르나는 세존이 계신 곳에 가서 머리를 발에 대 절하고 여래 앞에서 니시다나를 깔고 두 발을 맺고 앉았다.

때에 존자 사리푸트라는 다른 비구들에게 물었다.

"여러 어진 이들이여, 누가 어진 이 푸르나입니까."

여러 비구들이 존자 사리푸트라에게 말하였다.

"그렇습니다. 그 존자는 여래 앞에 앉아 있습니다. 얼굴은 하얗고 코는 높아 앵무새 부리와 같은 분이 곧 그 사람입니다."

때에 존자 사리푸트라는 푸르나의 얼굴을 알아보고 곧 잘 기억했다.

존자 푸르나는 그 밤을 지내고 이른 새벽에 가사를 입고 발우를 지니고 슈라바스티 국에 들어가 밥을 빌었다.

먹기를 마치고 오후에 돌아와 옷과 발우를 도로 거두고 손발을 씻고 니시다나를 어깨 위에 걸치고 안다 숲의 거닐어 다니는 곳[經行處]으로 갔다.

존자 사리푸트라 또한 밤을 지내고 이른 새벽에 가사를 입고 발우를 지니고 슈라바스티 국에 들어가 밥을 빌었다.

먹기를 마치고 오후에 돌아와, 옷과 발우를 도로 거두고 손발을 씻고 니시다나를 어깨 위에 걸치고 안다 숲의 거닐어 다니는 곳으로 갔다.

**사리푸트라 존자가 푸르나에게 범행 닦는 뜻을 물으니
니르바나의 뜻으로 답함**

때에 존자 푸르나는 안다 숲에 이르러 한 나무 밑에다 니시다나를 펴고 두 발을 맺고 앉았다.

존자 사리푸트라 또한 안다 숲에 이르러 푸르나에게서 멀지 않은 한 나무 밑에 니시다나를 펴고 두 발을 맺고 앉았다.

존자 사리푸트라는 해질녘 좌선에서 일어나, 존자 푸르나가 있는 곳에 가 서로 문안한 뒤에 한쪽에 앉아 곧 존자 푸르나에게 물었다.

"어진 이여, 그대는 사문 고타마를 따라 범행을 닦습니까."

푸르나는 대답하였다.

"그렇습니다."

"어떻습니까, 어진 이여. 그대는 계행을 깨끗하게 하려고 사문 고타마를 따라 범행을 닦습니까."

푸르나는 대답하였다.

"아닙니다."

"마음을 깨끗하게 하려 하고, 견해를 깨끗하게 하려 하며, 의심의 덮음을 없애어 깨끗하게 하려 하고, 도(道)와 도 아님[非道]을 분별하는 지견을 깨끗하게 하려 하므로 사문 고타마를 따라 범행을 닦습니까.

도의 자취 아는 지견을 깨끗하게 하려 하고, 도의 자취와 번뇌를 끊는 지혜를 깨끗하게 하려 하므로 사문 고타마를 따라 범행을 닦습니까."

푸르나는 대답하였다.

"아닙니다."

"나는 아까 어진 이께 물었습니다.

'사문 고타마를 따라 범행을 닦습니까.'

그대는 곧 대답했습니다.

'그렇습니다.'

지금도 나는 그대에게 물었습니다.

'계행을 깨끗하게 하려고 사문 고타마를 따라 범행을 닦습니까.'

그대는 곧 말했습니다.

'아닙니다.'

나는 또 물었습니다.

'마음을 깨끗하게 하려 하고, 견해를 깨끗하게 하려 하며, 의심의 덮음을 없애어 깨끗하게 하려 하고, 도와 도 아님을 분별하는 지견을 깨끗하게 하려 하므로 사문 고타마를 따라 범행을 닦습니까.

도의 자취 아는 지견을 깨끗하게 하려 하고, 도의 자취와 번뇌를 끊는 지혜를 깨끗하게 하려 하므로 사문 고타마를 따라 범행을 닦습니까.'

그대는 곧 말했습니다.

'아닙니다.'

그러면 무슨 뜻으로 사문 고타마를 따라 범행을 닦는 것입니까."

푸르나는 대답하였다.

"어진 이여, 남음 없는 니르바나[無餘涅槃]를 위해서입니다."

**방편의 실천에 지음이 있고 함이 있으면
세존이 보이신 남음 없는 니르바나가 되지 못함을 답함**

또 다시 물었다.

"어떻습니까, 어진 이여. 계행을 깨끗하게 하려고 사문 고타마는 남음 없는 니르바나를 베풀어 보이신 것이오?"

그는 대답했다.

"아닙니다."

"마음을 깨끗하게 하려 하고, 견해를 깨끗하게 하려 하며, 의심의 덮음을 없애어 깨끗하게 하려 하고, 도와 도 아님을 분별하는 지견을 깨끗하게 하려 하므로 사문 고타마는 남음 없는 니르바나를 베풀어 보이신 것이오?

도의 자취 아는 지견을 깨끗하게 하려 하고, 도의 자취와 번뇌를 끊는 지혜를 깨끗하게 하려 하므로 사문 고타마는 남음 없는 니르바나를 베풀어 보이신 것이오?"

"아닙니다."

다시 물었다.

"나는 아까 어진 이께 물었습니다.

'어떻습니까 어진 이여, 계행을 깨끗하게 하려고 사문 고타마는 남음 없는 니르바나를 베풀어 보입니까.'

어진 이는 말했습니다.

'아닙니다.'

나는 또 물었습니다.

'마음을 깨끗하게 하려 하고, 견해를 깨끗하게 하려 하며, 의심의 덮음을 없애어 깨끗하게 하려 하고, 도와 도 아님을 분별하는 지견을 깨끗하게 하려 하므로 사문 고타마는 남음 없는 니르바나를 베풀어 보인 것이오?

도의 자취 아는 지견을 깨끗하게 하려 하고, 도의 자취와 번뇌를 끊는 지혜를 깨끗하게 하려 하므로 사문 고타마는 남음 없는 니르바나를 베풀어 보인 것이오?'

어진 이께서는 말했습니다.

'아닙니다.'

어진 이의 말하는 것은 무슨 뜻입니까. 어떻게 하면 알 수 있겠습니까."

푸르나는 대답했다.

"어진 이여, 만약 계행을 깨끗하게 하려고 세존이신 사문 고타마가 남음 없는 니르바나를 베풀어 보인다면, 그것은 곧 남음 있음[有餘]을 남음 없음[無餘]이라고 일컫는 것이오.

마음을 깨끗하게 하려 하고, 견해를 깨끗하게 하려 하며, 의심의 덮음을 없애어 깨끗하게 하려 하고, 도와 도 아님을 분별하는 지견을 깨끗하게 하려 하므로 세존이신 사문 고타마가 남음 없는 니르바나를 연설한다 합시다.

그리고 도의 자취 아는 지견을 깨끗하게 하려 하고, 도의 자취와 번뇌를 끊는 지혜를 깨끗하게 하려고 세존이신 사문 고타마가 남음 없는 니르바나를 연설한다 합시다.

그것은 남음 있음을 남음 없음이라고 일컫는 것입니다."

남음 없는 니르바나가 방편의 법이 아니지만
방편의 법 떠나지 않음을 보임

"그러나 어진 이여, 만약 이 법을 떠나 세존께서 남음 없는 니르바나를 베풀어 보인다면 곧 범부 또한 반드시 파리니르바나할 것이니, 왜냐하면 범부 또한 이 법을 떠나기 때문입니다.

어진 이여, 다만 계행이 깨끗함 때문에 마음의 깨끗함을 얻고, 마음이 깨끗함 때문에 견해의 깨끗함을 얻으며, 견해의 깨끗함 때문에 의심을 없앤 깨끗함을 얻고, 의심을 없앤 깨끗함 때문에 도와 도 아님을 분별하는 지견의 깨끗함을 얻습니다.

도와 도 아님을 분별하는 지견의 깨끗함 때문에 도의 자취를 잘 아는 지견의 깨끗함을 얻고, 도의 자취를 잘 아는 지견의 깨끗함 때문에 도의 자취를 알고 번뇌를 끊는 지혜의 깨끗함을 얻으며, 도의 자취를 알고 번뇌를 끊는 지혜의 깨끗함 때문에 세존이신 사문 고타마는 남음 없는 니르바나를 베풀어 보이는 것입니다."

목적지에 이르는 일곱 수레로 비유해 방편의 실천과
남음 없는 니르바나의 뜻을 다시 보임

"어진 이여, 다시 들으십시오. 옛날 코살라 국의 프라세나짓 왕은 슈라바스티 국에 있었는데, 사케타(Sāketa)에 볼일이 있었습니다.

그는 이렇게 생각하였습니다.

'무슨 방편으로써 하루 동안에 슈라바스티 국에서 사케타까지 갈 수 있을까.'

그는 다시 생각하였습니다.

'나는 지금 차라리 슈라바스티 국에서 사케타에 이르는 그 가운

데 일곱 수레를 펼쳐두어야겠다.'

그때에 그는 곧 슈라바스티 국에서 사케타에 이르는 그 가운데 일곱 수레를 펼쳐두었습니다.

일곱 수레를 펼쳐둔 뒤 그는 슈라바스티 국에서 나와 첫째 수레에 이르렀습니다. 첫째 수레를 타고 둘째 수레에 이르러서는 첫째 수레를 버렸습니다. 둘째 수레를 타고 셋째 수레에 이르러서는 둘째 수레를 버리고 셋째 수레를 타고, 넷째 수레에 이르러서는 셋째 수레를 버렸습니다. 넷째 수레를 타고 다섯째 수레에 이르러서는 넷째 수레를 버리고, 다섯째 수레를 타고 여섯째 수레에 이르러서는 다섯째 수레를 버렸습니다. 또 여섯째 수레를 타고 일곱째 수레에 이르러서는 여섯째 수레를 버리고 일곱째 수레를 타고는 하루 안에 사케타에 이르렀습니다.

그는 사케타에서 볼일을 다 보아 마치고 대신들에게 둘러싸이어 왕의 정전에 앉았습니다.

뭇 신하들이 물었습니다.

'어떻습니까, 하늘왕이여. 하루 동안에 슈라바스티 국에서 사케타까지 가셨습니까.'

왕은 말했습니다.

'그렇다.'

'어떻습니까, 첫째 수레를 타고 하루 동안에 슈라바스티 국에서 사케타에 이르렀습니까.'

'아니다.'

'둘째 수레를 타고 셋째 수레를 타고 일곱째 수레까지 이르러 슈라바스티 국에서 사케타에 이르렀습니까.'

'아니다.'

어떻습니까, 어진 이여. 코살라 국 프라세나짓 왕은 여러 신하가 다시 묻는다면 어떻게 말할 것입니까.

왕은 여러 신하들에게 대답할 것입니다.

'나는 슈라바스티 국에 있으면서 사케타에 볼일이 있었다. 나는 이렇게 생각했다.

〈무슨 방편으로써 하루 동안에 슈라바스티 국에서 사케타까지 갈 수 있을까.〉

나는 다시 이렇게 생각했다.

〈나는 지금 차라리 슈라바스티 국에서 사케타에 이르는 그 가운데 일곱 수레를 펼쳐두어야겠다.〉

나는 그때 곧 슈라바스티 국에서 사케타에 이르는 그 가운데 일곱 수레를 펼쳐두었다. 일곱 수레를 펼쳐둔 뒤 슈라바스티 국에서 나와 첫째 수레에 이르렀다. 첫째 수레를 타고 둘째 수레에 이르러서는 첫째 수레를 버렸다. 둘째 수레를 타고 셋째 수레에 이르러서는 둘째 수레를 버리고, 셋째 수레를 타고 넷째 수레에 이르러서는 셋째 수레를 버렸다. 넷째 수레를 타고 다섯째 수레에 이르러서는 넷째 수레를 버리고, 다섯째 수레를 타고 여섯째 수레에 이르러서는 다섯째 수레를 버렸다. 여섯째 수레를 타고 일곱째 수레에 이르러서는 여섯째 수레를 버리고, 일곱째 수레를 타고는 하루 안에 사케타에 이르렀다.'

이와 같이 어진 이여, 코살라 국 프라세나짓 왕이 여러 신하들의 물음에 대하여 한 대답은 이와 같을 것입니다.

이와 같이 어진 이여, 계행이 깨끗함 때문에 마음의 깨끗함을 얻고, 마음이 깨끗함 때문에 견해의 깨끗함을 얻으며, 견해의 깨끗함 때문에 의심을 없앤 깨끗함을 얻고, 의심을 없앤 깨끗함 때문에 도와 도 아님을 분별하는 지견의 깨끗함을 얻습니다.

도와 도 아님을 분별하는 지견의 깨끗함 때문에 도의 자취를 잘 아는 지견의 깨끗함을 얻고, 도의 자취를 잘 아는 지견의 깨끗함 때문에 도의 자취를 알고 번뇌를 끊는 지혜의 깨끗함을 얻으며, 도의 자취를 알고 번뇌를 끊는 지혜의 깨끗함 때문에 세존이신 사문 고타마는 남음 없는 니르바나를 베풀어 보이는 것입니다."

사리푸트라 존자와 푸르나 존자가 서로 뛰어난 지혜를 찬탄하고 공경함

이에 존자 사리푸트라는 존자 푸르나에게 물었다.

"어진 이는 무엇이라 이름하며, 여러 범행 닦는 이들은 어진 이를 어떻게 부릅니까."

존자 푸르나가 답했다.

"어진 이여, 제 이름은 가득참[滿]이고, 제 어머니의 이름은 사랑[慈]입니다. 그러므로 여러 범행 닦는 이들은 저를 일컬어 푸르나 마이트라이니푸트라(Pūrṇa-maitrāyṇṇīputra, 滿慈子)라고 부릅니다."

존자 사리푸트라는 찬탄하며 말했다.

"좋고 좋습니다. 어진 이 푸르나여, 그대는 여래의 제자가 되어 지어 행하는 지혜의 변재와 총명함이 분명히 정해졌고, 안온하여 두려움 없이 잘 고루고 다스림을 이루었으며, 큰 변재를 얻어 단이슬의 깃대[甘露幢]를 얻었으며, 단이슬의 곳[甘露界]에서 스스로 증득하여 성취하여 노닐고 계시오.

그러므로 어진 이께 깊고 깊은 뜻을 물으면 다 대답할 수 있기 때문에, 그리고 어진 이 푸르나여, 여러 범행 닦는 이들은 큰 이익을 얻기 때문에 어진 이 푸르나를 만나기 위해 때를 따라 가서 뵙고 때를 따라 절하는 것이오.

나도 지금 큰 이익을 얻었으므로 때를 따라 가서 뵙고 때를 따라 가서 절할 것이오. 여러 범행 닦는 이들은 옷을 정수리에 감고, 어진 이 푸르나를 머리 위에 모셔야 큰 이익을 얻을 것이오.

이제 나 또한 큰 이익을 얻기 위해 때를 따라 가서 뵙고 때를 따라 가서 절할 것이오."

존자 푸르나는 존자 사리푸트라에게 물었다.

"어진 이의 이름은 무엇이며, 여러 범행 닦는 이들은 어진 이를 어떻게 부릅니까."

존자 사리푸트라가 대답했다.

"어진 이여, 나의 이름은 우파티샤(Upatiṣya)요 내 어머니는 샤리(Śāri)라 하오. 그러므로 모든 범행 닦는 이들은 나를 사리푸트라(Śāriputra, 舍利子)라고 부르오."

존자 푸르나는 찬탄해 말하였다.

"저는 지금 세존의 제자와 함께 논의하면서도 몰랐습니다.

'두 번째 높은 이'[第二尊]와 함께 논의하면서도 몰랐고, 법의 장수[法將]와 함께 논의하면서도 몰랐으며, 여래께서 굴리신 법바퀴[轉法輪]를 다시 굴리는 제자[復轉弟子]와 함께 논의하면서도 몰랐습니다.

제가 만약 존자 사리푸트라인 줄 알았다면 한 마디도 대답할 수 없었을 것입니다. 하물며 다시 어지신 이의 깊이 논의하신 뜻이겠습니까.

좋고 좋습니다. 존자 사리푸트라시여, 여래의 제자가 되어 지어 행하는 지혜의 변재와 총명은 분명히 정해졌고, 안온하고 두려움 없이 잘 고루고 다스림을 이루었으며, 큰 변재를 얻고 단이슬의 깃대를 얻었으며, 단이슬의 곳에서 스스로 증득하여 성취하여 노니십니다.

존자의 매우 깊고도 또 깊은 물음 때문에 존자 사리푸트라여, 여러 범행 닦는 이들은 큰 이익을 얻었습니다.

존자 사리푸트라를 만나기 위해 때를 따라 가서 뵙고 때를 따라 가서 절할 것입니다.

저도 지금 큰 이익을 얻었으므로 때를 따라 가서 뵙고 때를 따라 가서 절하겠습니다. 여러 범행인들은 큰 이익을 얻기 위해 옷을 정수리에 감고, 존자를 머리 위에 모셔야 합니다.

이제 저도 큰 이익을 얻고서 때를 따라 가서 뵙고 때를 따라 가서 절할 것입니다."

이와 같이 두 현성은 서로 칭찬해 말하고 다시 서로 빼어남을 칭찬해 마친 뒤, 기뻐하며 받들어 행했다.

그리고 자리에서 일어나 각각 그 머물던 곳[所止]으로 돌아갔다.

• 중아함 9 칠거경(七車經)

• 해설 •

여래가 중생에게 가르치신 갖가지 수행의 법과 실천법[道品]은 수행 자체에 목표가 있는 것이 아니라 그 범행을 닦아 해탈의 땅 니르바나의 저 언덕에 이르기 위함이다.

그러므로 갖가지 수행법 닦아 행함은 부지런히 닦아 행하되 그 닦아 행함을 넘어서고 지양하지 않으면 해탈과 니르바나의 이름을 얻지 못한다. 방편의 배를 부지런히 노 저어 저 언덕에 이르러야 하지만, 방편의 배를 붙들고 있는 이는 길이 출렁이는 강물결 속에 헤매어야 한다.

염불·참선·간경·다라니 수행법도 그러하며, 갖가지 보시와 계행 등 여러 착한 업도 그러하다. 저 조사의 공안[祖師公案]이라도 공안을 나귀 매는 말뚝처럼 붙잡고 있거나 말귀[話頭]를 신비화해서 붙들어쥐는 자는 조사의 관문을 깨뜨리지 못하고, 니르바나 성 밖에 기나긴 밤 나그네 신세를 면하지 못할 것이다.

푸르나 존자는 서방의 고향땅에서 안거하고 고향땅의 거칠고 억센 사람들을 교화하다 그곳에서 파리니르바나에 든 현성으로 설법이 으뜸인 여래의 제자로 추앙된다.

연기법의 뜻[法義]을 통달해야 법을 잘 설함이니, 법의 뜻을 통달하면 아는 마음에 마음이 없고 모습에 모습이 없음을 알아 깊고 깊은 법계를 통달하지 못함이 없다. 푸르나 존자는 법계를 통달한 사마디의 마음으로 설하되 설함 없이 법을 설하는 여래의 법의 아들인 것이다.

서방의 스스로 육신의 몸이 난 곳에서 안거하고 여래 계신 곳으로 돌아오자 함께 안거한 대중은 모두 이 푸르나 존자의 두타행과 사마디, 그의 정진과 지혜를 여래께 찬탄한다.

안거 대중의 푸르나 존자에 대한 찬탄을 들은 사리푸트라 존자가 그를 찾아 만나니, 두 분 현성의 만남은 여래의 법의 뜰에서 두 용상(龍象)이 만나 한 바탕 법의 노래를 불러, 겁 밖의 소식[劫外消息]을 전함이라 할 것이다.

여래가 가르치고 보이신 갖가지 행을 닦고, 여래를 따라 집이 아닌 데로 집을 나와 머리를 깎고 두타와 범행을 닦는 것은 무엇을 위함인가.

지음이 있고 구함이 있으면 남음 없는 니르바나의 땅에서 남음 있고 지음 있는 행을 짓는 것이니, 그는 니르바나의 땅에 이를 수 없다.

니르바나에서 일어난 지음 없는 지음, 닦음 없는 닦음으로 여래를 따라 범행을 배우는 이가 얻음 없고 이르름 없이 파리니르바나의 땅에 돌아갈 것이다.

그러나 방편의 배 없이 저 언덕 실상의 땅에 돌아갈 수 없으니, 위없는 보디의 성취자 여래가 보디의 땅에서 가르쳐 보인 갖가지 실천법을 의지하지 않고 그 법을 떠나 다시 니르바나의 저 언덕에 이르지 못한다.

범부의 번뇌는 본래 니르바나되어 있지만 지금 번뇌가 없지 않으니, 번뇌 끊어 견해를 깨끗이 하고 의심을 없애고 바른 도를 분별하고 도의 자취 아는 지혜를 깨끗이 하지 않고는 범부는 번뇌의 때를 깨끗이 해 니르바나의 성에 돌아갈 수 없는 것이다.

슈라바스티에서 사케타를 하루만에 갈 때 일곱 수레를 갈아타는 것과 같다. 하나의 수레를 타고 감이 사케타에 이르름이 아니므로 한 수레의 굴러 감만을 절대화해서는 안 되지만, 하나의 수레가 굴러서 다음 수레에 이르고 다음 수레가 그 다음 수레에 이르러서 일곱째 수레가 원만히 굴러가야 저 사케타에 이르니, 낱낱 수레가 굴러감을 따라서 사케타에 이른다고 해서는 안 된다.

수레와 수레가 서로 원인이 되어 사케타에 이르름을 성취시켜주듯, 여래의 갖가지 법와 법이 서로 원인이 되고[法法相因], 법과 법이 서로 이익을 주어[法法相益] 끝내 번뇌 다한 지혜의 청정함으로 니르바나의 해탈의 공덕을 현전하는 것이다.

그렇게 되면 여래의 보디의 법이 미혹의 사트바를 보디사트바가 되게 하고, 중생을 여래의 장엄으로 장엄해주는 것이다. 두 분 현성은 여래의 법의 뜻 안에서 여래의 단이슬의 법으로 삶의 깃대를 세우고 여래의 단이슬의 땅 니르바나의 평상에서 참으로 잘 쉬시는 분들이다.

그러므로 두 분 현성의 법은 한맛인 여래의 법이니, 여래 상가의 두 번째 높은 이 사리푸트라도 저 푸르나의 깊은 선정과 높은 지혜와 막힘없는 변재를 보고 스스로 공경하여 푸르나 존자를 머리에 이어 받들고 늘 찾아뵙고 절해 모시겠다고 말하고, 푸르나 존자 또한 높은 이 사리푸트라 존자를 같은 말로 찬탄한다.

두 분 현성은 여래의 진리의 집안에서 여래의 장엄으로 각기 스스로를 잘 꾸미고 여래의 해탈의 공덕을 스스로 증험함으로써 서로를 단이슬의 법맛[甘露法味]을 얻고 단이슬의 법의 깃발[甘露法幢] 세운 분이라 인정하고 찬양하고 있는 것이다.

'이 법이 평등하여 높고 낮음이 없다'[是法平等 無有高下] 했으니, 두 분 현성의 지혜와 선정과 변재에 어찌 낮고 높음을 따질 수 있겠는가.

아름답고 묘한 법의 향기[妙法香]가 땅을 덮고 하늘을 채우며, 겁 밖의 진리의 노래[劫外歌]가 때[時]를 넘고 곳[處]을 넘어 깨끗한 믿음으로 법의 귀를 여는 자에게 울려 퍼지고 울려 퍼질 뿐이다.

진실 그대로 법을 알지 못하면
번뇌의 흐름 다하지 못한다

나는 들었다. 이와 같이.

한때 붇다께서는 쿠루 국에 노니시면서 '소 치는 마을'이라는 도읍에 계셨다.

그때 세존께서는 여러 비구들에게 말씀하셨다.

"바로 알고 바로 봄으로써[以知以見故] 모든 번뇌의 흐름이 다할 수 있는 것이지, 알지 못하는 것이 아니요 보지 못하는 것이 아니다.

어떻게 알고 봄으로써 모든 번뇌의 흐름이 다할 수 있는가.

바른 사유[正思惟]와 바르지 않은 사유[不正思惟]가 있다.

만약 바르지 못하게 사유한다면, 아직 나지 않은 탐욕의 흐름은 생기고, 이미 생긴 흐름은 곧 더욱 늘어나고 넓어진다.

아직 나지 않은 존재의 흐름[有漏]과 무명의 흐름[無明漏]은 생기고, 이미 생긴 존재의 흐름과 무명의 흐름은 더욱 늘어나고 넓어진다.

만약 바르게 사유하면 아직 나지 않은 탐욕의 흐름은 생기지 않고, 이미 생긴 것은 곧 사라진다. 아직 나지 않은 존재의 흐름과 무명의 흐름은 생기지 않고, 이미 생긴 것은 곧 사라진다.

그런데, '범부의 어리석은 사람들'[凡夫愚人]은 바른 법[正法]을 얻어 듣지 못하고 참된 스승[眞知識]을 만나지 못하여, 거룩한 법[聖法]을 알지 못하고 거룩한 법을 모시지 못하고 진실 그대로의 법[如眞法]을 알지 못한다.

바르지 못하게 사유하면 아직 나지 않은 탐욕의 흐름은 생기고, 이미 생긴 것은 더욱 늘어나고 넓어진다.

아직 나지 않은 존재의 흐름과 무명의 흐름은 생기고, 이미 생긴 것은 더욱 늘어나고 넓어진다.

바르게 사유하면 아직 나지 않은 탐욕의 흐름은 생기지 않고, 이미 생긴 것은 곧 사라진다.

진실 그대로의 법을 알지 못하기 때문에 생각하지 않아야 할 법을 생각하고, 생각해야 할 법은 생각하지 않는다.

생각하지 않아야 할 법을 생각하고 생각해야 할 법은 생각하지 않기 때문에, 아직 나지 않은 탐욕의 흐름은 생기고 이미 생긴 것은 더욱 늘어나고 넓어진다. 아직 나지 않은 존재의 흐름과 무명의 흐름은 생기고, 이미 생긴 것은 더욱 늘어나고 넓어진다."

무명의 흐름 이어감을 보이시고 바른 사유를 보이심

"많이 들은 거룩한 제자들[多聞聖弟子]은 바른 법을 얻어 듣고 참된 스승을 만나며, 거룩한 법을 모시고 진실 그대로의 법을 안다.

바르지 않게 사유하는 자는 아직 나지 않은 탐욕의 흐름이 생기고, 이미 생긴 것은 더욱 늘어나고 넓어진다.

아직 나지 않은 존재의 흐름과 무명의 흐름은 생기고, 이미 생긴 것은 더욱 늘어나고 넓어진다.

바르게 사유하는 자는 아직 나지 않은 탐욕의 흐름은 생기지 않고, 이미 생긴 것은 곧 사라진다. 아직 나지 않은 존재의 흐름과 무명의 흐름은 생기지 않고, 이미 생긴 것은 곧 사라진다.

참된 법을 이미 알고서는 생각하지 않아야 할 법은 생각하지 않고, 생각해야 할 법은 곧 생각한다.

생각하지 않아야 할 법은 생각하지 않고 생각해야 할 법은 곧 생각하기 때문에, 아직 나지 않은 탐욕의 흐름은 생기지 않고, 이미 생긴 것은 곧 사라진다. 아직 나지 않은 존재의 흐름과 무명의 흐름은 생기지 않고, 이미 생긴 것은 곧 사라진다."

일곱 가지 샘 있음 끊는 법을 보이심

"흐름[漏]과 번뇌(煩惱), 걱정과 슬픔을 끊는 법이 있다.

어떤 것이 일곱인가. 샘이 있음[有漏]은 견해[見]를 따라 끊고, 샘이 있음은 보살핌[護]을 따라 끊는다.

샘이 있음은 떠남[離]을 따라 끊으며, 샘이 있음은 바른 씀[用]을 따라 끊는다.

샘이 있음은 참음[忍]을 따라 끊고 샘이 있음은 없앰[除]을 따라 끊으며, 샘이 있음은 사유(思惟)를 따라 끊는다."

바른 견해를 따라 끊음

"어떤 것을 샘이 있음은 견해를 따라 끊는다고 하는가.

범부의 어리석은 사람은 바른 법을 듣지 못하고, 참된 스승을 만나지 못하며, 거룩한 법을 알지 못하고, 거룩한 법을 모시지 못하며, 진실 그대로 법을 알지 못하고, 바르게 사유하지 못하기 때문에 곧 이렇게 생각한다.

'나에게 과거의 세상이 있었는가. 나에게 과거의 세상이 없었는가.

나에게 무엇으로 인해 과거의 세상이 있었는가. 나에게 어떤 과거의 세상이 있었는가.

나에게 미래의 세상이 있을 것인가. 나에게 미래의 세상이 없을 것인가. 나에게 무엇으로 인해 미래의 세상이 있을 것인가. 나에게 어떤 미래의 세상이 있을 것인가.'

또 스스로 이렇게 의심한다.

'내 몸을 무엇이라 하며 어떤 것이 몸인가. 지금 이 중생들은 어디에서 왔으며 어느 곳에 이르를 것인가. 본래 무엇을 인해 있었으며 앞으로 무엇을 인해 있을 것인가.'

그는 이와 같이 바르지 않게 사유하여, 여섯 견해[六見] 가운데서 그 견해가 생김을 따라 '참으로 신묘하게 아는 자[神]가 있다'는 견해를 내고, 이 견해가 생기면 '참으로 신묘하게 아는 자가 없다'는 견해를 낸다.

이 견해가 생겨 '신묘하게 아는 자'를 내 '신묘하게 아는 자'를 보고, 이 견해가 생겨 신묘하게 아는 자를 내 신묘하게 아는 자 아님을 본다. 이 견해가 생겨 신묘하게 아는 자 아님을 내 신묘하게 아는 자를 보고, 이 견해가 생겨 이것이 신묘하게 아는 자라는 견해를 낸다.

그리하여 이 신묘하게 아는 자가 말할 수 있고 알 수 있으며, 지을 수 있고 지어 일어나게 하고, 일어나게 해 이런저런 곳에 태어나서 선악의 갚음을 받는다고 하고, 그것은 정해진 좇아오는 곳이 없어서 꼭 있는 것도 아니요 꼭 있을 것도 아니라고 하니, 이것을 견해의 폐단[見之弊]이라 한다.

이 견해에 흔들리고 이 견해의 묶임에 매이어 범부의 어리석은 사람은 이 때문에 곧 나고 늙고 병들어 죽는 괴로움을 받는다.

많이 들은 거룩한 제자들은 바른 법을 듣고 참 스승을 만나며, 거룩한 법을 모시고 진실 그대로 법을 알아[知如眞法] 괴로움을 진실 그대로 알고 괴로움의 익히어냄을 알며 괴로움의 사라짐을 알고 괴로움 없애는 길을 진실 그대로 안다.

이와 같이 진실 그대로 알고 나면, 몸의 삿된 견해[身見]·그릇된 계의 견해[戒取見]·의심[疑]의 세 가지 묶음[三結]이 다하게 된다.

이 세 가지 묶음이 다하면 스로타판나를 얻어 악한 법에 떨어지지 않고, 반드시 바른 깨달음으로 나아가 아주 많아야 일곱 존재[七有]를 받아 하늘위와 사람 사이를 가고 온 뒤 괴로움의 끝을 얻는다.

만약 바로 알고 보지 못하면 번뇌와 걱정과 슬픔이 생기고, 만약 바르게 알고 또 보면 번뇌와 걱정과 슬픔이 생기지 않는다.

이것을 샘이 있음은 견해를 따라 끊는 것이라 한다."

보살핌을 따라 끊음

"어떤 것을 샘이 있음은 보살핌을 따라 끊는다고 하는가.

비구가 눈으로 빛깔을 보고, 눈의 아는 뿌리[眼根]를 보살피는 자는 바른 사유로 빛깔의 깨끗하지 않음을 보기 때문이다.

눈의 아는 뿌리를 보살피지 않는 자는 바르지 않은 사유로 빛깔의 깨끗함을 보기 때문이다.

만약 보살피지 않으면 곧 번뇌와 걱정과 슬픔을 내고, 보살피면 곧 번뇌와 걱정과 슬픔을 내지 않는다.

이와 같이 귀·코·혀·몸·뜻이 법 등을 아는 데서도 뜻의 아는 뿌리[意根] 등을 보살피는 자는 바른 사유로 법 등의 깨끗하지 않음을 보기 때문이요, 뜻의 아는 뿌리를 보살피지 않는 자는 바르지 않은 사유로 법 등의 깨끗함을 보기 때문이다.

만약 보살피지 않으면 곧 번뇌와 걱정과 슬픔을 내고, 보살피면 곧 번뇌와 걱정과 슬픔을 내지 않는다.

이것을 샘이 있음은 보살핌을 따라 끊는 것이라 한다."

떠남을 따라 끊음

"어떤 것을 샘이 있음은 떠남을 따라 끊는다고 하는가.

비구가 악한 코끼리를 보거든 곧 멀리 떠나야 한다. 또한 나쁜 말·나쁜 소·나쁜 개·독한 뱀·나쁜 길·개천·구덩이와 깊숙한 곳과 강과 깊은 샘물, 산과 바위, 나쁜 스승·나쁜 벗·나쁜 바깥길[惡異道]과 나쁜 마을·나쁜 처소를 멀리 떠나야 한다.

만약 여러 범행 닦는 사람이 그들과 함께 있으면서 의심이 없는 사람을 의심이 있도록 하면, 비구는 반드시 그 나쁜 스승과 나쁜 벗·나쁜 바깥길·나쁜 마을·나쁜 처소를 떠나야 한다.

만약 여러 범행 닦는 사람이 그들과 함께 있으면서 의심이 없는 사람을 의심이 있도록 하면, 반드시 다 멀리 떠나야 한다.

만약 떠나지 않으면 곧 번뇌와 걱정과 슬픔을 내게 될 것이요, 떠나면 번뇌와 걱정과 슬픔을 내지 않는다.

이것을 샘이 있음은 떠남을 따라 끊는 것이라 한다."

바른 씀을 따라 끊음

"어떤 것을 샘이 있음은 바른 씀을 따라 끊는다고 하는가.

만약 비구가 옷을 입는다면 그것은 이익 때문이 아니요, 뽐내기 위해서가 아니며, 꾸미기 위해서도 아니다. 다만 모기와 등에와 바람과 비와 춥고 뜨거움 때문이요, 부끄러워하기 때문이다. 만약 음식을 먹는다면 그것은 이익 때문이 아니며, 뽐내기 위해서가 아니며 살찌고 즐기기 위해서가 아니다. 다만 몸을 오랫동안 머무르게 하여 번뇌와 걱정과 슬픔을 없애기 위해서요, 범행을 행하기 위해서요, 묵은 병을 고치고 새 병이 나지 않도록 하기 위해서며, 오래 살고 안온하여 병이 없게 하기 위해서다. 만약 처소와 방사와 평상과 깔 자리와 잠자리 도구를 쓴다면 그것은 이익 때문이 아니요, 뽐내기 위해서가 아니며, 꾸미기 위해서가 아니다. 다만 지칠 때 쉬기[止息] 위해서요, 고요히 앉기[靜坐] 위해서다. 만약 약을 쓴다면 그것은 이익 때문이 아니요, 꾸미기 위해서가 아니며 살찌고 즐기기 위해서가 아니다. 다만 병의 괴로움을 없애기 위해서요, 목숨뿌리를 잘 거두어 잡기 위해서며, 안온하여 병이 없게 하기 위해서다.

만약 바르게 쓰지 않으면 번뇌와 걱정과 슬픔을 내고, 바르게 쓰면 번뇌와 걱정과 슬픔을 내지 않는다.

이것을 샘이 있음은 바른 씀을 따라 끊는 것이라 한다."

참음을 따라 끊음

"어떤 것을 샘이 있음은 참음을 따라 끊는다 하는가.

비구는 정진하여 악하여 착하지 않음을 끊고 착한 법을 닦기 때문에 늘 일으키는 생각[起想]이 있고, 마음을 오롯이 하여 부지런히 힘써 몸·가죽·살·힘줄·뼈·피·골이 다 마르도록 정진을 버리지 않고 반드시 구하는 바를 얻어서야 정진을 버린다. 비구는 다시 주림·목마름·추위·더위·모기·등에·파리·벼룩·이를 견디어 참아야 하고, 바람이나 햇볕에 내몰리고 욕설과 매질을 당해도 또한 그것을 참아야 한다. 또 몸에 여러 병이 걸려 아주 고통스럽고 목숨이 끊어질 듯이 즐겁지 않은 것들도 다 견디어 참아야 한다.

만약 그것을 참지 못하면 번뇌와 걱정과 슬픔을 내고 그것을 참으면 번뇌와 걱정과 슬픔을 내지 않는다.

이것을 샘이 있음은 참음으로 따라 끊는 것이라 한다."

없앰을 따라 끊음

"어떤 것을 샘이 있음은 없앰을 따라 끊는다고 하는가.

어떤 비구는 탐욕의 생각을 내고도 끊어 없애고 버려 떠나지 않는다. 성내는 생각과 해치는 생각을 내고도 끊어 없애고 버리어 떠나지 않는다.

만약 그것을 없애지 않으면 번뇌와 걱정과 슬픔을 내고, 그것을 없애면 번뇌와 걱정과 슬픔을 내지 않는다.

이것을 없앰을 따라 끊는 것이라 한다."

사유를 따라 끊음

"어떤 것을 샘이 있음은 사유를 따라 끊는다고 하는가.

비구가 첫째 생각의 깨달음 법[念覺支]을 생각하여 떠남을 의지하고 탐욕 없음을 의지하며, 사라져 다함을 의지하여 곧 벗어남[出要]에 이르게 된다. 법 가림의 깨달음 법, 정진의 깨달음 법, 기쁨의 깨달음 법, 쉼의 깨달음 법, 선정의 깨달음 법을 사유하고, 일곱째 버림의 깨달음 법[捨覺支]을 사유하여 떠남을 의지하고 탐욕 없음을 의지하며, 사라져 다함을 의지하여 곧 벗어남[出要]에 이르게 된다.

만약 사유하지 않으면 곧 번뇌와 걱정과 슬픔을 내고, 생각하면 번뇌와 걱정과 슬픔을 내지 않는다.

이것을 샘이 있음은 사유를 따라 끊는 것이라 한다."

일곱 번뇌 다하는 법으로 괴로움의 끝 얻게 됨을 다시 보이심

"만약 비구로 하여금 샘이 있음을 견해를 따라 끊을 것은 곧 견해로써 끊게 하고, 샘이 있음을 보살핌을 따라 끊을 것은 곧 보살핌을 따라 끊게 하며, 샘이 있음을 떠남을 따라 끊을 것은 곧 떠남으로써 끊게 하고, 샘이 있음을 바르게 씀을 따라 끊을 것은 샘이 있음을 곧 바르게 씀으로써 끊게 한다 하자.

그리고 샘이 있음을 참음을 따라 끊을 것은 곧 참음으로써 끊게 하고, 샘이 있음을 없앰을 따라 끊을 것은 곧 없앰으로써 끊게 하며, 샘이 있음을 사유를 따라 끊을 것은 곧 사유로써 끊게 한다 하자.

그러면 이것을 비구의 온갖 번뇌의 샘[一切漏]이 다하고 모든 맺힘[諸結]이 이미 풀려, 바른 지혜[正智]로써 괴로움의 끝을 얻은 것이라 한다."

붇다께서 이렇게 말씀하시자, 여러 비구들은 붇다의 말씀을 듣고 기뻐하며 받들어 행하였다.

• 중아함 10 누진경(漏盡經)

• 해설 •

타오르는 번뇌의 불꽃이 중생을 중생이게 하는 것이니, 번뇌의 정체는 무엇인가. 번뇌 또한 허깨비 같고 꿈과 같으나 꿈과 같은 번뇌가 나고 나서 기나긴 중생의 물듦을 이어가는 것이다.

번뇌는 존재의 진실을 진실대로 알지 못해 있음[有]을 실로 있음[實有]으로 취하고 붙잡으며 없음을 실로 없음으로 취하기 때문에 나는 것이다.

있음을 있음으로 취해 있음을 내 것으로 탐내는 마음이 끊어지지 않는 것이 탐욕의 흐름[欲漏]이고, 있음을 있음으로 굳게 붙드는 사고가 다하지 않는 것을 존재의 흐름[有漏]이라 하며, 연기의 진실을 보지 못한 미혹의 뿌리가 무명의 흐름[無明漏]이다.

존재의 흐름이 그쳤지만 무명의 흐름이 다하지 못하면 존재를 버리고 공(空)을 집착하거나 사물의 모습을 버리고 마음의 신비를 찾는 것이다.

오직 인연으로 나는 온갖 법의 진실을 진실대로 아는 곳에서 번뇌의 불꽃이 사라질 수 있으니, 붇다는 일곱 가지 번뇌의 흐름 끊는 법을 가르치신다.

참된 스승을 만나 연기의 진실 가르치는 법을 듣지 못하면 존재를 실로 있음으로 탐착하여 과거·현재·미래의 법에 대한 집착을 끊지 못하니, 집착의 견해를 끊어야 번뇌 흐름을 다할 수 있다.

여섯 가지 그릇된 견해의 뿌리는 무엇인가.

아는 자에 실로 아는 자가 있고 아는 바에 실로 알 것이 있다는 견해가 바탕이 되어 여섯 견해가 난 것이니, 참된 스승의 가르침을 듣고 아는 나에 신묘하게 아는 자가 있다는 집착을 버리면 여섯 견해가 사라진다.

눈이 빛깔을 볼 때 보여지는 빛깔이 깨끗하다 집착하거나 빛깔이 빛깔로서 남아 있으면 보는 눈의 아는 뿌리를 보여지는 빛깔의 있음으로부터 보살필 수 없다.

보여지는 것의 공성을 통달하여 눈이 보되 봄이 없어야 여섯 아는 뿌리를 보여지는 경계로부터 보살펴 번뇌를 나지 않게 하니 이것은 보살핌으로 끊음이다.

탐욕의 경계, 삶에 해독이 되는 나쁜 짐승, 험한 산과 나쁜 스승, 나쁜 벗을 떠나지 못하면, 중생은 나쁜 경계 나쁜 스승의 말에 물들어 그릇된 견해, 의심, 두려움과 걱정을 벗어나지 못하게 된다. 그러므로 해독을 주는 나쁜 경계를 떠나야 하니, 이것이 떠남으로 끊음이다.

먹을거리, 입을 거리, 깔 자리, 덮을 거리, 방과 집을 받아쓰되 탐욕의 마음 교만의 마음이 없이 범행과 해탈 세간의 이익을 위해 먹을 것을 먹고 입을 것을 입어야 한다. 자기 이익과 맛들임과 교만한 마음, 사치를 구하는 마음으로 먹고 입고 누워 쉬면 번뇌를 쉬지 못하니, 이것이 먹을거리 쓸거리를 바르게 써서 번뇌 끊음이다.

세간의 육체적 고통, 정신적 고통, 고난과 시련을 잘 참아내지 않으면 번뇌의 흐름을 다하지 못하니, 이것이 참음으로 끊는 것이다.

참지 않으면 버틸 수 없는 이 사바에서 설사 저 바깥 무리들이 욕설하고 매질하며 몽둥이로 치더라도 그 욕됨을 잘 참아야 한다.

탐욕과 성냄과 어리석음의 생각이 날 때 생각이 지향하는 대상이 공한 줄 알아 생각을 생각 아닌 생각으로 돌이키지 못하면, 세 가지 독의 마음이 쉬지 못한다. 생각날 때 생각인 생각을 없애 생각 아닌 생각이 되게 해야 흐름을 끊게 되니, 이것이 없앰으로 끊는 것이다.

앞의 여섯 가지 끊음의 방편은 끝의 사유의 방편에 거두어지니, 사유를 좇아 끊음은 일곱 갈래 깨달음 법[七覺支]으로 번뇌를 다해 지혜가 되게 하는 법이다.

일곱 갈래 깨달음 법은 번뇌가 나되 남이 없음을 살피어 번뇌를 쉬는 법(쉼·선정·버림)과, 번뇌가 남이 없이 남을 살피어 번뇌를 지혜로 돌이키는 법(법 가림·정진·기쁨)을 같이 써서[止觀俱行], 온갖 사유를 앎이 없이 아는 바른 생각[念覺支]이 되게 하는 실천이다.

병 따라 법의 약을 골라 써서 병이 나을 때 법의 약까지 버리면, 그곳이 사유를 좇아 번뇌의 흐름을 끊되 번뇌가 온통 바른 사유가 되는 곳이며, 모든 막힘이 풀려 괴로움의 끝을 얻는 곳이다.

『화엄경』(「입법계품」) 또한, 선지식의 가르침을 듣고 들은 법에 큰 기쁨을 내어 번뇌의 어두움을 지혜의 등불로 밝히는 보디사트바의 행을 다음과 같이 말한다.

붇다의 법 잘 배우는 이여
그대가 지금 묻고 있는
깊고 깊은 붇다의 경계는
사유할 수 없는 세계 티끌 수 겁에

말한다 한들 다할 수 없네.

佛子汝所問　甚深佛境界
難思利塵劫　說之不可盡

탐냄과 성냄 어리석음
교만과 미혹에 덮히지 않는
이와 같은 믿음의 중생들이
붇다의 묘한 법 알 수 있으리.

非是貪恚癡　憍慢惑所覆
如是衆生等　能知佛妙法

붇다의 경계는 고요하여서
성품은 깨끗해 분별 떠났으니
모든 존재 집착하지 않는 자가
이 법의 성품 알 수 있으리.

佛境界寂靜　性淨離分別
非著諸有者　能知此法性

붇다의 도 바르게 구하는 이는
선지식을 가까이 모셔
희고 깨끗한 법을 좋아하여
모든 붇다의 법 부지런히 구하니
이 법을 듣고 아주 기뻐하도다.

親近善知識　愛樂白淨法
勤求諸佛力　聞此法歡喜

기뻐하는 마음 집착 없어서

온갖 것 모습 다 버릴 수 있으므로
평등하게 중생에게 베푸니
이것이 그의 경계이네.

歡喜心無著　一切皆能捨
平等施衆生　是彼之境界

용맹하게 부지런히 정진해
사마디에 편히 머무는 마음
다시 뒤로 물림이 없이
온갖 지혜 부지런히 닦으니
이것이 그의 경계이네.

勇猛勤精進　安住心不退
勤修一切智　是彼之境界

제4장

니르바나의 공덕과 해탈의 작용
[始覺・果德]

"어떤가? 거문고 줄을 고르게 하여
너무 늦추지도 않고 조이지도 않으면,
미묘하고 부드럽고 맑은 소리를 내더냐?"
"그렇습니다, 세존이시여."
붇다께서 수로나에게 말씀하셨다.
"정진이 너무 조급하면 그 들뜸[掉悔]만 늘리고,
정진이 너무 느슨하면 사람을 게으르게 한다[懈怠].
그러므로 너는 반드시 평등하게 닦아 익히고
거두어 받아, 집착하지도 말고 방일하지도 말며
모습을 취하지도 말라."
이때 존자 수로나는 붇다의 말씀을 듣고
기뻐하고 따라 기뻐하면서 절하고 물러갔다.

• 이끄는 글 •

니르바나의 고요함은 죽어 있는 고요함이 아니라 살아 움직이는 고요함이다. 그것은 있되 공한 다섯 쌓임의 실상이 현실 속에서 새롭게 구현된 모습이 니르바나이기 때문이니, 니르바나는 해탈의 활동으로 발현된다.

『성유식론』(成唯識論)은 니르바나를 네 가지 니르바나[四種涅槃]로 말하니, 본래 니르바나라 이름할 것도 없는 니르바나의 실상을 체득하는 실천과정에서 '의지할 남음이 있음'[有餘依]과 '의지할 남음이 없음'[無餘依]을 구분해 세운 이름이다.

첫째 '본래 자기성품이 청정한 니르바나'[本來自性淸淨涅槃]이니, 온갖 법이 공하고 공도 공해 온갖 공덕 갖춘 실상을 자기성품의 니르바나라 한다.

둘째 '나머지 의지함이 있는 니르바나'[有餘依涅槃]이니, 존재에 대한 번뇌의 장애가 사라졌지만 다섯 쌓임이 공하지 못하므로 의지할 바 다섯 쌓임이 자체로서 남아 있는 니르바나이다.

셋째 '나머지 의지함이 없는 니르바나'[無餘依涅槃]이니, 존재에 대한 번뇌가 이미 다하고 다섯 쌓임의 몸 또한 사라지므로 나머지 의지함이 없는 니르바나라 한다.

넷째 '머무는 곳이 없는 니르바나'[無住處涅槃]이니, 나고 죽음에 머물지 않고 니르바나에도 머물지 않고 미래세가 다하도록 중생을 이롭게 하고 즐겁게 하므로 머무는 곳이 없는 니르바나라 한다.

자기성품의 니르바나는 중생이 본래 갖춘 실상이며, 남음 있는 니르바나는 존재에 대한 집착이 다했으나 다섯 쌓임의 법에 대한 집착이 남은 니르바나이다.

남음 없는 니르바나는 존재에 대한 집착이 다하고 존재를 이루는 다섯 쌓임의 법에 대한 집착까지 사라져 다한 니르바나이다.

남음 없는 니르바나에는 나고 죽음에도 머물 것이 없고 니르바나의 고요함에도 머물 것이 없으므로 남음 없는 니르바나를 이룬 보디사트바의 니르바나가 머묾 없는 니르바나이다.

보디사트바는 있음이 곧 있음 아님이므로 있음에도 머물지 않고 번뇌가 사라진 고요함에도 머물지 않는다. 머무는 곳 없는 니르바나에 해탈의 작용이 온전히 현전하는 것이니, 니르바나에도 머물 곳이 없음을 알 때 보디사트바는 나고 죽음을 버리지 않고 세간을 건짐 없이 건지는 넓고 큰 행[廣大行]에 나아가는 것이다.

니르바나는 이처럼 중생과 세계의 실상이 새롭게 실현된 해탈의 법문이므로 니르바나는 다시 해탈의 덕을 구현한 '여래의 세 가지 덕'으로 말해지니, 세 가지 덕은 다음과 같다.

첫째 은혜의 덕[恩德]이니, 여래가 크나큰 원력으로 중생을 건져주는 덕이다.
둘째 끊음의 덕[斷德]이니, 여래가 온갖 번뇌를 남김 없이 끊어 다한 덕이다.
셋째 지혜의 덕[智德]이니, 여래가 평등한 지혜로 온갖 법을 걸림없이 두루 비추는 덕이다.

이 세 덕은 결과로서 완성된 여래의 니르바나의 덕[如來三德]이다. 중생의 번뇌가 본래 공한 여래장의 땅에 본래 갖추어져 실상 자체로서 있는 니르바나의 세 덕[涅槃三德]은 다음과 같이 말한다.

첫째 법신의 덕[法身德]이니, 나고 사라짐 없는 여래의 법성의 몸이자 온갖 법의 실상을 말한다.
둘째 반야의 덕[般若德]이니, 온갖 법의 진실을 진실 그대로 비추는 지혜이다.
셋째 해탈의 덕[解脫德]이니, 온갖 얽매임이 없이 자재한 해탈의 활동을 말한다.

반야는 법신에서 일어나 법신을 비추는 법신인 지혜이고 지혜는 법신을 비추나 법신에 알 것이 없으므로 그 비춤은 비춤 없는 비춤이다. 지혜가 비추되 고요하고 고요하되 비추므로, 지혜는 머묾 없는 행으로 주어진다. 머묾 없는 해탈의 행은 막힘없고 걸림 없는 행이라, 하되 함이 없으므로 다시 해탈의 행은 법신의 고요함이 되는 행이다.

그러므로 이 세 덕은 같음도 아니고 다름도 아니며 가로도 아니고 세로도 아니어서 원융한 하나됨을 이루니, 법신이 어둡지 않아 지혜인 법신이고, 지혜는 막힘이 없어서 해탈인 지혜이며, 해탈이 다시 고요하여 법신인 해탈이 되는 것이다.

『화엄경』(「세주묘엄품」)은 법신인 진리와 진리를 비추는 지혜와 해탈의 작용이 서로 다름없는 붇다의 공덕의 세계를 다음과 같이 말한다.

붇다의 지혜 걸림 없어 삼세를 싸서
찰나 사이에 털구멍 가운데 다 나타내네.
붇다의 법 국토와 온갖 중생들
한 털구멍 속 나타나는 온갖 것
모두 생각의 힘 따르기 때문이네.

佛智無礙包三世　刹那悉現毛孔中
佛法國土及衆生　所現皆由隨念力

붇다의 눈 넓고 커서 허공 같으니
법계를 널리 보아 나머지 없네.
걸림 없는 바탕 속 견줌 없는 작용
넓고 크신 그 눈의 한량없음을
붇다께선 연설하여 보여주시네.

佛眼廣大如虛空　普見法界盡無餘
無礙地中無等用　彼眼無量佛能演

온갖 중생은 여러 묶음 갖추었으니
번뇌의 잠과 익혀온 번뇌의 기운들
여래는 출현하사 세간에 두루해
방편으로 모두다 없애주시네.

一切衆生具諸結　所有隨眠與習氣
如來出現遍世間　悉以方便令除滅

1 번뇌와 장애 사라짐인 니르바나

• 이끄는 글 •

니르바나는 법신인 지혜 밖에 니르바나가 없고 지혜인 법신 밖에 니르바나가 없다. 법신인 지혜는 번뇌가 사라져 다했지만 실로 번뇌 끊는 바가 없고, 지혜인 법신은 모습의 걸림이 없지만 모습 없음에 머물 것도 없다.

그러므로 니르바나에는 앎도 없고 앎 없음도 없으며 모습도 없고 모습 없음도 없다. 이 니르바나의 뜻을 비말라키르티 거사는 니르바나인 여래의 몸을 들어 밝힌다.

먼저 경에서, 여래는 비말라키르티에게 '무엇으로 여래를 볼 수 있는가' 물으니 비말라키르티 거사가 다음과 같이 답한다.

스스로 몸의 실상을 살피는 것과 같이 붇다를 살피는 것 또한 그러합니다. 제가 여래를 살피니 앞때에 오지 않고 뒤때에 가지 않으며 현재에 머물지 않습니다.

물질로 살피지 못하고 물질의 같음[色如]으로 살피지 못하며, 물질의 성품[色性]으로 살피지 못하며, 느낌·모습 취함·지어감

· 앎[受想行識]으로 살피지 못하고, 앎 등의 같음[識如]으로 살피지 못하고, 앎 등의 성품[識性]으로 살피지 못합니다.

네 가지 큰 요소[四大]가 일어남이 아니라 허공과 같으며, 여섯 들임[六入]에 쌓여짐이 없으며, 눈·귀·코·혀·몸·마음[眼耳鼻舌身心]을 이미 지나 삼계에 있지 않습니다[不在三界].

세 가지 때를 이미 떠나 세 해탈문을 따르며 세 밝음을 갖추되 무명과 평등하여 같은 모습도 아니고 다른 모습도 아니며, 자기 모습도 아니고 남의 모습도 아니며, 모습 없음도 아니고 모습 취함도 아니며, 이 언덕이 아니고 저 언덕도 아니며, 가운데 흐름도 아니되 중생을 교화합니다.

여래의 몸의 고요히 사라짐을 살피되 또한 길이 사라짐이 아니며, 이것도 아니고 저것도 아니라 이것에 의하지 않고 저것에 의하지 않으니, 지혜로 알지 못하고 앎으로써 알지 못하며 어두움도 없고 밝음도 없으며 이름도 없고 모습도 없습니다.

위 비말라키르티의 답변에서 물질·느낌·모습 취함·지어감·앎으로 여래를 살피지 못한다고 한 것은 여래는 다섯 쌓임의 있되 공한 진실상이라 다섯 쌓임의 있는 모습이 아니기 때문이다.

다섯 쌓임의 같음[如]과 성품[性]으로도 살피지 못한다고 함은 다섯 쌓임이 있되 공하여 다섯 쌓임을 깨뜨리고 진여가 아니고 다섯 쌓임의 나고 사라짐을 떠나 여래가 없기 때문이다.

번뇌가 다했지만 허무가 아닌 니르바나의 참된 즐거움을 항상한 즐거움이라 말하고, 그 즐거움을 니르바나의 네 가지 큰 즐거움[涅槃四種大樂]이라 말하니, 네 큰 즐거움은 첫째 괴로움과 즐거움이 없음[無苦樂], 둘째 크게 고요한 즐거움[大寂靜樂], 셋째 큰 지혜의 즐거움[大智樂], 넷째 무너짐이 없는 즐거움[不壞樂]이다.

괴로움과 즐거움이 없음은 무엇인가. 괴로움과 즐거움은 모두 인연으로 난 세간법이라 그 즐거움을 취하는 것은 괴로운 원인이 되므로, 괴로움과 즐거움을 모두 버린 즐거움을 말한다.

크게 고요한 즐거움이란 니르바나는 온갖 법이 공하고 공도 공한 법신의 고요함이므로 이를 크게 고요한 즐거움이라 한다.

큰 지혜의 즐거움이란 니르바나는 온갖 법의 진실상을 앎이 없이 아는 지혜의 즐거움이므로 큰 지혜의 즐거움이라 한다.

무너짐이 없는 즐거움이란 니르바나는 나타나되 나타남이 없고 사라지되 사라짐이 없는 법신의 공덕이므로 무너짐이 없는 즐거움이라 한다.

이처럼 니르바나는 지금 있는 것이 공하되 그 공함도 공한 진실의 공덕이므로 니르바나를 끊어져 다함이라 말하거나 영적 신비의 세계라 말하거나 세간법을 끊고 얻는 어떤 사물화된 진리라 말하는 것은 니르바나의 참된 뜻이 아니고 참된 모습이 아닌 줄 알아야 한다.

연기중도의 진실을 깨쳐 집착 없음이 니르바나이니

이와 같이 내가 들었다.

한때 붇다께서는 슈라바스티 국 제타 숲 '외로운 이 돕는 장자의 동산'에 계시면서 여러 비구들에게 말씀하셨다.

"물질은 '나'가 아니다. 만약 물질이 '나'라면 물질에서 병이나 괴로움이 생기지 않을 것이며, 또한 물질에서 이와 같이 되도록 한다든지, 이와 같이 되지 않도록 한다든지 할 수 없을 것이다.

물질에는 '나'가 없기 때문에 '물질'에는 병이 있고 괴로움 생겨남이 있는 것이며, 또한 물질에서 이와 같이 되도록 한다든지, 이와 같이 되지 않도록 한다든지 할 수 있는 것이다.

느낌·모습 취함·지어감·앎 또한 이와 같다."

연기중도의 진실을 물으심

"비구들이여, 어떻게 생각하느냐.

물질은 항상한 것인가, 덧없는 것인가."

비구들은 붇다께 말씀드렸다.

"덧없습니다, 세존이시여."

"비구들이여, 만약 덧없는 것이라면 그것은 괴로운 것인가."

"괴로운 것입니다, 세존이시여."

"만약 덧없고 괴로운 것이라면 그것은 변하고 바뀌는 법이다. 그런데 많이 들은 거룩한 제자로서 그 가운데서 '나'와 '나와 다름', '둘이 함께 있음'을 보겠는가."

비구가 말씀드렸다.

"아닙니다, 세존이시여."

"느낌·모습 취함·지어감·앎 또한 다시 이와 같다.

그러므로 비구들이여, 모든 있는 물질로서, 과거든 미래든 현재든, 안이든 밖이든, 거칠든 가늘든, 곱든 밉든, 멀든 가깝든 그 온갖 것은 '나'가 아니요, '나와 다름'도 아니며, '나와 나와 다름이 함께 있는 것'도 아니다.

느낌·모습 취함·지어감·앎을 살피는 것 다시 또한 이와 같다."

다섯 쌓임의 진실을 살피면 집착 없는 니르바나가 됨을 보이심

"비구들이여, 많이 들은 거룩한 제자는 이 다섯 가지 쌓임에서 '나도 아니요, 내 것도 아니다'라고 진실 그대로 살핀다.

진실 그대로 살피고서는 모든 세간에 대해서 전혀 취할 것이 없게 되고, 취할 것이 없기 때문에 집착하는 바가 없게 되며, 집착하는 바가 없기 때문에 스스로 니르바나를 깨닫는다.

그리하여 '나의 태어남은 이미 다하고, 범행은 이미 서고, 지을 바를 이미 지어, 다시는 뒤의 있음 받지 않음'을 스스로 안다."

붓다께서 이 경을 말씀하시자 여러 비구들은 붓다의 말씀을 듣고 기뻐하며 받들어 행하였다.

• 잡아함 33 비아경(非我經) ③

• 해설 •

다섯 쌓임의 실상을 온전히 체현한 곳이 니르바나이다.

다섯 쌓임으로 나가 있고 다섯 쌓임은 나라는 존재로 인해 바뀌므로 나도 공하고 다섯 쌓임도 공하다. 나는 다섯 쌓임도 아니고 다섯 쌓임을 떠난 것도 아니니, 물질은 나가 아니고 나 아님도 아니며 마음도 나가 아니고 나 아님도 아니다.

마음·물질이 모두 공하므로 마음·물질에 의해 내가 새롭게 자기를 규정하고 나의 활동에 의해 마음·물질이 새롭게 규정된다. 나와 다섯 쌓임이 모두 공하지 않다면 물질과 마음은 주체의 결단과 행위에 의해 바뀔 수 없다.

행위에 의해 바뀌는 물질은 주체의 행위의 토대이되 행위로 인해 주체화되는 물질이니, 마음은 마음 아닌 마음이고 물질은 물질 아닌 물질이다.

모습이 마음인 모습이라 모습 아닌 모습이고, 마음이 모습인 마음이라 마음 아닌 마음인 줄 알아 마음에서 마음을 떠나면, 온갖 세간에 취할 것이 없게 되고 취할 것이 없으면 집착이 없게 된다.

집착 없으면 나날의 지음에 지음 없되[無作] 짓지 않음도 없이 지을 바를 지어[所作已作] 삶활동이 온전히 니르바나가 되니, 이 뜻을 여래는 집착 없으면 스스로 니르바나를 깨닫는다고 가르치신다.

니르바나는 본래 갖춘 삶의 진실이자 그 진실을 깨달아 쓰는 진실의 작용이다.

다섯 쌓임이 공한 줄 알아 탐욕 없으면 니르바나이니

이와 같이 들었다.

한때 붇다께서는 슈라바스티 국 제타 숲 '외로운 이 돕는 장자의 동산'에 계셨다.

그때 존자 아난다는 세존 계신 곳에 이르러 머리를 대 발에 절하고 한쪽에 서서 여쭈었다.

"없어져 다함[盡]을 말씀하시는데, 어떤 법을 없어져 다함이라 합니까?"

세존께서 말씀하셨다.

"아난다여, 물질[色]은 함이 없는 인연[無爲因緣]으로 이 이름이 있게 되었으니, 탐욕이 없고 함이 없으면 '없어져 다한 법'이라 한다. 그 없어짐이란 '아주 없어져 다함'을 말하는 것이다.

느낌·모습 취함·지어감·앎은 함이 없고 지음이 없으니[無作], 이것은 다 닳아 사라지는 법이다. 탐욕이 없고 물듦이 없으면 그것은 없어져 다한 것이다. 그러므로 '없어져 다함'이라 말한다.

아난다여, 알아야 한다. 다섯 쌓임에 탐욕도 없고 지음도 없어야 하니 닳아 사라지는 법이기 때문이다.

저 없어져 다하는 것을 '없어져 다함'이라 이름한다.

이 다섯 쌓임은 길이 없어져 다해 다시 나지 않기 때문에 '없어져 다함'이라 이름한다."

그때에 존자 아난다는 붇다의 말씀을 듣고 기뻐하며 받들어 행하였다.

• 증일아함 34 등견품(等見品) 九

• 해설 •

다섯 쌓임에서 물질은 함이 없고 모습 없지만 모습 없는 곳에서 인연으로 거짓 모습이 있는 것이니, 이를 경은 '함이 없는 인연'으로 이름이 있는 것이라 한다.

다섯 쌓임에서 느낌·모습 취함·지어감·앎의 마음 또한 실로 함이 없고 지음 없으나 인연으로 일어나고 사라지는 법이다.

물질과 마음이 인연으로 일어나고 사라지므로 있는 모습에 탐욕이 없고 지음이 없어야 한다. 그러나 물질과 마음은 남이 없이 나고 사라짐이 없이 사라지니 공한 모습에도 탐욕이 없고 물듦이 없어야 '모습이 다하고 모습 다함마저 사라져 다한 니르바나'가 되는 것이다.

다섯 쌓임의 모습이 다하고 모습 다함마저 마쳐 다하면, 길이 나고 죽음이 사라져 다하기 때문에 이를 '없어져 다함'이라 이름하는 것이다.

이때 '없어져 다함'이란 취할 것이 있다는 중생의 망집을 상대한 말이니, 다섯 쌓임이 본래 공해 사라지되 사라짐 없는 줄 알면 '없어져 다함'이 바로 다함없는 뜻[無盡義]이 되니, 『화엄경』(「수미정상게찬품」)은 말한다.

지혜로운 이는 다함없음 말하나
이 또한 실로 말할 것이 없네.
자기성품이 다함이 없기 때문에
사유할 수 없는 다함 얻는 것이네.

智者說無盡 此亦無所說
自性無盡故 得有難思盡

물질과 마음의 인연에 막힘없고
걸림 없음이 니르바나이니

이와 같이 내가 들었다.

한때 붇다께서는 슈라바스티 국 제타 숲 '외로운 이 돕는 장자의 동산'에 계시면서 여러 비구들에게 말씀하셨다.

"여러 하늘과 세상 사람들은 빛깔에 물들어 집착하고 사랑하고 즐기어 머무르다가, 그 빛깔이 만약 덧없이 변해 바뀌고 사라져 다하면, 그 여러 하늘과 사람들은 곧 큰 괴로움을 낸다.

소리·냄새·맛·닿음·법에 물들어 집착하고 사랑하고 즐기어 머무르다가 그 법들이 변해 바뀌고 덧없이 사라져 다하면 그 여러 하늘이나 사람들은 큰 괴로움에 머무르게 된다."

아는바 경계에 막힘없고 걸림 없는 니르바나의 길을 보이심

"여래는 빛깔과 빛깔의 모아냄·빛깔의 사라짐·빛깔의 맛들임·빛깔의 근심·빛깔에서 떠남을 진실 그대로 안다.

진실 그대로 안 뒤에는 빛깔에 대해서 다시는 물들어 집착하지 않고, 사랑해 즐기어 머무르지 않기 때문에, 그 빛깔이 변해 바뀌고 덧없이 사라져 다하더라도 즐거움을 내 머문다.

또한 소리·냄새·맛·닿음·법의 모아냄과, 사라짐·맛들임·근심·떠남을 진실 그대로 안다. 진실 그대로 안 뒤에는 다시는 물들어 집착하지 않고, 사랑해 즐기어 머무르지 않기 때문에, 그 소리 등이 변해 바뀌고 덧없이 사라져 다하더라도 즐거움을 내 머문다.

왜 그런가. 눈과 빛깔의 인연으로 눈의 앎을 내고, 이 세 가지 일이 어울려 합함[三事和合]이 닿음[觸]이며, 닿음 때문에 느낌이 있으니, 괴로운 느낌·즐거운 느낌·괴롭지도 않고 즐겁지도 않은 느낌이다.

세 느낌의 모아냄과 세 느낌의 사라짐과 이 느낌의 맛들임·느낌의 근심·느낌의 떠남을 진실 그대로 알아, 그 빛깔의 인연으로 생긴 막힘과 걸림에서 그 막혀 걸림을 다 없애 마치면, 그것을 '위없이 안온한 니르바나'라 한다.

귀·코·혀·몸·뜻과 법 등의 인연으로 뜻 등의 앎을 내고, 이 세 가지 일이 어울려 합함이 닿음이며, 닿음 때문에 느낌이 있으니, 괴로운 느낌·즐거운 느낌·괴롭지도 않고 즐겁지도 않은 느낌이다.

세 느낌의 모아냄과 세 느낌의 사라짐과 이 느낌의 맛들임·느낌의 근심·느낌의 떠남을 진실 그대로 알아, 그 빛깔의 인연으로 생긴 막힘과 걸림에서 그 막혀 걸림을 다 없애 마치면, 그것을 '위없이 안온한 니르바나'라 한다."

범부와 성인의 서로 엇바뀐 삶을 노래로 보이심

그때에 세존께서는 게송으로 말씀하셨다.

> 빛깔 소리, 냄새와 맛, 닿음과 법
> 이 여섯 가지 알려지는 경계에
> 한결같이 기뻐함과 좋아함을 내
> 사랑해 물들고 깊이 즐겨 집착하네.

여러 하늘들과 세상의 사람들은
오직 이것으로 즐거움을 삼다가
변해 바뀌고 사라져 다할 때
그들은 곧 큰 괴로움을 내게 되네.

오직 여러 지혜로운 현성들만이
그 사라짐을 보고 즐거움 삼아
이 세간 사람들이 즐거워하는 것
그것을 원수처럼 바로 살피네.

현성들이 괴로움이라 보는 것을
세간 사람들은 즐거움으로 삼고
세간 사람들이 괴롭다 여기는 것이
성인에게는 곧 즐거움이 되네.

깊고 깊어서 알기 어려운 법에
세간 사람들 의심과 미혹을 내어
큰 어두움 속에 아득히 빠져서
눈멀고 어두워서 보는 것 없네.

오직 여기 지혜로운 사람이 있어
어두움을 헤치고 큰 밝음 여니
이와 같이 깊고 깊은 법의 구절을
성인이 아니고 뉘라 알 수 있으리.

다시 뒤의 몸을 받지 않는 이라야

깊이 통달해 환히 밝게 깨달으리.

붇다께서 이 경을 말씀하시자, 여러 비구들은 붇다의 말씀을 듣고 기뻐하며 받들어 행하였다.

• 잡아함 308 불염착경(不染着經)

• 해설 •

여래와 중생은 그 본바탕은 다름없으나 현실은 서로 엇바뀐 삶을 산다. 중생은 헛된 꿈속에서 진실 아닌 헛된 꿈을 진실이라 하나 여래는 헛된 꿈을 꿈인 줄 알아 진실 그대로 해탈의 삶을 살므로, 중생이 즐겁다 하는 것을 여래는 실로 즐겁지 않다 하고, 중생이 실로 있다 하는 것을 여래는 실로 있지 않다 말한다.

뒤바뀐 헛된 꿈이 중생을 중생되게 하고 모든 허깨비와 꿈이 다하므로 여래를 여래라 한 것이니, 여래가 여래가 아니라 중생을 떠나지 않고 중생이 중생이 아니라 여래를 떠나지 않는다.

경의 뜻을 다시 살펴보자.

여섯 아는 뿌리[六根]와 여섯 알려지는 경계[六境]가 모두 공한 주체와 대상이므로 여섯 앎[六識]이 일어나고, 여섯 아는 뿌리·여섯 경계·여섯 앎이 어울려 합해 느낌[受]을 낸다.

범부는 아는 뿌리가 경계를 집착하고 경계에 물들어 주체와 경계가 서로 걸림을 이루고 막힘을 이룬다.

그에 비해 여래는 아는 자와 알려지는 대상의 공한 진실을 알아 모습에 집착하여 머무르지 않으므로, 모습 사라져도 허무에 빠짐이 없이 모습과 모습 없음에 막히지 않는 크나큰 즐거움에 머무신다.

괴로운 느낌[苦受]·즐거운 느낌[樂受]·괴롭지도 않고 즐겁지도 않은 느낌[不苦不樂受]은 인연으로 난 것이므로 취할 것이 없고 머물 것이 없다. 범부는 괴로움을 버리고 즐거움을 취하지만, 취하는바 즐거움의 경계도 끝내 덧없이 사라지므로 즐거움 또한 무너짐의 괴로움[壞苦]이다. 그러므로 취하고 버림이 있는 범부의 삶은 즐거움과 괴로움의 악순환을 벗어날 수 없다.

그에 비해 여래는 괴로운 느낌에 괴로워할 것이 없고 즐거운 느낌에 즐거워할 것이 없음을 알아 빛깔과 소리 등 경계의 인연으로 생긴 막힘과 걸림에서 막혀 걸림을 떠나 '위없이 안온한 니르바나'의 삶을 사신다.

여래는 느낌을 일으키는 주체와 객체의 있음에서 있음을 벗어나므로 괴로움과 즐거움을 넘어서고, 주체와 객체의 공함에서 공함마저 벗어나므로 괴로움도 아니고 즐거움도 아닌 느낌마저 넘어선다.

그리하여 경계를 받아들이되 실로 받음이 없이 참된 니르바나의 즐거움을 스스로 받아쓰며, 니르바나의 즐거움으로 끝없는 중생을 보살펴 거두고, '크고 넓은 자비의 마음'[廣大慈悲心]으로 중생을 니르바나의 땅에 이끄신다.

그러나 중생이 여래의 가르침 따라 니르바나에 돌아가면 니르바나의 위없이 안온함이 중생의 자기진실이라 중생은 한 법도 얻음이 없고 여래는 중생을 건져주되 실로 한 중생도 건져줌이 없는 것이다. 오직 하나인 니르바나의 진실 가운데 무엇이 여래이고 누가 중생일 것인가.

온갖 느낌 참모습 알면 길이 니르바나에 머물게 되리

이와 같이 내가 들었다.

한때 붇다께서는 라자그리하 성 칼란다카 대나무동산에 계시면서 여러 비구들에게 말씀하셨다.

"비유하면 객사(客舍)에 갖가지 사람이 머무르는 것과 같으니, 곧 크샤트리아·브라마나·장자·거사·농부·사냥꾼·계를 지키는 사람·계를 범한 사람·집에 있는 사람·집을 나온 사람들이 모두 그 안에 있는 것과 같다.

이 몸 또한 이와 같아서 갖가지 느낌이 생기니, 다음과 같다.

곧 괴로운 느낌·즐거운 느낌·괴롭지도 않고 즐겁지도 않은 느낌, 즐거운 몸의 느낌·괴로운 몸의 느낌·괴롭지도 않고 즐겁지도 않은 몸의 느낌, 즐거운 마음의 느낌·괴로운 마음의 느낌·괴롭지도 않고 즐겁지도 않은 마음의 느낌이다.

그리고 즐거운 먹을거리의 느낌·괴로운 먹을거리의 느낌·괴롭지도 않고 즐겁지도 않은 먹을거리의 느낌, 즐거운 먹을거리 없는 느낌·괴로운 먹을거리 없는 느낌·괴롭지도 않고 즐겁지도 않은 먹을거리 없는 느낌이다.

다시 즐거운 탐착의 느낌·괴로운 탐착의 느낌·괴롭지도 않고 즐겁지도 않은 탐착의 느낌, 즐거움에서 벗어남의 느낌·괴로움에서 벗어남의 느낌·괴롭지도 않고 즐겁지도 않음에서 벗어남의 느낌이다."

**객사에 머물다 떠나는 사람들의 비유로
마음의 느낌이 공함을 보여 니르바나의 길에 이끄심**

그때에 세존께서는 곧 게송으로 말씀하셨다.

  비유하면 객사 안에 갖가지 사람
  함께 같이 머무르는 것과 같아서
  크샤트리아 브라마나 장자 거사
  수드라 농부 계 지키고 범한 이들
  집에 있는 이나 집을 나온 이들
  이와 같은 여러 사람 같이 머무네.

  이 몸 또한 다시 이와 같아서
  갖가지 느낌들이 생겨나나니
  즐거운 느낌과 괴로운 느낌
  괴롭지도 않고 즐겁지도 않은 느낌
  먹을거리 있는 느낌과 없는 느낌
  탐착의 느낌 탐착 없는 느낌이네.

  비구가 방편에 힘써 정진하여
  바른 지혜로 흔들리지 않으면
  이 온갖 일어나는 느낌에 대해
  슬기롭게 사무쳐 알 수 있으리.

  모든 느낌 참모습을 밝게 알므로

현재법에서 모든 흐름 다하게 되고

몸 죽어서는 수에 떨어지지 않고

길이 니르바나에 머물게 되리.

붓다께서 이 경을 말씀해 마치시자, 여러 비구들은 붓다의 말씀을 듣고 기뻐하며 받들어 행하였다.

• 잡아함 472 객사경(客舍經)

• 해설 •

몸과 마음의 갖가지 느낌은 인연으로 생겨나[生] 머묾[住]이 있고, 머묾이 있으므로 달라짐[異]이 있으며, 달라짐이 있으므로 사라짐[滅]이 있다. 그러므로 몸과 마음의 느낌이 머무는 모습은 생겨나서 달라지고 달라져서 사라지는 느낌이니, 마치 객사에 여러 손님이 함께 모여왔다 흩어져 사라지는 것과 같다.

남으로 인해 머묾이 있으므로 머묾에 실로 머묾이 있는 것이 아니고, 머묾으로 인해 달라짐이 있으므로 달라짐에 실로 달라짐이 있는 것이 아니며, 달라짐으로 사라짐이 있기 때문에 사라짐에 실로 사라짐이 있는 것이 아니다.

그러므로 인연으로 남에 남이 없음을 알면, 느낌이 나고 머물고 사라짐 가운데서 나고 사라짐을 떠나 늘 고요한 니르바나의 즐거움에 머물게 될 것이다.

그 뜻을 경은 '느낌의 참모습 알면 현재법에서 모든 흐름 다하게 된다'고 가르치니, 느껴 받아들임에 실로 받아들임이 없어 보되 봄이 없으면, 그가 세간 수에 갇히지 않고 흐름에 흘러가지 않는 해탈의 사람이다.

2 해탈의 활동인 니르바나

• 이끄는 글 •

지혜는 법신에서 일어나 법신을 비추는 지혜인데, 법신에 비출바 모습이 없으므로 법신인 지혜는 비추되 고요한 지혜이다.

지혜가 비추되 고요하고 고요하되 비추는 지혜이므로 지혜는 멈추어 있는 지혜가 아니라 있음에서 있음을 벗어나 있음을 있음 아닌 있음으로 살려내고, 없음에서 없음을 벗어나 없음을 없음 아닌 없음으로 살려내는 해탈의 활동으로 주어진다.

모습과 모습 없음에 모두 막히지 않는 지혜의 해탈이 니르바나의 문이 되지만, 니르바나의 고요함에 머물 고요한 모습이 없으므로 지혜의 해탈이 곧 니르바나의 작용이 된다.

있음에 묶이지 않는 공한 해탈[空解脫], 모습에 묶이지 않는 모습 없음의 해탈[無相解脫], 탐욕과 구함에 묶이지 않는 바람 없음의 해탈[無願解脫]이 세 가지 해탈의 문[三解脫門]이 되어 니르바나에 이르게 한다는 것이 이 뜻이다.

아함경은 니르바나의 성에 드는 문이자 니르바나의 작용인 해탈의 문을 다시 마음의 해탈[心解脫, citta-vimukti]·지혜의 해탈[慧解

脫, prajñā-vimukti]로 보인다.

마음의 해탈이 모습에 막힌 탐욕 떠난 해탈이라면 지혜의 해탈은 모습 없음에 막힌 어리석음을 떠난 해탈이니, 두 해탈이 함께할 때 니르바나에 이르러 니르바나의 항상한 즐거움을 누릴 것이다.

지혜가 니르바나의 진리를 비추면 진리에 머물 바가 없으므로 니르바나의 진리는 오직 해탈의 활동으로 현전하고 자비의 행으로 발현된다. 『화엄경』(「십회향품」)은 그 뜻을 보디사트바의 회향하는 행으로 이렇게 보인다.

> 묘한 지혜로 모든 법 늘 살펴보면
> 마쳐 다한 넓고 큰 진실의 땅에는
> 모든 있음의 곳 끊어 나머지 없으니
> 저 머물 바 없는 진여의 모습 그대로
> 보디사트바는 공덕을 잘 회향하도다.
> 以妙智慧恒觀察　究竟廣大眞實理
> 斷諸有處悉無餘　如彼眞如善迴向

마음이 바로 해탈하면 곧 법을 보아
니르바나를 얻은 것이니

이와 같이 내가 들었다.

한때 붓다께서는 슈라바스티 국 제타 숲 '외로운 이 돕는 장자의 동산'에 계셨다.

그때 어떤 비구가 붓다 계신 곳에 와 붓다의 발에 머리를 대 절하고 물러나 한쪽에 서서 붓다께 여쭈었다.

"세존이시여, 세존께서 말씀하시기로는 법을 보아 니르바나를 얻는다고 하셨는데, 어떻게 비구가 법을 보아 니르바나를 얻습니까."

붓다께서 그 비구에게 말씀하셨다.

"잘 묻고 잘 물었다. 너는 지금 법을 보아 니르바나를 얻으려 하느냐."

"그렇습니다, 세존이시여."

붓다께서 비구에게 말씀하셨다.

"비구여, 자세히 듣고 잘 사유하라. 너를 위해 말해주겠다."

비구에게 말씀하셨다.

"비구여, 물질에 집착 없음을 내 탐욕 떠나 탐욕이 없어져 다해 모든 샘을 일으키지 않고 마음이 바로 해탈하면, 이것을 비구가 법을 보아 니르바나를 얻은 것이라 한다.

이와 같이 느낌·모습 취함·지어감·앎에서 집착 없음을 내 탐욕 떠나 탐욕이 없어져 다해 모든 샘을 일으키지 않고 마음이 바로 해탈하면, 이것을 비구가 법을 보아 니르바나를 얻은 것이라 한다."

때에 그 비구는 붇다의 말씀을 듣고 기뻐 뛰면서 절하고 물러갔다.

• 잡아함 28 열반경(涅槃經)

• **해설** •

니르바나는 법의 진실을 보아 마음이 해탈할 때를 이름한다. 아는 마음과 알려지는 경계의 모습에 취할 것이 없음을 알아 모든 샘[諸漏]이 다하면 마음이 해탈하니, 이것을 법을 보아 니르바나 얻음이라 한다.

이처럼 니르바나는 다섯 쌓임의 실로 있음도 아니고 실로 없음도 아닌 진실을 보아 실로 있는 법을 취하지 않는 곳이라, 다섯 쌓임을 끊고 얻는 곳이 아니므로 니르바나를 얻는다 해서는 안 된다.

그러나 다섯 쌓임에 모든 탐욕이 다하고 번뇌의 샘이 다해야 마음이 해탈해서 니르바나라 이름하므로 얻지 않는다 해서도 안 된다.

무명이 다해 없되 무명이 실로 다함 없는 그곳을 니르바나를 마쳐 다했다고 하는 것이니, 무명의 진실한 성품을 돌이켜보는 곳에 해탈이 있고 보디의 밝음이 있고 니르바나의 위없는 안온의 길이 있는 것이다.

남음 있고 남음 없는 두 니르바나의 세계가 있으니

이와 같이 들었다.

한때 붇다께서는 슈라바스티 국 제타 숲 '외로운 이 돕는 장자의 동산'에 계시면서 여러 비구들에게 말씀하셨다.

"두 법의 니르바나의 세계가 있다. 어떤 것이 둘인가. 남음 있는 니르바나의 세계와 남음 없는 니르바나의 세계이다.

그 어떤 것을 남음 있는 니르바나의 세계라 하는가.

비구가 욕심 세계 '다섯 가지 낮은 곳의 묶음'을 없애면 그는 곧 파리니르바나에 들어 이 세상에 돌아오지 않으니, 이것을 곧 남음 있는 니르바나의 세계라 한다.

그 어떤 것을 남음 없는 니르바나의 세계라 하는가.

이와 같이 비구가 샘 있음을 다하고 샘 없음을 이루어 마음이 해탈하고 지혜가 해탈하여 스스로의 몸으로 증득하여 스스로 노닐어 즐거워하며, '나고 죽음은 이미 다하고 범행은 이미 서고, 지을 바를 이미 지어 다시는 뒤의 있음 받지 않음'을 진실 그대로 안다 하자. 이것을 곧 남음 없는 니르바나의 세계라 한다.

이것이 두 가지 니르바나의 세계이니, 반드시 방편을 구해 남음 없는 니르바나의 세계에 이르러야 한다.

이와 같이 여러 비구들이여, 반드시 이렇게 배워야 한다."

그때에 비구들은 붇다의 말씀을 듣고 기뻐하며 받들어 행하였다.

• 증일아함 16 화멸품(火滅品) 二

• 해설 •

경은 니르바나에 두 세계가 있음을 보이니, 이는 닦아 행하는 이의 마음의 집착에 따라 설정된 니르바나의 세계일 뿐 실로 '니르바나라 이름할 니르바나의 정해진 모습이 없는 것'[涅槃無名]이다.

모습에서 모습 떠나 모습에 물든 탐욕이 없어지면 탐냄·성냄·몸에 대한 집착·그릇된 계의 집착·의심, 이 '다섯 가지 낮은 곳의 묶음'을 다해 남음 있는 니르바나의 세계를 얻음이라 한다.

남음 있는 니르바나는 물질의 모습에 대한 미혹[見思惑]이 다했으나 아직 몸 자체가 사라지지 않은 니르바나이니, 존재를 이루는 다섯 쌓임의 법에 대한 집착이 다하지 않았기 때문이다. 경은 이를 실체론적 언어를 빌려 현재법에서 남음 없음을 이루지 못하고 목숨 마친 뒤 탐욕의 세계[欲界]를 떠나 하늘의 세계에서 니르바나에 드는 것을 남음 있는 니르바나라고 한다.

모습의 모습됨에 대한 집착이 다하고, 모습 이루는 법에 대한 집착이 다하면 모습에 얽매임이 다해 마음이 해탈하고, 마음의 공함에도 머묾 없이 지혜가 해탈하면 이를 남음 없는 니르바나의 세계라 한다.

다시 이 남음 없는 니르바나의 세계에 대해서도, 다섯 쌓임의 몸이 사라져 없어진 고요함이 니르바나라 생각하는 법집(法執)이 생겨나므로, 유식불교(唯識佛敎)는 '남음 없는 니르바나'[無餘涅槃]를 말하고서도 보디사트바의 '머무는 곳이 없는 니르바나'[無住處涅槃]를 다시 말해서 니르바나의 고요함에도 머물지 않게 하는 것이다.

니르바나에 모습할 것이 없고 이름할 것이 없으니 니르바나의 갖가지 이름이 중생이 일으킨 집착의 이름인 줄 아는 이가, 이름할 길 없는 니르바나[涅槃無名]에 잘 돌아가는 자라 할 것이다.

세존이시여, 저는 바른 지혜로
마음이 해탈하여 여섯 곳에서 해탈하였습니다

이와 같이 내가 들었다.

한때 붓다께서는 라자그리하 성 칼란다카 대나무동산에 계셨다.

그때 존자 수로나는 그리드라쿠타 산에 머물면서 늘 부지런히 '보디에 이르는 법'[菩提分法]을 닦아 익히고 있었다.

이때 존자 수로나는 홀로 고요히 선정의 사유[禪思]를 하다가 이렇게 생각하였다.

'세존의 제자로서 부지런히 닦아 배우는 성문들 가운데 나도 그 수에 들어간다. 그런데 나는 오늘 모든 샘이 아직 다하지 못하였다. 나는 좋은 종족의 사람으로 재물과 보배가 넉넉하다.

나는 지금 차라리 집에 돌아가 다섯 욕망을 누리면서 널리 보시나 행하여 복을 짓자.'

그때 세존께서는 수로나가 마음속으로 생각하고 있는 것을 아시고 한 비구에게 말씀하셨다.

"너는 지금 수로나가 있는 곳에 가서 '세존께서 그대를 부르신다'고 알려주어라."

그 비구는 붓다의 분부를 받고 수로나에게 가서 말하였다.

"세존께서 그대를 부르시오."

수로나는 그 비구가 큰 스승의 말씀이라고 함을 듣고 곧 붓다 계신 곳에 나아가 머리를 대 발에 절하고, 한쪽에 물러나 서 있었다.

그때 세존께서 수로나에게 말씀하셨다.

"네가 참으로 홀로 고요히 선정의 사유를 하다가 이렇게 생각했는가.

'부지런히 닦아 배우는 성문들 가운데 나도 그 수에 들어간다. 그런데 나는 아직 모든 샘이 다해 해탈을 얻지 못하였다. 나는 좋은 종족의 사람으로 많은 돈과 재물을 가지고 있다.

나는 지금 차라리 집에 돌아가 다섯 욕망의 즐거움을 누리면서 널리 보시나 행하여 복을 짓자.'"

이때 수로나는 '세존께서 이미 내 마음을 알고 계시는구나'라고 생각하고는 놀랍고 두려워 털이 곤두섰다.

그는 붇다께 말씀드렸다.

"참으로 그렇습니다, 세존이시여."

거문고 줄의 비유로 고루고 평등하게 정진하길 당부하심

붇다께서 수로나에게 말씀하셨다.

"내가 이제 너에게 묻겠다. 네 생각대로 내게 대답하여라. 수로나야, 너는 세속에 있을 때 거문고를 잘 탔었느냐?"

"그렇습니다, 세존이시여."

또 물으셨다.

"어떻게 생각하느냐? 네가 거문고를 탈 때에 만약 거문고 줄을 너무 조이면 미묘하고 부드럽고 맑은 소리를 낼 수 있더냐?"

"아닙니다, 세존이시여."

또 물으셨다.

"어떤가? 만약 거문고 줄을 느슨하게 매면 과연 미묘하고 부드럽고 맑은 소리를 낼 수 있더냐?"

"아닙니다, 세존이시여."

또 물으셨다.

"어떤가? 거문고 줄을 고르게 하여 너무 늦추지도 않고 조이지도 않으면, 미묘하고 부드럽고 맑은 소리를 내더냐?"

"그렇습니다, 세존이시여."

붇다께서 수로나에게 말씀하셨다.

"정진이 너무 조급하면 그 들뜸[掉悔]만 늘리고, 정진이 너무 느슨하면 사람을 게으르게 한다[懈怠]. 그러므로 너는 반드시 평등하게 닦아 익히고 거두어 받아, 집착하지도 말고 방일하지도 말며 모습을 취하지도 말라."

이때 존자 수로나는 붇다의 말씀을 듣고 기뻐하고 따라 기뻐하면서 절하고 물러갔다.

수로나는 여섯 곳에서 마음의 해탈을 얻어 세존께 말씀드림

이때 존자 수로나는 세존께서 말씀하신 '거문고 타는 비유'를 늘 생각하면서 홀로 고요한 곳에서 선정의 사유를 하였다[獨靜禪思]. 그리하여 샘이 다하고 마음이 해탈하여 아라한을 이루었다.

그때 존자 수로나는 아라한이 되어 안으로 해탈한 기쁨과 즐거움을 깨닫고 이렇게 생각하였다.

'나는 지금 반드시 세존을 찾아뵙고 문안드려야겠다.'

그때 존자 수로나는 붇다 계신 곳에 가서 머리를 대 발에 절하고, 한쪽에 물러나 앉아서 붇다께 말씀드렸다.

"세존이시여, 저는 세존의 법 가운데서 아라한이 되었습니다. 모든 존재의 흐름[諸有漏]을 다하고 지을 바를 다 지었으며, 무거운 짐을 벗어버리고 스스로의 이익을 얻었으며, 모든 존재의 묶음을 다했으며, 바른 지혜로 마음이 해탈하였습니다.

그때 여섯 곳[六處]에서 해탈하였으니, 그 여섯 가지란 다음과 같습니다.

곧 탐욕을 여읜 해탈[離欲解脫]·성냄을 여읜 해탈[離恚解脫]·멀리 여읜 해탈[遠離解脫]·애욕이 다한 해탈[愛盡解脫]·모든 취함에서의 해탈[諸取解脫]·마음에서 잊지 않고 생각하는 해탈[心不忘念解脫]입니다.

세존이시여, 만약 '적은 믿음의 마음'[少信心]을 의지하여 '탐욕을 여의고 해탈하였다'고 말한다면 이것은 맞지 않습니다.

탐욕·성냄·어리석음이 다한 것을 진실하게 탐욕을 여읜 해탈이라고 합니다.

만약 또 어떤 사람이 '적은 계 지님'[少持戒]에 의지하여 '나는 성냄에서 해탈하였다'고 말한다면 이것 또한 맞지 않습니다.

탐욕·성냄·어리석음이 다한 것을 진실한 해탈이라고 합니다.

만약 또 어떤 사람이 이익되는 것[利養] 멀리 여읨 닦아 익히는 것에만 의지하여 '멀리 여의어서 해탈하였다'고 말한다면 이것 또한 맞지 않습니다. 탐욕·성냄·어리석음이 다한 것을 '진실하게 멀리 여읜 해탈'이라고 합니다.

탐욕·성냄·어리석음이 다한 것을 '애욕 여의는 것'이라고 하고, 또한 '취함을 여의는 것'이라고 하며, 또한 '생각 잊어먹음 떠난 해탈'[離忘念解]이라고 합니다.

이와 같이 세존이시여, 만약 여러 비구들이 아직 아라한을 얻지 못해 모든 번뇌의 흐름을 다하지 못했으면, 이 여섯 곳[六處]에서 해탈을 얻지 못할 것입니다.

만약 다시 비구가 배움의 자리[學位]에 있어서 아직 '더욱 위로 오르는 즐거움'[增上樂]과 니르바나를 얻지 못하였다 하더라도 익히고 향하는 마음에 머무른다면, 그때 그는 '배우는 이의 계'[學戒]를 성취하고 '배우는 이의 진리의 뿌리'[學根]를 성취하게 됩니다.

그리하여 뒷날 반드시 흐름이 다해 '샘이 없는 마음의 해탈'[無漏心解脫]을 얻으며, 나아가 뒤의 있음 받지 않음을 스스로 알 것입니다.

그때가 되면 '배울 것 없는 이의 계'[無學戒]를 얻고, '배울 것 없는 이의 진리의 뿌리'[無學根]를 얻을 것입니다."

수로나가 보고 듣는 것이 있어도 마음과 지혜의 해탈 막지 않음을 비유로 말씀드림

"비유하면 어린아이가 몸이 작고 어두워 반듯이 누워 지낼 때에는 어린아이의 여러 아는 뿌리를 이루고, 그가 뒷날에 점점 자라 모든 아는 뿌리가 이루어지면 그때에는 어른의 모든 아는 뿌리를 성취하는 것과 같습니다.

배움의 자리에 있는 사람 또한 이와 같아서, 아직 더욱 위로 오르는 안락을 얻지 못하였지만, 힘써 닦아나가면 '배울 것 없는 이의 계'와 '배울 것 없는 이의 진리의 뿌리'를 성취하게 될 것입니다.

만약 눈이 늘 빛깔을 알더라도, 끝내 마음의 해탈[心解脫, citta-vimukti]과 지혜의 해탈[慧解脫, prajñā-vimukti]을 막지 않으니, 뜻이 굳게 머물기 때문입니다.

그리하여 안으로 한량없는 좋은 해탈을 닦고, 나고 사라짐에서부터 나아가 덧없음까지 다 살핍니다.

귀가 소리를 알고, 코가 냄새를 알며, 혀가 맛을 알고, 몸이 닿음을 알며, 뜻이 법을 알아도 마음의 해탈과 지혜의 해탈을 막지 않으니, 뜻이 굳게 머물기 때문입니다.

그리하여 안으로 한량없는 좋은 해탈을 닦고, 물질 등 다섯 쌓임이 나고 사라짐을 살피고 나아가 덧없음을 살핍니다.

비유하면 마을 가까이에 큰 돌산이 있는데, 끊기지도 않았고 부서지지도 않았으며 뚫리지도 않아 한결같이 두텁고 빽빽하다면, 설사 사방에서 바람이 불어오더라도 움직일 수 없고, 뚫고 지나갈 수 없는 것과 같습니다.

저 배울 것 없는 사람 또한 그와 같아서, 눈이 늘 빛깔을 알고, 나아가 뜻이 늘 법을 알더라도, 마음의 해탈과 지혜의 해탈을 막지 않으니, 뜻이 굳게 머물기 때문입니다.

그리하여 안으로 한량없는 좋은 해탈을 닦고, 물질 등 다섯 쌓임이 나고 사라짐을 살피고 나아가 덧없음을 살핍니다."

수로나가 해탈을 노래하니 여래께서 크게 찬탄하심

그때 수로나가 거듭 게송으로 말하였다.

탐욕을 여의어 마음이 해탈하고
성냄 없는 해탈 또한 그러하네.
멀리 떠남으로 마음이 해탈하면
탐욕과 애착도 길이 남음 없네.

모든 취함에서 마음이 해탈하고
또 마음에 기억하여 잊지 않으며
들이는 곳 생김을 환하게 깨달아
들이는 곳에서 마음 해탈하도다.

그처럼 마음이 잘 해탈한 사람
그 비구는 뜻이 그치고 고요히 쉬어
모든 지어야 할 바를 이미 다 짓고
지을 바를 다시 짓지 아니하도다.

마치 저 크고 두터운 돌산을
사방의 바람이 움직일 수 없듯
빛깔 소리 냄새와 맛 모든 닿음과
또 법의 갖가지 좋고 나쁜 모습이
여섯 안의 들이는 곳 늘 마주해도
그 마음을 흔들어 움직이지 못하니
마음이 언제나 굳세게 머물러서
법이 나고 사라짐 살피기 때문이네.

존자 수로나가 이 법을 말하였을 때 큰 스승[大師]의 마음은 기뻤고, 많이 들은 모든 범행자들[諸多聞梵行者]도 존자 수로나의 말을 듣고 모두 크게 기뻐하였다.

그때 존자 수로나는 붓다의 말씀을 듣고, 기뻐하면서 절하고 물러갔다.

그때 세존께서는 존자 수로나가 떠나간 것을 아시고 그리 오래지 않아 여러 비구들에게 말씀하셨다.

"마음이 잘 해탈한 사람은 반드시 이와 같이 기억하고 말해야 한다. 저 수로나가 지혜로써 기억하고 말하며, 스스로를 치켜세우지도 않고 또한 남을 낮추지도 않으며, 그 뜻을 바르게 말함과 같아야 한다.

이는 교만을 더욱 키우는 자들이 그 뜻을 얻지 못하고도 '보통 사람 넘어서는 법'[過人法] 얻었다고 스스로 칭찬하여 스스로 참된 이익 덜어 없애버림과는 같지 않다."

• 잡아함 254 이십억이경(二十億耳經)

• 해설 •

정진에 게으름과 조급함을 내 뒤로 물러서려는 수로나에게 거문고 줄의 비유로 보인 중도의 교설에 연기의 진리가 다 들어 있다.

만법이 있되 공하므로 조급함을 낼 것 없고, 만법이 공하되 불꽃 일듯 일어나므로 게으름을 낼 것 없다. 여래의 뼈아픈 깨우침에 수로나가 홀로 고요히 숲속에서 선정을 닦아 마음이 해탈하여 아라한이 된 뒤 여래께 여섯 곳에서 해탈을 말씀드린다.

벗어나야 할 여섯 곳은 탐냄·성냄·집착·애욕·취함·잊음이고, 여섯 곳에서 해탈함이란 탐냄 없음·성냄 없음·멀리 여읨·애욕 다함·취함 없음·잊지 않음이다.

이 뜻을 다시 살펴보자.

탐냄·성냄은 애착·취함으로 일어나고, 애착과 취함은 연기의 진실을 보지 못한 무명으로 일어나는 것이니, 탐냄 없음·성냄 없음·애욕 다함·취함 없음은 탐냄·성냄·어리석음의 세 가지 독[三毒]이 다함에 다름 아니다.

끝의 잊지 않음이란 무명이 다한 곳에 늘 바른 사유 바른 생각 지혜가 함께함이니, 바른 생각을 잊어버리면 참으로 무명 다함이 되지 못하는 것이다.

이처럼 경은 비록 해탈을 여섯 곳으로 나누어 보였지만, 그 바탕은 여섯 아는 뿌리와 여섯 티끌경계가 공한 줄 알아, 아는 마음이 알려지는바 여섯 티끌경계에 움직이지 않음으로 여섯 곳의 해탈이 이루어진 것이다.

그 뜻을 여래는 '여섯 들이는 곳의 생겨남을 환히 깨달아 여섯 들이는 곳에서 마음이 해탈하고, 바깥 경계가 공한 줄 알아 여섯 경계의 좋고 나쁜 모습이 마음 흔들지 못한다'고 말씀한다.

이와 같이 비파사나와 사마타가 함께하는 해탈의 뜻을 경은 '눈이 늘 빛깔을 보되 해탈을 막지 않으며 귀가 소리 듣고 코가 냄새 알며 혀가 맛을 알고 몸이 닿음을 느끼며, 뜻이 법을 알아도 마음의 해탈 지혜의 해탈을 막지 않는다'고 말한다. 곧 눈이 경계를 보아도 봄이 없으므로 마음의 해탈이고 봄 없음도 없으므로 지혜의 해탈이니, 해탈할 때 니르바나의 고요함이고 니르바나의 고요함일 때 마음과 지혜의 해탈인 것이다.

여섯 경계에 마음 움직이지 않음이 사마타이고 경계에 움직임 없이 법이 나고 사라짐 살피는 것은 비파사나이니, 사마타와 비파사나를 같이 행하면[止觀俱行] 디야나이고 니르바나이며, 마음의 해탈과 지혜의 해탈이 함께함이다.

바른 살핌에 머물면 곧 마음과 지혜가 해탈하오

이와 같이 내가 들었다.

한때 존자 마하카타야나는 아반티(Avanti) 국의 쉬마타[濕摩陀] 강가에 머물고 있었다.

원숭이방[獼猴室] 마을의 아란야 굴에는 로히타(Lohitya)라는 브라마나가 있었는데, 그는 공경하고 받들어 섬김이 아라한의 법과 같았다.

그때 존자 마하카타야나가 이른 아침에 가사를 입고 발우를 지니고 원숭이방 마을로 들어가 차례로 걸어다니며 밥을 빌었다. 그는 밥 빌기를 마치고 돌아와 가사와 발우를 거두어들고 발을 씻은 뒤에 방에 들어가 좌선하였다.

이때 로히타 브라마나에게는 젊은 제자들이 많았다. 그들은 돌아다니며 나무를 줍다가 존자 마하카타야나의 굴 가에 이르러 서로 시시덕거려 웃으며 말하였다.

"이 굴 안에는 머리를 깎은 사문이 살고 있는데 그는 검고 어두운 사람이다. 이 세간의 빼어난 사람도 아닌데 로히타 브라마나는 그를 존중하고 공경하기를 아라한의 법과 같이한다."

이때 존자 마하카타야나가 여러 젊은이들에게 말하였다.

"젊은이들아, 젊은이들아, 떠들지 말라."

여러 젊은이들이 말하였다.

"다시는 결코 말하지 않을 것이오."

이와 같이 두 번 세 번 되풀이하였지만, 떠들어 말하는 것은 그치지 않았다. 그러자 존자 마하카타야나가 문 밖으로 나와 여러 젊은이들에게 말하였다.

"젊은이들아, 젊은이들아, 너희들은 떠들지 말라. 내가 이제 너희들을 위해 설법해주겠다. 너희들은 우선 들어보거라."

여러 젊은이들이 말하였다.

"좋소, 설법해주시길 바라오. 우리들이 들어보겠소."

브라마나의 젊은이들에게 참된 브라마나의 행을 노래함

그때 존자 마하카타야나가 곧 게송으로 말하였다.

지난 옛날의 브라마나들은
빼어나고 묘한 계 닦아 익혀서
지난 목숨 아는 지혜를 내게 되고
진제의 선정을 닦아 즐기었도다.

언제나 자비의 마음에 머물러
모든 아는 뿌리의 문 닫아 막았고
입의 허물을 잘 다스려 눌렀으니
옛 사람의 높은 행은 이와 같았다.

지금 본래의 진실한 행을 버리고
헛되고 거짓된 일만 간직하고서

좋은 종족만을 지켜, 아는 뿌리 따라
여섯 경계에 마음이 방일하도다.

스스로 굶으며 무덤 사이 살고
하루 세 번 목욕하고 세 경 외워도
아는 뿌리의 문 지켜 보살피지 않으면
마치 꿈속에서 얻은 보물 같다네.

머리를 땋고 나무껍질 옷을 입어도
잘못된 계 집착해 몸에 재 바르고
거칠고 나쁜 옷으로 몸을 가리며
지팡이 짚고 물병을 지닌다 해도
그것은 브라마나의 모양을 빌려
그로써 이익됨만 구함이라네.

그 몸을 잘 거두어 보살피면서
맑고 깨끗이 티끌과 때를 여의어
여러 중생을 괴롭게 하지 않으면
이런 이 브라마나라 이름한다네.

그때 여러 젊은 브라마나들이 성을 내면서 기뻐하지 않고 존자 마하카타야나에게 말하였다.
"우리 경전을 헐뜯고, 그 말씀을 헐어 깨뜨리며, 브라마나를 욕하고 있군요."

그들은 나뭇단을 가지고 로히타 브라마나가 있는 곳으로 돌아와 그에게 말하였다.

"스승께서는 아십니까? 저 마하카타야나가 우리를 헐뜯고, 그 말씀을 헐어 깨뜨리며, 브라마나를 욕하였습니다."

로히타 브라마나가 여러 젊은이들에게 말하였다.

"젊은이들아, 이런 말 말라. 왜냐하면 마하카타야나는 연세도 많고 계와 덕이 무거운 분이시다. 그런 분은 결코 경전을 헐뜯고, 그 말씀을 헐어 깨뜨리며, 브라마나를 욕하지 않을 것이다."

여러 젊은이들이 말하였다.

"스승께서 저희 말을 믿지 못하시겠다면 스스로 가셔서 살펴보십시오."

카타야나 존자가 마음의 해탈과 지혜의 해탈을 보임

이때 로히타 브라마나는 여러 젊은이들의 말을 믿지 않고, 마하카타야나에게로 가서 서로 문안 인사를 하고 위로한 뒤에, 한쪽에 물러나 앉아서 마하카타야나에게 말하였다.

"저의 여러 젊은 제자들이 여기에 왔었습니까?"

대답하였다.

"여기에 왔었소."

"그들과 이런저런 이야기를 나누셨습니까?"

대답하였다.

"같이 서로 이야기했소."

로히타 브라마나가 말하였다.

"존자가 그 여러 젊은이들과 나눈 이야기를 지금 저를 위해 모두 말씀해주시겠습니까?"

마하카타야나는 곧 그를 위해 널리 말해주었다. 그러자 로히타 브라마나 또한 성을 내면서 마음이 기쁘지 않아 마하카타야나에게 말하였다.

"나는 앞에 여러 젊은이들이 하는 말을 믿지 않았었는데, 지금 마하카타야나께서는 참으로 우리들의 경전을 헐뜯고, 그 말씀을 헐어 깨뜨리며, 브라마나를 욕하는군요."

이렇게 말하고는 잠자코 조금 있다가 잠깐 뒤에 다시 마하카타야나에게 말하였다.

"당신께서 말한 문(門)이란 어떤 것입니까?"

마하카타야나가 말하였다.

"잘 묻고 잘 물었소. 브라마나여, 물음이 법답소. 내가 이제 그대를 위해 그 문을 말해주겠소. 브라마나여, 눈[眼]이 곧 문이니 빛깔을 보기 때문이오. 귀·코·혀·몸·뜻이 곧 문이니 법 등을 알기 때문이오."

브라마나가 말하였다.

"기이하십니다. 마하카타야나여, 제가 그 문을 묻자 곧 그 문을 말씀하셨습니다. 마하카타야나께서 말씀하시기로는 '문을 지켜 보살피지 않는다'고 하셨는데, 어떤 것이 문을 지켜 보살피지 않는 것입니까?"

마하카타야나가 말하였다.

"아주 잘 묻고 잘 물었소. 브라마나여, 문을 지켜 보살피지 않음을 물으니, 이것은 법다운 물음이오. 이제 그대를 위해 문을 지켜 보살피지 않음을 말해주겠소. 브라마나여, 어리석어 들음이 없는 범부들은 눈으로 빛깔을 보고는 뜻에 맞는 빛깔에 대해 집착을 일으키고, 뜻에 맞지 않는 빛깔에 대해서는 성냄을 일으키오.

그래서 '몸 살핌'에 머무르지 않기 때문에 마음의 해탈과 지혜의 해탈에 진실 그대로 아는 것이 없고, 거기서 갖가지 악하여 착하지 않은 법을 일으켜 남음 없이 사라져 다함을 얻지 못하고, 마음의 해탈과 지혜의 해탈을 막아 걸리게 하여 만족을 얻지 못하오.

마음의 해탈과 지혜의 해탈이 만족하지 않기 때문에 몸은 악한 행으로 가득 차서 쉼[休息]을 얻지 못하고, 마음이 고요해지지 못하오.

고요해지지 않기 때문에 아는 뿌리의 문을 조복하지 못하고, 지켜 보살피지 못하며, 닦아 익히지 못하오.

저 눈과 빛깔·귀와 소리·코와 냄새·혀와 맛·몸과 닿음·뜻과 법 또한 다시 이와 같소."

로히타 브라마나가 말하였다.

"기이하고, 기이하십니다. 마하카타야나여, 제가 문을 지켜 보살피지 못함을 묻자 곧 저를 위해 문을 지켜 보살피지 못함을 말씀하셨습니다. 마하카타야나여, 그러면 또 어떤 것을 문을 잘 지켜 보살핌이라 합니까?"

마하카타야나가 브라마나에게 말하였다.

"잘 묻고 잘 물었소. 그대는 내게 문을 지켜 보살피는 뜻을 잘 물었소. 자세히 듣고 잘 사유하시오. 그대를 위해 문을 지켜 보살피는 뜻을 말해드리겠소. 많이 들은 거룩한 제자는 눈으로 빛깔을 보고는 뜻에 맞는 빛깔에 집착을 일으키지도 않고, 뜻에 맞지 않는 빛깔에 대해서도 성냄을 일으키지 않소.

늘 그 마음을 거두어 '몸 살핌'에 머무르고, 한량없는 마음의 해탈과 지혜의 해탈을 진실 그대로 알면, 거기서 일어나는 악하여 착하지 않은 법은 고요하여 남음이 없게 되오.

마음의 해탈과 지혜의 해탈에서 만족을 얻고, 해탈이 만족하게 된 뒤에는 몸의 닿음에서 악한 행이 다 쉬게 되어 마음에 바른 생각을 얻소. 이것을 첫 번째 문을 잘 조복하고 지켜 보살피며 닦아 익히는 것이라고 하오.

눈과 빛깔에서와 같이, 귀와 소리·코와 냄새·혀와 맛·몸과 닿음·뜻과 법 또한 이와 같소."

브라마나가 해탈의 뜻을 듣고 마하카타야나 존자를 찬탄함

로히타 브라마나가 말하였다.

"기이하십니다. 마하카타야나여, 제가 문을 지켜 보살피는 뜻을 묻자 곧 저를 위해 문을 지켜 보살피는 뜻을 말씀하셨습니다.

비유하면 어떤 장정이 독한 약초(藥草)를 찾다가 도리어 단이슬[甘露]을 얻은 것과 같이, 지금 제가 이와 같습니다. 화가 나서 찾아와 이 자리에 앉았는데, 마하카타야나께서 큰 법의 비[法雨]를 제 몸에 뿌려주시니 마치 단이슬을 내려주는 것과 같습니다.

마하카타야나시여, 집안에 일이 많아 저는 지금 집으로 돌아갈까 합니다."

마하카타야나가 말하였다.

"브라마나여, 때를 알아 하도록 하오."

이때 로히타 브라마나는 마하카타야나의 말을 듣고, 기뻐하고 따라 기뻐하면서 자리에서 일어나 떠나갔다.

• 잡아함 255 노혜차경(魯醯遮經)

• 해설 •

스스로 많은 제자를 거느린 브라마나이지만 뜻을 낮추어 카타야나 존자에게 법을 물을 줄 아니, 그 또한 높은 사람의 법[上人法]을 지녔다.

카타야나 존자는 인종적 우월주의와 종파적 교만심으로 떠들어대는 브라마나의 젊은이들에게, 브라마나의 경전을 잘 받들어 모시고 브라마나의 형식주의적 율법에 매여 그 율법을 잘 지킨다고 참된 브라마나가 아니라고 깨우쳐준다.

나아가 마음으로 진제(眞諦)의 선정을 닦고 자비의 마음[慈悲心] 진실된 행[眞實行]을 지녀야 브라마나라 한다고 노래하니, 브라마나의 젊은이들이 크게 분개한다. 그 말을 전해들은 스승 로히타 브라마나도 미심쩍은 마음에 카타야나 존자를 찾아와 그 뜻을 다시 묻는다.

다른 교파의 스승된 이로 교만한 마음을 버리고 법을 물어서 바로 법을 알아듣고 기쁜 마음을 내니, 그는 브라마나로서 브라마나의 덕을 갖춘 사람이다.

여섯 아는 뿌리의 문이 알려지는 경계를 받아들이되 실로 받아들임이 없으면, 마음이 경계에 얽매이지 않으니 마음의 해탈이고, 아는 뿌리가 경계에 물듦이 없고 경계의 바람에 늘 고요하게 되니, 또한 이것이 여섯 아는 뿌리의 문[六根門]을 잘 보살펴 지킴이다.

경계에 대한 탐욕 떠나 마음이 해탈해 아는 뿌리의 문 잘 보살피면, 알려지는바 모습이 나고 사라짐을 잘 살필 수 있으니 지혜의 해탈이다. 지혜가 해탈해야 마음이 쉬고 마음이 해탈해야 해탈의 지혜가 현전하니, 두 해탈이 서로 의지해 법의 이익을 낸다.

브라마나 경전 비방함을 따지러 왔다가 도리어 큰 법의 비에 몸이 젖고서 단이슬의 법맛[法味]을 보아 니르바나 해탈의 기쁨을 맛보았으니, 그는 마치 어떤 장정이 독한 약초를 구하러 숲속에 들어왔다가 단이슬을 얻은 것과 같다 할 것이다.

중생의 환상과 온갖 망집에 그 바탕이 본래 없으므로 망집이 헛것인 줄 알면 망념을 내는 그 자리에서 해탈의 법맛을 바로 맛보게 되니, 로히타 브라마나가 바로 그 사람이다.

  로히타 브라마나가 마음을 돌이키는 그때, 온갖 차별의 모습 차별의 몸을 보고 듣고 느껴 알아[見聞覺知] 번뇌를 일으켰던 집착의 문이 곧 지혜의 문이 되었으니, 『화엄경』(「십회향품」)은 이렇게 말한다.

> 세간에 있는 갖가지 몸에 대해
> 몸의 평등함으로 그 안에 들어가
> 여기 의해 닦아 행해 깨침 얻으니
> 지혜의 문 이루어 물러나 구름 없네.
>
> 世間所有種種身 以身平等入其中
> 於此修行得了悟 慧門成就無退轉
>
> 중생에게 있는 갖가지 업은
> 위 가운데 아래로 각기 차별되나
> 보디사트바는 여래의 힘에 들어가
> 지혜의 문으로 널리 밝게 보네.
>
> 衆生所有種種業 上中下品各差別
> 菩薩深入如來力 以智慧門普明見

앎과 경계에 자기성품[自性] 없음을 알면 해탈하여 니르바나에 이르나니

이와 같이 내가 들었다.

한때 붇다께서는 슈라바스티 국 제타 숲 '외로운 이 돕는 장자의 동산'에 계셨다.

그때 존자 아난다도 슈라바스티 국 제타 숲 '외로운 이 돕는 장자의 동산'에 있으며, 홀로 한 고요한 곳에서 이렇게 사유하였다.

'어떤 사람은 이렇게 생각한다. 이 앎의 몸과 바깥 경계의 온갖 모습에서 〈나〉와 〈내 것〉이라는 견해와 〈나〉라는 교만과 얽매어 묶는 번뇌가 없어서, 마음이 해탈하고 지혜가 해탈하여 현재의 법에서 스스로 알고 증득하여 갖추어 머문다.

또 이 앎의 몸과 바깥 경계의 온갖 모습에서 〈나〉와 〈내 것〉이란 견해와 〈나〉라는 교만과 얽매어 묶는 번뇌가 없으면, 마음이 해탈하고 지혜가 해탈하여 현재의 법에서 스스로 알아 증득하여 갖추어 머물 것이다.'

아난다 존자가 마음과 지혜의 해탈을 세존께 말씀드림

그때 존자 아난다는 저녁때가 되어 선정에서 깨어나 세존 계신 곳에 가 머리를 대 발에 절하고 한쪽에 물러앉아 말씀드렸다.

"세존이시여, 저는 홀로 한 고요한 곳에서 이렇게 사유하였습니다.
'어떤 사람은 이렇게 생각한다. 이 앎의 몸과 바깥 경계의 온갖 모습에서 〈나〉와 〈내 것〉이라는 견해와 〈나〉라는 교만과 얽매어 묶는 번뇌가 없어서, 마음이 해탈하고 지혜가 해탈하여 현재의 법에서 스스로 알고 증득하여 갖추어 머문다.

또 이 앎의 몸과 바깥 경계의 온갖 모습에서 〈나〉와 〈내 것〉이란 견해와 〈나〉라는 교만과 얽매어 묶는 번뇌가 없으면, 마음이 해탈하고 지혜가 해탈하여 현재의 법에서 스스로 알아 증득하여 갖추어 머물 것이다.'"

아난다가 말한 해탈의 뜻을 여래께서 인정해주심

붓다께서는 말씀하셨다.

"그렇다, 참으로 그렇다. 만약 어떤 사람이 이렇게 생각한다 하자.

'나는 이 앎의 몸과 바깥 경계의 온갖 모습에서 〈나〉와 〈내 것〉이라는 견해와 〈나〉라는 교만과 얽매어 묶는 번뇌가 없어서, 마음이 해탈하고 지혜가 해탈하여 현재의 법에서 스스로 알고 증득하여 갖추어 머문다.'

그러면 아난다여, 그 비구는 이 앎의 몸과 바깥 경계의 온갖 모습에서 '나'와 '내 것'이란 견해와 '나'라는 교만과 얽매어 묶는 번뇌가 없기 때문에, 마음이 해탈하고 지혜가 해탈하여 현재의 법에서 스스로 알아 증득하여 갖추어 머무는 것이다.

또 이 앎의 몸과 바깥 경계의 온갖 모습에서 〈나〉와 〈내 것〉이란 견해와 〈나〉라는 교만과 얽매어 묶는 번뇌가 없으면, 마음이 해탈하고 지혜가 해탈하여 현재의 법에서 스스로 알아 증득하여 갖추어 머물 것이다. 이와 같이 아난다여, 만약 어떤 비구가 이 앎의 몸과 바깥 경계의 온갖 모습에서 '나'와 '내 것'이란 견해와 '나'라는 교만과 얽매어 묶는 번뇌가 없어서 그 마음이 해탈하고 지혜가 해탈하여 현재의 법에서 스스로 알아 증득하여 갖추어 머문다 하자.

이것을 '비구가 애착의 얽매어 묶음과 교만을 끊어 사이가 없는 평등한 살핌[無間等]으로 괴로움의 끝을 마쳐 다함'이라 한다."

법의 진실 바로 살피는 지혜가 곧 니르바나임을 노래로 보이심

"아난다여, 나는 여기에 대해 다른 말이 있어서 파라야나푸르타카의 물음에 이렇게 답하였다."

애착하고 탐내는 생각 끊고
근심과 괴로움 또한 함께 여의고
졸음과 잠에서 밝게 깨어나
들뜸과 뉘우침의 덮음 없애고
탐욕과 성냄 버려 깨끗이하여
현재에서 법의 모습 잘 살피면
나는 그가 지혜가 해탈하여서
무명의 어두움 없앴다고 말하네.

붓다께서 이 경을 말씀하시자, 존자 아난다는 그 말씀을 듣고 기뻐하면서 자리에서 일어나 물러갔다.

• 잡아함 983 아난경(阿難經)

• **해설** •

주체의 앎은 알려지는바 경계를 떠나 앎이 없고, 경계는 아는 지혜를 떠나 실체로서의 경계가 없다. 그러므로 경계의 있는 모습에서 모습을 떠나면 아는 마음이 해탈하고, 아는 마음에서 실로 있는 앎을 떠나면 알려지는바 경계에서 모습을 떠난다.

아는 마음과 알려지는바 경계의 실체성을 벗어나면[境智雙遮] 마음이 해탈하고, 아는 마음과 알려지는바 경계의 공한 모습도 벗어나[境智雙照] 나고 사라지는 법의 모습을 잘 살피면 지혜가 해탈하여, 지금 보고 듣고 아는 활동 가운데 스스로 니르바나를 증득한다.

그와 같이 잘 해탈하는 이를 여래는 '현재에서 법의 모습 잘 살펴 지혜가 해탈해 무명의 어두움 없앴다'고 말씀하는 것이다.

지혜와 지혜 없음은 서로 합하지 않는다. 그러나 지금 한 생각 앎에서 아는 자와 아는 바가 공한 줄 알면 어리석어 지혜 없음이 다시 지혜[智, prajñā]가 되는 것이니,『화엄경』(「야마궁중게찬품」)은 말한다.

> 비유하면 여러 앎의 몸이
> 각각 어울려 합함이 없듯
> 지혜와 지혜 없음도 이 같아
> 마쳐 다해 합함이 없네.
>
> 譬如諸識身　各各無和合
> 智無智如是　究竟無和合
>
> 그러나 마치 저 아가타 약이
> 온갖 독을 없애주듯이
> 지혜 있음 또한 이 같아
> 지혜 없음 없앨 수 있네.
>
> 如阿伽陀藥　能滅一切毒
> 有智亦如是　能滅於無智

마음이 해탈하고 지혜가 해탈하면
보디요 니르바나이니

이와 같이 내가 들었다.

한때 붇다께서는 슈라바스티 국 제타 숲 '외로운 이 돕는 장자의 동산'에 계셨다. 그때 세존께서는 비구들에게 말씀하셨다.

"나는 두 가지 법을 의지하여 많이 머물렀다. 어떤 것이 둘인가.

모든 착한 법에 대해서는 일찍이 만족할 줄 몰랐고, 악한 법을 끊음에 대해서는 일찍이 멀리 떠나지 않았다.

착한 법 닦음에 만족할 줄 모르고, 모든 끊음의 법에 일찍이 멀리 떠남이 없으므로, 살갗이 없어지고 살이 다해 힘줄이 이어지고 뼈가 드러나도, 끝내 버리지 않고 방편에 부지런히 정진했다.

착한 법을 버리지 않고, 아직 얻지 못한 것을 얻지 못하면 끝내 쉬지 않았었다.

그리하여 일찍이 낮은 것에 마음으로 즐거움을 내지 않고, 늘 더욱 나아가는 것을 즐거워해 '높고 높은 보디의 길'[上上道, anuttara-marga]에 올랐다. 이와 같이 정진하여 머물므로 빨리 '위없고 바른 보디'[anuttara-samyak-saṃbodhi]를 얻었다."

높은 보디의 길에 머물러 니르바나 얻도록 당부하심

"비구들이여, 반드시 두 가지 법에 의지해 많이 머물러야 한다.

곧 모든 착한 법에 만족하다는 생각을 내지 말고 모든 끊음을 의

지해 일찍이 버려 떠나지 말고, 나아가 살갗이 없어지고 살이 다해 힘줄이 이어지고 뼈가 드러나도록 방편에 힘써 정진하면, 착한 법 닦아 익혀 쉬지 않게 된다.

그러므로 비구들이여, 낮은 것에 기뻐하는 생각 내지 말고 위로 더욱 올라 나아감을 닦아 많이 머물러야 한다.

이와 같이 닦아 익히면 오래지 않아 모든 번뇌 흐름이 빨리 다하게 되어, 샘이 없이 마음이 해탈하고 지혜가 해탈하여 현재의 법에서 증득한 줄을 스스로 알게 된다.

그래서 나의 태어남은 이미 다하고 범행은 이미 서고, 지을 바를 이미 지어 다시는 뒤의 있음 받지 않을 줄을 스스로 안다."

붇다께서 이 경을 말씀하시자, 여러 비구들은 붇다의 말씀을 듣고 기뻐하며 받들어 행하였다.

• 잡아함 987 이법경(二法經)

• **해설** •

선과 악이 공하지만 그 공함도 공하여 선과 악이 늘 연기하는 것이니, 선과 악에 머물지 않되 공함에도 머묾 없이 선을 닦음 없이 닦고 악을 끊음 없이 끊어야 한다.

옛 일곱 붇다로부터 전해 내려온 계법을 보인 게[七佛遺戒偈]는 다음과 같이 말한다.

> 모든 악함은 짓지 말고
> 모든 착함은 받들어 행하며
> 스스로 그 마음 깨끗하면
> 곧 모든 붇다의 가르침이네.

諸惡莫作　衆善奉行
自淨其心　是諸佛敎

위의 게에서 스스로 그 마음 깨끗함이란 선과 악에 물듦 없고 선과 악이 공함에도 머물지 않는 것이니, 그와 같이 마음 깨끗이 한 사람은 선악의 굴레에 갇히지 않되 늘 악을 돌이켜 선을 짓는 자이다.

지금 한 선행을 짓고 그 갚음에 머물러 있으면 이는 인과의 굴레에 빠짐이고 지은 복의 과보를 취함이니 해탈이 아니다.

늘 복된 업을 짓되 그 복업의 과보를 취하지 않고[不取果報] 복덕을 짓되 복덕을 받음이 없이[不受福德] 더욱 위로 나아가는 자, 그는 끝내 번뇌 흐름을 다해 마음이 해탈하고 지혜가 해탈할 것이다.

위의 경의 뜻을 돌이켜보면 마음과 지혜가 해탈한 이가 참으로 탐욕 떠나 끝없는 덕을 갖춘 사람이고 세간을 복덕과 지혜로 장엄하는 위없는 사람인 것이니, 『화엄경』(「야마궁중게찬품」)은 이렇게 말한다.

> 세간의 위없는 스승 붇다께서는
> 세간의 탐내는 것 멀리 여의어
> 끝없는 덕을 모두다 갖추셨네.
> 그러므로 신통의 힘 얻으시어
> 중생을 보지 못함이 없으시네.

遠離世所貪　具足無邊德
故獲神通力　衆生靡不見

해탈과 니르바나 이룬 이가
나의 입으로 난 내 자식들이다

나는 들었다, 이와 같이.

한때 붇다께서는 라자그리하 성에 노니시면서 칼란다카 대나무동산에 계시며, 큰 비구대중 오백 사람과 함께 여름 안거를 지내셨다.

그때 세존께서는 달 보름날에 '프라티목샤의 계'[pratimokṣa, 從解脫]를 말씀하시고, 서로 법 설함을 청할 때[相請請時] 비구들 앞에서 자리를 펴고 앉아, 모든 비구들에게 말씀하셨다.

"나는 브라마나로서 사라져 다함을 얻고 위없는 의왕[無上醫王]이 되었다. 나는 지금 몸을 받았으니 맨 뒤의 몸이다.

나는 브라마나로서 사라져 다함을 얻고 위없는 의왕이 되었다. 나는 지금 몸을 받았으니 맨 뒤의 몸이다.

너희들을 나의 참자식[是我眞子]이라 말하는 것은, 내 입을 좇아 태어나[從口而生] 법과 법으로 교화되었기[法法所化] 때문이다. 너희들을 나의 참자식이라 말하는 것은, 내 입을 좇아 태어나 법과 법으로 교화되었기 때문이다.

너희들도 반드시 교화하여 더욱 서로 가르쳐야 한다."

법의 자식 가운데 사리푸트라의 큰 지혜 찬탄하심

그때 존자 사리푸트라도 대중 가운데 있었다. 그는 자리에서 일어나 가사 한쪽을 벗어 메고 두 손을 맞잡고 붇다를 향하여 말씀드렸다.

"세존이시여, 세존께서는 조금 전에 이렇게 말씀하셨습니다.

'나는 브라마나로서 사라져 다함을 얻고 위없는 의왕이 되었다. 나는 지금 몸을 받았으니 맨 뒤의 몸이다.

나는 브라마나로서 사라져 다함을 얻고 위없는 의왕이 되었다. 나는 지금 몸을 받았으니 맨 뒤의 몸이다.

너희들을 나의 참자식이라 말하는 것은, 내 입을 좇아 태어나 법과 법으로 교화되었기 때문이다. 너희들을 나의 참자식이라 말하는 것은, 내 입을 좇아 태어나 법과 법으로 교화되었기 때문이다.

너희들도 반드시 교화하여 더욱 서로 가르쳐야 한다.'

세존께서는 여러 길들여지지 않는 자들을 길들여지게 하고, 여러 쉬지 못한 자를 그치어 쉬게 하며, 여러 건너지 못한 자를 건너게 하며, 여러 해탈하지 못한 자를 해탈케 하며, 여러 사라져 다함 얻지 못한 자들을 사라져 다하게 하십니다.

또한 도를 얻지 못한 자들을 도를 얻게 하며, 범행 베풀어 세우지 못한 자들을 범행 베풀어 세우게 하시며, 도를 알고 도를 깨닫고 도를 가려 알고 도를 말하게 하십니다.

세존이시여, 제자들은 뒤에 법을 얻어 가르침을 받고 나무람을 받으며, 가르침과 나무람을 받은 뒤에는 세존의 말씀을 따라 곧 나아가 행해, 그 뜻을 얻어 바른 법을 잘 알게 될 것입니다.

오직 그럴 뿐입니다. 그러나 세존이시여, 저의 몸과 입과 뜻의 행을 꺼려하시지는 않으십니까."

그때에 세존께서는 말씀하셨다.

"사리푸트라여, 나는 그대의 몸과 입과 뜻의 행을 꺼려하지 아니한다. 왜냐하면 사리푸트라여, 그대는 밝은 지혜·큰 지혜·빠른 지혜·날랜 지혜·날카로운 지혜·넓은 지혜·깊은 지혜·벗어나는 지혜·밝게 통달한 지혜가 있기 때문이다.

사리푸트라여, 그대는 진실한 지혜를 성취하였다. 마치 전륜왕에게 태자가 있어 부왕의 분부를 벗어나지 않고 부왕이 전하는 바를 받고는 다시 전하는 것과 같다.

이와 같이 사리푸트라여, 내가 굴리는 법의 바퀴를 그대는 다시 굴릴 수 있다. 사리푸트라여, 나는 그대의 몸과 입과 뜻의 행을 꺼려 하지 않는다."

오백 제자 또한 바른 지혜 바른 해탈 얻었음을 인정하심

존자 사리푸트라는 다시 두 손을 맞잡고 붓다를 향하여 여쭈었다.

"그렇습니다. 세존께서 제 몸과 입과 뜻의 행을 꺼려하시지 않으신다면 세존이시여, 이 오백 비구의 몸과 입과 뜻의 행도 꺼려하시지 않으십니까?"

세존께서 말씀하셨다.

"사리푸트라여, 나는 이 오백 비구의 몸과 입과 뜻의 행을 꺼려하지 않는다. 왜냐하면 사리푸트라여, 이 오백 비구는 다 집착 없음을 얻고, 모든 샘이 이미 다하고, 범행이 이미 서고 지을 바를 이미 짓고, 무거운 짐을 이미 버렸으며, 존재의 묶음[有結]이 이미 다해, 좋은 뜻과 바른 지혜 바른 해탈을 얻었다.

그러나 오직 한 비구만은 내놓는다.

나는 또한 본래 이미 그들에 대해 이렇게 언약했다.

'현재의 법에서 마쳐 다한 지혜를 얻고, 태어남은 이미 다하고 범

행은 이미 서고, 지을 바를 이미 지어 뒤의 있음을 받지 않음을 진실 그대로 알 것이다.'

그러므로 사리푸트라여, 나는 이 오백 비구의 몸과 입과 뜻의 행을 꺼려하지 않는다."

존자 사리푸트라는 다시 세 번째로 두 손을 맞잡고 붇다께 말씀드렸다.

"그렇습니다. 세존께서는 저의 몸과 입과 뜻의 행을 꺼려하지 않으시고, 또한 이 오백 비구의 몸과 입과 뜻의 행을 꺼려하시지 않습니다. 세존이시여, 이 오백 비구 가운데 몇 비구나 세 가지 밝음[三明]을 얻었고, 몇 비구나 함께하는 해탈[俱解脫, sama-vimukti]을 얻었으며, 몇 비구나 지혜의 해탈을 얻었습니까."

세존께서 말씀하셨다.

"사리푸트라여, 이 오백 비구 중에서 아흔 명의 비구는 세 가지 밝음을 얻었고, 아흔 명의 비구는 함께하는 해탈을 얻었으며, 그 나머지 비구는 지혜의 해탈을 얻었다.

사리푸트라여, 이들은 가지도 없고 잎도 없으며, 또한 마디도 없어 청정하고 진실하여 바르게 머물러 서게 되었다."

방기사가 세존과 오백 비구의 해탈을 노래로 찬탄함

그때에 존자 방기사 또한 대중 가운데 있었다. 여기에서 존자 방기사는 자리에서 일어나 가사 한쪽을 벗어 메고 두 손을 맞잡고 붇다를 향하여 말씀드렸다.

"그렇습니다. 세존이시여, 제게 위덕이 있고 신묘한 힘[威神力]을 더해주십시오. 잘 가신 이께서 저에게 위덕이 있고 신묘한 힘을 더해주시어, 제가 붇다와 비구상가 앞에서 뜻에 서로 맞게[如義相應] 찬탄하는 게송을 짓도록 해주시길 바랍니다."

세존께서 말씀하셨다.

"방기사여, 너의 하고 싶은 대로 하라."

이에 존자 방기사는 붇다와 비구들 앞에서 뜻에 서로 맞게 찬탄해 노래했다.

  오늘 보름날 법을 청하는 날에
  모여 앉은 오백의 비구대중은
  모든 묶음들을 다 끊어 없애어
  걸림 없고 있음 다한 선인들이네.

  깨끗하고 맑은 빛 밝게 비추어
  온갖 있음 모두 뛰어 해탈했으니
  남과 늙음 병듦과 죽음 모두 다하고
  샘이 다해 지을 바를 모두 지었네.

  들뜸과 뉘우침 의심의 묶음과 덮음
  교만과 있음의 흐름 이미 다하고
  애욕의 맺음과 가시 뽑아 끊으니
  높은 의사에겐 다시 있지 않도다.

  용맹스러움은 저 사자왕과 같아
  온갖 두려움과 무서움 없고

나고 죽음의 바다 이미 건너서
모든 흐름 이미 없애 모두 다하니
마치 전륜왕이 뭇 신하에 둘러싸여
온갖 땅과 바다까지 거느림 같네.

이와 같이 용맹하게 조복하심은
위없는 상인의 주인과 같아서
제자들은 즐거이 공경하나니
세 가지 밝음을 통달하신 분
죽음의 두려움을 멀리 떠났네.

여기 함께 모인 온갖 성문제자들
붇다의 입으로 난 참자식이라
가지와 잎과 마디 길이 없애고
위없는 법의 바퀴를 굴리면서
으뜸의 높은 이께 절을 올리네.

붇다께서 이렇게 말씀하시자, 저 여러 비구들은 붇다의 말씀을 듣고 기뻐하며 받들어 행하였다.

• 중아함 121 청청경(請請經)

• 해설 •

여름 안거 도중 보름날 우파바사타(upavasatha, 布薩)할 때 프라티목샤의 계를 설하시고, 여래께서는 여래의 법을 받아 해탈한 제자들이 바로 여래의 입을 좇아 태어나서 법으로 교화된 법의 자식이라 선언하신다.

여래는 중생의 탐냄·성냄·어리석음의 병을 낫게 해 삼계의 불난 집에서 건져주는 크나큰 의왕이시다. 불타는 삼계의 감옥 속에서 여래께서 입을 열어 설한 진리의 가르침을 받아 듣고 잘 사유하여, 탐욕의 병을 없애 마음의 해탈을 얻고 무명의 병을 없애 지혜의 해탈을 얻으면, 그가 바로 큰 의왕의 입으로 태어난 법의 자식인 것이다.

여래께서 으뜸가는 지혜의 제자 사리푸트라의 빼어난 지혜 날랜 지혜를 찬탄하시고 오백 비구의 몸과 입과 뜻의 허물 없음을 찬탄하시니, 오백 비구가 지혜의 해탈을 얻었기 때문이다.

지혜의 해탈을 얻은 비구 가운데 아흔 명은 하늘눈의 밝음, 오랜 목숨 아는 지혜의 밝음, 번뇌의 흐름 다한 밝음, 이 세 가지 밝음을 얻었으니 사리푸트라 존자에 버금가는 제자들이다.

마음의 해탈과 지혜의 해탈이 함께하고, 번뇌가 다한 지혜의 해탈과 선정의 장애[禪定障]가 다한 해탈이 함께하므로 함께하는 해탈[俱解脫]이라 말한다.

비록 지혜의 해탈을 이루었으나 '사라져 다한 사마디'[nirodha-samādhi, 滅盡定]에 이르지 못하게 하는 선정의 장애가 있으면 함께하는 해탈이 되지 못한다.

앎에는 실로 앎이 없는데 선정 가운데서 신묘하게 아는 앎의 실체를 집착하면, 느낌에서 느낌 떠나 곧바로 사라져 다한 사마디에 들지 못하므로, 선정의 장애가 다해야 참으로 지혜의 해탈을 이루고 함께하는 해탈을 이룬다.

그 나머지 비구는 아직 선정의 장애가 온전히 다하지 못했으나 어리석음의 장애가 다해 지혜의 해탈을 이루었다. 그러므로 탐욕과 어리석음 다한 비구 모두가 여래의 입으로 난 법의 자식들인 것이다.

여래의 법으로 난 법의 자식은 법의 몸[法身]으로 몸을 삼고 지혜의 목숨[慧命]으로 목숨 삼으며 법의 재물[法財]로 삶의 식량[資糧]을 삼으니, 그는 길이 나고 죽음을 벗어나 다시는 나고 죽음의 먼 길 가운데 굶주림과 목마름에 시달리지 않는 것이다.

또한 여래의 참된 법의 자식[眞子]은 여래의 법의 교화를 받아 스스로 법의 몸을 얻고서 중생을 법으로 교화하며 법으로 공양하는 법보시의 길을 걷는 자이니,『화엄경』(「입법계품」)은 다음과 같이 가르친다.

> 여래의 법을 따라 난 법의 아들은
> 이미 넓고 큰 묘한 지혜 바다 행하고
> 끝없는 모든 있음의 바다 이미 건너서
> 긴 목숨 걱정거리 없는 지혜의 몸과
> 위덕의 밝은 빛으로 이 대중에 머무네.

已行廣大妙慧海 已度無邊諸有海
長壽無患智藏身 威德光明住此衆

> 시방 온갖 중생 나고 죽는 곳의
> 모습 있고 없음과 생각 있음과 없음
> 세속 따라 그 모든 것 깨달아 알고
> 삶들 이끌어 보디의 길 들게 하네.

十方衆生生死處 有色無色想無想
隨順世俗悉了知 引導使入菩提路

> 한량없이 빼어난 공덕 나타내고
> 사유할 수 없는 참된 법의 성품
> 지혜로 깨달아 성품에 들어가서
> 온갖 자재한 지혜 늘려 키우며
> 삼세의 해탈의 길 열어 통하네.

出生無量勝功德 證入難思眞法性

增長一切自在智　開通三世解脫道

이미 여래의 서원의 집에 태어나
모든 붇다의 공덕바다 이미 들어
법의 몸은 때가 없이 청정하고
그 마음은 해탈하여 걸림 없으니
여러 중생 즐거워함을 따라서
갖가지 모습 나타내 교화해주네.

已生如來誓願家　已入諸佛功德海
法身淸淨心無礙　隨衆生樂現衆色

3 범행의 완성인 니르바나

• 이끄는 글 •

 니르바나는 다만 모든 모습이 끊어져 사라져 다한 고요함이 아니다. 니르바나는 모습이 마쳐 다하고 그 마쳐 다함마저 공한 실상[無相實相]의 온전한 실현이다. 그러므로 니르바나일 때 온갖 중생을 거두는 크나큰 사랑의 원력[大悲願]이 실현되고, 모습에 물듦 없되 모습 없음에 빠지지 않는 범행이 성취되며 윤리적 당위가 늘 실현되는 것이다.

 모습 없는 실상이 실현되면 모습에서 모습을 떠나 나와 중생 나와 너에 취할 모습이 없다. 그러므로 니르바나일 때 넓고 큰 마음[廣大心]이 발현되고, 중생 아닌 중생을 늘 '허깨비 같은 사마디행'[如幻三昧行]과 파라미타행으로 거두는 자비가 발현된다.

 실로 깨끗하다 할 것이 없는 몸에 깨끗하다는 집착이 사라지면 깨끗하다는 분별과 더럽다는 분별 넘어 몸의 몸 아닌 실상이 실현되니, 니르바나는 참된 삶의 청정의 실현이고 참된 즐거움의 실현이다.

 니르바나는 온갖 법의 나되 남이 없고 사라지되 사라짐 없는 진실의 발현이니, 니르바나는 지금 나고 사라지는 덧없는 세간법 밖에 니르바나의 고요함이 없다.

이런 뜻을 『비말라키르티수트라』는 비말라키르티 거사와 마하카타야나 비구의 문답을 통해 덧없음의 실상이 바로 니르바나의 고요함이라고 말하고 있다.

마하카타야나는 병으로 누워 있는 비말라키르티에게 문병 가지 못하는 까닭을 다음과 같이 여래께 말씀드린다.

"세존이시여, 저는 그에게 가서 문병함을 감당할 수 없습니다. 왜냐하면 다음과 같기 때문입니다.

생각해보니 옛날 붇다께서 여러 비구들을 위해 간략히 법요를 말씀하셨는데, 제가 바로 뒤에 그 뜻을 펼쳐 말했으니 곧 덧없음[無常]의 뜻, 괴로움[苦]의 뜻, 공함[空]의 뜻, 나 없음[無我]의 뜻, 고요함[寂滅]의 뜻이었습니다.

그때 비말라키르티 거사가 와서 제게 말했습니다.

'저 카타야나시여, 나고 사라지는 마음의 행으로 실상의 법을 말해서는 안 됩니다.

카타야나시여, 모든 법이 마쳐 다해 나지 않고 사라지지 않음이 나고 사라짐의 뜻이요, 다섯 쌓임이 통달하여 공해 일어나는 바가 없음이 괴로움의 뜻입니다.

모든 법이 마쳐 다해 있는 바가 없음이 공함의 뜻이고, 나와 나 없음이 둘 아닌 것이 나 없음의 뜻이며, 법이 본래 나지 않으므로 지금 사라지지 않는 것이 고요함의 뜻입니다.'

이 법을 설할 때에 저 여러 비구들이 마음이 해탈하였습니다.

그러므로 저는 그에게 가서 문병할 수 없습니다."

『비말라키르티수트라』의 뜻으로 보면 여래가 설한 고요함은 온갖 법이 나되 남이 없으므로 나지 않음도 없는 것이 고요함의 뜻이고, 나와 나 없음의 둘 아님이 고요함의 뜻이다.
  곧 연기법에서 참된 고요함은 남이 없이 나는 세간법의 활동 자체이고, 공하되 공도 공한 존재의 진실이며, 나 없되 나 없음도 없는 해탈의 활동인 것이다.
  그러므로 니르바나는 행하되 행함 없는 해탈의 행이자 범행의 완성이니, 지금의 행위가 지음 없는 지음[無作而作]이 되는 곳이 바로 니르바나의 처소인 것이다.
  화엄회상(「입법계품」) 선지식은 니르바나의 땅 여래의 방[如來室]에 들어간 구도자의 삶을 다음과 같이 말해준다.

> 그대 잘 행하는 보디사트바여
> 행하는 바는 움직여 어지러움이 없고
> 행하는 바는 물들어 집착 없음이
> 저 새가 허공에 나는 것 같아서
> 반드시 이 묘한 작용 이루리라.
>
> 所行無動亂 所行無染著
> 如鳥行虛空 當成此妙用

마음의 해탈과 지혜의 해탈 얻으면
범행을 완성하고 지을 바를 모두 짓게 되나니

이와 같이 내가 들었다.

한때 붇다께서는 바이샬리 국의 큰 약사인 기바구마라의 암라 동산에 계셨다.

그때 세존께서 여러 비구들에게 말씀하셨다.

"나는 옛날 아직 바른 깨달음을 이루지 못하였을 때, 홀로 한 고요한 곳에서 선정의 사유[禪思]로 사유하다 '내 마음이 자주 어느 곳으로 향하는가'를 살폈다.

그래서 내 마음이 과거의 다섯 가지 탐욕의 공덕[五欲功德]을 많이 좇고, 현재의 다섯 가지 탐욕의 공덕은 조금 좇으며, 미래세상을 좇는 것은 더욱 적다는 것을 살폈다.

나는 과거의 다섯 가지 탐욕의 공덕을 많이 좇고 있는 것을 살핀 뒤에는, 지극히 방편을 내서 부지런히 힘써 스스로 보살펴, 다시는 과거의 다섯 가지 탐욕의 공덕을 따르지 않게 하였다.

나는 이렇게 부지런히 힘써 스스로 보살핌으로, 차츰차츰 '위없고 바른 보디'[anuttara-samyak-saṃbodhi]에 가까워졌다.

너희 여러 비구들도 과거의 다섯 가지 탐욕의 공덕을 많이 좇고 또 현재와 미래에 대해서는 또한 좇는 것이 그보다 적을 것이다. 너희들 또한 마음이 과거의 다섯 가지 탐욕의 공덕을 많이 좇으므로 스스로 보살핌을 더욱 더해야 한다.

그러면 너희들 또한 오래지 않아 모든 번뇌의 흐름이 다해 샘이 없는 마음의 해탈[無漏心解脫]과 지혜의 해탈을 얻어, 현재의 법에서 스스로 알고 스스로 증득하게 될 것이다. 그리하여 '나의 태어남은 이미 다하고 범행은 이미 서며, 지을 바를 이미 지어 다시는 뒤의 있음을 받지 않는다'라고 스스로 알게 될 것이다.

왜 그런가? 눈이 빛깔을 보는 인연으로, 안의 느낌 곧 괴로운 느낌·즐거운 느낌·괴롭지도 즐겁지도 않은 느낌을 낸다.

또 귀·코·혀·몸·뜻이 법 등을 아는 인연으로, 안의 느낌 곧 괴로운 느낌·즐거운 느낌·괴롭지도 즐겁지도 않은 느낌을 낸다.

그러므로 비구들이여, 그 들이는 곳[入處]을 깨닫고 알아야 하나니, 만약 눈이 사라지면 빛깔이라는 모습 취함[色想]을 곧 떠나고, 귀·코·혀·몸·뜻이 사라지면 법 등의 모습 취함[法想]을 떠나게 된다."

붇다께서는 '여섯 들이는 곳을 깨달아야 한다'고 말씀하시고 그런 뒤에 방으로 들어가 좌선하셨다.

**세존께서 탐욕 떠나 마음과 지혜가 해탈하는 길을
간략히 보이시자, 아난다 존자를 찾아가 그 뜻을 다시 물음**

이때 많은 비구들은 세존께서 떠나신 뒤 이렇게 의논하였다.

"세존께서는 우리들에게 다음과 같이 간략히 법의 요점[法要]을 말씀하시고, 널리 분별하지 않으신 채 방에 들어가 좌선하신다.

세존께서는 이렇게만 말씀하셨다.

'여섯 들이는 곳[六入處]을 깨달아야 한다. 만약 이 눈이 사라지면 빛깔이라는 모습 취함을 떠나고, 귀·코·혀·몸·뜻이 사라지면

법 등의 모습 취함을 떠나게 된다.'

그러나 우리들은 오늘 세존께서 간략히 말씀하신 법의 요점을 아직 이해하지 못했다. 이제 이 대중 가운데 누가 지혜의 힘이 있어, 우리들을 위해 세존께서 간략히 말씀하신 법의 요점 가운데서 그 뜻을 널리 말해줄 수 있을까?"

그리고 다시 이렇게 생각하였다.

'오직 존자 아난다가 있으니, 그분은 늘 세존을 모시고 있고, 〈총명하고 지혜로우며 범행을 갖추었다〉고 늘 크신 스승의 칭찬을 받는다.

오직 존자 아난다만이 우리를 위해 세존께서 간략히 말씀하신 법의 요점 가운데서 그 뜻을 널리 말해줄 수 있을 것이다.

우리들은 오늘 다같이 존자 아난다 있는 곳에 찾아가서 요점이 되는 뜻을 물어보고, 존자 아난다의 말대로 다 받들어 지니자.'

그때 많은 비구들은 존자 아난다 있는 곳으로 찾아가 서로 같이 문안 인사한 뒤에 한쪽에 앉아 존자 아난다에게 말했다.

"존자여, 아셔야 합니다. 세존께서는 저희들을 위해 간략히 법의 요점을 말씀하시고, 널리 분별해주시지 않으신 채 방에 들어가 좌선하고 계십니다. 저희들은 세존께서 말씀하신 법의 요점을 이해하지 못하여, 지금 존자 아난다께 그 뜻을 갖추어 물으니, 저희에게 널리 그 뜻을 말씀해주십시오."

존자 아난다가 여러 비구들에게 말하였다.

"자세히 듣고 잘 사유하시오. 세존께서 간략히 말씀하신 법의 요점 가운데서 그대들을 위해 그 뜻을 널리 말해주겠소.

세존께서 간략히 말씀하신 것은 곧 이 '여섯 들이는 곳'을 없애라는 것이오. 그래서 그 나머지를 말씀하시기 위하여 '눈이 사라지면 빛깔이라는 모습 취함을 떠나고, 귀·코·혀·몸·뜻이 사라지면 법 등의 모습 취함을 떠난다'고 말씀하신 것이오.

세존께서는 이 법을 간략히 말씀하신 뒤에 방으로 들어가 좌선하셨고, 나는 지금 이미 그대들을 위하여 그 뜻을 분별해주었소."

존자 아난다가 이 뜻을 말하자, 여러 비구들은 그 말을 듣고 기뻐하며 받들어 행하였다.

• 잡아함 211 세간오욕경(世間五欲經)

• 해설 •

여섯 들이는 곳이 있어서 저 여섯 바깥 경계[六境]를 알고 받아들인다고 말하지만, 여섯 들이는 곳·여섯 경계가 실로 있는 것[實有]이라면 어떻게 닫힌 주체가 닫힌 객체를 인식할 수 있겠는가.

여섯 들이는 곳이 있되 공하고 저 경계가 공하되 있으므로 주객이 서로 어울려 여섯 앎[六識]이 나는 것이니, 여섯 들이는 곳이 실로 있는 것이 아님을 깨달으면 여섯 경계에 대한 탐욕이 사라진다.

세존께서 눈과 빛깔을 들어 탐욕의 공덕이 일어남을 보이시니, 법을 듣던 비구들이 다시 존자 아난다를 찾아가 그 자세한 뜻을 묻는다.

세존이 비록 눈과 빛깔, 눈의 앎, 앎의 인연으로 나는 느낌인 괴로운 느낌·즐거운 느낌·괴롭지도 않고 즐겁지도 않은 느낌만을 말씀했지만, 이 뜻은 여섯 아는 뿌리와 여섯 경계와 여섯 앎과 여섯 앎 따라나는 여섯 닿음[六觸], 여섯 느낌[六受]이 모두 연기이므로 공함[緣起卽空]을 가르치는 법문임을 아난다 존자가 다시 말해준다.

여섯 아는 뿌리가 있되 공함을 돌이켜 살펴 실로 있다는 집착을 떠난 참사람이라면, 탐욕의 뿌리인 느낌[受]이 모두 실로 있음이 아닌 줄을 깨닫게 되니, 즐거운 느낌이라고 어찌 취하고 탐내며 괴로운 느낌이라고 어찌 성내고 어찌 버릴 것인가.

이와 같이 안과 밖의 들임[內入·外入] 안팎의 앎과 느낌의 공성을 깨달아 그 모든 있음에서 있음을 떠나면 여래를 따라 모든 흐름 다하고 탐욕 없는 마음의 해탈을 얻으며, 무명 다한 지혜의 해탈을 얻어 현재법에서 니르바나를 깨달아 쓰게 될 것이다.

그러므로 안의 여섯 뿌리가 경계 보는 것을 떠나 해탈의 묘용이 없으니, 조주선사의 다음 공안의 뜻을 살펴보자.

> 조주가 한 암주(庵主)를 방문하고 물었다.
> "있는가, 있는가."
> 암주가 주먹[拳頭]을 세우니 선사가 말했다.
> "물이 얕으니 배를 대지 못할 곳이다."
> 그러고는 떠났다.
> 또 한 암주를 방문하고 물었다.
> "있는가, 있는가."
> 암주가 또한 주먹을 세우니, 선사가 말했다.
> "놓을 줄도 알고 빼앗을 줄도 알며, 살릴 줄도 알고 죽일 줄도 아는구나."
> 그러고는 절하고 떠났다.

이 공안을 어떻게 보아야 하는가. 앞의 암주가 주먹 드는 것은 주먹이 없되 없음 아님으로 법을 보이고, 뒤의 암주가 주먹 드는 것은 주먹이 있되 있음 아님으로 법을 보임인가. 그렇다면 물이 얕아 배를 댈 수 없는 곳이 곧 깊고 깊은 진여바다라 밑 없는 배[無底船]가 쉬임없이 가는 곳인가.

두 선사의 다음 노래를 들어보자.

자수선사(慈受禪師)는 이렇게 노래한다.

> 윗절 암주 주먹 세우니

조주의 왼쪽 눈 반 근이요
아랫절 암주 주먹 세우니
조주의 오른쪽 눈 여덟 냥이네.
그대들 섬부의 쇠소를 본다 한들
어찌 그 소가 가주의 큰 불상 같으리.
만약 그릇된 말 모두 없다 말하면
돌기둥과 등롱이 합장하리라.

> 上庵堅起拳頭　趙州左眼半斤
> 下庵堅起拳頭　趙州右眼八兩
> 君看陝府鐵牛　何似嘉州大像
> 若謂惣沒誵訛　露柱燈籠合掌

이 게송의 뜻대로 모습의 있고 있음에서 진여의 없되 없음마저 없음을 보는 자가 물이 얕은 곳에서 해탈의 배를 띄울 수 있는 자인가.

물 뿌려도 물 묻지 않는 섬부의 쇠소를 본들 없음에서 없음 떠나 모습 우뚝한 가주의 불상과 같지 않으니, 돌기둥과 등롱이 합장함은 보고 들음이 온통 해탈의 묘한 씀[妙用]이 됨을 보임인가.

지비자(知非子)는 이렇게 노래한다.

산과 내 모두 다녀도 사람 만나기 드문데
용머리 쥐꼬리 그 수 셀 수 없도다.
물이 얕아도 배는 깊이 가고 또 오니
비바람 쓸쓸히 불어도 멈추지 않네.

> 歷盡山川人空遇　龍頭鼠尾無窮數
> 水淺舡深歸去來　風雨蕭蕭留不住

탐욕이 끊어지면 마음이 해탈하여
범행 세우고 할 일을 모두 마치나니

이와 같이 내가 들었다.

한때 붓다께서는 슈라바스티 국 제타 숲 '외로운 이 돕는 장자의 동산'에 계셨다.

그때 세존께서 여러 비구들에게 말씀하셨다.

"눈에 대해서 바르게 사유해 덧없음을 살피라.

왜 그런가? 눈에 대해서 바르게 사유해 덧없음을 살피므로 눈에 대한 욕망과 탐욕[欲貪]이 끊어지고, 욕망과 탐욕이 끊어지기 때문에 '마음이 바르게 해탈한다'[心正解脫]고 나는 말하기 때문이다.

또 귀·코·혀·몸·뜻에 대해서 바르게 사유하고 살피므로 욕망과 탐욕이 끊어지고, 욕망과 탐욕이 끊어진 사람은 '마음이 바르게 해탈한다'고 나는 말한다.

이와 같이 비구들이여, 마음이 바르게 해탈한 사람은 스스로 '나의 태어남은 이미 다하고 범행은 이미 서고, 지을 바를 이미 지어 다시는 뒤의 있음 받지 않음을 스스로 안다'고 말할 수 있을 것이다."

붓다께서 이 경을 말씀하시자, 여러 비구들은 붓다의 말씀을 듣고 기뻐하며 받들어 행하였다.

• 잡아함 189 이욕탐경(離欲貪經)

• 해설 •

이 경의 뜻은, 안의 여섯 아는 뿌리가 공한 줄 알아야 바깥 경계에 대한 집착 사라짐을 보인 앞 경의 뜻에 함께 거두어진다.

다만 앞 경에서는 눈 등 여섯 아는 뿌리가 공함을 알아 눈 등에 대한 실체적 집착이 없어짐을 바로 말했으나, 이 경에서는 눈 등의 집착을 없애기 위해 덧없음의 살핌[無常觀]을 보이어 그 집착 뛰어넘도록 가르치신다.

여섯 아는 뿌리를 돌이켜보면 찰나찰나 덧없으므로 공하고, 공하므로 덧없이 연기하니 덧없음을 바로 살피면 실로 있다는 집착과 실로 없다는 집착을 모두 넘어설 수 있다.

안의 아는 뿌리[內六根]에 대한 집착 깨뜨리면, 바깥 여섯 경계[外六境]와 안팎의 앎[內外識]과 느낌 가운데 탐욕이 사라지니, 그가 니르바나를 알아 범행을 이미 세운 사람이다.

곧 눈 등 안의 아는 뿌리가 덧없으므로 공하고, 공하므로 덧없이 연기함을 알아 고요함과 고요하지 않음의 분별 떠나면, 보고 들음의 덧없는 활동이 온통 분별 다한 니르바나의 묘용이 될 것이니, 『화엄경』(「십회향품」)은 이렇게 말한다.

모든 법의 고요함과 고요치 않음
이 두 가지에 분별의 마음 멀리 여의라.
모든 분별 세속의 견해인 줄 알면
바른 지위에 들어가 분별 다하리.

諸法寂滅非寂滅　遠離此二分別心
知諸分別是世見　入於正位分別盡

우파마나여, 사리푸트라는
모든 범행 세우고 할 일을 마쳤나니

나는 들었다, 이와 같이.

한때 붇다께서는 슈라바스티 국을 노니실 적에 제타 숲 '외로운 이 돕는 장자의 동산'에 계셨다.

그때 존자 사리푸트라가 여러 비구들에게 말하였다.

"만약 비구로서 계를 성취하고, 선정을 성취하고, 지혜를 성취하면 곧 현재의 법에서 바로 '모습 취함과 느낌이 사라진 선정'[想受滅定]에 드나드는 것은, 반드시 그럴 수 있는 것이오.

만약 현재의 법에서 마쳐 다한 지혜[究竟智]를 얻지 못하면, 몸이 무너지고 목숨 마친 뒤에는 '덩이밥 먹는 하늘'을 지나 '뜻대로 나는 하늘'에 태어날 것이며, 그는 거기서 모습 취함과 느낌이 사라진 선정에 드나들 것이니, 반드시 그럴 수 있는 것이오."

사리푸트라의 설법을 우다인이 인정하지 않음

이때에 존자 우다인(Udāyin)이 대중 가운데 있다가 말했다.

"존자 사리푸트라여, 만약 비구로서 뜻대로 나는 하늘에 태어나서 모습 취함과 느낌이 사라진 선정에 드나든다고 한다면 그것은 끝내 그럴 수가 없습니다."

존자 사리푸트라는 두세 번 같이 여러 비구들에게 말했다.

"만약 비구로서 계를 성취하고, 선정을 성취하고, 지혜를 성취하면 곧 현재의 법에서 바로 모습 취함[想, saṃjñā]과 느낌[受, vedanā]이 사라진 선정[nirodha-samāpatti, 滅盡定]에 드나드는 것은, 반드시 그럴 수 있는 것이오.

만약 현재의 법에서 마쳐 다한 지혜를 얻지 못하면, 몸이 무너지고 목숨 마친 뒤에는 '덩이밥 먹는 하늘'을 지나 '뜻대로 나는 하늘'에 태어날 것이며, 그는 거기서 모습 취함과 느낌이 사라진 선정에 드나들 것이니, 반드시 그럴 수 있는 것이오."

존자 우다인 또한 다시 두세 번 되풀이해서 말했다.

"존자 사리푸트라여, 만약 비구로서 뜻대로 나는 하늘에 태어나서 모습 취함과 느낌이 사라진 선정에 드나든다고 한다면, 그것은 끝내 그럴 수가 없습니다."

사리푸트라의 말을 인정하지 않자 세존께 가서 말씀드림

"이에 존자 사리푸트라는 곧 이렇게 생각했다.

'이 비구는 두세 번 되풀이해서 내 말을 그르다고 하고, 한 비구도 내 말을 찬탄하는 사람이 없구나. 나는 차라리 세존 계신 곳에 가야겠다.'

이에 존자 사리푸트라가 붓다 계신 곳에 가서 머리를 숙여 절하고 한쪽에 물러나 앉았다.

존자 사리푸트라가 간 뒤 오래지 않아 존자 우다인과 여러 비구들 또한 붓다 계신 곳에 가서 머리를 숙여 절하고 물러나 한쪽에 앉았다.

거기서 존자 사리푸트라는 다시 비구들에게 말했다.

"만약 비구로서 계를 성취하고, 선정을 성취하고, 지혜를 성취하면 곧 현재의 법에서 바로 모습 취함과 느낌이 사라진 선정에 드나드는 것은, 반드시 그럴 수 있는 것이오.

만약 현재의 법에서 마쳐 다한 지혜를 얻지 못하면, 몸이 무너지고 목숨 마친 뒤에는 '덩이밥 먹는 하늘'을 지나 '뜻대로 나는 하늘'에 태어날 것이며, 그는 거기서 모습 취함과 느낌이 사라진 선정에 드나들 것이니, 반드시 그럴 수 있는 것이오."

존자 우다인이 다시 말했다.

"존자 사리푸트라여, 만약 비구로서 뜻대로 나는 하늘에 태어나서 모습 취함과 느낌이 사라진 선정에 드나든다고 한다면, 그것은 끝내 그럴 수가 없습니다."

존자 사리푸트라가 다시 두세 번 되풀이해 비구들에게 말했다.

"만약 비구로서 계를 성취하고, 선정을 성취하고, 지혜를 성취하면 곧 현재의 법에서 바로 모습 취함과 느낌이 사라진 선정에 드나드는 것은, 반드시 그럴 수 있는 것이오.

만약 현재의 법에서 마쳐 다한 지혜를 얻지 못하면, 몸이 무너지고 목숨 마친 뒤에는 '덩이밥 먹는 하늘'을 지나 '뜻대로 나는 하늘'에 태어날 것이며, 그는 거기서 모습 취함과 느낌이 사라진 선정에 드나들 것이니, 반드시 그럴 수 있는 것이오."

존자 우다인도 한결같이 몇 번이고 말했다.

"만약 비구로서 뜻대로 나는 하늘에 태어나서 모습 취함과 느낌이 사라진 선정에 드나든다고 한다면, 그것은 끝내 그럴 수가 없습니다."

존자 사리푸트라가 다시 이렇게 생각했다.

'이 비구는 세존 앞에서도 두세 번 내 말을 그르다 하고, 또한 한

비구도 내 말을 찬탄하는 사람이 없다. 나는 차라리 잠자코 있는 것이 좋겠다.'

**세존께서 우다인과 아난다를 꾸중하시고,
사리푸트라의 뜻이 여래의 뜻임을 보이신 뒤 선정에 드심**

그때 세존께서 물으셨다.

"우다인아, 너는 '뜻대로 나는 하늘'이 물질[色]이라고 말하느냐?"

존자 우다인이 세존께 말씀드렸다.

"그렇습니다, 세존이시여."

그러자 세존께서 우다인을 얼굴 대놓고 꾸짖으셨다.

"너는 어둡고 어리석은 사람이다. 장님처럼 눈이 없구나. 그러면서 무엇으로 깊고 깊은 아비다르마(abhidharma)를 논하는가?"

이에 존자 우다인은 붇다께 얼굴 맞대 꾸지람을 받고 나서야 마음에 근심과 슬픔을 품고 머리를 떨구고 잠자코 할 말을 잃은 채 무엇인가 생각하는 듯하였다.

세존께서는 존자 우다인을 얼굴 맞대 꾸짖으신 뒤에 존자 아난다에게 말씀하셨다.

"이름 있고 덕 있는 높은 장로비구가 남의 꾸지람을 받는데, 너는 왜 놓아두고 막지 않았느냐? 너는 어둡고 어리석은 사람이다. 자비스런 마음이 없이, 이름 있고 덕 있는 높은 장로를 저버리다니."

이에 세존께서는 존자 우다인과 존자 아난다를 얼굴 대놓고 꾸짖으신 뒤에 여러 비구들에게 말씀하셨다.

"만약 비구가 계를 성취하고, 선정을 성취하고, 지혜를 성취하면 곧 현재의 법에서 바로 모습 취함과 느낌이 사라진 선정에 드나드는 것은, 반드시 그럴 수 있는 것이다.

만약 현재의 법에서 마쳐 다한 지혜를 얻지 못하면, 몸이 무너지고 목숨 마친 뒤에는 '덩이밥 먹는 하늘'을 지나 '뜻대로 나는 하늘'에 태어날 것이며, 그는 거기서 모습 취함과 느낌이 사라진 선정에 드나들 것이니, 반드시 그럴 수 있는 것이다."

붇다께서는 이와 같이 말씀하시고 곧 선실(禪室)에 들어가 고요히 앉아 잠자코 계셨다.

그때 대중 가운데 존자 우파마나(Upamāna, 白淨) 비구가 있었다.

존자 아난다가 존자 우파마나에게 말하였다.

"잘못은 다른 사람이 저질렀는데 내가 꾸지람을 들었소.

존자 우파마나여, 세존께서는 저녁때가 되면 선실에서 나오시어 비구들 앞에 와서 자리를 펴고 앉으시어 이 뜻을 함께 논하실 것입니다. 존자 우파마나께서 이 일에 대답해주셔야만 하오.

나는 세존 계신 곳과 여러 범행자 있는 곳에 함께하기가 아주 부끄럽소."

**세존께서 우파마나에게 장로비구가 존중받는
다섯 가지 법을 물어 그 답을 들으심**

이윽고 세존께서 저녁때가 되자 선실에서 나와 비구들 앞에 와서 자리를 펴고 앉아 말씀하셨다.

"우파마나여, 장로비구는 몇 가지 법이 있어야 여러 범행자들의 공경[愛敬]과 존중을 받는가?"

존자 우파마나가 말씀드렸다.

"세존이시여, 장로비구에게 만약 다섯 가지 법이 있으면 여러 범행자의 공경과 존중을 받습니다. 어떤 것이 다섯 가지냐 하면 다음과 같습니다."

장로비구의 계 지님

"첫째, 장로비구는 금한 계[禁戒, śīla]를 닦아 익히고, 프라티목샤의 계[從解脫, pratimokṣa]를 지키며, 또 바른 몸가짐과 예절을 잘 거두어, 아주 작은 죄를 보아도 늘 두려운 마음을 품으며, 배우는 이의 계[學戒, śaikṣā-śīla]를 받아 지닙니다. 그러면 세존이시여, 그는 금한 계를 지키는 장로요 높은 존자[上尊]의 비구로서 여러 범행자들의 공경과 존중을 받습니다."

장로비구의 널리 배움과 많이 들음

"다시 세존이시여, 장로비구는 널리 배우고 많이 들어서, 그것을 지켜 지니고 잊지 않으며, 법을 쌓아 모으고 널리 듣습니다.

곧 그 법이란 처음도 좋고 가운데도 좋고 마지막 또한 좋으며, 뜻도 있고 무늬도 있으며, 청정을 갖추어 범행을 드러냅니다.

이와 같은 여러 법을 널리 배우고 많이 들으며, 오래 익혀 많은 수에 이르며, 뜻으로 생각하고 살피는 바를 밝게 보고 깊이 통달하면, 세존이시여, 그는 많이 들은 장로요 높은 존자의 비구로서 여러 범행자들의 공경과 존중을 받습니다."

장로비구의 선정

"다시 세존이시여, 장로비구는 네 가지 더욱 위로 오르는 마음[增上心]을 얻고, 현재의 법에서 즐겁게 머물러[現法樂居] 그것을 어렵지 않게 얻습니다. 그러면 세존이시여, 그는 선정의 사유 속에 있는 장로요 높은 존자의 비구로서, 여러 범행자들의 공경과 존중을 받습니다."

장로비구의 지혜

"다시 세존이시여, 장로비구는 지혜를 닦아 행하고 일어나고 시드는 법을 살피어, 지혜를 얻고 거룩한 슬기를 밝게 통달하여 분별하고 환히 알아 바로 괴로움을 다합니다. 그러면 세존이시여, 그는 지혜의 장로요 높은 존자의 비구로서 여러 범행자들의 공경과 존중을 받습니다."

장로비구의 해탈

"다시 세존이시여, 장로비구는 모든 샘이 이미 다하여 다시 존재의 묶음이 없어, 마음이 해탈하고 지혜가 해탈하여, 현재의 법 가운데서 스스로 알고 스스로 깨닫고 스스로 증득하여 성취하여 노닙니다. 그리하여 태어남은 이미 다하고 범행은 이미 서고, 지을 바를 이미 지어 다시는 뒤의 있음 받지 않음을 진실 그대로를 압니다. 그러면 세존이시여, 그는 번뇌의 흐름이 다한[漏盡] 장로요 높은 존자의 비구로서 여러 범행자의 공경과 존중을 받습니다.

세존이시여, 장로비구가 만약 이 다섯 가지 법을 성취하면, 그는 여러 범행자들의 공경과 존중을 받습니다."

세존께서 물으셨다.

"우파마나여, 만약 장로비구가 이 다섯 가지 법이 없으면, 다시 어떤 일로 여러 범행자들의 공경과 존경을 받게 되겠는가?"

존자 우파마나가 말씀드렸다.

"세존이시여, 만약 장로비구가 이 다섯 가지 법이 없으면, 다시 다른 일로 여러 범행자로 하여금 공경하고 존경하게 할 것이 없습니다.

오직 늙었다는 것뿐입니다. 그는 머리는 희고 이는 빠지고 왕성했던 젊음은 날로 시들어 몸은 굽고 다리는 뒤틀리며, 몸이 무겁고 기운은 위로 오릅니다. 지팡이로 겨우 다니며, 힘줄은 쭈그러들고 살갗은 늘어나 마치 참깨와 같은 검버섯이 피며, 몸의 여러 아는 뿌리는 삭아 헐어지고 얼굴빛은 추악합니다.

그는 이 늙었다는 것으로 범행자들로 하여금 공경하고 존중하게 할 뿐입니다."

세존께서 말씀하셨다.

"그렇다, 그렇다. 만약 장로비구에게 이 다섯 가지 법이 없으면 다시 다른 일로 여러 범행자로 하여금 공경하고 존중하게 할 것이 없다.

오직 늙었다는 것뿐이다. 그는 곧 머리는 희고 이는 빠지고, 왕성했던 젊음은 날로 시들어 몸은 굽고 다리는 뒤틀리며, 몸이 무겁고 기운은 위로 오른다. 지팡이로 겨우 다니며, 힘줄은 쭈그러들고 살갗은 늘어나 마치 참깨와 같은 검버섯이 피며, 몸의 여러 아는 뿌리는 삭아 헐어지고 얼굴빛은 추악하다.

그는 이 늙었다는 것으로 범행자들로 하여금 공경하고 존중하게 할 뿐이다."

사리푸트라에게 다섯 가지 장로법이 갖추어져 있음을 말씀하심

"우파마나여, 사리푸트라 비구에게는 이 다섯 가지 법이 있다. 그러니 너희들은 공경하고 존중해야 한다.

왜냐하면 사리푸트라 비구는 금한 계를 닦아 익히고, 프라티목샤의 계를 지키며, 또 바른 몸가짐과 예절을 잘 거두어, 아주 작은 허물을 보아도 늘 두려워하는 마음을 품으며, 배우는 이의 계를 받아 지니기 때문이다.

다시 우파마나여, 사리푸트라 비구는 널리 배우고 많이 들었으며, 그것을 지켜 지니어 잊지 않으며, 법을 쌓고 모아 널리 들었다.

그 법이란 처음도 좋고 가운데도 좋고 마지막 또한 좋으며, 뜻도 있고 무늬도 있으며, 청정함을 갖추어 범행을 드러낸다.

이와 같은 모든 법을 널리 배우고 많이 들었고, 익숙하게 익혀 많은 수에 이르렀으며, 뜻으로 사유해 살피는 것은 밝게 보고 깊이 통달하였다.

다시 우파마나여, 사리푸트라 비구는 네 가지 더욱 위로 오르는 마음을 얻어서 현재의 법에서 즐거이 머물러 그것을 어렵지 않게 얻는다.

다시 우파마나여, 사리푸트라 비구는 지혜를 닦아 행하고 일어나고 시드는 법을 살펴, 이와 같은 지혜를 얻었고, 거룩한 슬기[聖慧]를 밝게 통달하여 분별하고 환히 알아 바로 괴로움을 다한 사람이다.

다시 우파마나여, 사리푸트라 비구는 모든 번뇌의 흐름이 이미 다하여 다시 존재의 묶음이 없어, 마음이 해탈하고 지혜가 해탈하여 현재의 법 가운데서 스스로 알고 스스로 깨닫고 스스로 증득하여 성취하여 노닌다.

그리하여 '태어남이 이미 다하고 범행은 이미 서고, 지을 바를 이미 지어 다시는 뒤의 있음 받지 않음'을 진실 그대로 알고 있다.

사리푸트라 비구는 이 다섯 가지 법을 성취하였다.

너희들은 함께 공경하고 존중해야 한다."

붇다께서 이와 같이 말씀하시자, 존자 우파마나와 여러 비구들은 붇다의 말씀을 듣고 기뻐하며 받들어 행하였다.

• 중아함 22 성취계경(成就戒經)

• 해설 •

계·정·혜를 갖추면 현재 보고 듣고 아는 활동 가운데서 모습 취함[想]에 취함이 없고 느낌[受]에 받아들임이 없으니, 보고 듣되 그는 늘 사라져 다한 사마디[nirodha-samādhi, 滅盡定]를 움직이지 않을 수 있다.

설사 현재법에서 마쳐 다한 지혜를 얻지 못해도 그는 덩이밥을 먹으며 물질의 장애가 있는 삶을 넘어서, 물질의 장애가 없이 뜻대로 되는 하늘[如意天]을 거쳐서 늘 사라져 다한 사마디를 얻을 것이다.

이는 지금 바로 해탈의 선정을 얻지 못해도 지혜의 흐름에 들어서면 반드시 번뇌 다한 선정 얻게 될 것이라는 붇다의 해탈의 언약을 사리푸트라 존자가 다시 말한 것이다.

우다인이 그 말을 인정하지 않고 여러 비구가 동조하지 않자 사리푸트라 존자가 세존 앞에서 그 뜻을 다시 말씀드리니, 세존은 '높은 장로의 법'[長老上尊法]을 이미 갖춘 사리푸트라 존자를 대중으로부터 꾸지람 받게 한 허물을 들어 우다인과 아난다를 크게 꾸중하신다.

다섯 장로비구의 법은 무엇인가.

첫째, 프라티목샤의 계를 잘 지키어 그 행이 청정함이다.

둘째, 널리 배워 들은 법을 깊이 사유하여 통달함이다.

셋째, 선정을 닦아 늘 현재법에서 집착 없이 즐겁게 머묾이다.

넷째, 거룩한 지혜를 밝게 통달하여 잘 분별하여 괴로움을 다함이다.

다섯째, 모든 존재의 묶음을 없애 마음이 해탈하고 지혜가 해탈함이다.

다섯 장로의 법이 모든 수행자의 법이고 세간 중생이 따라 행해야 할 법이니, 다섯 법 성취한 높은 장로가 여래의 제자이자 여래의 법의 아들이다.

사리푸트라 존자는 이미 이 다섯 법을 성취해 세간에 진리의 깃대 높이 세우고 세간 중생의 뛰어난 복밭이 되었으니, 이 같은 현성을 공경하는 것이 여래의 법을 공경함이고 여래를 공경함이다.

여래께서 사리푸트라 존자의 다섯 법 성취를 들어 선정과 지혜가 없이 나이 든 것만으로 대중의 존경받으려는 비구를 크게 꾸중하시니, 오늘 이 시대풍조와 시대불교를 되돌아볼 수 있는 큰 깨우침의 말씀이시다.

사리푸트라 존자처럼 스스로 지혜와 큰 사람의 법[大人法]을 갖추어 세간을 비추는 이가 마하사트바이고 보디사트바이다.

스스로 세간 중생의 빛이 됨으로 세간 중생의 복밭이 되고 존중받는 보디사트바의 길을 『화엄경』(「이세간품」)은 이렇게 가르친다.

> 보디사트바 우둠바라 꽃은
> 세간에서 만나기 어려우며
> 보디사트바 아주 용맹한 장수는
> 뭇 마라를 다 눌러 항복받도다.
>
> 菩薩憂曇華　世間難値遇
> 菩薩大勇將　衆魔悉降伏
>
> 보디사트바가 법의 바퀴 굴림은
> 붇다께서 굴리신 법바퀴와 같네.
> 보디사트바의 등불 어두움 깨뜨리니
> 중생은 보디의 바른 길 보네.
>
> 菩薩轉法輪　如佛之所轉
> 菩薩燈破闇　衆生見正道
>
> 보디사트바 공덕의 강은

늘 바른 길의 흐름 따르고
보디사트바 정진의 다리는
널리 모든 중생 건네주도다.

菩薩功德河 恒順正道流

菩薩精進橋 廣度諸群品

보디사트바 큰 지혜와 서원은
같이 굳센 배를 지어서
고통바다 모든 중생 이끌어
보디 언덕에 편안히 건네주네.

大智與弘誓 共作堅牢船

引接諸衆生 安置菩提岸

보디사트바가 머무는 것은
그 무엇으로 견줄 수 없고
그 마음은 낮고 못남 없어서
뜻을 세움은 큰 산과 같고
덕을 심음은 깊은 바다 같아라.

所住無等比 其心不下劣

立志如大山 種德若深海

번뇌의 때를 다해 마음이 해탈하면
곧 범행을 이루어 마치는 것이니

이와 같이 내가 들었다.

한때 붇다께서는 라자그리하 성 칼란다카 대나무동산에 계셨다.

그때 인드라하늘은 모습과 빛깔이 아주 묘했는데, 새벽에 붇다 계신 곳에 와서 머리를 대 붇다의 발에 절하고 한쪽에 물러나 앉았다.

때에 하늘몸의 위력으로 그 밝은 빛이 칼란다카 대나무동산을 두루 비추었다.

인드라하늘왕이 붇다께 여쭈었다.

"세존이시여, 세존께서는 일찍이 '떨어진 구역의 산' 석굴 안에서 이렇게 말씀하셨습니다.

'만약 어떤 사문이나 브라마나로서 더 위가 없이 애욕 다한 해탈로 마음이 잘 해탈하여, 끝에 이르러 그 끝을 마쳐 다하고 번뇌의 때[垢]를 떠나 다하면, 범행을 모두 이루어 마친다.'

어떤 것이 비구가 끝에 이르러 끝을 마쳐 다하고 번뇌의 때를 떠나 다해 범행을 이루어 마침입니까?"

비구가 범행 이루는 뜻을 인드라하늘왕에게 보이심

붇다께서 인드라하늘왕에게 말씀하셨다.

"만약 비구가 있는 모든 느낌, 곧 괴로운 느낌과 즐거운 느낌과 괴롭지도 않고 즐겁지도 않은 느낌에서 그 느낌들의 모아냄·느낌의 사라짐·느낌의 맛들임·느낌의 걱정거리·느낌의 벗어남을 진실 그대로 알았다 하자.

진실 그대로 알고서는 그 느낌의 덧없음[無常]을 살피고, 나고 사라짐[生滅]을 살피며, 탐욕 떠남[離欲]을 살피고, 사라져 다함을 살피며, 평정함[捨]을 살펴, 이와 같이 살펴 다한다 하자.

그러면 이것이 곧 괴로움의 맨 끝이요, 끝을 마쳐 다함이고, 번뇌의 때를 떠나 다하고 범행을 모두 이루어 마친 것이다.

카우시카(Kauśika)여, 이것을 비구가 바른 법과 율에 의해 끝에 이르러 끝을 마쳐 다하고, 번뇌의 때를 떠나 다하여 범행을 이루어 마침이라 말한다."

인드라하늘왕은 붓다의 말씀을 듣고 기뻐하고 따라 기뻐하면서 절하고 사라졌다.

• 잡아함 988 제석경(帝釋經) ①

• 해설 •

맨 끝의 마쳐 다함은 번뇌를 차츰 덜어서 끊어감으로 얻을 수 없다.

맨 끝의 마쳐 다함은 모든 느낌, 느낌의 맛들임과 걱정거리를 진실 그대로 알아 그 모든 느낌이 있되 공한 줄 알아 느낌에서 느낌 벗어날 때 이루어질 수 있다.

살피는바 느낌이 덧없으므로 나 없음을 알아 취하지 않으면 탐욕을 떠난다. 느낌에 대한 탐욕을 떠나 끝내 앎과 느낌이 나되 나지 않음을 체달하면, 괴로운 느낌과 즐거운 느낌, 괴롭지도 않고 즐겁지도 않은 느낌을 모두 버린 평정에 이르고 사라져 다함에 이르게 된다.

번뇌의 때가 사라져 다한 곳은 사라져 없어져버린 허무의 처소가 아니라 청정한 삶의 공덕이 이미 갖춰진 곳, 짓되 지음 없이 온갖 착함을 모두 거두는 범행의 완성처이다.

그러므로 오직 탐욕과 번뇌가 남이 없음을 살피는 지혜만이 마쳐 다한 니르바나의 문을 열어주는 것이다.

진실 그대로 보는 지혜와 지혜인 니르바나의 처소가 범행의 완성처인 것이니, 여래의 가르침은 비록 인과의 차제를 말하고 있지만 실은 차제가 공한 곳에 차제를 뛰어넘는 완성의 삶을 열어 보이고 있는 것이다.

『화엄경』(「십회향품」)은 법이 인연으로 있음을 깨달아 스스로 세간법에 물듦 없이 중생을 깨끗이하는 보디사트바의 범행을 다음과 같이 가르친다.

> 보디사트바는 법이 연 따라 있음 알아
> 행할바 온갖 바른 길에 어긋남 없이
> 모든 업의 자취 열어 해설해보이고
> 중생이 다 청정토록 하게 해주네.
>
> 菩薩了法從緣有　不違一切所行道
> 開示解說諸業迹　欲使衆生悉淸淨

> 이것이 지혜로운 이 행하는 도이고
> 온갖 여래께서 말씀한 바이니
> 잘 따라 사유해 바른 뜻에 들면
> 저절로 깨달아 보디 이루리.
>
> 是爲智者所行道　一切如來之所說
> 隨順思惟入正義　自然覺悟成菩提

제5장

니르바나의 완성자인 붇다를 찬탄함

그때에 그 하늘신은 게송으로 붇다께 여쭈었다.
"어찌해야 모든 흐름 건너고, 어찌해야 큰 바다 건너며
어찌해야 괴로움을 버리고, 어찌해야 청정함을 얻게 됩니까."
그때에 세존께서는 곧 게송으로 말씀하셨다.
"믿음으로 모든 흐름 건너고, 방일하지 않음으로 바다 건너며
정진으로 괴로움 버리게 되고, 지혜로 청정함을 얻게 되도다."

• **이끄는 글** •

붇다는 니르바나의 완성자이며, 니르바나의 완성자는 존재의 실상을 체현한 분이다. 그러므로 여래의 참모습을 사유하고 살피는 것은 존재의 실상을 살피는 것이며, 존재의 실상을 온전히 살피는 그 앎이 지혜인 앎이 되면 살피는 자 스스로 존재의 실상에 돌아가며 니르바나에 돌아가는 것이다.

붇다를 찬탄함이란, 미망의 중생인 우리 스스로 이미 니르바나를 성취한 분인 여래를 찬탄하고 여래의 진실을 살핌으로써 중생이 자신의 실상인 니르바나에 돌아가는 일이다.

여래는 모습에 곧 모습 없음을 깨달아 실로 있는 모습을 떠나되 모습이 모습 아닌 진실의 모습[無相實相]을 실현하고, 탐냄과 성냄과 어리석음을 다하되[漏盡] 탐냄·성냄·어리석음을 온전히 지혜[智]와 자비[悲] 크나큰 원(願)으로 돌이켜 쓰는 분이다.

여래의 몸은 과거가 현재로 옴도 아니고 현재가 미래로 가는 것도 아니며, 현재의 몸 또한 머묾 없어서 곳[處]과 때[時]를 넘어서지만 곳과 때를 버리지 않는다.

온갖 대립으로 주어지는 모습과 행위의 틀 안에서 모습과 행위의 공함을 알아 그 모습과 행위에 머물지 않되 버리지도 않으니, 여래는 세간 가운데서 세간을 잘 알아[世間解] 세간의 위대한 인도자가 되신 분[大導師]이다.

또한 여래는 함이 있음이 곧 함이 없음인 줄 깨달아 함이 있음을 다하지도 않고[不盡不爲] 함이 없음에 머물지도 않으니[不住無爲], 일 없되 세간을 자비로 거두시는 분이고 함이 없되 세간을 정토로 장엄하는 분이다.

이와 같이 여래는 법계의 진실을 온전히 삶 속에 체현해 자비의 삶을 사는 분이므로 여래를 아는 것이 법계의 실상을 아는 것이라 그 앎에 앎이 있으면 참으로 아는 것이 아니니, 여래를 살핌이란 앎에서 앎을 떠나 존재의 실상인 니르바나에 돌아감이다. 그러므로 여래를 안다 하면 곧 여래를 알지 못함이다.

 이미 몇 번 인용한 글귀지만 『비말라키르티수트라』 가운데 「아초바 붇다(Akṣobhya-buddha)에 관한 품」(阿閦佛品)을 다시 이끌어 보이면 다음과 같다.

　비말라키르티가 말씀드렸다.
　"스스로의 몸의 실상을 살피는 것과 같이 붇다를 살피는 것 또한 그러합니다. 제가 여래를 살피니 여래는 앞때에 오지 않았고 뒤때에 가지 않으며 현재에 곧 머물지 않습니다. (중략)
　여래의 몸의 고요히 사라짐을 살피지만 또한 길이 사라지지 않으며, 이것도 아니고 저것도 아니라 이것에 의하지 않고 저것에 의하지 않으니, 지혜[智]로써 알 수 없고 앎[識]으로써 알지 못합니다.
　어두움도 없고 밝음도 없으며, 이름도 없고 모습도 없으며, 강함도 없고 약함도 없으며, 깨끗함도 아니고 더러움도 아니며, 곳[方]에 있지도 않고 곳을 떠나지도 않습니다.
　함이 있음도 아니고 함이 없음도 아니어서 보임도 없고 말함도 없으며, 베풀어줌도 아니고 아끼어 탐함도 아니며, 계 지님도 아니고 계 범함도 아니며, 참음도 아니고 성냄도 아닙니다.
　부지런히 나아감도 아니고 게으름도 아니며, 선정도 아니고 어지러움도 아니며, 지혜로움도 아니고 어리석음도 아닙니다.

진실함도 아니고 거짓됨도 아니며, 옴도 아니고 감도 아니며, 나감도 아니고 들어옴도 아니어서 온갖 말길이 끊어졌습니다.

복밭이 아니나 복밭 아님도 아니며, 반드시 공양해야 함이 아니나 반드시 공양하지 않아야 함이 아닙니다. 취함이 아니고 버림이 아니며, 모습 있음이 아니고 모습 없음이 아니며, 참된 바탕[眞際]과 같고 법계(法界)와 평등해 이루 말할 수 없고 헤아릴 수 없어서 모든 헤아림을 넘어섰습니다.

여래는 큼도 아니고 작음도 아니며, 봄도 아니고 들음도 아니며, 느끼어 깨달음도 아니고 앎도 아니어서 뭇 묶임과 얽매임을 떠나 모든 지혜로운 이와 평등하나 중생과 같습니다.

모든 법에 분별이 없어서 온갖 것에 얻음이 없고 잃음이 없으며, 물들어 흐림도 없고 번민도 없으며, 지음도 없고 일어남도 없으며, 생겨남도 없고 사라짐도 없습니다.

두려움도 없고 근심도 없으며, 기뻐함도 없고 싫어함도 없으며, 이미 있음[已有]도 없고 앞으로 있게 됨[當有]도 없고 지금 있음[今有]도 없어서 온갖 말로 분별해 나타내 보일 수 없습니다.

세존이시여, 여래의 몸이 이와 같으니 이와 같이 살피는 것입니다.

이렇게 살피는 것[以斯觀者]을 바른 살핌[正觀]이라 하고, 만약 달리 살피는 것[若他觀者]은 삿된 살핌[邪觀]이라 합니다."

『화엄경』(「광명각품」) 또한 세계의 실상을 온전히 체현한 여래의 한 몸 한 지혜와 여래의 평등한 행을, 다음과 같이 찬탄한다.

만주쓰리여 법은 늘 그러하나니
법왕의 법은 오직 한 법이로다.
온갖 것에 걸림 없는 사람만이
한 길로 나고 죽음 벗어나리.

文殊法常爾　法王唯一法
一切無礙人　一道出生死

비유하면 비람바의 바람이
큰 땅에 널리 떨치듯
붇다의 복밭 또한 이 같아
삼계의 중생 움직이시네.

譬如毘藍風　普震於大地
佛福田如是　動三有衆生

비유하면 큰불이 일어나
온갖 사물 태워버리듯
붇다의 복밭 또한 이 같아
온갖 함이 있음 태워버리네.

譬如大火起　能燒一切物
佛福田如是　燒一切有爲

온갖 것 버려 집착 없으면 두려움 떠난 곳 얻으리니

이와 같이 내가 들었다.

한때 붇다께서는 슈라바스티 국 제타 숲 '외로운 이 돕는 장자의 동산'에 계셨다.

그때 어떤 하늘신이 있었는데 얼굴 모습이 아주 묘했다. 새벽녘에 붇다 계신 곳에 와서 붇다의 발에 머리를 대 절하고 한쪽에 물러나 앉았다. 그러자 온몸의 밝은 빛이 제타 숲 '외로운 이 돕는 장자의 동산'을 두루 비추었다.

때에 그 하늘신은 게송으로 붇다께 말씀드렸다.

 이 세간에는 많은 두려움이 있어
 중생은 늘 어지럽고 괴롭습니다.
 이미 일어난 것 또한 괴롭고
 아직 일어나지 않음도 괴로웁나니
 만약 두려움 떠난 곳이 있다면
 지혜눈으로 말씀해주시길 바랍니다.

그때 세존께서는 게송으로 대답하셨다.

 고행에 다른 것 있지 않나니

아는 뿌리 눌러 쉬는 것밖에
다른 고행이 있지 않으며
버림에 다른 것 있지 않나니
온갖 것 버려 취함 없으면
참된 해탈 볼 수 있게 되리라.

때에 그 하늘신은 다시 게송으로 말하였다.

오래도록 브라마나 보아왔더니
온전한 니르바나 얻으셨어라.
온갖 두려움을 모두 이미 벗어나
길이 세간 은혜 애착 뛰어나셨네.

때에 하늘신은 붇다의 말씀을 듣고 기뻐하고 따라 기뻐하면서, 붇다의 발에 머리를 대 절하고 바로 사라져 나타나지 않았다.

• 잡아함 596 공포경(恐怖經)

• 해설 •

붇다는 본래 그러한 니르바나의 땅에서 니르바나를 온전히 이루시고, 중생을 니르바나의 법으로 가르쳐 니르바나에 이끄시는 분이다.

본래 적멸한 니르바나의 법을 깨치는 두타행에는 다시 다른 법이 없다. 지금 탐욕의 즐거움으로 참된 즐거움에 이를 수 없고 괴로움으로 즐거움에 이르게 된다. 그러므로 몸의 여러 아는 뿌리가 실로 있지 않음을 알아, 아는 뿌리 잘 누르는 것밖에 다른 고행이 없고, 니르바나의 진실 그대로 온갖 것 버림 없이 버리는 것밖에 다른 법이 없다.

니르바나의 진실 그대로 온갖 것의 실로 있음을 버려 아는 자와 알려지는 것의 닫힌 모습 떠나는 한 법이 늘 두려움 떠나 참된 삶의 즐거움 얻는 것이다.

이는 하늘 가운데 하늘이시고, 사문 가운데 사문, 브라마나 가운데 브라마나인 여래가 말씀하신 뜻이니, 법계의 진실을 온전히 사는 여래의 말씀을 떠나 그 어떤 진실된 법이 있겠는가.

『화엄경』(「광명각품」)은 이렇게 가르친다.

> 배우는 이들이여 잘 들으라.
> 내가 지금 진실대로 답해주리라.
> 어떤 이는 빨리 해탈함 있고
> 어떤 이는 벗어나기 어려움지만
> 한량없는 모든 허물과 악을
> 만약 없애 사라지게 하려면
> 반드시 붇다의 법 가운데서
> 용맹하게 늘 정진할지니라.
>
> 佛子善諦聽 我今如實答
> 或有速解脫 或有難出離
> 若欲求除滅 無量諸過惡
> 當於佛法中 勇猛常精進

계와 지혜와 사마디 갖춘 이가
여러 하늘의 공양 받으리

이와 같이 내가 들었다.

한때 붇다께서는 슈라바스티 국 제타 숲 '외로운 이 돕는 장자의 동산'에 계셨다.

그때 어떤 하늘신이 있었는데 얼굴 모습이 아주 묘했다. 새벽녘에 붇다 계신 곳에 와서 붇다의 발에 머리를 대 절하고 한쪽에 물러나 앉았다. 그러자 온몸의 밝은 빛이 제타 숲 '외로운 이 돕는 장자의 동산'을 두루 비추었다.

때에 그 하늘신은 게송으로 붇다께 여쭈었다.

어떻게 여러 중생은 몸을 받되
묘한 모습 빛깔 얻을 수 있으며
어떻게 좋은 방편을 닦아가야
벗어남의 길 타고 갈 수 있습니까.
중생은 어떠한 법에 머물러서
어떤 법을 닦아 익혀가야 하며
세간의 그 어떤 빼어난 중생이
여러 하늘의 공양 받습니까.

계와 사마디, 지혜 닦음이 온갖 공덕의 바탕임을 보이심

그때에 세존께서는 게송으로 대답하셨다.

  계율 지니고 밝은 지혜 갖추어
  스스로 사마디를 닦아 익히어
  바르고 곧은 마음으로 생각을 매면
  불길같이 타는 근심 사라지리라.

  이와 같이 평등한 지혜를 얻어
  그 마음이 묶임에서 잘 해탈하면
  이러한 바른 법의 인연 때문에
  몸 얻음에 묘한 빛깔 얻게 되리라.

  벗어남의 길 탈 수 있게 되어서
  마음이 그 가운데 머물러 배워
  이와 같은 좋은 덕을 갖춘 이라면
  여러 하늘의 공양 받게 되리라.

그 하늘신은 다시 게송으로 말하였다.

  오래도록 브라마나 보아왔더니
  온전한 니르바나 얻으셨어라.
  온갖 두려움을 모두 이미 벗어나
  길이 세간 은혜 애착 뛰어나셨네.

때에 하늘신은 붇다의 말씀을 듣고 기뻐하고 따라 기뻐하면서, 붇다의 발에 머리를 대 절하고 바로 사라져 나타나지 않았다.

• 잡아함 597 묘색경(妙色經)

• 해설 •

여래의 보디의 길은 물질이 아니되 물질 아님도 아니고, 몸이 아니되 몸 아님도 아니며, 복된 업이 아니되 복된 업을 떠나지 않는다.

그러므로 물질로 여래를 볼 수 없으며, 잘 갖추어진 공덕의 몸 복된 업으로 여래를 말할 수 없지만, 물질과 몸을 떠나 여래를 볼 수 없으며, 모습 떠난 복된 업이 아니면 여래의 복을 말할 수 없다.

세간의 높은 복과 장엄한 몸의 가꿈으로 여래를 말할 수 없지만 여래의 보디의 행업을 따라 지으면 참된 복업의 세계에 나아가는 것이니, 그는 세간의 가장 높은 복밭이 되어 하늘과 사람의 공양 받을 것이다.

여래를 따라 벗어남의 길 잘 타고 가는 이는 지혜와 선정, 때없이[無垢] 맑은 범행과 어두움 없는 지혜의 업으로 그 모습은 빛나고 아름다워질 것이며, 그 삶은 법의 재물로 넘쳐날 것이다.

『화엄경』(「세주묘엄품」)은 보디의 완성자 붇다가 세간의 가장 복된 몸이고 공덕의 몸이며 걸림 없는 지혜의 몸임을 이렇게 가르친다.

그대들은 법왕을 잘 살펴야 하니
법왕의 법은 언제나 이와 같도다.
빛나는 몸의 모습 끝이 없어서
중생 세간에 널리 나타나도다.

汝應觀法王　法王法如是
色相無有邊　普現於世間

지혜 닦는 이는 온갖 얽맴 풀 수 있나니

이와 같이 내가 들었다.

한때 붇다께서는 슈라바스티 국 제타 숲 '외로운 이 돕는 장자의 동산'에 계셨다.

그때 어떤 하늘신이 있었는데 얼굴 모습이 아주 묘했다. 새벽녘에 붇다 계신 곳에 와서 붇다의 발에 머리를 대 절하고 한쪽에 물러나 앉았다. 그러자 온몸의 밝은 빛이 제타 숲 '외로운 이 돕는 장자의 동산'을 두루 비추었다.

때에 그 하늘신은 게송으로 붇다께 여쭈었다.

밖의 얽매어 묶음은 얽맴 아니고
안의 얽맴이 중생을 얽매어 묶네.
지금 고타마께 여쭈옵나니
누가 얽맴에서 그 얽맴 떠납니까.

지혜만이 온갖 얽맴에서 해탈하는 길임을 보이심

그때에 세존께서는 게송으로 대답하셨다.

지혜로운 사람은 계를 세워서
안의 마음으로 지혜 닦는 것이니

비구가 부지런히 닦아 익히면
얽맴에서 그 얽맴 풀 수 있도다.

때에 그 하늘신은 다시 게송으로 말하였다.

오래도록 브라마나 보아왔더니
온전한 니르바나 얻으셨어라.
온갖 두려움을 모두 이미 벗어나
길이 세간 은혜 애착 뛰어나셨네.

때에 하늘신은 붇다의 말씀을 듣고 기뻐하고 따라 기뻐하면서, 붇다의 발에 머리를 대 절하고 바로 사라져 나타나지 않았다.

• 잡아함 599 전결경(纏結經)

• 해설 •

다섯 쌓임이 본래 적멸되어 있음이 삶의 진실이고 원래의 니르바나이지만, 탐욕과 어리석음으로 얽매인 중생은 계와 지혜와 사마디가 아니면 니르바나에 들어갈 수 없다.

계와 지혜와 사마디가 니르바나의 원인이지만, 니르바나에서 보면 계와 지혜와 사마디는 니르바나의 작용이 된다.

지혜로써 나고 죽음이 본래 나고 죽음 아닌 나고 죽음인 줄 바로 보아야 보는바 빛깔에서 탐욕과 어리석음 떠나고, 보여지는 빛깔의 얽맴에서 벗어나야 안의 마음의 얽맴을 벗어나 해탈의 수레 타고 니르바나의 저 언덕에 이르름 없이 이르게 된다.

이미 번뇌의 불길이 사라지면, 그가 어찌 아름답고 온화하고 미묘한 좋은 빛깔의 몸을 받지 않겠는가.

함이 없는 진리의 바다 가운데 온갖 공덕의 보배가 가득하니, 구함이 없고 바람이 없는 자가 그 다함없는 법의 재물[法財]을 받아쓰리라.

모든 해탈한 사람 가운데 으뜸이며, 사람 가운데 사자이신 여래 공덕의 삶을 『화엄경』(「보살문명품」)은 이렇게 노래한다.

> 비유하면 땅의 성질 하나이지만
> 중생이 각기 따로 머물러도
> 땅에 같고 다른 생각 없듯이
> 모든 붇다의 법 이와 같도다.
>
> 譬如地性一　衆生各別住
> 地無一異念　諸佛法如是

> 또한 큰 구름과 천둥이
> 널리 온갖 땅에 비 내리지만
> 빗방울에 아무 차별 없듯이
> 모든 붇다의 법도 이와 같도다.
>
> 亦如大雲雷　普雨一切地
> 雨滴無差別　諸佛法如是

늘 선정 익히어 그 마음 의지하는 바가 없나니

이와 같이 내가 들었다.

한때 붇다께서는 슈라바스티 국 제타 숲 '외로운 이 돕는 장자의 동산'에 계셨다.

그때 어떤 하늘신이 있었는데 얼굴 모습이 아주 묘했다. 새벽녘에 붇다 계신 곳에 와서 붇다의 발에 머리를 대 절하고 한쪽에 물러나 앉았다. 그러자 온몸의 밝은 빛이 제타 숲 '외로운 이 돕는 장자의 동산'을 두루 비추었다.

때에 그 하늘신은 게송으로 붇다께 여쭈었다.

건너기 어렵고 참기 어렵도다.
사문들은 바로 아는 것이 없어서
여러 힘들고 어려움 많이 일으켜
무겁고 느려 그 속에 깊이 빠지네.

마음은 깨달아 자재하려 하나
자주자주 그 가운데 깊이 빠지니
저 사문들이 어떻게 행하여야
그 마음 잘 거두어 보살핍니까.

선정의 방편이 모든 두려움 떠나게 함을 보이심

그때에 세존께서는 게송으로 대답하셨다.

    마치 저 거북이가 좋은 방편으로
    껍질로 여섯 가지 감추는 것처럼
    비구는 선정의 사유 익히어
    모든 느낌과 생각 잘 거두어
    그 마음이 의지하는 바가 없으면
    그 무엇도 두렵게 할 수 없나니
    이는 스스로 안온하고 고요함이라
    나무라고 꾸중할 자 아무도 없네.

때에 그 하늘신은 다시 게송으로 말하였다.

    오래도록 브라마나 보아왔더니
    온전한 니르바나 얻으셨어라.
    온갖 두려움을 모두 이미 벗어나
    길이 세간 은혜 애착 뛰어나셨네.

  때에 하늘신은 붇다의 말씀을 듣고 기뻐하면서, 붇다의 발에 머리를 대 절하고 이내 사라져 나타나지 않았다.

  • 잡아함 600 난가인경(難可忍經)

• 해설 •

수행자는 어떻게 해야 그 마음을 잘 거둘 수 있는가. 거북이가 단단한 껍질 속으로 자신의 몸 여섯 곳을 감추어 보호하듯, 경계가 안의 마음에 닿지 않게 여섯 아는 뿌리를 잘 보살펴야 한다.

여섯 아는 뿌리와 여섯 경계가 공한 줄 알아, 바른 사마디와 사마디로 온갖 느낌과 모습 취함 거두어 그 마음을 허공처럼 의지하는 바가 없게 하면 경계의 바람이 안의 마음에 닿을 수 없다.

받되 받음 없고[受而不受] 알되 앎이 없어서[知而不知] 스스로 고요하고 안온할 것이니 뉘라서 이 선정을 비난할 것인가.

하늘신이 세존께 아뢰듯 선정의 방편에 힘쓰지 않고 게으름에 빠지고 어두움의 길에 헤매는 중생에 대해, 『화엄경』(「광명각품」) 또한 다음과 같이 경책한다.

송곳 뚫어 불을 구하는데
불 나오기 전 자주 쉬게 되면
불이 그침 따라 사라지듯
게으른 이 또한 그러하네.

如鑽燧求火 未出而數息
火勢隨止滅 懈怠者亦然

어떤 사람이 해구슬을 지니되
사물이 빛그림자 받지 않으면
불을 끝내 얻을 수 없듯
게으른 이 또한 그러하네.

如人持日珠 不以物承影
火終不可得 懈怠者亦然

여섯 들이는 곳 사라져 남음 없어야 윤회 다하리니

이와 같이 내가 들었다.

한때 붇다께서는 슈라바스티 국 제타 숲 '외로운 이 돕는 장자의 동산'에 계셨다.

그때 어떤 하늘신이 있었는데 얼굴 모습이 아주 묘했다. 새벽녘에 붇다 계신 곳에 와서 붇다의 발에 머리를 대 절하고 한쪽에 물러나 앉았다. 그러자 온몸의 밝은 빛이 제타 숲 '외로운 이 돕는 장자의 동산'을 두루 비추었다.

때에 그 하늘신은 게송으로 붇다께 여쭈었다.

사라의 작은 물 흐름은
어디서 돌아 흐르며
나고 죽음의 달리는 길은
어디에서 돌이켜지며
이 세간 괴로움과 즐거움
무엇으로 사라지게 되어
남음이 없게 됩니까.

지혜로 돌이켜 살필 때 나고 죽음 해탈함을 보이심

그때에 세존께서는 게송으로 대답하셨다.

눈과 귀, 코와 혀, 뜻의 들이는 곳
마음·물질 사라져 남음 없으면
사라의 작은 물길 돌아 흐르고
나고 죽음의 길이 돌이켜지며
괴로움과 즐거움 모두 사라져
그 모든 것 길이 남음 없게 되리라.

때에 그 하늘신은 다시 게송으로 말하였다.

오래도록 브라마나 보아왔더니
온전한 니르바나 얻으셨어라.
온갖 두려움을 모두 이미 벗어나
길이 세간 은혜 애착 뛰어나셨네.

때에 하늘신은 붇다의 말씀을 듣고 기뻐하고 따라 기뻐하면서, 붇다의 발에 머리를 대 절하고 바로 사라져 나타나지 않았다.

• 잡아함 601 살라경(薩羅經)

• **해설** •

나고 사라짐의 뿌리는 무엇이며 어두운 윤회의 길에 돌아 구름의 바탕은 무엇인가. 나에 나라고 할 실체가 있다는 집착이 뿌리가 되고 바탕이 되어 나고 죽음의 굴레를 벗지 못하니, 나에 나 없음을 알아 나 없다는 모습도 두지 않으면 윤회의 길에 돌아 구름을 그치게 된다.

여섯 아는 뿌리가 공한 줄 알면 마음이 마음 아닌 마음이 되고 물질이 물질 아닌 물질이 된다. 그렇게 되면 온갖 법이 나되 남이 없으므로 나고 죽음을 벗어나고, 윤회의 물줄기를 해탈과 지혜의 흐름으로 돌이킬 수 있다.

  괴로운 일 일으키고 받는 나가 이미 나가 아니니, 괴로움과 즐거움의 느낌은 어디 머물 것인가. 그 모든 것 다해 길이 남음 없으리라.

  마음과 물질 떠나 나고 죽음을 니르바나의 행으로 돌이키면 세간 고통바다 굽이치는 나고 죽음의 물결 속에서 평등하고 안온하게 걸어갈 수 있으니, 『화엄경』(「보살문명품」)은 이렇게 말한다.

> 여래는 세간의 모든 국토
> 그 온갖 곳에 따라 들어가지만
> 지혜의 몸에는 물질이 없어
> 세간에서 볼 수 있는 것 아니네.
>
> 世間諸國土 一切皆隨入
> 智身無有色 非彼所能見
>
> 업도 아니고 물든 번뇌도 아니며
> 사물도 없고 머무는 곳도 없으며
> 비춤이 없고 짓는 바가 없으니
> 평등하게 이 세간에 행하시네.
>
> 非業非煩惱 無物無住處
> 無照無所行 平等行世間

지혜로써만 삶의 청정 이룰 수 있나니

이와 같이 내가 들었다.

한때 붇다께서는 슈라바스티 국 제타 숲 '외로운 이 돕는 장자의 동산'에 계셨다.

그때 어떤 하늘신이 있었는데 얼굴 모습이 아주 묘했다. 새벽녘에 붇다 계신 곳에 와서 붇다의 발에 머리를 대 절하고 한쪽에 물러나 앉았다. 그러자 온몸의 밝은 빛이 제타 숲 '외로운 이 돕는 장자의 동산'을 두루 비추었다.

때에 그 하늘신은 게송으로 붇다께 여쭈었다.

어찌해야 모든 흐름 건너고
어찌해야 큰 바다 건너며
어찌해야 괴로움을 버리고
어찌해야 청정함을 얻게 됩니까.

그때에 세존께서는 곧 게송으로 말씀하셨다.

믿음으로 모든 흐름 건너고
방일하지 않음으로 바다 건너며
정진으로 괴로움 버리게 되고

지혜로 청정함을 얻게 되도다.

때에 그 하늘신은 다시 게송으로 말하였다.

오래도록 브라마나 보아왔더니
온전한 니르바나 얻으셨어라.
온갖 두려움을 모두 이미 벗어나
길이 세간 은혜 애착 뛰어나셨네.

때에 하늘신은 붇다의 말씀을 듣고 기뻐하고 따라 기뻐하면서, 붇다의 발에 머리를 대 절하고 바로 사라져 나타나지 않았다.

• 잡아함 603 제류경(諸流經)

• 해설 •

연기의 진리 깨달아 그 길을 열어 보이신 붇다와 그 가르침을 믿고 가르침대로 닦아 행해 연기의 실상에 돌아가면, 우리 스스로 나고 죽음의 흐름과 고통바다를 건너 니르바나에 이르게 되리라.

가르침대로 닦아 행함의 바탕은 지혜이다. 나되 남이 없음을 바로 살피는 지혜의 방편에 부지런히 정진하여 나의 태어남이 이미 다하게 되면 나고 죽음의 굴레를 벗어나게 된다.

온갖 번뇌와 업의 때가 본래 일어남이 없는 줄[無起] 알면 업의 때를 떠나 청정한 삶을 얻게 되고, 업의 때가 남이 없는 줄 알되 그 남이 없음에 머물지 않고 방일함이 없이 정진해 번뇌를 지혜로 돌이키면 생각생각 보디의 길이 되고, 걸음걸음 범행을 지음 없이 지으리라.

애착과 탐욕 끊어 없애면
곧 니르바나 얻었다고 말하나니

이와 같이 내가 들었다.

한때 붇다께서는 슈라바스티 국 제타 숲 '외로운 이 돕는 장자의 동산'에 계셨다.

그때 어떤 하늘신이 있었는데 얼굴 모습이 아주 묘했다. 새벽녘에 붇다 계신 곳에 와서 붇다의 발에 머리를 대 절하고 한쪽에 물러나 앉았다. 그러자 온몸의 밝은 빛이 제타 숲 '외로운 이 돕는 장자의 동산'을 두루 비추었다.

때에 그 하늘신은 게송으로 붇다께 여쭈었다.

 그 누가 이 세간을 얽매어 묶으며
 무엇을 조복하여 풀려납니까.
 어떤 법을 끊어서 없애버리면
 니르바나 얻었다고 말하나이까.

그때에 세존께서는 게송으로 대답하셨다.

 탐욕이 이 세간을 얽매어 묶으니
 탐욕을 조복해야 해탈하리라.
 애착과 탐욕 끊어 없애버리면

니르바나 얻었다고 말하게 된다.

그 하늘신은 다시 게송으로 말하였다.

오래도록 브라마나 보아왔더니
온전한 니르바나 얻으셨어라.
온갖 두려움을 모두 이미 벗어나
길이 세간 은혜 애착 뛰어나셨네.

때에 하늘신은 붇다의 말씀을 듣고 기뻐하고 따라 기뻐하면서, 붇다의 발에 머리를 대 절하고 바로 사라져 나타나지 않았다.

• 잡아함 1010 박경(縛經)

• 해설 •

탐욕과 애착의 본질은 무엇인가. 여섯 아는 뿌리가 여기 실체로 있고 여섯 경계가 나 밖에 실체로 있다는 미혹으로, 구함을 일으키고 모습 취함을 일으키는 것이 탐욕과 애착이다.

아는 바에 실로 알 것이 없고 아는 자에 실로 아는 자가 없다고 바로 보면 탐욕과 애착의 뿌리가 끊어져 다한다.

탐욕과 애착 다함을 니르바나 얻었다고 말하나, 탐욕과 애착이 원래 공한 곳에서 허깨비처럼 일어난 것이라면, 탐욕과 애착을 실로 끊어 없앰이 아니고 니르바나를 실로 얻음이 아니다.

탐욕과 애착의 본래 공한 진실이 니르바나의 진실이니, 끊되 끊음이 없고 얻음이 없음을 아는 자가 니르바나에 잘 나아가리라. 탐욕의 불길이 타는 이 세간에서 끊음 없고 얻음 없이 해탈의 못에 이르는 자, 그 누구인가.

학담 鶴潭

1970년 도문화상(道文和尙)을 은사로 출가하여
동헌선사(東軒禪師)의 문하에서 선(禪) 수업을 거친 뒤
상원사·해인사·봉암사·백련사 등 제방선원에서 정진했다.
스님은 선이 언어적 실천, 사회적 실천으로 발현되는
창조적 선풍을 각운동(覺運動)의 이름으로 제창하며,
용성진종선사 유업 계승의 일환으로 서울 종로에
대승사 도량을 개설하고 역경불사를 진행하여
『사십이장경강의』『돈오입도요문론』『원각경관심석』
『육조법보단경』『법화삼매의 길』 등 많은 불전 해석서를 발간했다.
이밖에도 한길사에서 출간한 『물러섬과 나아감』을 비롯하여,
『소외와 해탈의 연기법』『선으로 본 붇다의 생애』 등
많은 저서가 있다.
시대의 흐름에 맞는 새로운 선원과 수행처 개설을 위해
도량을 양평 유명산(有明山)으로 이전하고
화순 혜심원 진각선원(眞覺禪院), 오성산 낭오선원(朗晤禪院)
도량불사를 진행 중이다.

아함경 ⁸
선과 니르바나

지은이 · 학담
펴낸이 · 김언호
펴낸곳 · (주)도서출판 한길사

등록 · 1976년 12월 24일 제74호
주소 · 413-120 경기도 파주시 광인사길 37
　　　www.hangilsa.co.kr
　　　http://hangilsa.tistory.com
　　　E-mail: hangilsa@hangilsa.co.kr
전화 · 031-955-2000~3　　팩스 · 031-955-2005

부사장 · 박관순 | 총괄이사 · 김서영 | 관리이사 · 곽명호
영업이사 · 이경호 | 경영담당이사 · 김관영 | 기획위원 · 류재화
책임편집 · 서상미 이지은 박희진 박호진
기획편집 · 백은숙 안민재 김지희 김지연 김광연 이주영
전산 · 노승우 | 마케팅 · 윤민영
관리 · 이중환 문주상 김선희 원선아

CTP출력 및 인쇄 · 예림인쇄 | 제본 · 경일제책

제1판 제1쇄 2014년 7월 30일

값 40,000원
ISBN 978-89-356-6288-3 94220
ISBN 978-89-356-6294-4 (세트)

• 잘못 만들어진 책은 구입하신 서점에서 바꿔드립니다.
• 도서의 국립중앙도서관 출판시도서목록(CIP)은 e-CIP홈페이지(http://www.nl.go.kr/ecip)와
　국가자료공동목록시스템(http://www.nl.go.kr/kolisnet)에서 이용하실 수 있습니다.
　(CIP제어번호: 2014012318)